特别提示

教学实践表明，有效地利用数字化教学资源，对于学生学习能力以及问题意识的培养乃至怀疑精神的塑造具有重要意义。

通过对数字化教学资源的选取与利用，学生的学习从以教师主讲的单向指导模式转变为建设性、发现性的学习，从被动学习转变为主动学习，由教师传播知识到学生自己重新创造知识。这无疑是锻炼和提高学生的信息素养的大好机会，也是检验其学习能力、学习收获的最佳方式和途径之一。

本系列教材在相关编写人员的配合下，逐步配备基本数字教学资源，主要内容包括：

文本：课程重难点、思考题与习题参考答案、知识拓展等。

图片：课程教学外观图、原理图、设计图等。

视频：课程讲述对象展示视频、模拟动画，课程实验视频，工程实例视频等。

音频：课程讲述对象解说音频、录音材料等。

数字资源获取方法：

① 打开微信，点击“扫一扫”。

② 将扫描框对准书中所附的二维码。

③ 扫描完毕，即可查看文件。

更多数字教学资源共享、图书购买及读者互动敬请关注“开动传媒”微信公众号！

特别提示

前　言

在工程领域蓬勃发展与创新的时代浪潮中，“画法几何与土木工程制图”作为高等教育土木工程类专业的核心技术基础课程，其重要性日益凸显。

画法几何，这门源于数学与艺术交融的古老学科，以严谨逻辑与精妙原理为基石，通过点、线、面的组合与变换，揭示了空间形体与平面图形之间的转换规律，构建了三维世界在二维平面上精准映射的智慧体系。

土木工程制图则是连通理论与实践的桥梁，它以规范、标准的图形和符号为工程界的“技术语言”，将设计理念、施工要求转化为清晰准确的工程图样，为土木工程全流程（设计、施工、管理）筑建了可视化的根基。

本教材在蒲小琼主编的《画法几何与土木工程制图（第 2 版）》的基础上修订而成。此次修订紧密贴合国家新工科人才培养要求、教育部最新课程建设及教材建设导向、土木工程领域实际需求和发展趋势，遵循最新的国家标准与行业规范，在保留第 2 版核心优势的基础上，形成了六大升级亮点：

1. 聚焦国家最新复合型人才培养目标

编写理念立足于国家战略与科技前沿，以“需求导向、交叉融合、产教协同、国际视野”为原则，“精技术、善管理、能创新”为导向，紧扣新工科“卓越工程师”培养内核，强调学生实践能力与创新思维培育，体现知识体系的时代性与前瞻性。

2. 强化理论与实践融合、继承和创新并重

为提高学生构图和工程识图能力，进一步深化理论与工程实践融合，突出土木工程专业知识的传承、应用和创新；优化立体、组合体、表达方式、施工图（建筑、结构、设备）部分的结构和内容，融入新标准与前沿知识；精选典型工程案例图样，通过高频读绘训练，助力学生易绘易读、融会贯通，夯实专业基础。

3. 优化内容表述与视觉呈现

文字叙述遵循投影理论，各种画法的表述易读易懂，重点、难点及典型例题的解析详尽透彻，配图绘制精准直观、关键细节一目了然，知识传递效率高。

4. 构建闭环式学习体系，注重知识的系统性与逻辑性

各章正文前置“内容提要”“学习目标”板块，引导读者完成核心知识概览、明确学习方向，预先建立起知识框架体系；后置“本章小结”“要点自测”“理实融合”“拓展学习”，帮助读者梳理学习重点、检验学习效果、推动知识应用、引导知识延伸，形成了预习—学习—巩固—应用—提升的完整学习闭环，助力读者夯实基础与拓展能力。

5. 创新混合式教学支撑体系

（1）多元化数字资源：配套的 PPT 教案等基础文件，覆盖全流程教学需求。

（2）智能化交互设计：在重点、难点处嵌入二维码，读者扫码可直达共享资源库，获取音视频讲解、动画演示等多媒体内容，实现“枯燥知识可视化”，拓宽了学习维度。共享资源库还支持实时更新，从而确保了内容的时效性。

（3）微信学习平台建设：微信公众号“西米老师微课堂（ximilaoshi）”汇集多门课程资源和拓展

资源，包含教学课件、课程讲解、习题答案、作业范图、模型动画、视频演示、软件学习、课程拓展等内容。该平台既能实现课程的实时可视化学习，亦能满足读者拓展学习、学科融合学习的需求。读者可通过微信关注该公众号进行学习交流。

6.升级配套习题集

《画法几何与土木工程制图习题集(第3版)》与教材同步升级，为方便教学，其章节与教材一一对应，题目选择遵循由浅入深、循序渐进的原则，以帮助读者通过阶梯式练习巩固所学知识、拓展其工程应用能力。

本教材以立体化知识体系、智能化学习工具与工程化实践为导向，为土木工程专业人才培养提供兼具深度与广度的教学载体，助力新时代工科教育向“创新型、复合型、应用型”目标迈进。

本教材由蒲小琼任主编并统稿，卫新宇、王芃、刘琛、李沙沙、何雨露、易晓园、胡萍、高恒聚、阎慧群、蒋薇、魏子明、魏晓霞任参编。编写分工为：蒲小琼(绪论、第1、6、7、8、9、10章)，胡萍、蒋薇(第2、3章)，魏晓霞、何雨露(第4章)，李沙沙、刘琛(第5章)，王芃、易晓园(第11章)，阎慧群、卫新宇(第12章)，高恒聚、魏子明(第13、14章)，易晓园、卫新宇(第15章)。

对在本教材编写过程中给予大力支持和帮助的四川大学教务处、机械工程学院、建筑与环境学院表示特别的感谢。本教材在编写过程中参考并借鉴了相关优秀教材，在此谨向各位作者致以最诚挚的谢意。

鉴于编者学识水平有限，书中难免存在疏漏与不妥之处，恳请广大读者不吝赐教、批评指正。

衷心期望本教材能够成为读者学习“画法几何与土木工程制图”课程的得力助手，引领大家步入这一充满魅力和挑战的领域，为未来的工程事业奠定坚实的基础。

编　者

2024年12月

目录

数字资源目录

0 绪　论

0.1　课程的性质和内容

工程图样是工程设计、工程施工、加工生产和技术交流的重要技术文件，它以图形和符号的形式传递着精确的技术信息，就如同语言在交流中的作用，因此被称为工程界的“技术语言”。工程技术人员按照国家或行业有关标准统一规定绘制工程图样，用以表达设计构思、进行技术交流、指导施工和制造加工。

本课程是高等院校工科土建类专业的一门既有系统理论又有较强实践性的专业技术基础课，其内容包括画法几何、土木工程制图和计算机绘图基础三个部分。

(1) 画法几何

画法几何是几何学的一个分支，它是一门研究在平面上用图形表达空间几何形体和解决空间几何问题的学科。画法几何以投影原理为基础，通过各种投影方法和图示手段，将三维空间几何体在二维平面上进行准确、清晰地表达，使人们能够通过二维平面图形正确地理解三维空间几何体的形状、结构和相对位置关系。

图示法和图解法是画法几何常用的研究方法。

① 图示法：研究如何在二维平面上表达三维形体。图示法用于绘制准确、清晰的图形以表达物体的几何特征，通过图形来直观地表达物体的形状、结构和相对位置等信息。

② 图解法：研究如何在二维平面上利用图形来解析空间几何问题。图解法用于求解空间几何关系和定位问题，运用几何原理和作图方法来解决空间几何问题和定位问题。

画法几何的主要内容包括：投影法基础、基本几何元素和几何体（点、线、面、立体）的投影、投影变换、曲线与曲面、轴测图等。

如果称工程图样为工程界的“技术语言”，画法几何则为这种“技术语言”的表达和解读提供了理论基础和规范指导，因此，画法几何就是描述这种技术语言的理论。画法几何不仅为工程图样的绘制和解读提供了系统的原理、规则和方法，也为工程图样的标准化和规范化奠定了基础，是现代工程技术人员必须掌握的基础知识之一。

(2) 土木工程制图

土木工程制图主要研究如何将土木工程项目内复杂的空间几何问题转化为清晰易懂的工程图样。土木工程制图运用画法几何的系统原理、规则和方法，通过规范的图示方法和精确的图形表达，准确、清晰、规范地将物体的形状、结构和尺寸等信息在图纸上表达出来，让工程技术人员（设计、施工、管理等人员）能够按照统一的标准进行设计、施工和交流。

土木工程制图的主要内容包括：制图基础（绘图工具的使用、制图标准和规范）、投影制图（组合体、工程形体的表达方法）、专业制图（建筑、结构、水电、暖通、道路、桥梁、涵洞、隧道）等。

土木工程制图是工程“技术语言”的具体呈现，它以准确、清晰、规范的图形和符号传达着设计意图和施工要求，它对工程设计、施工和管理都具有至关重要的作用，是土木工程师必备的技能之一。

(3) 计算机绘图基础

计算机绘图是借助计算机软件和硬件,运用图形学原理和方法,实现图形的绘制、编辑和输出的技术。

计算机绘图软件众多,本书重点推荐具有广泛应用领域的 AutoCAD 软件。AutoCAD 是由美国 Autodesk 公司开发的一款功能强大的计算机辅助设计软件,它被广泛应用于建筑设计、机械设计、电子电路设计、土木工程等众多领域。

本书计算机绘图基础部分主要介绍 AutoCAD 基本界面及功能、AutoCAD 基本操作及技巧(如图形绘图、图形编辑、尺寸标注、文字注释、图形组织管理、图形输出打印等)。

计算机绘图是工程"技术语言"具体呈现手段之一,它所绘制的工程图样,相对于人工尺规绘图,具有高效、精确、易于修改和保存等显著优势。计算机绘图能够快速生成复杂、精细的图形,能大大提高工作效率和设计质量,是现代工程技术人员不可或缺的基本技能之一。

0.2 课程的任务和要求

"画法几何与土木工程制图"课程具有实践操作性强、与其他专业类课程及工程实际联系紧密的特点。因此,课程在教会学生基础理论、基本知识和基本技能的同时,还特别强调对学生空间思维能力、分析解决实际问题能力和实践动手能力的培养。

(1) 课程的任务

① 培养学生的空间想象和思维能力,使学生能够在脑海中构建三维物体的形态,并将其准确地转化为二维平面图形。这是理解和绘制工程图纸的基础。

② 教授学生绘图的基本原理和方法,包括正投影、斜投影、轴测投影等,让学生掌握如何通过不同的投影方式来准确表达物体的形状、结构和尺寸。

③ 使学生熟悉土木工程制图的相关规范和标准,能够按照行业要求绘制各类工程图纸,如建筑平面图、剖面图、立面图、结构图等。

④ 培养学生的绘图技能和技巧,包括线条的绘制、尺寸的标注、文字的书写等,以确保绘制出的图纸清晰、准确、规范。

⑤ 培养学生的计算机绘图能力,学习 AutoCAD 绘图基础、了解常用的三维建模软件。

⑥ 培养学生解决问题的高阶思维能力、自主学习能力及工程创新能力。

(2) 课程的要求

① 在知识掌握方面,学生需深入理解投影原理,熟练运用各种投影方法进行图形表达,牢记制图相关规范中的各项细则。

② 在知识获取方面,学生应具备独立思考能力和自主学习能力,养成互助学习的习惯。

③ 在技能培养方面,学生要通过大量的实践练习,提高绘图的速度和精度,熟练使用绘图工具和计算机绘图软件。

④ 在思维训练方面,学生应具备独立分析并解决复杂工程问题的高阶思维能力及工程创新能力。

⑤ 在态度养成方面,学生应有团队协作意识,具备认真负责的工作态度、严谨细致的工作作风,对待每一个绘图细节都一丝不苟,确保图纸的质量和准确性。

总之,"画法几何与土木工程制图"课程旨在为学生打下坚实的工程制图基础,使其具备在土木工程领域从事设计、施工等工作所需的绘图能力和专业素养,为后续课程的学习、毕业设计和工作就业打下良好的基础。

0.3 课程的学习方法

本课程的特点是既有系统理论又有较强实践性，需要将理论和实践相结合，不断地进行训练。

(1) 学习的基本方法

① 画法几何的特点是系统性强、逻辑严谨。上课时学生应注意认真听讲，做好笔记；复习时应先阅读教材中的相应内容，弄懂在课堂所学习的基本原理和基本作图方法，最好能亲自动手，完成课堂上一些典型图例的作图过程，以检查自己对相关内容的掌握情况；然后独立地完成一定数量的作业，加强对所学内容的理解和掌握。在学习过程中，要注意运用正投影原理来加强理解空间形体和平面图形之间的对应关系，进行由物到图和由图到物的反复练习，不断提高空间想象能力和空间分析能力。

② 工程制图的特点是实践性强。只有通过一定数量的画图、读图练习和多次实践，才能逐步掌握画图和读图的方法，提高画图和读图的能力。在完成大作业练习题之前，要仔细阅读作业指示书，然后按指示书的要求(如投影正确、作图准确、字体端正、图面美观等)，并遵循国家和行业制图相关标准，正确使用绘图工具，严肃认真、耐心细致地完成画图和读图作业。

③ 计算机绘图部分可以利用教材、相关的计算机绘图书籍和绘图软件进行学习，并上机反复进行图形绘制练习，以熟练地掌握这一技术。

(2)学习的具体举措

① 网络资源助学：关注微信公众号“西米老师微课堂(ximilaoshi)”，该公众号内容包含制图课件、习题答案、作业范图、模型动画、软件学习、课堂内外等教学模块，方便随身、随时、随性地学习与交流。

② 教材配套数字资源助学：扫描教材上的二维码，对相关知识点进行反复研习。

③ 课前目标明确：仔细阅读每章正文前的“内容提要”和“学习目标”，明确所要掌握的知识要点，有的放矢地进行学习。

④ 课后善于总结：自己对每章的要点进行提炼总结后，与正文后的“本章小结”比对，并完成“要点自测”，从中找出自己的薄弱环节，有针对性地进行强化。

⑤ 重视课堂笔记：记录重点概念、方法和老师强调的要点，便于复习和回顾。

⑥ 参与课堂互动：紧跟老师课堂节奏，积极回答老师课堂提问，参与课堂互动。

⑦ 多做习题：通过完成各种练习题，熟悉不同类型的图形绘制和标注方法。

⑧ 制作模型：对于复杂的几何图形，可以通过制作实物模型来增强空间想象力。

⑨ 小组互助学习：与同学组成学习小组，共同讨论问题、交流心得，互相学习和启发。

⑩ 研读优秀范例：研究优秀的工程图纸范例，学习其构图、标注和表达技巧。

⑪ 理论与实践结合：重视每章正文后的“理实融合”，深入理解投影原理、制图规范等理论知识，并通过大量的绘图实践来巩固和应用。

⑫ 玩转绘图工具和软件：熟练掌握传统绘图工具，同时熟悉相关的绘图软件，提高绘图效率和精度。

⑬ 重视拓展学习：每章后面设置了“拓展学习”，该板块为读者提供了课程知识更新、行业发展趋势、国内外技术新动向、学科交叉融合、课程思政、经典案例赏析等内容，可以帮助学习者突破原有知识范围限制，接触到更多更新的学科、主题和领域，从而构建更全面、更丰富的知识体系。

课程的发展沿革及未来发展方向

1　制图的基本知识和基本技能

【内容提要】

本章主要介绍绘图工具的使用、工程制图国家标准的基本规定和制图的基本知识、基本几何作图、绘图的方法与步骤等。本章的教学重点为图纸的幅面及格式、比例、字体、图线、尺寸标注、基本几何作图，教学难点为平面图形的分析与绘制。

【学习目标】

通过本章的学习，学生应了解土木工程制图中所执行的一系列国家标准，熟悉国家制图标准对图纸幅面及格式、比例、字体、图线、尺寸标注等的相关规定并能熟练运用；掌握几何作图的基本方法和技巧，养成良好的绘图习惯，逐步提高绘图效率，具备熟练使用绘图工具准确地绘制各种平面图形的能力。

1.1　绘图工具、仪器及其使用方法

工程图样通常有徒手绘制、尺规绘制和计算机绘制三种方式。一般精度要求不高的草图可采用徒手绘制，而精度要求高且比较正式的图样必须选用尺规或计算机绘制。

"工欲善其事，必先利其器。"尺规绘图的工具和仪器种类繁多，下面就学习中常用的绘图工具和仪器作简要介绍。

1.1.1　绘图笔

1.1.1.1　铅笔

铅笔是绘图必备的工具。铅笔笔芯的硬度用字母 H 和 B 标识。H 前的数字越大，铅芯越硬，如 2H 的铅芯比 H 的铅芯硬；B 前的数字越大，铅芯越软，如 2B 的铅芯比 B 的铅芯软；HB 是中等硬度。通常，H 或 2H 铅笔用于画底稿、细实线、点画线、双点画线以及虚线等，HB 或 B 铅笔用于画中粗线、写字等，B 或 2B 铅笔用于画粗实线。

铅笔的选用

铅笔要从没有标记的一端开始削，以便保留铅芯软硬的标记。将画底稿或写字用铅笔的铅芯部分削成锥形，铅芯外露 6～8 mm，如图 1-1(a)所示；用于加深图线的铅芯可以磨成图 1-1(b)所示的形状。

用铅笔绘图时，用力要均匀，不宜过大，以免划破图纸或留下凹痕。铅笔笔尖与尺边的距离要适中，以保持线条位置的准确，如图 1-2 所示。

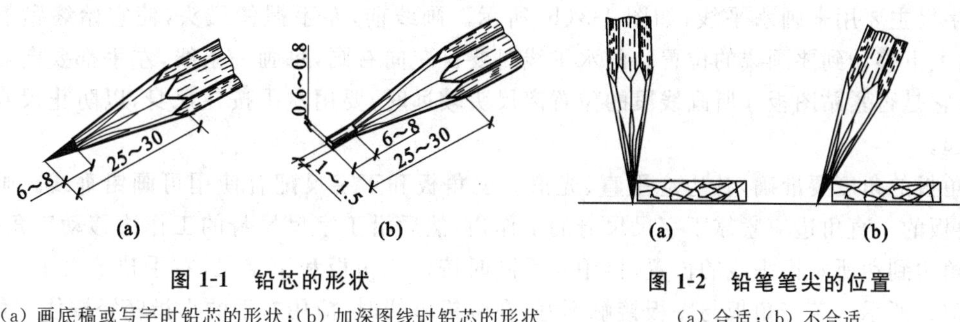

图 1-1　铅芯的形状

(a) 画底稿或写字时铅芯的形状；(b) 加深图线时铅芯的形状

图 1-2　铅笔笔尖的位置

(a) 合适；(b) 不合适

1.1.1.2　直线笔和针管笔

直线笔(又名鸭嘴笔)和针管笔都是用来上墨描线的，目前已广泛用针管笔代替了直线笔。针管笔笔端是不同粗细的针管，绘图时可按所需线宽选用，常用的规格有0.2 mm、0.3 mm、0.4 mm、0.5 mm、0.6 mm、0.7 mm、0.8 mm、1 mm、1.1 mm 等。

直线笔和针管笔使用后必须及时清洗，以免针管堵塞。

1.1.2　图板、丁字尺和三角板

图板是铺放图纸的垫板，它的工作表面必须平坦、光洁。其左边为工作导边，可通过光线间隙检查是否平直。图板不能用水洗刷和在日光下暴晒，也不能在图板上切纸。

丁字尺由尺头和尺身组成，如图 1-3(a)所示。尺头接触图板的一边必须平直，尺身要紧靠尺头不能松动，尺身的工作边必须保持平直、光滑，不能沿尺身的工作边切纸。

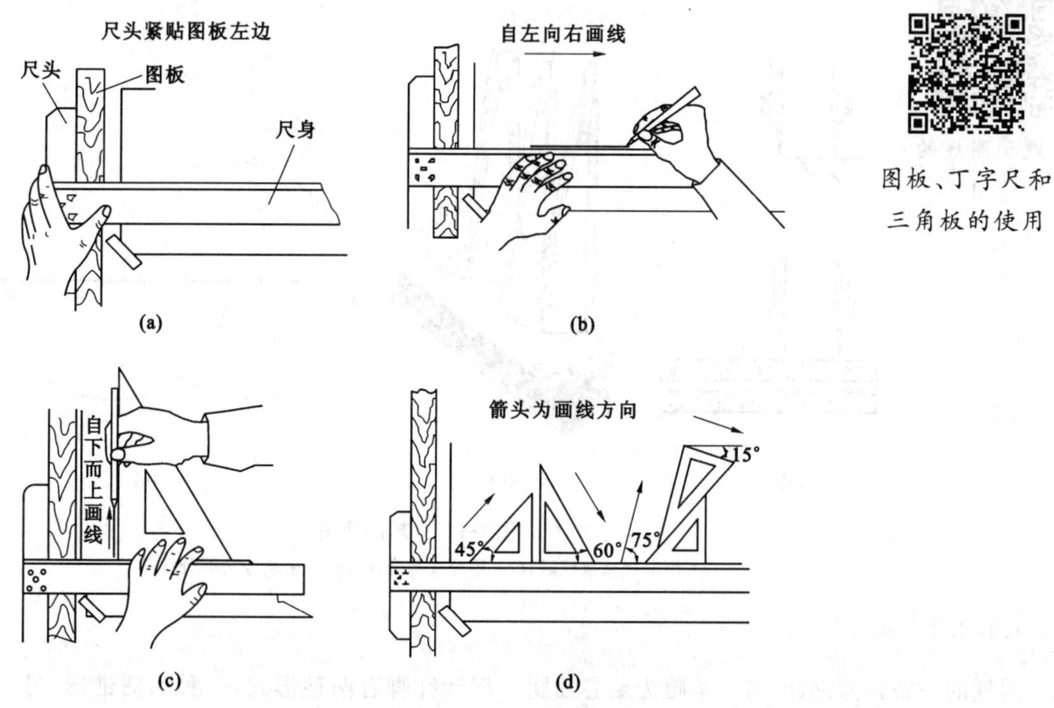

图 1-3　图板、丁字尺、三角板的配合使用

(a) 图板与丁字尺；(b) 画水平线；(c) 画铅垂线；(d) 画特定角度的斜线

丁字尺主要用来画水平线,如图 1-3(b)所示。画线前,左手握住尺头,使它始终紧靠图板左边,然后上下移动到要画线的位置。画水平线时要自左向右画,每画一条线,左手都要向右按一下尺头,看它是否紧贴图板。所画线段的位置离尺头较远时,要用左手按住尺身,以防止尺身摆动或尺尾翘起。

三角板的角度要准确,各边应平直、光滑。三角板和丁字尺配合使用可画铅垂线。画铅垂线时,三角板的一直角边应紧靠丁字尺尺身的工作边,然后沿丁字尺尺身的工作边移动三角板,直至另一直角边到达所画铅垂线的位置,再用左手同时按住三角板和丁字尺,右手执笔自下而上画线,如图 1-3(c)所示。若三角板与图板接触不好,在画铅垂线时,应用右手的小指轻轻按住三角板并不断滑动。三角板同丁字尺配合使用也可以画特定角度的斜线,如 15°、45°、60°、75° 等,如图 1-3(d)所示。

1.1.3 分规和圆规

1.1.3.1 分规

分规的两条腿都是钢针,它主要是用来截取线段和等分线段的,如图 1-4(a)、(b)所示。使用分规时,两腿端部的两个钢针应调整平齐;当两腿合拢时,针尖应汇合于一点。

用分规等分线段可用试分法。如图 1-4(c)所示,若要三等分线段 AB,则先目测估算,使分规两针尖间的距离大约为 AB 长度的 1/3,然后从点 A 开始在 AB 上试分。如果最后一点 C 超出(或不到)点 B,说明两针尖间的距离大于(或小于)AB 长度的 1/3,则应使分规两针尖向里闭合(或向外张开)BC 长度的1/3,再进行试分,直至刚好等分为止。

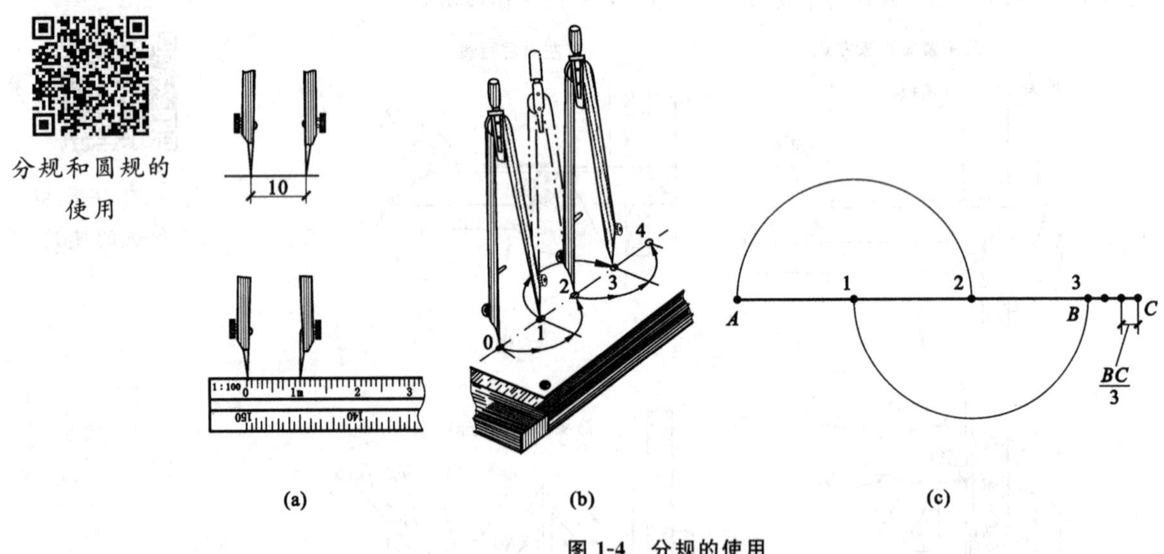

图 1-4 分规的使用

(a) 用分规截取线段;(b) 用分规等分线段;(c)用试分法等分线段

1.1.3.2 圆规

圆规的一条腿为钢针,另一条腿为铅芯插腿。钢针针脚有两种形式,一种为圆锥形,另一种带有台肩,如图 1-5 所示。圆规主要用来画圆和圆弧。画圆或圆弧时,将钢针置于圆心上,在铅芯插腿上装铅芯可以绘制铅笔圆,装墨线头可以绘制墨线圆。若在铅芯插腿上装钢针(用不带台肩一端),使两针尖齐平,可作分规使用。

安装铅芯时，应将铅芯调得比钢针短一些。当钢针扎入图板后，就与铅芯一样长了。这样，画圆的时候钢针就不会从圆心位置滑掉跑偏，如图1-5所示。

使用圆规画细线圆时，铅芯插腿应安装较硬的铅芯(如2H、H)，铅芯应磨成铲形，并使斜面向外，如图1-6(a)所示。画粗实线圆时，铅芯插腿应安装较软的铅芯(如B、2B)，铅芯截面可磨成矩形，如图1-6(b)所示。画粗实线圆的铅芯要比画粗直线的铅芯软一号，以便使图线深浅一致。

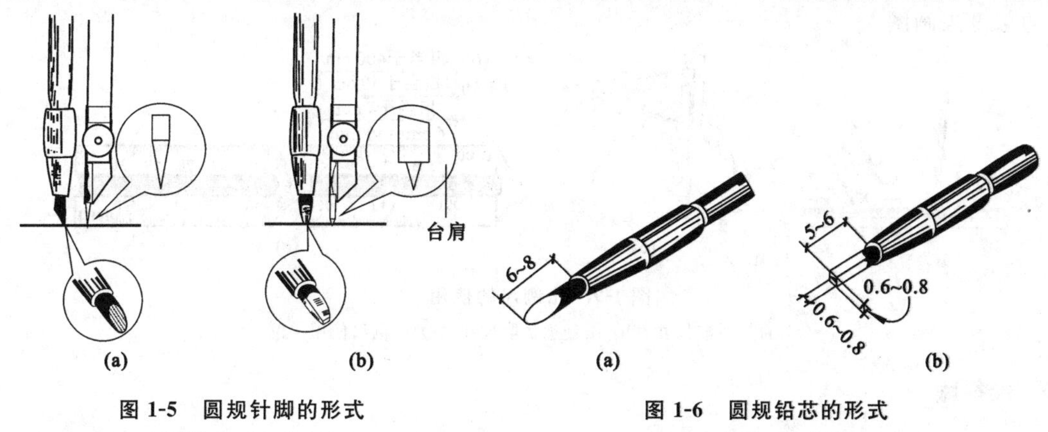

图1-5　圆规针脚的形式

(a) 圆锥尖；(b) 台肩尖；

图1-6　圆规铅芯的形式

(a) 铲形；(b) 矩形

用圆规画圆时，应将圆规略向前进方向倾斜，如图1-7(a)所示。画圆时，应随时调整圆规两腿，保证两腿与纸面垂直，如图1-7(b)所示。画圆时，手持圆规的方法如图1-8所示。画较大直径圆时，可用加长杆来增大所画圆的半径，并且使圆规两脚都与纸面垂直，如图1-8(b)所示。画小圆时宜用弹簧圆规或点圆规。

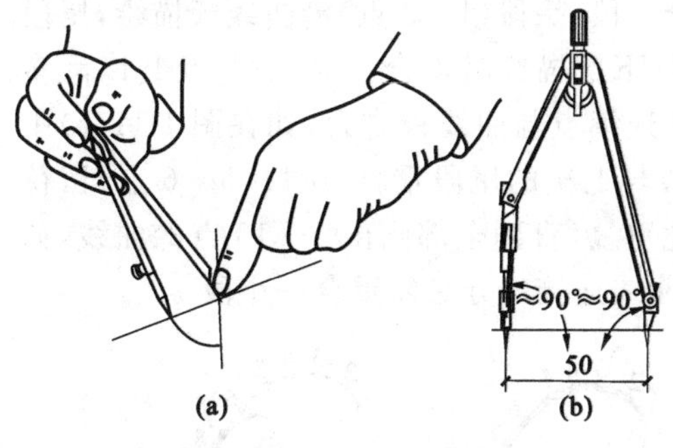

图1-7　用圆规画圆(1)

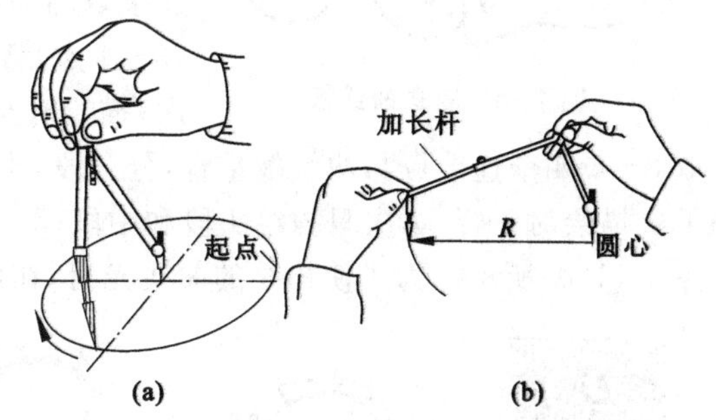

图1-8　用圆规画圆(2)

(a) 画一般直径圆；(b) 画较大直径圆

1.1.4　比例尺

图样上所画图形的线性尺寸与实物相应线性尺寸之比称为比例。比例尺是刻有不同比例的直尺。其形式很多，常用的比例尺做成三棱柱状，称为三棱尺。比例尺只能用来度量尺寸，不能用来画线。尺寸可从比例尺上直接量取，如图1-9(a)所示；也可以先用分规从比例尺上量取，再移到图纸上，如图1-9(b)所示。必须注意，不能用分规的针尖在比例尺刻度上扎眼，以免破坏尺面。

公制比例尺所用的单位是m。比例尺中的每一个刻度都有一个“m”，没有注“m”的数值也是以m为单位的，如图1-9所示。

比例尺三棱面上有六个不同的刻度，使用其中某一种刻度时，可直接按该尺面所刻的数值量取或读出该线段的长度。如图1-9(c)所示，若选用1∶100的比例，4 m(400 cm)的长度相当于1∶10比例的40 cm，亦相当于1∶1比例的4 cm。由于4 cm＝40 mm，故1∶100比例尺中的每一最小格长度为 1 mm。为此,得出了换算比例尺的规律:比例尺的分母与刻度数值成正比变化,即将比例的分母乘以(或除以)同刻度的倍数。例如,要用 1∶25 的比例画一个长为 250 cm 的图,若选用1∶100 的比例尺,则需先将 1∶25 中的 25 换成 100,即 25×4=100,而刻度数值也相应变为 250×4=1000(cm)=10 m;然后在 1∶100 的比例尺上找到 10 m 的长度来画图。又如,要用 1∶150 的比例画一个长度为 9 m 的图,若选用 1∶300 的比例尺,则 9×2=18(m),即在 1∶300 的比例尺上找到 18 m 的刻度来画图。

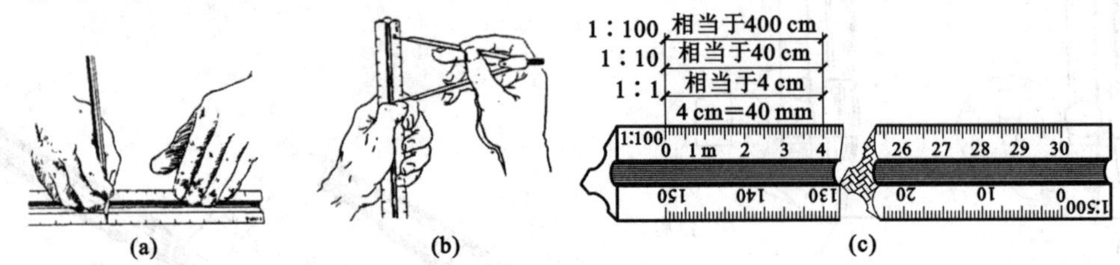

图 1-9 比例尺的使用

(a) 直接量取尺寸;(b) 用分规量取尺寸;(c) 比例尺使用实例

1.1.5 曲线板

曲线板是用来描绘非圆曲线的,图 1-10 所示为复式曲线板。使用曲线板时,先用铅笔画细实线,将已找出曲线上的各点依次连成曲线,如图 1-11(a)所示。描绘曲线时,根据曲线的弯曲趋势在曲线板上选择与曲线吻合的部分进行绘制。绘制较长的曲线时要分几次完成:第一次至少取三个连续点与曲线板吻合(重合),如在图 1-11(b)中找出 1～4 四个连续点与曲线板重合,分二段,头段(1～3 点)沿曲线板描绘,尾段(3～4 点)暂不描绘,留待下次描绘时重合。第二次(及其以后多次)描绘时至少找出四个连续点与曲线板吻合,如在图 1-11(c)中取 3～6 四个连续点与曲线板重合,分三段,头段(3～4 点)与上次的尾段重合,尾段(5～6 点)留待下次描绘时重合,本次只描绘头段和中段(3～5 点)。如此重复,直到全部画出 1～13 点的曲线,如图 1-11(d)所示。为了使描绘的曲线光滑,在两次描绘的曲线连接部分必须重合一小段。

图 1-10 复式曲线板

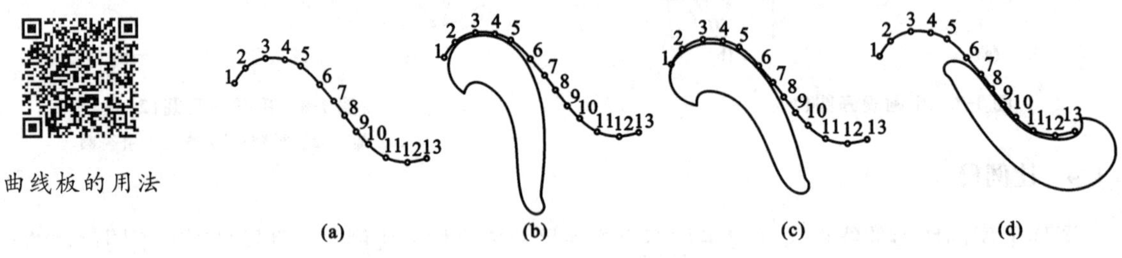

图 1-11 曲线板的用法

(a) 连细实线;(b) 第一次找四点连三点;(c) 第二次找四点连三点;(d) 画出 1～13 点的曲线

1.1.6 其他绘图工具

绘图用的图纸、削铅笔用的刀片、擦图线用的橡皮、固定图纸用的透明胶带、扫橡皮末用的毛刷、磨铅芯用的砂纸、修改图线用的擦图片、为提高绘图质量和速度用的模板等,都是绘图必不可少的工具,如图 1-12 所示。

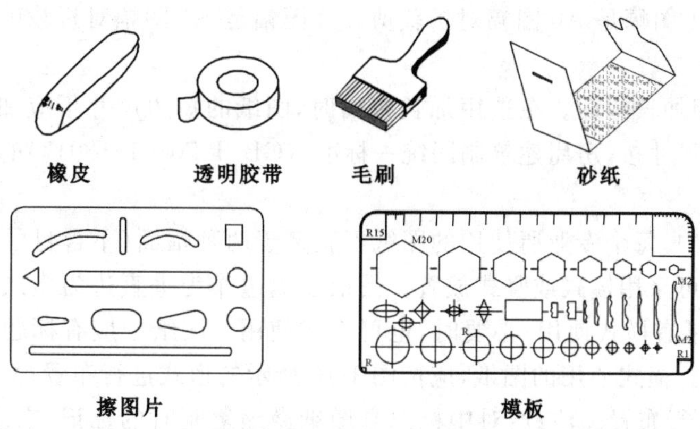

图 1-12　其他绘图工具

1.2　制图的基本规定

图样是工程技术界的共同语言，是产品或工程设计结果的一种表达形式，是产品制造或工程施工的依据，是组织和管理生产的重要技术文件。为了便于技术信息交流，对图样必须作出统一的规定。

由国家指定的专责机关负责组织制定的全国范围内执行的标准，称为国家标准，简称“国标”，代号为 GB；由国际标准化组织制定的世界范围内使用的标准称为国际标准，代号为 ISO。目前，在建筑方面，国内执行的制图标准主要有《房屋建筑制图统一标准》(GB/T 50001—2017)、《总图制图标准》(GB/T 50103—2010)、《建筑制图标准》(GB/T 50104—2010)、《建筑结构制图标准》(GB/T 50105—2010)等。

本节将分别就《房屋建筑制图统一标准》(GB/T 50001—2017)中规定的基本内容，包括图纸的幅面和格式、比例、字体、图线、尺寸标注的基本规则等作简要介绍。

1.2.1　图纸幅面、标题栏与会签栏

1.2.1.1　图纸幅面

图纸幅面是指由图纸宽度 B 与长度 L 所组成的图面。

图纸幅面及图框尺寸见表 1-1。

表 1-1　**图纸幅面及图框尺寸**

幅面代号	A0	A1	A2	A3	A4
$B\times L$/(mm×mm)	841×1189	594×841	420×594	297×420	210×297
c/mm	10			5	
a/mm	25				

(1) 基本幅面

《房屋建筑制图统一标准》(GB/T 50001—2017)规定，绘制技术图样时应优先采用表 1-1 所规定的五种基本幅面，其代号为 A0、A1、A2、A3、A4，尺寸为 $B\times L$。各图框尺寸应符合表 1-1 的规

定。由表1-1可知,A1图幅是A0图幅对折裁剪,A2图幅是A1图幅对折裁剪,其余以此类推。

(2) 加长幅面

必要时,允许选用加长幅面。在选用加长幅面时,图纸的短边尺寸不应加长,A0～A3幅面长边尺寸可加长。加长尺寸按《房屋建筑制图统一标准》(GB/T 50001—2017)的相关规定执行,这里不再赘述。

在一个工程设计中,每个专业所使用的图纸不宜多于两种幅面(不含目录及表格所采用的A4幅面)。绘图时,图纸可采用横式或竖式放置。图纸以短边作为垂直边为横式,以短边作为水平边为立式。A0～A3图纸宜横式使用;必要时,也可立式使用。图纸中应有标题栏、图框线、幅面线、装订边线和对中标志。横式使用的图纸,应按图1-13所示的形式进行布置;立式使用的图纸,应按图1-14所示的形式进行布置。注意:对中标志是图纸微缩复制时的标记,它应绘制在图框线各边的中点处,其线宽为0.35 mm,应伸入内框边5 mm,如图1-13所示。

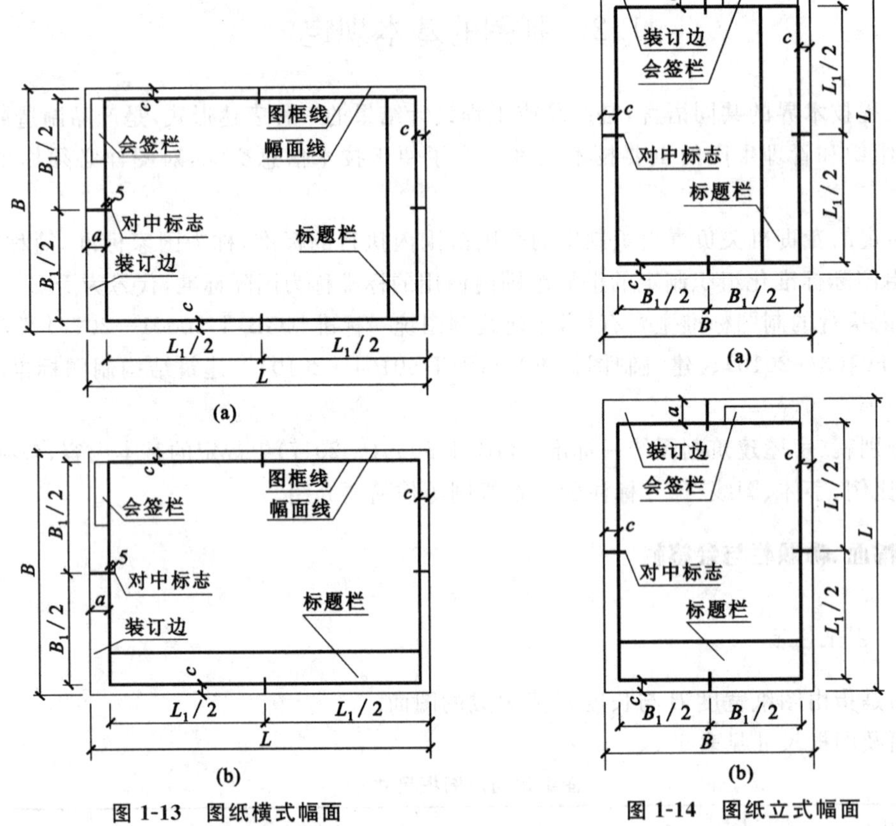

图1-13 图纸横式幅面

图1-14 图纸立式幅面

1.2.1.2 标题栏与会签栏

标题栏和会签栏是图纸提供图样信息的栏目。标题栏和会签栏的尺寸、格式、分区及内容应根据工程的需要并按《房屋建筑制图统一标准》(GB/T 50001—2017)中的相关规定执行。在本课程的作业中,标题栏和会签栏的位置可按图1-13、图1-14绘出,其尺寸、格式和内容可采用如图1-15所示形式绘制和填写。

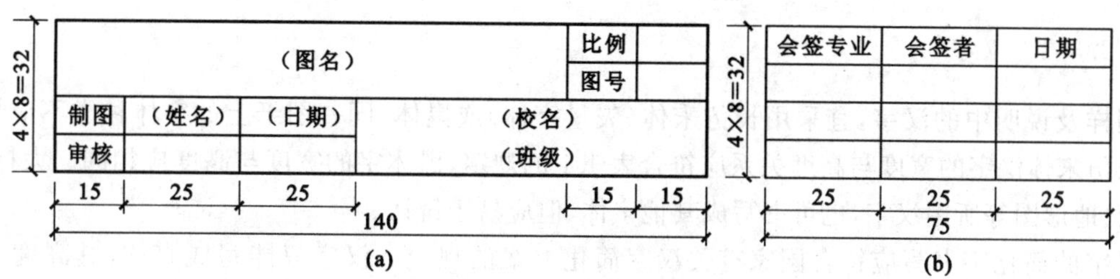

图 1-15 标题栏和会签栏

(a) 标题栏;(b) 会签栏

1.2.2 比例

图样的比例,应为图形与实物相对应线性尺寸之比。比例的符号为“:”,比例应以阿拉伯数字表示,如 1:1、1:5、1:200。比例的大小是指其比值的大小,如 1:10>1:100。

比例宜注写在图名的右侧,字的基准线应取平;比例的字高宜比图名的字高小一号或二号,如图 1-16 所示。

平面图 1:100　　⑥ 1:20

图 1-16 比例的注写

绘图所用的比例应根据图样的用途与被绘对象的复杂程度从表 1-2 中选用,并应优先采用表中常用比例。

表 1-2 **绘图所用的比例**

常用比例	1:1、1:2、1:5、1:10、1:20、1:30、1:50、1:100、1:150、1:200、1:500、1:1000、1:2000
可用比例	1:3、1:4、1:6、1:15、1:25、1:40、1:60、1:80、1:250、1:300、1:400、1:600、1:5000、1:10000、1:20000、1:50000、1:100000、1:200000

一般情况下,一个图样应选用一种比例。根据专业制图的需要,同一图样可选用两种比例。特殊情况下也可自选比例,这时除应注出绘图比例外,还必须在适当位置绘制出相应的比例尺。

1.2.3 字体

图样上所需书写的文字、数字或符号等,均应笔画清晰、字体端正、排列整齐,标点符号应清楚、正确。

字体的高度(用 h 表示,单位为 mm)习惯上称为字体的号数,如字高为 7 mm 就是 7 号字。字体的高度应从表 1-3 中选用。字高大于 10 mm 的文字宜采用 TrueType 字体;若需要书写更大的字,其高度应按$\sqrt{2}$的倍数递增。

TrueType 字体的中文名称为全真字体,是由 Apple 公司和 Microsoft 公司联合推出的一种采用新型数学字形描述技术的计算机字体。由于该字体几乎支持所有设备,在各种设备上均能以该设备的分辨率输出非常清晰的文字,故目前在工程上得到了广泛的应用。

表 1-3 **文字的字高** (单位:mm)

字体种类	中文矢量字体	TrueType 字体及非中文矢量字体
字高	3.5、5、7、10、14、20	3、4、6、8、10、14、20

1.2.3.1　汉字

图样及说明中的汉字,宜采用长仿宋体(矢量字体)或黑体,同一图纸上的字体种类不应超过两种。长仿宋体汉字的宽度与高度关系应符合表1-4的规定,黑体字的宽度与高度应相同。大标题、图册封面、地形图等所用汉字,也可书写成其他字体,但应易于辨认。

汉字的简化字书写应符合国家有关汉字简化方案的规定。汉字只能写成直体,其高度 h 不宜小于3.5 mm。

长仿宋体字的特点是:笔画粗细均匀、横平竖直、刚劲有力、起落分明、书写规则。汉字的基本笔画如表1-5所示。

表1-4　**长仿宋体汉字高度与宽度的关系**　(单位:mm)

字高	20	14	10	7	5	3.5
字宽	14	10	7	5	3.5	2.5

表1-5　**汉字的基本笔画**

基本笔画	形状与写法	基本笔画	形状与写法
横	45° 3° 45° 平横　斜横	点	顿点　尖点　竖点　挑点
竖		挑	
撇	直撇　斜撇　平撇	钩	竖钩　平钩　弯钩
捺	斜捺　平捺	折	

汉字中有很多字是由偏旁组成的,对它们应有一定的了解。常用的偏旁、写法和字例如表1-6所示。

表1-6　**部分常用偏旁、写法和字例**

偏旁	写法	字例	偏旁	写法	字例
亻	撇斜度宜大而直,竖位于撇的中部	作　位	禾	短横的宽度约占字宽的1/3	利　科
讠	顿点与短横不搭接	设　计	米	横稍上,上密下稀	料　粗

续表

偏旁	写法	字例	偏旁	写法	字例
阝	“阝”要细长,“阝”所占宽度约占 1/2 字宽,若“阝”在字右边则其宽度为 3/4 字宽	附　都	刂	左边竖要长些	制　到
彳	双撇平行,上撇略短,竖笔居中	行　往	戈	弯钩上半部分宜竖直,撇要长	成　或
氵	上点稍右,最下点是挑,斜度要大	河　流	殳	上部占格短些,“又”部略长而宽	投　段
扌	挑的位置不要太高,斜度要大些	据　技	人	撇长捺短结尾高	令　全
纟	第二笔要倾斜	级　缝	宀	上面是竖点,左边点要长些,向上出头	宋　安
火	“丿”要直,下面稍弯	炸　炼	艹	左边竖直,右边斜撇	范　幕
王	斜玉旁稍短,位置偏上或居中	理　班	⺮	上面是两个短横画,下面是两个斜点	第　算
木	短横的宽度占字宽的 1/3	校　核	⻗	下面四点是短横画	零　雷
车	短横稍低,竖宜居中	轮　输	灬	左边第一点向左偏,其余微向右偏	照　然
日	要较细长	时　明	心	左点低、右点高,顿点居中	志　意
衤	点为顿点,撇不要太长	初　被	广	“丿”应向上出头	度　麻
月	要细长	服　期	廴	捺要陡些,最后一笔要向左出头	延　建
钅	撇的斜度要大,不要太长	钢　铺	辶	捺要平些,“乛”不能与捺交叉	通　道

汉字的书写要领是:高宽足格、长短配合、排列匀称、稳定紧密。为了保持字体大小一致,应在按字号大小画的格子内书写。字距为字高的 1/8～1/4,行距为字高的 1/4～1/3。要写好长仿宋体汉字,除练好基本笔画外,还应该掌握字体的结构,并辅以勤学苦练、持之以恒。字体的结构分析如表 1-7 所示。

表 1-7　**字体结构分析**

要求	一般规律和字例		
高宽足格	参差字“主笔到格” 本　余	围合字“按量缩进” 固　日　口	
长短配合	多横贯穿字 “上短下长中最短” 三　秦	多竖出头字 “左矮右高中最高” 曲　山	
排列匀称	单体字 “疏密均匀” 王　百	横列组合字 “左窄短,右宽长” 林　特	竖向组合字 “上密下稀脚宜长” 界　要
稳定紧密	重心居中或偏右 心　乃	左右穿插 切　改	上下交接 装　磨

为了便于读者临摹学习,这里将工程建设及本课程作业中常用的长仿宋体汉字列出,如图 1-17 所示。

土木建筑工程几何制图投影作线型断视平立侧主

民用房屋东南西北方向剖面设计说明基础踏板墙

柱梁挡板楼梯框架承重结构门窗阳台雨篷混凝土

图 1-17　长仿宋体汉字示例

1.2.3.2　数字和字母

图样及说明中的拉丁字母、阿拉伯数字与罗马数字,宜采用单线简体或罗马字体。拉丁字母、阿拉伯数字与罗马数字的书写规则,应符合表 1-8 的规定。

表 1-8　**拉丁字母、阿拉伯数字与罗马数字的书写规则**

书写格式	一般字体	窄字体
大写字母高度	h	h
小写字母高度(上下均无延伸)	$7h/10$	$10h/14$
小写字母伸出的头部或尾部	$3h/10$	$4h/14$
笔画宽度	$h/10$	$h/14$

续表

书写格式	一般字体	窄字体
字母间距	$2h/10$	$2h/14$
上下行基准线的最小间距	$15h/10$	$21h/14$
词间距	$6h/10$	$6h/14$

拉丁字母、阿拉伯数字与罗马数字如需写成斜体字，其斜度应是从字的底线逆时针向上倾斜75°。斜体字的高度和宽度应与相应的正体字相等。拉丁字母、阿拉伯数字与罗马数字的字高不应小于2.5 mm。

对于数量的数值注写，应采用正体阿拉伯数字。各种计量单位均应采用国家颁布的单位符号注写。单位符号应采用正体拉丁字母。

分数、百分数和比例数的注写，应采用阿拉伯数字和相应的数学符号，如1/6、60％、1∶200。

当注写的数字小于1时，应写出个位的“0”，小数点应采用圆点，齐基准线书写，如0.05。

拉丁字母、阿拉伯数字与罗马数字分别如图1-18、图1-19、图1-20所示。

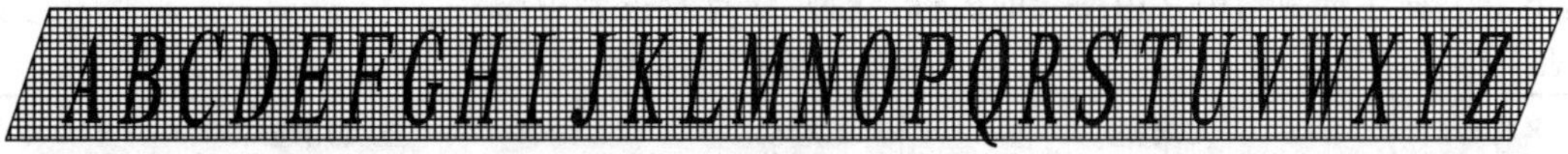
ABCDEFGHIJKLMNOPQRSTUVWXYZ

(a)

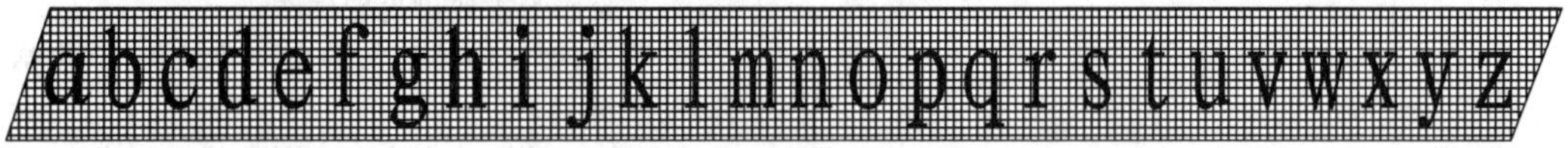
abcdefghijklmnopqrstuvwxyz

(b)

图1-18　拉丁字母示例

(a) 斜体；(b) 正体

0123456789

(a)

0123456789

(b)

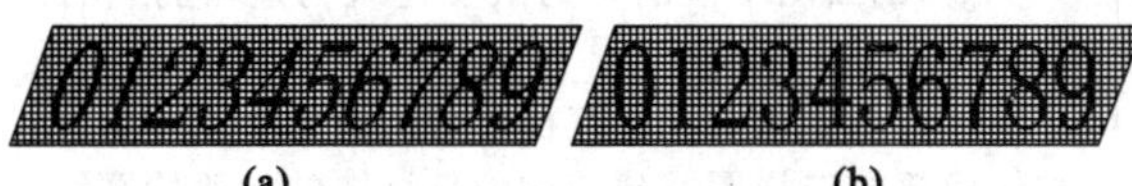

图1-19　阿拉伯数字示例

(a) 斜体；(b) 正体

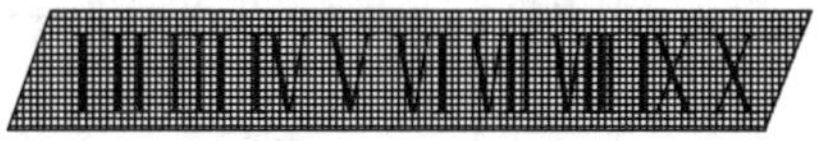
I II III IV V VI VII VIII IX X

图1-20　罗马数字示例

1.2.4　图线

1.2.4.1　基本线宽和线型

根据《房屋建筑制图统一标准》(GB/T 50001—2017)中的相关规定，图样中图线宽度的尺寸系列为0.13 mm、0.18 mm、0.25 mm、0.35 mm、0.5 mm、0.7 mm、1.0 mm、1.4 mm、2 mm，系数公比为$1:\sqrt{2}$。每个图样，应根据其复杂程度与比例大小先选定基本线宽b，再选用表1-9中相应的线宽组。注意：图线宽度不应小于0.1 mm。

表 1-9　　　　**线宽组**　　　　(单位:mm)

线宽比	线宽组			
b	1.4	1.0	0.7	0.5
$0.7b$	1.0	0.7	0.5	0.35
$0.5b$	0.7	0.5	0.35	0.25
$0.25b$	0.35	0.25	0.18	0.13

图纸的图框线和标题栏线,可采用表 1-10 中的线宽。

表 1-10　　　　**图框线、标题栏线的线宽**　　　　(单位:mm)

幅面代号	图框线	标题栏外框线	标题栏分格线
A0、A1	b	$0.5b$	$0.25b$
A2、A3、A4	b	$0.7b$	$0.35b$

在建筑制图中,图线的线型有实线、虚线、单点长画线、双点长画线、折断线和波浪线。表 1-11 中列出了工程建筑制图中常用图线的名称、线型、线宽及主要用途。

表 1-11　　　　**工程建筑制图常用图线**

名称		线型	线宽	主要用途
实线	粗		b	① 一般作为主要可见轮廓线; ② 平、剖面图中被剖切的主要建筑构造(包括构配件)的轮廓线; ③ 建筑立面图或室内立面图的外轮廓线; ④ 建筑构造详图中被剖切的主要部分的轮廓线; ⑤ 建筑构配件详图中的外轮廓线; ⑥ 平、立、剖面的剖切符号
	中粗		$0.7b$	① 平、剖面图中被剖切的次要建筑构造(包括构配件)的轮廓线; ② 平、立、剖面图中建筑构配件的轮廓线; ③ 建筑构造详图及建筑构配件详图的一般轮廓线
	中		$0.5b$	平、剖面图中没有剖切到,但可看到部分的轮廓线
	细		$0.25b$	① 图例线、索引符号、尺寸线、尺寸界线、引出线、标高符号; ② 图例填充线、家具线、纹样线
虚线	粗		b	平面图中的排水管道
	中粗		$0.7b$	① 建筑构造详图中建筑构配件不可见的轮廓线; ② 平面图中的梁式起重机(吊车)轮廓线; ③ 拟建、扩建建筑物轮廓线
	中	≈1　3~6	$0.5b$	一般不可见轮廓线
	细		$0.25b$	① 总平面图中原有建筑物和道路、桥涵、围墙等设施的不可见轮廓线; ② 图例填充线、家具线

续表

名称		线型	线宽	主要用途
单点长画线	粗	3~5 10~30	b	起重机(吊车)轨道线
	细		0.25b	中心线、对称线、定位轴线、轴线
双点长画线	粗		b	预应力钢筋线
	细	≈5 10~30	0.25b	假想轮廓线、成形前原始轮廓线
折断线	细		0.25b	部分省略表示时的断开界线
波浪线	细		0.25b	部分省略表示时的断开界线,曲线形构件断开界线,构造层次的断开界线

注:地坪线线宽可用 1.4b。

1.2.4.2　画线时应注意的问题

如图 1-21(a)所示,画线时应该注意的问题有:

① 同一张图纸内,相同比例的各图样应选用相同的线宽组。

② 相互平行的图例线,其净间隙或线中间隙不宜小于 0.2 mm。

③ 虚线、单点长画线或双点长画线的线段长度和间隔宜各自相等。单点长画线或双点长画线中的点不是圆点,而是长约 1 mm 的短画。

④ 对于单点长画线或双点长画线,当在较小图形中绘制有困难时,可用实线代替。

⑤ 单点长画线或双点长画线的两端不应是点。点画线与点画线交接或点画线与其他图线交接时,应是线段交接。

⑥ 虚线与虚线交接或虚线与其他图线交接时,应是线段交接。虚线为粗实线的延长线时,粗实线应画到分界点,虚线应留有空隙。当虚线圆弧与虚线直线相切时,虚线圆弧的线段应画至切点,虚线直线则留有空隙。

⑦ 粗实线与虚线或单点长画线重叠时,应画粗实线。虚线与单点长画线重叠时,应画虚线。

1.2.4.3　图线的画法示例

图线的画法示例如图 1-21 所示。

1.2.5　尺寸标注的基本规则

工程图样中,除了按比例画出建筑物或构筑物的形状外,还必须正确、齐全和清晰地标注尺寸,以便确定建筑物的大小,作为施工的依据。

1.2.5.1　尺寸的组成

一个完整的尺寸应包括尺寸界线、尺寸线、尺寸的起止符号和尺寸数字,如图 1-22(a)所示。

① 尺寸界线:表示尺寸的范围,如图 1-22(a)所示。

尺寸界线应用细实线绘制,一般应与被标注长度(即被标注的线段)垂直。其一端离开图形轮

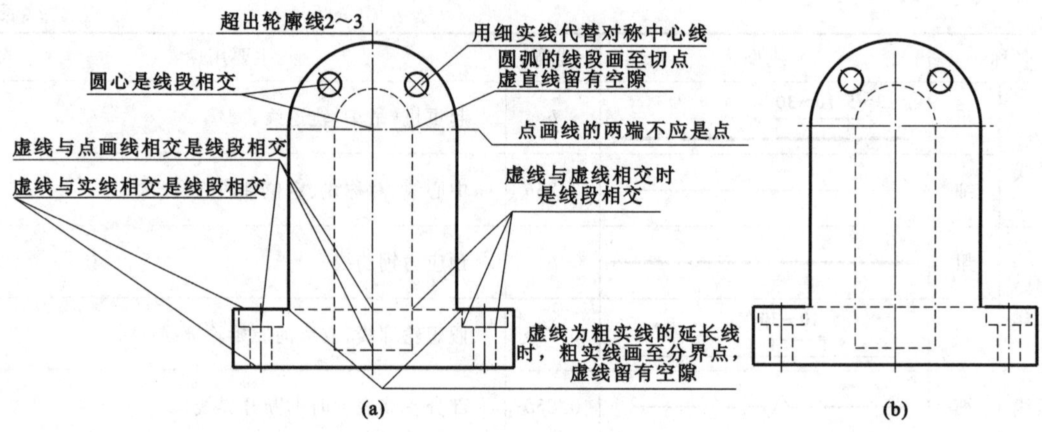

图 1-21　图线的画法示例

(a) 正确;(b) 错误

廓线不应小于 2 mm,另一端宜超出尺寸线 2～3 mm。图样本身的轮廓线、轴线、对称线和中心线都可用作尺寸界线。

② 尺寸线:应用细实线绘制,一般应与被标注长度平行。图样本身的任何图线及其延长线均不得用作尺寸线,如图 1-22(a)是正确的,图 1-22(b)是错误的。

③ 尺寸起止符号:一般用中粗(0.7b)短斜线绘制,其倾斜方向应与尺寸界线成顺时针 45°,长度宜为 2～3 mm,如图 1-22(a)所示。半径、直径、角度与弧长的尺寸起止符号用箭头表示,如图 1-23(a)所示。箭头的画法如图 1-23(b)所示。

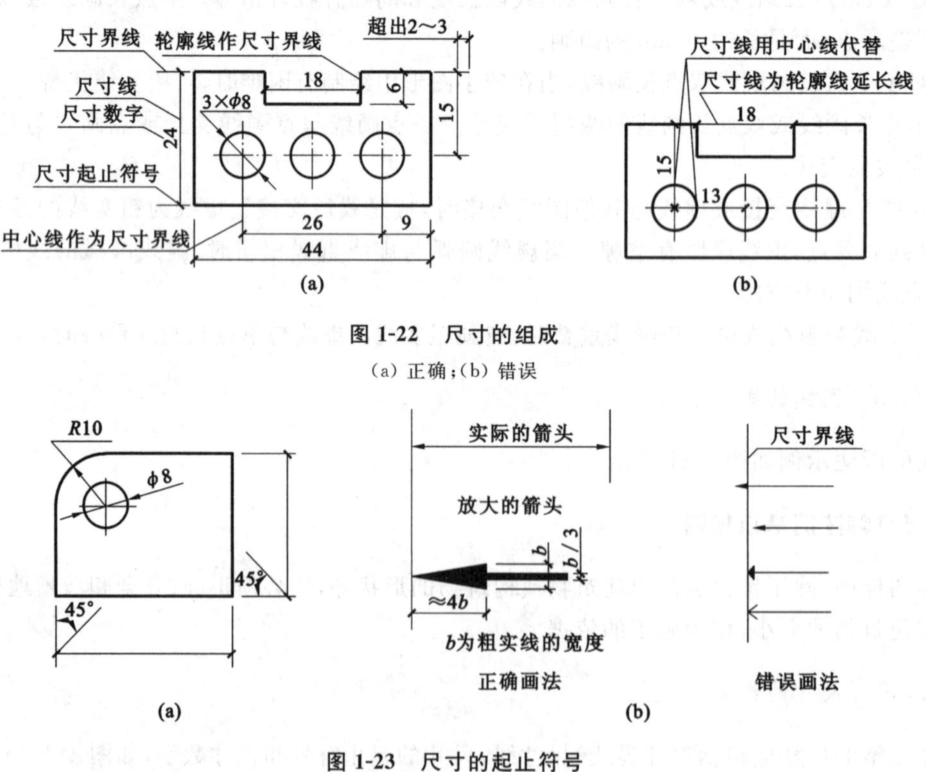

图 1-22　尺寸的组成

(a) 正确;(b) 错误

图 1-23　尺寸的起止符号

(a) 用斜线表示;(b) 用箭头表示

④ 尺寸数字:图样上的尺寸应以尺寸数字为准,不得从图上直接量取。图样上的尺寸单位,除标高及总平面图以 m 为单位外,其他必须以 mm 为单位,图上的尺寸都不得再注写单位。尺寸数字应按标准字体书写,同一图样内应采用同一高度的数字。

任何图线或符号都不得穿过数字;当不可避免时,必须把图线或符号断开,如图 1-24 所示。例如,在断面图中写数字处,应留空不画图例线。

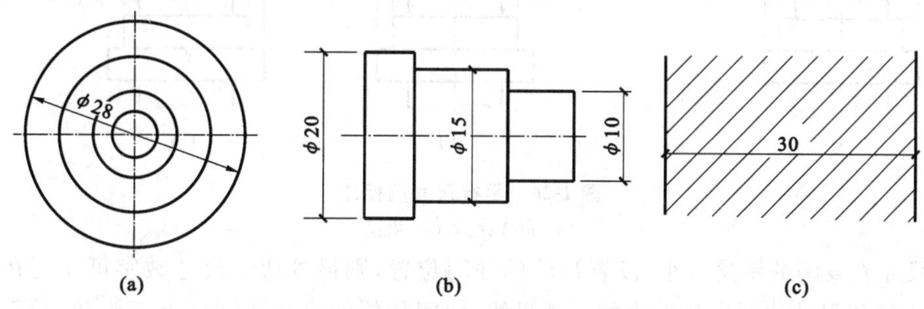

图 1-24 尺寸数字不能被任何图线穿过

(a) 轮廓线断开;(b) 轴线断开;(c) 图例线断开

尺寸数字一般应依据其方向注写在尺寸线的上方中部。当尺寸线处于水平位置时,尺寸数字在尺寸线上方,字头朝上;处于垂直位置时,尺寸数字在尺寸线左边,字头朝左;处于倾斜位置时,要使字头有朝上的趋势,如图 1-25(a)所示,应尽量避免在该图中 30°影线范围内标注尺寸,无法避免时可按图 1-25(b)所示方式注写。

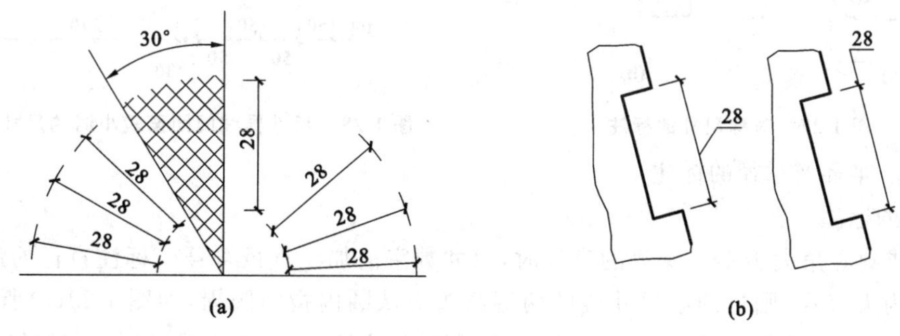

图 1-25 尺寸数字的方向

1.2.5.2 各类尺寸的标注

(1) 线性尺寸的标注

① 尺寸数字宜标注在图样轮廓线以外,如图 1-26(a)所示。

② 图样轮廓线以外的尺寸线,距图样最外轮廓线的距离,不宜小于 10 mm。平行排列尺寸线的间距宜为 7~10 mm,并应保持一致,如图 1-26(a)所示。

③ 互相平行的尺寸线,应依被注写的图样轮廓线由近向远整齐排列,较小尺寸应离轮廓线较近,较大尺寸应离轮廓线较远,如图 1-26(a)所示。

④ 对称构件的图形画出一半时,尺寸线应略超过对称中心线或对称轴线,仅在超过一半的尺寸线与尺寸界线相交的一端画尺寸起止符号,尺寸数字应按整体全尺寸注写,其注写位置宜与对称符号对齐,如图 1-27(a)所示。

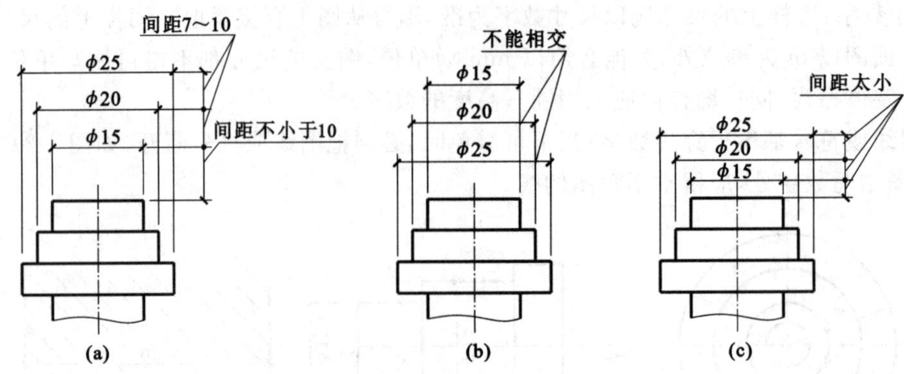

图 1-26 平行尺寸的标注

(a) 正确;(b),(c) 错误

⑤ 若尺寸界线间的距离较小,没有足够的注写位置,则最外边的尺寸数字可注写在尺寸界线的外侧,但不能使尺寸线超出最外边的尺寸界线,中间相邻的尺寸数字可上下错开注写,引出线端部可用圆点表示标注尺寸的位置,如图 1-28 所示。

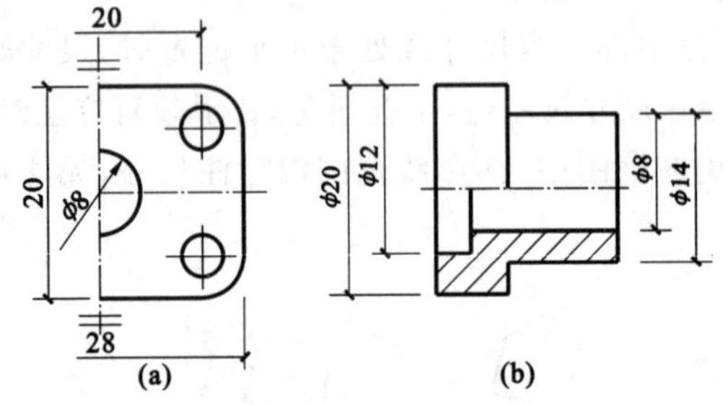

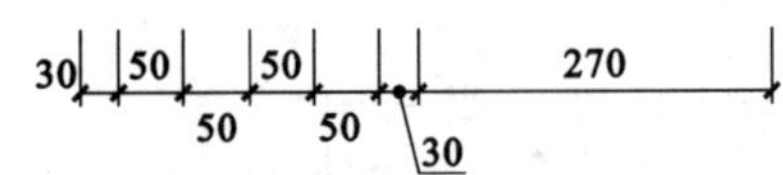

图 1-27 对称尺寸的标注

图 1-28 尺寸界线间距离较小时的尺寸标注

(2) 直径、半径及球径的标注

① 直径的标注。

标注圆或圆心角大于 180°圆弧的直径时,尺寸数字前加注直径符号 ϕ,标注直径的尺寸线要通过圆心。若为大直径,则过圆心尺寸线的两端箭头应从圆内指向圆周,如图 1-29(a)所示;若直径较小,绘制点画线有困难时,则可以按图 1-29(b)所示形式标注,其中心线可用细实线代替点画线。

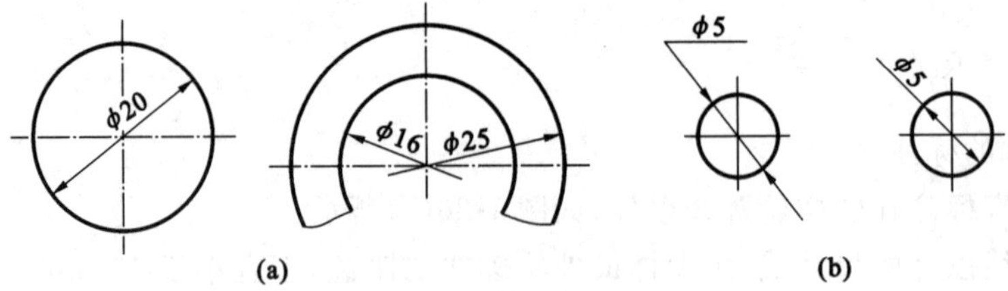

图 1-29 直径的标注

(a) 较大直径的标注;(b) 较小直径的标注

② 半径的标注。

标注圆心角小于或等于 180°圆弧的半径时,尺寸线自圆心引向圆弧,只画一个箭头,尺寸数字前加注半径符号 R, 如图 1-30(a)所示。半径很小的圆弧的尺寸线可将箭头从圆外指向圆弧,如图 1-30(b)所示。当圆弧的半径过大或在图纸范围内无法标出圆心位置时,尺寸线可采用折线形式,如图 1-30(c)所示。若不需要标出其圆心位置,则可按图 1-30(d)所示的形式标注。

③ 球径的标注。

标注球的直径尺寸时，应在尺寸数字前加注符号 $S\phi$，如图 1-31 所示。标注球的半径尺寸时，应在尺寸数字前加注符号 SR。注写方法与圆直径、圆半径的尺寸注法相同。

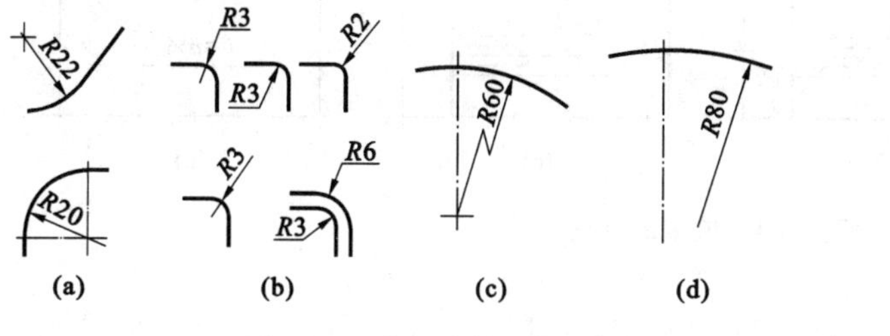

图 1-30　半径的标注

(a) 一般半径标注；(b) 较小半径标注；(c)、(d) 大半径标注

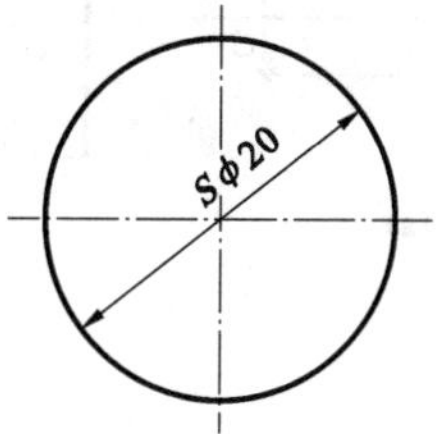

图 1-31　球径的标注

(3) 角度、弧长、弦长和坡度的标注

① 角度的标注。

角度的尺寸线应以圆弧表示。该圆弧的圆心应是该角的顶点，角的两条边为尺寸界线。起止符号应以箭头表示，如没有足够位置画箭头，可用圆点代替，角度数字应沿尺寸线方向注写，如图 1-32 所示。

② 弧长的标注。

标注圆弧的弧长时，尺寸线应以与该圆弧为同心圆的圆弧线表示，尺寸界线应垂直于该圆弧的弦，起止符号用箭头表示，弧长数字上方应加注圆弧符号“⌒”，如图 1-33(a)所示。

③ 弦长的标注。

标注圆弧的弦长时，尺寸线应以平行于该弦的直线表示，尺寸界线应垂直于该弦，起止符号用中粗短斜线表示，如图 1-33(b)所示。

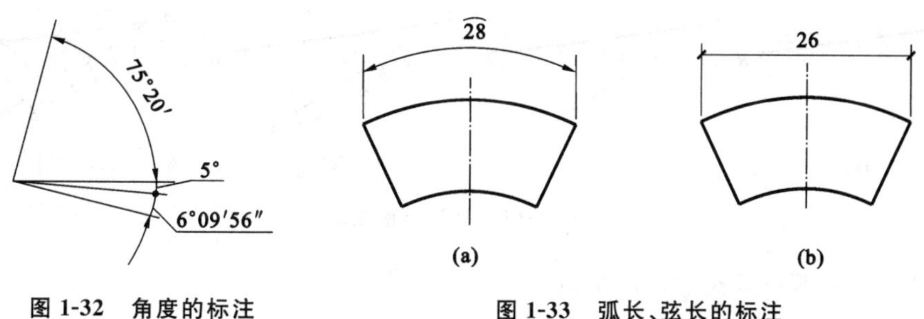

图 1-32　角度的标注

图 1-33　弧长、弦长的标注

(a) 弧长的标注；(b) 弦长的标注

(4) 坡度的标注

坡度表示一条直线或一个平面对某水平面的倾斜程度。坡度是斜直线上任意两点之间的高度差与两点间水平距离之比。

如图 1-34(a)所示，直角三角形 ABC 中，AB 的坡度 $=BC/AC$。若设 $BC=1$，$AC=3$，则其坡度为 1/3，标注为 1∶3。

标注坡度时，应加注坡度符号“◀——”。该符号为单面箭头，箭头应指向下坡方向，如图 1-34(b)所示。坡度也可用直角三角形形式标注，如图 1-34(c)所示。

当坡度较缓时，坡度也可用百分数表示，如 $i=n\%(n/100)$，如图 1-34(d)所示。

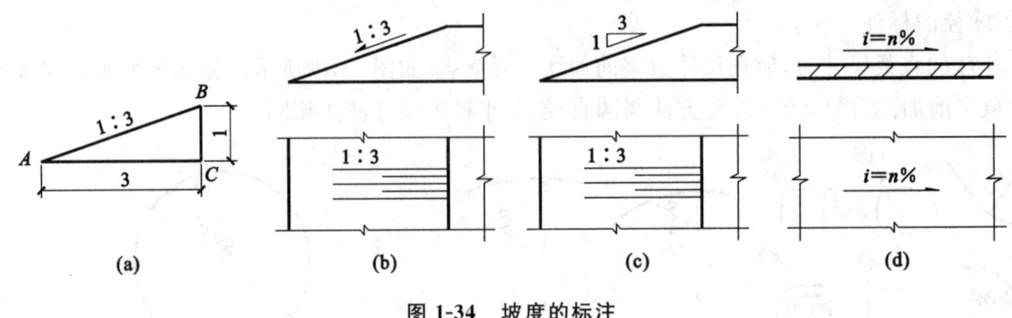

图 1-34　坡度的标注

1.3　几何作图

技术图样中的图形多种多样,但它们几乎都是由直线段、圆弧和其他一些曲线所组成的。因此,在绘制图样时,常常要作一些基本的几何图形,下面就此进行简单介绍。

等分直线段及两平行线之间的距离

1.3.1　直线段和两平行线间距离的等分

1.3.1.1　等分任意直线段

如图 1-35(a)所示,将直线段 AB 七等分。

作图:

① 过点 A 任作一辅助线 AC,如图 1-35(b)所示;

② 由点 A 开始,任取长度,在 AC 上截取等长七段,找到 1~7 七个点,并连接 $7B$,如图 1-35(c)所示;

③ 分别过 1~6 点作 $7B$ 的平行线,交 AB 于六个点,完成 AB 七等分,如图 1-35(d)所示。

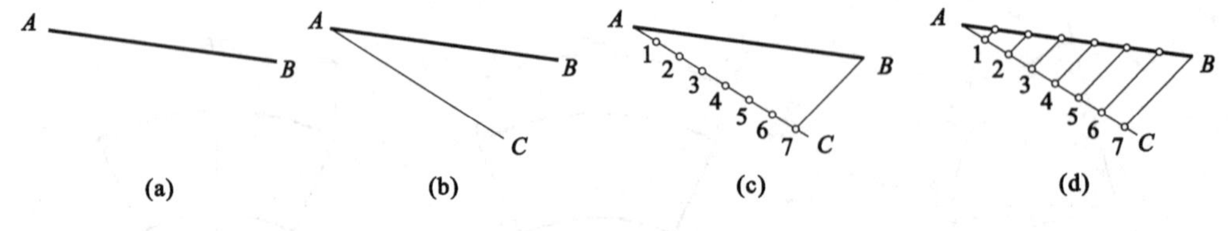

图 1-35　七等分直线段

1.3.1.2　等分两平行线之间的距离

如图 1-36(a)所示,将 AB、CD 两平行线之间的距离五等分。

作图:

① 如图 1-36(b)所示,先将刻度尺数值为 0 的点置于 AB 上的任意一点 K,再将刻度尺绕点 K 顺时针旋转至刻度尺上 5 的 n 倍数点(图中 $n=2$,即点 10)与 CD 重合。

② 以 n 为单位沿刻度尺定出 2、4、6、8 点,如图 1-36(c)所示。

③ 分别过 2、4、6、8 点作 AB、CD 的平行线,完成五等分 AB、CD 两平行线之间的距离,如图 1-36(d)所示。

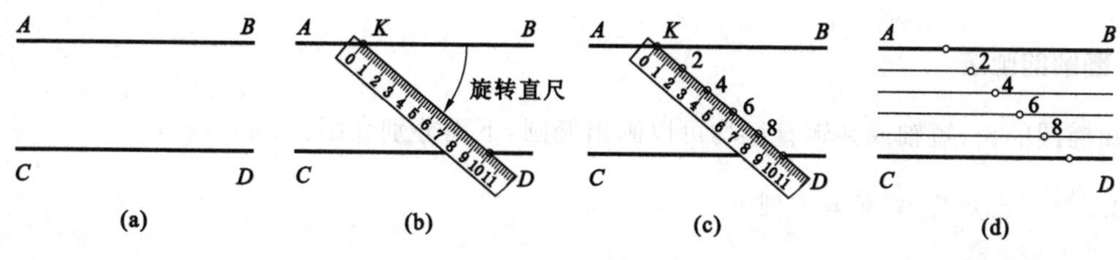

图 1-36 五等分两平行线之间的距离

1.3.2 内接正多边形

画正多边形时，通常先作出其外接圆，然后等分圆周，最后依次连接各等分点。

1.3.2.1 正六边形

(1) 圆规法

以正六边形对角线 AB 的长度为直径作出外接圆；根据正六边形边长与外接圆半径相等的特性，用外接圆的半径等分圆周得六个等分点，连接各等分点即得正六边形，如图 1-37(a)所示。

(2) 三角板法

作出外接圆后，可利用 60°三角板与丁字尺配合画出正六边形，如图 1-37(b)所示。

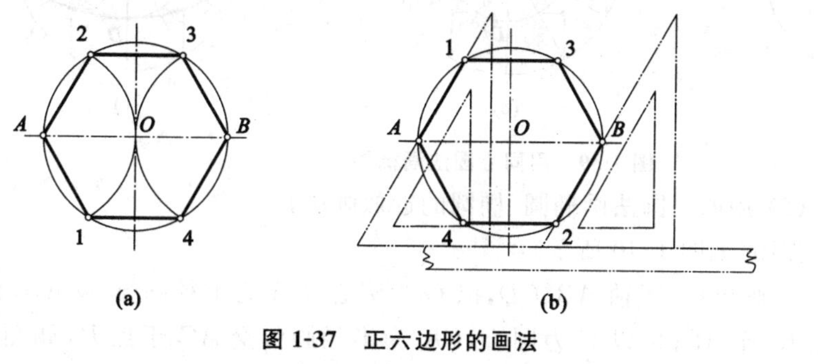

图 1-37 正六边形的画法

(a) 圆规法；(b) 三角板法

正多边形的画法

1.3.2.2 正 n 边形

如图 1-38 所示，n 等分铅垂直径 CD(图中 $n=7$)。以 D 为圆心、DC 为半径画弧交水平中心线于点 E、F，将点 E、F 与直径 CD 上的奇数分点(或偶数分点)相连并延长，与圆周相交得各等分点，顺序连线即得圆内接正 n 边形。

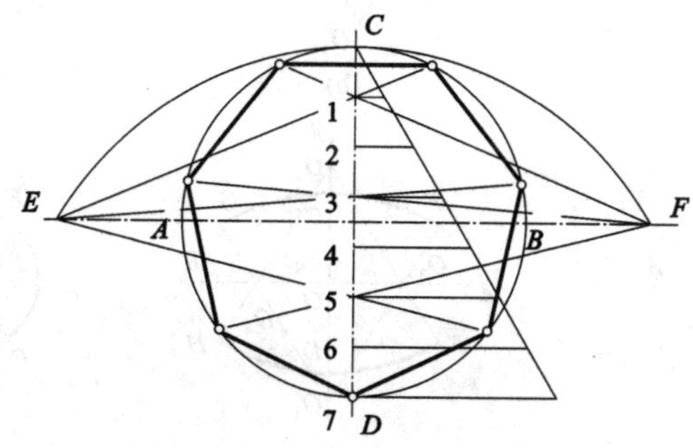

图 1-38 正 n 边形的画法

1.3.3 椭圆的画法

已知椭圆的长、短轴或共轭直径均可以画出椭圆,下面分别介绍。

1.3.3.1 已知长、短轴画椭圆

(1) 用同心圆法画椭圆

作图(如图 1-39 所示):

① 画出长、短轴 AB、CD,以 O 为圆心,分别以 AB、CD 为直径画两个同心圆,见图 1-39(a)。

② 如图 1-39(b)所示,等分大、小两圆周为 12 等份(也可以是其他若干等份)。由大圆各等分点(E、F 等点)作竖直线,与由小圆各对应等分点(E_1、F_1 等点)所作的水平线相交,得椭圆上各点(E_0、F_0、G_0 等点)。

③ 用曲线板依次光滑地连接 A、E_0、F_0 等点,即得所求的椭圆,如图 1-39(c)所示。

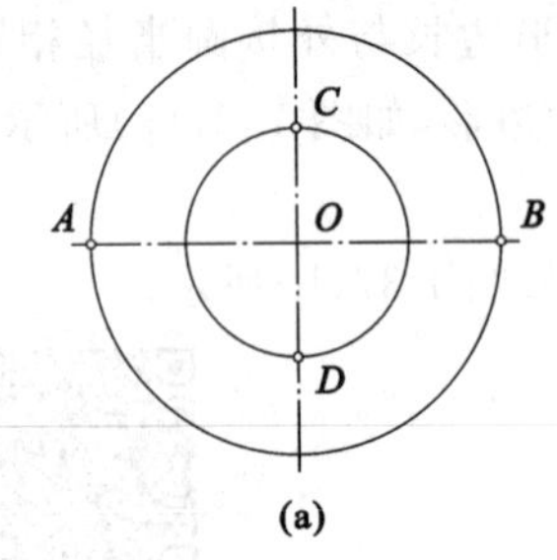

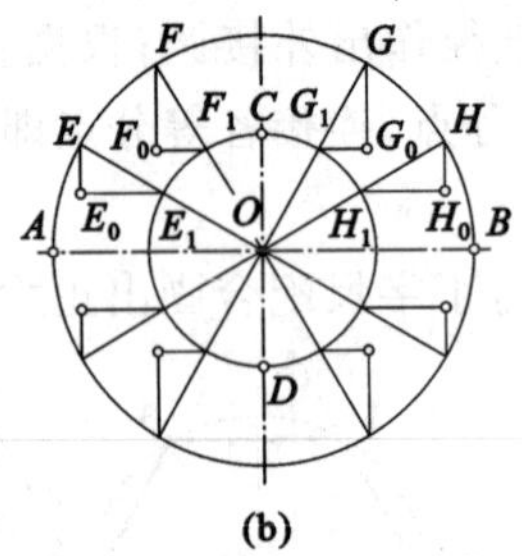

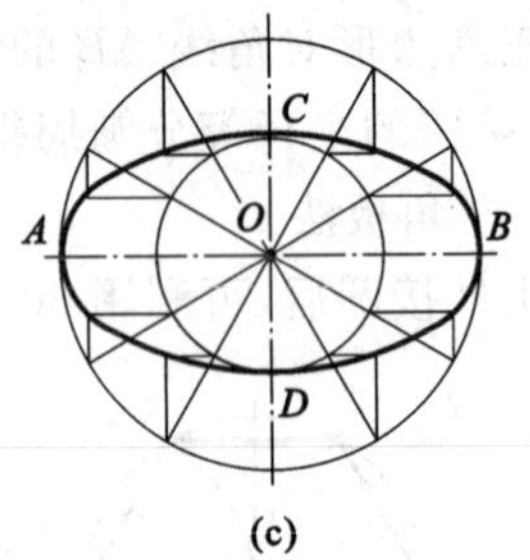

图 1-39 用同心圆法画椭圆

椭圆的画法

(2) 用四心圆法画椭圆(椭圆的近似画法)

作图(如图 1-40 所示):

① 画出长、短轴 AB、CD,以 O 为圆心、OA 为半径画弧,交短轴的延长线于点 K,连 AC;再以 C 为圆心、CK 为半径画弧交 AC 于点 P,如图 1-40(a)所示。

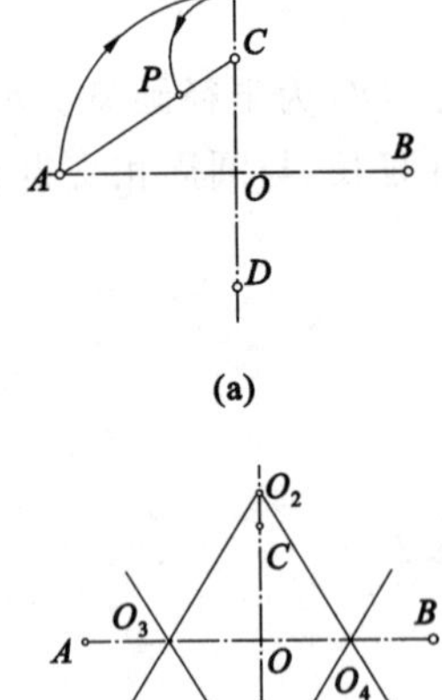

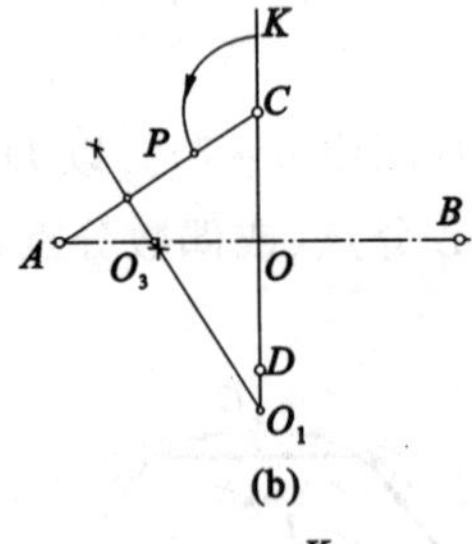

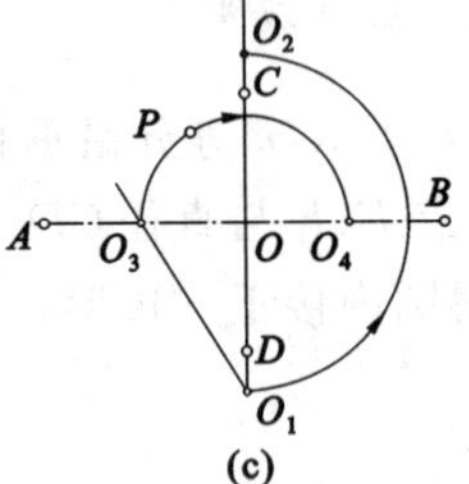

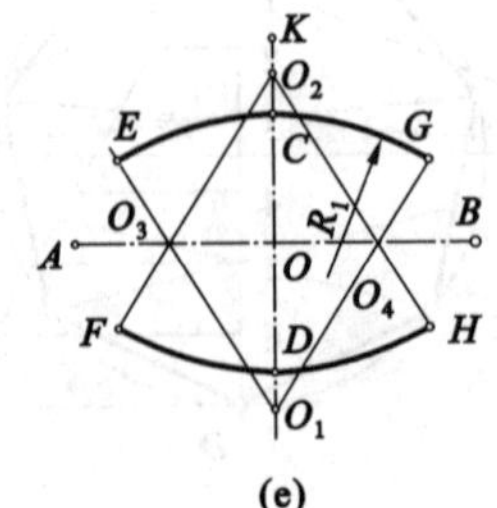

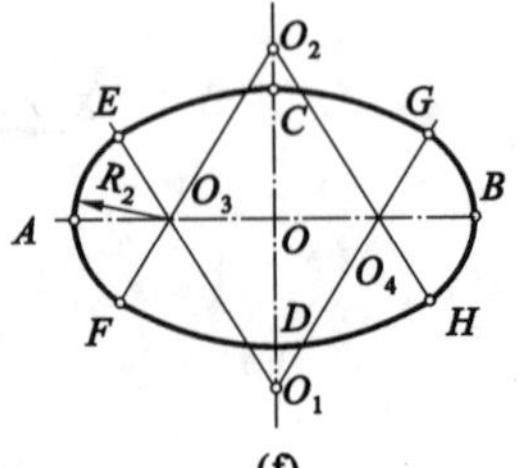

图 1-40 用四心圆法画椭圆

② 作 AP 的中垂线，交长、短轴于点 O_3、O_1，如图 1-40(b)所示。

③ 取 $OO_2=OO_1$、$OO_4=OO_3$，得 O_2、O_4 点，如图 1-40(c)所示。

④ 连 O_1O_3、O_1O_4、O_2O_3、O_2O_4，如图 1-40(d)所示。

⑤ 分别以 O_1 和 O_2 为圆心，O_1C 为半径画弧，与 O_1O_3、O_1O_4 和 O_2O_3、O_2O_4 的延长线交于 E、G 和 F、H 点，如图 1-40(e)所示。

⑥ 再以 O_3 和 O_4 为圆心，O_3A 为半径画弧 $\widehat{EF}$、$\widehat{GH}$，即得近似椭圆，如图 1-40(f)所示。

1.3.3.2　已知共轭直径画椭圆(八点法)

① 过共轭直径的端点 M、N、K、L 作平行于共轭直径的两对平行线而得平行四边形 $EFGH$，过 E、K 两点分别作与直线 EK 成 45°的斜线交于 R，如图 1-41(a)所示。

② 如图 1-41(b)所示，以 K 为圆心，KR 为半径作圆弧，交直线 EH 于点 H_1 及 H_2，分别过点 H_1 及 H_2 作直线平行于 KL，分别与平行四边形的两条对角线交于 1、2、3、4 四点，用曲线板把 K、1、M、2、L、3、N、4 依次光滑地连成椭圆。

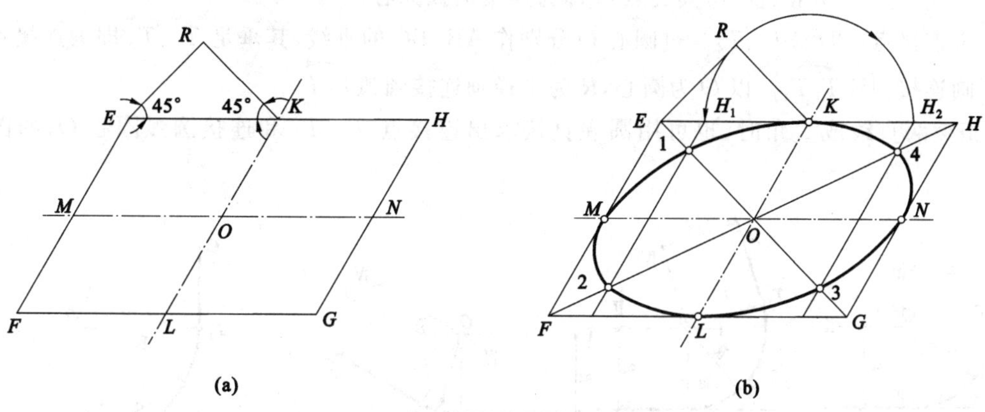

图 1-41　用八点法画椭圆

1.3.4　圆弧连接

用已知半径的圆弧将两已知线段(直线或圆弧)光滑地连接起来，这一作图过程称为圆弧连接。圆弧与圆弧或圆弧与直线在连接处是相切的，其切点称为连接点，起连接作用的圆弧称为连接弧。画图时，为保证线段光滑连接，必须准确地求出连接弧的圆心和连接点的位置。

1.3.4.1　圆弧连接的作图原理

① 与已知直线 AB 相切、半径为 R 的圆弧，如图 1-42(a)所示，其圆心的轨迹是一条与直线 AB 平行且距离为 R 的直线。从选定的圆心 O_1 向已知直线 AB 作垂线，垂足 T 为切点，即为连接点。

② 与半径为 R_1 的已知圆弧 $\widehat{AB}$ 相切、半径为 R 的圆弧，其圆心的轨迹为已知圆弧的同心圆弧。当外切时，同心圆的半径 $R_0=R_1+R$，如图 1-42(b)所示；内切时，同心圆的半径 $R_0=|R_1-R|$，如图 1-42(c)所示。连接点为两圆弧连心线与已知圆弧的交点 T。

1.3.4.2　圆弧连接的形式

圆弧连接的形式有三种：用圆弧连接两已知直线，用圆弧连接两已知圆弧，用圆弧连接已知直线和圆弧。现分别介绍如下。

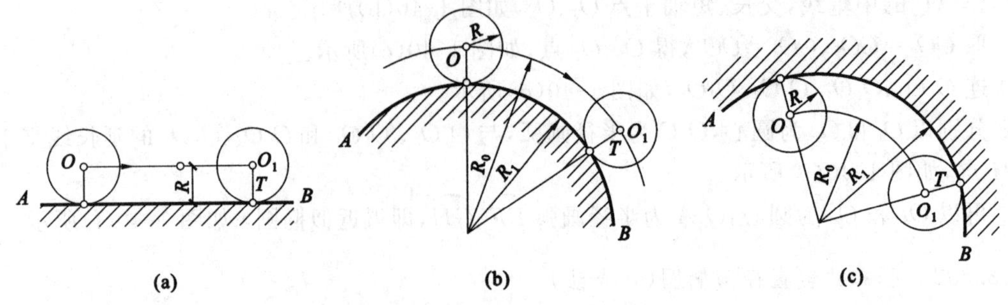

图 1-42　圆弧连接的作图原理

圆弧连接的画法

(1) 用圆弧连接两已知直线

用半径为 R 的圆弧连接两直线 AB、BC，如图 1-43 所示。其作图步骤如下。

① 求连接圆弧圆心 O。在与 AB、BC 距离为 R 处，分别作它们的平行线ⅠⅡ、ⅢⅥ，其交点 O 即为连接圆弧圆心。

② 求连接点(切点)T_1、T_2。过圆心 O 分别作 AB、BC 的垂线，其垂足 T_1、T_2 即为连接点。

③ 画连接圆弧 $\overset{\frown}{T_1T_2}$。以 O 为圆心，R 为半径画连接圆弧 $\overset{\frown}{T_1T_2}$。

当相交两直线成直角时，也可用圆规直接求出连接点 T_1、T_2 和连接圆弧圆心 O，如图 1-44 所示。

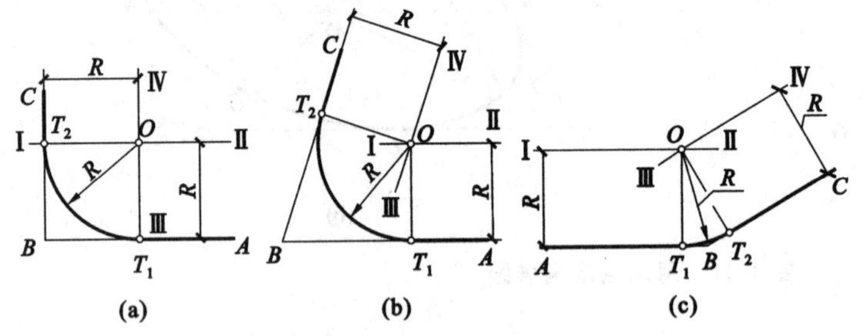

图 1-43　用圆弧连接两已知直线

(a) 两直线成直角；(b) 两直线成锐角；(c) 两直线成钝角

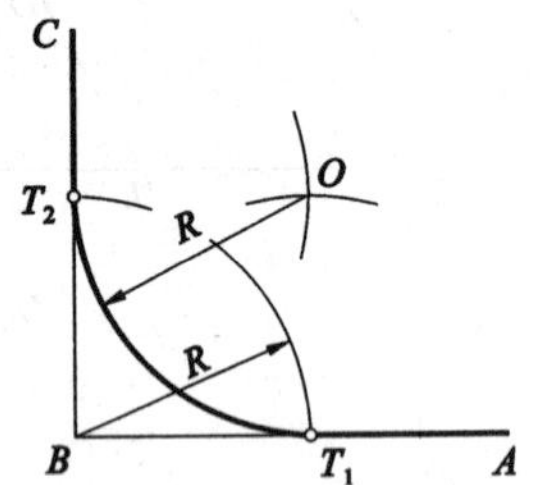

图 1-44　两直线成直角时用圆规直接作圆弧连接

(2) 用圆弧连接两已知圆弧

用半径为 R 的圆弧连接半径为 R_1、R_2 的两已知圆弧如图 1-45 所示。其作图步骤如下：

① 求连接圆弧圆心 O。分别以 O_1 和 O_2 为圆心、R_3 和 R_4 为半径画圆弧，其交点 O 即为连接圆弧圆心。不同情况的连接，其 R_3 和 R_4 不同。外切时，$R_3=R_1+R$，$R_4=R_2+R$，见图 1-45(a)；内切时，$R_3=|R-R_1|$，$R_4=|R-R_2|$，见图 1-45(b)；内、外切时，$R_3=R_1+R$，$R_4=|R-R_2|$，见图 1-45(c)。

② 求连接点 T_1、T_2。连接 OO_1、OO_2，与已知圆弧的交点 T_1、T_2 即为连接点。

③ 画连接圆弧 $\overset{\frown}{T_1T_2}$。以 O 为圆心、R 为半径画连接圆弧 $\overset{\frown}{T_1T_2}$。

(3) 用圆弧连接已知直线与圆弧

用半径为 R 的圆弧连接已知直线 AB 与半径为 R_1 的已知圆弧 O_1，如图 1-46 所示。其作图步骤如下：

① 求连接圆弧圆心 O。在距离 AB 为 R 处作 AB 的平行线ⅠⅡ；再以 O_1 为圆心、R_2 为半径画圆弧，与直线ⅠⅡ的交点 O 即为连接圆弧圆心。外切时，$R_2=R_1+R$，见图 1-46(a)；内切时，$R_2=|R-R_1|$，如图 1-46(b)所示。

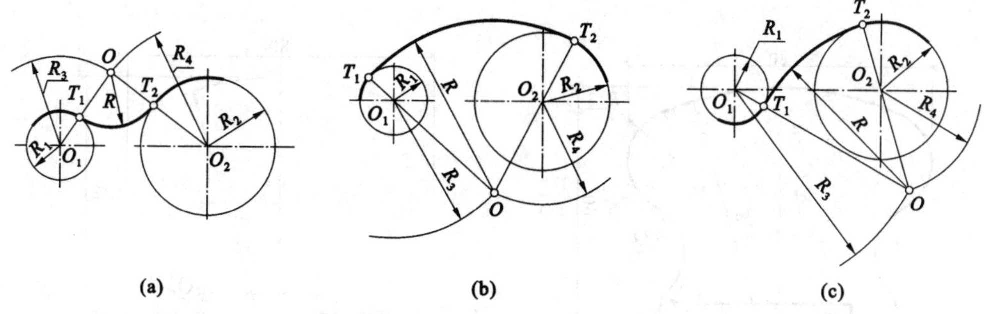

图 1-45　用圆弧连接两已知圆弧

(a) 外切时：$R_3=R_1+R$，$R_4=R_2+R$；(b) 内切时：$R_3=|R-R_1|$，$R_4=|R-R_2|$；

(c) 内、外切时：$R_3=R_1+R$，$R_4=|R-R_2|$

② 求连接点 T_1、T_2。过点 O 作 AB 的垂线得垂足 T_1；连 OO_1，与已知圆弧交于点 T_2。T_1、T_2 即为连接点。

③ 画连接圆弧$\overset{\frown}{T_1T_2}$。以 O 为圆心、R 为半径画连接圆弧$\overset{\frown}{T_1T_2}$。

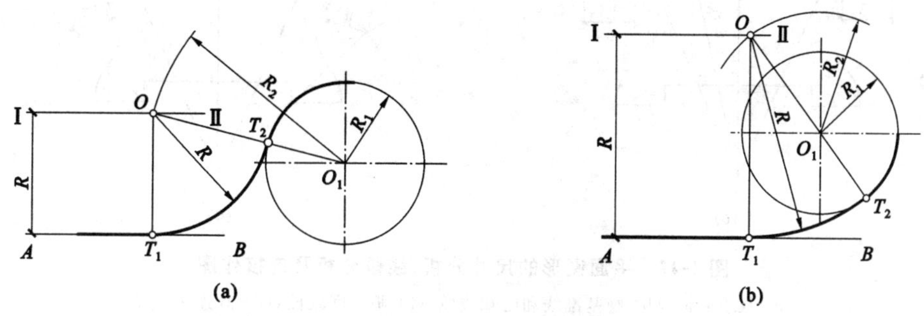

图 1-46　用圆弧连接已知直线和圆弧

(a) 外切时，$R_2=R_1+R$；(b) 内切时，$R_2=|R-R_1|$

1.4　平面图形的分析与作图步骤

平面图形的分析包括尺寸分析和线段分析。分析图形的主要目的是从尺寸中弄清楚图形中线段之间的关系，从而确定正确的作图步骤。

1.4.1　平面图形的尺寸分析和线段分析

1.4.1.1　平面图形的尺寸分析

平面图形的尺寸按其作用分为定形尺寸和定位尺寸两类。

(1) 定形尺寸

确定图中线段长短、圆弧半径大小、角度大小等的尺寸称为定形尺寸。如图 1-47(a)中的“$R78$”、图形底部的“$R13$”是确定圆弧大小的尺寸，“60”和“64”是确定扶手上下方向和左右方向的大小尺寸，这些尺寸都属于定形尺寸。

(2) 定位尺寸

确定图中各部分(线段或图形)之间相对位置的尺寸称为定位尺寸。平面图形的定位尺寸有左

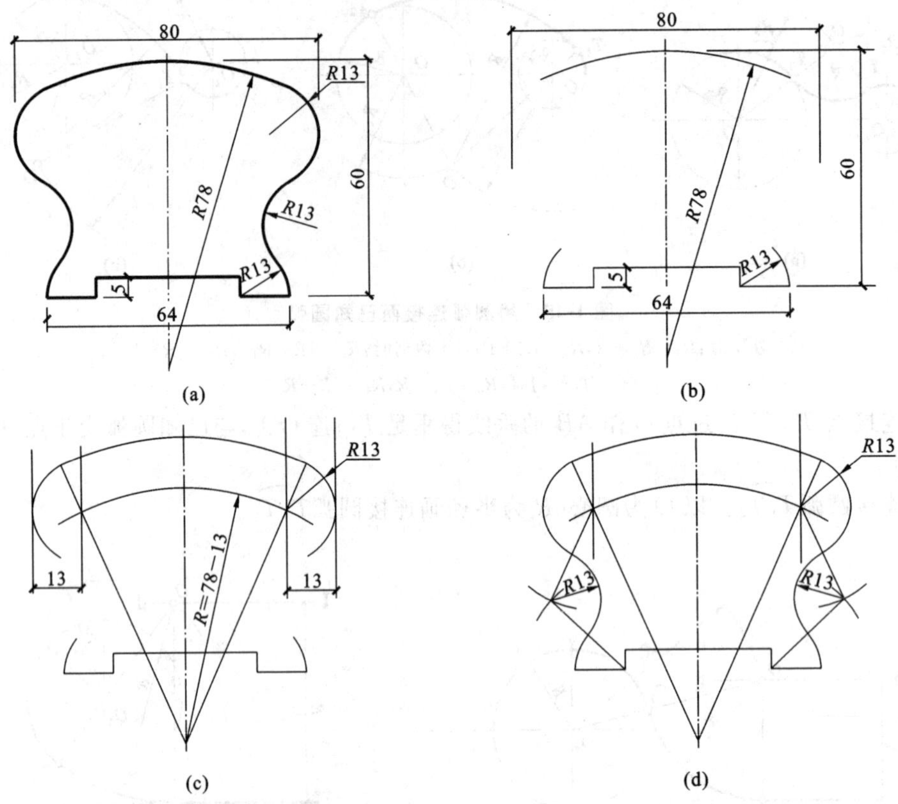

图 1-47　平面图形的尺寸分析、线段分析及连接作图

(a) 扶手断面；(b) 画基准线和已知线段；(c) 画中间线段；(d) 画连接线段

右和上下两个方向。每一个方向的尺寸都需要有一个标注尺寸的起点。标注定位尺寸的起点称为尺寸基准。在平面图形中，通常以图形的对称线、回转体的轴线、物体的底面边线或主要端面边线等为定位尺寸的基准。图 1-47(a)中是把对称线作为左右方向的尺寸基准，扶手的底边作为上下方向的尺寸基准。有时同一方向的尺寸基准不止一个，还可能同一尺寸既是定形尺寸又是定位尺寸，如图 1-47(a)中的尺寸"80"既是扶手的定形尺寸，又是左右侧两外凸圆弧的定位尺寸。

1.4.1.2　平面图形的线段分析

按图上所给尺寸齐全与否，图中线段可分为已知线段、中间线段和连接线段三类。

(1) 已知线段

具备齐全的定形尺寸和定位尺寸，不需依靠其他线段就能直接画出的线段称为已知线段。对圆弧而言，就是它既有定形尺寸(半径或直径)，又有圆心的两个定位尺寸，如图 1-47(a) 所示，扶手断面中的大圆弧"*R*78"和扶手下端的左右两圆弧"*R*13"的半径均为已知，同时它们的圆心位置又能被确定，所以该两圆弧都是已知线段。对直线而言，就是要知道直线的两个端点，如图 1-47(a)中的底边(尺寸"64")是已知线段。

(2) 中间线段

定形尺寸已确定，而圆心的两个定位尺寸中缺少一个，需要依靠与其一端相切的已知线段才能确定它的圆心位置的线段称为中间线段。如图 1-47(a)所示的半径为 13 mm 左右外凸的圆弧具有定形尺寸"*R*13"，但对于"*R*13"圆弧的圆心，只知道左右方向的一个定位尺寸"80"(因"80"两端的尺寸界线与“$R13$”的圆弧相切，所以由“80/2－13”作出与“$R13$”圆弧的切线平行的直线后就等于知道了圆心左右方向的一个尺寸），还要依靠与“$R13$”圆弧相切的已知线段（“$R78$”）才能完全确定圆心的位置，所以该“$R13$”圆弧是中间线段。

（3）连接线段

定形尺寸已定，而圆心的两个定位尺寸都没有确定，需要依靠其两端相切或一端相切、另一端相接（如《画法几何与土木工程制图习题集（第3版）》第8面扶手断面“$R12$”上端与“$R18$”相切，下端与a点相接）的线段才能确定圆心位置的线段称为连接线段，如图1-47(a)中与两个“$R13$”相切的“$R13$”圆弧。

1.4.1.3　平面图形的作图步骤

画圆弧连接的图形时，必须先分析出其已知线段、中间线段和连接线段，再依次作出这些线段，顺次连接起来。如图1-47(a)所示扶手断面图已经做了图形的线段分析，下面就其作图步骤说明如下。

① 画基准线和已知线段。作左右方向的基准即图形的对称线，作上下方向的基准，即尺寸为“64”的底边。画已知线段如“$R78$”“$R13$”“5”“60”“80”等，如图1-47(b)所示。

② 画中间线段。根据定位尺寸“80”和外凸圆弧的半径“$R13$”，作出与该圆弧切线间距为13 mm的平行线，再作半径为78－13＝65(mm)、与“$R78$”同心的圆弧，此圆弧与该平行线的交点即中间圆弧的圆心，如图1-47(c)所示。

③ 画连接线段。以中间圆弧的圆心为圆心，以该圆弧的半径加连接圆弧的半径为半径作弧，以扶手下方“$R13$”的圆弧圆心为圆心，以13＋13＝26(mm)为半径作圆弧，两圆弧的交点即连接圆弧的圆心。作各有关的圆心连线找出切点后，光滑地连接各圆弧完成全图，如图1-47(d)所示。

④ 描深粗实线，标注尺寸，完成全图，如图1-47(a)所示。

1.4.2　绘图的一般方法和步骤

为了提高绘图的质量与速度，除了掌握常规绘图工具和仪器的使用方法外，还必须掌握各种绘图方法和步骤。为了满足图样的不同需求，常用的绘图方法有尺规绘图、徒手绘图和计算机绘图。这里仅介绍尺规绘图和徒手绘图，计算机绘图将在第15章介绍。

1.4.2.1　尺规绘图

使用绘图工具和仪器画出的图样称为工作图。工作图对图线、图面质量等方面的要求较高，所以画图前应做好准备工作后再动手画图。画图又分为画图形底稿和加深图线（或上墨）两个步骤。

用尺规绘制图样时，一般可按下列步骤进行。

（1）准备工作

① 准备绘图工具和仪器。

将铅笔和圆规的铅芯按照绘制不同线型的需要削、磨好；调整好圆规两脚的长短；图板、丁字尺和三角板等用干净的布或软纸擦拭干净；工作地点选择在使光线从图板的左前方射入的地方，将需要的工具放在方便之处，以便顺利地进行制图工作。

② 选择图纸幅面。

根据所绘图形的大小、比例及所确定图形的多少、分布情况选取合适的图纸幅面。注意，选取时必须遵守表1-1和图1-13、图1-14的规定。

③ 固定图纸。

丁字尺尺头紧靠图板左边,图纸按尺身摆正后用胶带固定在图板上。注意使图纸下边与图板下边间保留1～2个丁字尺尺身宽度的距离,以方便放置丁字尺和绘制图框与标题栏。绘制较小幅面图样时,图纸尽量靠左固定,以充分利用丁字尺根部,保证作图准确度较高。

(2) 画底稿

画底稿时,所有图线均应使用细线,即用较硬的H或2H铅笔轻轻地画出。画线要尽量细和轻淡,以便于擦除和修改,但要清晰。

① 画图框及标题栏。

按表1-1及图1-13～图1-15的要求用细线画出图框及标题栏,可暂不将粗实线描黑,留待与图形中的粗实线一次同时描黑。

② 布图。

布置图形时应力求匀称、美观。根据图形的大小和标注尺寸的位置等因素进行布图。图形在图纸上要分布均匀,不可偏向一边,相互之间既不可紧靠,又不能相距甚远。确定位置后,再按设想好的布图方案画出各图形长、宽、高三个方向的基准线,如中心线、对称线、底面边线、端面边线等。

③ 画图形。

先画物体主要平面(如形体底面、端面)的线,然后画各图形的主要轮廓线,再绘制细节,如小孔、槽和圆角等,最后画其他符号、尺寸线、尺寸界线、尺寸数字横线和长仿宋体字的格子等。

绘制底稿时要按图形尺寸准确绘制,尽量利用投影关系,几个有关图形可同时绘制,以提高绘图效率。

(3) 加深图线

用铅笔加深图线时,用力要均匀,使图线均匀地分布在底稿线的两侧。用铅笔加深图形的一般顺序为:先粗后细,先圆后直,先左后右,先上后下。

(4) 完成其余内容

画符号和箭头,标注尺寸,写注解,描深图框及填写标题栏等。

(5) 检查

全面检查,如有错误,立即更正,并作必要的修饰。

(6) 上墨

上墨的图样一般用描图纸,其步骤与用铅笔加深图线的步骤相同。

1.4.2.2 徒手绘图

徒手绘图是指不用绘图工具而按目测比例徒手画出的图样,也称草图。工程技术人员设计建筑物时,常用草图来表达设计意图,以便于进一步研究和修改。参观现场时,也常用草图记录现场的情况。所以,对于每个工程技术人员,徒手绘制草图的能力也很重要。

对徒手绘图的要求是:投影正确,线型分明,字体工整,图面整洁,图形及尺寸标注无误。要画好徒手图,必须掌握徒手画各种图形的手法。

(1) 直线的画法

画直线时,手腕不宜紧贴纸面,沿着画线方向移动,眼睛看着终点,使图线基本平直。为了控制图形的大小比例,可利用方格纸画草图。

画水平线时,图纸倾斜放置,从左至右画出,如图1-48(a)所示。画垂直线时,应自上而下画出,如图1-48(b)所示。画30°、45°等的倾斜线时,可利用直角三角形直角边的比例关系近似确定两端点,然后连接而成,如图1-49所示。

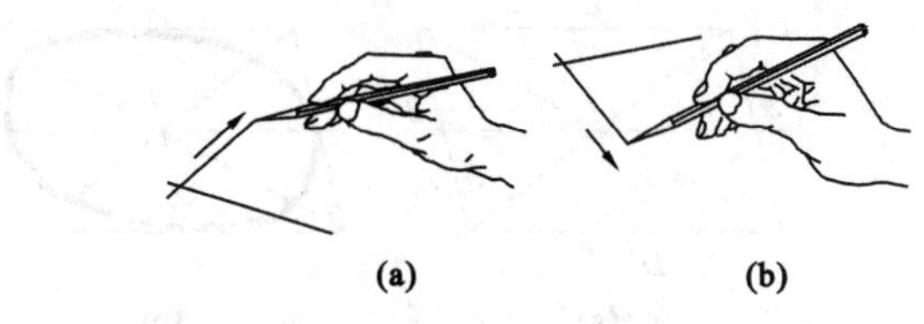

图 1-48 徒手画直线

(a) 画水平线;(b) 画垂直线

图 1-49 徒手画 30°、45°倾斜线

(2) 圆和椭圆的画法

画直径较小的圆时,先画中心线定圆心,并在两条中心线上按半径大小取四点,然后过四点画圆,如图 1-50(a)所示。

画直径较大的圆时,先画圆的中心线及外切正方形,连对角线,按圆的半径在对角线上截取四点,然后过这些点画圆,如图 1-50(b)所示。

当圆的直径很大时,可用图 1-51(a)所示的方法,取一纸片标出半径长度,利用它从圆心出发定出圆周上的许多点,然后通过这些点画圆。或者如图 1-51(b)所示,以手为圆规,以小手指的指尖或关节为圆心,使铅笔笔芯与它的距离等于所需的半径,用另一只手小心地慢慢转动图纸,即可得到所需的圆。

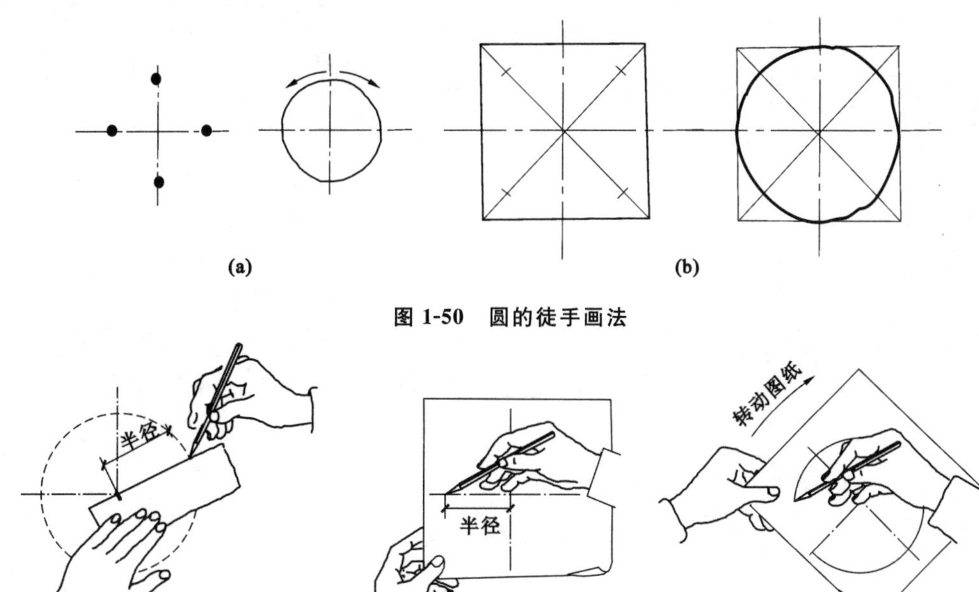

图 1-50 圆的徒手画法

图 1-51 画大圆的方法

画椭圆时,可利用长、短轴作椭圆,先在互相垂直的中心线上定出长、短轴的端点,过各端点作一矩形,并画出其对角线。按目测把对角线分为六等份[图 1-52(a)]。用光滑曲线连长、短轴的各端点和对角线上接近四个角顶的等分点(稍外一点),如图 1-52(b)所示。

由共轭直径作椭圆的方法如图 1-53(a)所示。AB、CD 为共轭直径,过共轭直径的端点作平行四边形并作出其对角线,按目测把对角线分为六等份,用光滑曲线连共轭直径的端点 A、B、C、D 和对角线上接近四个角顶的等分点(稍外一点),如图 1-53(b)所示。

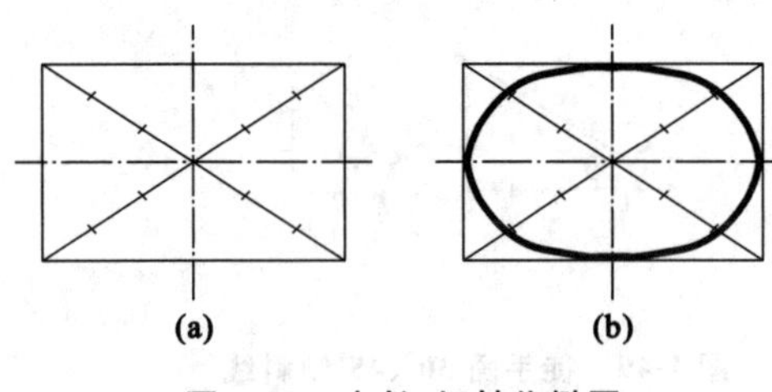

图 1-52　由长、短轴作椭圆

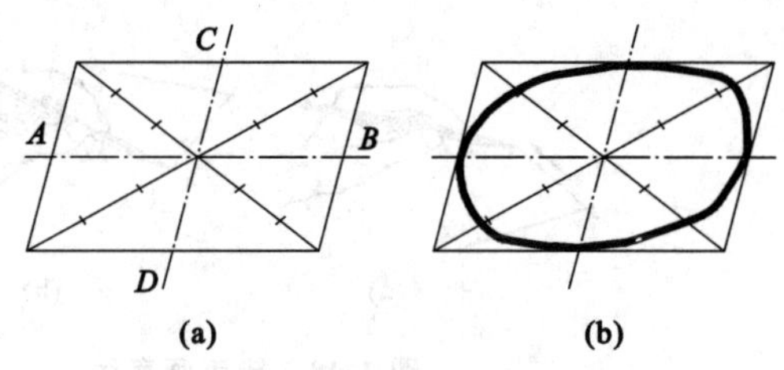

图 1-53　由共轭直径作椭圆

本章小结、要点自测、
理实融合、拓展学习

2 投影法的基本知识

【内容提要】

本章主要介绍投影的概念、投影法的分类、正投影的基本性质和工程上常用的几种图示法及物体的三面投影规律等内容。本章的教学重点为正投影的基本性质、物体的三面投影规律、物体三面正投影图的形成及对应关系。教学难点为物体三面正投影图的绘制。

【学习目标】

通过本章的学习，学生应深入理解投影的概念、投影法的分类及各类投影的形成过程，能正确区分中心投影法与平行投影法；熟悉正投影的基本性质、工程上常用的几种投影图及各自的特点及应用；掌握物体的三面投影规律，能够运用投影法构建简单形体的视图，具备绘制简单物体三面投影图的基本能力。

2.1 概　　述

2.1.1 投影的概念及投影法的分类

2.1.1.1 投影的概念

在日常生活中，常看到物体呈现影子的现象。例如，在夜晚，拿一个四棱台放在灯和地面之间，这个四棱台便在地面上投下了影子，如图 2-1(a)所示。但是影子只反映出了四棱台底面的外形轮廓，而四棱台顶面和四个侧棱面的轮廓均未显示出来。如果要把它们都表示清楚，就需要对这种自然射影现象进行科学的改造，即按投影的方法进行投影。由于光源发出的光线将形体上各顶点和棱线的影子投射到平面 P 上，这样所得到的图形便称为投影，如图 2-1(b)所示。

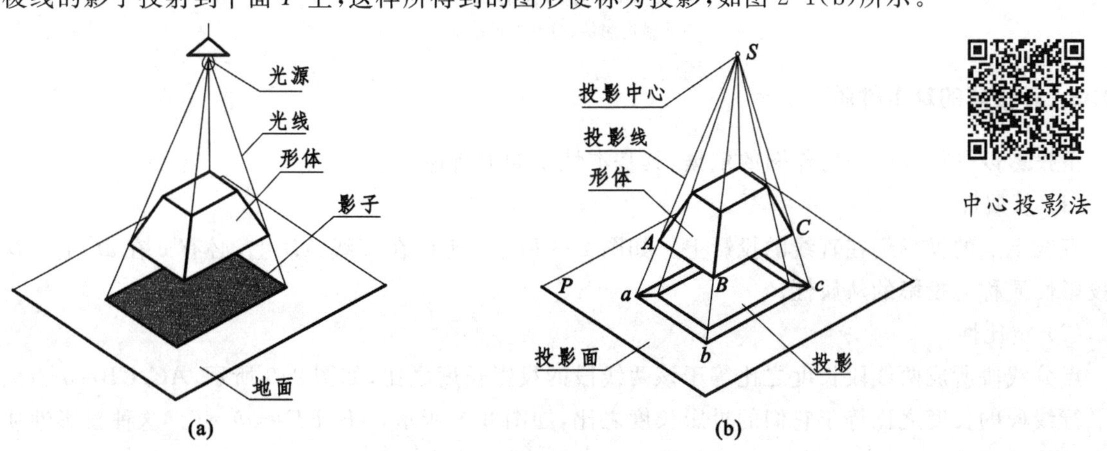

图 2-1　中心投影法

(a) 影子；(b) 投影

投影的方法是:假定空间点 S 为光源,点 S 称为投影中心,影子所投落的平面称为投影面,经过四棱台的点(A、B 等)的光线称为投影线(如 SA、SB 等),投影线与投影面的交点(如 a、b 等)称为点在该投影面上的投影。把相应各顶点的投影连接起来,即得四棱台的投影。投影线、被投影的物体和投影面是进行投影时必须具备的三个条件。

2.1.1.2 投影法的分类

投影法可分为中心投影法和平行投影法两类。

(1) 中心投影法

当投影中心距投影面为有限距离时,所有的投射线都会交于一投影中心点,这种投影法称为中心投影法[图 2-1(b)]。用这种方法所得的投影称为中心投影。

(2) 平行投影法

当投影中心距投影面为无限距离时,所有的投影线到达被投影物体时均视为互相平行,这种投影法称为平行投影法,如图 2-2 所示。用这些互相平行的投影线作出的形体的投影,称为平行投影。

根据投影线与投影面的倾角不同,平行投影法又可分为斜投影法和正投影法两种。

① 斜投影法。

当投影线倾斜于投影面时,称为斜投影法,所得到的平行投影称为斜投影,如图 2-2(a)所示。

② 正投影法。

当投影线垂直于投影面时,称为正投影法,所得到的平行投影称为正投影,如图 2-2(b)所示。

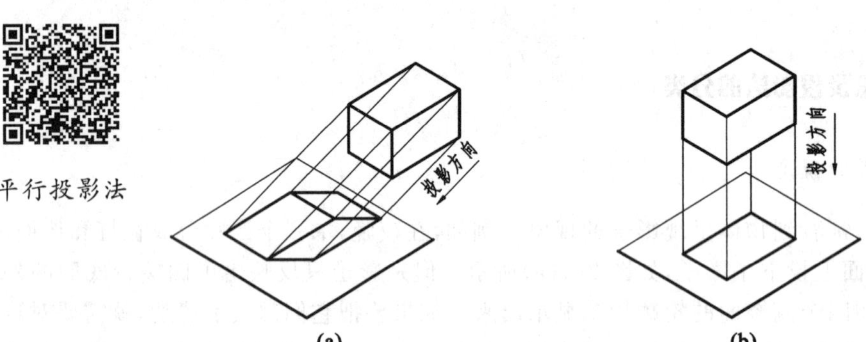

图 2-2 平行投影法

(a) 斜投影法;(b) 正投影法

2.1.2 正投影的基本性质

正投影以平行投影法为作图的依据,其基本性质如下所述:

(1) 从属性

直线上点的投影仍在直线的投影上。如图 2-3 所示,点 C 在直线 AB 上,必有 c 在 ab 上。这种投影性质称为投影的从属性。

(2) 定比性

点分线段所成两线段长度之比等于该两线段的投影长度之比,如图 2-3 所示,$AC/CB=ac/cb$;两平行线段的长度之比等于它们的投影长度之比,如图 2-3 所示,$AB/EF=ab/ef$。这种投影性质称为投影的定比性。

(3) 平行性

两平行直线的投影仍互相平行。如图 2-3 所示,若已知 $AB /\!/ EF$,必有 $ab /\!/ ef$。这种投影性质称为投影的平行性。

(4) 实形性

若线段或平面图形平行于投影面,则其投影反映实长或实形。如图 2-4 所示,已知 $DE /\!/ P$ 面,必有 $DE=de$。已知 $\triangle ABC /\!/ P$ 面,必有 $\triangle ABC \cong \triangle abc$。这种投影性质称为投影的实形性。

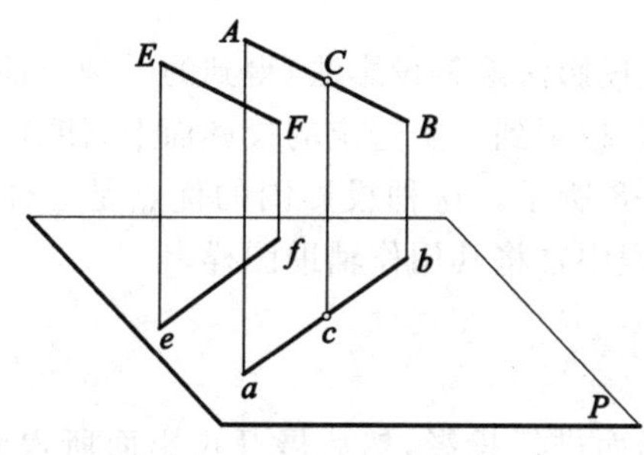

图 2-3 从属性、定比性、平行性

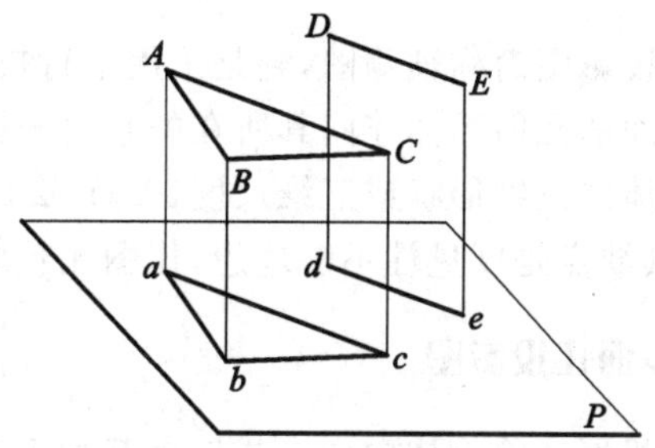

图 2-4 实形性

(5) 积聚性

若线段或平面图形垂直于投影面,其投影积聚为一点或一直线段。如图 2-5 所示,$DE \perp P$ 面,则点 d 与 e 重合;$\triangle ABC \perp P$ 面,则积聚成直线段 abc。这种投影性质称为投影的积聚性。

(6) 类似性

在图 2-6 中,空间平面图形对投影面来说,既不平行也不垂直,而是倾斜的,这时,它在 P 面上的投影既不反映实形也无积聚性,而是比原形小、与原形类似的图形。这种投影性质称为投影的类似性。

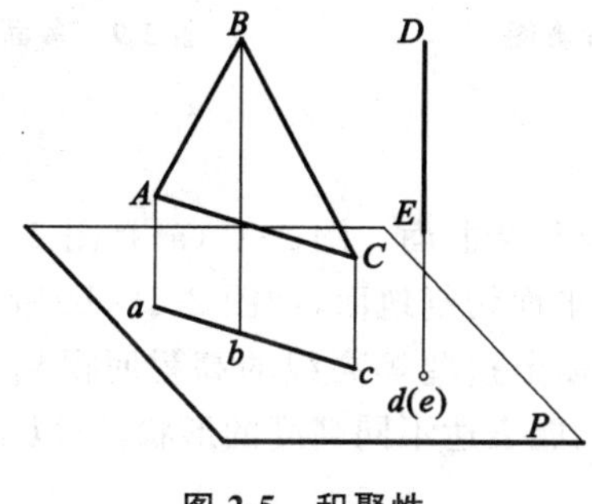

图 2-5 积聚性

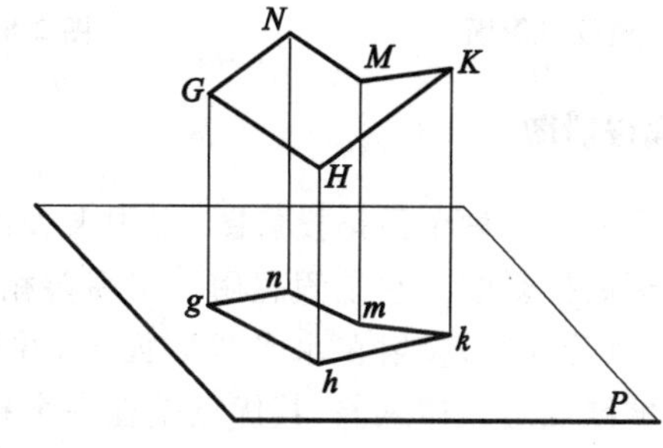

图 2-6 类似性

2.2 工程上常用的四种投影图

图样是用来表示物体形状的,工程上对图样的基本要求是:① 度量性好,能准确、清晰地反映物体的形状和大小;② 直观性强,富于立体感,使人们易于了解空间物体的形状;③ 作图简便。

工程上常用的投影图有透视投影图、轴测投影图、多面正投影图及标高投影图。

透视投影图

2.2.1 透视投影图

透视投影图简称透视图,它是按中心投影法绘制的单面投影图,如图 2-7 所示。透视投影图的优点是形象逼真,与肉眼看到的情况很相似,特别适用于绘制大型建筑物的直观图。其缺点是度量性差、作图复杂。

2.2.2 轴测投影图

轴测投影图简称轴测图,它是采用平行投影法(正投影法或斜投影法)得到的一种单面投影图。它是将空间的几何形体连同其所在的直角坐标系,一并投影到一个选定的投影面上,使其投影能同时呈现物体的三维形状或三维尺度(X,Y,Z),如图 2-8 所示。这种投影图的优点是立体感强,直观性好;其缺点是度量性不够理想,作图比较麻烦,工程中常将其用作辅助图样。

2.2.3 多面正投影图

用正投影法将物体向两个或三个互相垂直的投影面进行投影,然后展开投影面所得到的图样称为多面正投影图,简称正投影图,如图 2-9 所示。这种投影图的优点是能准确地反映物体的形状和结构,作图方便,度量性好,所以在工程上被广泛采用;其缺点是立体感差,需要掌握一定的投影知识才能看懂。

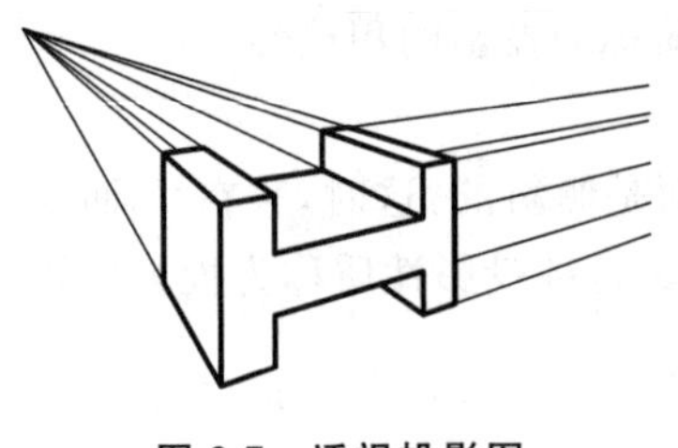

图 2-7 透视投影图

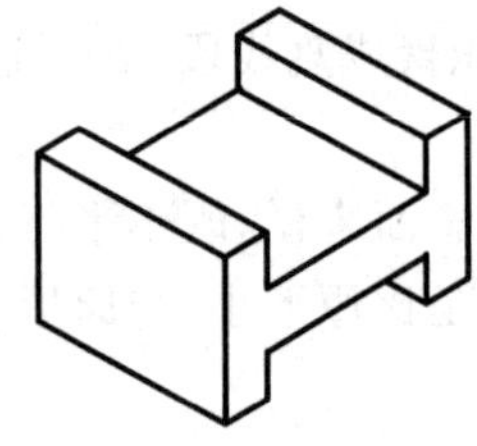

图 2-8 轴测投影图

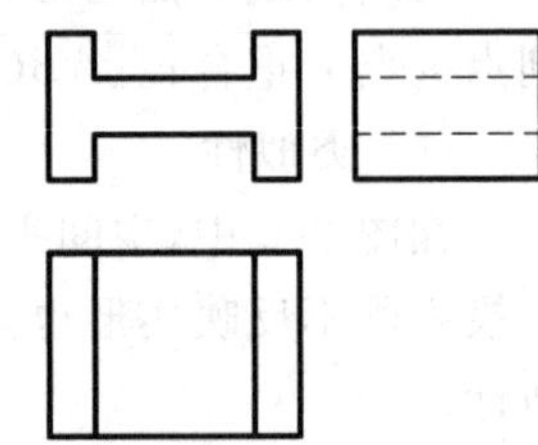

图 2-9 多面正投影图

2.2.4 标高投影图

标高投影图是一种单面正投影图,多用来表达地形及复杂曲面。图 2-10(a)是图 2-10(b)所示的小山丘的标高投影图。它是假想用一组高差相等的水平面切割地面,如图 2-10(b)所示,将所得的一系列交线(等高线)投射在水平投影面上,并用数字标出这些等高线的高程而得到的投影图。这种投影图的缺点是立体感差,其优点是在一个投影面上能表达不同高度的形状,所以常用它来表达复杂的地形和曲面。

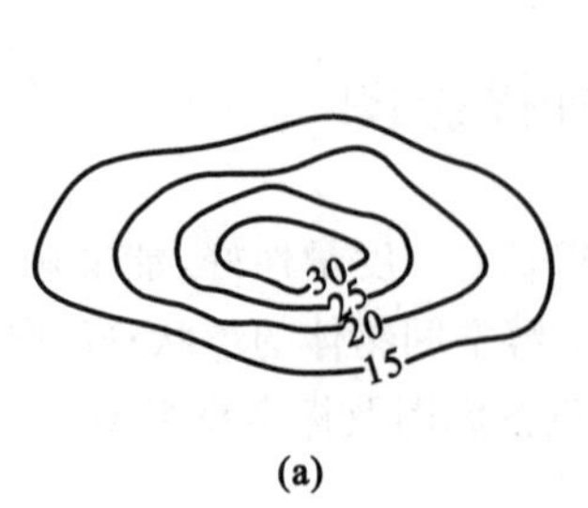

(a)

H_{30} H_{25} H_{20} H_{15}

(b)

图 2-10 标高投影图

2.3　物体的三面正投影图

2.3.1　三面正投影图的形成

如图 2-11 所示，三个不同形状的物体，它们在水平面 H 上的投影都是相同的，所以，在一般情况下，只凭物体的一个投影不能确定该物体的形状和大小。

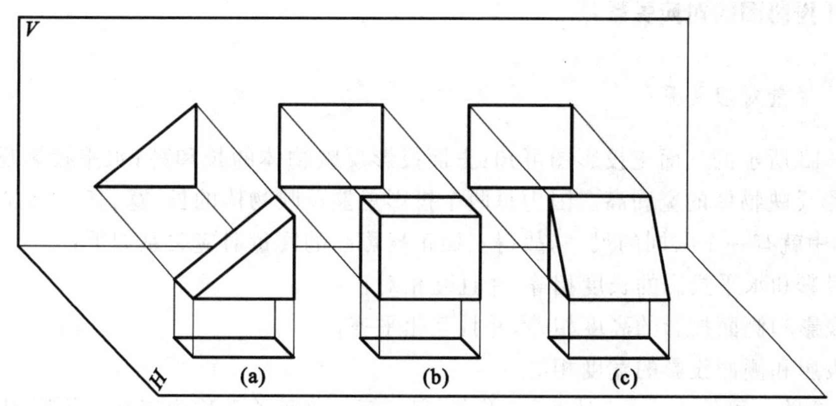

图 2-11　物体在投影面上的投影

一般来说，两面投影可以确定物体的形状。但如图 2-11(b)、(c)所示的两个不同形状的物体，它们在 V、H 面上的同面投影都是相同的，因此，仅根据它们在 V、H 面上的投影还不能确定它们的空间形状。如果增加第三个投影，这个问题就可以得到解决。增加投影面 W，使其同时与 V、H 面垂直，这样就形成了一个三投影面体系，简称为三面体系，如图 2-12(a)所示。

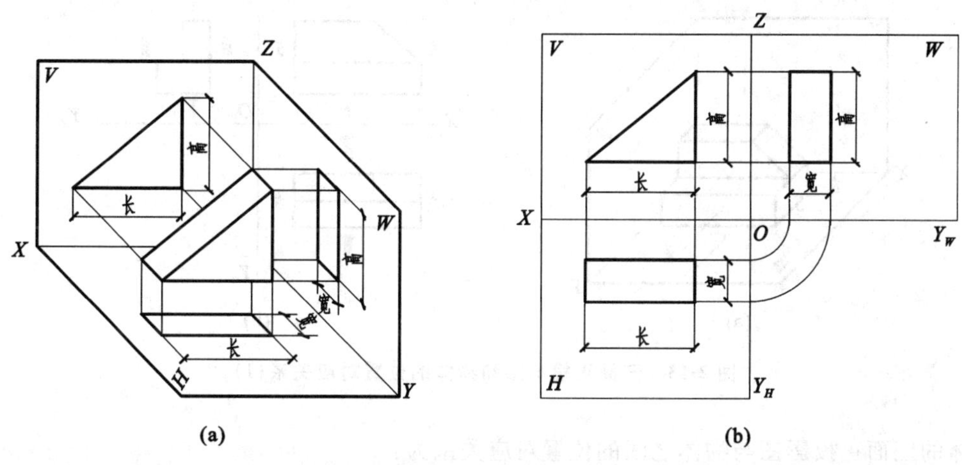

图 2-12　三面正投影图

在该三面体系中，将正立投影面 V 称为正面，水平投影面 H 称为水平面，侧立投影面 W 称为侧面。物体在这三个投影面上的投影分别称为正面投影、水平投影、侧面投影。为了使物体的投影反映其表面的实形,作投影图时,尽可能使物体的表面平行于投影面,然后把物体分别向各投影面进行投影。如图2-12(a)所示,使三角块的前表面平行于V面,底面平行于H面,则三角块的正面投影反映它前表面的实形,水平投影反映它底面的实形,侧面投影反映它右侧面的实形,如果拿开物体,根据这三个投影就能确定物体的形状。但由于三个投影分别在三个不同的投影面上,而实际作图只能在平面图纸上完成,所以,必须把V、H、W三个面展开成一个平面。为此,固定V面,让H面和W面分别绕它们与V面的交线(OX、OY)旋转到与V面重合的位置,如图2-12(b)所示。实际作图时,只需画出物体的三个投影面而不必画出投影面的边框。

2.3.2 三面正投影图的对应关系

2.3.2.1 度量对应关系

根据图2-12所示的三面正投影图可知:正面投影反映物体的长和高;水平投影反映物体的长和宽;侧面投影反映物体的宽和高。因为每两个投影总能反映物体的长、宽、高三个方面的尺寸,并且每两个投影中就有一个共同的尺寸,故得三面正投影图的度量对应关系如下:

① 正面投影和水平投影的长度相等,并且互相对正;

② 正面投影和侧面投影的高度相等,并且互相平齐;

③ 水平投影和侧面投影的宽度相等。

该度量对应关系可简化为:长对正、高平齐、宽相等。这种关系称为三面正投影图的投影规律,简称三等规律。

2.3.2.2 位置对应关系

三面正投影图的位置对应关系是:水平投影在正面投影之下,侧面投影在正面投影之右,如图2-13所示。

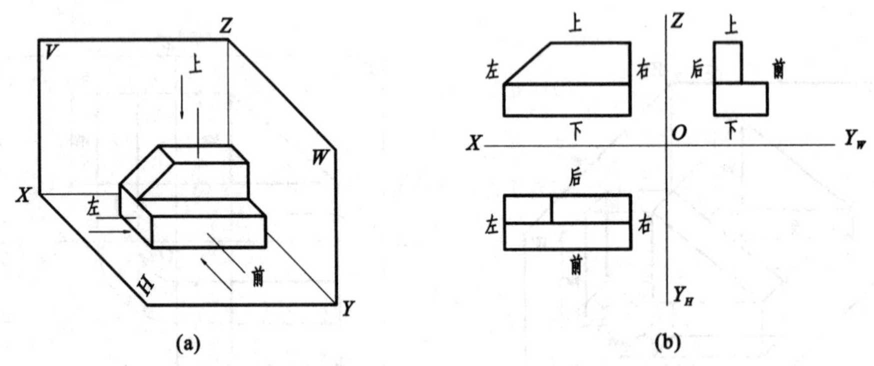

图2-13 三面正投影图和物体的位置对应关系(1)

物体的三面正投影图与物体之间的位置对应关系为:

① 正面投影反映了物体上、下、左、右的位置关系;

② 水平投影反映了物体前、后、左、右的位置关系;

③ 侧面投影反映了物体上、下、前、后的位置关系。

应当注意的是,水平投影和侧面投影中远离正面投影的一边都是物体的前面。

【例 2-1】 试用“长对正、高平齐、宽相等”三等规律分析如图 2-14(a)所示物体的三面正投影图的绘制过程。

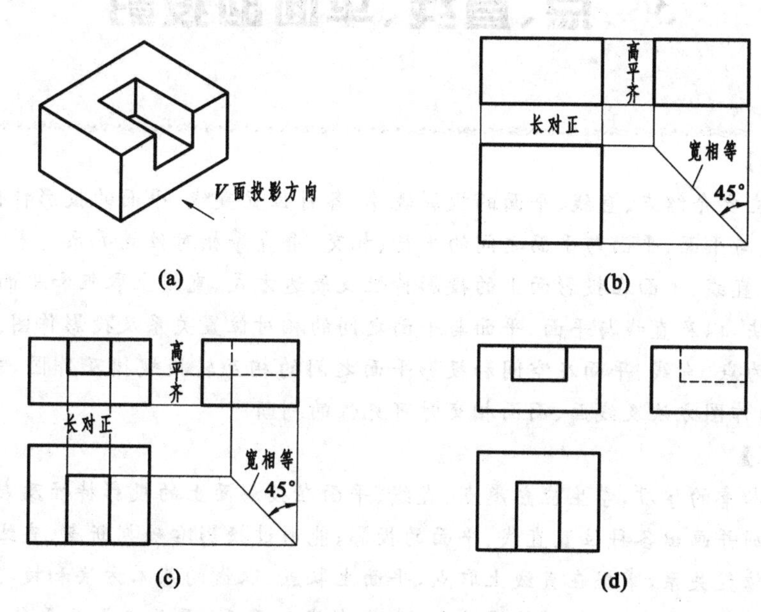

图 2-14　三面正投影图和物体的位置对应关系(2)

绘制物体三面正投影图前，必须在读懂物体形状的基础上，选择物体形状特征最明显的方向作为正面投影的投射方向，然后根据三面正投影图的三等规律(长对正、高平齐、宽相等)逐步画出物体的三面正投影图。在画图时，物体上的轮廓线按投影方向来画，凡是可见的均用粗实线画出，不可见的用中粗虚线画出，当虚线和实线重合时只画出实线。

图 2-14(a)所示物体的作图步骤如下：

① 分析物体形状，选择 V 面投影方向，如图 2-14(a)所示。

② 按投影方向，先画出正面投影的外轮廓线(长方形)，再根据“长对正、高平齐、宽相等”三等规律画出其他两面投影，如图 2-14(b)所示。

③ 先画出正面投影中缺口的投影，再根据“长对正、高平齐、宽相等”三等规律画出缺口的其他两面投影，如图 2-14(c)所示。注意，不可见的轮廓线应用中粗虚线画出。

④ 检查，擦去多余的图线和作图线，加深、加粗图线，完成全图。如图 2-14(d)所示。

本章小结、要点自测、
理实融合、拓展学习

3　点、直线、平面的投影

【内容提要】

本章主要介绍点、直线、平面的投影规律，各种位置直线、平面的投影特性和投影作图，直线与平面、平面与平面之间的平行、相交、垂直等相对位置关系。本章的教学重点为点、直线、平面在投影面上的投影特性及表达方式，直线上取点和平面上取点、取线的方法，以及直线与平面、平面与平面之间的相对位置关系及投影作图。本章的教学难点为点、直线、平面在空间和投影平面之间的相互转换规律及作图，平面上取点、取线的作图方法及线面、面面相交时可见性的判断。

【学习目标】

通过本章的学习，学生应熟悉点、直线、平面在投影面上的投影特性及表达方式，能正确识别并画出各种位置直线、平面的投影；能通过投影准确判断点、直线、平面在空间中的位置关系，掌握在直线上取点，平面上取点、取线的基本方法和技巧；了解直线与平面、平面与平面的相对位置关系，掌握直线与平面、平面与平面平行、相交、垂直时的投影作图及相交时的可见性判断；进一步强化自己的空间想象能力和三维思维能力，促使自己能将这些知识灵活迁移到后续课程的学习和实际应用中。

3.1　点的投影

3.1.1　点的单面投影

如图 3-1(a)所示，若投射方向 S 垂直于投影面 H，过空间点 A 向投影面 H 作垂线，则其垂足 a 即为点 A 在 H 面上的投影。如图 3-1(a)所示，A 点在 H 面内的投影 a 是唯一的。如图 3-1(b)所示，仅凭 B 点的水平投影 b 并不能确定 B 点的空间位置。由于仅凭点的一个投影不能确定该点的空间位置，故需要研究点的多面投影问题。

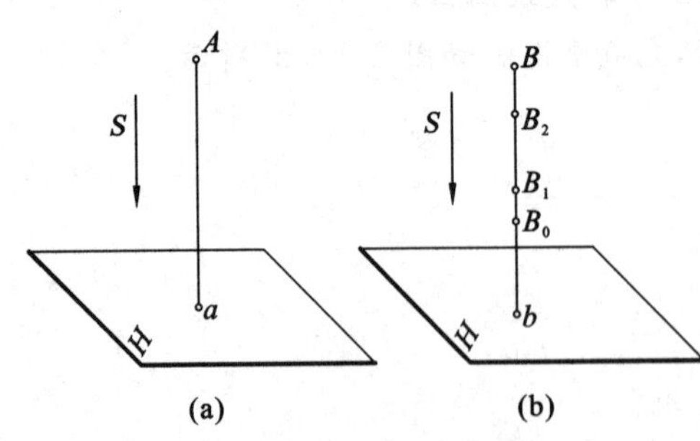

图 3-1　点的单面投影

3.1.2　点的两面投影

3.1.2.1　两投影面体系的建立

如图 3-2 所示，两个互相垂直的投影面构成两投影面体系(简称两面体系)。其中，水平放置的投影面 H 称为水平投影面(简称水平面或 H 面)，垂直放置的投影面 V 称为正立投影面(简称正面或 V 面)，H 面与 V 面的交线 OX 称为投影轴。两面体系的整个空间被相互垂直的 H 面和 V 面分为四个部分，每个部分称为一个分角，四个分角Ⅰ、Ⅱ、Ⅲ、Ⅳ的划分顺序如图 3-2(a)所示。本书着重介绍第一分角中几何形体的投影。

如图 3-2(b)所示，在第一分角内有一点 A，由点 A 分别向 H 面和 V 面作垂线，其垂足 a、a' 分别称为点 A 的水平投影和正面投影。国家制图相关标准规定，空间点用大写字母或罗马数字（如 A、Ⅱ）表示，水平投影用相应的小写字母或阿拉伯数字（如 a、2）表示，正面投影用在其右上角加一撇的小写字母或阿拉伯数字（如 a'、$2'$）表示。

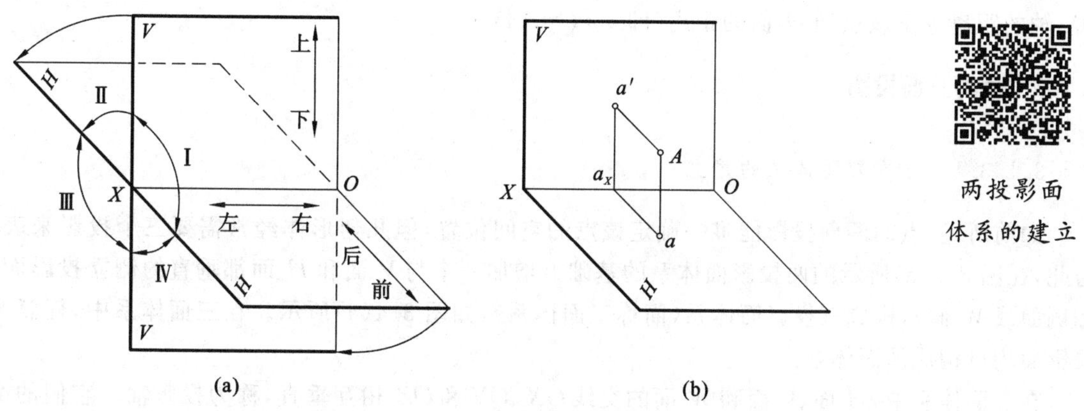

图 3-2　两投影面体系的建立

如图 3-2(b)所示，若已知水平投影 a 和正面投影 a'，即可过 a 作 H 面的垂线 aA，过 a' 作 V 面的垂线 $a'A$，这两条垂线必然交于点 A。因此，点的两面投影能唯一确定该点的空间位置。

3.1.2.2　两面投影图的形成及点的两面投影

如图 3-3(a)所示，点 A 的两个投影 a 和 a' 分别在两个不同的平面内，在画投影图时，需要把两个投影画在同一平面内。为此，规定保持 V 面不动，将 H 面绕 OX 轴向下旋转 90°，如图 3-3(b)所示，使之与 V 面处于同一平面。这就形成了点 A 的两面投影图，如图 3-3(c)所示。由于平面可以无限延伸，故在画投影图时，只需画出投影轴 OX，而不画出投影面的边界，投影图中也不标记 H、V，如图 3-3(d)所示。

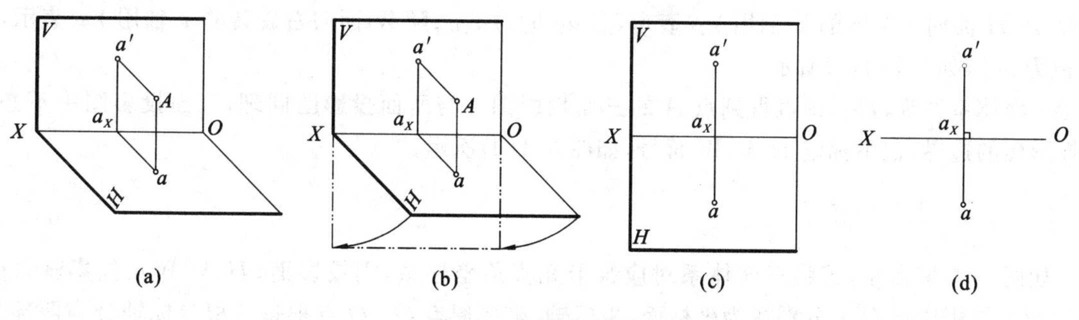

图 3-3　点的两面投影

3.1.2.3　点的两面投影规律

如图 3-3(a)所示，由于投射线 Aa 和 Aa' 构成的平面 $Aa a_X a'$ 垂直于 H 面和 V 面，故该面必定垂直于 OX 轴。因而，平面 $Aa a_X a'$ 内过 a_X 的直线 aa_X 和 $a'a_X$ 均垂直于 OX 轴，即 $aa_X \perp OX$，$a'a_X \perp OX$。当 a 随 H 面绕 OX 轴旋转展开至与 V 面重合后，点 a、a_X、a' 三点共线，且 $a'a \perp OX$

轴,如图3-3(d)所示。点的两面投影的连线称为投影连线(如$a'a$)。

在图3-3(a)中,由于矩形平面$Aa a_X a'$的对边相等,故有$a'a_X=Aa$,$aa_X=Aa'$。Aa和Aa'分别为点A到H面和V面的距离。

综上所述,点的两面投影规律可总结为:

① 点的水平投影与正面投影的连线垂直于OX轴(即$aa' \perp OX$);

② 点的水平投影到OX轴的距离等于该点到V面的距离(即$aa_X= Aa'$),点的正面投影到OX轴的距离等于该点到H面的距离(即$a'a_X=Aa$)。

3.1.3 点的三面投影

3.1.3.1 三投影面体系的建立

如前所述,点的两面投影能唯一确定该点的空间位置,但几何形体经常需要三个投影来表达。为此,在图3-2(a)所示的两投影面体系的基础上增加一个与V面和H面都垂直的侧立投影面(简称侧面或W面),构成三投影面体系(简称三面体系),如图3-4(a)所示。在三面体系中,任意两个投影面均可构成两面体系。

在三面体系中,H面、V面和W面的交线OX、OY和OZ相互垂直,称为投影轴。它们的交点称为投影原点,用O表示。三个投影面把空间分成八个部分,称为八个卦角。卦角Ⅰ～Ⅷ的划分顺序如图3-4(a)所示。本书着重介绍第Ⅰ卦角中几何形体的投影。

3.1.3.2 三面投影图的形成及点的三面投影

如图3-4(b)所示,在第Ⅰ卦角中有一点A,过点A分别向H、V、W面作垂线,其交点a、a'、a''分别称为点A的水平投影、正面投影和侧面投影。国家制图相关标准规定,侧面投影用在其右上角加两撇的小写字母或阿拉伯数字(如a''、$2''$)表示。

在三面体系中,点A的三个投影a、a'和a''分别在三个不同的平面内,画投影图时,仍需要把三个投影画在同一平面内。为此,仍规定保持V面不动,分别将H面绕OX轴向下旋转90°,将W面绕OZ轴向右旋转90°,使H面、W面与V面重合,如图3-4(b)所示。旋转后,Y轴和点a_Y有两个位置,随H面向下旋转的Y轴用Y_H表示,点a_Y记为a_{YH};随W面向右旋转的Y轴用Y_W表示,点a_Y记为a_{YW},如图3-4(c)所示。

三面体系经旋转后,即可得到点A的三面投影图。与两面投影图同理,三面投影图中不必画出投影面的边界,也不标记H、V、W符号,如图3-4(d)所示。

3.1.3.3 点的坐标

如图3-4(b)所示,若将三面体系对应笛卡儿直角坐标系,则投影面(H、V、W)、投影轴(OX、OY、OZ)、投影原点O可分别视为坐标面、坐标轴、坐标原点O。O点把每一根坐标轴分为两部分,规定OX轴从O点向左为正,向右为负;OY轴向前为正,向后为负;OZ轴向上为正,向下为负。在第Ⅰ卦角内,点的坐标值均为正值。

如图3-4(b)所示,空间点的三面投影与该点的空间坐标有如下关系。

① 空间点的任一投影均反映了该点的某两个坐标值,即$a(x_A,y_A)$、$a'(x_A,z_A)$、$a''(y_A,z_A)$。

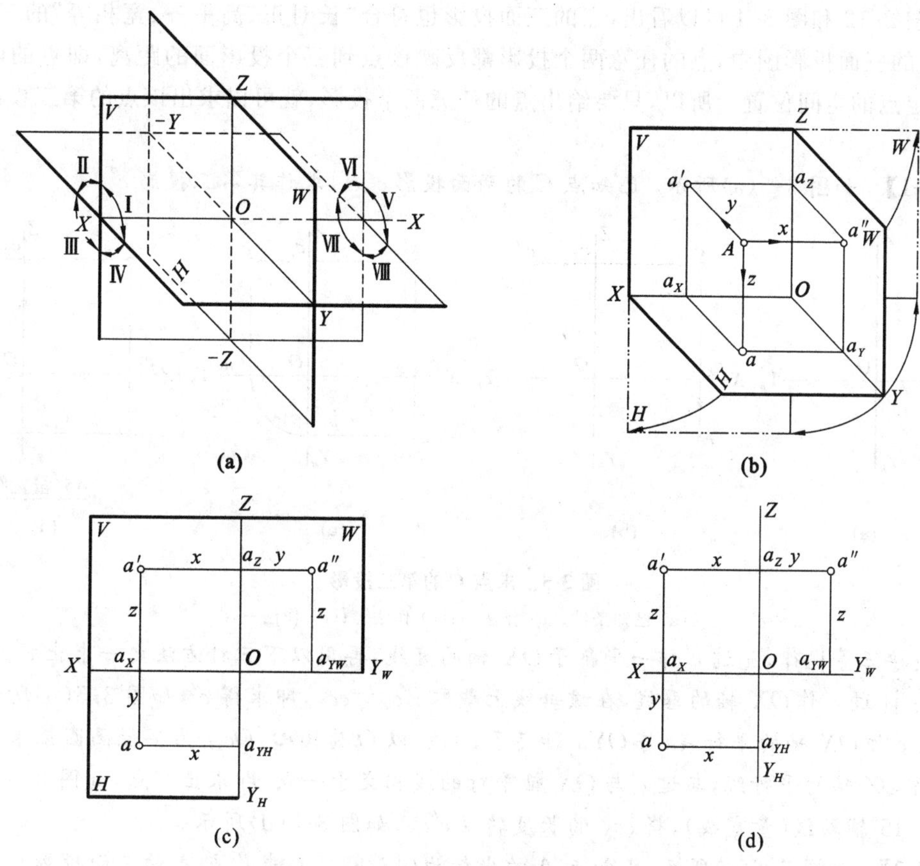

图 3-4 点的三面投影

② 空间点的每一个坐标值均反映该空间点到某投影面的距离，如图 3-4(b)所示，即 $aa_Y=a'a_Z=x$，反映 A 点到 W 面的距离；$aa_X=a''a_Z=y$，反映 A 点到 V 面的距离；$a'a_X=a''a_Y=z$，反映 A 点到 H 面的距离。

由此可知，点的每一个投影由该点的两个坐标值确定，点的任意两个投影都能反映该点的三个坐标值。如果已知点 A 的一组坐标值 $A(x_A, y_A, z_A)$，就能唯一确定该点的三面投影(a, a', a'')；反之亦然。

3.1.3.4 点的三面投影规律

三投影面体系的建立及点的三面投影

如图 3-4(d)所示，空间点 A 的两面投影规律中有 $aa' \perp OX$。同理可得，点 A 的正面投影 a' 与侧面投影 a'' 的连线垂直于 OZ 轴，即 $a'a'' \perp OZ$。如图 3-4(b)所示，空间点 A 的水平投影 a 到 OX 轴的距离和侧面投影 a'' 到 OZ 轴的距离均反映该点的 y 坐标，故 $aa_X=a''a_Z=y_A$。

综上所述，点的三面投影规律为：

① 点的水平投影和正面投影的连线垂直于 OX 轴，即 $a\,a' \perp OX$；

② 点的正面投影和侧面投影的连线垂直于 OZ 轴，即 $a'a'' \perp OZ$；

③ 点的水平投影到 OX 轴的距离等于该点的侧面投影到 OZ 轴的距离，即 $aa_X= a''a_Z$。

比较图2-12和图3-4可以看出,点的三面投影也符合"长对正、高平齐、宽相等"的三等规律。因此,在点的三面投影图中,点的任意两个投影都反映该点到三个投影面的距离,即点的两个投影能唯一确定点的空间位置。所以,只要给出点的任意两个投影,就可以求出该点的第三投影。

【例3-1】 如图3-5(a)所示,已知点C的两面投影c、c',求作其第三投影c''。

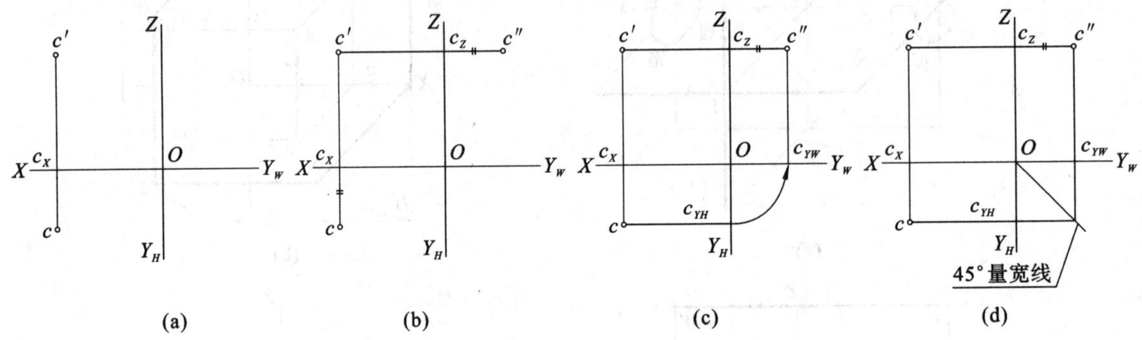

图3-5 求点C的第三投影

(a) 已知条件;(b) 作法一;(c) 作法二;(d) 作法三

分析:按三等规律,先过c'作一平行于OX轴的直线,再用以下三种方法之一求出c''。

作图:① 过c'作OX轴的垂线,在该垂线上截取$c''c_Z=cc_X$,即求得c'',如图3-5(b)所示。

② 过c作OX轴的平行线,与OY_H轴交于c_{YH}。以O为圆心,Oc_{YH}为半径画圆弧求得c_{YW}点,再过c_{YW}作OZ轴的平行线,与过c'与OX轴平行的线相交于一点,即求出c''点,如图3-5(c)所示。

③ 作45°辅助线(量宽线),将cc_X的长度转至$c''c_Z$,如图3-5(d)所示。

【例3-2】 如图3-6(a)所示,已知点A的坐标为(13,8,15),求作点A的三面投影。

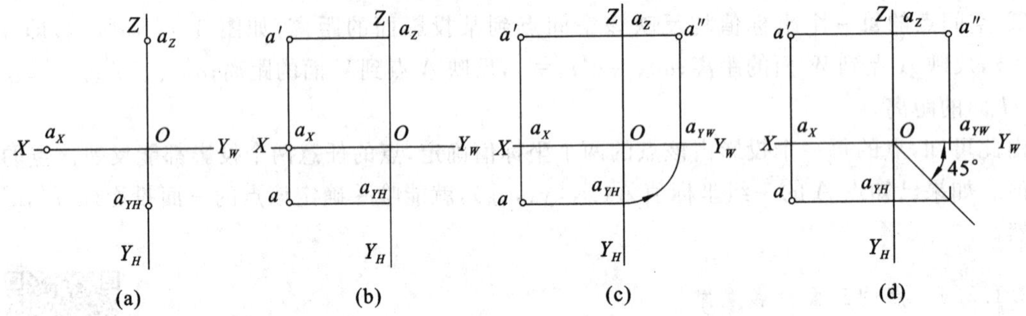

图3-6 求作点A的三面投影

作图:① 如图3-6(a)所示,画出投影轴。由O点沿OX轴方向取$x=13$,得a_X点;沿OY_H轴方向取$y=8$,得a_{YH}点;沿OZ轴方向取$z=15$,得a_Z点。

② 如图3-6(b)所示,过a_X点作OX轴的垂线,它与过a_{YH}点且与OX轴平行的直线的交点,即为点A的水平投影a;与过a_Z点且与OX轴平行的直线的交点,即为点A的正面投影a'。

③ 由$aa_X=a_{YH}O=a_{YW}O=a''a_Z$,在$a'a_Z$延长线上即可得到点$A$的侧面投影$a''$。作图方法如图3-6(c)或图3-6(d)所示。

3.1.3.5 特殊位置点的投影

① 投影面上的点。当点在某投影面上时,点在该投影面上的投影与空间点本身重合,其余两

投影在相应的投影轴上。如图 3-7 所示,图 3-7(a)和图 3-7(b)分别为投影面上点 A 和点 B 的直观图和三面投影图。

② 投影轴上的点。当点在某投影轴上时,点在形成该轴的两投影面上的投影与空间点本身重合,第三投影在原点 O 上。如图 3-7 所示,图 3-7(a)和图 3-7(b)分别为投影轴上点 C 和点 D 的直观图和三面投影图。

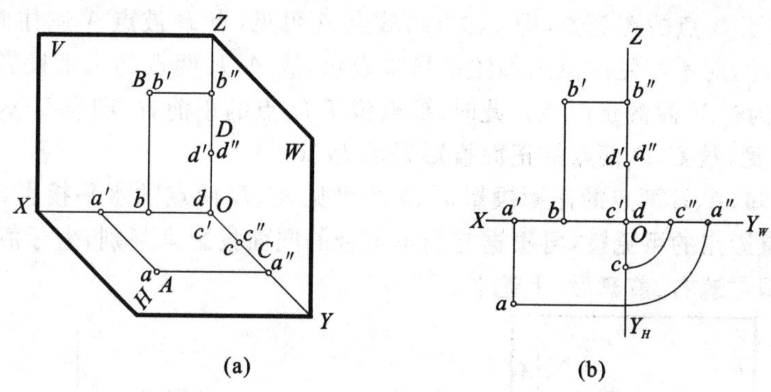

图 3-7 特殊位置点的投影

3.1.4 两点的相对位置

两点的相对位置是指空间两点的左右、前后、上下的相对位置关系,如图 3-8 所示。

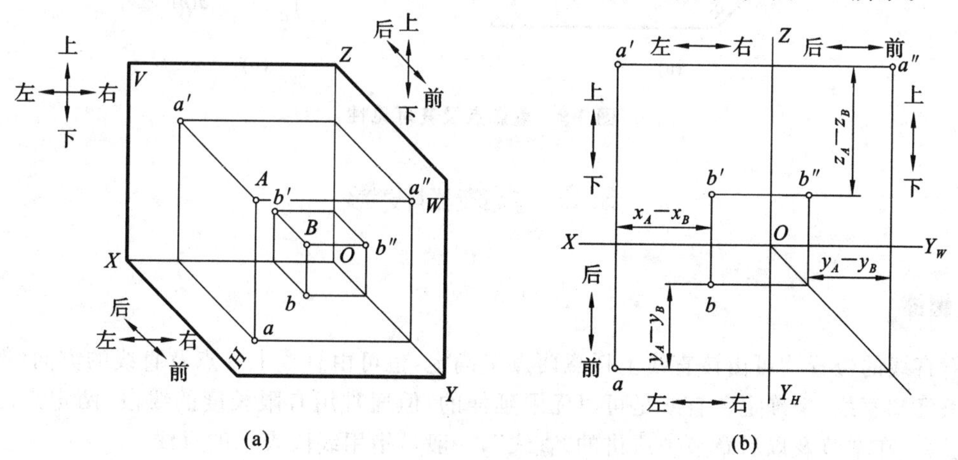

图 3-8 两点的相对位置

3.1.4.1 两点相对位置的判别和确定

两点在同一投影面上的投影称为同面投影,空间两点的相对位置可根据两点同面投影的坐标关系来判别。如图 3-8(b)所示,已知 a'、a、a''和 b'、b、b'',$x_A>x_B$ 表示 A 点在 B 点之左,$y_A>y_B$ 表示 A 点在 B 点之前,$z_A>z_B$ 表示 A 点在 B 点之上,即 A 点在 B 点的左、前、上方。若知其确切位置,则可用两点的坐标差(即两点在三个方向上分别对各投影面的距离差)来确定。在图 3-8(a)中,A 点在 B 点左方 x_A-x_B 处,A 点在 B 点前方 y_A-y_B 处,A 点在 B 点上方 z_A-z_B 处。由于 A、B 两点的坐标差已确定,故这两点的相对位置就完全确定了。

3.1.4.2 重影点及其可见性

当空间两点在某个投影面上的投影重合为一点时，表示该两点由于某个坐标相同而位于同一条投射线上，这两点称为对某投影面的重影点(简称重影点)。如图3-9所示，A、B两点位于H面的同一条垂直线(投射线)上，它们在H面上的投影a、b重合，这时可称A、B两点为对H面的重影点。由于A点位于B点的正上方，即$z_A>z_B$，故点A可见，点B被点A遮住而不可见。为了在投影图中表示可见性，对不可见的点用加注括号来表示，故A、B两点的水平投影表示为$a(b)$。同理，可称C、D两点为对V面的重影点。此时，C点位于D点的正前方，即$y_C>y_D$，点C可见，点D被点C遮住而不可见，故C、D两点的正面投影表示为$c'(d')$。

由以上分析可知，A、B两点的正面投影a'、b'均可见，C、D两点的水平投影c、d也均可见。因此，要判别空间两重影点的可见性，可根据它们不重合的同面投影来判别，坐标值大的为可见，坐标值小的为不可见，即左遮右、前遮后、上遮下。

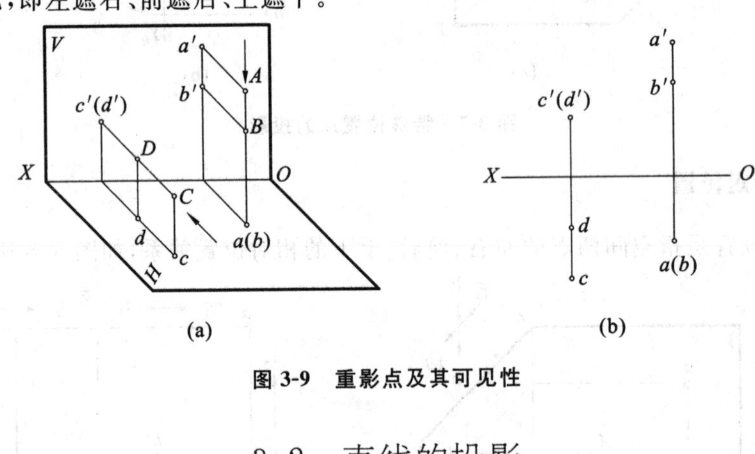

图3-9 重影点及其可见性

3.2 直线的投影

3.2.1 概述

任何直线的位置均可由该直线上任意两点来确定，也可由直线上一点及直线的方向(例如平行于另一条已知直线)来确定。直线是可以无限延伸的，但通常用有限长度的线段(两定点之间的部分)来表示。在本节及以后章节中所讲的“直线”，一般是指用线段表示的直线。

一般情况下，直线的投影仍为直线，只有当直线平行于某一投射方向时，其投影才积聚为一点，如图3-10(a)所示。

直线可视为点的集合，直线的投影就是直线上点的投影的集合。而两个点可以确定一条直线，故直线的投影可由直线上两点的同面投影来确定。若要作出图3-10(b)所示直线AB的三面投影，只需分别作出A、B的同面投影a、b、a'、b'、a''、b''，然后将同面投影相连即可，如图3-10(c)所示。直线的两个投影能唯一确定该直线的空间位置。

3.2.2 各种位置直线的投影特性

在三面体系中，根据直线与投影面间相对位置的不同，可将直线分为投影面平行线、投影面垂直线和一般位置直线三种。前两种又称为特殊位置直线。直线对H、V、W三投影面的倾角分别用α、β、γ来表示。

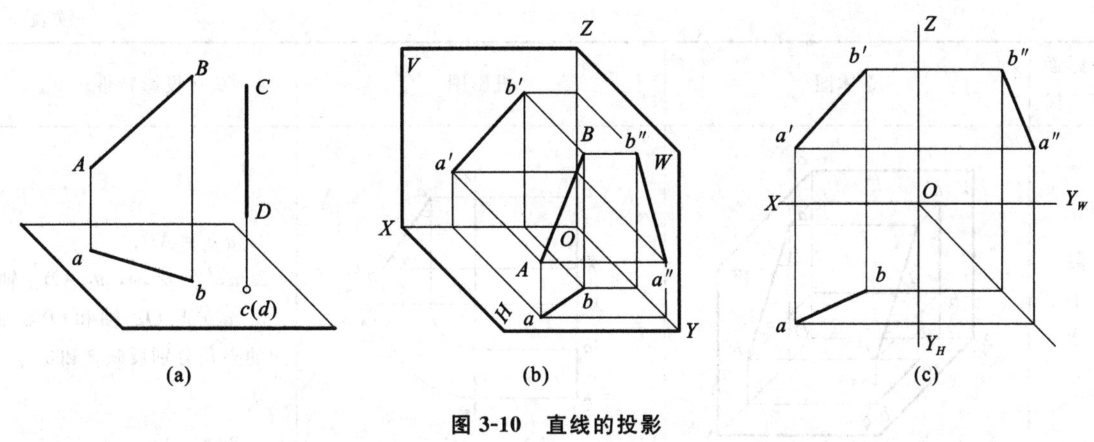

图 3-10 直线的投影

3.2.2.1 投影面平行线

只平行于一个投影面而与其他两个投影面倾斜的直线称为投影面平行线。只平行于 H 面的直线称为水平线，只平行于 V 面的直线称为正平线，只平行于 W 面的直线称为侧平线。

投影面平行线的投影特性如表 3-1 所示。

通过对表 3-1 的分析，可归纳出投影面平行线的投影特性为：

① 直线在它所平行的投影面上的投影，反映该线段的实长和对其他两投影面的倾角；

② 直线在其他两投影面上的投影分别平行于相应的投影轴，且都小于该线段的实长。

表 3-1 **投影面平行线的投影特性**

投影面平行线	立体图	投影图	投影特性
水平线	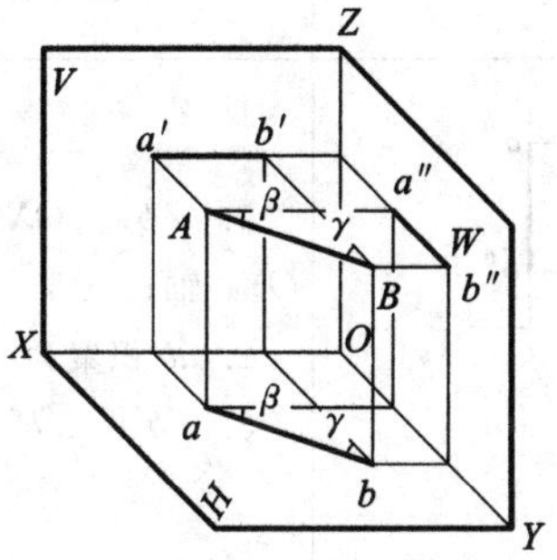	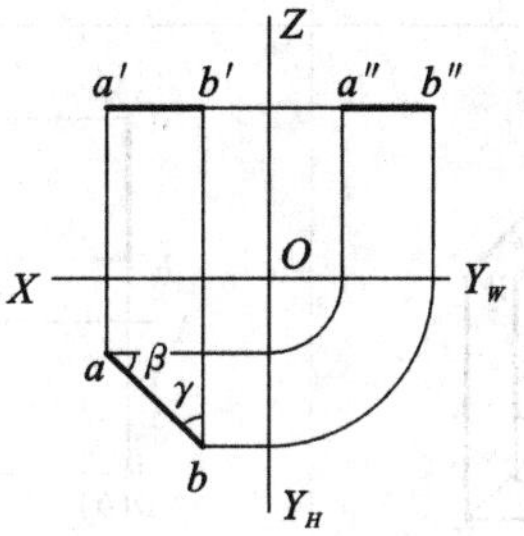	1. $ab=AB$； 2. $a'b'$ // OX 轴，$a''b''$ // OY_W 轴； 3. ab 与 OX 轴和 OY_H 轴间的夹角分别反映 β 和 γ
正平线	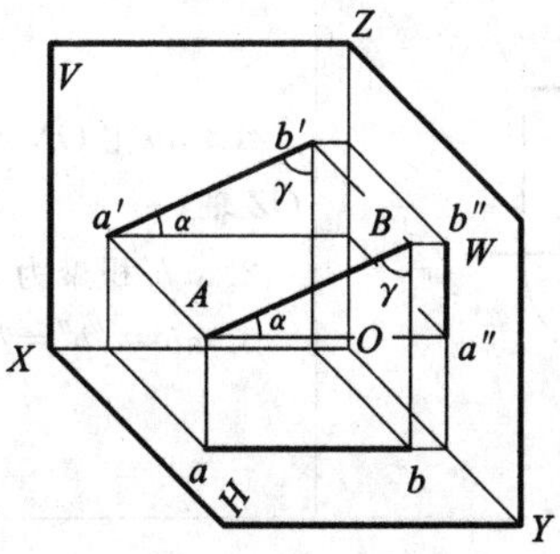	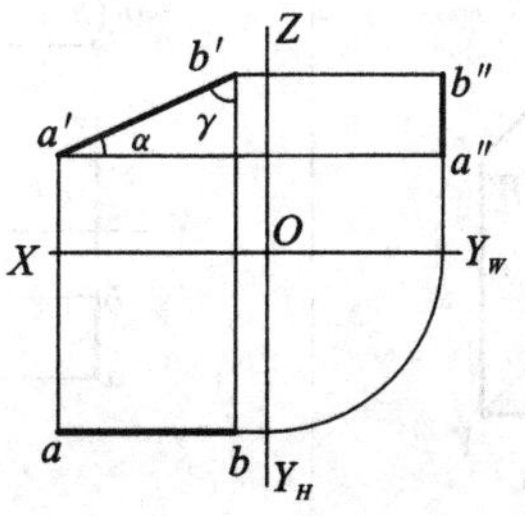	1. $a'b'=AB$； 2. ab//OX 轴，$a''b''$//OZ 轴； 3. $a'b'$ 与 OX 轴和 OZ 轴间的夹角分别反映 α 和 γ

续表

投影面平行线	立体图	投影图	投影特性
侧平线	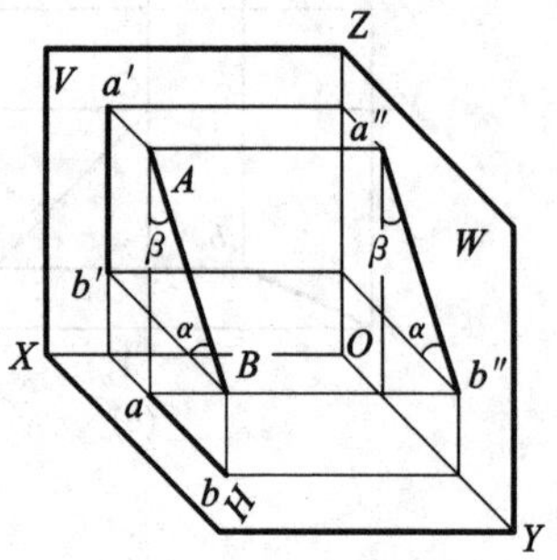	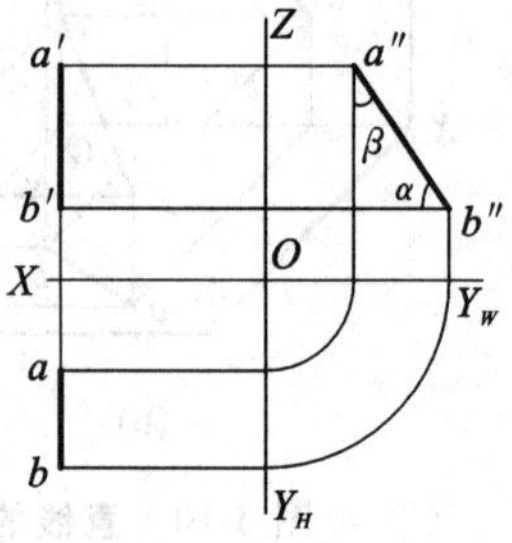	1. $a''b''=AB$; 2. $a'b'$ // OZ 轴，ab // OY_H 轴； 3. $a''b''$ 与 OZ 轴和 OY_W 轴间的夹角分别反映 β 和 α

3.2.2.2 投影面垂直线

投影面垂直线是指垂直于一个投影面且同时平行于其余两个投影面的直线。与水平面垂直的直线称为铅垂线，与正面垂直的直线称为正垂线，与侧面垂直的直线称为侧垂线。

投影面垂直线的投影特性如表3-2所示。

通过对表3-2进行分析，可归纳出投影面垂直线的投影特性为：

① 直线在它所垂直的投影面上的投影积聚成一点。

② 直线在其他两个投影面上的投影分别垂直于相应的投影轴，且反映该直线段的实长。

表3-2 **投影面垂直线的投影特性**

投影面垂直线	立体图	投影图	投影特性
铅垂线	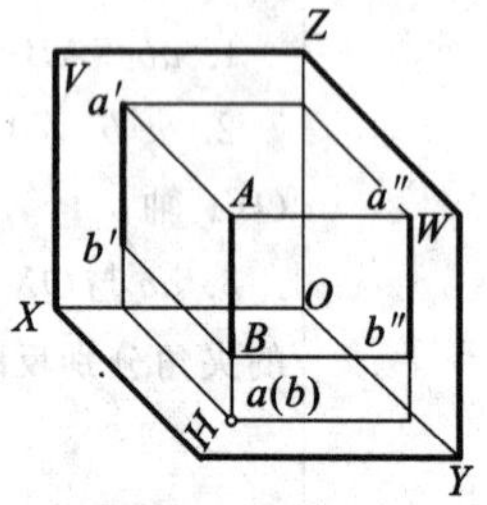	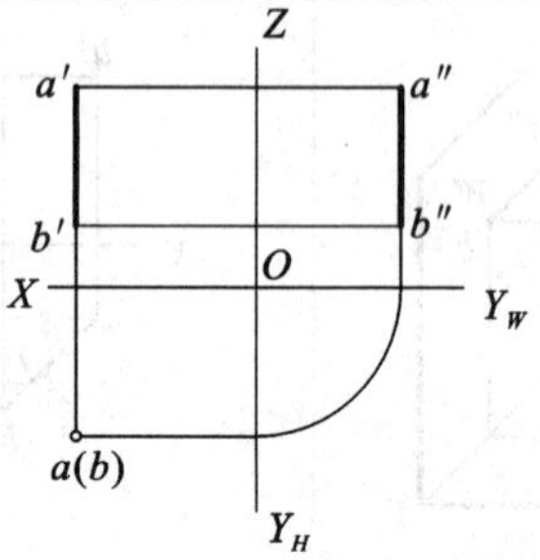	1. $a'b' \perp OX$ 轴，$a''b'' \perp OY_W$ 轴； 2. ab 积聚为一点； 3. $a'b'=a''b''=AB$
正垂线	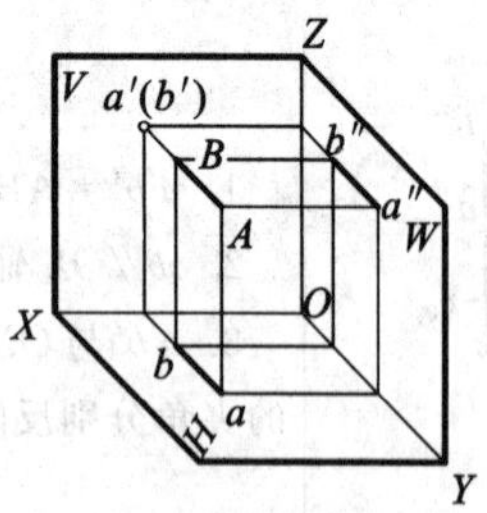	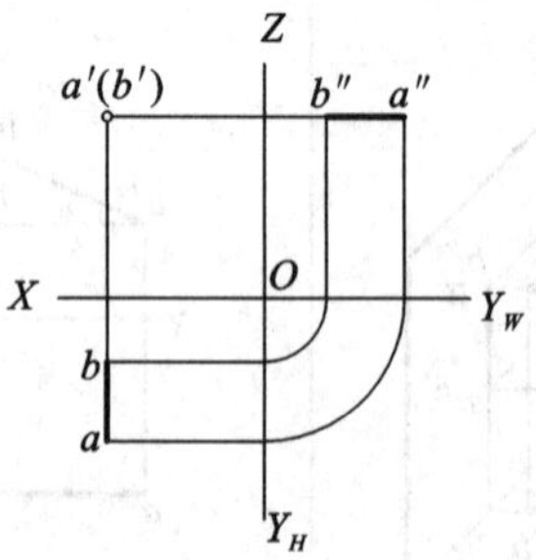	1. $ab \perp OX$ 轴，$a''b'' \perp OZ$ 轴； 2. $a'b'$ 积聚为一点； 3. $ab=a''b''=AB$

续表

投影面垂直线	立体图	投影图	投影特性
侧垂线			1. $a'b' \perp OZ$ 轴，$ab \perp OY_H$ 轴； 2. $a''b''$积聚为一点； 3. $a'b'=ab=AB$

3.2.2.3　一般位置直线

对三个投影面都处于倾斜位置的直线称为一般位置直线。如图 3-11(a)所示，直线 AB 同时倾斜于 H、V、W 三个投影面，它对 H、V、W 面的倾角分别为 α、β、γ。

由于一般位置直线倾斜于三个投影面，故其投影特性为：

① 直线的各面投影均不反映线段的实长，也无积聚性。如图 3-11(a)所示，直线三面投影的长度都短于实长。

② 直线的三面投影均倾斜于投影轴，它们与投影轴间的夹角均不反映空间直线对任何投影面的倾角。如图 3-11(a)所示，直线 AB 对 H 面的倾角 α 就是直线 AB 与 ab 间的夹角，但此夹角并不在图 3-11(b)中任一投影与投影轴间的夹角中反映出来。

对于投影面平行线和投影面垂直线，它们的实长及其对投影面的倾角均可以在投影图上直接看出来。但对于一般位置直线，它的实长及其对投影面的倾角不能在投影图上直接看出来。要解决这个问题，必须进一步分析线段与其投影之间的关系。

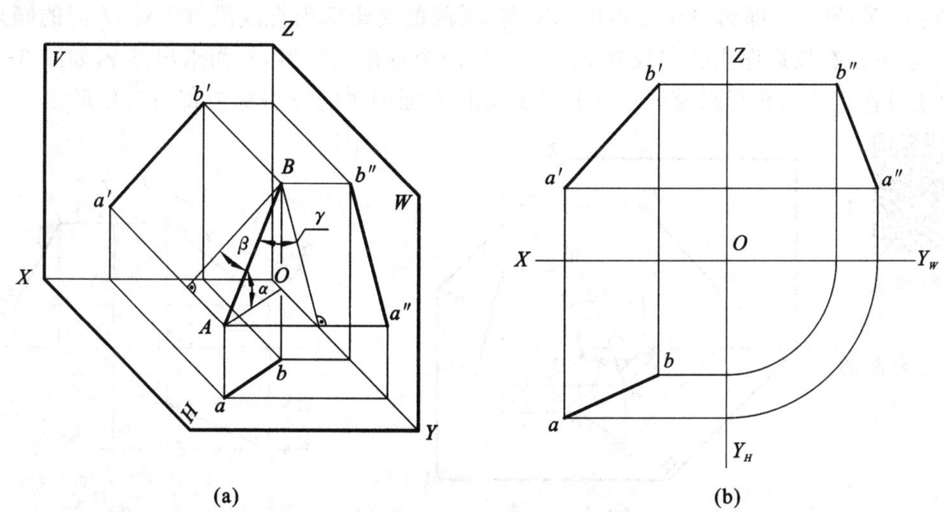

图 3-11　一般位置直线的投影

3.2.3* 求一般位置直线段的实长及其对投影面的倾角

虽然一般位置直线段的投影不反映实长,它的投影与投影轴间的夹角也不反映直线段对投影面的倾角,但由于直线段的两个投影完全确定了它在空间的位置,所以其实长和倾角是可以求出来的。求一般位置直线段实长和倾角的方法很多,最基本的方法是直角三角形法。下面以线段的两面投影来研究直角三角形法的原理和作图方法。

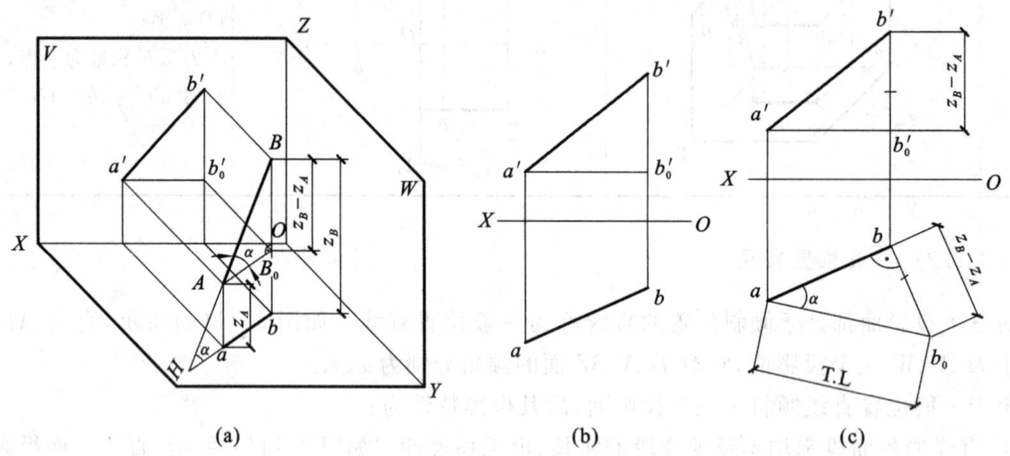

图 3-12 求一般位置直线段实长及其对投影面的倾角 α

如图 3-12(a)所示,空间线段 AB 和水平投影 ab 构成一垂直于 H 面的平面 $ABba$。过点 A 作 $AB_0 // ab$,并交投射线 Bb 于点 B_0,则 AB_0B 构成一直角三角形。该直角三角形中,一直角边 $AB_0=ab$,另一直角边 $BB_0=z_B-z_A$(即线段 AB 两端点的 z 坐标差);斜边即为线段 AB 的实长,AB 与 AB_0 间的夹角 $\angle BAB_0=\alpha$。本书图中均用"T. L"表示直线段的实长。

由以上分析可知,该直角三角形的具体作图方法如图 3-12(c)所示。

① 以 ab 为直角边,过 b 作 $bb_0 \perp ab$,取 $bb_0=z_B-z_A$。

② 连接 ab_0,则 ab_0 即为 AB 的实长,ab_0 与 ab 间的夹角即为直线段 AB 对 H 面的倾角 α。

同理,也可以在投影图上作出反映 β、γ 的另外两个直角三角形,从而求出 β、γ,如图 3-13(b)所示。这种通过作直角三角形求直线段实长及其对投影面倾角的方法称为直角三角形法。

求一般位置直线段的实长及其对投影面的倾角 α、β、γ

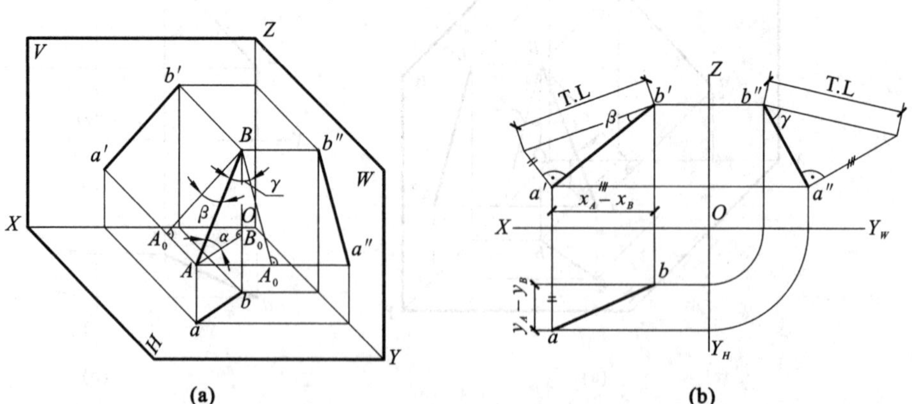

图 3-13 求一般位置直线段实长及其对投影面的倾角 β、γ

由图 3-12、图 3-13 可知，在各个直角三角形中，实长与水平投影间的夹角是 α，而 α 的对边长一定是 z 坐标差；实长与正面投影间的夹角是 β，则 β 的对边长一定是 y 坐标差；实长与侧面投影间的夹角是 γ，则 γ 的对边一定是 x 坐标差。

3.2.4 直线上的点

3.2.4.1 直线上点的投影特性

根据正投影的投影特性可知，直线上的点具有从属性和定比性。

① 从属性。若点在直线上，则该点的各个投影一定在直线的同面投影上，且符合点的投影规律。反之，若点的各投影都在直线的同面投影上，且符合点的投影规律，则该点一定在该直线上。如图 3-14 所示，点 C 在直线 AB 上。若点不在直线上，则点的投影不具备上述性质。如图 3-15 所示，点 K 不在直线 AB 上。

② 定比性。在直线段上的点将该直线段分割成具有比例关系的两段，该点的各个投影也必定将该直线段的同面投影分割成具有相同比例的两段，这种关系称为定比关系。如图 3-14 所示，点 C 将直线段 AB 分割为 AC、CB 两段，则 $AC:CB=ac:cb=a'c':c'b'=a''c'':c''b''$。

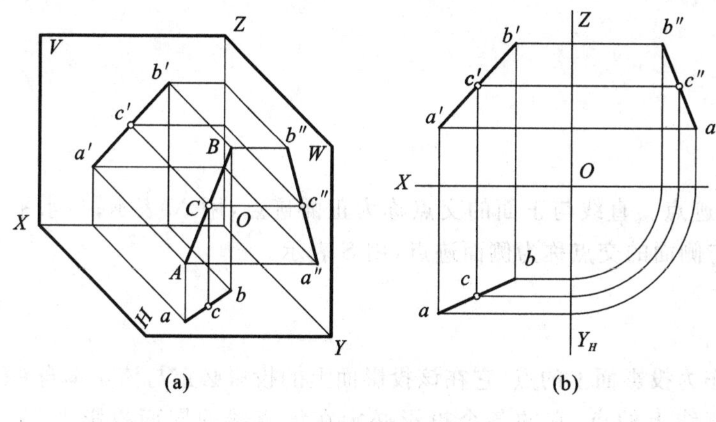

图 3-14 点 C 在直线 AB 上

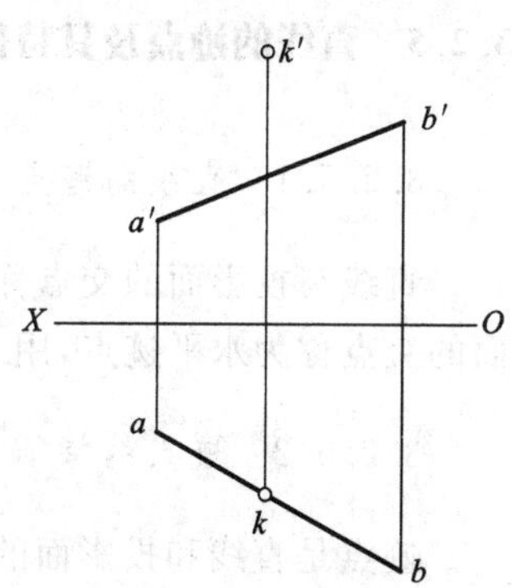

图 3-15 点 K 不在直线 AB 上

3.2.4.2 点与直线从属关系的判断

(1) 点是否在一般位置直线上的判断

对于点是否在一般位置直线上，可由任意两面投影进行判断，如图 3-14(b)中对点 C、图 3-15 中对点 K 的判断。

(2) 点是否在投影面平行线上的判断

对于点是否在投影面平行线上，一般可以用以下两种方法进行判断。

① 由该直线在所平行的投影面上的投影及另一投影进行判断，如图 3-16(a)所示。

② 利用点分直线段成定比的性质进行判断。如图 3-16(b)所示，由于 $a'k':k'b'\neq ak:kb$，故点 K 不在直线 AB 上。

【例 3-3】 如图 3-17 所示,在直线 AB 上取点 C,使 $AC:CB=2:3$,求点 C 的投影。

分析:根据直线上点的投影性质,利用定比关系即可求解。

作图:如图 3-17 所示,① 过 a 任作一辅助直线 ab_0;② 将 ab_0 分为五等份,取 c_0,使 $ac_0:c_0b_0=2:3$;③ 连 bb_0,过 c_0 作 $c_0c/\!/b_0b$,得 c,即点 C 的水平投影;④ 由 c 即可求得 c'。

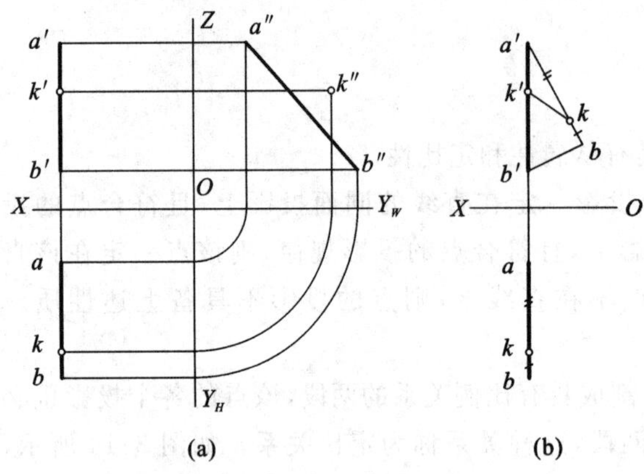

图 3-16　判断点与直线的从属关系

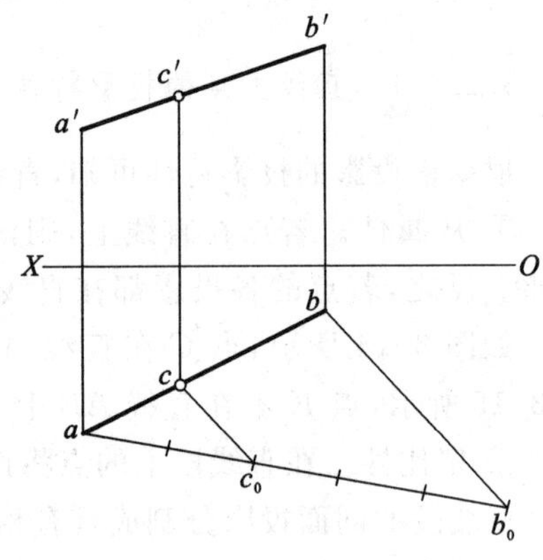

图 3-17　求点 C 的投影

3.2.5　直线的迹点及其特征和画法

3.2.5.1　直线的迹点

直线与投影面的交点称为直线的迹点。直线与正面的交点称为正面迹点,用 N 表示;与水平面的交点称为水平迹点,用 M 表示;与侧面的交点称为侧面迹点,用 S 表示。

3.2.5.2　迹点的特征和画法

迹点是直线和投影面的共有点,作为投影面上的点,它在该投影面上的投影必定与该点本身重合,而另一投影则在投影轴上;作为直线上的点,它的各个投影必定在该直线的同面投影上,如图 3-18(a)所示。

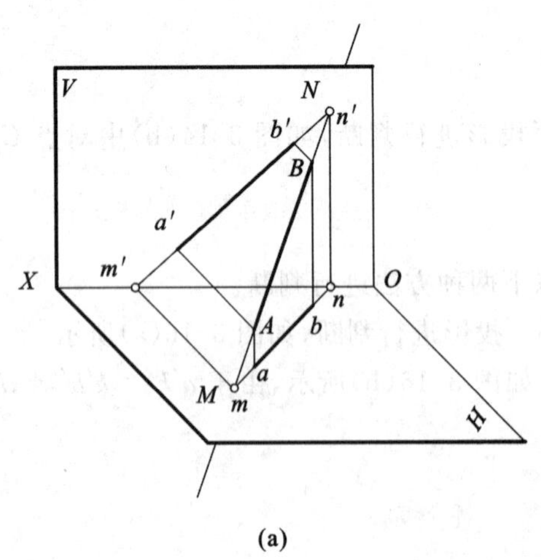

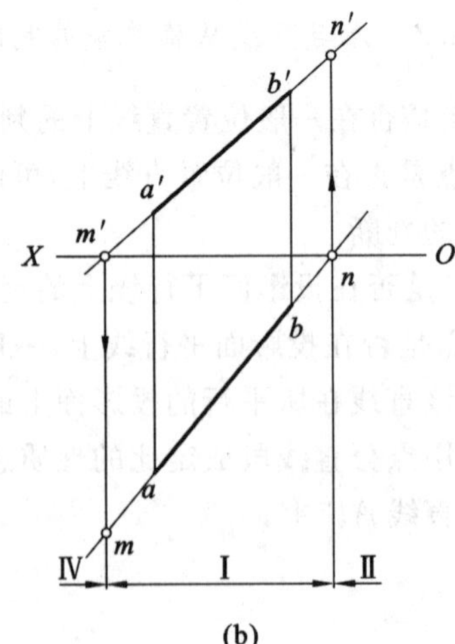

图 3-18　直线的迹点

迹点的画法如图 3-18(b)所示。

① 正面迹点：延长直线 AB 的水平投影 ab 与 OX 轴相交得交点 n，自 n 作 OX 轴的垂线，与直线 AB 的正面投影 $a'b'$ 相交得点 n'。n、n' 即为 N 的两个投影，迹点 N 与 n' 重合。

② 水平迹点：延长直线 AB 的正面投影 $a'b'$ 与 OX 轴相交得 m' 点，自 m' 作 OX 轴的垂线，与直线 AB 的水平投影 ab 相交得点 m。m'、m 即为 M 的两个投影，迹点 M 与 m 重合。

3.2.6　两直线的相对位置

两直线在空间的相对位置有平行、相交和交叉三种情况。

3.2.6.1　两直线平行

若空间两直线相互平行，则其同面投影必定相互平行(特殊情况下积聚)，且平行两直线同面投影长度之比等于其空间直线长度之比。反之，若两直线的各个同面投影互相平行，或两直线各组同面投影长度之比等于其空间直线长度之比，则此两直线在空间也一定互相平行。如图 3-19 所示，$AB /\!/ CD$，则 $ab /\!/ cd$、$a'b' /\!/ c'd'$、$a''b'' /\!/ c''d''$，且 $AB : CD = ab : cd = a'b' : c'd' = a''b'' : c''d''$。

当两直线都处于一般位置时，仅根据它们的任意两面投影是否相互平行就可判断它们在空间是否平行，如图 3-19(b)所示。但当两直线同时平行于某一投影面时，一般需用其他方法判断它们是否平行。

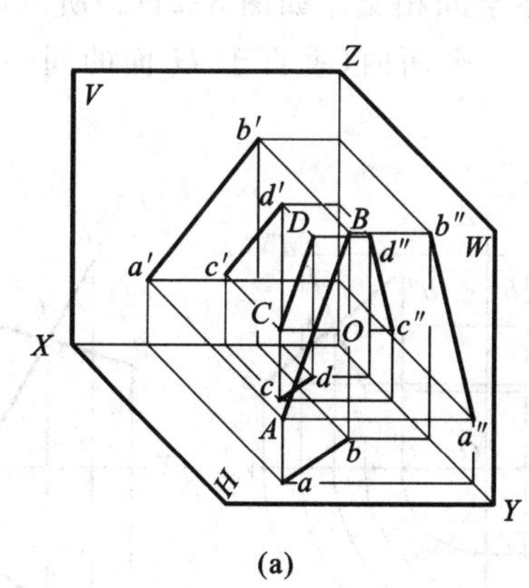

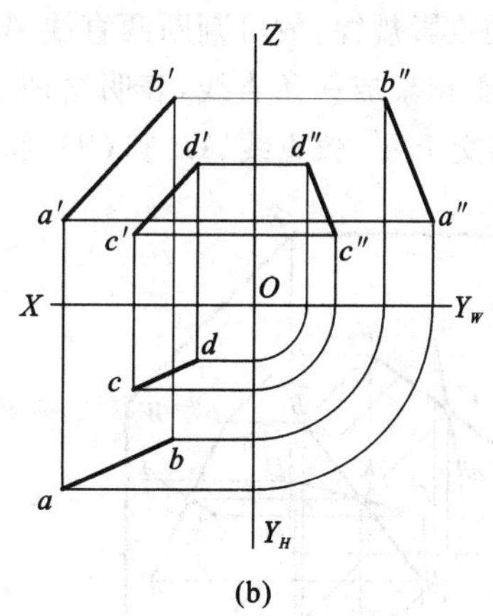

图 3-19　两直线平行

如图 3-20(a)所示，AB 和 CD 都平行于侧立投影面，一般可用以下方法来判断它们是否平行。

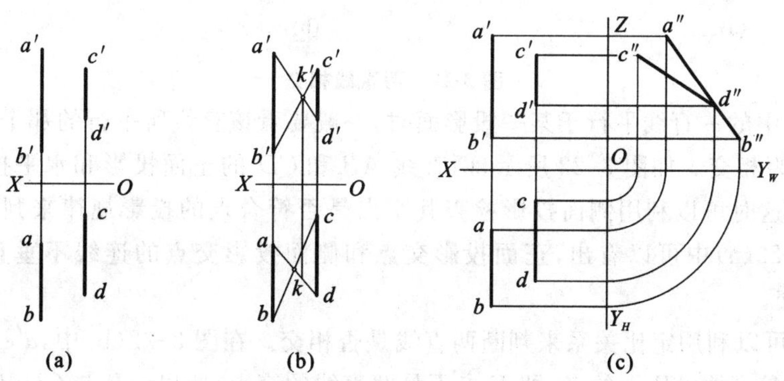

图 3-20　判断两直线是否平行

① 如图3-20(b)所示,可分别连接A和D、B和C,检查$a'd'$与$b'c'$的交点k'和ad与bc的交点k是否在OX轴的同一条垂线上。若在同一条垂线上,则AD和BC相交,点A、B、C、D共面,AB和CD平行;若不在同一条垂线上,则AD和BC交叉,点A、B、C、D不共面,AB和CD交叉。图3-20(b)中,AB和CD不平行。

② 通过检查两直线在所平行的投影面上的投影是否平行来判断两直线是否平行。如图3-20(c)所示,直线AB、CD都是侧平线,虽然它们的正面投影和水平投影都相互平行,但由于它们的侧面投影$a''b''$与$c''d''$不平行,故AB和CD不平行。

3.2.6.2 两直线相交

若空间两直线相交,则其同面投影一定相交(特殊情况下积聚),且交点符合点的投影规律。反之,若空间两直线的各个同面投影均相交,且交点符合点的投影规律,则此两直线在空间也一定相交。

如图3-21(a)所示,直线AB与CD相交,其同面投影ab与cd、$a'b'$与$c'd'$、$a''b''$与$c''d''$均相交,其交点k、k'、k''即为AB与CD交点K的三面投影。

在投影图上判断空间两直线是否相交的方法如下。

① 当两直线都处于一般位置时,只需观察两组同面投影是否相交即可判断。如图3-21(b)所示,由于AB和CD均为一般位置直线,而ab与cd、$a'b'$与$c'd'$、$a''b''$与$c''d''$均相交,且其交点k、k'、k''符合点K的投影规律,故可判断两直线AB和CD在空间相交。如图3-21(c)所示,由于AB和CD的水平投影积聚成一条直线,表明这两条直线在同一平面内(垂直于H面的同一平面内),而其正面投影相交于k',故直线AB和CD亦相交。

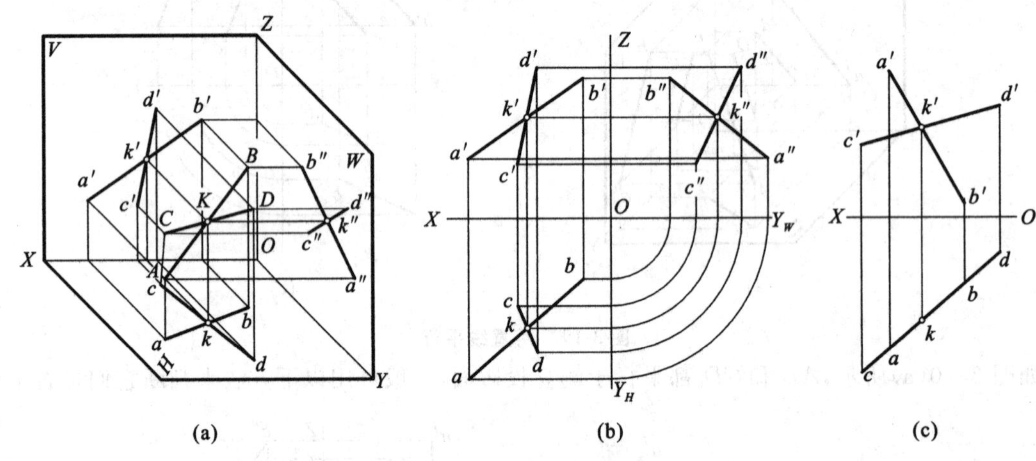

图3-21 两直线相交

② 当两直线中的一直线平行于某一投影面时,一般要看该直线所平行的那个投影面上的投影才能确定它们是否相交。如图3-22所示,两直线AB和CD的正面投影和水平投影均相交,由于AB是一侧平线,这时可以利用侧面投影检查其交点是否符合点的投影规律来判断空间两直线是否相交。从图3-22(a)中可以看出,正面投影交点和侧面投影交点的连线不垂直于OZ轴,所以AB和CD不相交。

此种情况也可以利用定比关系来判断两直线是否相交。在图3-22(b)中,$a'e' : e'b' \neq ae : eb$,可以判定E点不是直线AB上的点,即E点不是两直线的交点,所以AB与CD不相交。

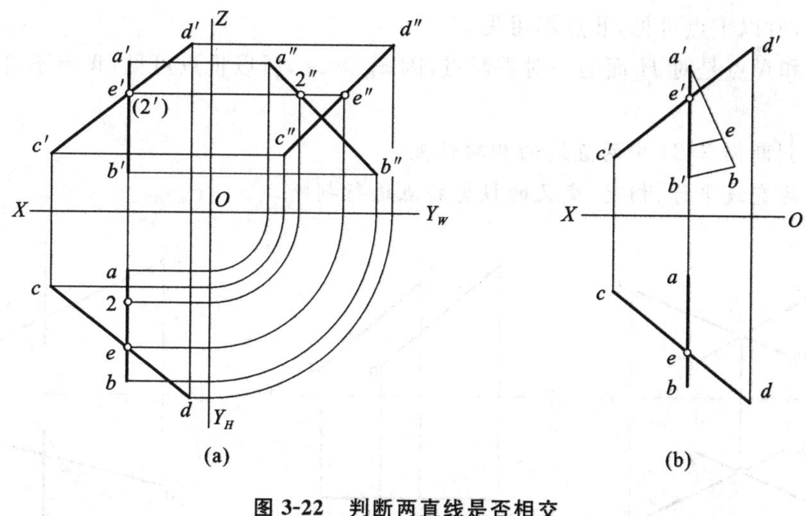

图 3-22　判断两直线是否相交

3.2.6.3　两直线交叉

在空间既不平行又不相交的两直线，称为交叉两直线，也称为异面直线。交叉两直线不具备平行两直线和相交两直线的投影特点。在投影图上，凡是不符合平行或相交条件的两直线都是交叉两直线。

交叉两直线的同面投影中可能有两组同面投影互相平行，但不可能三组同面投影都互相平行。如图 3-22所示，交叉两直线的三组同面投影可能均相交，但其三个交点不符合同一点的投影规律。这种交点实际上是重影点的投影，即两直线上不同两点在某投影面上的重合投影。如图 3-23(a)所示，直线 AB 和 CD 的水平投影 ab 和 cd 的交点 3(4)，只是 AB 上的Ⅲ点和 CD 上的Ⅳ点在 H 面上的重合投影；$c'd'$ 和 $a'b'$ 的交点 1′(2′)也只是 CD 上的Ⅰ点和 AB 上的Ⅱ点在 V 面上的重合投影。如图 3-23(b)所示，在投影图上，正面投影的交点 1′(2′)和水平投影的交点 3(4)的连线不垂直于 OX 轴，即不符合点的投影规律，这说明 AB 和 CD 是交叉两直线。

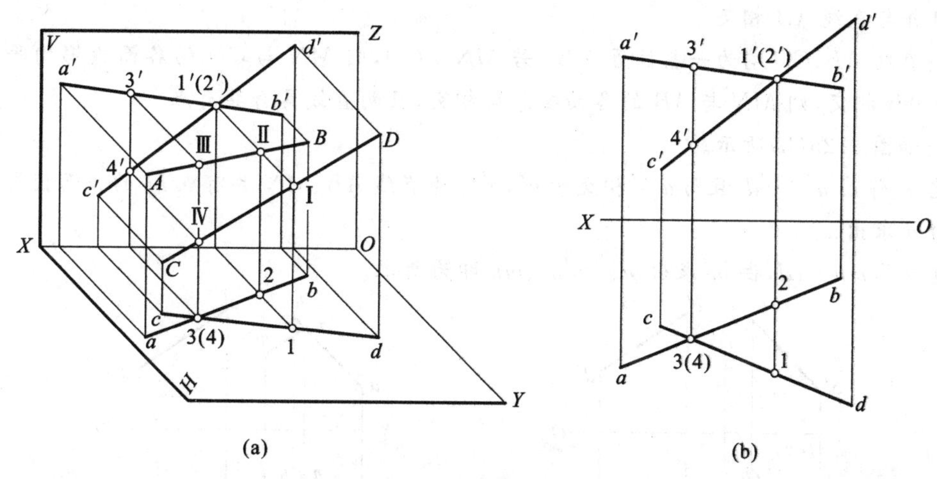

图 3-23　交叉两直线

交叉两直线的重影点也存在可见性的问题。如图 3-23(a)所示，Ⅰ点和Ⅱ点是对 V 面的一对重影点，因为 $y_{Ⅰ} > y_{Ⅱ}$，即Ⅰ点离 V 面较远，也就是说直线 CD 上的Ⅰ点挡住了 AB 上的Ⅱ点，所以Ⅰ点可见，Ⅱ点不可见。在图 3-23(b)所示的投影图中，CD 和 AB 的正面投影有一交点 1′(2′)，过此点向下作 OX 轴一铅垂直线，先交 ab 于 2 点，后交 cd 于 1 点，从图中可以看出 $y_{Ⅰ} > y_{Ⅱ}$，即Ⅰ点在前,Ⅱ点在后,所以Ⅰ点可见,Ⅱ点不可见。

同理,Ⅲ点和Ⅳ点是对 H 面的一对重影点,因 $z_{Ⅲ} > z_{Ⅳ}$,所以Ⅲ点可见,Ⅳ点不可见。

【例3-4】 判断图3-24中两直线的相对位置。

分析:根据两直线平行、相交、交叉的投影特点进行判断。

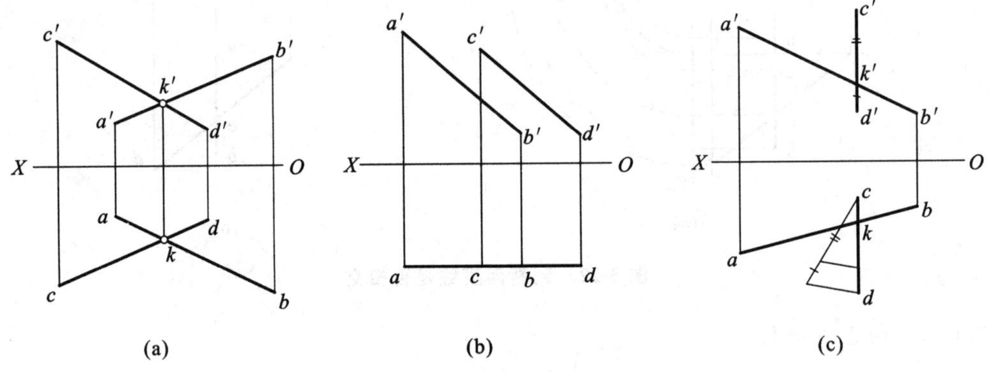

图3-24 判断两直线的相对位置

判断:在图3-24(a)中,直线 AB、CD 为一般位置直线,正面投影 $a'b'$、$c'd'$ 相交于 k',水平投影 ab、cd 相交于 k。k'、k 是点 K 的两面投影,故 AB、CD 是相交两直线。

在图3-24(b)中,直线 AB、CD 是正平线,且正面投影 $a'b' /\!/ c'd'$,水平投影 ab、cd 积聚为一条直线,故 AB、CD 是平行两直线。

在图3-24(c)中,直线 AB 为一般位置直线,CD 为侧平线,它们的正面投影和水平投影分别相交。但由于 $c'k' : k'd' \neq ck : kd$,点 K 不在直线 CD 上,故直线 AB、CD 没有共有点,为交叉两直线。此题也可利用两直线的侧面投影进行判断。

【例3-5】 如图3-25(a)所示,已知两直线 AB、CD 及点 M 的正面投影 m',试过点 M 作直线 $MN /\!/ CD$ 并与直线 AB 相交。

分析:直线 AB、CD 均为一般位置直线,若 $MN /\!/ CD$,则 MN 与 CD 的各面投影均平行;若直线 MN 与 AB 相交,则 MN 与 AB 的各面投影均相交,且两直线具有共有点。

作图:如图3-25(b)所示。

① 过 m' 作 $m'n' /\!/ c'd'$ 且与 $a'b'$ 相交于 n',n' 即为直线 AB、MN 共有点 N 的正面投影。

② 由 n' 求出 n。

③ 过 n 作 $mn /\!/ cd$,由 m' 求出 m。$m'n'$、mn 即为所求。

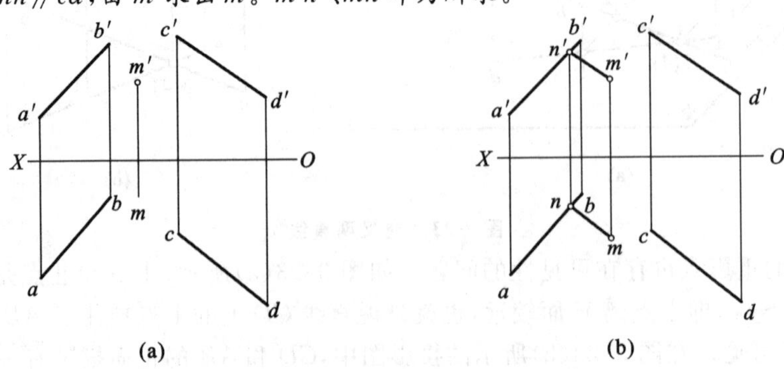

图3-25 过 M 点作直线与 AB 相交且平行于 CD

3.2.7* 一边平行于投影面的直角的投影

空间相交或交叉成直角两直线的投影间的夹角可能是直角,也可能不是直角。当直角的两边同时平行于一投影面时,它在该投影面上的投影仍为直角;当直角的两边都不平行于投影面时,其在该投影面上的投影肯定不是直角。除这两种情况以外,还有另外一种情况,就是常用的一边平行于投影面的直角的投影定理(简称直角投影定理)。

直角投影定理:若构成直角的两边中有一边平行于某一投影面,则该直角在该投影面上的投影仍为直角。

如图 3-26(a)所示,已知 $BC \perp AB$,且 $BC /\!/ H$ 面,但 AB 既不平行于 H 面,又不垂直于 H 面,求证 $cb \perp ab$。

证:如图 3-26(a)所示,因为 $BC \perp AB$,$BC \perp Bb$,故 $BC \perp$ 平面 $ABba$,又因 $BC /\!/ H$ 面,所以 $bc /\!/ BC$,则 $bc \perp$ 平面 $ABba$,故 $bc \perp ab$,即 $\angle abc$ 为直角,如图 3-26(b)所示。

逆定理:若一角在某一投影面上的投影为直角,且其中有一条边平行于该投影面,则该角在空间必定为直角。

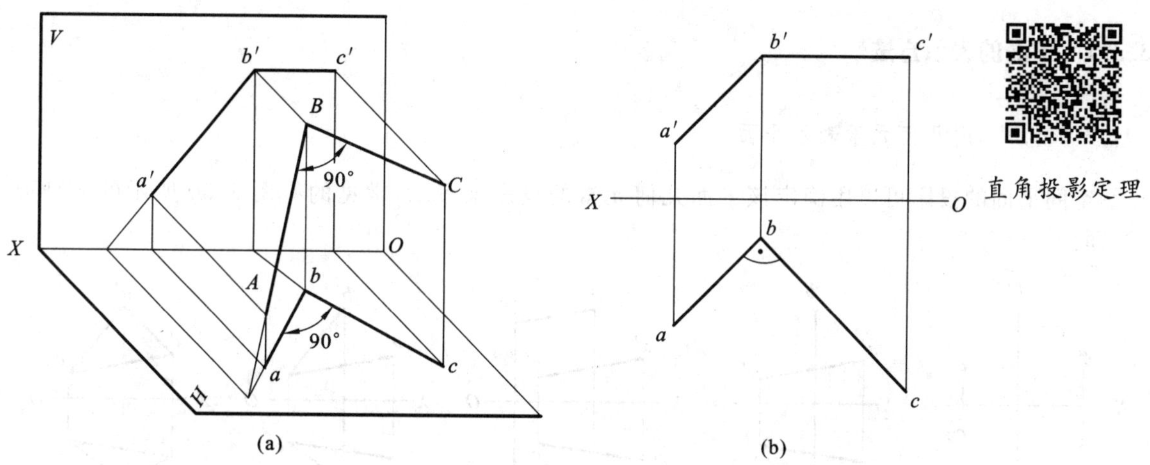

图 3-26 直角的投影

由此可知,当相交两直线的某一投影反映为直角时,还要观察其中是否有边线为该投影面的平行线,才能确定相交两直线是否互相垂直。在图 3-27 中,由于 $\angle a'b'c' = 90°$,BC 为正平线(因 $bc /\!/ OX$ 轴),故空间两直线 AB 和 BC 互相垂直。

直角投影定理既适用于相互垂直的相交两直线,又适用于交叉垂直的两直线。如图 3-28 所示,AB、CD 是垂直交叉两直线,因为 $ab /\!/ OX$ 轴,AB 是正平线,$a'b' \perp c'd'$,所以 AB 和 CD 是互相垂直的,称为交叉垂直。

【例 3-6】 如图 3-29 所示,求 A 点到水平线 BC 的距离。

分析:直线 BC 是水平线,过 A 点向 BC 作的垂线 AK 是一般位置直线,根据直角投影定理可知,要使 $AK \perp BC$,则要求 $ak \perp bc$。

作图:① 过 a 作 $ak \perp bc$,得交点 k;② 由 k 作 OX 轴的垂线交 $b'c'$ 于 k';③ 连接 a'、k',则 $a'k'$ 和 ak 即为所求距离的两个投影;④ 用直角三角形法求出 $a'K_0$,即为所求距离的实长。

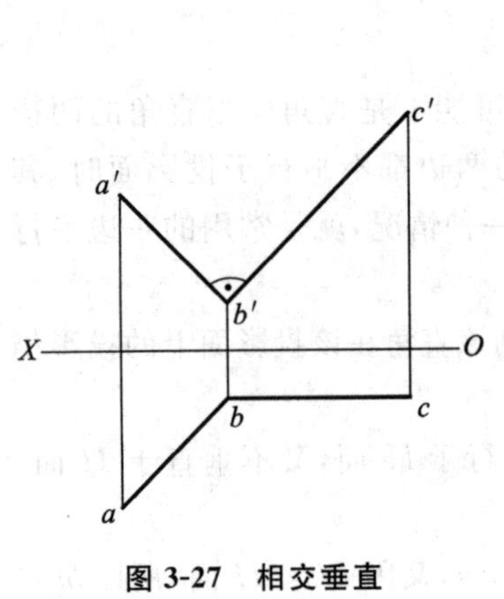

图 3-27 相交垂直

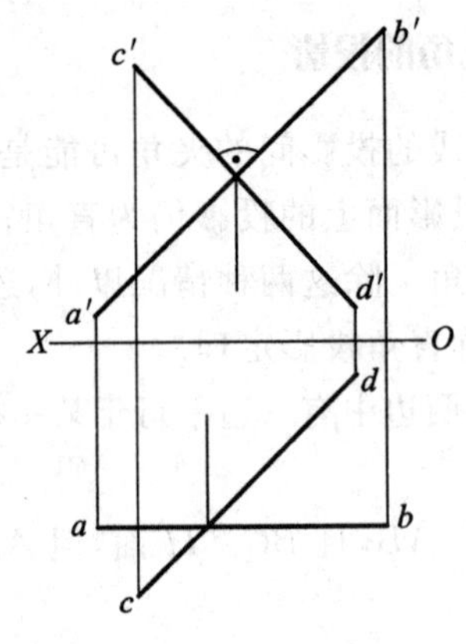

图 3-28 交叉垂直

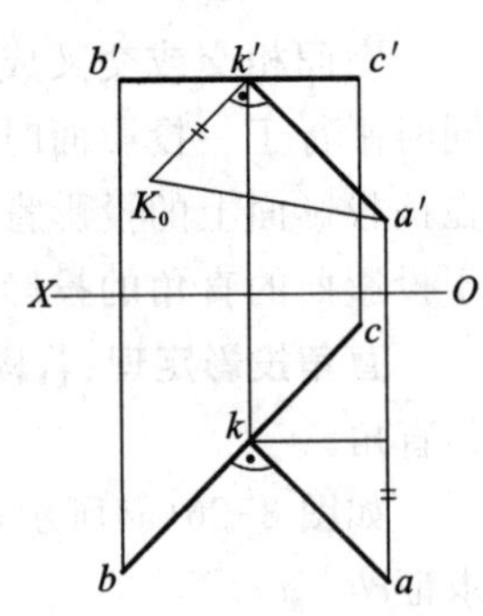

图 3-29 求距离的投影

3.3 平面的投影

3.3.1 平面的表示方法

3.3.1.1 用几何元素表示平面

空间平面的投影可以用确定该平面几何元素的投影来表示，常见的有图 3-30 所示的五种形式，即：

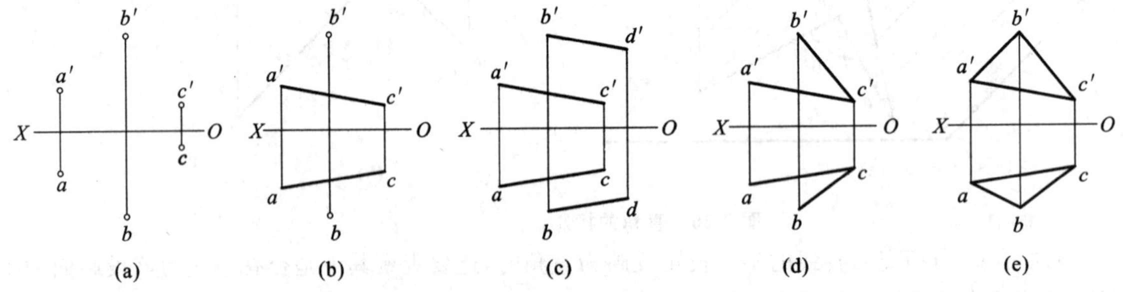

图 3-30 用几何元素表示平面的形式

① 不在同一条直线上的三个点，如图 3-30(a)所示；

② 一直线和该直线外一点，如图 3-30(b)所示；

③ 平行两直线，如图 3-30(c)所示；

④ 相交两直线，如图 3-30(d)所示；

⑤ 平面图形，如图 3-30(e)所示。

3.3.1.2 用迹线表示平面

平面与投影面的交线称为平面的迹线。如图 3-31(a)所示，平面 P 与 H 面、V 面、W 面的交线分别称为水平迹线、正面迹线、侧面迹线。迹线的符号用平面名称加注投影面名称的注脚表示，如图 3-31(a)中的 P_H、P_V、P_W。用迹线表示平面，其实质就是用两直线表示平面。如图 3-31(a)所示的 P 面，就是用 P_H、P_V 二条相交直线来表示的。

根据三面共点原理，迹线如果相交，其交点必定在投影轴上。如图 3-31(a)所示，P、V、H 三面共点于 P_X，P、H、W 三面共点于 P_Y，P、V、W 三面共点于 P_Z。P_X、P_Y、P_Z 称为迹线的集合点。迹线是平面与投影面的交线，它的一个投影是它本身，其余投影在投影轴上。

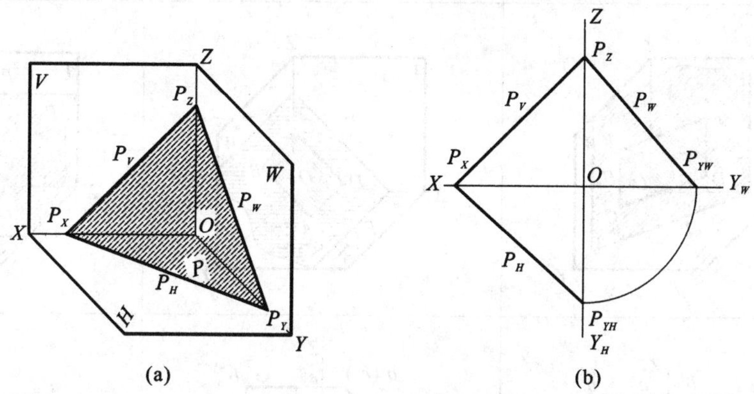

图 3-31 用迹线表示平面

3.3.2 各种位置平面的投影特性

在三投影面体系中，根据平面与投影面的相对位置不同，平面可分为一般位置平面、投影面垂直面和投影面平行面三种，后两种称为特殊位置平面。平面分别与 H、V、W 三投影面所形成的二面角称为平面对投影面的倾角，一般规定用 α、β、γ 来表示。

3.3.2.1 一般位置平面

与三个基本投影面既不平行又不垂直的平面称为一般位置平面。一般位置平面对投影面的三个倾角既不等于 0°又不等于 90°。用平面图形表示的一般位置平面的各个投影既没有积聚性，又不反映实形，各个投影均为类似形，不反映平面对投影面的倾角，如图 3-32 所示。用迹线表示的一般位置平面的各迹线均倾斜于投影轴，且与各投影轴的夹角都不反映平面对投影面的倾角，如图 3-31(b)所示。

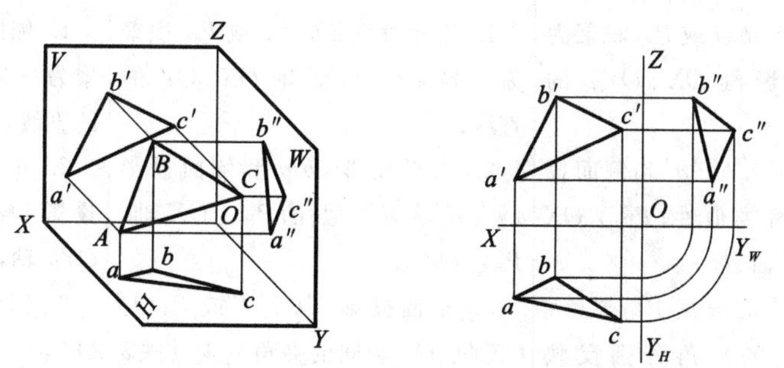

图 3-32 一般位置平面的三面投影图

3.3.2.2 投影面垂直面

投影面垂直面是只垂直于一个投影面，而倾斜于其余两个投影面的平面。与水平面垂直的平面称为铅垂面，与正面垂直的平面称为正垂面，与侧面垂直的平面称为侧垂面。

铅垂面、正垂面和侧垂面的投影特性如表 3-3 所示。

表3-3 **投影面垂直面的投影特性**

投影面垂直面	铅垂面	正垂面	侧垂面
立体图			
投影图			
用迹线表示			
投影特性	1. 水平投影 $abcd$ 或 P_H 积聚为一倾斜于投影轴 OX、OY_H 的直线。 2. 正面投影 $a'b'c'd'$ 和侧面投影 $a''b''c''d''$ 具有类似性；$P_V \perp OX$ 轴，$P_W \perp OY_W$ 轴。 3. 水平投影 $abcd$ 或 P_H 与 OX 轴、OY_H 轴间的夹角分别反映 β 和 γ	1. 正面投影 $a'b'c'd'$ 或 P_V 积聚为一倾斜于投影轴 OX、OZ 的直线。 2. 水平投影 $abcd$ 和侧面投影 $a''b''c''d''$ 具有类似性；$P_H \perp OX$ 轴，$P_W \perp OZ$ 轴。 3. 正面投影 $a'b'c'd'$ 或 P_V 与 OX 轴、OZ 轴间的夹角分别反映 α 和 γ	1. 侧面投影 $a''b''c''d''$ 或 P_W 积聚为一倾斜于投影轴 OZ、OY_W 的直线。 2. 正面投影 $a'b'c'd'$ 和水平投影 $abcd$ 具有类似性；$P_H \perp OY_H$ 轴，$P_V \perp OZ$ 轴。 3. 侧面投影 $a''b''c''d''$ 或 P_W 与 OZ 轴、OY_W 轴间的夹角分别反映 β 和 α

通过表3-3的分析，总结出投影面垂直面的投影特性如下。

① 平面在其所垂直的投影面上的投影积聚成一倾斜直线，此直线与投影轴所成夹角即为平面对相应投影面的倾角；

② 平面的其他两面投影均为类似形。

3.3.2.3 投影面平行面

投影面平行面是平行于一个投影面，同时垂直于其余两个投影面的平面。平行于水平面的平面称为水平面，平行于正面的平面称为正平面，平行于侧面的平面称为侧平面。

水平面、正平面和侧平面的投影特性如表 3-4 所示。

表 3-4 **投影面平行面的投影特性**

投影面平行面	水平面	正平面	侧平面
立体图	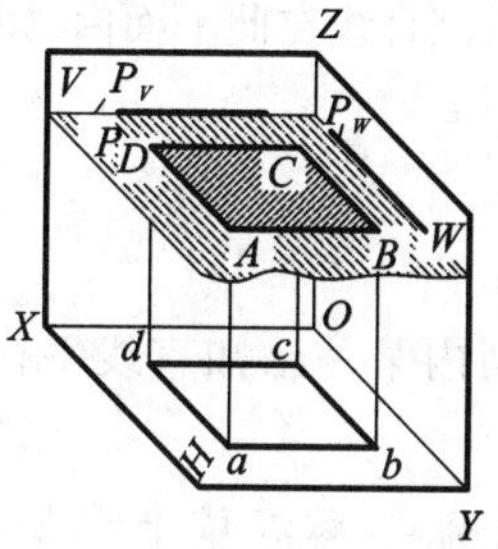	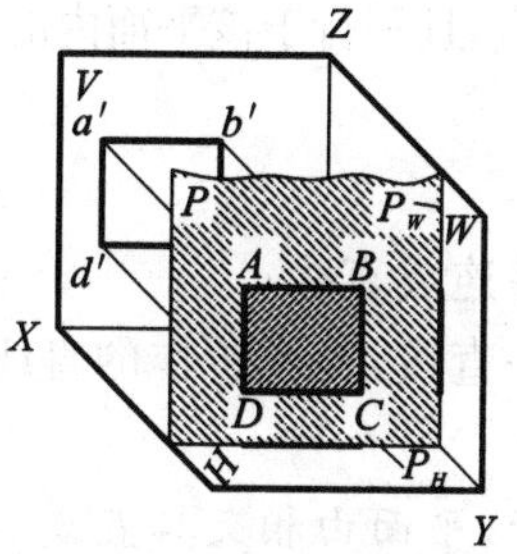	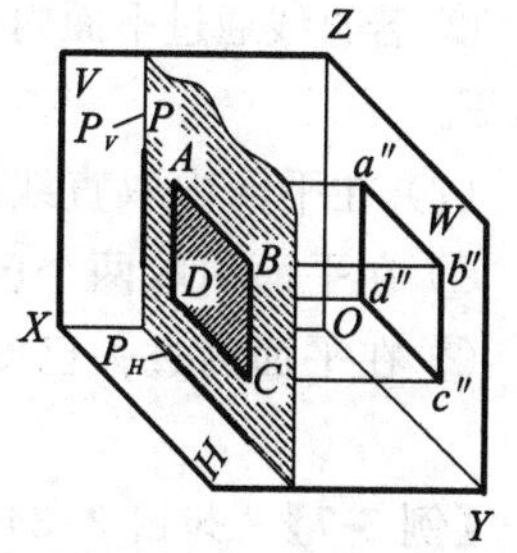
投影图	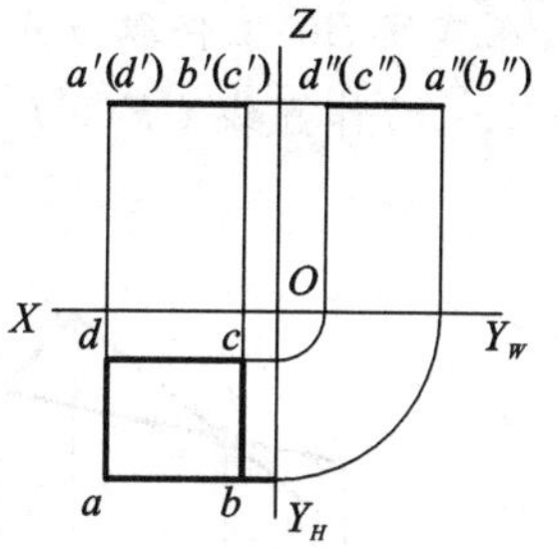	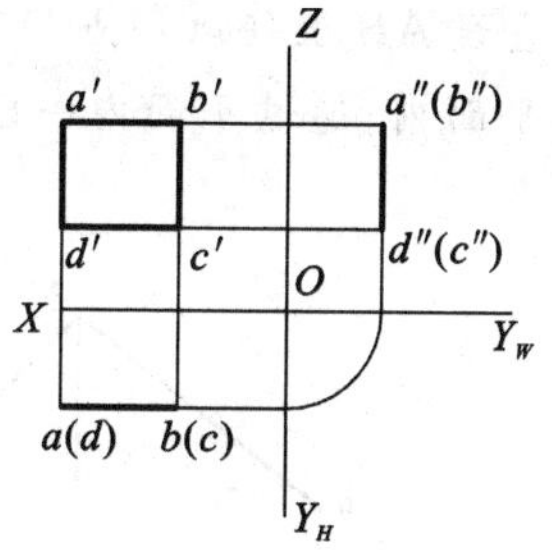	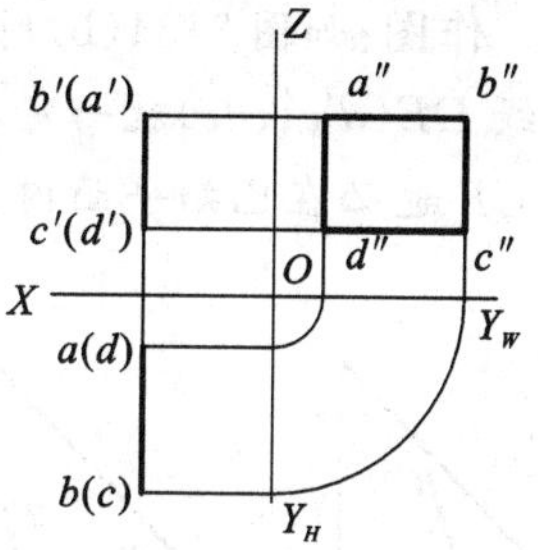
用迹线表示	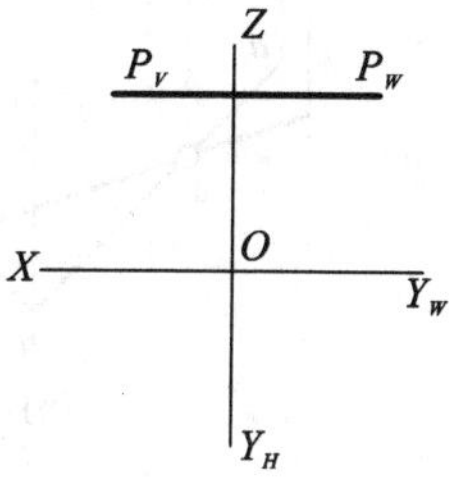	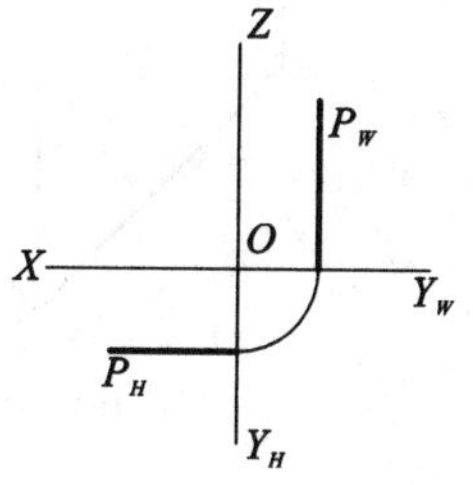	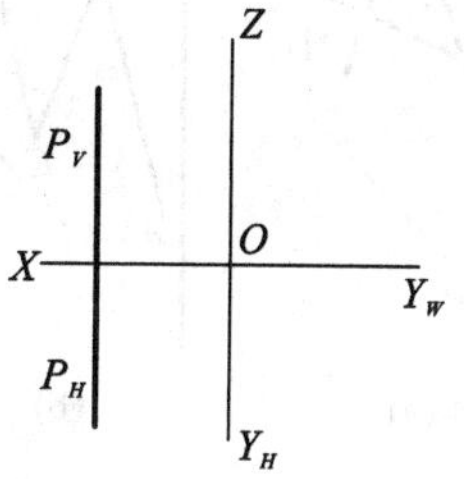
投影特性	1. 正面投影 $a'b'c'd'$ 或 P_V 有积聚性，且平行于 OX 轴； 2. 侧面投影 $a''b''c''d''$ 或 P_W 有积聚性，且平行于 OY_W 轴； 3. 水平投影 $abcd$ 反映实形，无水平迹线	1. 水平投影 $abcd$ 或 P_H 有积聚性，且平行于 OX 轴； 2. 侧面投影 $a''b''c''d''$ 或 P_W 有积聚性，且平行于 OZ 轴； 3. 正面投影 $a'b'c'd'$ 反映实形，无正面迹线	1. 正面投影 $a'b'c'd'$ 或 P_V 有积聚性，且平行于 OZ 轴； 2. 水平投影 $abcd$ 或 P_H 有积聚性，且平行于 OY_H 轴； 3. 侧面投影 $a''b''c''d''$ 反映实形，无侧面迹线

通过表 3-4 的分析，总结出投影面平行面的投影特性如下。

① 平面在其平行的投影面上的投影反映实形；

② 平面的其他两面投影积聚成水平直线或铅垂直线，即平行于相应的投影轴。

3.3.3 平面内的直线和点

3.3.3.1 平面内的直线

(1) 直线在平面内的几何条件

① 若直线通过平面内的两个已知点，则该直线在平面内。如图 3-33(a)所示，平面 P 是由两相交直线 AB 和 BC 所确定的。在 AB 和 BC 上各取一点 D 和 E，则由该两点所决定的直线 DE 一定在平面 P 内。

② 若直线通过平面内一已知点，且平行于该平面内的一直线，则该直线在此平面内，如图 3-33(b)中的 CF。

(2) 在平面内取直线的方法

① 在平面内取两个已知点并连成直线；

② 在平面内过一已知点作一直线，并使所作的直线与该平面内某一已知直线平行。

【例 3-7】 如图 3-34(a)所示，平面由相交二直线 AB、BC 所确定，试在该平面内任作一直线。

作图: 如图 3-34(b)所示，在直线 AB 上任取一点 $D(d'、d)$，在直线 BC 上任取一点 $E(e'、e)$，则直线 $DE(d'e'、de)$ 就一定在已知平面内；通过平面内一已知点 $C(c'、c)$ 作直线 $CF(c'f'、cf)/\!/AB$，则 CF 也必在已知平面内。

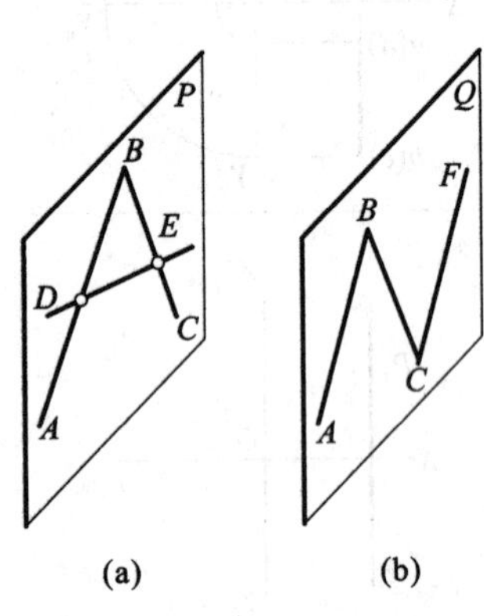

图 3-33 直线在平面内的条件

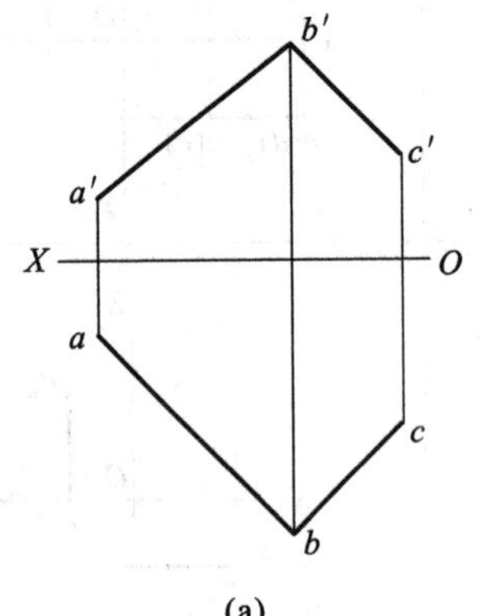

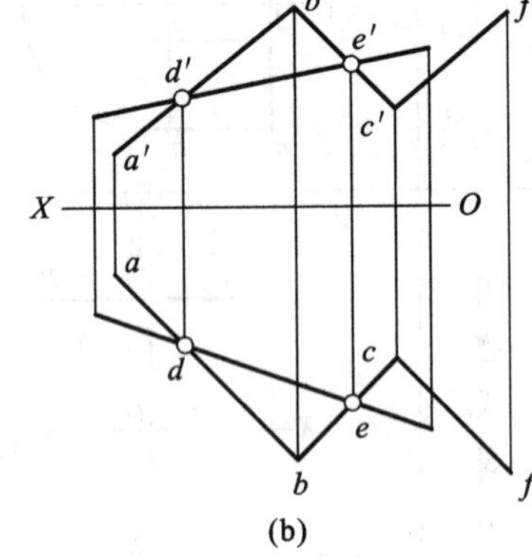

图 3-34 在平面内取直线

3.3.3.2 平面内的点

(1) 点在平面内的几何条件

若点在平面内的任一直线上，则此点必在此平面内。

(2) 在平面内取点的方法

① 直接在平面内的已知直线上取点；

② 先在平面内取直线(该直线要满足直线在平面内的几何条件)，然后在该直线上取符合要求的点。

【例 3-8】 如图 3-35(a)所示，平面由平行两直线 AB、CD 所确定，已知 K 点在此平面内，并知 K 点的水平投影 k，求 k'。

作图:如图 3-35(b)所示,过 K 作一直线,使与 AB、CD 交于Ⅰ、Ⅱ点,即过 k 任作一直线交 ab 于 1 点,交 cd 于 2 点,然后求 $1'$、$2'$,连接 $1'$、$2'$,再在 $1'2'$ 上由 k 求出 k'。

【例 3-9】 试检查图 3-36(a)中的点 $N(n'、n)$是否在平面 ABC 内。

作图:如图 3-36(b)所示,在平面 ABC 内任作一条辅助直线 $DE(d'e'、de)$,使 $d'e'$ 过 n'(或使 de 过 n),再作 $de(d'e')$。若 de 也通过 n(或 $d'e'$ 也通过 n'),则 N 点一定在$\triangle ABC$ 内。由图 3-36(b)可知,N 点不在$\triangle ABC$ 内。若 N 点在$\triangle ABC$ 图形外,检查的方法也是一样的,因为$\triangle ABC$ 只代表平面的空间位置,并不代表平面的大小。

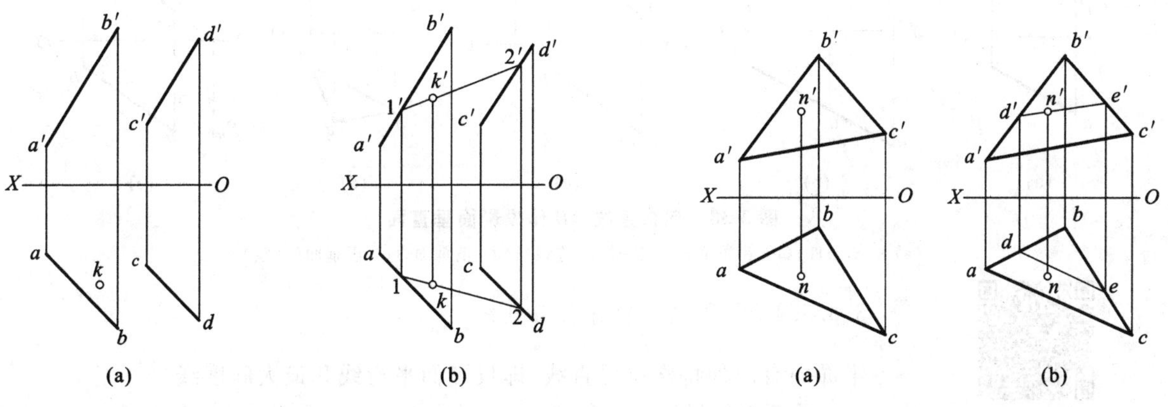

图 3-35 求平面内 K 点的正面投影　　　　图 3-36 判别点是否在平面内

【例 3-10】 如图 3-37(a)所示,已知四边形 $ABCD$ 的水平投影 $abcd$ 和两邻边 AB、BC 的正面投影$a'b'$、$b'c'$,试完成四边形的正面投影。

分析:点 D 是四边形平面的一个顶点,对角线 AC、BD 是相交二直线,用对角线作为辅助线可以找到点 D,然后连接 AD 和 CD 即可完成作图。

作图:

① 连对角线 ac 和 $a'c'$,再连对角线 bd,并与 ac 相交于 e,如图 3-37(b)所示。

② 自 e 点向上作联系线,在 $a'c'$ 上找到 e',连接 $b'e'$ 并延长,使之与自 d 点向上作的联系线交于 d',如图 3-37(c)所示。

③ 连接 $a'd'$ 和 $c'd'$,完成作图,如图 3-37(d)所示。

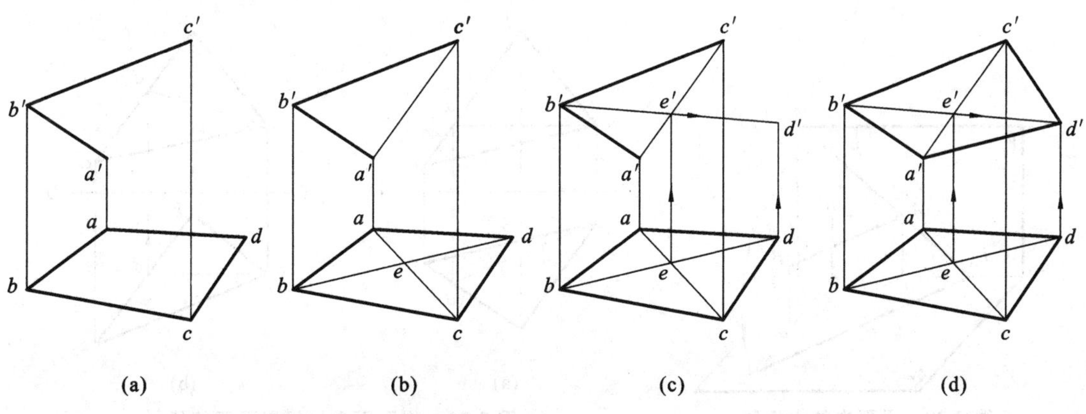

图 3-37 完成四边形的正面投影

(a) 已知条件;(b) 求点 e;(c) 求点 d';(d) 完成

3.3.3.3 包含一般位置直线作投影面垂直面

如图 3-38(a)所示,若要包含直线 AB 作投影面垂直面,就必须利用投影面垂直面的积聚性进行作图。图 3-38(b)、(d)所示分别为用几何元素表示的铅垂面和正垂面,图 3-38(c)、(e)所示分别为用迹线表示的铅垂面和正垂面。

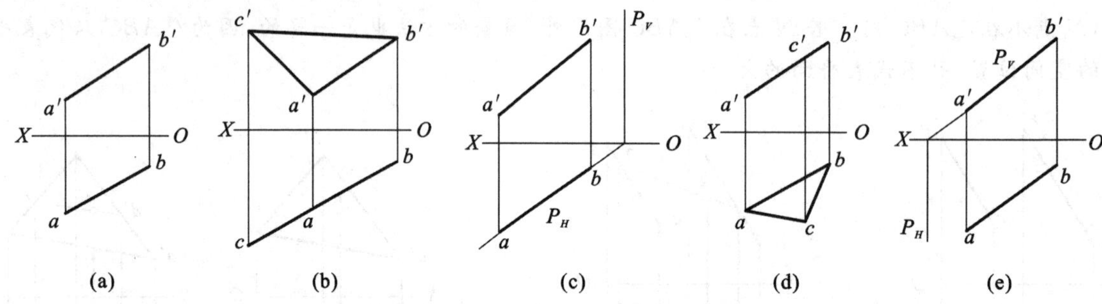

图 3-38 包含直线 AB 作投影面垂直面

(a) 已知条件;(b) 铅垂面;(c) 铅垂面(迹线);(d) 正垂面;(e) 正垂面(迹线)

完成平面的投影及在平面内取点、取线

3.3.3.4 平面内的特殊位置直线

平面内有两种特殊位置直线,即投影面平行线和最大斜度线。

(1) 平面内的投影面平行线

平面内的投影面平行线有平面内的水平线、正平线和侧平线三种,它们分别平行于 H、V、W 面。平面内的投影面平行线既是平面内的直线,又是投影面平行线。它除具有一般投影面平行线的投影特性外,还具备直线在平面内的几何条件。若为迹线面,还平行于它所在面的相应迹线。如图 3-39 所示,直线 AB 是平面 P 内的水平线,它的投影除了具有水平线的投影特点(即 AB 的正面投影 $a'b'$ 平行于 OX 轴)外,它的水平投影 ab 也平行于水平迹线 P_H。由此,就可以在投影图中作出平面内的投影面平行线。

【例 3-11】 如图 3-40(a)所示,$\triangle ABC$ 为一平面,试在此平面内作水平线。

作图: 过 $\triangle ABC$ 内一已知点 $A(a', a)$ 作水平线 AD。因为水平线的正面投影平行于 OX 轴,所以过 a' 作 $a'd' /\!/ OX$ 轴,且与 $b'c'$ 交于 d',由 d' 作出 d,连接 a、d 即得 AD 的水平投影 ad。

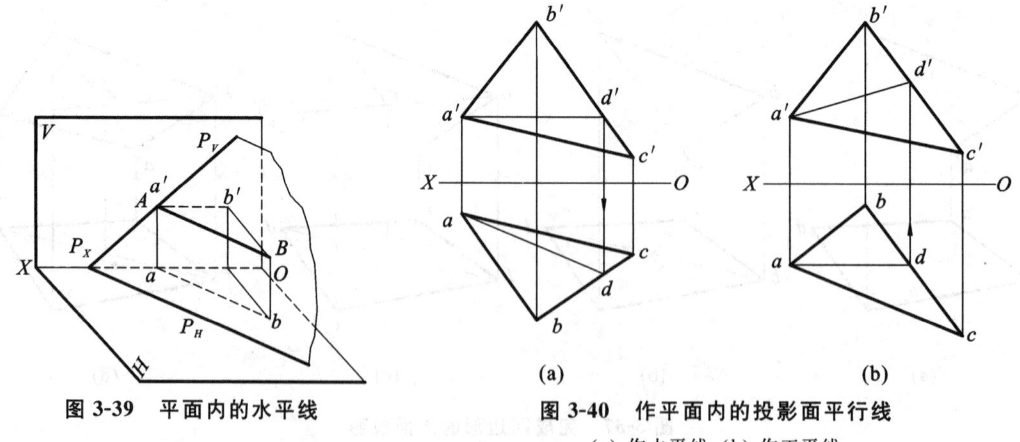

图 3-39 平面内的水平线

图 3-40 作平面内的投影面平行线

(a) 作水平线;(b) 作正平线

【例 3-12】 如图 3-40(b)所示,$\triangle ABC$ 是一平面,试在此平面内作正平线。

作图：在△ABC内作正平线AD，根据正平线的投影性质，过a作$ad // OX$轴，再由ad作出$a'd'$，即为所求。

【例 3-13】 如图 3-41(a)所示，在△ABC内求作一点K，使K距H面15 mm，距V面10 mm。

作图：先在△ABC内取一距H面15 mm的水平线DE，如图3-41(b)所示；再在△ABC内取一距V面10 mm的正平线MN，如图3-41(c)所示；DE、MN的交点K即为所求。

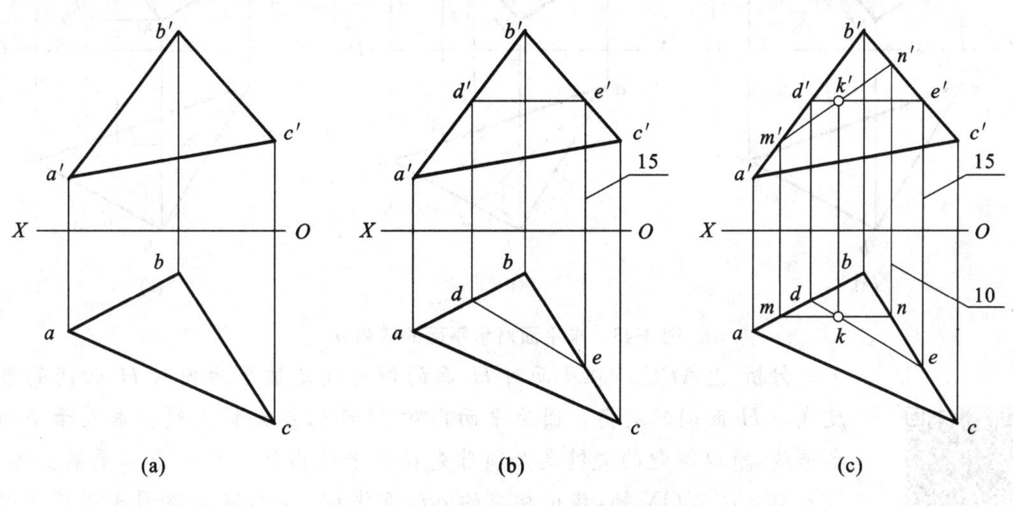

图 3-41 求平面内K点的两面投影

(2)* 平面内的最大斜度线

平面内对投影面倾角最大的直线称为最大斜度线。如图3-42所示，当一个静止的球A从平面P上的A点自由滚动时，总是会沿着P面内对H面最陡的直线AK滚动。直线AK就是P面内过A点对投影面H的最大斜度线。

若AK对H面的倾角为α，AL为P面内过A点任作的另一条直线，AL对H面的倾角为α_1；作$AK_1 = AK$，则有$\alpha > \alpha_1$(证明从略)，故最大斜度线对投影面的倾角为最大。

在图3-42中，过点A作水平线BC，由于$BC // P_H$，$BC \perp AK$，根据直角的投影定理，有$ak \perp bc$，$ak \perp P_H$，即平面内对水平面最大斜度线的水平投影必定垂直于该平面内水平线的水平投影(包括水平迹线)。

最大斜度线可确定空间唯一的平面。对某投影面的最大斜度线一经给定，则与其垂直相交的投影面平行线即被确定，此相交二直线所确定的平面就唯一确定了。如图3-42所示，对H面的最大斜度线AK与水平线BC决定了唯一的平面P。

最大斜度线可确定平面对投影面的倾角。如图3-42所示，因$AK \perp P_H$，$ak \perp P_H$，故AK与ak间的夹角为P面与H面的二面角，它代表P面对H面的倾角。也就是说，平面内对水平面的最大斜度线与水平面间的夹角就代表该平面对水平面的倾角。在工程上，称平面内对水平面的最大斜度线为坡度线，并常用坡度线来解决平面对水平面的倾角问题。

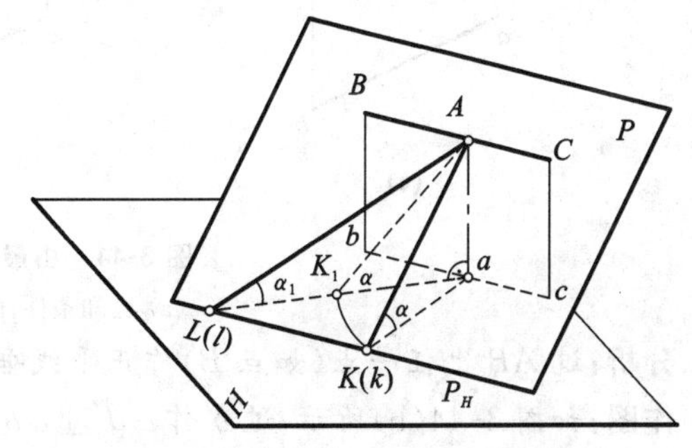

图 3-42 平面内的最大斜度线

【例 3-14】 试求图 3-43 所示平面 ABC 对 H 面的倾角 α。

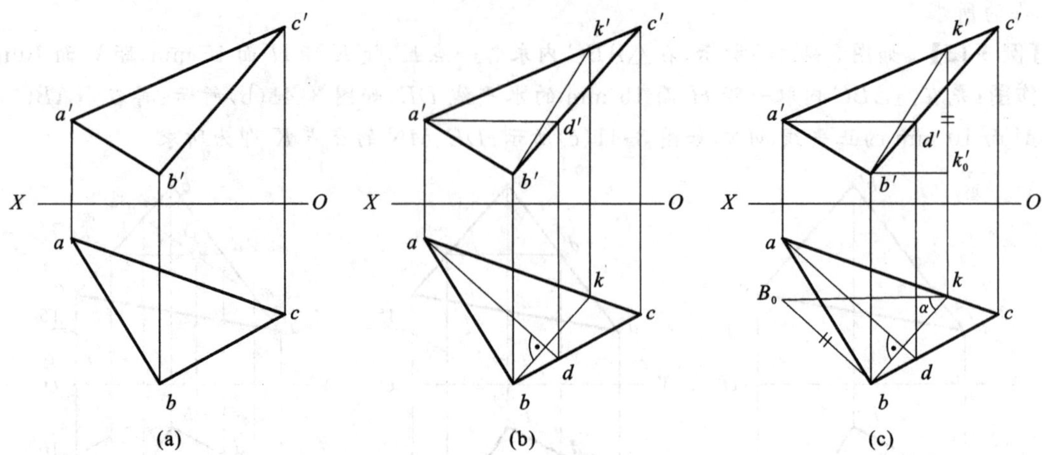

图 3-43 求平面对水平面的倾角 α

求平面对水平投影面的倾角 α

分析:△ABC 所在平面对 H 面的倾角就是该平面内对 H 面间的最大斜度线与 H 面间的夹角。因为平面内对 H 面的最大斜度线应垂直于平面内的水平线,所以解题的关键是必须首先在此平面内任作出一条水平线。为此,先过 a' 作 $a'd' /\!/ OX$ 轴,找出相应的 ad,再作 $bk \perp ad$,bk 即为最大斜度线的水平投影。如图 3-43(b)所示,根据 bk 作出 $b'k'$。最后用直角三角形法在图 3-43(c)所示的水平投影中作出 BK 的实长 kB_0,kB_0 与 kb 之间的夹角即为所求的倾角 α。

同理,平面内对正面(或侧面)最大斜度线的正面(或侧面)投影必定垂直于该平面内正平线(或侧平线)的正面(或侧面)投影(包括正面迹线或侧面迹线)。

【例 3-15】 如图 3-44(a)所示,已知 AB 为平面对 V 面的最大斜度线,试作出该平面的投影图。

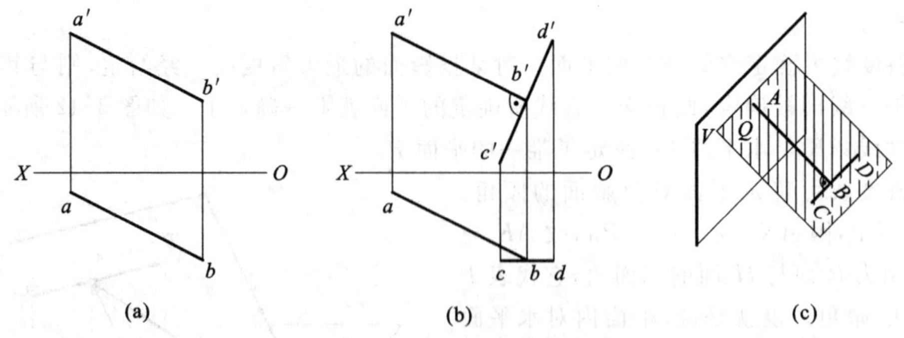

图 3-44 由最大斜度线确定平面

(a) 已知条件;(b) 作图;(c) 直观图

分析:过 AB 上任一点(如点 B)作正平线垂直于 AB,即可得所求平面。

作图:如图 3-44(b)所示,过 b' 作 $c'd' \perp a'b'$;过 b 作 $cd /\!/ OX$ 轴。相交两直线 AB、CD 所确定的平面即为所求。图 3-44(c)所示为直观图。

3.4　直线与平面、平面与平面的相对位置

直线与平面、平面与平面的相对位置是指空间一直线与一平面之间或空间两平面之间的平行、相交和垂直三种情况。

3.4.1　平行

3.4.1.1　直线与平面平行

(1) 直线与平面平行的几何条件

如果平面外一直线与平面内的任意一直线平行，则此直线与该平面平行。如图3-45所示，直线 AB 平行于平面 P 内一直线 CD，则直线 AB 平行于平面 P。反之，如果平面内作不出与空间直线平行的直线，即可确定此直线不与该平面平行。

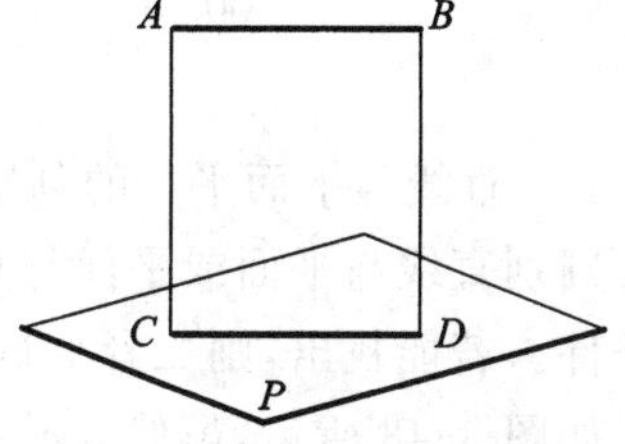

图3-45　直线平行于平面的条件

(2) 作直线平行于平面

【例3-16】 如图3-46(a)所示，试过点 K 作直线 KL 平行于△ABC 所在的平面。

作图：如图3-46(b)所示，在平面△ABC 内任作一直线 $AD(a'd',ad)$；如图3-46(c)所示，过 k' 作 $k'l' /\!/ a'd'$，过 k 作 $kl /\!/ ad$，则直线 $KL(k'l',kl)$ 平行于平面△ABC。过平面外一定点，可作无数条直线与已知平面平行。

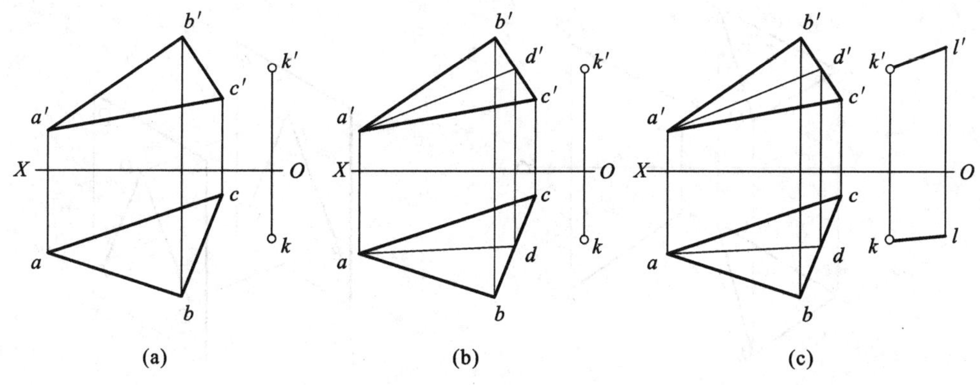

图3-46　过点 K 作直线平行于平面

(3) 作平面平行于直线

【例3-17】 如图3-47(a)所示，试过点 K 作平面 KLM 平行于直线 AB。

作图：如图3-47(b)所示，过 k' 作 $k'l' /\!/ a'b'$，过 k 作 $kl /\!/ ab$；如图3-47(c)所示，过点 K 再作任一直线 $KM(k'm',km)$，平面 $KLM(k'l'm',klm)$ 即平行于直线 AB。由于包含定直线可作无数平面，故过直线外一点可作无数平面平行于定直线。

直线与平面、平面与平面平行

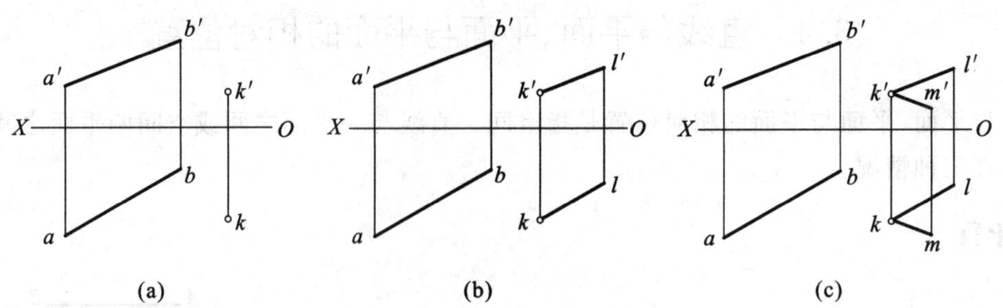

图 3-47　作平面平行于定直线

(4) 直线与平面平行的判别

判别直线与平面或平面与直线是否平行,要看在投影图中能否找到直线与平面相互平行的几何条件。若能找出,则二者平行,否则不平行。

如图 3-48 所示,虽然 $a'c'//d'e'$,$ab//de$,但是不具备 $AC//DE$($a'c'//d'e'$,$ac//de$)或 $AB//DE$($a'b'//d'e'$,$ab//de$)的几何条件,故直线 DE 与平面△ABC 不平行。

3.4.1.2　平面与平面平行

如果一平面内的相交两直线对应地平行于另一平面内的相交两直线,则这两个平面互相平行。如图 3-49 所示,由于平面 P 内的相交二直线 AB、AC 对应平行于平面 Q 内的相交二直线 DE、DF,故平面 $P//$平面 Q。

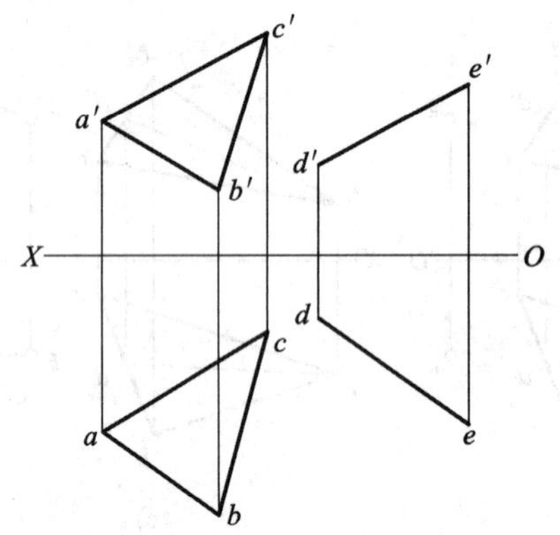

图 3-48　直线与平面平行的判别

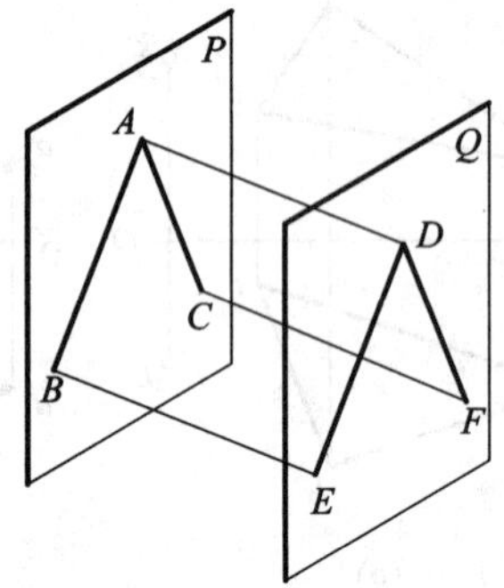

图 3-49　两平面平行的条件

【例 3-18】 如图 3-50(a)所示,已知 $AB//CD$,过点 $K(k',k)$ 作平面平行于直线 AB、CD 所组成的已知平面。

分析: 过点 K 作相交二直线对应平行于已知平面的相交二直线,则此二平面平行。

作图: 如图 3-50(b)所示,作直线 $MN(m'n',mn)$ 与 AB、CD 相交;如图 3-50(c)所示,过 k' 作 $e'f'//a'b'$、$g'h'//m'n'$,过 k 作 $ef//ab$、$gh//mn$,则由相交二直线 EF、GH 所确定的平面即为所求。

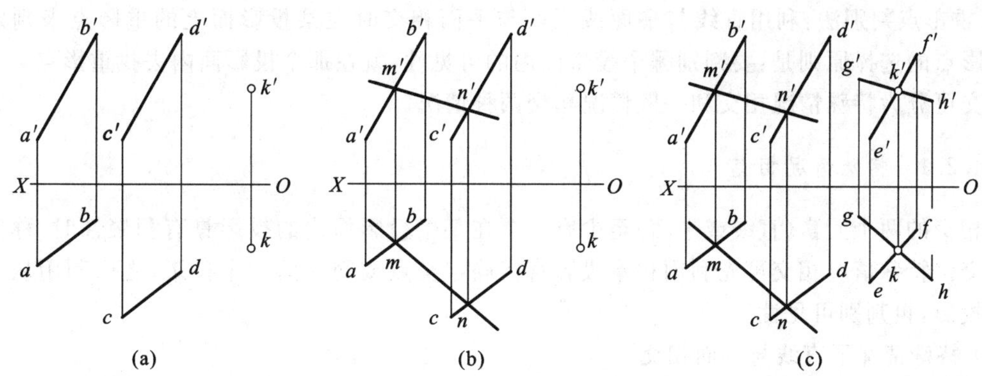

图 3-50　过点作平面平行于已知平面

【例 3-19】　试判断图 3-51 所示三组平面是否平行。

分析：根据平面与平面平行的几何条件，凡在两平面内能作出一对对应平行的相交两直线，则此两平面平行，否则不平行。

如图 3-51(a)所示，$\triangle ABC$ 内相交的正平线和水平线对应平行于$\triangle DEF$ 面内相交的正平线和水平线，故$\triangle ABC /\!/ \triangle DEF$。

如图 3-51(b)所示，两平面都由平行两直线（$AB /\!/ CD$，$EF /\!/ GH$）所确定，且两面投影对应平行，但由于在此两平面内不可能作出一对对应平行的相交两直线，故此两平面不平行。

当给出的两平面都垂直于同一投影面时，可直接根据有积聚性的投影来判别两平面是否相互平行。如图 3-51(c)所示，两铅垂面的水平投影互相平行，故这两个平面平行。

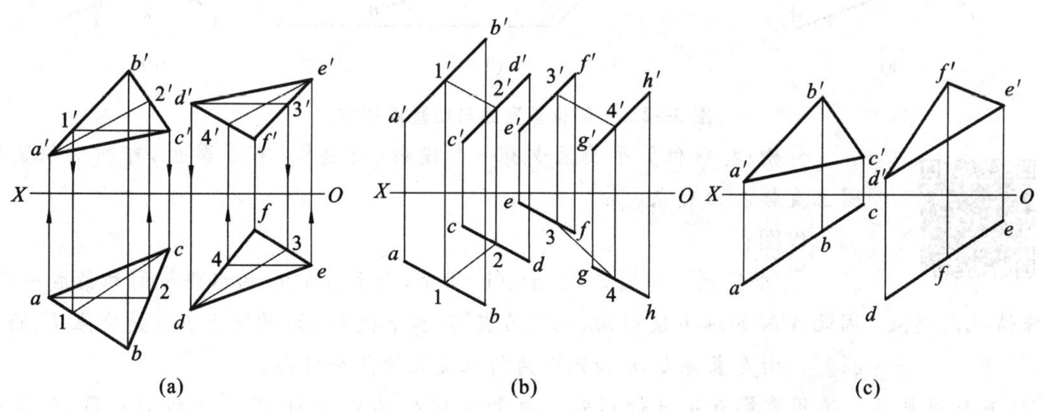

图 3-51　两平面平行的判别

(a) 两平面平行；(b) 两平面不平行；(c) 两垂直面平行

3.4.2　相交

直线与平面或平面与平面若不平行就一定相交。直线与平面相交只有一个交点，该交点是直线与平面的共有点，也是直线投影可见与不可见的分界点。平面与平面相交只有一条交线，该交线是两平面的共有线，也是平面投影可见与不可见的分界线。因此，相交问题除求出交点或交线以外，还必须对相交元素（直线或平面）投影重叠区域进行可见性判别。可见性判别的方法有直接观察法和重影点判别法两种。

① 直接观察法：利用直线或平面具有积聚性的投影直接判别可见性。

② 重影点判别法:利用直线与平面或平面与平面相交时在某投影面上的重影点来判别可见性。重影点的选择原则是:要判别哪个投影面内的可见性,就在那个投影面内去找重影点。

相交可分为特殊情况相交和一般情况相交两种情况。

3.4.2.1 特殊情况相交

当相交的两个元素(直线或平面)至少有一个在某个投影面内的投影具有积聚性时,称为特殊情况相交。特殊情况相交可先利用积聚投影直接确定交点或交线的一个投影,之后利用从属性求出其他投影,再判别可见性。

(1) 特殊情况下直线与平面相交

交点是直线与平面的共有点,交点永远可见,交点是直线投影可见与不可见的分界点。

【例 3-20】 如图 3-52(a)所示,求一般位置直线 MN 和铅垂面△ABC 相交的交点。

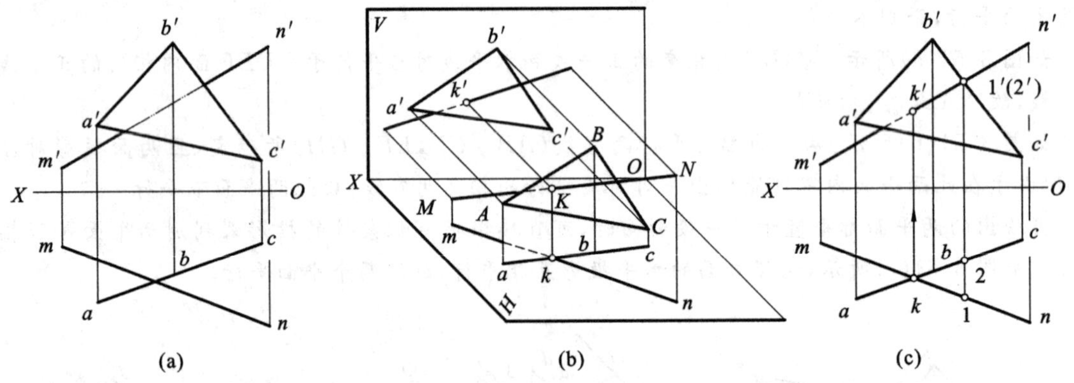

图 3-52 一般位置直线与铅垂面相交

特殊情况求交点

分析:特殊位置平面至少有一个投影(或迹线)有积聚性,可利用积聚性从图上直接求出交点。

作图:

① 求交点。如图 3-52(a)、(b)所示,由于△ABC 的水平投影积聚成一直线,因此 MN 的水平投影 mn 与△ABC 的水平投影 abc 的交点 k 便是交点 K 的水平投影。由 k 求得 k',k 和 k' 即为所求交点的两个投影。

② 判别可见性。选用重影点法进行判别。由于△ABC 为铅垂面,其水平投影积聚,仅正面的 $m'n'$ 与△$a'b'c'$ 相重叠部分才需判别可见性。因此,可以在 $m'n'$ 与△$a'b'c'$ 相重叠部分的两端任找一个重影点,如图 3-52(c)中的 $1'(2')$ 点。由正面投影可看出,Ⅰ、Ⅱ两点分别是交叉两直线 MN 和 BC 上的点,$m'n'$ 与 $b'c'$ 的交点 $1'(2')$ 是交叉两直线对 V 面重影点的重合投影。可以看出,位于 MN 上的Ⅰ点的 y 坐标比 BC 上的Ⅱ点的 y 坐标值大些。因此对 V 面来说,$n'k'$ 可见,画实线;而交点的正面投影 k' 是可见与不可见的分界点,故 $k'm'$ 线段上被△$a'b'c'$ 遮挡部分不可见,画成虚线,如图 3-52(c)所示。本例亦可以采用直接观察法进行可见性判别,读者可自己分析比较。

【例 3-21】 如图 3-53(a)所示,求铅垂线 EF 与一般位置平面△ABC 相交的交点。

分析:特殊位置直线(投影面垂直线)的一个投影有积聚性,交点的投影也随之积聚。交点的其余投影可用在平面内取点的方法求取。

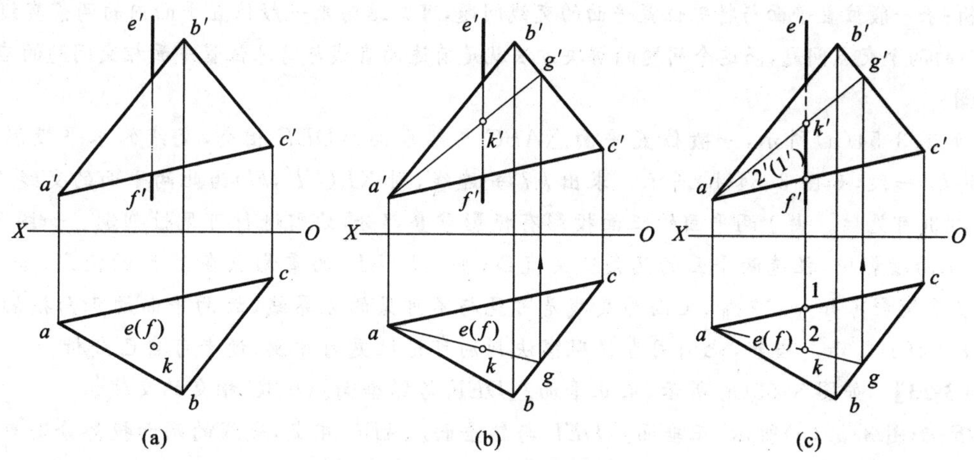

图 3-53　铅垂线与一般位置平面相交

作图：

① 求交点。如图 3-53(a)所示，铅垂线 EF 与一般位置平面△ABC 相交，铅垂线 EF 的水平投影具有积聚性，交点 K 的水平投影随之积聚在 ef 上。如图 3-53(b)所示，在水平投影中过 k 点在△abc 内作辅助直线 ag，求出 $a'g'$，$a'g'$ 与 $e'f'$ 的交点即为交点 K 的正面投影 k'。

② 判别可见性。选用重影点法进行可见性判别。如图 3-53(c)所示，在正面投影中任取一重影点的投影，如 1′、2′，由水平投影可知 $y_{\mathrm{II}} > y_{\mathrm{I}}$，点Ⅱ的正面投影 2′可见；再根据交点是可见与不可见部分的分界点可知，$k'f'$ 可见，$k'e'$ 与△$a'b'c'$ 重叠部分不可见，故将 $k'e'$ 处于△$a'b'c'$ 范围内的一段画成虚线。

(2) 特殊情况下平面与平面相交

交线是两个平面的共有线，交线永远可见，交线是可见与不可见部分的分界线，且交线是两平面最短的一段重合线。求两平面的交线问题，可看作求两个平面两个共有点的问题。

特殊情况求交线

【例 3-22】 如图 3-54(a)所示，求一般位置平面△ABC 与铅垂面△DEF 相交的交线。

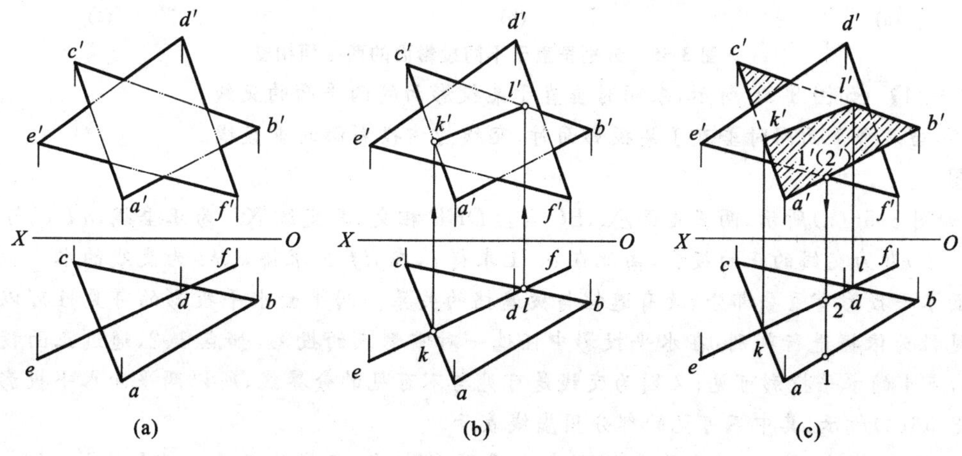

图 3-54　一般位置平面与铅垂面相交

分析:求一般位置平面与特殊位置平面的交线问题,可归结为求一般位置平面内的两条直线与特殊位置平面的两个交点问题,而这个问题的解决方法就是前述的直线与特殊位置平面相交问题的应用。

作图:

① 如图3-54(a)所示,一般位置平面△*ABC*与铅垂面△*DEF*相交,交线的水平投影积聚在*def*上的*kl*一段,如图3-54(b)所示。求出$k'l'$并连线,则$KL(k'l',kl)$为此两平面的交线。

② 判别可见性。由于两平面的正面投影有投影重叠部分,故需进行可见性判别。如图3-54(c)所示,在正面投影中,任选两平面的两条交叉直线(如*AB*、*EF*)的重影点在*V*面的投影,如$1'(2')$。根据其水平投影可知$y_{\mathrm{I}}>y_{\mathrm{II}}$,又因为交线是可见与不可见的分界线,故两平面的正面投影的可见性如图3-54(c)所示。当然,此例用直接观察法判别可见性更为方便,读者可自己分析。

【例3-23】 如图3-55(a)所示,求正垂面△*DEF*与铅垂面△*ABC*相交的交线。

分析:如图3-55(a)所示,正垂面△*DEF*与铅垂面△*ABC*相交,交线的两面投影分别重合在两平面具有积聚性的投影上。

作图:

① 求交点。如图3-55(b)所示,在正垂面△*DEF*的正面投影上求出ⅠⅡ的正面投影$1'2'$,由此求得12,两平面的交线必在ⅠⅡ上;在铅垂面△*ABC*的水平投影上,求出ⅢⅣ的水平投影34,由此求得$3'4'$,两平面的交线必在ⅢⅣ上。由于要求的交线要表示在两平面的共有范围内,故交线ⅡⅣ$(2'4',24)$即为所求。

② 判别可见性。两平面投影的可见性利用重影点进行判别,请读者自己完成,如图3-55(c)所示。

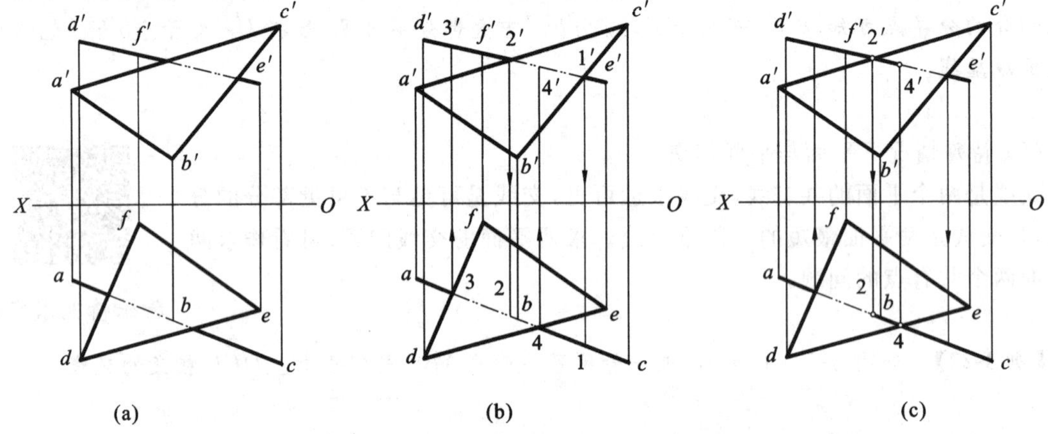

图3-55 分别垂直于不同投影面的两平面相交

【例3-24】 如图3-56所示,求同时垂直于某投影面的两平面的交线。

分析:当两个平面同时垂直于某投影面时,交线为该投影面的垂直线。

作图:

① 如图3-56(a)所示,两正垂面△*ABC*与△*DEF*相交,其交线*KL*为正垂线,$a'b'c'$与$d'e'f'$的交点$k'(l')$即为交线的正面投影,由此在*ac*上求得*l*,在*df*上求得*k*,*kl*为交线的水平投影。由于两平面水平投影有重叠部分,故有遮挡与被遮挡的关系。两平面水平投影的可见性可以以重影点的可见性为依据进行判别:在水平投影中任选一对重影点的投影,如点1、2,通过正面投影可知$z_{\mathrm{I}}>z_{\mathrm{II}}$,点Ⅰ的水平投影可见;又因为交线是可见与不可见的分界线,所以两平面水平投影的可见性如图3-56(a)所示,其中不可见的部分用虚线表示。

② 如图3-56(b)所示,正垂面△*ABC*与水平面*P*相交,交线为正垂线$KL(k'l',kl)$。由于平面*P*无边界,故仅将交线作于△*ABC*平面的界限内,且不进行可见性判别。

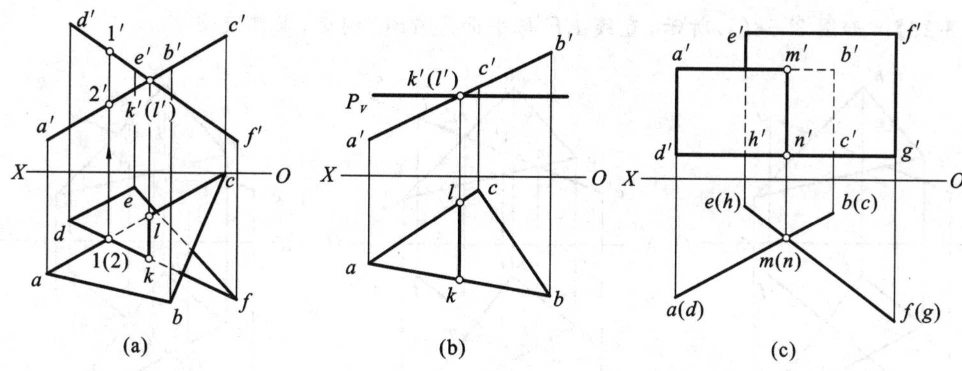

图 3-56　同时垂直于某投影面的两平面相交

③ 如图 3-56(c)所示，两个铅垂面 $ABCD$ 与 $EFGH$ 相交，该两相交平面的水平投影积聚成两相交直线。此两直线的交点必为两平面交线(铅垂线)MN 的水平投影。交线 MN 的正面投影一定在两平面的正面投影重叠范围内。显然，水平投影没有可见性问题。从水平投影中可以判别正面投影的可见性，其可见性如图 3-56(c)所示。

3.4.2.2* 一般情况相交

当相交的两个元素在任何投影面内的投影都没有积聚性时，称为一般情况相交。一般情况相交时直线和平面都没有积聚性，不能直接确定其交点或交线的投影，故可通过作辅助平面来帮助求解。

(1) 一般位置直线与一般位置平面相交

图 3-57(a)所示为一般位置直线与一般位置平面相交，直线 DE 与△ABC 的交点 K 是△ABC 内的点，它一定在△ABC 内的一条直线上(如 MN 上)，如图 3-57(b)所示。这样，过交点 K 的直线 MN 就和已知直线 DE 构成一个辅助平面 R，如图 3-57(c)所示。显然，直线 MN 就是已知平面△ABC 和辅助平面 R 的交线。交线 MN 与已知直线 DE 的交点 K，就是直线 DE 与平面△ABC 的交点。综上所述，一般位置直线与一般位置平面相交求交点的步骤如下：

一般情况求交点

① 包含已知直线作一辅助平面(一般取特殊位置的投影面垂直面或投影面平行面)；

② 求出辅助平面与已知平面的交线；

③ 求出交线与已知直线的交点。

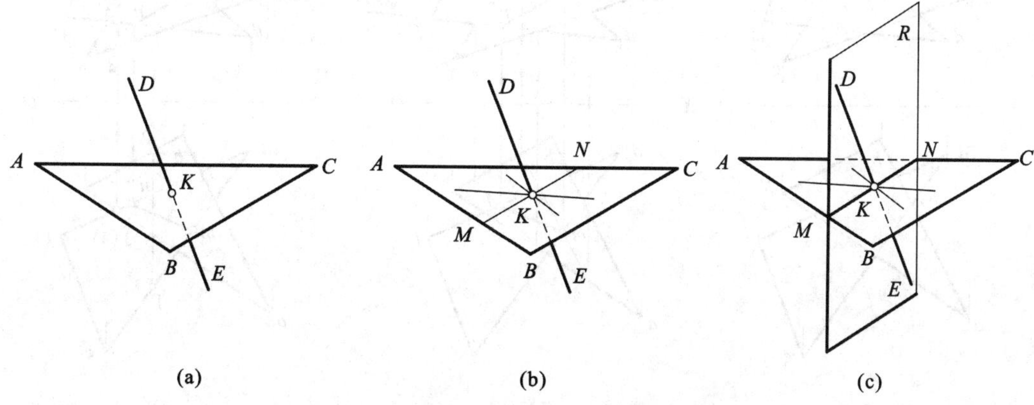

图 3-57　一般位置直线与一般位置平面相交

【例 3-25】 如图 3-58(a)所示,直线 EF 与平面$\triangle ABC$ 相交,求其交点。

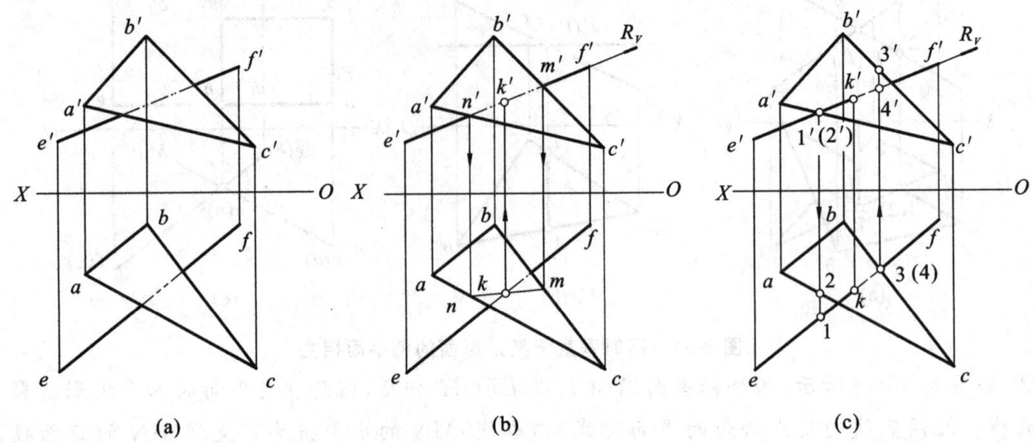

图 3-58　一般位置直线与一般位置平面相交

作图:包含直线 EF 作正垂面 R,如图 3-58(b)所示;求 R 与$\triangle ABC$ 的交线 $MN(m'n',mn)$;mn 与 ef 的交点 k 即为交点的水平投影。在 $e'f'$ 上求得点 k',点 $K(k',k)$ 即为交点,如图 3-58(c)所示。

直线正面投影可见性判别:在正面投影中任选一对重影点的投影,如 1′、2′,根据其水平投影可知 $y_{\mathrm{I}}>y_{\mathrm{II}}$,则 $k'e'$ 可见,$k'f'$ 与$\triangle a'b'c'$ 的重叠部分不可见。

直线水平投影可见性判别:在水平投影中任选一对重影点的投影,如 3、4,根据其正面投影可知 $z_{\mathrm{III}}>z_{\mathrm{IV}}$,则 kf 与$\triangle abc$ 重叠部分不可见。

一般情况求交线

(2) 一般位置平面与一般位置平面相交

求两个一般位置平面相交的交线时同样可先求出两个共有点,再连线并判别平面投影的可见性。求共有点的方法是:在一个平面内任取两直线,或在两个平面内各取任一直线,分别求出此两直线对另一平面的交点。

【例 3-26】 如图 3-59(a)所示,两个一般位置平面$\triangle ABC$ 和$\triangle DEF$ 相交,求其交线。

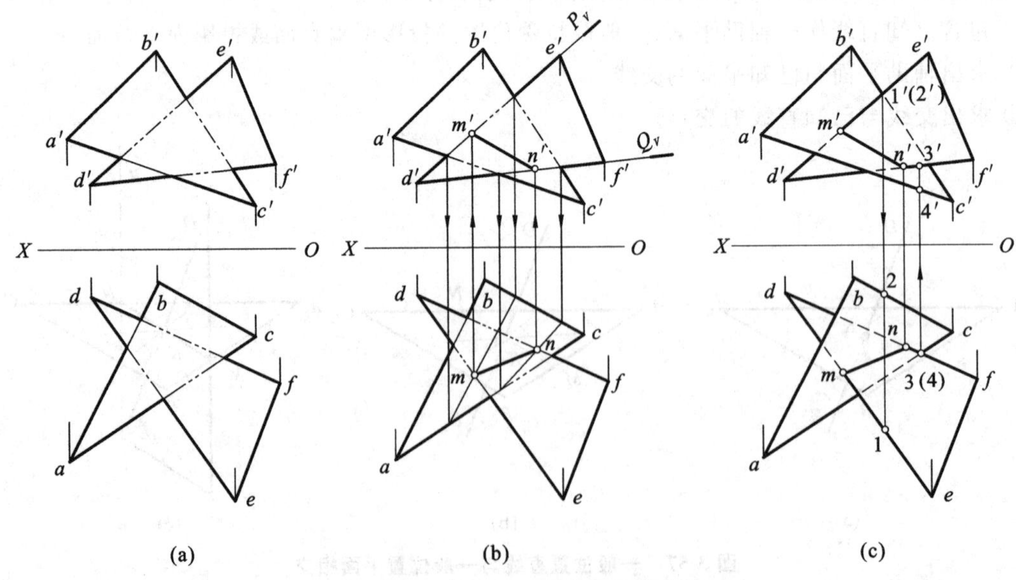

图 3-59　求两个一般位置平面的交线

作图：如图3-59(b)所示，分别包含DE、DF作辅助正垂面P、Q，用图3-58所示的方法求出DE、DF与$\triangle ABC$的两交点$M(m'、m)$和$N(n'、n)$，则$MN(m'n'、mn)$即为两个三角形的交线。

可见性判别（重影点法）：由于$\triangle ABC$和$\triangle DEF$在正面和水平面的投影均没有积聚性，故都必须进行可见性判别。注意要判别哪个投影面内的可见性，就在那个投影面内去找重影点。

① 正面投影可见性判别：如图3-59(c)所示，在正面内找出重影点$1'(2')$，它是$d'e'$和$b'c'$的交点，按"长对正"找出水平投影中相应的1、2两点。由于$y_{\mathrm{I}}>y_{\mathrm{II}}$，即可确定$m'e'$为可见；同法，可确定$n'f'$为可见。由于四边形$e'm'n'f'$可见，而交线是可见与不可见的分界线，故该三角形的另一端$d'm'n'$被$\triangle a'b'c'$遮住的部分为不可见，$b'c'$被$\triangle d'e'f'$遮住的部分也不可见。

② 水平投影可见性判别：如图3-59(c)所示，在水平面内找出重影点3(4)，它是df和ac的交点，按"长对正"找出正面投影中相应的$3'$、$4'$两点。由于$z_{\mathrm{III}}>z_{\mathrm{IV}}$，即可用上述方法判别出水平投影中两三角形投影重叠部分的可见性。

两平面图形相交可有两种情况。图3-60所示交线是由一个平面图形的两条边与另一平面图形的两个交点所决定的。这是一个平面图形穿过另一平面图形的情况，称为"全交"。图3-61所示两个平面图形各有一条边与彼此相交，称为"互交"。

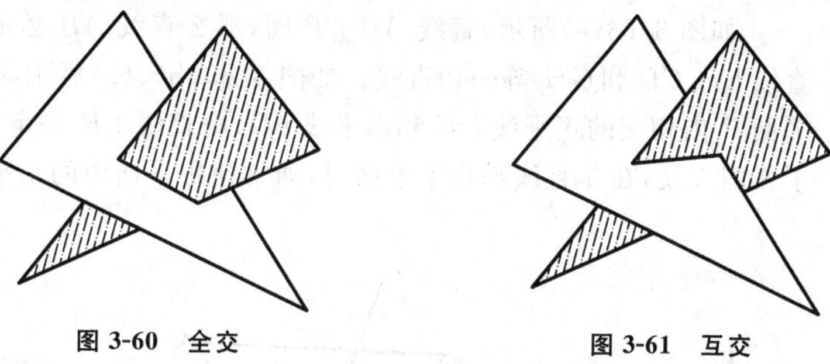

图3-60　全交　　　　图3-61　互交

【例3-27】　如图3-62所示，用三面共点原理求两平面的交线。

分析：如图3-62(a)所示，已知P、Q为相交两平面，作不与该两平面平行的R面为辅助面，R与平面P的交线为MN，R与平面Q的交线为KL，MN与KL的交点A为P、Q、R三面所共有（三面共点），即点A是P、Q两平面交线上的点；同理，再以S面为辅助面，又可求得另一个共有点B，AB即为P、Q两平面的交线。

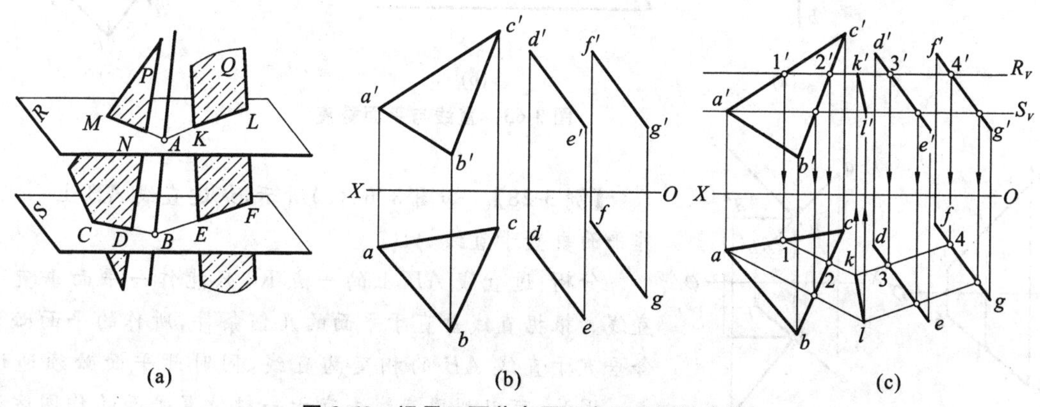

图3-62　运用三面共点原理求两平面的交线

作图:

① 如图3-62(c)所示,作水平面R为辅助面,求出R与$\triangle ABC$的交线ⅠⅡ($1'2'$,12)及R与DE、FG的交线ⅢⅣ($3'4'$,34),ⅠⅡ与ⅢⅣ的交点$K(k',k)$即为一个共有点;同理,以S为辅助面,又可求得另一个共有点$L(l',l)$。

② 连接$KL(k'l',kl)$,即为所求交线。

需要注意的是,辅助平面是可以任意选取的,但为了作图方便,一般应选特殊位置平面为辅助面。这种作图方法应用了三面共点的原理,故称三面共点法。两平面的图形不重叠而相距较远时使用此法较好。此法在以后有关相交的章节中用得较多,应掌握。

3.4.3* 垂直

3.4.3.1 直线与平面垂直

(1) 直线垂直于一般位置平面

由初等几何学可知,若一直线垂直于平面内任意相交两直线,则该直线垂直于平面;反之,若一直线垂直于一平面,则此直线必定垂直于该平面内的所有直线。

直线与平面、平面与平面垂直

如图3-63(a)所示,直线$AB \perp P$面,那么直线AB必垂直于平面P内的直线EF、CD和GH等一切直线。如图3-63(b)、(c)所示,若直线LK垂直于平面P内相交的正平线DE和水平线FG,则直线LK一定垂直于平面P。为了作图方便,在作直线垂直于平面时,通常使用平面内的正平线和水平线。

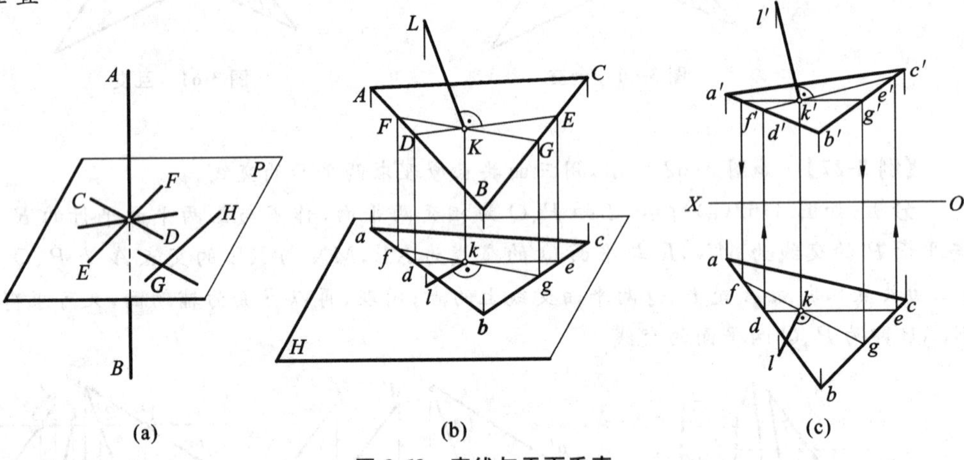

图3-63 直线与平面垂直

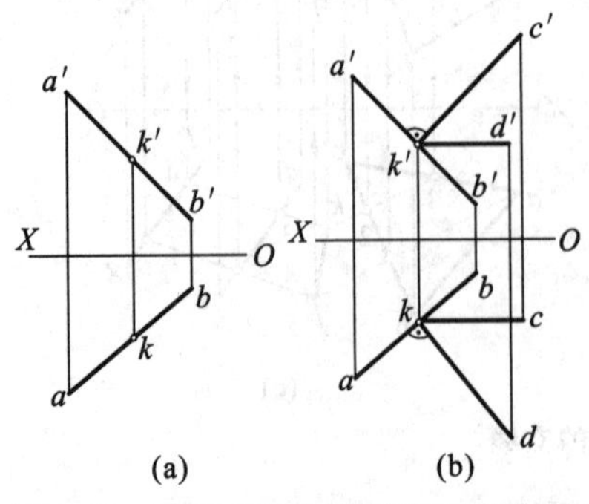

图3-64 过K点作平面垂直于直线AB

【例3-28】 如图3-64(a)所示,试过直线AB上一点K,作平面垂直于直线AB。

分析: 过直线AB上的一点K,只能作一平面垂直于该直线。根据直线垂直于平面的几何条件,所作的平面必须包含垂直于直线AB的相交两直线,同时此平面必须通过K点。因此,可以利用直线垂直于一般位置平面的作图方法过点K作直线AB的垂线。

作图：如图 3-64(b)所示，过直线上的一点 $K(k'、k)$ 作正平线 $KC(k'c'、kc)$，$k'c' \perp a'b'$；过 K 点作水平线 $KD(k'd'、kd)$，$kd \perp ab$。相交两直线 KC 和 KD 所确定的平面即为所求。

(2) 直线垂直于投影面垂直面

当直线垂直于某投影面垂直面时，则此直线必定为该投影面的平行线。如图 3-65(a)所示，当直线 DE 垂直于正垂面时，则 DE 必定为正平线，其垂足为 K 点；如图 3-65(b)所示，当直线 DE 垂直于铅垂面时，则 DE 必定为水平线，其垂足为 K 点。

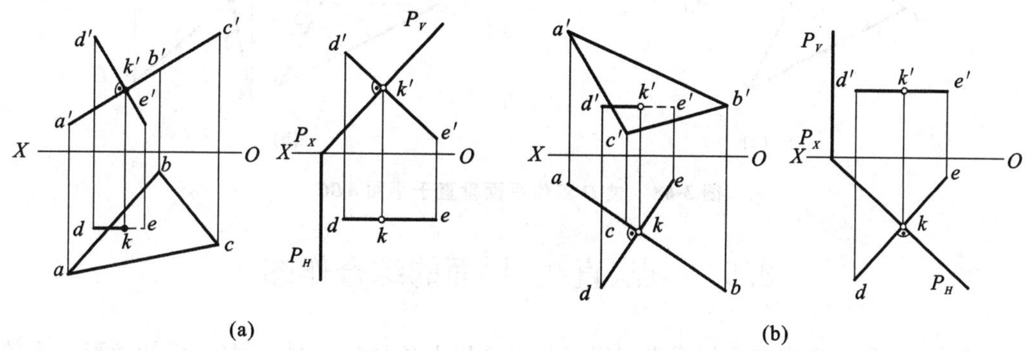

图 3-65　直线垂直于投影面垂直面

3.4.3.2　两平面互相垂直

由初等几何学可知，如果一直线垂直于一平面，则包含此直线的一切平面都垂直于该平面。在图 3-66(a)中，因为直线 $AB \perp R$ 面，所以包含直线 AB 的 P 和 Q 等平面均垂直于平面 R。反之，如果两平面互相垂直，则由第一平面内任一点向第二平面所作的垂线，一定在第一平面内。如图 3-66(b)所示，A 点是平面Ⅰ内的任一点，直线 AB 垂直于平面Ⅱ，因直线 AB 在第一平面内，所以两平面互相垂直。如图 3-67 所示，直线 AB 垂直于平面Ⅱ，但直线 AB 不在平面Ⅰ内，所以两平面不垂直。

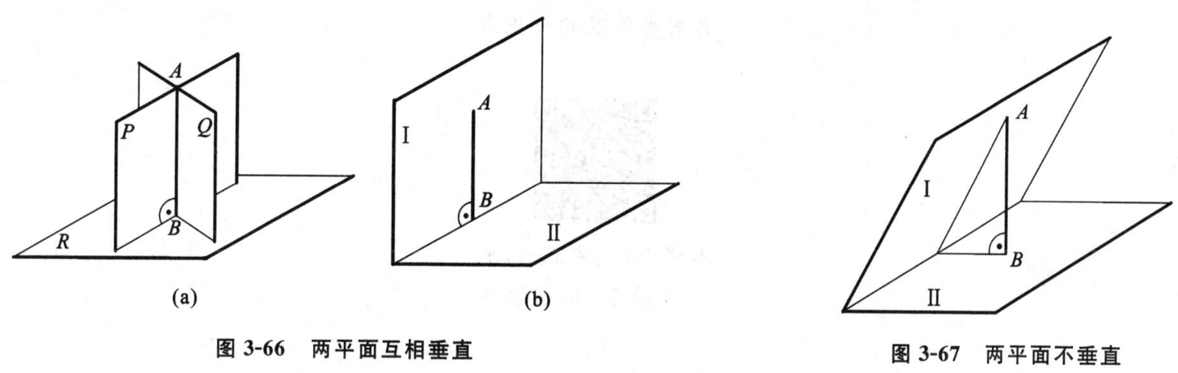

图 3-66　两平面互相垂直

图 3-67　两平面不垂直

【例 3-29】　如图 3-68(a)所示，过 D 点作平面垂直于由 $\triangle ABC$ 所确定的平面。

分析：过 D 点作一直线 DE 垂直于 $\triangle ABC$，则包含 DE 的一切平面都垂直于 $\triangle ABC$，故本题有无穷多解。任作一直线 $DF(d'f'、df)$ 与 DE 相交，则由 DE 与 DF 所确定的平面便是其中一个解。

作图：如图 3-68(b)所示，先在 $\triangle ABC$ 内作正平线 AⅠ$(a'1'、a1)$ 和水平线 AⅡ$(a'2'、a2)$；然后过 D 点作 DE 垂直于 $\triangle ABC$，即 $d'e' \perp a'1'$，$de \perp a2$；再过 D 点作任一直线 DF，则由 DE 和 DF 所确定的平面垂直于 $\triangle ABC$。

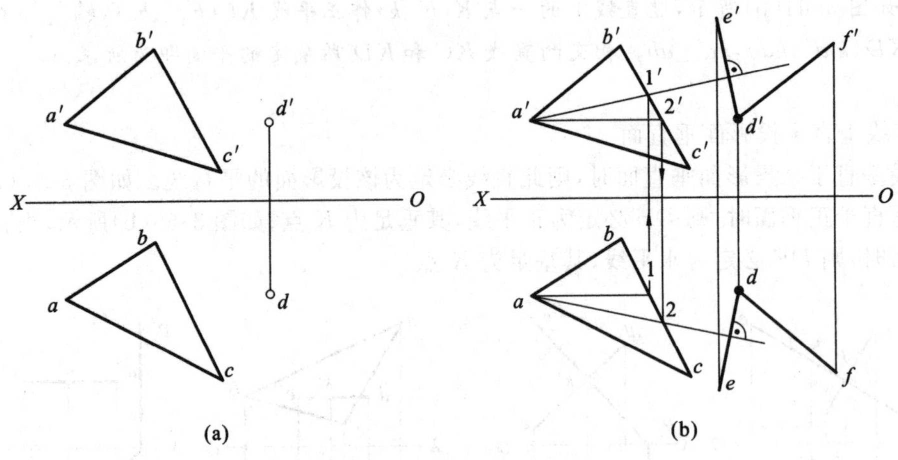

图 3-68　过 *D* 点作平面垂直于平面 *ABC*

3.5* 点、直线、平面的综合作图

在工程上，经常会遇到求几何元素同时满足两个以上条件的问题。例如，已知矩形一边的两个投影以及邻边的正面投影，求作此矩形等问题。解这类问题都需要综合运用几方面的基本概念和作图方法。可扫描下面二维码查看点、直线、平面综合作图步骤及典型例题。

点、直线、平面综合作图步骤及典型例题

本章小结、要点自测、理实融合、拓展学习

4 投影变换

【内容提要】

本章主要介绍投影变换的目的、概念和分类，换面法的变换规律和作图方法。本章的教学重点为换面法的投影变换规律及基本作图方法和技巧。本章的教学难点为如何灵活运用投影变换的基本方法解决复杂的空间几何问题。

【学习目标】

通过本章的学习，学生在了解投影变换目的、概念和分类的基础上，能熟练运用投影变换方法实现视图之间的有效转换，从而解决复杂的空间几何问题；借助投影变换，提高自己对空间形体的理解和分析能力，拓展解题思路，培养自己灵活的空间思维和创新思维，将投影变换知识应用到实际工程和设计情境中。

4.1 概　　述

一般几何问题大体上可分为定位问题和度量问题两类。定位问题是对有关几何形体在空间的相对位置而言的，如求直线与平面的交点、两平面的交线等。度量问题则是指确定距离、角度、实长、实形等。当几何元素相对投影面处于特殊位置（平行或垂直）时，某些度量或定位问题便易于解决了。

如图 4-1(a)所示，正面投影 $a'b'$ 反映线段的实长；如图 4-1(b)所示，水平投影 $\triangle abc$ 反映三角形的实形；如图 4-1(c)所示，AB、CD 为两交叉直线，当直线 AB 垂直于水平面时，AB、CD 的公垂线为水平线，其水平投影 $m(n)$ 反映两交叉直线的最短距离；如图 4-1(d)所示，$\triangle ABC$ 为正垂面，$a'(b')c'$ 与 OX 轴的夹角反映该平面与水平面的倾角 α；如图 4-1(e)所示，$\triangle ABC$ 垂直于 V 面，根据“3.4.2.1　特殊情况相交”所述内容，$\triangle ABC$ 与直线 EF 的交点 K 很容易确定。

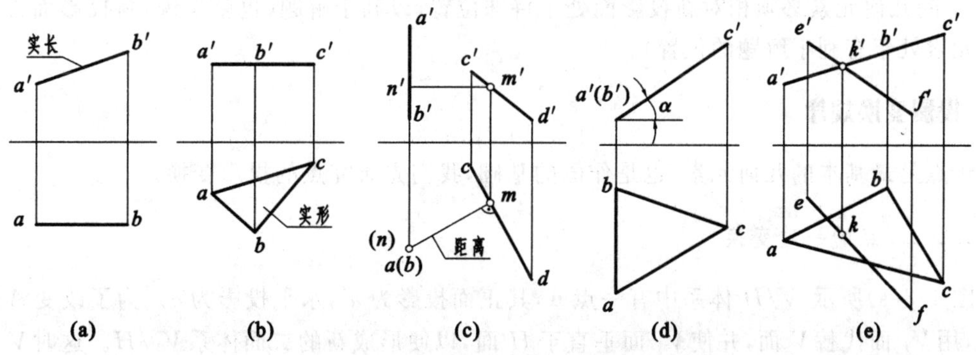

图 4-1　几何元素处于特殊位置时的解题情况

但是，很多问题中的几何元素并不在相对于投影面的特殊位置，这就需要采用一定的方法来改变空间形体与投影面的相对位置，以达到简化问题的目的。这种将空间形体与投影面的相对位置由原来的一般位置变为特殊位置，从而解决度量问题和定位问题的方法称为投影变换法。常用的投影变换法有换面法和旋转法两种，本章仅介绍换面法。

4.2 换 面 法

4.2.1 基本概念

换面法就是保持空间几何元素的位置不动，用新的投影面代替原来的投影面，使几何元素与新的投影面的相对位置处于有利于解题的位置的方法。如图 4-2(a)所示，铅垂面△ABC 在 V 面和 H 面所组成的投影体系(以下简称 V/H 体系)中的两个投影都不反映实形。如果选取一个既平行于铅垂面△ABC 又垂直于 H 面的 V_1 面来代替 V 面，则新的 V_1 面和不变的 H 面构成了一个新的两面体系 V_1/H，此时，△ABC 在 V_1/H 体系中的投影 $a_1'b_1'c_1'$ 就反映了△ABC 的实形。再以 V_1 面和 H 面的交线 X_1 为轴，使 V_1 面旋转到和 H 面重合的位置，就得到△ABC 在 V_1/H 体系中的投影图，如图 4-2(b)所示。这样的方法称为变换投影面法，简称换面法。

换面法的基本概念及新投影面的选择原则

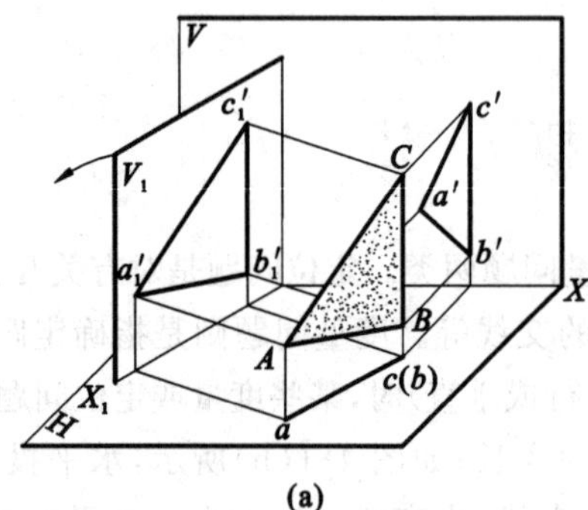

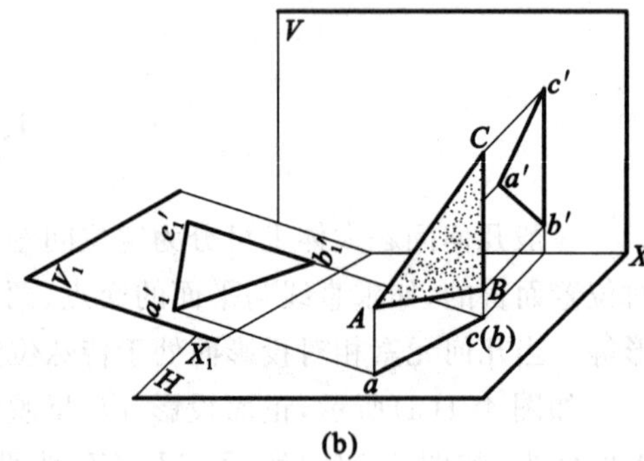

图 4-2 换面法

必须指出，新投影面 V_1 并不能任意选择，它必须符合以下两个条件：

① 新投影面必须垂直于一个不变投影面，以构成一个新的两面体系；

② 空间几何元素必须相对新投影面处于特殊位置，以利于解题(也就是说，新投影面必须使空间几何元素处于有利于解题的位置)。

4.2.2 投影变换规律

由于点是最基本的几何元素，也是作图的基础，我们先研究点的投影变换。

4.2.2.1 点的一次变换

如图 4-3(a)所示，V/H 体系中有一点 A，其正面投影为 a'，水平投影为 a。为了改变 A 点的正面投影，用 V_1 面代替 V 面，并使 V_1 面垂直于 H 面，以便形成新的二面体系 V_1/H。这时 V 面称为旧投影面，H 面称为不变投影面，V_1 面称为新投影面，X 轴称为旧投影轴(简称旧轴)，X_1 轴称为新投影轴(简称新轴)。应当指出，不管投影面如何变换，都是向新投影面作正投影的。

如图 4-3 所示，由 A 点向 V_1 面作正投影 a_1'，这时，称 a' 为旧投影，称 a_1' 为新投影，它们之间存在下列关系：

① 由于这两个体系具有公共的水平面 H，所以 A 点到 H 面的距离（Z 坐标）在新、旧体系中都是相同的，即 $a_1'a_{X1}'=Aa=a'a_X$。

② 当 V_1 面绕 X_1 轴旋转重合到 H 面上时，根据点的投影变换规律可知 $a_1'a$ 必定垂直于 X_1 轴，这和 $a'a$ 垂直于 X 轴的性质是一样的。

根据以上分析，可得点的投影变换规律如下：

① 点的新投影和不变投影的连线必定垂直于新轴；

② 点的新投影到新轴的距离等于被替换的旧投影到旧轴的距离。

按上述规律，如图 4-3(b)所示，由 V/H 体系中 A 点的投影（a'，a）可求出 V_1/H 体系中的投影 a_1'，其作图步骤如下：

① 按要求条件画出新投影轴 X_1（新投影轴确定了新投影面在投影图上的位置）；

② 过 a 点作 X_1 的垂线；

③ 在此垂线上截取 $a_1'a_{X1}=a'a_X$，a_1' 即为所求的新投影。水平投影 a 为新、旧投影所共有，故称不变投影。

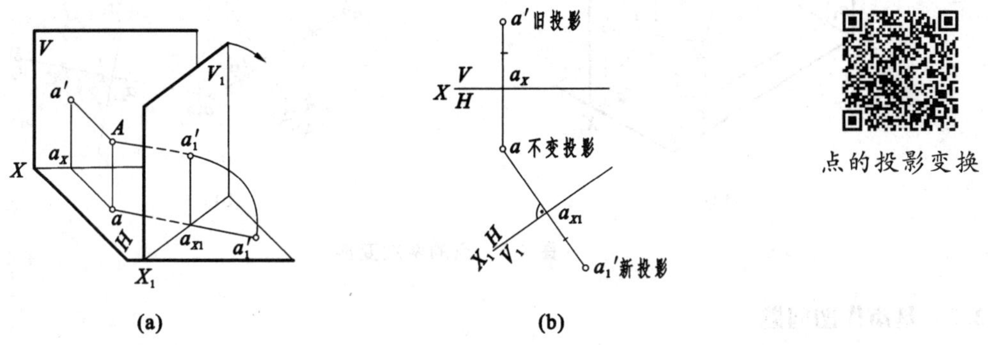

图 4-3　点在 V_1 面的新投影的作法

如图 4-4(a)所示，若要变换水平面，则可选择 H_1 面代替 H 面，且使 H_1 面垂直于 V 面，H_1 面和 V 面构成新投影体系 V/H_1。在 H_1 面内求出新投影 a_1。因为新、旧两体系具有公共的 V 面，所以 $aa_X=Aa'=a_1a_{X1}$。

如图 4-4(b)所示，在投影图上由 a'、a 求作 a_1 的步骤如下：

① 作 X_1 轴；

② 过 a' 作 $a'a_{X1}\perp X_1$；

③ 在垂直线上截取 $a_1a_{X1}=aa_X$，则 a_1 即为所求。

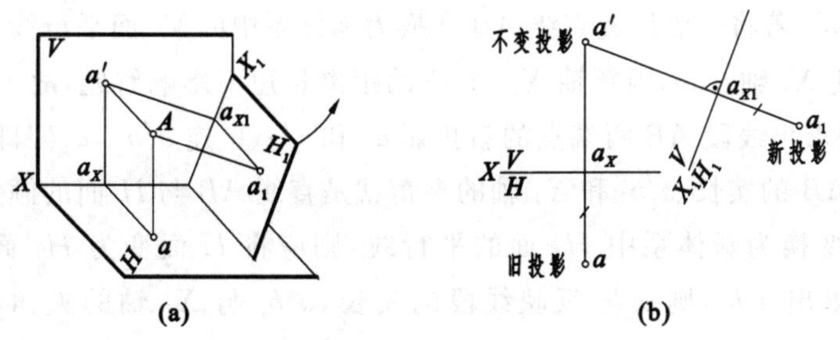

图 4-4　点在 H_1 面的新投影的作法

4.2.2.2 点的两次变换

运用换面法解决实际问题时,有时需要变换两次或更多次投影面。如图4-5所示为变换两次投影面时求点的新投影的方法,其变换原理和作图方法与变换一次投影面时的相同。

应当注意:在变换投影面时,新投影面的选择必须符合前面所述的两个基本条件,而且不能一次同时变换两个投影面,必须一个变换完成以后再变换另一个;另外,在变换过程中,正面和水平面的变换必须交替进行。如图4-5所示,先用 V_1 面代替 V 面,构成新体系 V_1/H,再以这个体系为基础,用 H_2 面代替 H 面,又构成新体系 V_1/H_2。

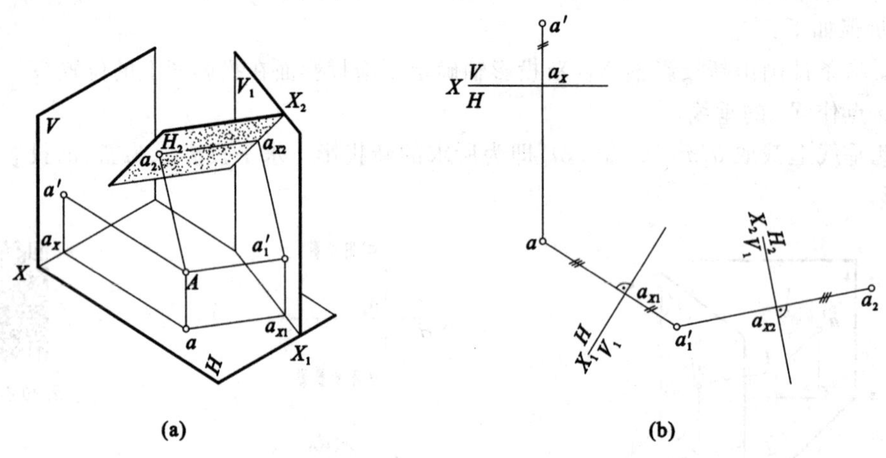

图4-5 点的两次变换

4.2.3 基本作图问题

在利用换面法解决实际问题时,可归结为:将一般位置直线变为投影面平行线、将一般位置直线变为投影面垂直线、将一般位置平面变为投影面垂直面、将一般位置平面变为投影面平行面四个问题。

4.2.3.1 将一般位置直线变为投影面平行线

若将一般位置直线变为投影面平行线,则新投影面必定与此直线平行并与不变投影面垂直。根据投影面平行线的投影特性,新投影轴应平行于直线的不变投影。如图4-6(a)所示,新投影面 V_1 平行于一般位置直线 AB 且垂直于 H 面,这时,直线 AB 在 V_1/H 新体系中成为 V_1 面的平行线,新投影轴 X_1 平行于直线 AB 的不变投影 ab。

如图4-6(b)所示,若将一般位置直线 AB 变换为新体系中的 V_1 面平行线,则其投影图的作法为:① 作新轴 X_1,使 X_1 轴 $/\!/ ab$,因新轴 X_1 与 ab 的距离长短不影响解题,故可在图中的适当位置定出 X_1 轴;② 分别求出线段 AB 两端点的新投影 a_1' 和 b_1';③ 连 $a_1'b_1'$,$a_1'b_1'$ 即为直线 AB 的新投影。$a_1'b_1'$ 反映线段 AB 的实长,$a_1'b_1'$ 和 X_1 轴的夹角就是直线 AB 与 H 面的倾角 α。

若将直线 AB 变换为新体系中 H_1 面的平行线,则应将 H 面变为 H_1 面,这时就要作新轴 X_1 轴 $/\!/ a'b'$,然后求出 a_1b_1,则 a_1b_1 反映线段的实长,a_1b_1 与 X_1 轴的夹角代表 AB 与 V 面的倾角 β。

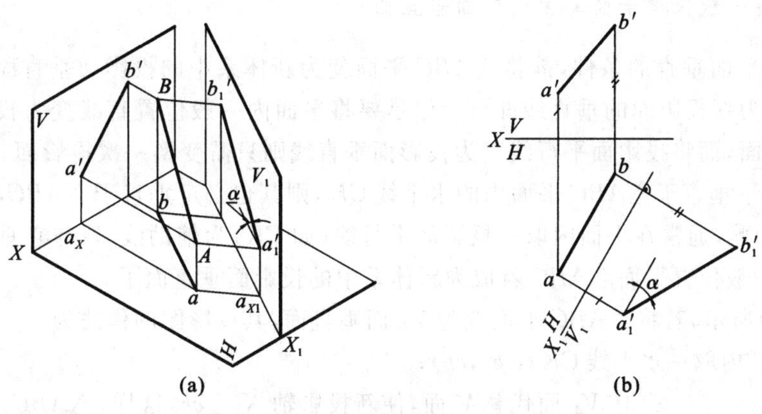

图 4-6 将一般位置直线变为投影面平行线

4.2.3.2 将一般位置直线变为投影面垂直线

若将一般位置直线变为投影面垂直线，则必须使新投影面垂直于此直线。但是，与一般位置直线垂直的平面一定是一般位置的平面，它不和原体系中任一投影面垂直，不能构成相互垂直的新二面体系，因此，要解决这个问题，一次变换不可能完成，必须变换两次投影面，即：

① 使一般位置直线变为新投影面的平行线；

② 将投影面的平行线变为另一投影面的垂直线。

如图 4-7(a)所示，要将一般位置直线 AB 变为 H_2 面的垂直线。首先变换 V 面，用 V_1 代替 V 面，使直线 AB 在 V_1/H 体系中成为 V_1 面的平行线；然后变换 H 面，用 H_2 面代替 H 面，使直线 AB 在 V_1/H_2 体系中成为 H_2 面的垂直线。

根据投影面垂直线的投影特性，新投影轴应垂直于直线的不变投影。如图 4-7(b)所示，先作 X_1 轴平行于 ab，求出 $a_1'b_1'$，后作 X_2 轴垂直于 $a_1'b_1'$，在 V_1/H_2 体系中，直线 AB 的投影积聚成一点。

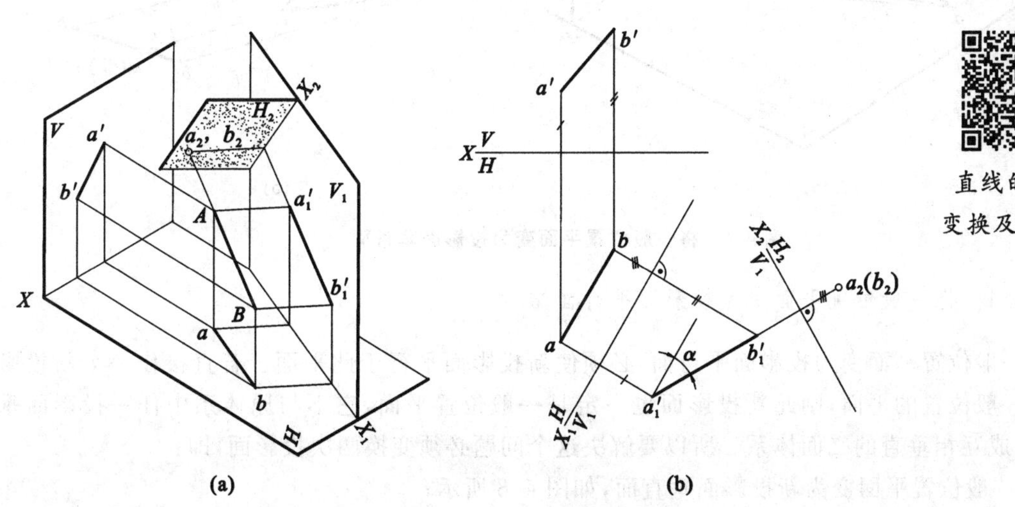

直线的投影变换及其应用

图 4-7 将一般位置直线变为投影面垂直线

4.2.3.3 将一般位置平面变为投影面垂直面

根据平面与平面垂直的条件，欲将△ABC平面变为新体系中的投影面垂直面，只需将该平面内的任一直线变为新投影面的垂直线即可。但是要将平面内一般位置直线变为投影面垂直线，必须变换两次投影面，而将投影面平行线变为投影面垂直线则只需变换一次投影面。如图4-8(a)所示，若新投影面V_1垂直于△ABC平面内的水平线CK，则其也必定垂直于△ABC，并能保证V_1面垂直于H面。为此，通常在平面内取一投影面平行线(如CK)为辅助线，取与它垂直的平面V_1作为新投影面，则一般位置平面△ABC就成为新体系中的投影面垂直面了。

如图4-8(b)所示，若将△ABC平面变为V_1面垂直面，其投影图的作法为：

① 在△ABC内取一水平线$CK(c'k',ck)$；

平面的投影变换及其应用

② 作V_1面代替V面，使新投影轴$X_1 \perp ck$，这样，△ABC平面在新体系中就成为投影面垂直面了；

③ 求出△ABC的三点A、B、C在V_1面上的投影a_1'、b_1'、c_1'，则$a_1'b_1'c_1'$积聚成一直线。$a_1'b_1'c_1'$与X_1轴的夹角α即为△ABC平面与H面的倾角。

如果要将△ABC平面变为H_1面的垂直面，则要在△ABC内作一条正平线，使新轴X_1垂直于该正平线的正面投影，然后求△ABC在H_1面上的投影。

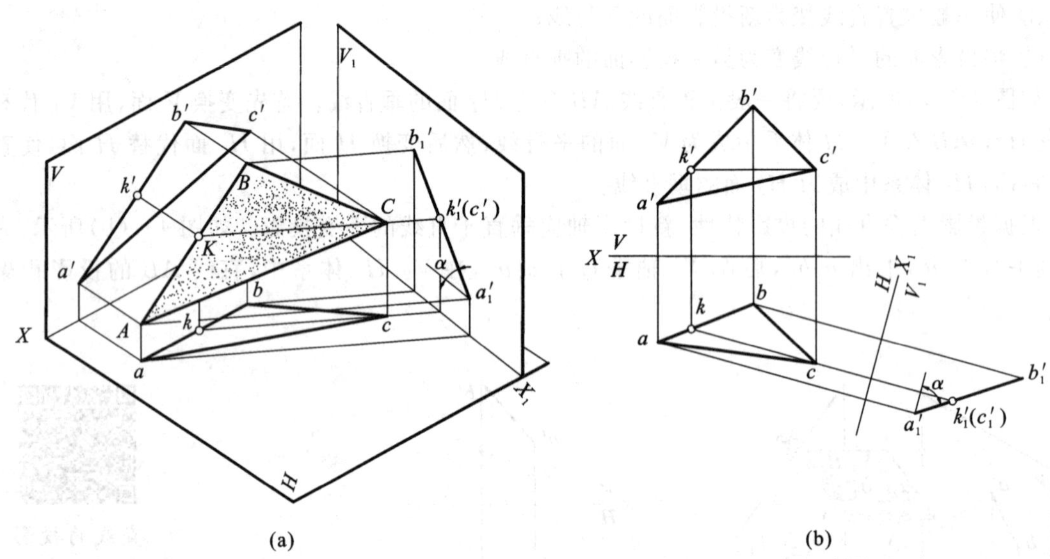

图4-8 将一般位置平面变为投影面垂直面

4.2.3.4 将一般位置平面变为投影面平行面

欲将一般位置平面变为投影面平行面，必须使新投影面平行于此平面。若直接作一个新投影面平行于一般位置的平面，则此新投影面也一定是一般位置平面，它不与原体系中任一投影面垂直，不能构成互相垂直的二面体系。所以要解决这个问题必须变换两次投影面，即：

① 使一般位置平面变为新投影面垂直面，如图4-8所示；

② 将投影面垂直面变为另一新投影面平行面(新投影面的选取情况与图4-2类似)。

如图4-9(a)所示，若要将△ABC平面变为V面平行面，其投影图作法为：

① 将△ABC平面变换为新投影面 H_1 的垂直面。先在△ABC内作正平线 AK，取新投影面 $H_1 \perp AK$(在投影图中就是作 X_1 轴$\perp a'k'$)，然后求出△ABC在 H_1 面上积聚成一直线的投影 $b_1a_1c_1$；

② 将△ABC平面再变换成另一新投影面 V_2 的平行面。作 V_2 面$/\!/$△ABC(在投影图中就是作X_2 轴$/\!/ b_1a_1c_1$)，然后作出 a_2'、b_2'、c_2'。这样，△ABC平面在 V_2/H_1 体系中便成为投影面平行面，△$a_2'b_2'c_2'$反映了△ABC的实形。

若要将△ABC平面变为 H 面平行面，其投影图作法如图 4-9(b)所示。

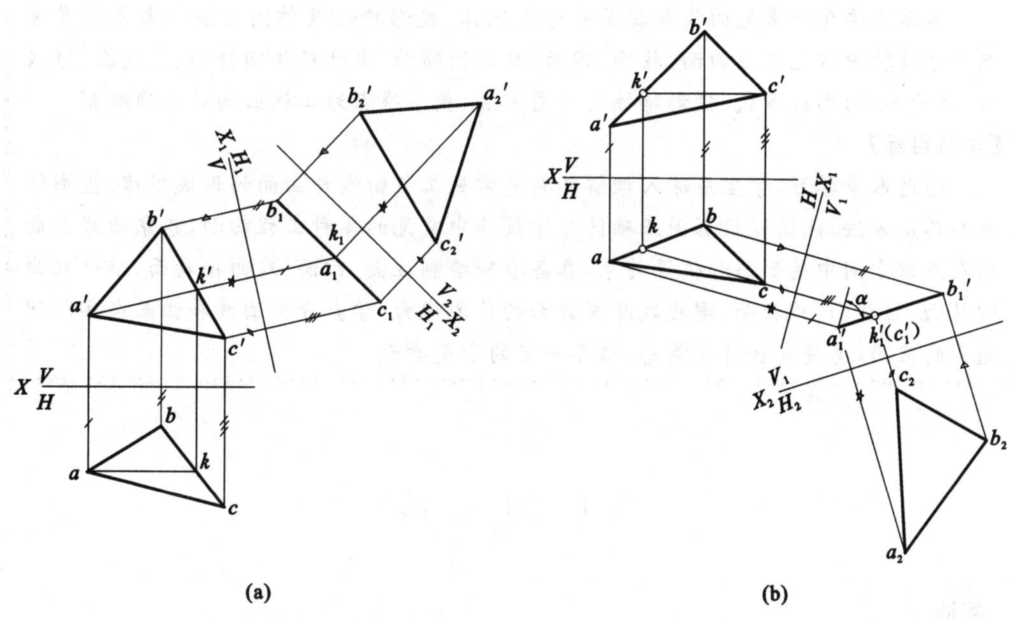

图 4-9 将△ABC平面变为投影面平行面

(a) 将△ABC平面变为 V 面平行面；(b) 将△ABC平面变为 H 面平行面

4.3 用换面法求解空间几何问题的典型例题

投影变换可以方便、快捷地解决复杂几何作图问题，如点到平面的距离、点到直线的距离、空间两交叉直线的最短距离、空间两平面的夹角等。扫描下面二维码，可通过几个典型例题来了解换面法在求解空间几何问题中的应用。

用换面法求解空间几何问题的典型例题

本章小结、要点自测、理实融合、拓展学习

5 曲线与工程曲面

【内容提要】

本章主要介绍常见曲线与曲面的形成规律、投影特性及作图方法。本章教学重点为建筑物中常见工程曲面(柱面、锥面、双曲抛物面、单叶双曲回转面、柱状面、锥状面、螺旋面)的形成方式、投影特性及作图方法,教学难点为工程曲面的正确绘制。

【学习目标】

通过本章学习,学生应深入理解并熟悉常见工程曲线与曲面的形成规律、投影特性和作图方法,能通过投影图正确区分建筑物中常见的各种工程曲面,想象曲线和曲面在三维空间中的形态和位置关系,具备准确绘制柱面、锥面、双曲抛物面、单叶双曲回转面、柱状面、锥状面、螺旋线及螺旋面的作图能力,学会分析曲线和曲面在实际问题中的应用,感受其独特的美感,培养一定的审美素养。

5.1 曲　　线

5.1.1 概述

5.1.1.1 曲线的形成和分类

曲线可看作一动点连续改变方向的运动轨迹,也可能是平面与曲面或曲面与曲面的交线。按点的运动是否有规律,曲线可分为规则曲线和不规则曲线两种,通常研究的是规则曲线。

工程曲面的应用

按曲线上各点的相对位置,曲线又可以分为平面曲线和空间曲线。凡所有的点都位于同一平面内的曲线称为平面曲线,如圆、椭圆、抛物线等;凡任意四个连续的点不位于同一平面内的曲线称为空间曲线,如螺旋线。

5.1.1.2 曲线的投影

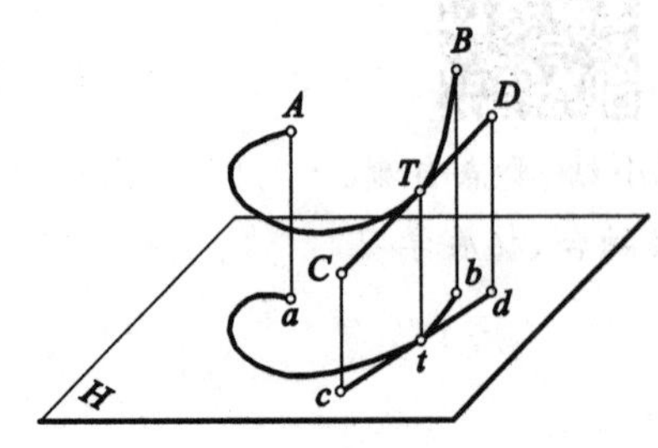

图 5-1 投影为曲线(cd 为切线的投影)

曲线的投影在一般情况下仍为曲线,如图 5-1 所示。当平面曲线所在的平面垂直于某一投影面时,它在该投影面上的投影积聚为一直线,如图 5-2 所示;当平面曲线所在的平面平行于某一投影面时,它在该投影面上的投影反映曲线的实形,如图 5-3 所示。

二次曲线的投影一般仍为二次曲线。圆和椭圆的投影一般是椭圆,在特殊情况下也可能是圆或直线;抛物线或双曲线的投影一般仍为抛物线或双曲线。

直线与曲线在空间相切，它们的同面投影一般仍相切，曲线投影上的切点就是空间切点的投影，如图 5-1 所示。

空间曲线的各面投影都是曲线，不可能是直线。

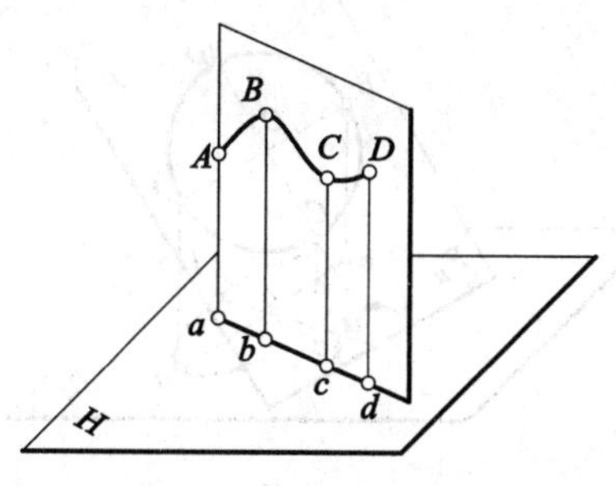

图 5-2 投影为直线

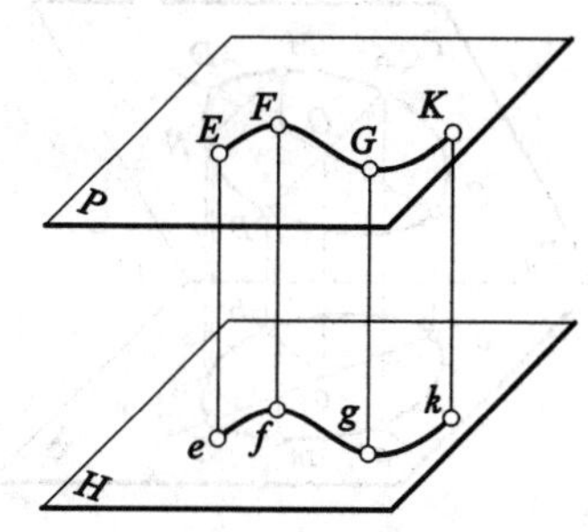

图 5-3 投影反映实形

5.1.1.3 曲线的投影图画法

因为曲线是点运动的轨迹，所以只要画出曲线上一系列点的投影，并将各点的同面投影顺次光滑地连接，即得曲线的投影图，如图 5-2 所示。

5.1.2 圆的投影

圆是平面曲线，它与投影面的相对位置不同，其投影也不同。

5.1.2.1 平行于投影面的圆

平行于投影面的圆在该投影面上的投影反映圆的实形。

5.1.2.2 倾斜于投影面的圆

倾斜于投影面的圆在该投影面上的投影为椭圆，画法如下：

(1) 找出曲线上适当数量的点画椭圆

在圆上选取一定数量的点，尤其是特殊点。求出这些点的投影后，再光滑地连成椭圆曲线。

(2) 根据椭圆的共轭直径画椭圆

若两直径之一平分与另一直径平行的弦，则这一对直径称为共轭直径。如图 5-4(a)所示，平面 P 内有一圆 O，P 面倾斜于 H 面，该圆在 H 面上的投影为椭圆。圆内任意一对互相垂直的直径 AB、CD 在 H 面上的投影为 ab、cd，cd 平分与 ab 平行的弦 mn，这对直径 ab、cd 称为共轭直径。因为圆有无穷多对互相垂直的直径，所以可以利用这些共轭直径的投影画出圆的椭圆投影(共轭直径画椭圆的方法如图 1-41 所示)。

(3) 已知椭圆的长、短轴画椭圆

在一般情况下，椭圆的一对共轭直径并不互相垂直。只有当圆内两互相垂直的直径之一平行于投影面，另一直径是对该投影面的最大斜度线时，则此两直径投影后，其对应的共轭直径才是互相垂直的。图 5-4(b)中，平面 P 上的圆的直径 AB 平行于 H 面，$CD \perp AB$，根据直角的投影定理得 $ab \perp cd$。这样的共轭直径，椭圆内只有一对。这一对相互垂直的直径称为椭圆的轴，其中长的(ab)称为长轴，短的(cd)称为短轴。

长轴的方向和大小为 $ab /\!/ P_H$；$ab = AB =$ 圆的直径。短轴的方向和大小为：$cd \perp P_H$；$cd = CD \cdot \cos\alpha =$ 圆的直径 $\cdot \cos\alpha$，α 为 P 面对 H 面的倾角。

已知椭圆的长、短轴的方向和大小之后,便可以根据图1-39所示的方法画椭圆,或用图1-40所示的方法画近似椭圆。

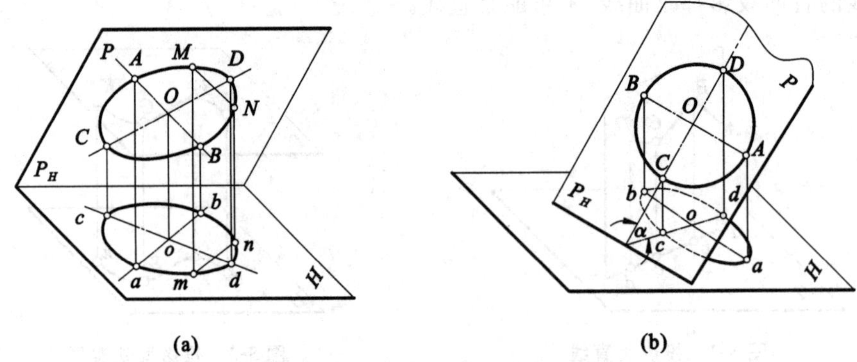

图5-4 倾斜于投影面的圆的投影

5.2 曲面的形成和分类

5.2.1 曲面的形成

曲面可以看作一动线运动的轨迹。动线称为母线,如图5-5中的AB,母线在曲面上的任一位置称为素线。当母线按一定规则运动时所形成的曲面称为规则曲面;相反,则为不规则曲面。控制母线运动的点、线、面分别称为定点、导线和导面。如图5-6所示,KL称为导线。本章只研究规则曲面。

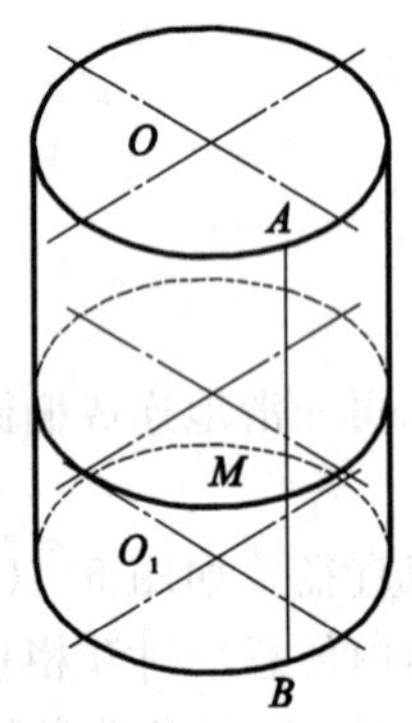

图5-5 圆柱面的形成

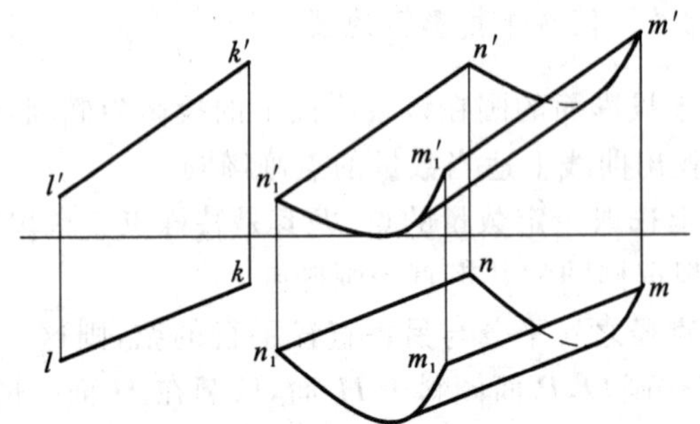

图5-6 曲面投影的表示法

5.2.2 曲面的分类

按母线的形状不同,曲面可分为直线面和曲线面两大类。

5.2.2.1 直线面

由直母线运动而成的曲面称为直线面,如圆柱面、圆锥面、椭圆柱面、椭圆锥面、双曲抛物面、锥状面和柱状面等,其中圆柱面和圆锥面称为直线回转面。

5.2.2.2 曲线面

由曲母线运动而成的曲面称为曲线面,如球面、环面等。其中球面和环面称为曲线回转面。

同一曲面也可看作是以不同方法形成的。直线面也有由曲母线运动形成的，如图 5-5 所示的圆柱面，也可以看作是由一个圆沿轴向平移而形成的。

5.2.3 曲面投影的表示法

画曲面的投影时，一般应画出形成曲面的导线、导面、定点以及母线等几何要素的投影，如图 5-6中的 $KL(k'l',kl)$，$NN_1(n'n_1',nn_1)$和 $N_1M_1(n_1'm_1',n_1m_1)$等。为了使图形表达清晰，还应画出曲面的各个投影的轮廓线，如图 5-6 所示的 $n'n_1'$、$m'm_1'$和 nn_1、mm_1 等。

5.3 工程曲面

工程曲面有柱面(圆柱面、椭圆柱面、任意柱面)、锥面(圆锥面、椭圆锥面、任意锥面)、双曲抛物面、锥状面、柱状面等直线面以及球面、环面等。上述曲面中的圆柱面、圆锥面、球面和环面均属于回转面。本节只研究回转面以外的工程曲面。

5.3.1 柱面

直母线 MM_1 沿曲导线 M_1N_1 移动，且始终平行于直导线 KL 时，所形成的曲面称为柱面，如图 5-7所示。上述曲面可以是不闭合的，也可以是闭合的。

通常以垂直于柱面素线(或轴线)的截平面与柱面相交所得的交线(这种交线称为截交线)的形状来区分各种不同的柱面。若截交线为圆，则称为圆柱面，如图 5-8 所示；若截交线为椭圆，则称为椭圆柱面，如图 5-9 所示。

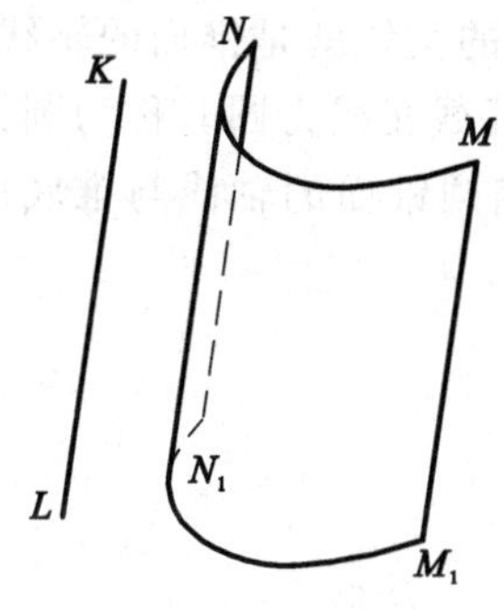

图 5-7 柱面的形成

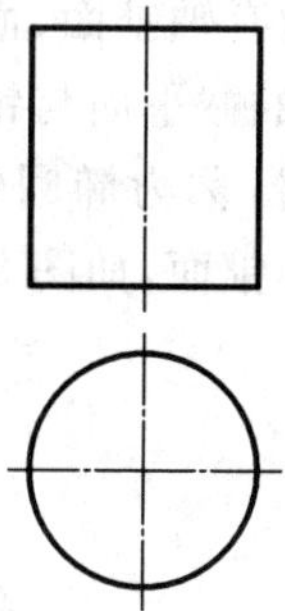
图 5-8 圆柱面

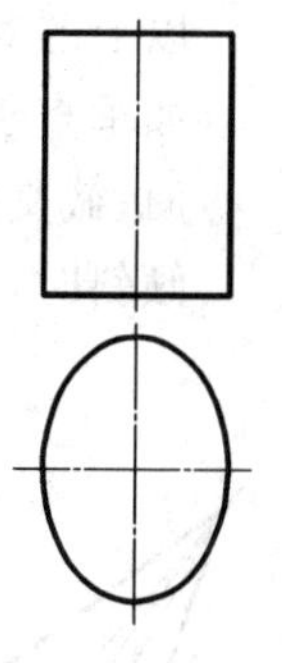
图 5-9 椭圆柱面

柱面、锥面的形成

如图 5-10 所示的柱面，用垂直于其素线的平面切割它，所得的截交线为椭圆，这种柱面称为椭圆柱面，又因为它的轴线与柱底面倾斜，故称为斜椭圆柱面。

在如图 5-10 所示的斜椭圆柱的投影中，斜椭圆柱的正面投影为一平行四边形，上下两边为斜椭圆柱顶面和底面的积聚投影，左右两边为斜椭圆柱最左最右两素线的正面投影，即主视转向轮廓线，图中只标出了主视转向轮廓线 $a'b'$ 和侧视转向轮廓线 $c''d''$。俯视转向轮廓线与顶圆和底圆的水平投影相切。斜椭圆柱的侧面投影是一个矩形。因为斜椭圆柱面是直线面，所以要在它的表面上取点，可在其表面上作辅助直素线，然后按点的投影规律作出点的各面投影。在图 5-10 中，若已知 N 点为柱面上的一点，即可在该柱面上做一辅助直素线求点的各面投影，也可以通过该点作辅助水平面求出点的各面投影，这是因为该柱面的水平截面为圆。图 5-10 只表示出了辅助直素线。

在工程图中,为了便于看图,常在柱面无积聚性的投影上画疏密的细实线,这些疏密线相当于柱面上一些等距离素线的投影。疏密线越靠近转向轮廓线,其距离愈密;愈靠近轴线则愈稀。如图 5-11所示是闸墩的视图,其左端为半斜椭圆柱,右端为半圆柱,二者均画上疏密线。

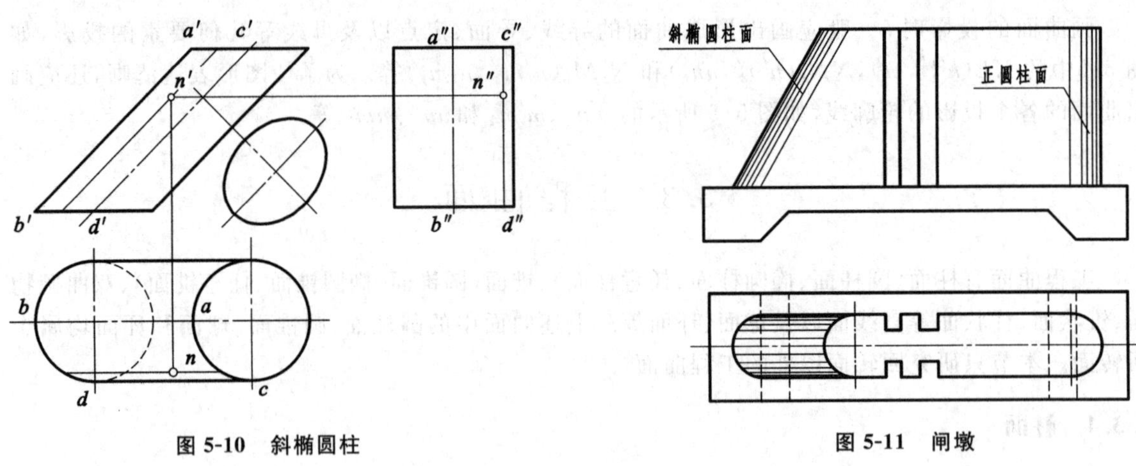

图 5-10　斜椭圆柱　　　　图 5-11　闸墩

5.3.2　锥面

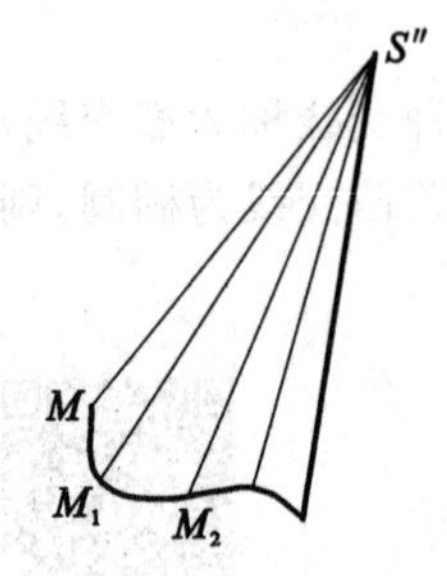

图 5-12　锥面的形成

直母线 SM 沿曲导线 MM_1M_2 等移动,且始终通过定点 S 时,所形成的曲面称为锥面,如图 5-12所示。曲导线可以是不闭合的,也可以是闭合的。

如锥面无对称面时,则为一般锥面,如图 5-12 所示。如有两个以上的对称面,则为有轴锥面,而各对称面的交线就是锥面的轴线。如垂直于锥面轴线的截平面与锥面相交,其截交线为圆时称为圆锥面;截交线为椭圆时,称为椭圆锥面。若椭圆锥面的轴线与锥底面倾斜时,称为斜椭圆锥面,如图 5-13 所示。

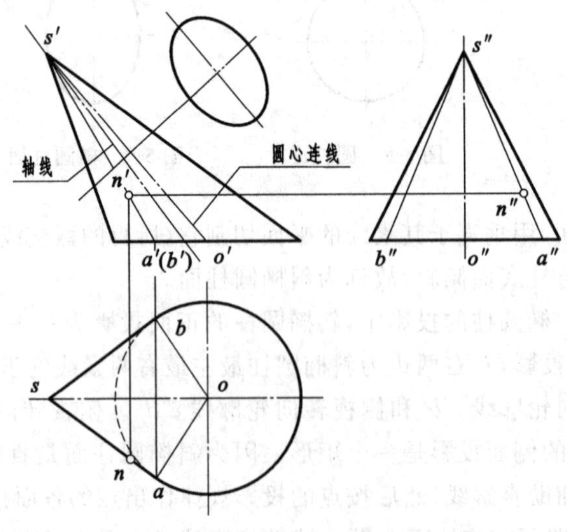

图 5-13　斜椭圆锥面

斜椭圆锥面的投影如图 5-13 所示，斜椭圆锥面的正面投影是一个三角形，它与正圆锥面的正面投影的主要区别在于：此三角形不是等腰三角形。三角形内有两条点画线，其中一条与锥顶角平分线重合的是锥面轴线，另一条是圆心连线，图 5-13 中的椭圆是移出断面，其短轴垂直于锥面轴线而不垂直于圆心连线。斜椭圆锥面的水平投影是一个反映底圆（导线）实形的圆以及与该圆相切的两转向轮廓线 sa、sb，这两条素线的正面投影为 $s'a'$、$s'b'$，侧面投影为 $s''a''$、$s''b''$。斜椭圆锥面的侧面投影是一个等腰三角形。

斜椭圆锥面是直线面，所以要在它的表面上取点，可先在其表面上取辅助直素线，然后按点的投影规律作出点的各投影。在图 5-13 中，若已知 N 点为锥面上的一点，则可先作锥面上的素线 SA，使 SA 通过 N 点，然后作出 N 点的各投影，如图 5-13 所示的 n'、n、n''。

若用平行于斜椭圆锥底面的平面 P 截此锥面，其截交线均为圆，则该圆的圆心在从锥顶至锥底的圆心连线上，半径的大小随剖截位置的不同而不同，如图 5-14 所示。

锥面在建筑工程中有着广泛的应用，图 5-15 表示了用锥面构成的建筑形体。

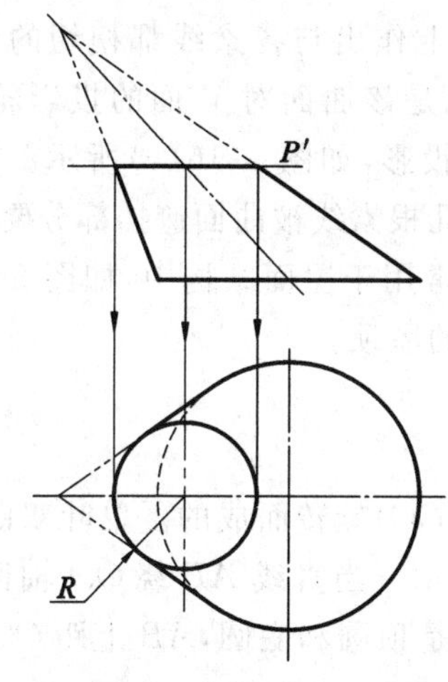

图 5-14　斜椭圆锥台

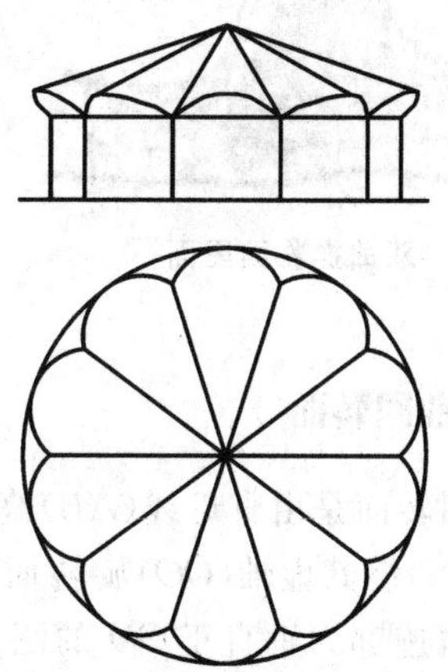

图 5-15　用锥面构成的壳体建筑

5.3.3　双曲抛物面

双曲抛物面、单叶双曲回转面的画法

如图 5-16(a)所示的双曲抛物面 $ABCD$ 是直线（母线）沿两交叉直导线 AB、CD 移动，并始终平行于铅垂面 P（导平面）而形成的。这种双曲抛物面中，只有素线（母线的任一位置）才是直线。相邻两素线是交叉两直线，所以这种曲面不能展成一平面。

若已知两交叉直导线 AB、CD 和导平面 P（在投影图中为 P_H），根据双曲抛物面的形成特点和点在直线上的投影特性即可作出双曲抛物面的投影图。

作图步骤如下：

① 作出两交叉直导线 AB、CD 及导平面 P 的投影后，把 AB、CD 分为若干等份，本例为五等份，得各分点 b、1、2、3、4、a；b'、$1'$、$2'$、$3'$、$4'$、a'。因各素线的水平投影平行于 P_H，所以过 ab 上的各分点即可作出 cd 上的对应分点 c、1_1、2_1、3_1、4_1、d，并求出 $c'd'$ 上的对应点 c'、$1_1'$、$2_1'$、$3_1'$、$4_1'$、d'，如图 5-16(b)所示。

② 连接各对应点，如 bc，11_1，22_1，…，ad；$b'c'$，$1'1_1'$，$2'2_1'$，…，$a'd'$，得到双曲抛物面各素线的水

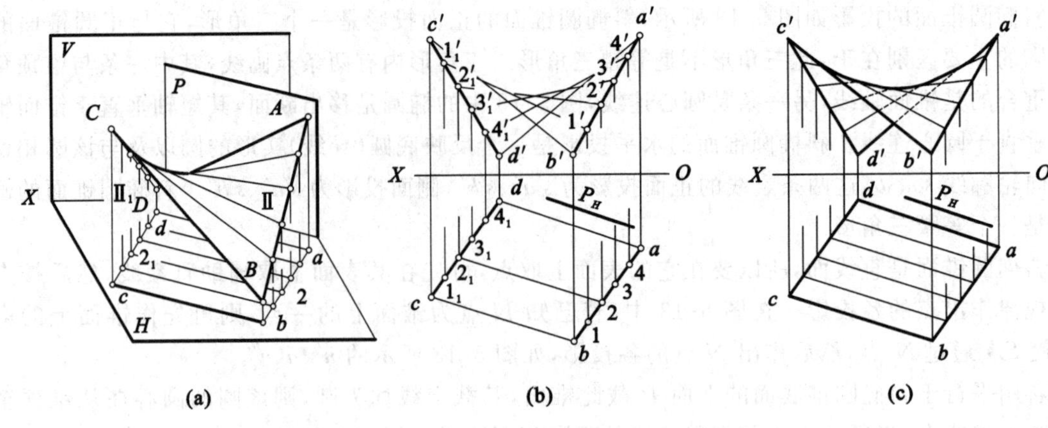

图 5-16　双曲抛物面

平投影和正面投影。

③ 在正面投影上作出与各素线都相切的包络线(该包络线为抛物线,也是该曲面对 V 面的投影轮廓线),即完成双曲抛物面的投影,如图 5-16(c)所示。应当指出,正面投影中 $d'a'$ 等几根素线被曲面遮挡部分要画成虚线。

图 5-17　双曲抛物面屋面

双曲抛物面通常用于屋面结构中,如图 5-17 所示为用双曲抛物面构成的屋顶。

5.3.4　单叶双曲回转面

单叶双曲回转面是由直母线(AB)绕着与它交叉的轴线(OO)旋转而成的。单叶双曲回转面也可由双曲线(MN)绕其虚轴(OO)旋转而成,如图 5-18(a)所示。当直线 AB 绕 OO 轴回转时,AB 上各点运动的轨迹都为垂直于 OO 的圆。端点 A、B 的轨迹是顶圆和底圆,AB 上距 OO 最近的 F 点形成的圆最小,称为喉圆。

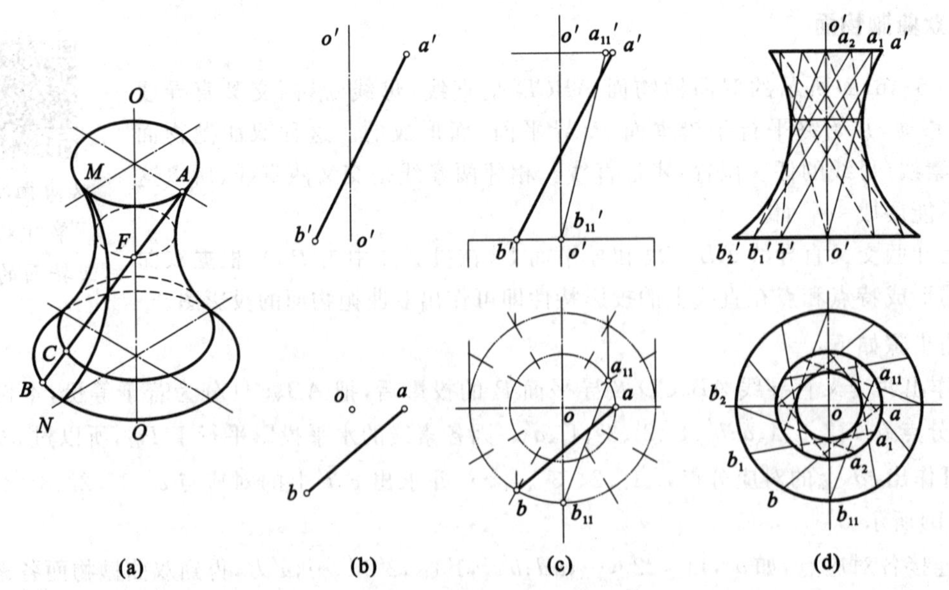

图 5-18　单叶双曲回转面的形成和画法

投影图的画法如下：

① 画出直母线 AB 和轴线 OO 的投影，如图 5-18(b)所示。

② 以 O 为圆心，oa、ob 为半径画圆，得顶圆和底圆的水平投影。按“长对正”规律，得顶圆和底圆的正面投影（分别为两段水平直线），如图 5-18(c)所示。

③ 把两纬圆分别从 a、b 开始，各分为相同的等份（本例为 12 等份），a、b 按相同方向旋转 30°（即圆周的 1/12）后得 a_{11}、b_{11}，$a_{11}b_{11}$ 即为曲面上的一条素线 $A_{11}B_{11}$ 的水平投影，它的正面投影为 $a'_{11}b'_{11}$，如图 5-18(c)所示。

④ 依次作出每条素线旋转 30°（顺时针和逆时针均可）后，各素线的水平投影和正面投影，如图 5-18(d)中的 b_1a_1、$b_1'a_1'$等。

⑤ 作各素线正面投影的包络线，即得单叶双曲回转面对 V 面的转向轮廓线，这是双曲线。各素线水平投影的包络线是以 O 为圆心作与各素线水平投影相切的圆，即喉圆的水平投影，如图 5-18(d)所示。在单叶双曲回转面的水平投影中，顶圆、底圆和喉圆都必须画出。在正面投影中被遮挡的素线用虚线画出。

图 5-19 冷凝塔

图 5-19 所示冷凝塔是单叶双曲回转面的工程实例。

5.3.5 柱状面

直母线沿不在同一平面内的两曲导线移动，同时始终平行于一导平面，这样形成的曲面称为柱状面，工程上称为扭柱面。

图 5-20(a)所示的柱状面是直母线 MN 沿顶面的圆弧和底面的椭圆弧移动，且始终平行于导平面 P（正平面）而形成的，图 5-20(b)为其投影图。因为各素线都是正平线，所以在投影图上先画素线的水平投影（或侧面投影），在水平投影（或侧面投影）中找到素线与圆弧和椭圆弧的交点，然后画出素线的其他投影。

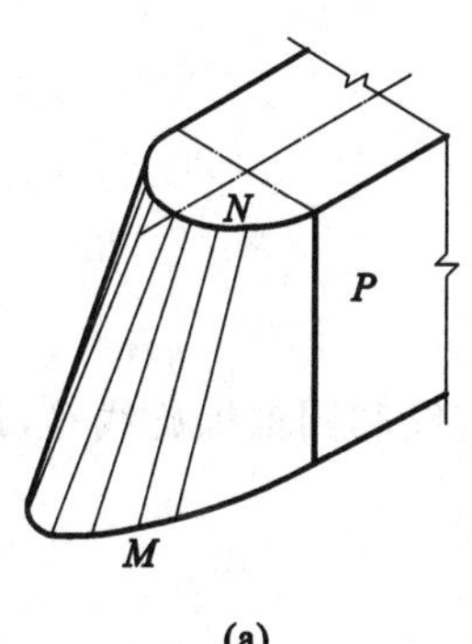

(a)

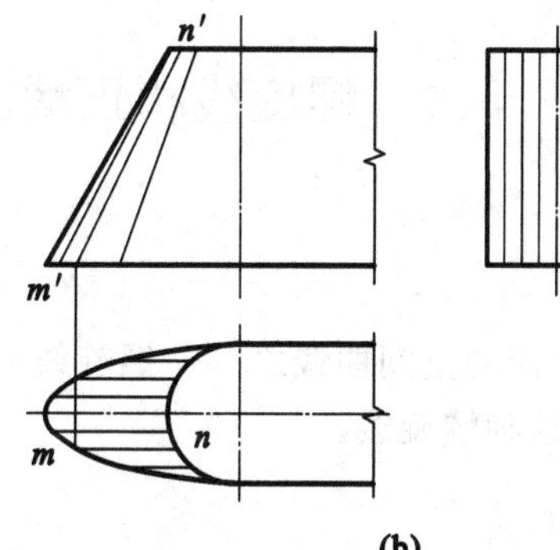

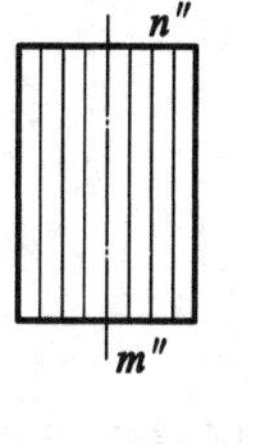

(b)

图 5-20 柱状面

柱状面、锥状面的画法

5.3.6 锥状面

直母线沿一直导线和一曲导线移动，同时始终平行于一导平面，这样形成的曲面称为锥状面，工程上称为扭锥面。图 5-21(a)所示的锥状面 $ABCD$ 是一直母线 MN 沿直导线 AB 和一平面曲

导线 CD 移动,同时始终平行于导平面 P(图中 P 面平行于 V 面)而形成的。

图 5-21(b)为投影图。因为导面为正平面,所以该锥面的素线都是正平线,它们的水平投影和侧面投影都是一组平行线,其正面投影为放射状的素线。

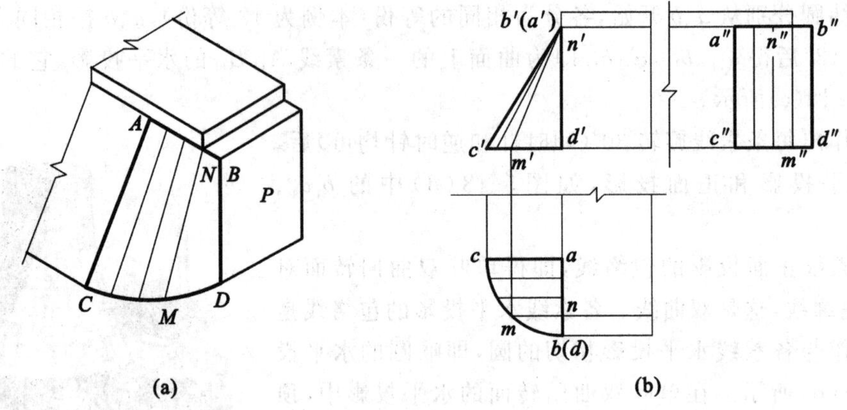

图 5-21 锥状面

图 5-22 所示是锥状面作为厂房屋顶的一个实例。

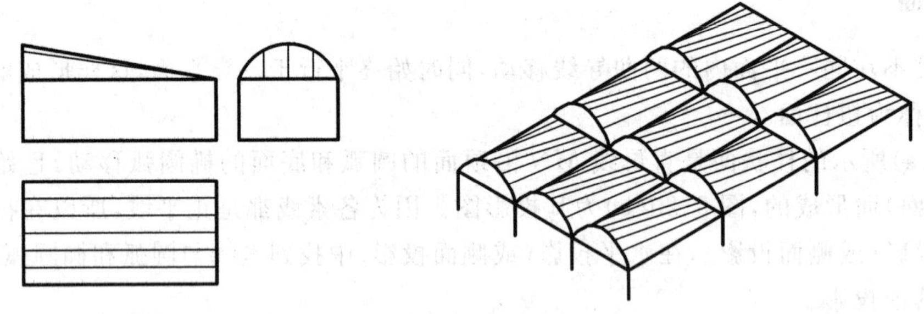

图 5-22 用锥状面构成的屋顶

5.4 螺旋线和正螺旋面

5.4.1 螺旋线

螺旋线是工程上应用较广泛的空间曲线之一。螺旋线有圆柱螺旋线和圆锥螺旋线等,最常见的是圆柱螺旋线,下面只研究这种螺旋线。

5.4.1.1 圆柱螺旋线的形成

一动点沿圆柱面上的直母线做等速运动,同时该母线又绕圆柱轴线作等角速度回转时,动点在圆柱面上所形成的曲线称为圆柱螺旋线,如图 5-23(a)所示。这里的圆柱称为导圆柱。

当母线旋转一周时,动点沿轴线方向移动的距离称为导程,用 S 表示。按旋转方向,螺旋线可分为右螺旋线和左螺旋线两种。它们的特点是:右螺旋线的可见部分自左向右升高,如图 5-23(a)所示;左螺旋线的可见部分自右向左升高,如图 5-23(b)所示。

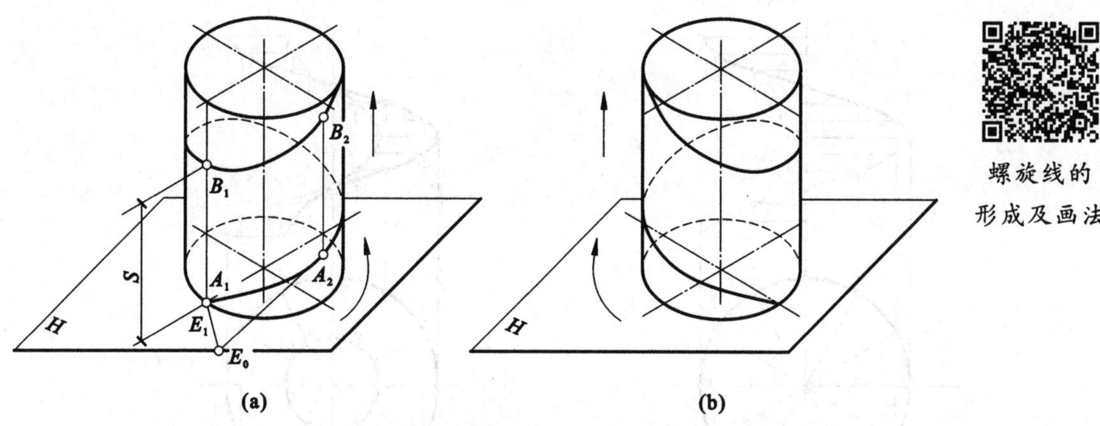

图 5-23　右螺旋线和左螺旋线

导圆柱的直径、导程和旋向(螺旋线的旋转方向)称为螺旋线的三个基本要素,据此可画出螺旋线的投影图。

5.4.1.2　圆柱螺旋线的画法

如图 5-24 所示,画圆柱螺旋线的步骤如下:

① 根据导圆柱的直径和导程画出圆柱的正面投影和水平投影,把水平投影的圆分为若干等份。本例为 12 等份,按逆时针方向依次标出各等分点(本例的旋向为右旋)。

② 在导圆柱的正面投影中,把轴向的导程也分成相同等份,自下而上依次标记各等分点。

③ 自正面投影的各等分点作水平线,自水平投影的各等分点作铅垂线,与正面投影同号的水平线相交,即得螺旋线上的点,用光滑的曲线依次连接各点即得螺旋线的正面投影。因本例为右螺旋线,看不见部分是从右向左上升的,用虚线画出。

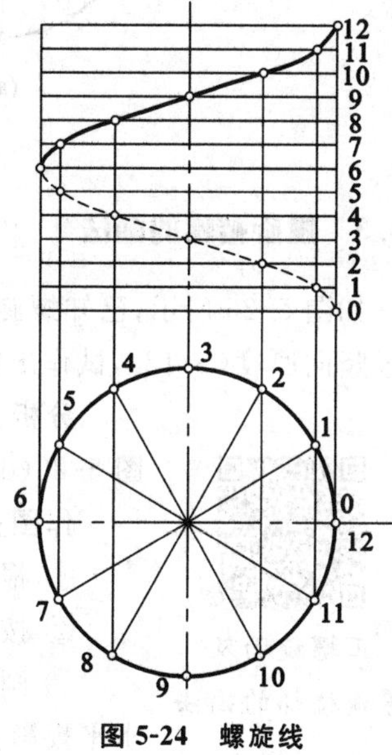

图 5-24　螺旋线

5.4.2　正螺旋面

5.4.2.1　正螺旋面的形成

一直母线沿一圆柱螺旋线运动,且始终与圆柱轴线相交成直角,这样形成的曲面称为正螺旋面。在图 5-25(a)中,直导线的一端沿螺旋线(曲导线),另一端沿圆柱轴线(直导线),且始终平行于 H 面(导平面)而运动,所以正螺旋面是锥状面。

5.4.2.2　正螺旋面的画法

① 如图 5-25 所示,画出圆柱螺旋线和圆柱轴线的投影;

② 过螺旋线上各等分点分别作水平线与轴线相交,这些水平线都是正螺旋面的素线,其水平投影都交于圆心,如图 5-25(a)所示。

图 5-25(b)为空心圆柱螺旋面的两面投影,由于螺旋面与空心圆柱相交,在空心圆柱的内表面形成一条与曲导线同导程的螺旋线,此螺旋线的画法与图 5-24 所示螺旋线的画法相同。

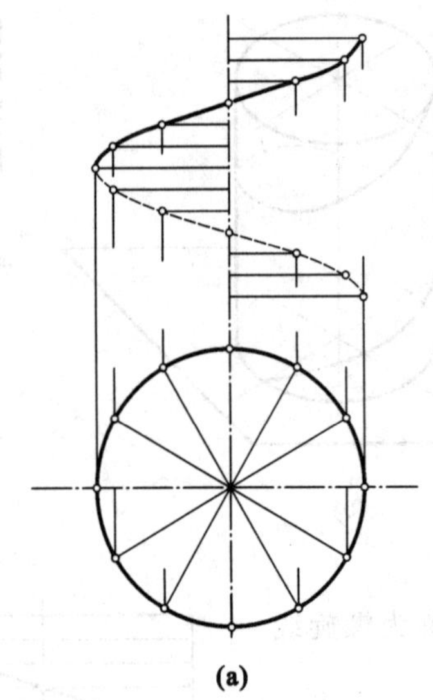

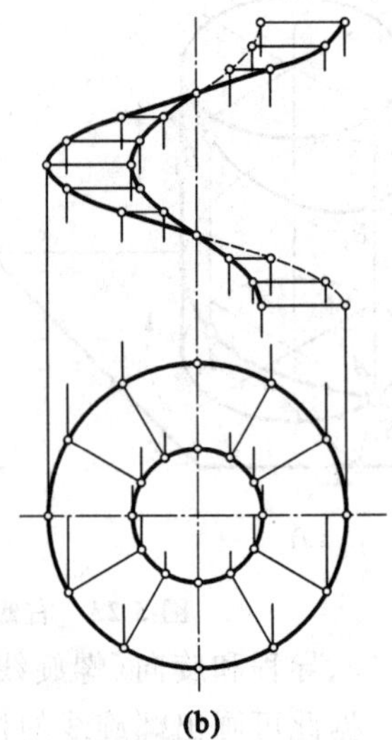

图 5-25　正螺旋面

5.4.3　螺旋楼梯的画法

如图 5-26 所示,已知螺旋楼梯所在内外导圆柱面的直径、导程、步级(12 级)、踏步高($S/12$)、梯板竖向厚度($S/12$),试作出右向螺旋楼梯的投影图。

正螺旋面及螺旋楼梯的画法

分析:螺旋楼梯的踏面为扇形,踢面为矩形,踏面的两端面为圆柱面,如图 5-26(d)所示。

作图:

① 根据已知条件画出导圆柱的内外螺旋线,画法如图 5-24 所示。

② 按导程的等分点作出空心圆柱螺旋面,画法如图 5-25 所示。

③ 画螺旋楼梯踏面和踢面的两个投影,如图 5-26(a)所示。把螺旋楼梯的水平投影分为 12 等份,每一等份就是该楼梯上的一个踏面的水平投影,该楼梯踢面上的水平投影积聚在两个踏面的分界线上,例如,第一级踢面的水平投影在直线 $b(o_1)a(o)$ 上。第一级踢面的底线 $o_1'o'$ 是螺旋面的第一根素线,过 $o_1'o'$ 分别画一铅垂直线,截取一步级的宽度得 $b'a'$,连矩形 $a'b'o'o_1'$ 即得第一级踢面的正面投影。第一级踏面的水平投影为第 1 个扇形,此扇形的正面投影积聚成水平直线 $a'b'$,$a'b'$ 与第二级踢面的底线(另一条螺旋面素线)重合,用类似方法可作出各级踢面和踏面的正面投影。应当注意,第 5～9 级的踢面被楼梯本身遮挡而不可见,可见的是底面的螺旋面。

④ 螺旋楼梯板底面的投影如图 5-26(b)所示。梯板底面的螺旋面的形状和大小与梯板的螺旋面完全相同,只是两者相距一个竖向厚度。为此把内外螺旋线向下移一个梯板厚度即得梯板底面的螺旋线。在图 5-26(b)中用粗实线画出的内外螺旋线所形成的封闭图形就是梯板底面的可见螺旋面。

⑤ 综合图 5-26(a)、(b),并把梯板底面的螺旋面的可见轮廓线用粗实线画出,如图 5-26(c)所示。

⑥ 在正面投影中把踏步两端的可见圆柱面用疏密线画出,并完成全图,如图 5-26(d)所示。

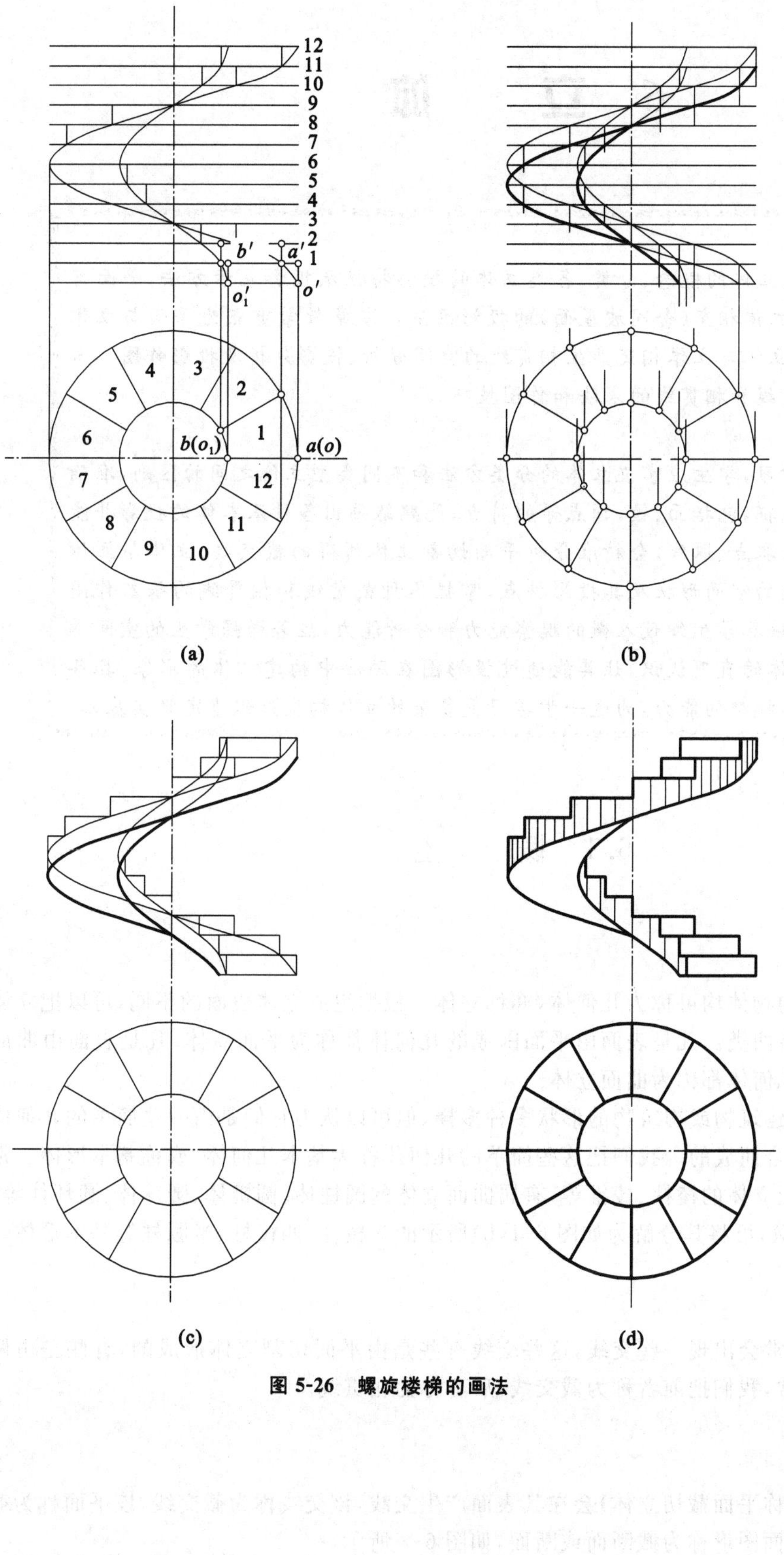

(a)

(b)

(c)

(d)

图 5-26 螺旋楼梯的画法

本章小结、要点自测、
理实融合、拓展学习

6 立　体

【内容提要】

本章主要介绍立体的概念、分类，各类立体的投影特性及投影表示方法，平面与立体相交、立体与立体相交(含同坡屋面)的投影画法。本章教学重点为平面与立体相交产生截交线、立体与立体相交产生相贯线的空间分析、投影分析及投影作图。本章教学难点为截交线和相贯线的求法和作图技巧。

【学习目标】

通过本章的学习，学生应掌握立体的分类方法和不同类型立体之间的区别，准确识别不同立体的特征，包括面、棱、顶点等的特点；能熟练画出各种基本体的投影并能准确地在其表面上取点、取线，会精准分析平面切割立体所得的截交线、立体与立体相交所得的相贯线的空间形状及其投影特点，掌握各种截交线和相贯线的基本作图方法和绘图技巧；培养学生细致入微的观察能力和分析能力，显著增强学生的空间感知能力，加深对立体的直观认识，让其能通过投影图在脑海中构建立体的形象，具备动手制作简单立体模型的能力，为进一步学习更复杂的立体构型知识奠定坚实基础。

6.1 概　述

6.1.1 立体及其分类

凡是占有一定空间的物体均可称为几何体，亦称立体。根据组成立体表面的不同，可以把立体分为平面立体和曲面立体两类。凡是表面由平面围成的几何体都称为平面立体，凡是表面由曲面或由曲面和平面围成的几何体都称为曲面立体。

在建筑工程中，尽管建筑物或构筑物的形状多种多样，但可以认为它们是由一些简单的几何体经过叠加、切割等形式组合而成的。我们把这些简单的几何体称为基本几何体，或称基本形体。常见的基本几何体有属平面立体的棱柱、棱锥等，有属曲面立体的圆柱体、圆锥体、圆球体、圆环体等。

如图 6-1(a)所示闸墩，可将其分解为如图 6-1(b)所示的三棱柱、四棱柱、半圆柱等基本形体。

6.1.2 立体表面的交线

在立体的表面上，经常会出现一些交线，这些交线有些是由平面切割立体形成的，有些是由两个立体相交形成的。通常，我们把前者称为截交线，后者称为相贯线。

6.1.2.1 截交线

平面与立体相交(亦称平面截切立体)会在其表面产生交线，该交线称为截交线，该平面称为截平面，截交线所围成的平面图形称为截断面或断面，如图 6-2 所示。

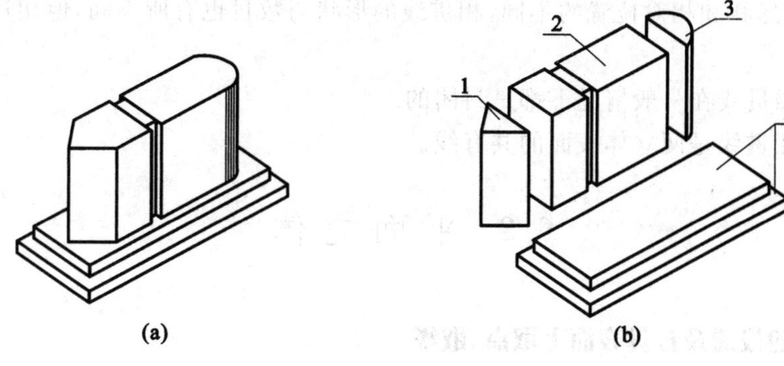

图 6-1 闸墩

1—三棱柱；2—四棱柱；3—半圆柱

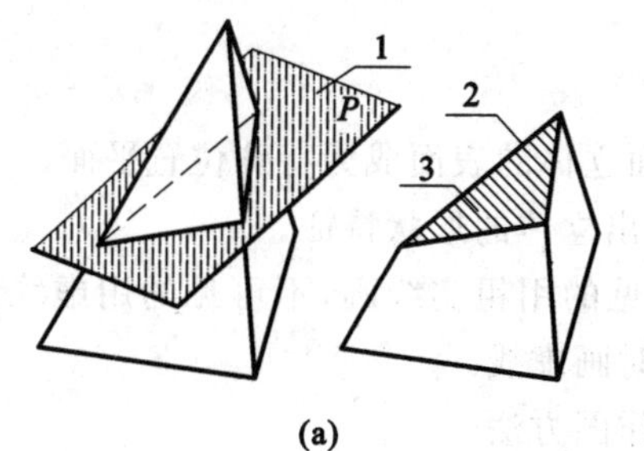

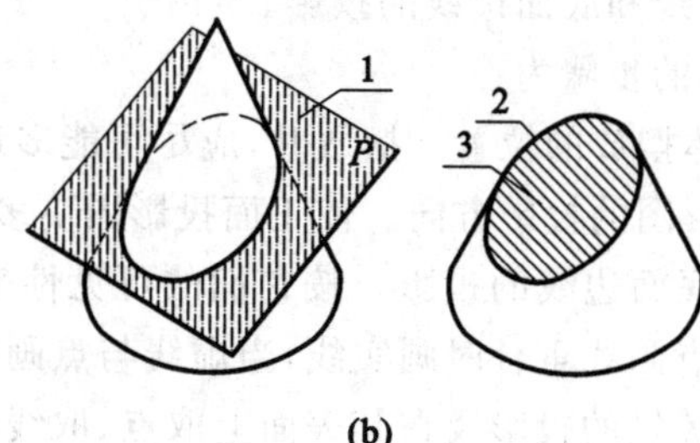

立体表面的截交线及相贯线

图 6-2 立体的截交线

(a) 平面切割平面立体；(b) 平面切割曲面立体

1—截平面；2—截交线；3—截断面

截交线具有各种不同的形式，但都具有下列两个基本性质：

① 封闭性。截交线一般是封闭的平面图形。

② 共有性。截交线是截平面与立体表面的共有线，截交线上的点是截平面与立体表面的共有点。

6.1.2.2 相贯线

两立体相交(亦称两立体相贯)会在它们表面产生交线，该交线称为相贯线。由于立体分为平面立体和曲面立体两大类，所以立体相交有下列三种情况：

① 平面立体与平面立体相交，简称平平相贯，如图 6-3(a)所示。

② 平面立体与曲面立体相交，简称平曲相贯，如图 6-3(b)所示。

③ 曲面立体与曲面立体相交，简称曲曲相贯，如图 6-3(c)所示。

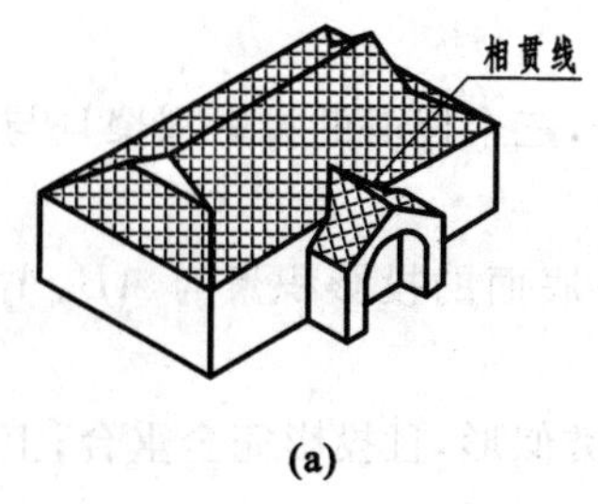

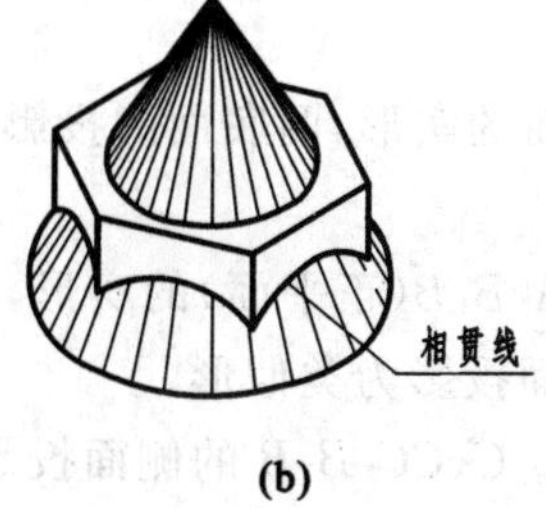

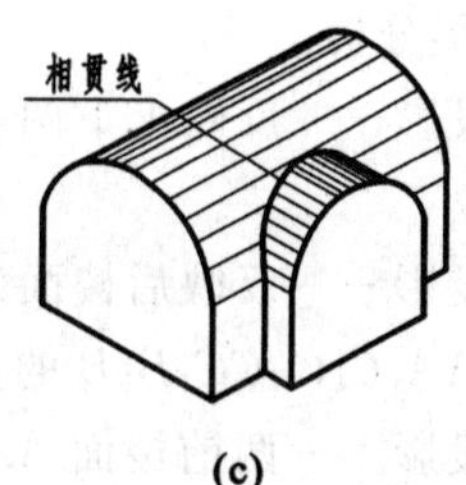

图 6-3 立体的相贯线

根据两立体的形状和相对位置的不同,相贯线的形状与数目也有所不同,但相贯线都具有以下两个共同特点:

① 封闭性。相贯线在一般情况下都是封闭的。

② 共有性。相贯线是两立体表面的共有线。

6.2 平面立体

6.2.1 平面立体的投影及在其表面上取点、取线

常见的平面立体有棱柱和棱锥两种。棱柱的棱线彼此平行,棱锥的棱线相交于一点。

平面立体上相邻表面的交线是平面立体棱线或底面的边线。画平面立体的投影,实质上就是画平面立体上所有棱线和底面边线的投影。

画平面立体投影的步骤为:

① 确定平面立体摆放的位置。摆放时,应尽可能多地使平面立体的表面成为特殊位置平面。

② 选定正面投影图的投影方向。使正面投影图更多地表现出立体的形状特征。

③ 画出棱线和底面边线的投影。按它们的可见性来画,可见的用粗实线画,不可见的用虚线画;当实线与虚线或点画线重合时画实线,当虚线与点画线重合时画虚线。

下面介绍棱柱、棱锥的投影及在其表面上取点、取线的投影作图方法。

6.2.1.1 棱柱

(1) 棱柱的形状特点及其投影

棱柱由两个相互平行的多边形底面和若干个侧面(也称棱面)围成。棱柱相邻两棱面的交线称为侧棱线,简称棱线。棱柱的棱线相互平行。棱线垂直于底面的棱柱称为直棱柱;侧面与底面斜交的棱柱称为斜棱柱;底面是正多边形的直棱柱称为正棱柱。通常,把正棱柱或直棱柱简称为棱柱,一般可用底面多边形的边数来区别不同的棱柱,常见的棱柱有三棱柱、四棱柱、六棱柱等。

下面以图6-4所示的正三棱柱为例说明其投影的作图方法。

画正三棱柱的投影时,一般可按下列步骤进行:

① 选择安放位置。

为了更好地利用投影的实形性和积聚性,可使正三棱柱的上下两底面都平行于H面,并使它的一个棱面(AA_1B_1B)平行于V面,如图6-4(a)所示。

② 投影作图。

将棱柱向三个投影面投影,作出三棱柱的三面正投影图,如图6-4(b)所示。

③ 投影分析。

水平投影——反映上下两底面的实形,两底面的投影重合,三个棱面的投影积聚且与底面的对应边重合。

正面投影——反映后棱面AA_1B_1B(正平面)的实形,上下底面的投影积聚与AB、A_1B_1重合,两前棱面AA_1C_1C、CC_1B_1B的正面投影为类似形。

侧面投影——两前棱面AA_1C_1C、CC_1B_1B的侧面投影为类似形,且投影完全重合;上下底面和后棱面都具有积聚性。

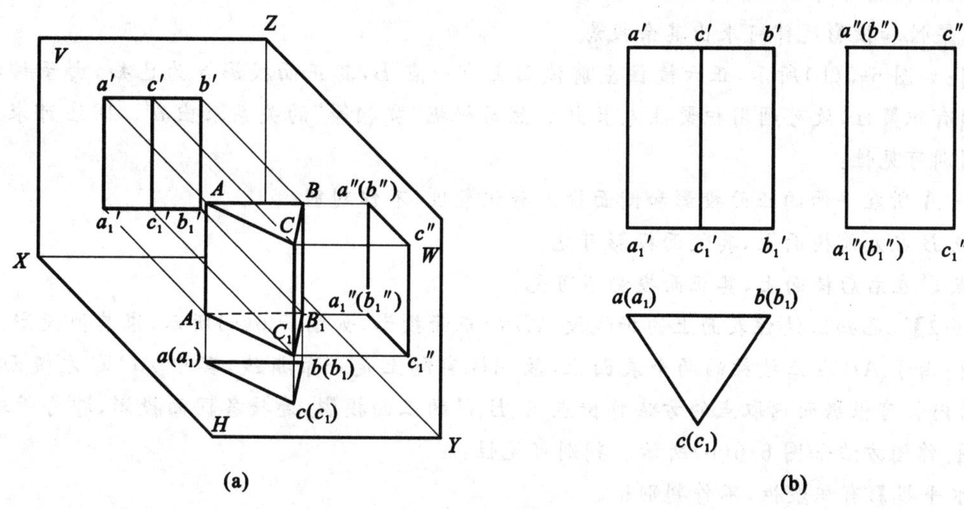

图 6-4　三棱柱的投影

从本章开始，在画立体投影图时，为使图形清晰，不再画投影轴以及点的投影连线，投影关系通过三等规律予以保证，依然满足"长对正、高平齐、宽相等"的要求。需要特别注意的是，水平投影和侧面投影中量取 Y 坐标的起始点应一致。各投影图间的距离对形体形状的表达无影响。

(2) 棱柱表面上取点、取线

求作平面立体表面上的点、线，必须根据已知投影分析该点、线在哪个表面内，并利用在平面上求作点、线的原理和方法进行作图，其可见性取决于该点、线所在表面的可见性。

【例 6-1】　已知正六棱柱表面上点 A、B、C 的一个投影如图 6-5(a)所示，求作该三点的其他投影。

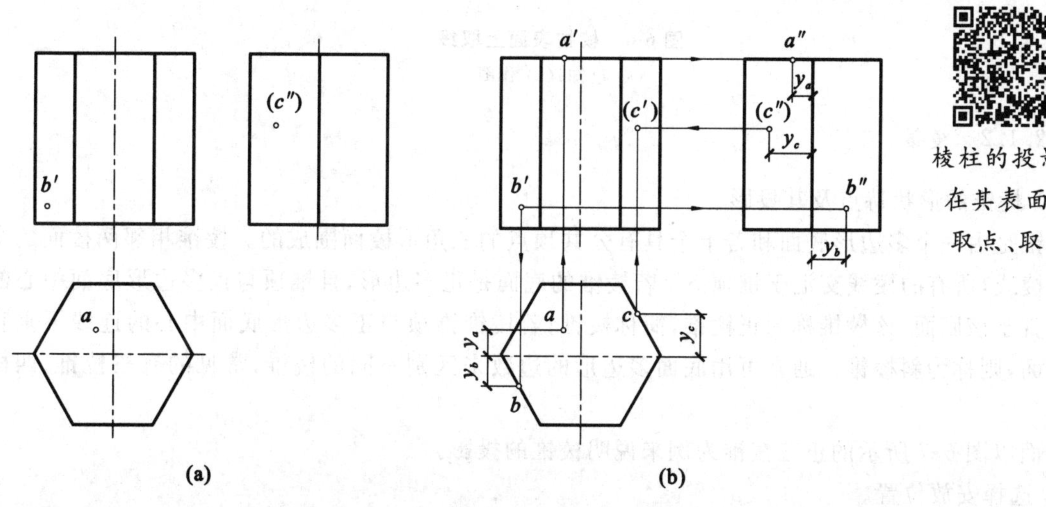

图 6-5　六棱柱表面上取点

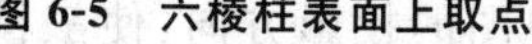

(a) 六棱柱表面上点的已知投影；(b) 求点其余投影的作图方法

分析:根据题目所给的条件,点A在顶面上,点B在左前棱面上,点C在右后棱面上,利用表面投影的积聚性和投影规律可求出其余投影。

作图:如图6-5(b)所示,正六棱柱左前棱面上有一点B,其正面投影b'为已知,由于该棱面的水平投影有积聚性,故可利用积聚性先求出b,然后根据"宽相等"的关系求出b''。同法可求出其余各点。判别可见性:

① 点A所在平面的正面投影和侧面投影有积聚性,不作判别;

② 点B在左前棱面上,其侧面投影可见;

③ 点C在右后棱面上,其正面投影不可见。

【例6-2】 已知三棱柱表面上的折线段AB的正面投影,如图6-6(a)所示,求其他投影。

分析:由于AB在三棱柱的两个表面上,故AB实际上是一条折线,其中AC在左棱面内,CB在右棱面内。可根据面内取点的方法作出点A、B、C的三面投影,连接各同面投影,即为所求。

作图:作图方法如图6-6(b)所示。判别可见性:

① 水平投影有积聚性,不作判别;

② 点B在右棱面上,其侧面投影b''不可见,$c''b''$不可见。

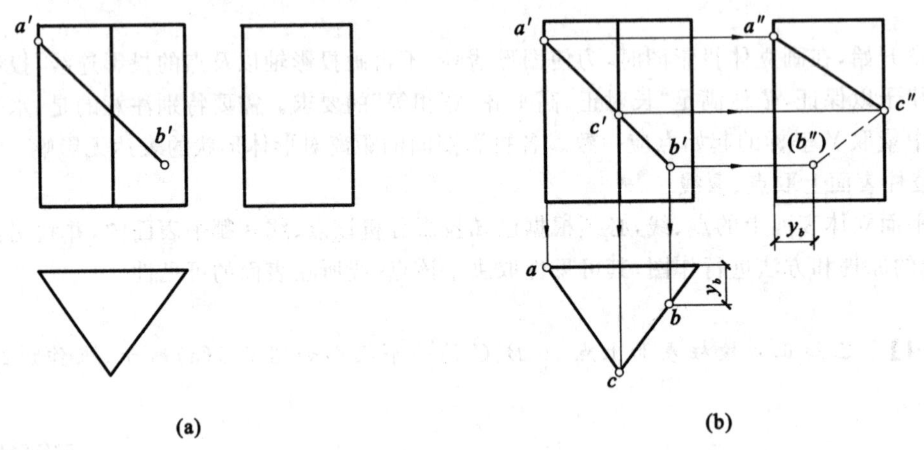

图6-6 棱柱表面上取线

(a) 已知;(b) 作图

6.2.1.2 棱锥

(1) 棱锥的形状特点及其投影

棱锥是由一个多边形底面和若干个具有公共顶点的三角形棱面围成的。棱锥相邻两棱面的交线称为棱线,所有的棱线交汇于锥顶S。若棱锥的底面是正多边形,且锥顶与正多边形底面中心的连线垂直于该底面,该棱锥称为正棱锥,简称棱锥;若棱锥锥顶与正多边形底面中心的连线不垂直于该底面,则称为斜棱锥。通常可用底面多边形的边数来区别不同的棱锥,常见的有三棱锥、四棱锥等。

下面以图6-7所示的正三棱锥为例来说明棱锥的投影。

① 选择安放位置。

使三棱锥的底面$\triangle ABC /\!/ H$面,确定正视图的投影方向:使三棱锥的棱面SAC为侧垂面,平面$\triangle SAB$、$\triangle SBC$为一般位置平面。

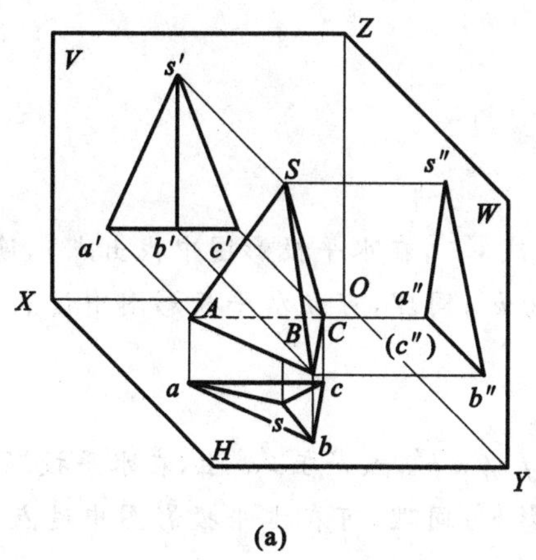

(a)

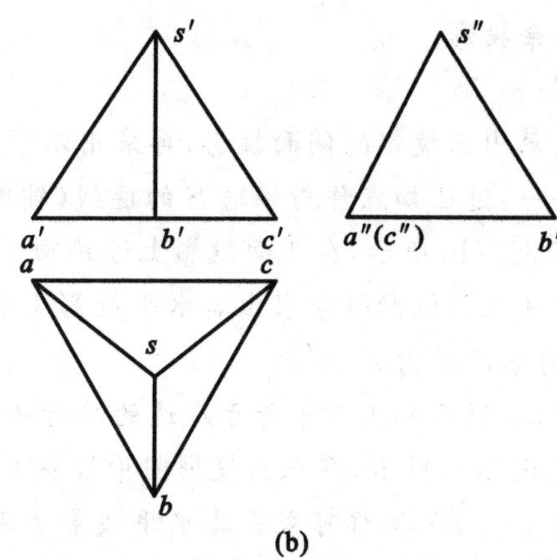

(b)

图 6-7 三棱锥的投影

② 投影作图。

作出 S、A、B、C 的投影后，依次连接各点的同面投影，得此三棱锥的三面投影。投影图中可见线段画成粗实线，不可见线段画成虚线。

③ 投影分析。

由于三棱锥各棱面均倾斜于投影面，所以其三面投影均不反映实形。

(2) 棱锥表面上取点、取线

棱锥的投影及在其表面上取点、取线

【例 6-3】 如图 6-8(a)所示，已知正三棱锥表面上点 K 的正面投影 k'，点 N 的水平投影 n，求点 K、N 的其余投影。

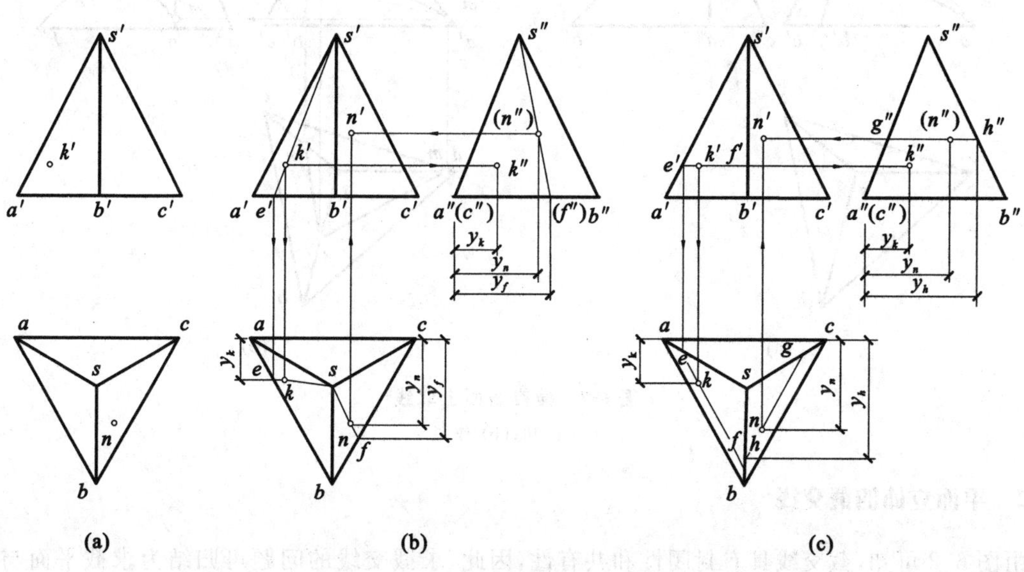

(a) (b) (c)

图 6-8 棱锥表面上取点(辅助线法)

(a) 已知；(b) 方法一；(c) 方法二

分析:根据已知条件可知,点 K 在棱面 SAB 内,点 N 在棱面 SBC 内。利用面内取点的方法即可求得其余投影。

作图:

首先画出三棱锥的侧面投影,再采用以下方法作图:

方法一:过已知点作与锥顶 S 的连线(辅助线)。

如图 6-8(b)所示,在正面投影上过锥顶 s' 和 k' 作直线 $s'e'$,在水平投影图中找出点 e,连接 se,根据点在线上的投影性质求出其水平投影 k 和侧面投影 k'';同理,可在水平投影图中过点 n 作出 sf,然后再依次求出 n'、n''。

方法二:过已知点作平行于底边的平行线(辅助线)。

如图 6-8(c)所示,在正面投影图中过点 k' 作直线 $e'f' /\!/ a'b'$,点 e' 在 $s'a'$ 上,在水平投影图中找出点 e,作 $ef /\!/ ab$,同样可求出其水平投影 k 和侧面投影 k'';同理,可在水平投影图中过点 n 作出 $gh /\!/ bc$,然后再依次求出 n'、n''。

判别可见性:

① 由于锥顶在上,且点 K 在左棱锥面内,故点 K 的水平投影和正面投影均可见;

② 点 N 在右棱锥面内,其正面投影可见,侧面投影不可见。

【例 6-4】 如图 6-9(a)所示,求棱锥表面上线 MN 的水平投影和侧面投影。

分析:MN 实际上是三棱锥表面上的一条折线 MKN,如图 6-9(b)所示。

作图:求出 M、K、N 三点的水平投影和侧面投影,连接同面投影即为所求投影。

判别可见性:由于棱面 SBC 的侧面投影不可见,所以直线 KN 的侧面投影 $n''k''$ 不可见。

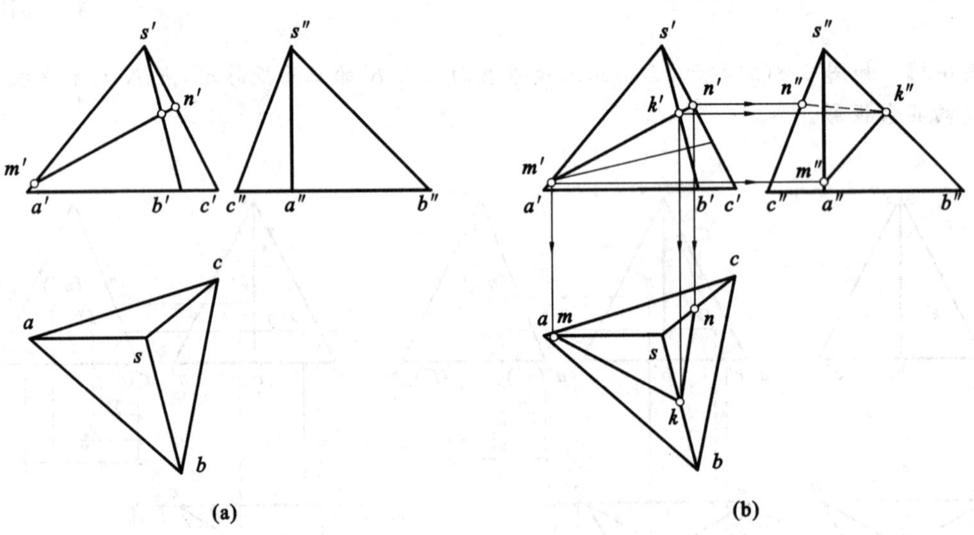

图 6-9 棱锥表面上取线

(a) 已知;(b) 作图

6.2.2 平面立体的截交线

由图 6-2 可知,截交线具有封闭性和共有性,因此,求截交线的问题可归结为求截平面与立体表面共有点的问题。

平面与平面立体相交,其截交线是平面多边形。如图 6-10 所示,截平面 P 与三棱锥的截交线为多边形ⅠⅡⅢ,多边形的各边为截平面 P 与三棱锥各棱面的交线,而多边形的顶点则是截平面与三棱锥各棱线的交点。求平面立体截交线的方法有棱线法和棱面法两种，这里只介绍常用的棱线法。

棱线法就是首先求出平面立体各棱线与截平面的交点，然后把位于同一平面上的交点连接起来得到截交线。

求平面立体截交线的一般步骤为：

① 空间及投影分析。空间及投影分析主要包括以下两方面的内容：

a. 分析平面立体的形状及截平面与平面立体的相对位置，从而确定截交线的空间形状。

b. 分析截平面与投影面的相对位置，从而确定截交线的投影特性（积聚性、实形性、类似性等），并通过截交线的已知投影，想象出截交线未知投影的形状。

图 6-10　平面立体的截交线

1—截平面；2—截交线

② 用棱线法或棱面法求出截交线的未知投影，并判别可见性。

③ 完善平面立体未被截切的棱线的投影，并判别其可见性，完成全图。

平面切割平面立体求截交线

应当指出的是，求截交线和完善棱线的投影时，若截交线或棱线所在立体表面的投影可见，则截交线或棱线的投影可见；反之则不可见。

在切割平面立体时，截平面可以是一般位置平面，也可以是特殊位置平面。这里仅讨论特殊位置截平面切割平面立体。

当截平面处于特殊位置时，截平面具有积聚性的投影必然与截交线在该投影面上的投影重合，该重合投影就是截交线的已知投影。因此可以利用该已知的投影求作其他投影。

【例 6-5】　如图 6-11(a)所示，求三棱锥被正垂面 P 截切后的水平投影和侧面投影。

分析：截平面 P 截去了三棱锥的上面部分，P 与三棱锥三个面都相交，形成的截交线为三角形，其顶点Ⅰ、Ⅱ、Ⅲ是棱线 SA、SB、SC 与截平面 P 的交点。由于截平面 P 是正垂面，因此，截交线的正面投影积聚为一条直线，其水平投影和侧面投影均具有类似性，为三角形。可利用正面投影的积聚性，采用棱线法将其求出。

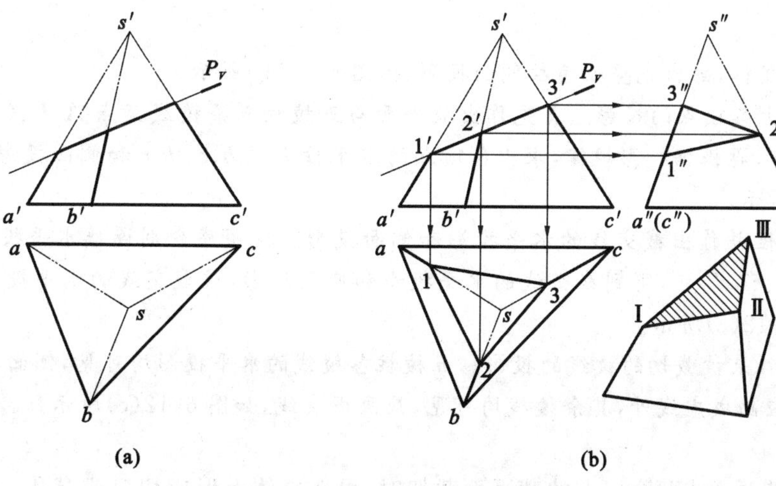

图 6-11　求三棱锥被截切后的投影

(a) 已知；(b) 作图

作图:如图6-11(b)所示。

① 画出完整三棱锥的侧面投影。

② 求截交线上各顶点的投影。首先找出棱线SA、SB、SC与截平面P的交点Ⅰ、Ⅱ、Ⅲ的正面投影$1'$、$2'$、$3'$,再根据投影规律,求出各顶点的水平投影1、2、3和侧面投影$1''$、$2''$、$3''$。

③ 判别可见性并作出截交线的水平投影和侧面投影。按顺序分别连接1、2、3和$1''$、$2''$、$3''$,得到截交线的水平投影和侧面投影。由于截交线所在的三个棱面的水平投影和侧面投影均可见,所以该截交线的投影也可见。

④ 完善三棱锥未被截切的棱线的投影。由于三棱锥各棱线在水平投影图和侧面投影图上均可见或积聚,故未被截切的所有棱线应画成实线。

【例6-6】 如图6-12(a)所示,完成五棱柱被截切后的三面投影。

分析:如图6-12所示,五棱柱被截切后的空间形状为五边形,由于该截平面为正垂面,故截交线的正面投影积聚为一条直线,其水平投影和侧面投影均具有类似性,为五边形。可利用正面投影的积聚性,采用棱线法将其求出。

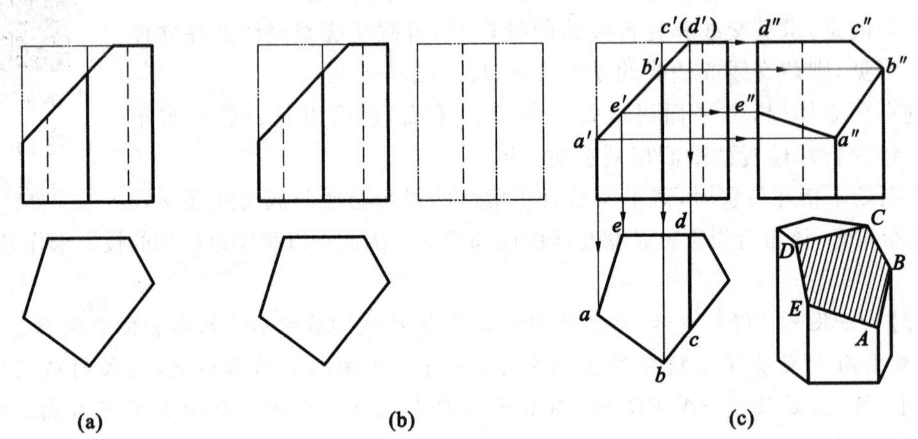

图6-12 完成五棱柱被截切后的投影

(a) 已知;(b) 作图一;(c) 作图二

作图:

① 根据投影规律,画出完整五棱柱侧面投影,如图6-12(b)所示。

② 求截交线上各顶点的投影。首先作出截平面与五棱柱五条棱线交点A、B、C、D、E的正面投影a'、b'、c、d'、e',再根据投影规律,求出各顶点的水平投影a、b、c、d、e和侧面投影a''、b''、c''、d''、e'',如图6-12(c)所示。

③ 判别可见性并作出截交线的水平投影和侧面投影。按顺序分别连接水平投影a、b、c、d、e和侧面投影a''、b''、c''、d''、e'',得到截交线的水平投影和侧面投影,该截交线的水平投影和侧面投影均为可见,如图6-12(c)所示。

④ 完成五棱柱未被截切的棱线的投影。五棱柱各棱线的水平投影均可见,侧面投影除最右侧的侧棱线不可见应画成虚线外,其余棱线均可见,应画成实线,如图6-12(c)所示。

当立体连续被两个或两个以上的截平面截切时,可在立体上形成切口或穿孔。如图6-13(c)所示四棱台的切口,就是由两个截平面P和Q截切而成的。该切口是由两截交线组成的封闭图形，两截交线的交点Ⅸ、Ⅹ在两截平面的交线上，它们是两截平面和立体表面的三面共有点，称为结合点。由此可知，切口的作图就是要先求各截平面与立体的截交线，然后求两截平面的交线，从而找出结合点，所以，求切口作图的实质也是求两表面共有线和共有点的问题。

【例 6-7】 如图 6-13(a)所示，求作切口四棱台的三面投影图。

分析：如图 6-13(a)所示，四棱台的切口是由 P、Q 两平面截切而成的，其轴测图如图 6-13(c)所示。由于截交线的正面投影具有积聚性，所以可利用正面投影的积聚性求出切口的水平投影和侧面投影。作图时，可先分别作出 P、Q 两截平面与棱台截切所得到的完整截交线ⅠⅡⅢⅣ和ⅤⅥⅦⅧ，然后再求出 P、Q 两截平面的交线ⅨⅩ即可完成。

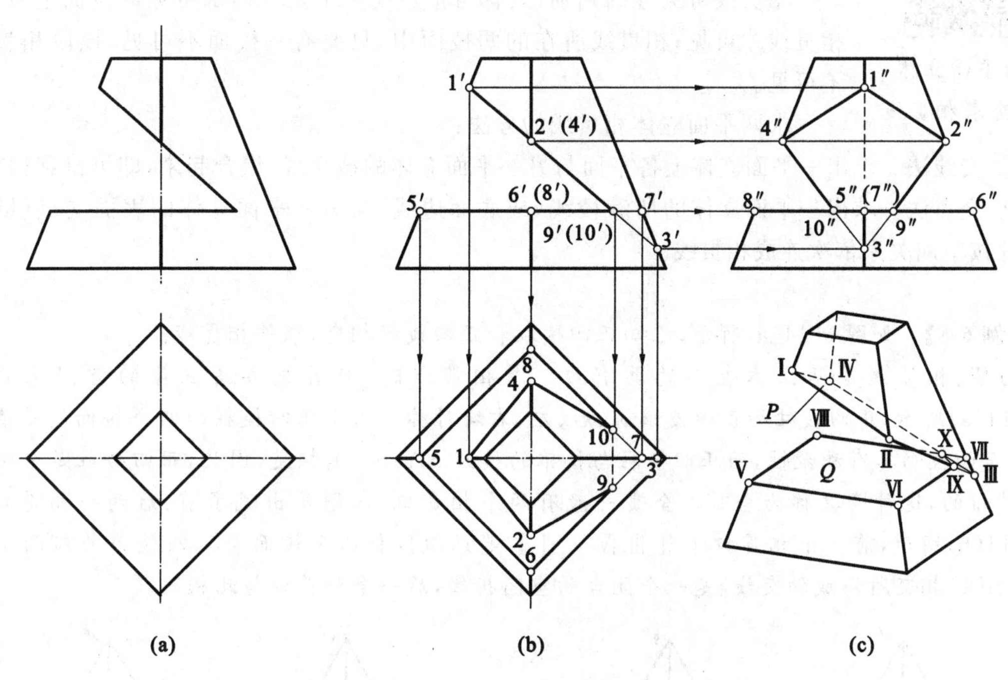

图 6-13 平面立体的切口

作图：如图 6-13(b)所示。

① 利用正面投影的积聚性，先求出四棱台四条棱线与截平面 P 的交点Ⅰ、Ⅲ的水平投影 1、3 和Ⅰ、Ⅱ、Ⅲ、Ⅳ的侧面投影 1″、2″、3″、4″，再根据Ⅱ、Ⅳ的侧面投影确定它们的水平投影 2 和 4。用同样的方法可求出另一截交线的水平投影 5、6、7、8 和侧面投影 5″、6″、7″、8″。

② 根据Ⅸ、Ⅹ两点的正面投影 9′、(10′)，按“长对正”的规律，先在水平投影面内 67、78 两条线上找出其水平投影 9、10，再按“高平齐、宽相等”的规律，在侧投影面内找出其侧面投影 9″、10″。

③ 根据正面投影就可以确定切口的范围，Ⅲ和Ⅶ两点只用于辅助作图，实际上并未切到。依次连接Ⅰ、Ⅱ、Ⅸ、Ⅹ、Ⅳ、Ⅰ以及Ⅴ、Ⅵ、Ⅸ、Ⅹ、Ⅷ、Ⅴ各点，并判别可见性，即可得到切口的三面投影。注意，截交线ⅨⅩ在水平投影面内的投影为不可见，所以连成虚线。

④ 完善四棱台未被截切的棱线的投影，并注意判别可见性。

应当指出的是，只有位于立体的同一棱面，同时又位于同一截平面上的点，才能相连，由于截交线是封闭图形，所以切口也是封闭的。

6.2.3 平面立体与平面立体相交

由图 6-3 可知,相贯线是两立体表面的共有线,具有封闭性和共有性。两平面立体的相贯线一般是封闭的空间折线或平面多边形,但当两平面立体共面时,其相贯线不封闭。在图 6-14 中,相贯线ⅠⅡⅢⅣⅤⅥⅠ就是闭合的空间折线,折线的各直线段是两平面立体相应平面的交线,折线的各顶点是一个平面立体的棱线(或底面边线)与另一平面立体的贯穿点(直线与立体表面的共有点)。求两平面立体相贯线的实质就是求两个平面的交线或直线与平面的交点。

两平面立体相交求相贯线

连接共有点的原则是:只有既在甲立体的同一棱面上,同时又在乙立体的同一棱面上的两点才能相连;同一棱线上的两个贯穿点不能相连。

相贯线可见性的判别:只有当相贯线位于两立体都可见的棱面上时,该段相贯线才可见;相贯线所在的两棱面中,只要有一棱面不可见,该段相贯线就不可见。

求两平面立体相贯线的方法:

① 交线法。求出一平面立体上各平面与另一平面立体的截交线,组合起来,即可得到相贯线。

② 交点法。求出一平面立体的所有棱线(或底面边线)与另一平面立体的表面交点(即贯穿点),并按空间关系依次连成相贯线。

【例 6-8】 如图 6-14(a)所示,已知正四棱柱和正四棱锥相交,求作相贯线。

分析:相贯线是两立体表面的共有线。求相贯线时,应首先弄清立体的空间位置。如图 6-14(a)所示,正四棱柱和正四棱锥前、后、左、右均对称。由于正四棱柱的四个棱面均垂直于 V 面,其正面投影具有积聚性,而正四棱柱与棱锥的棱线 SA、SC 不相交,因此,正四棱柱是全部贯穿正四棱锥的,这种情况称为全贯。全贯一般有两个相贯口,本题就出现了前、后两个相贯口。如图 6-14(b)所示,前一个相贯口ⅠⅡⅢⅣⅤⅥⅠ是正四棱柱四个棱面与正四棱锥的前两个棱面 SAB、SBC 相交所形成的交线,是一个闭合的空间折线,后一个相贯口与此相同。

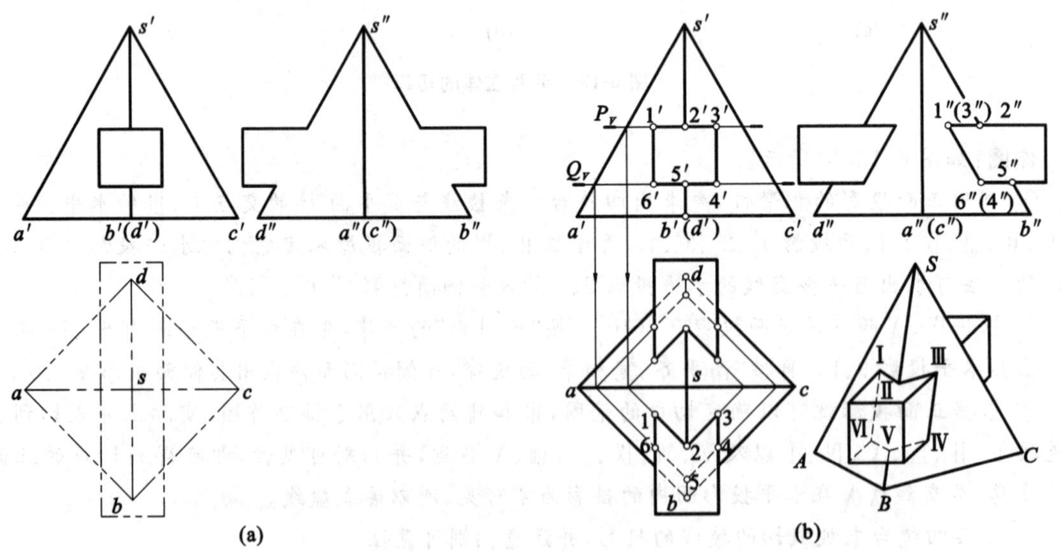

图 6-14 两平面立体相交

作图:如图 6-14(b)所示。

① 求正四棱柱四条棱线与正四棱锥的四个交点Ⅰ、Ⅲ、Ⅳ、Ⅵ。为此,包含Ⅰ、Ⅲ两棱线作水平辅助平面 P(投影图上为 P_V),包含Ⅳ、Ⅵ两棱线作水平辅助平面 Q(投影图上为 Q_V)。在水平投影中,两个水平辅助平面分别与正四棱锥相交得两个正方形截交线,如图 6-14(b)中细线所示,它们分别平行于相应的棱锥底边。正四棱柱的四条棱线与正四棱锥前面两棱面的交点的水平投影为 1、3、4、6。

② 求出正四棱锥的棱线 SB 与棱柱顶面和底面的交点Ⅱ(2′、2、2″)和Ⅴ(5′、5、5″)。

③ 依次连接各交点即得相贯线。应该注意的是:因为相贯线上每一线段都是平面立体两棱面的交线,因此只有在甲立体(图 6-14 中正四棱柱)的同一棱面上,同时又在乙立体(图 6-14 中正四棱锥)的同一棱面上的两点才能相连。例如,Ⅰ点与Ⅱ点可以相连,但Ⅰ点与Ⅲ点不能相连,而Ⅱ点和Ⅴ点在同一条棱线上,也不能相连。

④ 判别可见性。其原则是:因为相贯线上每一线段都是两个平面的交线,所以只有当相交两平面的投影都可见时,其交线的相应投影才是可见的;只要其中有一个平面是不可见的,其交线的相应投影也就不可见。例如,线段ⅤⅥ的水平投影 56,因为该线段是在正四棱柱不可见的底面上的,所以必须把其水平投影 56 画成虚线。

⑤ 由于相贯体被看作是一个整体,所以一立体各棱线穿入另一立体内部的部分,实际上是不存在的,在投影图中,这些线段不能画出。

⑥ 利用三等规律可作出相贯线的侧面投影 1″2″(3″)(4″)5″6″。

用同样的方法,可以作出正四棱柱和正四棱锥相交的后面的一条相贯线。

【例 6-9】 如图 6-15(a)所示,已知烟囱和坡屋面的水平投影以及坡屋面和部分烟囱的正面投影。试求烟囱与坡屋面的相贯线。

分析:如图 6-15(b)所示,本例是求烟囱与坡屋面相贯线的问题。因烟囱的四条棱线均为铅垂线,故可利用求铅垂线与平面交点的方法求出相贯线的正面投影。因此法的实质是在平面内作辅助直线取点的方法,故又称为辅助直线法。

作图:如图 6-15(c)所示。

① 在水平投影中,烟囱四条棱线的积聚投影 a、b、c、d,就是烟囱四条棱线与坡屋面四个交点的水平投影。任过其中一点,如过点 a 作辅助直线交檐口线于点 1,交屋脊线于点 2。

② 根据直线上点的投影特性,可求出正面投影中的 1′、2′。直线 1′2′与烟囱相应棱线的交点 a',就是棱线与坡屋面交点的正面投影。同理,可作出其余三棱线贯穿点的正面投影 b'、c'、d'。

③ 依次连接 a'、b'、c'、d',即可作出相贯线的正面投影并完成烟囱的正面投影。

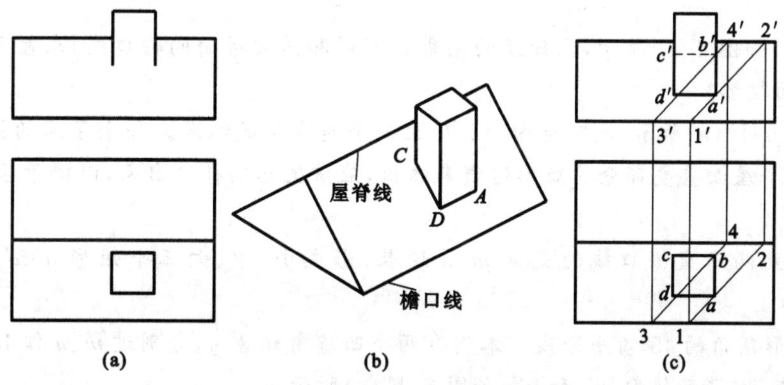

图 6-15 求烟囱与坡屋面的相贯线

在实际作图中,只需求出正面投影的 $a'b'$,就能作出 $d'c'$,如图 6-15(c)所示。因为烟囱的前后棱面与坡屋面均垂直于 W 面,前后棱面与坡屋面的交线 AD、BC 都是侧垂线,因此 $a'd' /\!/ b'c' /\!/ OX$(侧垂线的投影特性)。所以,只要作出 $a'b'$ 就能作出 $d'c'$。

6.2.4 同坡屋面的投影

同一屋面的各个坡面对水平面的倾角都相同,所以称为同坡屋面,如图 6-16 所示。从图 6-16(a)中可以看出,该屋面由屋脊、斜脊、檐口线和斜沟等组成。

6.2.4.1 同坡屋面

① 当前后檐口线平行且在同一水平面内时,前后坡面必然相交成水平的屋脊线,屋脊线的水平投影与两檐口线的水平投影平行且等距。

② 与檐口线相交的相邻两坡面,若其相应的墙角为凸角,则其交线为一斜脊线;若其相应的墙角为凹角,则其交线为一斜沟线。斜脊或斜沟的水平投影均为两檐口线夹角的角平分线。建筑物的墙角多为 90°,所以,斜脊和斜沟的水平投影多为 45°斜线,如图 6-16(b)所示。

③ 如果两斜脊或一斜脊和一斜沟交于一点,则必有另一条屋脊线通过该点,此点就是三个相邻屋面的共有点,如图 6-16(b)所示。

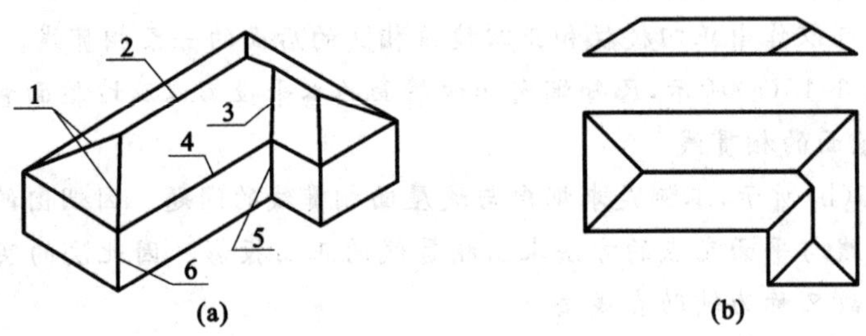

图 6-16 同坡屋面

1—斜脊;2—屋脊;3—斜沟;4—檐口线;5—凹墙角;6—凸墙角

6.2.4.2 同坡屋面投影图的画法

根据上述同坡屋面的特点,可以作出同坡屋面的投影图。

【例 6-10】 如图 6-17 所示,已知屋面倾角 $\alpha=30°$ 和同坡屋面的檐口线,求屋面交线的水平投影和屋面的正面投影。

分析:如图 6-17(a)所示,屋顶是由小、中、大三个同坡屋面组成。每个屋面的檐口线都应为一个矩形,由于三个屋面重叠部分的矩形边线未画出,应该把它们补画出来,以便于后面作图。

作图:

① 自重叠处两正交檐口线的交点 m、n 延长,形成小、中、大三个矩形 $abcd$、$defg$、$hijf$,如图 6-17(b)所示。

② 作各矩形顶角的 45°角平分线。本例有两个凹墙角 m 和 n,分别过 m、n 作 45°线交其他角平分线于 3、2 两点,即得两斜沟 $m3$ 和 $n2$,如图 6-17(c)所示。

③ 把图 6-17(c)中实际上不存在的双点画线和细实线 12、34 擦掉,其他轮廓线用粗实线画出,

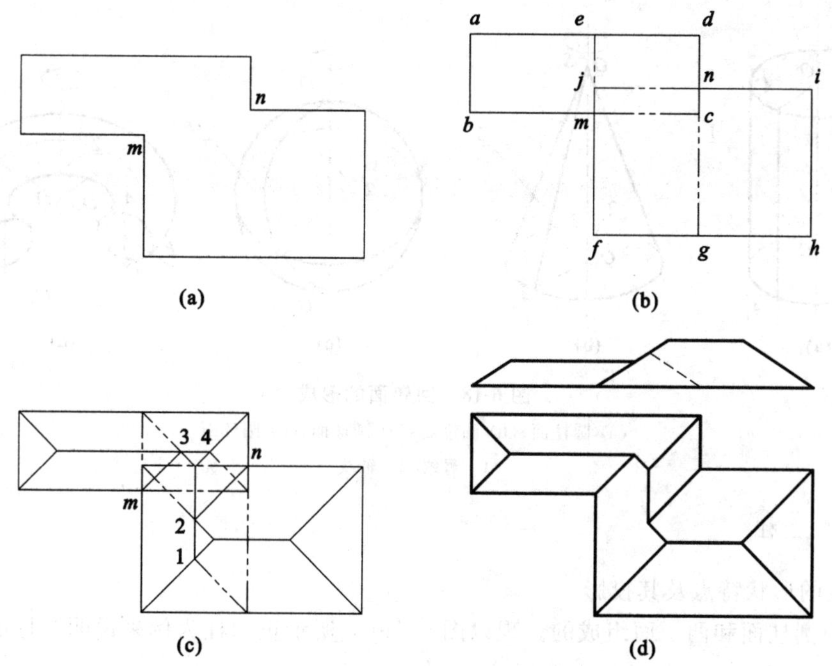

图 6-17　同坡屋面的画法

所得图形即为所求,如图 6-17(d)所示。

④ 按屋面倾角和如图 6-17(d)所示的屋面水平投影,利用"长对正"规律即可作出屋面的正面投影。

注意:画完此图后,最好用"若一斜沟与一斜脊交于一点,则必有另一条屋脊线通过该点"这一同坡屋面的特点进行检查,准确无误后再描深。

6.3 曲面立体

6.3.1 曲面立体的投影及在其表面上取点、取线

由曲面或曲面和平面围成的立体称为曲面立体。常见的曲面立体有圆柱、圆锥、圆球、圆环等,这些曲面立体统称为回转体。回转体都是由回转面或回转面和平面围成的,所以研究回转体之前应对回转面的形成和投影性质进行研究。

回转面是由一条母线(直线或平面曲线)绕一固定直线(回转轴线)回转而形成的。当直母线 AA_1 与轴线 OO_1 平行时,直母线绕轴线回转而成圆柱面,如图 6-18(a)所示;当直母线 SA 与轴线 OO_1 相交时,直母线绕轴线回转而成圆锥面,如图 6-18(b)所示;当母线为圆,回转轴线就是它本身的一条直径时,母线绕轴线回转而成球面,如图 6-18(c)所示。当母线为圆,回转轴线与该圆共平面但在圆外时,绕轴线回转而成环面,如图 6-18(d)所示。母线在回转面上任一位置称为素线。

回转面的共同特性是:在回转的过程中,母线上任一点回转一周的轨迹都是圆,其回转半径就是该点到回转轴线的距离,所以当用垂直于轴线的平面切割回转面时,其表面交线为圆周。下面分别说明上述回转体的投影及在其表面上取点、取线的问题。

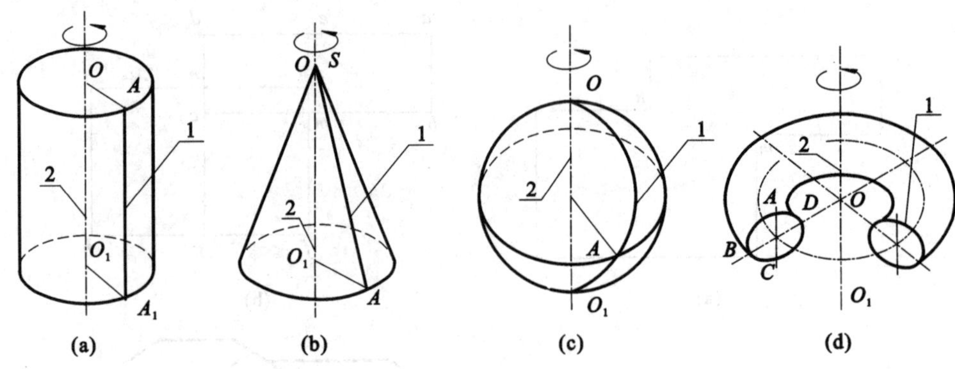

图 6-18　回转面的形成

(a) 圆柱面;(b) 圆锥面;(c) 圆球面;(d) 圆环面

1—母线;2—轴线

6.3.1.1　圆柱

(1) 圆柱的形状特点及其投影

圆柱是由圆柱面和两平面组成的。现以图 6-19(a)所示正圆柱为例来说明圆柱的投影。

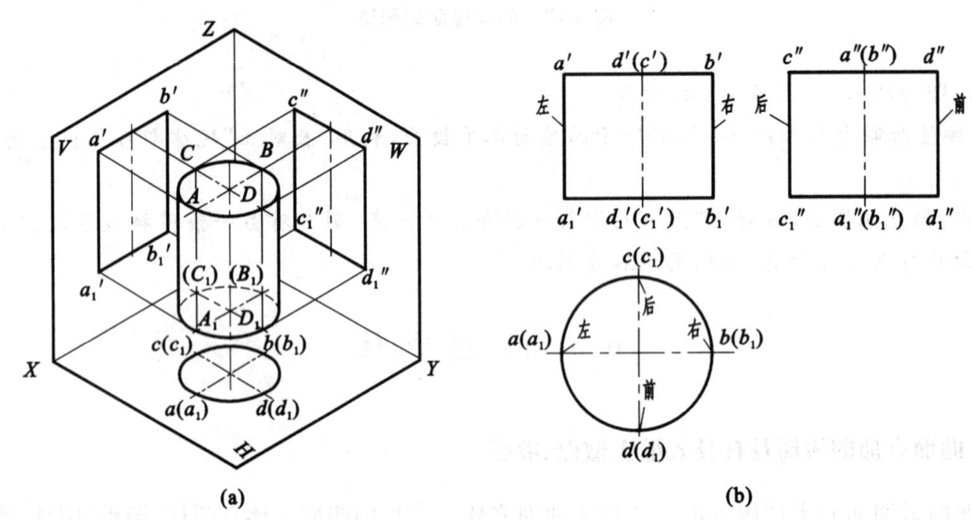

图 6-19　圆柱的投影

圆柱的投影及在其表面上取点、取线

① 选择安放位置:使正圆柱的轴线垂直于 H 面放置,如图 6-19(a)所示。

② 投影作图:作出正圆柱的三面正投影图,如图 6-19(b)所示。

③ 投影分析:圆柱的水平投影为一个圆,它是圆柱顶圆和底圆的投影,整个圆柱面在 H 面的投影也积聚在这个圆周上。圆柱的正面投影是一个矩形,矩形的上、下边分别是顶圆和底圆的投影,矩形的左、右轮廓线 $a'a_1'$、$b'b_1'$分别为圆柱最左和最右素线 AA_1、BB_1 的正面投影。AA_1 和 BB_1 是圆柱向 V 面投影时可见与不可见的分界线,$a'a_1'$、$b'b_1'$称为圆柱向 V 面投影时的转向轮廓线。AA_1 和 BB_1 的侧面投影与圆柱轴线的侧面投影重合,不需要画出。AA_1 和 BB_1 的水平投影

$a(a_1)$、$b(b_1)$也不需要画出。圆柱的侧面投影也是一个矩形，但它的左、右轮廓线 $c''c_1''$ 和 $d''d_1''$ 都是圆柱最后、最前素线 CC_1、DD_1 的侧面投影。

(2) 在圆柱表面上点、线的投影

在圆柱表面上取点、线，可利用圆柱表面对某投影面的积聚性来进行作图。如图 6-20(a)所示，若已知圆柱表面上的点 A 和直线 BC、DE 的正面投影 a'、$b'c'$ 和 $d'e'$，即可求出其余两投影。

注意：所求点、线的可见性取决于该点、线所在圆柱表面的可见性。

【例 6-11】 如图 6-20(a)所示，已知圆柱表面上的点 A 和直线 BC、DE 的正面投影 a'、$b'c'$ 和 $d'e'$，求出其余两投影。

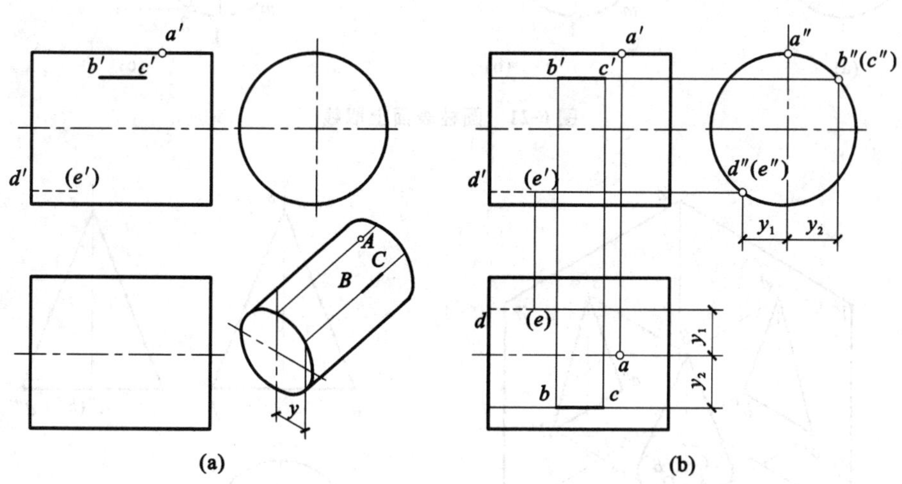

图 6-20　圆柱表面上点、线的投影

分析：因圆柱的轴线垂直于侧面，其侧面投影是一个有积聚性的圆周。

作图：如图 6-20(b)所示，圆柱面上的点 A 和直线 BC、DE 的侧面投影都积聚在此圆周上，根据点的投影规律可求得 A 点的侧面投影 a'' 和直线 BC、DE 的侧面投影 $b''(c'')$ 和 $d''(e'')$，然后求出 bc 和 de。根据 $d''(e'')$ 可知 de 不可见，用虚线画出。

【例 6-12】 如图 6-21(a)所示，已知圆柱表面上的曲线 MN 的正面投影 $m'n'$，求其水平投影和侧面投影。

分析：根据题目所给的条件可知，MN 在前半个圆柱面上。因为 MN 为一曲线，故应求出 MN 上若干个点，其中转向线上的点——特殊点必须求出。

作图：

① 作特殊点Ⅰ、N 和端点 M 的水平投影 1、n、m 及侧面投影 $1''$、n''、m''，如图 6-21(b)所示；

② 作一般点Ⅱ的水平投影 2 和侧面投影 $2''$，如图 6-21(c)所示。

判别可见性：侧视外形素线上的点 $1''$ 是侧面投影可见与不可见的分界点，其中 $m''1''$ 可见，$1''2''n''$ 不可见，将侧面投影连成光滑曲线 $m''1''2''n''$。

6.3.1.2　圆锥

(1) 圆锥的形成及投影

圆锥是由圆锥面和底面所组成的。现以图 6-22(a)所示正圆锥为例来说明圆锥的投影。

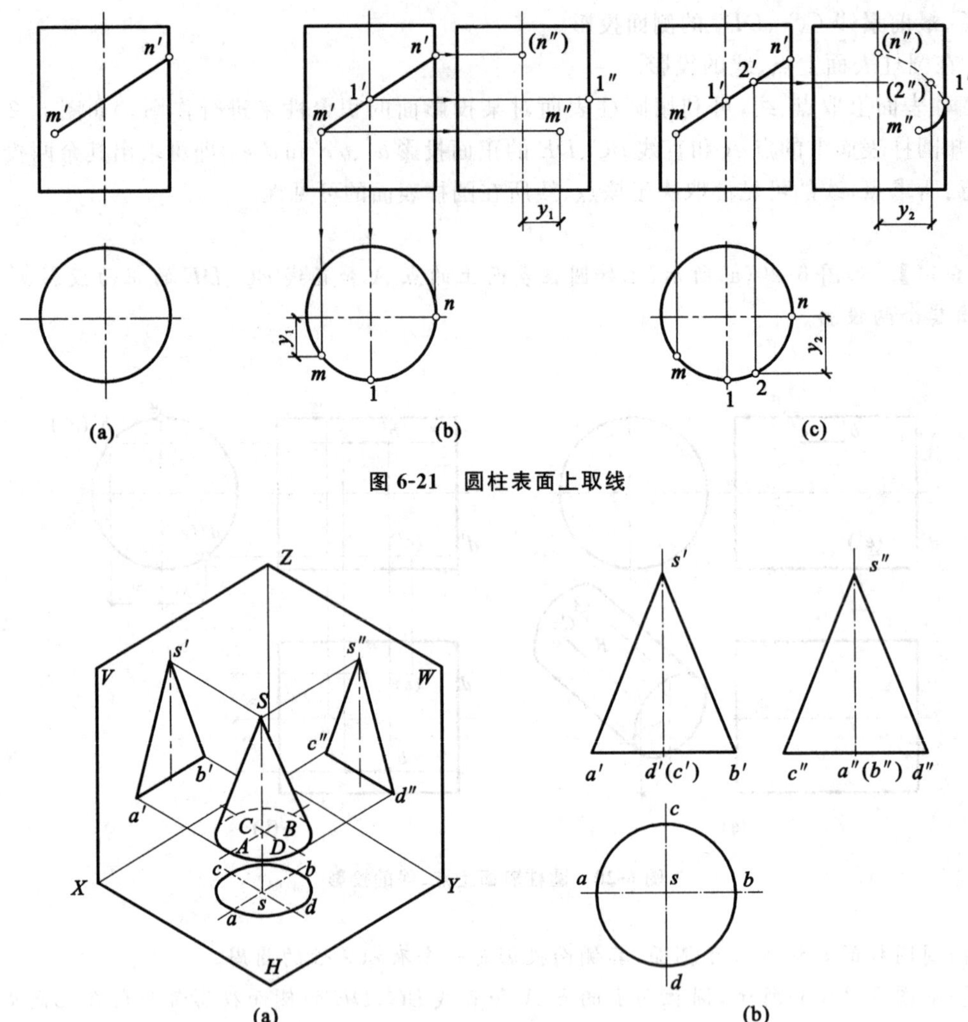

图 6-21 圆柱表面上取线

图 6-22 圆锥的投影

① 选择安放位置:使正圆锥的轴线垂直于 H 面放置,如图 6-22(a)所示。

② 投影作图:作出图 6-22(a)所示的三面正投影图,如图 6-22(b)所示。

③ 投影分析:如图 6-22(b)所示为一轴线垂直于 H 面的正圆锥的三面投影图。圆锥的水平投影为一个圆,该圆反映圆锥底圆的实形,也是圆锥面的投影。圆锥的正面投影是一个等腰三角形,三角形的底边是圆锥底圆有积聚性的投影。该三角形的左、右轮廓线 $s'a'$、$s'b'$ 分别为圆锥最左、最右素线 SA、SB 的正面投影。SA、SB 是圆锥向 V 面投影时可见与不可见的分界线。$s'a'$、$s'b'$ 称为圆锥向 V 面投影时的转向轮廓线。SA、SB 的侧面投影与圆锥的轴线重合,SA、SB 的水平投影与水平中心线重合,故均不需要画出。圆锥的侧面投影也是一个等腰三角形,它的左、右轮廓线分别是圆锥最后、最前素线 SC、SD 的侧面投影,SC、SD 是圆锥向 W 面投影时可见与不可见的分界线,$s''c''$、$s''d''$ 称为圆锥向 W 面投影时的转向轮廓线。

圆锥的投影及在其表面上取点、取线

(2) 圆锥表面上点、线的投影

圆锥面的三个投影均无积聚性,所以在圆锥表面取点时,必须用辅助线法。常用的辅助线法有辅助直素线法(简称直素线法)和辅助纬圆法(简称纬圆法)两种。

【例 6-13】 如图 6-23(b)所示,已知圆锥面上 K 点的正面投影 k',求 K 点的水平投影 k。

通过本例,将分别介绍用辅助直素线法和辅助纬圆法的作图过程。

① 辅助直素线法(简称直素线法)。

分析:K 点在圆锥表面上过锥顶 S 的一条直素线 SM 上,如图 6-23(a)所示。

作图:先在圆锥表面上过 k' 点和锥顶 s' 作辅助直素线 $s'm'$,根据投影规律求出 sm,再由 k' 作联系线求出 k,k 即为所求,如图 6-23(c)所示。

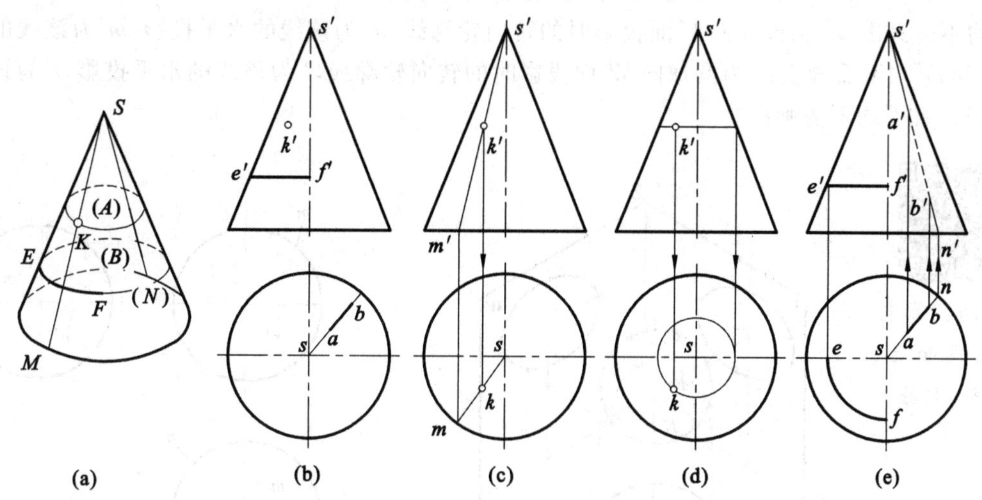

图 6-23 圆锥表面上点、线的投影

② 辅助纬圆法(简称纬圆法)。

分析:垂直于回转体轴线的圆称为纬圆。辅助纬圆法就是在圆锥表面上作垂直于圆锥轴线的圆,使此圆的一个投影反映圆的实形,而其他投影为直线。如图 6-23(a)所示,K 点在圆锥表面上过点 K 的一个纬圆上。

作图:先过 k' 点作水平直线,得到纬圆的正面投影,再按投影关系作出圆的水平投影,最后由 k' 作出 k,k 即为所求,如图 6-23(d)所示。

【例 6-14】 如图 6-23(b)所示,已知圆锥表面上线 AB 的水平投影 ab,线 EF 的正面投影 $e'f'$,试求 AB 的正面投影 $a'b'$,EF 的水平投影 ef。

分析:由图 6-23(a)可知,线 AB 位于圆锥右、后四分之一圆锥表面,且在过锥顶的一条直素线 SN 上,为直线段,其正面投影为不可见的直线段,应画成虚线;线 EF 位于圆锥左、前四分之一圆锥表面,在一个水平纬圆上,其水平投影 ef 为可见的四分之一水平圆,应画成实线。

作图:

① 求 $a'b'$。先过 ab 连锥顶 s 作素线 sn,求出 $s'n'$,再由 a、b 分别作联系线,在 $s'n'$ 上找出点 a'、b',连接 $a'b'$(虚线)即为所求,如图 6-23(e)所示。

② 求 ef。先根据 $e'f'$ 作出纬圆的水平投影,纬圆与圆锥最左、最前轮廓素线的交点分别为

e、f,加粗四分之一圆弧 ef,即为所求,如图 6-23(e)所示。

在此例中,为了作图方便,采用直素线法求 $a'b'$,采用纬圆法求 ef。亦可采用纬圆法求 $a'b'$,采用直素线法求 ef,读者可自己分析。

6.3.1.3 圆球

(1) 圆球的形成及投影

圆球是由圆球面所围成的,如图 6-24(a)所示。

如图 6-24(b)所示为一圆球的三面投影图。圆球的三面投影图均为大小相等的圆,这些圆的直径等于圆球的直径。这三个圆分别表示圆球对 V、H、W 面投影时的三条转向轮廓线。在图 6-24(b)中,n 为圆球向 H 面投影时的转向轮廓线,n'为该线的正面投影,n''为该线的侧面投影,n'和 n''均不需画出;m'为圆球向 V 面投影时的转向轮廓线,m 为该线的水平投影,m''为该线的侧面投影,m 和 m''均不需画出;l''为圆球向 W 面投影时的转向轮廓线,l 为该线的水平投影,l'为该线的正面投影,l 和 l'均不需画出。

圆球的投影及在其表面上取点、取线

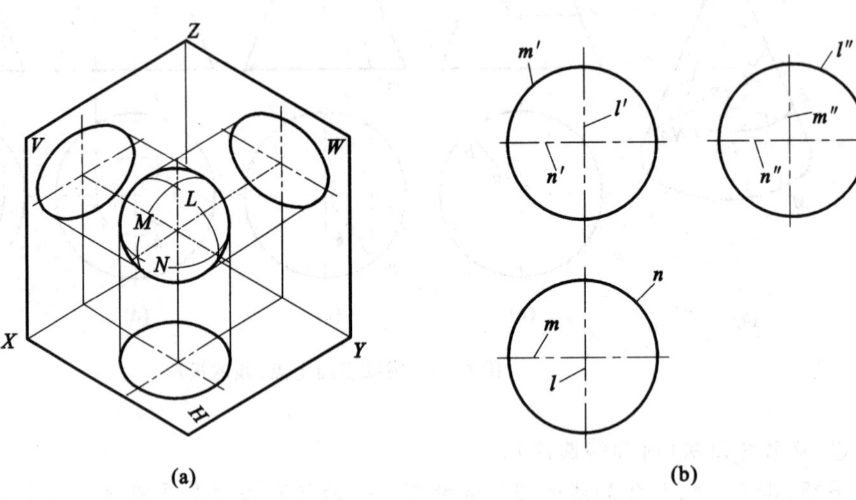

图 6-24 圆球的投影

(2) 圆球表面上点、线的投影

求作圆球表面上的点、线时,必须根据已知投影,分析该点在圆球表面上所处的位置,再过该点在球面上作辅助线(正平圆、水平圆或侧平圆),以求得该点、线的其余投影。

【例 6-15】 如图 6-25(a)所示,已知圆球表面上点 A、点 B 的正面投影 a'、b',线 CD 的水平投影 cd,求其余投影。

分析:根据题目所给的条件可知,点 A 在圆球向 V 面投影时的转向轮廓线上,且位于圆球向 H 面投影时的转向轮廓线之上的左半部;点 B 位于圆球向 V 面投影时的转向轮廓线之后的右下部;线 CD 位于圆球向 V 面投影时的转向轮廓线之前的上部。

作图:

① 求点 A 的投影,如图 6-25(b)所示。

首先完成圆球的侧面投影，再根据点、线的从属关系，在转向轮廓线的水平投影和侧面投影上，分别求得点 a 和点 a''。

② 求点 B 的投影，如图 6-25(b)所示。

求点 b'：过点 b' 作水平圆Ⅰ的正面投影 $1'$（积聚为一条直线），由此求得其水平投影 1（圆），再过点 b' 向下作联系线，在水平圆Ⅰ的水平投影 1 上求得点 b。

求点 b''：过点 b' 作侧平圆Ⅱ的正面投影 $2'$（积聚为一条直线），由此求得其侧面投影 $2''$（圆），再过点 b' 向右作联系线，在侧平圆Ⅱ的侧面投影 $2''$（圆）上求得点 b''。

判别可见性：由于点 B 位于球面的下半部，故 b 不可见；又由于点 B 位于球面的右半部，故 b'' 不可见。

③ 求线 CD 的投影，如图 6-25(c)所示。

由于线 CD 位于圆球向 V 面投影时的转向轮廓线之前的上部，且平行于 X 轴，故 CD 在一过 CD 的正平圆上，是该正平圆周上的一段圆弧。其作图步骤为：

a. 作辅助纬圆：先过 cd 作出正平圆Ⅲ的水平投影 3（积聚为一条直线），由此求出正面投影 $3'$（圆）和侧面投影 $3''$（积聚为一条直线）。

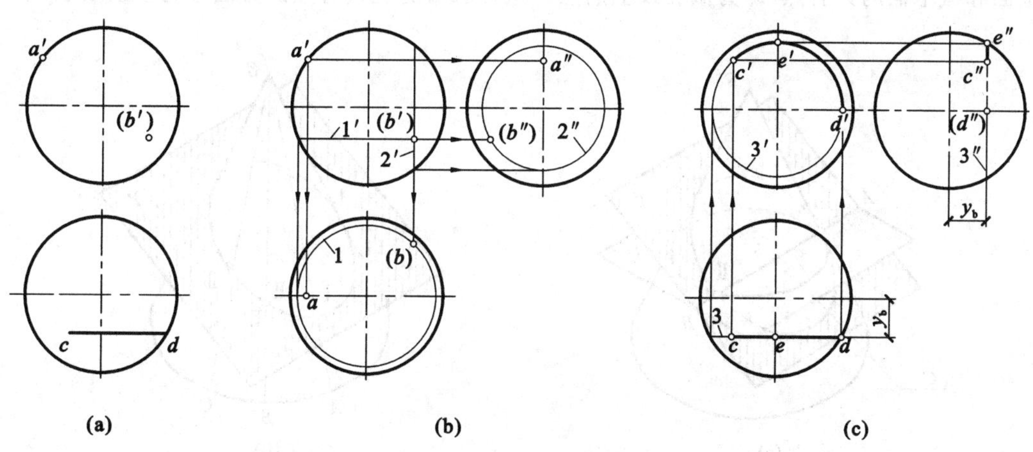

图 6-25 圆球表面上点、线的投影

(a) 已知；(b) 求点 A、B 的投影；(c) 求线 CD 的投影

b. 求 $c'd'$：由 c、d 作联系线，在 $3'$ 上找到点 c'、d'，由于 $c'd'$ 为圆弧曲线，用圆规连接即可求得 $c'd'$；

c. 求 $c''d''$：分别由 c'、d' 向右作联系线，在 $3''$ 上找到点 c''、d''；圆弧 CD 的侧面投影积聚为一条直线，由于 C、D 两点分别位于圆球的左、右球面上，在侧面投影图上点 c'' 可见、点 d'' 不可见，故 $c''e''$ 连实线，$e''d''$ 连虚线（注意：与 $c''e''$ 重合部分被实线遮住）。

6.3.2 曲面立体的截交线

平面与曲面立体相交，在一般情况下，截交线为一封闭的平面曲线，也可以是由平面曲线和直线组成的封闭线框。

在作图时，只需要作出截交线上直线段的端点和曲线上的一系列点的投影，并连成直线和光滑曲线，便可得出截交线的投影。为了比较准确地得出截交线的投影，一般要求作出截交线上特殊点（如最高、最低点，最前、最后点，最左、最右点，可见与不可见的分界点）的投影。

截交线是曲面立体和截平面的共有点的集合，一般可用表面取点法求出截交线的共有点。用表面取点法求截交线共有点的方法主要有两种：纬圆法和直素线法。下面将分别进行介绍。

(1) 纬圆法

如图 6-26(a)所示，正圆锥被平面 P 切割，由于放置时正圆锥底面平行于水平面，故可以选用水平面 Q 作为辅助平面。这时，平面 Q 与圆锥面的交线 C 为一个圆(称纬圆，这里是水平纬圆)，平面 Q 与已知截平面 P 的交线为一直线 AB。圆 C 和直线 AB 同在平面 Q 内，直线 AB 与纬圆交于Ⅰ、Ⅱ两点，该两点即为锥面和截平面的共有点，所以是截交线上的点。如果作一系列水平辅助面，便可以得到相应的一系列交点，将这一系列点连接成光滑曲线即为所求截交线。这种求截交线共有点的方法称为纬圆法。

由以上分析可知，选取辅助平面时应使它与曲面立体交线的投影为最简单而又易于绘制的直线或圆。因此，通常选取投影面的平行面或垂直面作为辅助平面。

(2) 直素线法

如果曲面立体的曲表面为直线面，则可通过在曲表面上取若干直素线的方法，求出它们与截平面的交点，这些交点就是截交线上的点。如图 6-26(b)所示，SA、SB、SC 等直素线与截平面 P 的交点就是圆锥面和截平面的共有点，即为截交线上的点。这种求截交线共有点的方法称为直素线法。

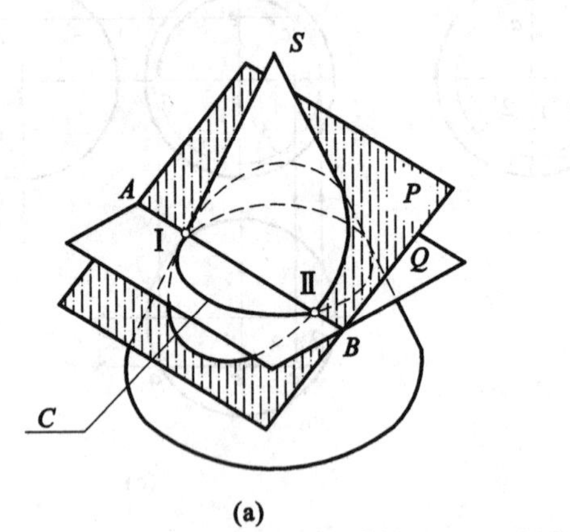

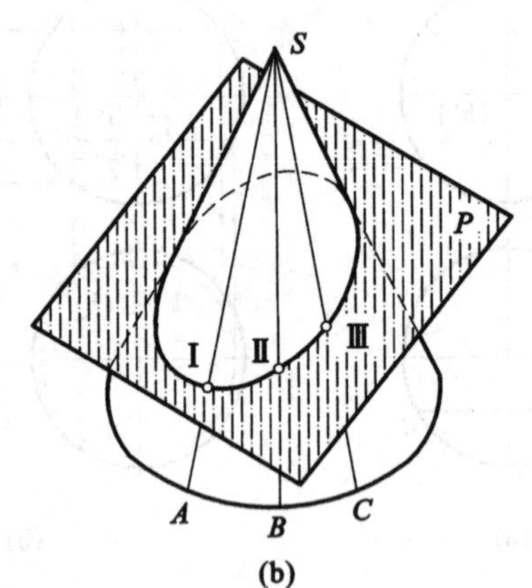

图 6-26 求截交线的方法

(a) 纬圆法；(b) 直素线法

如果曲面立体为回转体，则其截交线的求法比较简单。因为回转体是由直母线或曲母线回转而成的，所以求回转体的截交线时，可在回转体的表面作出纬圆(纬圆法)或直素线(直素线法)。下面分别介绍平面与常见回转体的相交问题。

6.3.2.1 平面与圆柱相交

根据截平面与圆柱轴线的相对位置不同，圆柱的截交线有三种情况，见表 6-1。

平面切割圆柱求截交线

(1) 截平面平行于圆柱轴线的截交线

在表 6-1 中，当截平面平行于圆柱轴线时，截交线为平行的两直线，连同底面的交线为一矩形。因截平面与 V 面平行，所以截交线的正面投影反映矩形的实形，截交线的水平投影积聚成水平方向的直线，侧面投影积聚成铅垂方向的直线。利用这一投影特性，可作圆柱面上切槽穿孔的投影图。

表 6-1 **平面与圆柱的交线**

轴测图	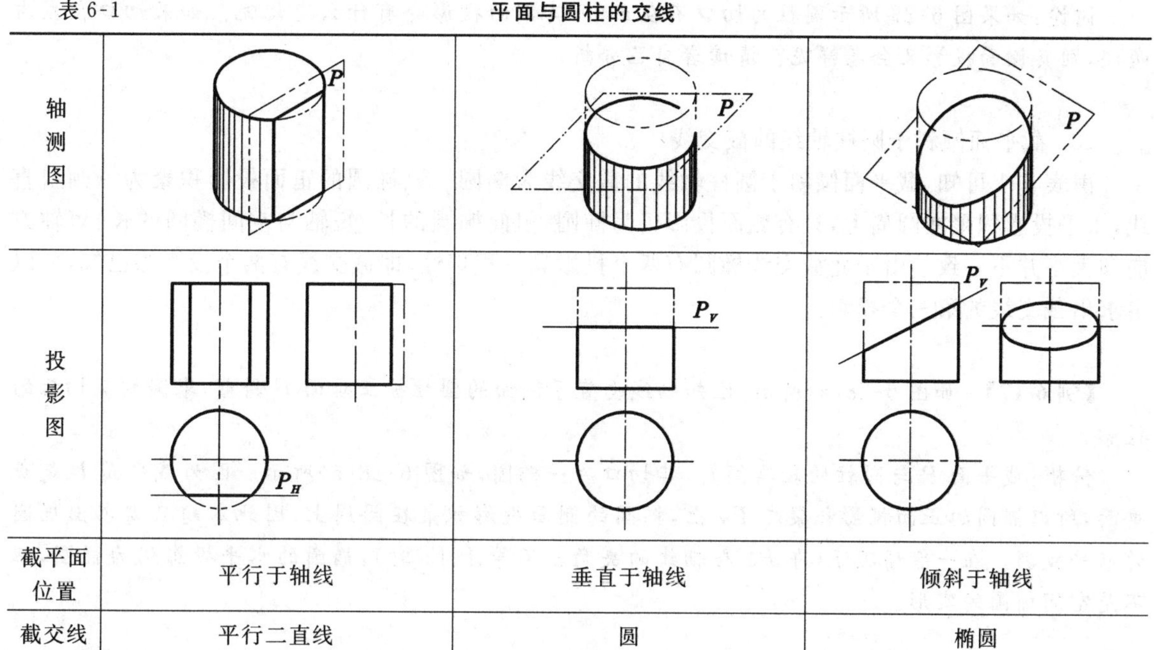		
投影图			
截平面位置	平行于轴线	垂直于轴线	倾斜于轴线
截交线	平行二直线	圆	椭圆

【例 6-16】 求作图 6-27 所示的切槽圆柱的投影图。

分析：圆柱的槽口可看作是被两个平行于轴线的平面和一个垂直于轴线的平面切割而成的，它们截圆柱面的截交线是四段直线和两段圆弧。

作图：如图 6-27 轴测图所示，在摆放圆柱时，使槽口的两个侧面成为侧平面，底面成为水平面。

① 在正面投影中，槽口的投影积聚为三条直线。

② 在水平投影中，槽口的两侧面积聚为两条直线，槽底面为带两段圆弧的平面图形。

③ 在侧面投影中，槽口的两壁为矩形的实形，槽底面积聚为带虚线的水平直线 $c''b''a''c''$，圆柱的侧视转向轮廓线的槽口部分已被切掉。直线 $c''b''$ 和 $a''c''$ 均为槽底面圆弧段的投影，槽口右壁后、前两素线 $e''b''$ 和 $d''a''$ 的求法如图 6-27 所示。

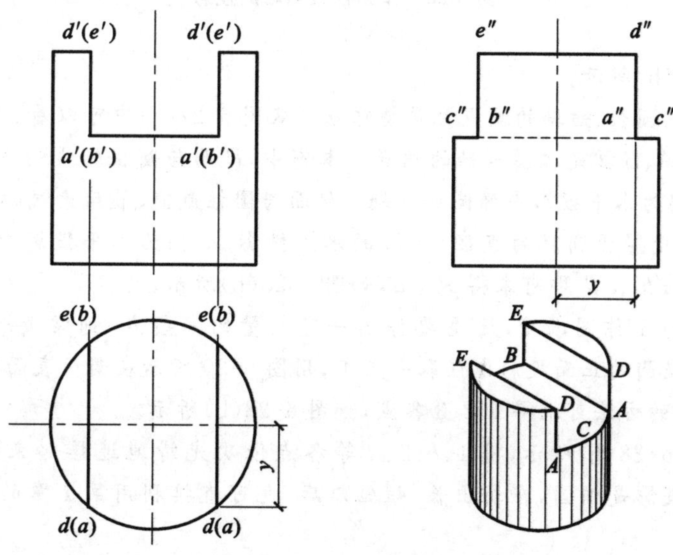

图 6-27 圆柱切槽部位的截交线

讨论:如果图 6-27 所示圆柱的切口不在正中,其侧面投影会有什么变化呢?如果切口在左右两侧,则其侧面投影又会怎样呢?请读者自己分析。

(2) 截平面倾斜于圆柱轴线的截交线

由表 6-1 可知,截平面倾斜于圆柱轴线的截交线为椭圆。该椭圆的正面投影积聚为一倾斜直线,水平投影积聚在圆周上,只有侧面投影仍为椭圆,但此椭圆的长、短轴与空间椭圆的长、短轴方向和大小并不一致。由于此截交线椭圆有两个投影具有积聚性,即截交线有两个投影为已知,所以可求出截交线的第三个投影。

【例 6-17】 如图 6-28(a)所示,已知轴线垂直于侧面的圆柱被正垂面 P 斜截,求圆柱截切后的投影。

分析:截平面 P 与圆柱的轴线倾斜,其切口为一椭圆,如图 6-28(a)所示。因为截平面 P 是正垂面,所以椭圆的正面投影积聚在 P_V 上,椭圆的侧面投影积聚在圆周上,因此本题只需求出椭圆的水平投影。在一般情况下(即 P_V 与轴线的夹角 α 不等于 45°时),椭圆的水平投影仍为椭圆,但不是空间椭圆的实形。

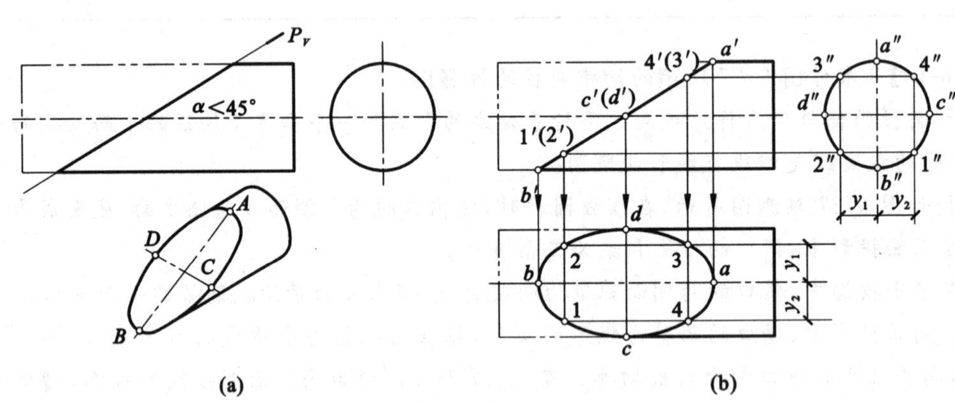

图 6-28 作圆柱截切后的投影

作图:如图 6-28(b)所示。

① 求特殊点。椭圆长、短轴的端点都是特殊点。从图 6-27(a)中可以看出截平面 P 与圆柱最高、最低素线的交点 A、B 就是椭圆长轴的端点。本例中,P 面与圆柱轴线的夹角 α 小于 45°,长轴 AB 的水平投影 ab 仍为水平投影中椭圆的长轴。P 面与圆柱最前、最后素线的交点 C、D 是椭圆短轴的端点,短轴的长度等于圆柱的直径。CD 的水平投影 cd 仍为水平投影中椭圆的短轴。根据长、短轴的正面投影 $a'b'$、$c'd'$ 即可求得 ab、cd,如图 6-28(b)所示。

② 求一般点。为了作图准确,还需要作出一定数量的一般点(通常要作四个一般点)。如图 6-28(b)所示,在椭圆的正面投影中任取一点 4′,用图 6-20 所示在圆柱表面取点、取线的方法可求得 4″和 4。用同样的方法可求得 1、2、3 各点,如图 6-28(b)所示。

③ 连点。如图 6-28(b)所示,将 1、b、2、d 等各点依次光滑地连接起来即得椭圆的水平投影。本例中的水平投影是椭圆,在求出长、短轴以后,也可直接利用第 1 章的四心圆法近似地画出椭圆。

有时一个圆柱有几条截交线，解题时，应首先分析它共有哪几条截交线，各条截交线应采用什么方法绘制，然后再逐一作出。

【例 6-18】 图 6-29(a)所示为有两条截交线的圆柱的两个投影，试完成其第三面投影。

分析： 由图 6-29(a)所示圆柱的正面投影和侧面投影中可以看出，该圆柱有两条截交线，一条是由于截平面 Q 倾斜于圆柱轴线而产生的椭圆截交线，另一条是由于截平面 P 平行于圆柱轴线而产生的矩形截交线。由于图示位置 P、Q 均垂直于 V 面，而圆柱面的侧面投影具有积聚性，所以两条截交线的正面投影具有积聚性。只有水平投影反映出两条截交线的特征。

作图： 如图 6-29(b)所示，利用两条截交线正面和侧面投影的积聚性，根据点的投影规律可以作出两截交线的水平投影。注意在作图时不能漏掉两截平面 P、Q 的交线 AB。

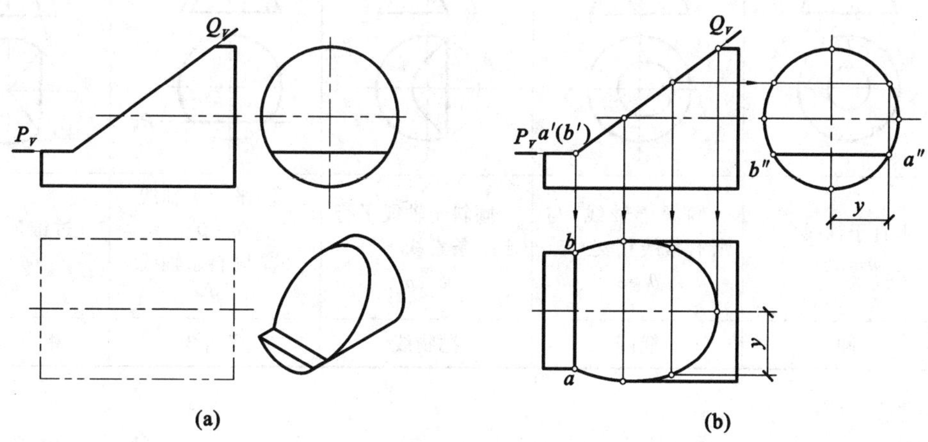

图 6-29 有两条截交线的圆柱的投影

6.3.2.2 平面与圆锥相交

平面切割圆锥求截交线

根据平面与圆锥轴线的相对位置不同，截平面切割圆锥面的截交线有圆、椭圆、抛物线、双曲线和直线五种，除直线以外的其余四种均称为圆锥曲线，见表 6-2。

圆锥曲线的投影在一般情况下性质不变，即椭圆、抛物线、双曲线的投影仍分别为椭圆、抛物线、双曲线。

当正圆锥面的截交线为水平圆时，该圆的水平投影反映圆的实形，圆的直径可从投影面中直接量出。

当正圆锥面的截交线是椭圆、抛物线、双曲线时，其截交线的投影不能直接得出。但作图时可以用表面取点法(直素线法或纬圆法)找出若干点的投影，然后依次光滑地连接这些点的同面投影，即可得所求截交线的投影。

表 6-2　　**平面与圆锥面的交线**

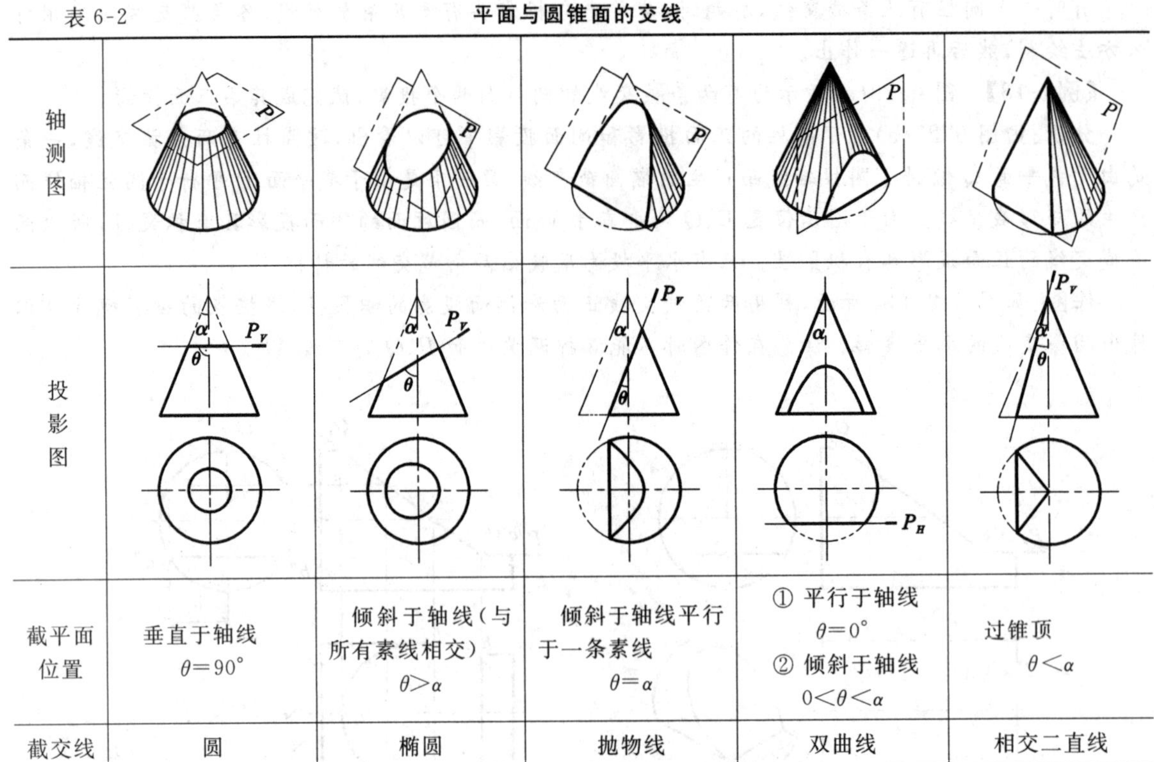

轴测图					
投影图					
截平面位置	垂直于轴线 $\theta=90°$	倾斜于轴线(与所有素线相交) $\theta>\alpha$	倾斜于轴线平行于一条素线 $\theta=\alpha$	① 平行于轴线 $\theta=0°$ ② 倾斜于轴线 $0<\theta<\alpha$	过锥顶 $\theta<\alpha$
截交线	圆	椭圆	抛物线	双曲线	相交二直线

【例 6-19】 如图 6-30 所示,已知斜截正圆锥的正面投影,试完成其水平投影。

分析:如图 6-30(a)所示,圆锥被单一截平面 P 截切($\theta>\alpha$),其截交线为椭圆。若圆锥按图示位置放置,截平面 P 是正垂面,则截交线在正面上的投影有积聚性。因此,要作出椭圆截交线的水平投影(亦为椭圆),可首先求出该截交线上各点的水平投影,然后依次光滑连接即可完成。各点的求法详见图 6-30。

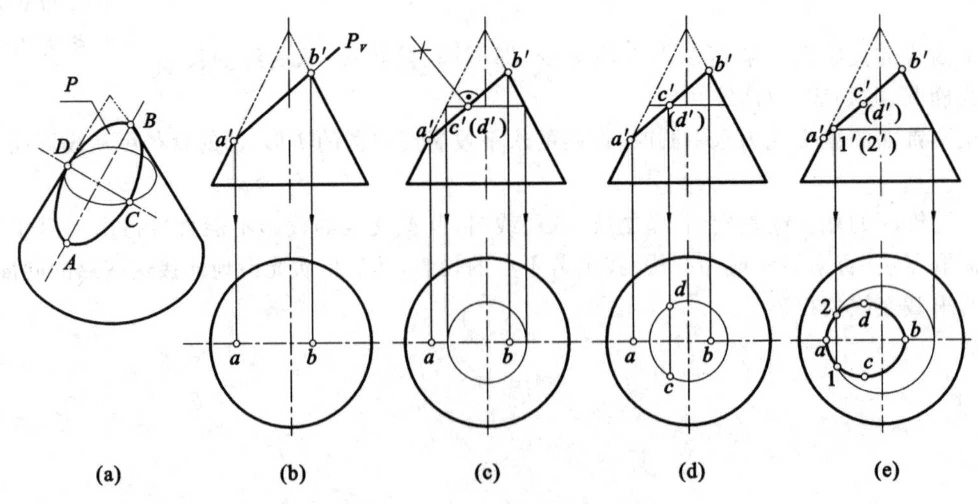

图 6-30　作圆锥椭圆截交线的投影

作图：

① 求特殊点。如图 6-30(a)所示，椭圆长、短轴的端点 A、B、C、D 都是特殊点。在图 6-30(b)所示情况下，由于截平面 P 为正垂面，所以长轴 AB 平行于 V 面，正面投影 $a'b'$ 是反映 AB 实长的投影，a'、b' 分别是最低点、最高点，也是正视转向轮廓线上的点；点 A、B 的水平投影 a、b 在底圆水平投影的中心线上。椭圆短轴上的 C、D 两端点在长轴 AB 的中垂线上，由于椭圆在正投影面上积聚为一条线 $a'b'$，所以椭圆短轴的正面投影 $c'(d')$ 一定是在长轴 AB 正面投影 $a'b'$ 的中点，如图 6-30(c)所示。为此，过 C 点作水平纬圆，其正面投影积聚为过 c' 所作的水平线段，根据投影规律作出此水平纬圆的水平投影，如图 6-30(c)所示。椭圆短轴 C、D 两端点的水平投影 c、d 一定在此圆周上，如图 6-30(d)所示。

② 求一般点。在 $a'b'$ 上任取一些点，然后用图 6-30 所示的方法作出这些点的水平投影，图 6-30(e)表示出了其中 1、2 两点的作法。

③ 连点。用光滑曲线连接水平投影中的各点即得所求椭圆曲线。因圆锥面的水平投影全为可见，所以椭圆的水平投影为可见。

【例 6-20】 如图 6-31 所示，求圆锥被截切后的截交线。

分析：如图 6-31 所示，圆锥被平行于轴线的截平面截切($\alpha>\theta\geqslant 0°$)，其截交线为双曲线。若圆锥按图示放置位置，截平面为侧平面，只有侧面投影能反映双曲线的特征，其余投影均积聚成直线。因此，可利用在圆锥表面上取点的方法求出其侧面投影。

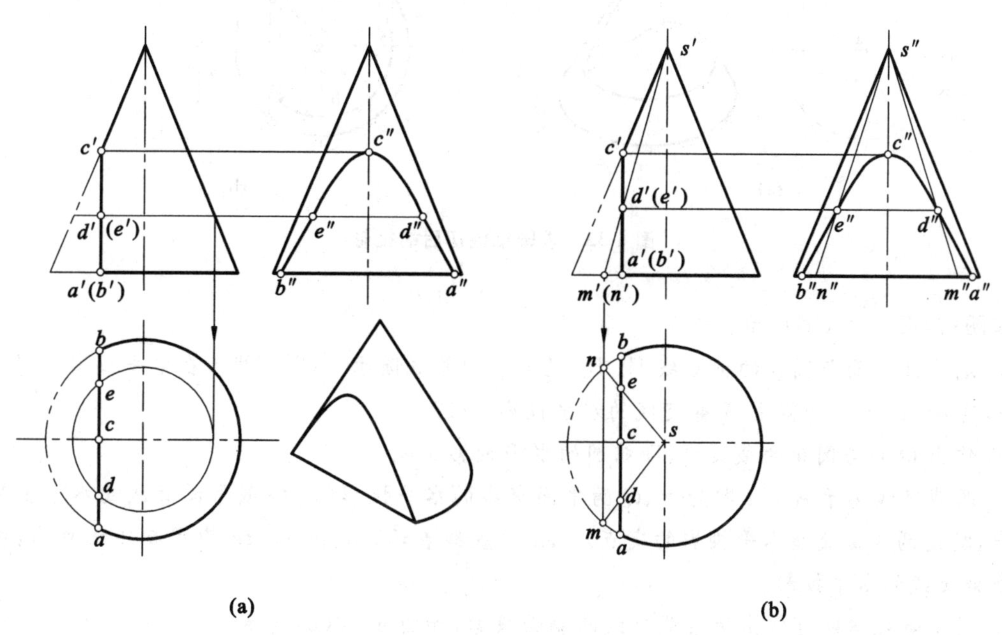

图 6-31 作圆锥双曲线截交线的投影

作图：

① 求特殊点。离圆锥顶最近的 C 点为最高点，离圆锥顶最远的点 A、B 为最低点。因为 C 点在最左素线上，A、B 两点在圆锥底面圆周上，故可由 c'、c 求出 c''，由 a'、b' 和 a、b 求出 a''、b''。

② 求一般点。在最高和最低点之间求一般点，其方法是表面取点法(有纬圆法和直素线法)。

如图 6-31(a)所示，用纬圆法求一般点的方法为：在 c' 和 a' 之间任作一水平纬圆，例如，过 d' 作水平纬圆,此圆的水平投影必然与截平面的水平投影(积聚为直线 ab)交于 d、e 两点,然后根据投影规律,由 $d'(e')$、d、e 求出 d''、e''。

如图 6-31(b)所示是用直素线法求一般点 D、E 的方法,此法详见图 6-23(c)。

从图 6-31 中可以看出,此题用纬圆法求截交线比直素线法简单、准确。

③ 连点。依次光滑地连接各点即可得所求双曲线。

【例 6-21】 根据如图 6-32(a)所给定的投影图,完成圆锥的水平投影和侧面投影。

分析:如图 6-32(a)所示,圆锥被相交两截平面 P、Q 截去其左上部分。截平面 P 过圆锥顶点,截交线是直线。截平面 Q 垂直于圆锥轴线,截交线是纬圆。

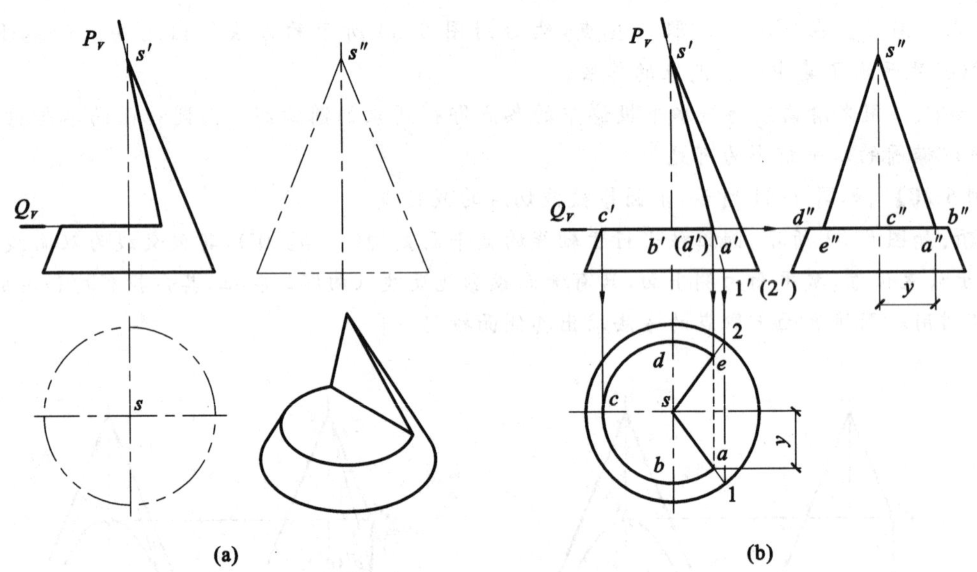

图 6-32 求圆锥截切后的投影

作图:如图 6-32(b)所示。

① 先作出 P 面与圆锥的截交线,将 P_V 延长交圆锥底圆于 $1'(2')$,然后在水平投影的圆周上作出 1、2,连接 $s1$ 和 $s2$ 即得 P 面截交线的水平投影△$s12$。

② 作出 Q 面与圆锥的截交线,即纬圆的水平投影 ace。

③ 两截交线交于 ea,ea 即为 P、Q 两平面交线的水平投影(P、Q 截平面交线的水平投影的两个端点,就是两组截交线水平投影的交点)。ea 用虚线表示,sa、se 和 ace 均用粗实线画出,由此可得两条截交线的水平投影。

④ 用三等规律即可作出两条截交线的侧面投影,如图 6-32(b)所示。

6.3.2.3 平面与圆球相交

平面与圆球相交,无论平面与圆球的相对位置如何,其截交线都是圆。但由于截平面与投影面的相对位置不同,所得的截交线(圆)的投影可以是圆、椭圆或直线。

如图 6-33 所示,圆球被水平面所截切,其截交线为水平圆。该圆的正面投影和侧面投影均积聚成直线,其正面投影 $a'b'$ 的长度等于水平圆的直径,其水平投影反映圆的实形。截平面距球心越近,截交线圆的直径就越大。如图 6-34 所示为切口圆球的三面投影图,该切口是由一个水平面和两个侧平面切割而成的。水平面切出的截交线的性质及其投影与图 6-33 相同,两个侧平面分别切出的截交线的正面投影和水平投影均为铅垂直线,而其侧面投影则为反映截交线实形的一段圆弧,其半径可从正面投影中求出。

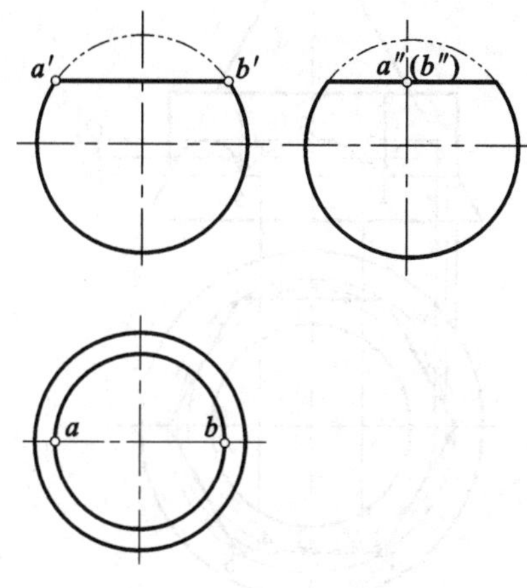

图 6-33　圆球截交线

图 6-34　圆球切口

平面切割圆球求截交线

6.3.3　平面立体与曲面立体表面相交

平面立体与曲面立体相交求相贯线

平面立体与曲面立体表面相交,其相贯线一般是由若干段平面曲线或由平面曲线和直线组成的闭合线。每一段平面曲线(或直线段)是平面立体上一平面与曲面立体的表面相交而得的截交线。

如图 6-35(b)所示为正六棱柱各棱面与圆锥面相交。每两条平面曲线的交点是相贯线上的结合点,如图 6-35(b)中的Ⅰ点是平面立体的棱线与曲面立体的交点(三面共点)。因此,求平面立体与曲面立体的相贯线可归纳为求截交线和贯穿点(即直线与立体表面的共有点)的问题。

【例 6-22】　如图 6-35(a)所示,求正六棱柱与正圆锥的相贯线。

分析:如图 6-35(b)所示,六棱柱的六个棱面与圆锥的截交线都是双曲线(表 6-2),所以此相贯线是六段相同双曲线所组成的封闭空间曲线,相贯线的水平投影积聚在水平投影的正六边形上,作图时需求出相贯线的正面投影。此外,正六棱柱的顶面与正圆锥面相交,其截交线是两立体的第二条相贯线,其正面投影积聚成水平直线,其水平投影为圆。

作图:如图 6-35(c)所示。

① 在水平投影中找出相贯线的范围:最大范围是六边形的外接圆,最小范围是六边形的内切圆。在正面投影中作出对应于外接圆的水平辅助面 P 的位置 P_V,由 P_V 可求出 1′、5′等六个共有点,这些点也是双曲线的最低点。

② 在正面投影中作出对应于内切圆的水平面 Q 的位置 Q_V 而得双曲线的最高点 3′等点。

③ 在 P 面和 Q 面之间,再适当地作一些辅助水平面,以便求出部分一般点。例如,作辅助水平面 R,求得 2′、4′等点。

④ 依次光滑地连接各点的正面投影,即得所求相贯线的正面投影。

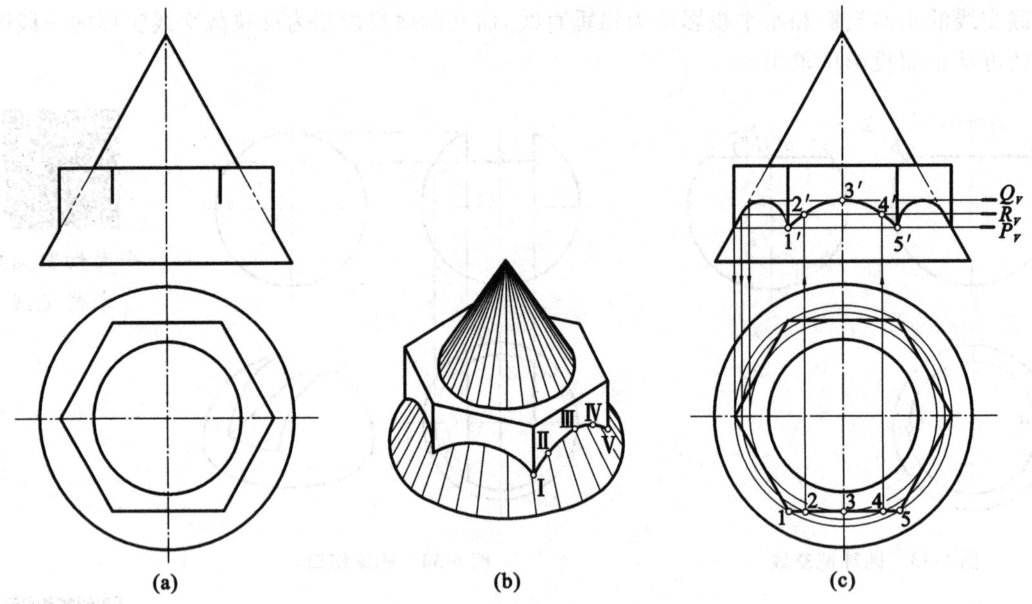

图 6-35　平面立体与曲面立体表面相交

(a) 已知;(b) 轴测图;(c)作图

【例 6-23】　如图 6-36 所示,求四棱柱与圆锥的相贯线。

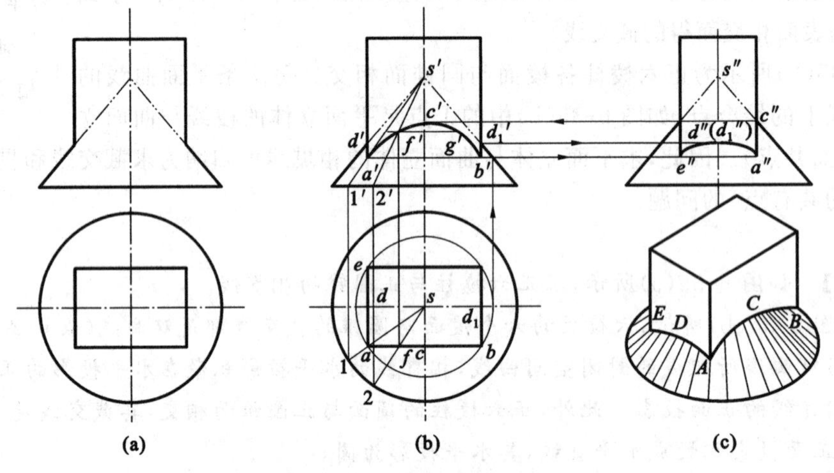

图 6-36　四棱柱与圆锥相交

分析:建筑中的圆锥薄壳基础多为平面立体与圆锥相交的相贯体。如图 6-36所示,由于四棱柱的四个棱面均平行于圆锥轴线,故其相贯线是四条双曲线组成的空间闭合线。四条双曲线的连接点都是四棱柱的四条棱线与圆锥面的交点。由于四棱柱的四个棱面均垂直于 H 面,相贯线的水平投影都积聚在四棱柱的水平投影上,故本例只需求出相贯线的正面投影和侧面投影。

作图:如图 6-36(b)所示。

① 求最高点:前、后双曲线(前后对称)的最高点 C[图 6-36(c)]是圆锥最前、最后素线与四棱柱前、后棱面的交点。左、右双曲线(左右对称)的最高点 D、D_1[图 6-36(b)、(c)]是圆锥最左、最右素线与四棱柱左右棱面的交点。根据点的投影规律,可由 c'' 向左作水平线求得 c',同理可由 d' 向右作水平线求得 $d''(d_1'')$。

② 求最低点：如图 6-36(b)所示，四条双曲线的四个连接点都是距锥顶 S 最远的点，所以它们都是双曲线的最低点，而且该四个连接点位于同一纬圆上，如图 6-36(b)所示，所以四点同高。四棱线的水平投影都有积聚性，点 A 的水平投影 a 与 s 相连延长后与圆锥底圆交于点 1，由直线 $s1$ 可作出直线 $s'1'$，再由 $s'1'$ 作出四棱柱棱线与圆锥面的交点 a'，再由 a' 向右作水平辅助线，可求得 b' 和侧面投影中的 e'' 和 a''。图 6-36(b)中的细实线圆是四棱线与圆锥的四交点所在的纬圆，作出该圆的正面投影(水平细实线)后，也可作出最低点 a'、b'。

③ 求一般点：可用直素线法在双曲线的最高、最低点之间作出适当的一般点。例如，在水平投影 ac 之间过点 f 作直线 $s2$，由 $s2$ 求出 $s'2'$。再由点 f 向上作垂线交 $s'2'$ 得点 f'，f' 即为一般点。过点 f' 作水平线可得与其对称的点 g'。同理可在侧面投影 d'' 与 e'' 之间作出一般点。

④ 连点：把各双曲线上的特殊点和一般点依次光滑连成相贯线。

6.3.4 曲面立体与曲面立体表面相交

6.3.4.1 两曲面立体相贯线的基本形式

两曲面立体的相贯线，在一般情况下是封闭的空间曲线，在特殊情况下可能是平面曲线或直线。两曲面立体相交表面所产生的相贯线，其基本形式有三种。

① 两外表面相交。如图 6-37(a)所示为两圆柱相交在立体外表面所产生的外相贯线。

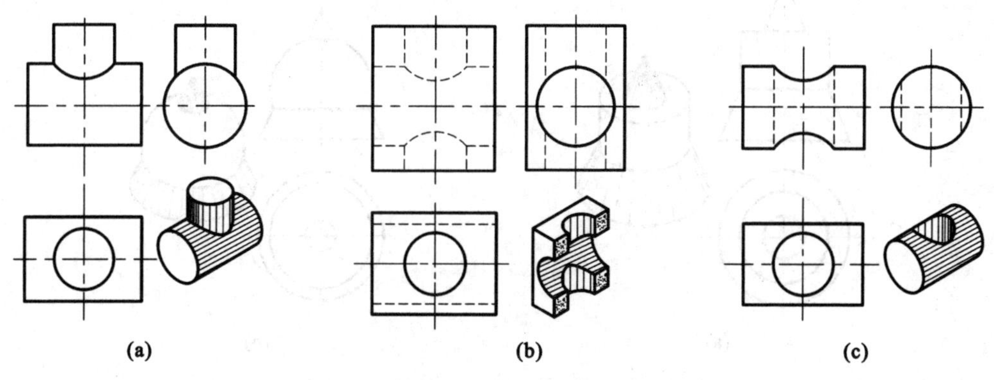

(a) (b) (c)

图 6-37 两圆柱相交的三种情况

(a) 两外表面相交；(b) 两内表面相交；(c) 内、外表面相交

② 两内表面相交。如图 6-37(b)所示为两圆柱孔相交在立体内表面所产生的内相贯线。

③ 外表面与内表面相交。如图 6-37(c)所示为圆柱和圆柱孔相交，属外表面与内表面相交产生的相贯线。

对于上述三种情况的相贯线，由于相交的基本性质(表面形状、直径大小、轴线的相对位置与投影面的相对位置)不变，所以每个图中相贯线的形状和特点都相同，其作图方法也相同。

6.3.4.2 两曲面立体相贯线的特殊情况

(1) 相贯线是直线

① 两圆柱的轴线平行，相贯线是直线，如图 6-38(a)所示。

② 两圆锥共顶时，相贯线是直线，如图 6-38(b)所示。

两曲面立体
相贯线的基本形式
及特殊情况

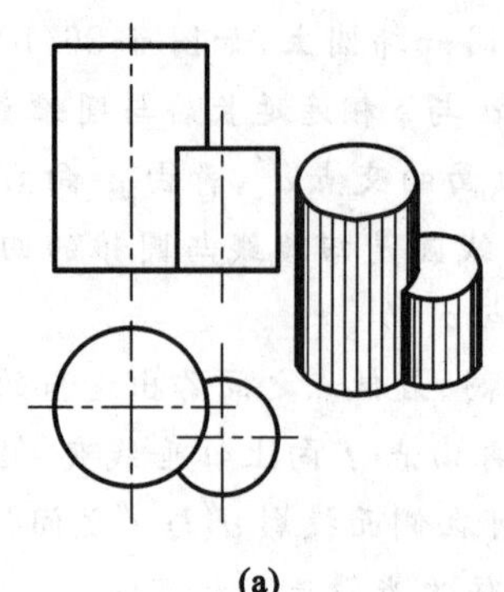

(a)

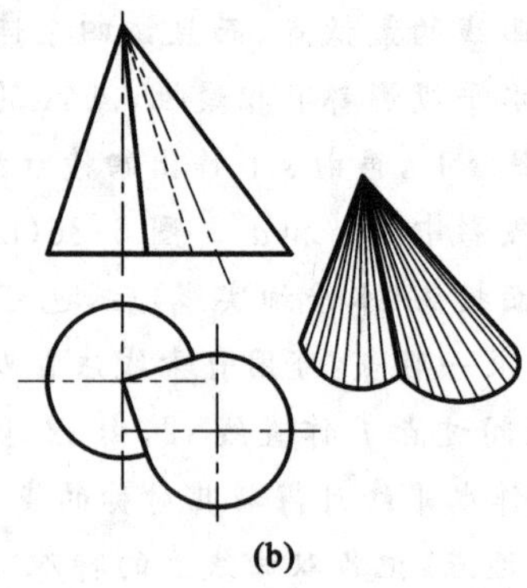

(b)

图 6-38　相贯线是直线

(2) 相贯线是平面曲线

① 相贯线是圆。同轴回转体相贯时,其相贯线为圆,该圆在其轴线所垂直的投影面内的投影为圆,在其他投影面内的投影积聚为直线。如图 6-39 所示,圆柱与圆锥相贯、圆球与圆锥相贯,其相贯线都是圆,圆的正面投影积聚成一条直线,水平投影为圆。

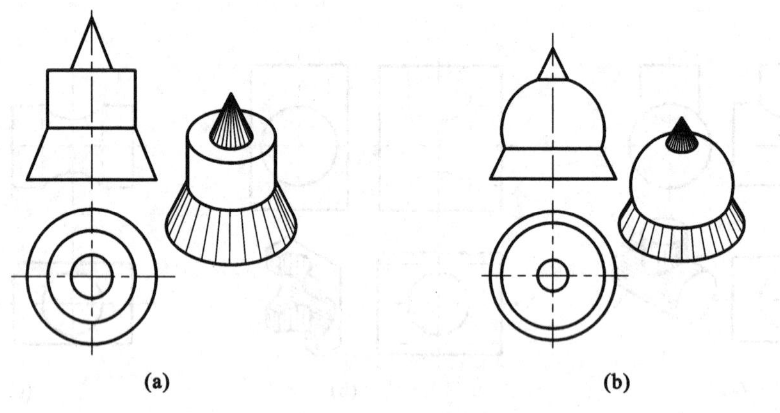

(a)　　(b)

图 6-39　相贯线是圆

② 相贯线是椭圆。当相交两立体的表面为二次曲面(如圆柱面、圆锥面等)且公切于同一球面时,其相贯线为两个椭圆。若曲线所在平面与投影面垂直,则在该投影面上的投影为一直线段,如图 6-40 所示。

a. 当轴线相交的两圆柱的直径相等且两圆柱公切于同一球面时,其相贯线是两椭圆。轴线正交(即两轴线相交且垂直)时相贯线是大小相等的两椭圆,如图 6-40(a)所示;轴线斜交(即两轴线相交但不垂直)时相贯线是大小不等的两椭圆,如图 6-40(b)所示。

b. 当圆锥与圆柱公切于同一球面且它们的轴线正交时,相贯线是大小相等的两椭圆,如图 6-40(c)所示;斜交时相贯线是大小不等的两椭圆或一个椭圆,如图 6-40(d)所示。

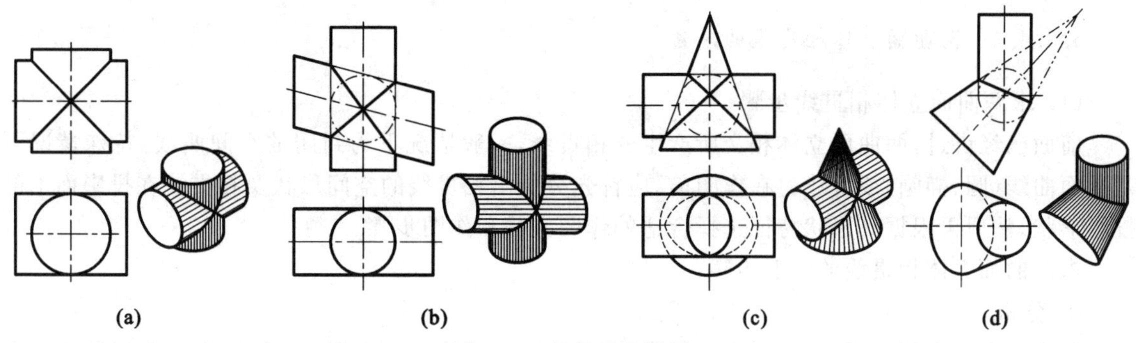

图 6-40　相贯线是椭圆

6.3.4.3　影响两曲面立体相贯线形状的各种因素

两立体的形状、相互位置关系和尺寸大小对相贯线的形状都有影响，相贯线投影的形状还与两立体对投影面的相对位置有关。图 6-3 所示为两立体的形状对相贯线形状的影响，图 6-41 所示为两圆柱的相对位置变化对相贯线形状的影响，从图上可看出，当两圆柱的相对位置发生变化时，相贯线在非积聚性投影面上的投影形状和弯曲方向总是随之发生变化。图 6-42 所示为两圆柱尺寸变化对相贯线形状的影响，从图上可看出，当两圆柱正交，小圆柱贯穿大圆柱时，相贯线在非积聚性投影面上总是向大圆柱里弯曲。当两圆柱直径相等时，相贯线在空间为两个椭圆，其投影变为直线。由以上各图可以看出，无论相贯线的形状如何变化，相贯线总是为光滑的封闭曲线，在两体相交的区域内，不会出现立体轮廓线的投影。

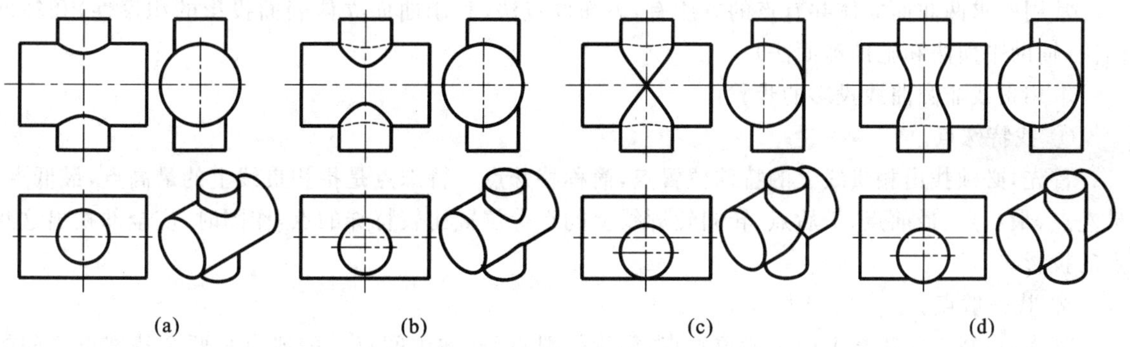

图 6-41　两圆柱相对位置变化对相贯线形状的影响

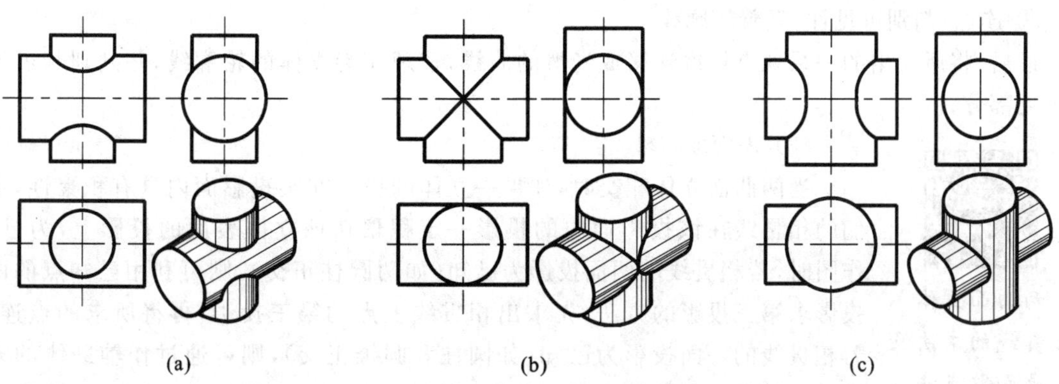

图 6-42　两圆柱尺寸变化对相贯线形状的影响

6.3.4.4 两曲面立体相贯线的求法

(1) 求两曲面立体相贯线步骤

前面已经讲过,两曲面立体相交所产生的相贯线,一般情况下为封闭的空间曲线,特殊情况下是平面曲线(圆、椭圆)或直线。在作图前,应首先分析出相贯线的空间形状及相贯线在投影面上的投影形状,然后再根据其形状特征选择合适的作图方法和作图步骤。

求两曲面立体相贯线的一般步骤:

① 分析。

首先对立体进行分析,了解相交两基本体的形状、大小和相对位置;再分析两立体相贯线的空间形状,了解相贯线在空间究竟是空间曲线、平面曲线(圆、椭圆)还是直线;最后分析两曲面立体的投影是否具有积聚性,其相贯线的哪些投影是已知的,哪些投影需要求出。

② 选择求作相贯线投影的方法。

若所求相贯线在某一投影面内的投影为直线,只需先找出该直线投影上两个点的投影,再连线画出该直线的投影;若所求相贯线在某一投影面内的投影为圆,则可找出圆投影的圆心和半径,直接画出该圆的投影;若所求相贯线在某一投影面内的投影为非圆曲线,则需先找出该非圆曲线上一系列点的投影(即两曲面立体表面一系列共有点的投影),然后再光滑连线并整理完成作图。

当相贯线的投影为非圆曲线时,该非圆曲线的投影究竟应该如何作出呢?

由于相贯线上的点是两曲面立体表面上的共有点,所以在求作相贯线非圆曲线的投影时,首先应该作出两曲面立体上一系列共有点的投影,然后将其依次连接成光滑曲线,并判别出该光滑曲线的可见与不可见部分。

常用的求两曲面立体共有点的方法有:表面取点法(利用曲面立体表面投影的积聚性)和辅助面法(辅助平面法和辅助球面法)。

求相贯线非圆曲线投影的步骤:

① 找特殊点。

首先,必须找出相贯线上的特殊位置点,简称特殊点。特殊点是指相贯线上的最高点、最低点、最左点、最右点、最前点、最后点、转向轮廓线上的点等位置比较特殊的点,作图时,应全部找出这些点的投影。

② 找一般点。

其次,应找出相贯线上的一般位置点,简称一般点,又称中间点。一般点是两个特殊点之间的点,作图时,应根据需要,作出若干一般点的投影。

③ 连点、判别可见性、完善轮廓线。

最后,将所找出的一系列点依次连接成光滑的曲线,整理完善立体的轮廓线,并判别其可见与不可见部分。

两曲面立体相贯线的求法及表面取点法

(2) 表面取点法

当两曲面立体相交时,如果一立体的投影在某投影面内具有积聚性,那它们的相贯线在该投影面内的投影一定积聚在该立体表面的投影上,为已知。作图时,若相贯线的两面投影为已知(如两圆柱正交),则可利用已知点的两面投影求第三投影的方法,先求出相贯线上点的第三投影,再将所求的点连线;若相贯线的一面投影为已知(如圆柱和圆锥正交),则可通过作辅助线的方法求出相贯线上点的其余两面投影,再将所求出的同面的点连线。这种通过在立体表面找点求相贯线的方法称为表面取点法，亦称积聚投影法。

【例 6-24】 如图 6-43(a)所示，求两圆柱的相贯线。

分析：大小两圆柱的轴线垂直相交。小圆柱的所有素线都与大圆柱的表面相交，相贯线是一封闭的空间曲线。小圆柱的轴线是铅垂线，该圆柱面的水平投影积聚为圆，相贯线的水平投影积聚在此圆周上，相贯线的侧面投影积聚在大圆柱侧面投影的圆周上，但不是整个圆周而是两圆柱投影的重叠部分，即$\overset{\frown}{2''4''}$之间的一段圆弧，如图 6-43(b)所示。由此可知，该相贯线上各点的两个投影为已知，只需求出相贯线的正面投影。又因两圆柱前后对称，相贯线也前后对称，故相贯线的后半部分被完全遮住了，只需画出相贯线正面投影的可见部分。

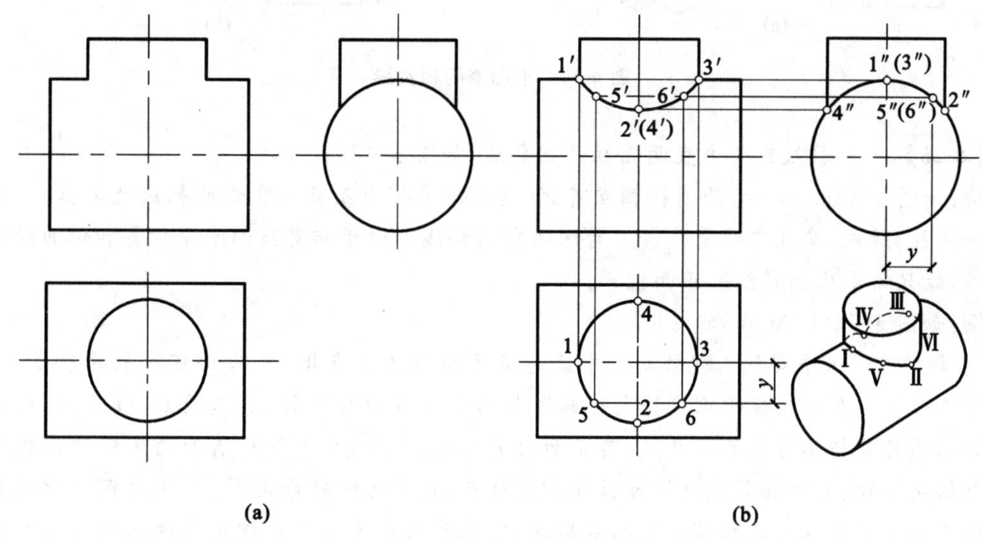

图 6-43 求两圆柱的相贯线

(a) 已知；(b)作图

作图：如图 6-43(b)所示。

① 求特殊点。相贯线的特殊点是指相贯线上最高、最低、最前、最后、最左、最右点以及可见与不可见的分界点。这些特殊点一般为一曲面立体各视向的转向轮廓线与另一曲面立体的贯穿点。若两曲面立体的轴线相交，则它们某视向的转向轮廓线的交点就是特殊点。在本图中，两圆柱正视转向轮廓线的交点Ⅰ、Ⅲ是相贯线的最左、最右点，也是最高点；小圆柱的侧视转向轮廓线与大圆柱的交点Ⅱ、Ⅳ就是最前、最后点，也是最低点。由于相贯线有两个投影已知，所以Ⅰ、Ⅲ、Ⅱ、Ⅳ四点的水平投影和侧面投影均为已知，由此可以求出它们的正面投影 1′、3′、2′、(4′)。

② 求一般点。根据作图的需要，可求出适当数量的一般点，此例取Ⅴ、Ⅵ两点。在侧面投影$\overset{\frown}{2''1''}$的一段圆弧上，任取其中一点 5″(6″)，即可求出它们的水平投影 5、6，最后求出 5′和 6′。

③ 连点。根据水平投影上各点在小圆柱上的位置，依次光滑地连接各点即得相贯线的正面投影。

【例 6-25】 如图 6-44(a)所示，求廊道主洞和支洞的相贯线。

作图：如图 6-44(a)所示为廊道的主洞和支洞相交的单线图，其实质是求两轴线正交而直径不同的两半圆柱面的交线和两廊道侧面的交线。相贯线的正面投影和侧面投影均有积聚性，故只需按与前例相同的作图方法求出相贯线的水平投影即可，如图 6-44(b)所示。

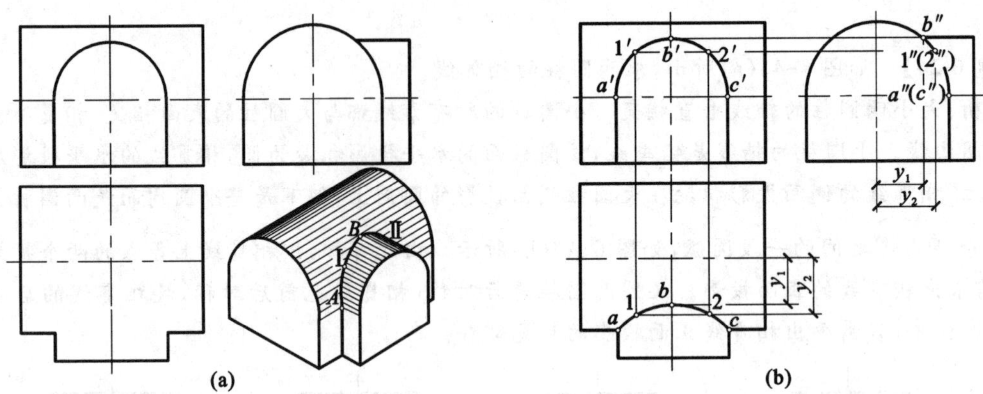

图 6-44 求廊道的相贯线

【例 6-26】* 求轴线交叉垂直两圆柱的相贯线，如图 6-45(a)所示。

分析：如图 6-45(a)所示，两圆柱相互贯穿（这种情况称为互贯），它们的轴线交叉垂直，且水平圆柱为半圆柱，所以，其相贯线是一条不封闭的空间曲线。由于相贯线的水平投影和侧面投影均具有积聚性，故只需求出相贯线的正面投影。

作图：如图 6-45(b)所示。

① 求特殊点。水平圆柱正视转向轮廓线与直立圆柱的交点Ⅲ、Ⅴ为相贯线上的最高点，其正面投影为点 3′、5′；直立圆柱的正视转向轮廓线与水平圆柱的交点Ⅱ、Ⅵ是最右、最左点，也是相贯线正面投影的可见与不可见的分界点，其正面投影为点 2′、6′；水平圆柱前面的俯视转向轮廓线与直立圆柱的交点Ⅶ、Ⅰ为相贯线上的最低点和最前点，其正面投影为点 7′、1′；直立圆柱侧视转向轮廓线与水平圆柱的交点Ⅳ是相贯线上的最后点，其正面投影为点 4′。这些点的水平投影和侧面投影均可直接求出，根据这两个投影即可作出它们的正面投影。

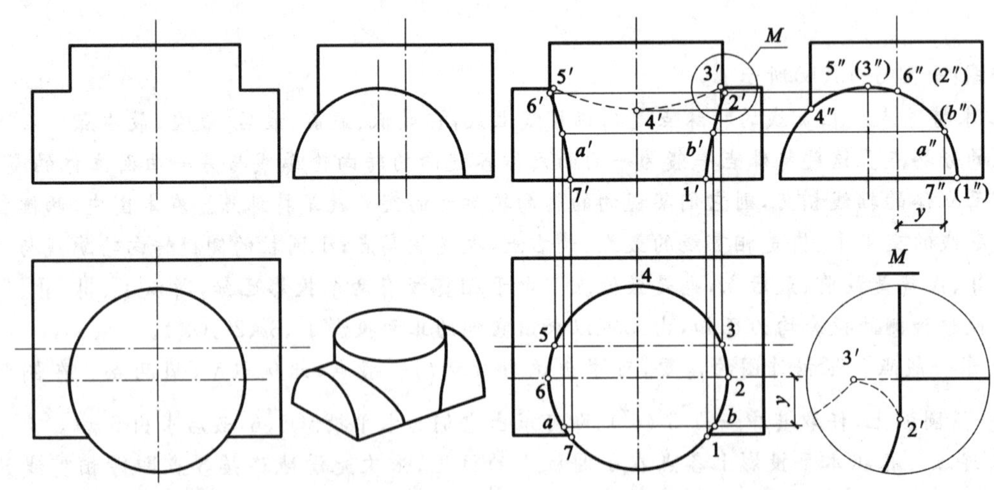

图 6-45 求偏交两圆柱的相贯线

② 求一般点。根据作图需要，在水平圆柱的侧面投影$\overset{\frown}{7''6''}$的一段圆弧上任作适当数量的一般点。图中以 $a''(b'')$为例，示出求一般点 A、B 的正面投影 a'、b'的作图方法。

③ 连点并判别可见性。根据相贯线上各点的水平投影的位置顺序，光滑地连接各点的正面投

影 $7'$、a'、$6'$、$5'$、$4'$、$3'$、$2'$、b'、$1'$，即得相贯线的正面投影 $7'a'6'5'4'3'2'b'1'$。在作图时，还需要判别相贯线和转向轮廓线的可见性，以便决定相贯线和转向轮廓线中哪一部分应该画成实线、哪一部分应该画成虚线。判别可见性的原则是：只有同时在两立体的可见表面上的相贯线，它的相应投影才是可见的。由于直立圆柱的轴线位于水平圆柱轴线之前，所以凡位于直立圆柱正视转向轮廓线之后的点均为不可见，因此相贯线的 $2'3'4'5'6'$ 部分为虚线，而 $2'$、$6'$ 为虚实部分的分界点。

应当指出：

① 由于两圆柱的轴线不相交，两圆柱正视转向轮廓线在空间并不相交。因此，在正面投影中，直立圆柱与水平圆柱的正视转向轮廓线的交点并不是相贯线上的点，而是交叉垂直的两直线的重影点。

② 因为直立圆柱正视转向轮廓线与水平圆柱的交点为Ⅱ、Ⅵ，所以，直立圆柱正视转向轮廓线应画到 $2'$、$6'$ 两点，并在该两点与相贯线相切，均为可见，应画成粗实线。水平圆柱转向轮廓线应画到 $3'$、$5'$ 两点，但其中位于直立圆柱正视转向轮廓线间的部分为不可见，应画成虚线，详见图 6-45 中右下角圆圈部分的局部放大图 M。

【例 6-27】* 求正交两空心圆柱的相贯线，如图 6-46(a)所示。

分析：由图 6-46(a)可知，两空心圆柱轴线垂直相交，其外径相等，直立圆柱的内孔直径比水平圆柱的内径直径更大一些，所产生的相贯线有如下三种：

① 外形交线——两圆柱的外表面相交所产生的相贯线。

② 内外形交线——直立圆柱的内孔和水平圆柱的外表面相交所产生的相贯线；

③ 内形交线——两个圆柱的两个内孔相交所产生的相贯线。

作图时，应根据两曲面立体相交求相贯线的原理和方法逐一求出每个位置的相贯线。

作图：

① 求外形交线，如图 6-46(b)所示。

两个圆柱轴线垂直相交且外形直径相等，属于特殊情况相贯。两圆柱的外表面所产生的相贯线在空间为两个椭圆，两个椭圆的水平投影和侧面投影分别积聚在两个外圆柱面的同面投影上，两个椭圆的正面投影为直线。由于这里的两个圆柱没有贯穿，故相贯线在空间为两个半个椭圆，其正面投影为如图中所画出的两条直线。

② 求内外形交线，如图 6-46(c)所示。

直立圆柱的内孔和水平圆柱的外圆柱面相交会产生相贯线，其相贯线是一条封闭的空间曲线 $ABCDED_1C_1B_1A$。由于相贯线的水平投影和侧面投影均具有积聚性，故只需求作出相贯线的正面投影。作图时，因该立体前后对称，其相贯线也前后对称，所以只需求作出空间曲线 $ABCDE$ 的正面投影 $a'b'c'd'e'$ 即可。

a. 求特殊点。水平圆柱上最低的素线（正视转向轮廓线）与直立圆柱内孔的最左、最右两条素线的交点 A、E 为相贯线上的最低点，也是最左、最右点，其正面投影为点 a'、e'。直立圆柱内孔最前、最后两条素线与与水平圆柱外表面的交点 C、$C1$ 是相贯线上的最高点，也是最前、最后点，其正面投影为点 c'、$c_1{}'$。

b. 求一般点。根据作图需要，在水平圆柱的侧面投影 $\overset{\frown}{a''c''}$ 的一段圆弧上任作适当数量的一般点。图中以 $b''(d'')$ 为例，示出求一般点 B、D 的正面投影 b'、d' 的作图方法。

c. 连点并判别可见性。根据相贯线上各点的水平投影的位置顺序，光滑地连接各点的正面投影 a'、b'、c'、d'、e'，即得相贯线的正面投影 $a'b'c'd'e'$。这条相贯线的正面投影为可见，应画成实线。

注意:为了图面简洁便于读图,B_1、C_1、D_1 三点的正面投影 b_1'、c_1'、d_1' 和侧面投影 b_1''、c_1''、d_1'' 未在图中标注示出。

③ 求内形交线,如图6-46(d)所示。

直立圆柱的内孔和水平圆柱的内孔相交会产生相贯线,由于两个内孔贯穿,其相贯线是两条封闭的空间曲线Ⅰ Ⅱ Ⅲ Ⅳ Ⅴ $Ⅳ_1$ $Ⅲ_1$ $Ⅱ_1$ Ⅰ和Ⅵ Ⅶ Ⅷ Ⅸ Ⅹ $Ⅸ_1$ $Ⅷ_1$ $Ⅶ_1$ Ⅵ。由于相贯线的水平投影和侧面投影均具有积聚性,故只需求作出相贯线的正面投影。作图时,因该立体前后对称,其相贯线也前后对称,所以只需求作出空间曲线Ⅰ Ⅱ Ⅲ Ⅳ Ⅴ和Ⅵ Ⅶ Ⅷ Ⅸ Ⅹ的正面投影 1'2'3'4'5'和 6'7'8'9'10'即可完成作图。

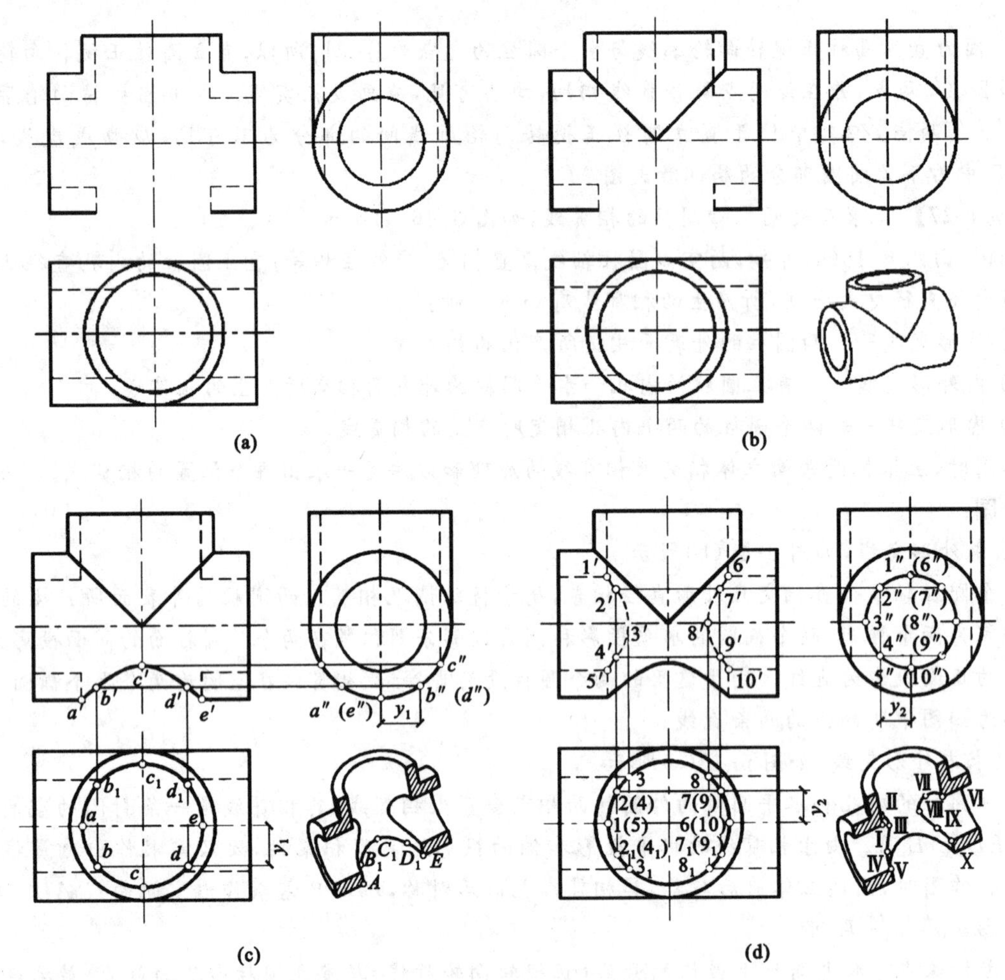

图6-46 求正交两空心圆柱的相贯线

(a) 给题;(b) 求外形交线;(c)求内外形交线;(b) 求内形交线

a. 求特殊点。水平圆柱圆孔上最高的那条素线与直立圆柱内孔最左、最右两条素线的交点Ⅰ、Ⅵ分别为两条相贯线上的最高点,其正面投影为点 1'、6';水平圆柱圆孔上最低的那条素线与直立圆柱内孔最左、最右两条素线的交点Ⅴ、Ⅹ分别为两条相贯线上的最低点,其正面投影点 5'、10';水平圆柱圆孔上最后面的那条素线与直立圆柱内孔的交点Ⅲ、Ⅷ分别为两条相贯线上的最后点,其正面投影为点 3'、8';水平圆柱圆孔上最前面的那条素线与直立圆柱内孔的交点$Ⅲ_1$、$Ⅷ_1$ 分别为两条相贯线上的最前点,其正面投影为点 $3_1'$、$8_1'$(图中未标注示出)。

b. 求一般点。根据作图需要，分别在水平圆柱内孔的侧面投影$\overset{\frown}{1''3''}$($\overset{\frown}{6''8''}$)、$\overset{\frown}{3''5''}$($\overset{\frown}{8''10''}$)的每段圆弧上任作适当数量的一般点。图中以点2″(7″)、4″(9″)为例，示出求一般点Ⅱ、Ⅳ、Ⅶ、Ⅸ的正面投影2′、4′、7′、9′的作图方法。

c. 连点并判别可见性。根据相贯线上各点的侧面投影的位置顺序，分别光滑地连接各点的正面投影1′、2′、3′、4′、5′和6′、7′、8′、9′、10′，即可得两条相贯线的正面投影1′2′3′4′5′和6′7′8′9′10′。由于是两内孔相交，这两条相贯线的正面投影均为不可见，应画成虚线。

注意：为了图面简洁便于读图，点$Ⅱ_1$、$Ⅲ_1$、$Ⅳ_1$、$Ⅶ_1$、$Ⅷ_1$、$Ⅸ_1$六点的正面投影($2_1'$、$3_1'$、$4_1'$、$7_1'$、$8_1'$、$9_1'$)和侧面投影($2_1''$、$3_1''$、$4_1''$、$7_1''$、$8_1''$、$9_1''$)未在图中标注示出。

应当指出：

两曲面立体无论是两外表面相贯、内外表面相贯，还是两内表面相贯，求相贯线的方法和思路都是一样的。

(3)* 辅助平面法

如图6-47所示，圆台轴线垂直于H面，为求两曲面立体的相贯线，用垂直于圆台轴线的辅助平面P_2切割这两个立体。P_2面切割圆台所得的截交线为一个水平圆，P_2面切割圆柱所得的截交线为两条水平线。由于同在P_2面内，两组截交线必然相交，且交点Ⅴ、Ⅵ为"三面共点"(两曲面及辅助平面的共有点)，也就是相贯线上的点。

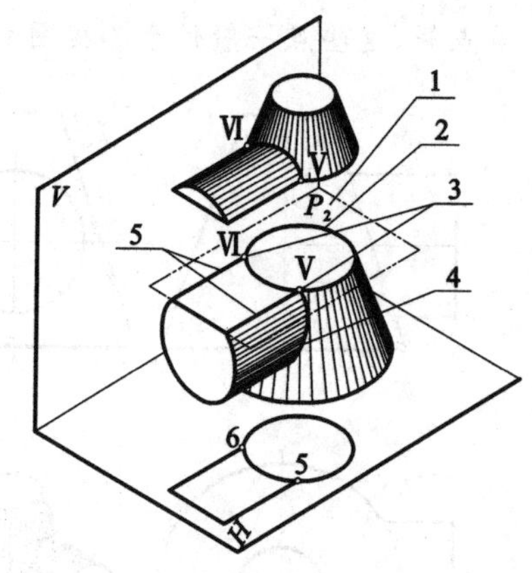

图6-47　用辅助平面法求相贯线的原理

1—辅助截平面；2—圆锥截交线；3—三面共点；4—相贯线；5—圆柱截交线

用辅助平面求得相贯线上的点，并通过连点作出相贯线的方法就是辅助平面法。辅助平面法的作图步骤如下：

① 作辅助平面使之与两曲面立体相交。

② 分别作出辅助平面与两曲面立体的截交线。

③ 求出两截交线的交点，即两曲面立体的共有点。

辅助平面的选择必须考虑两相贯立体的形体特点以及它们之间的相对位置，也要考虑两相贯立体与投影面的相对位置等因素，要使所选辅助平面与两曲面立体相交时的截交线的投影都是简单易画的图形(如圆或直线)。

当圆柱与圆锥相交，且轴线相互平行时，如图6-48(a)所示，可选用水平面为辅助平面，如图6-48(b)所示。因为两截交线都是水平圆，其水平投影仍为圆，两圆的交点Ⅰ、Ⅱ就是相贯线上的点，易于在投影图上确定它们。

用辅助平面法求两曲面立体的相贯线

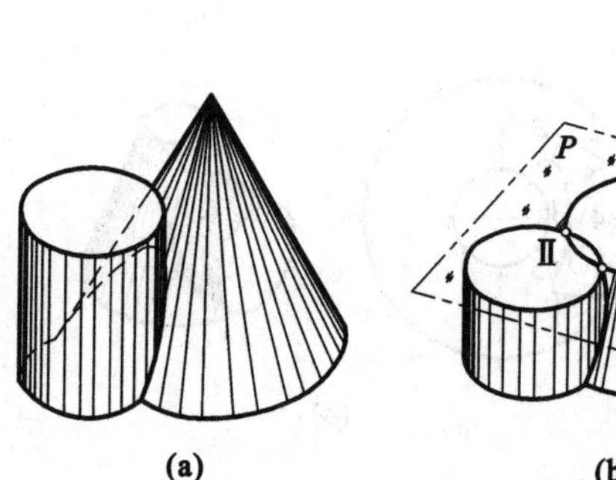

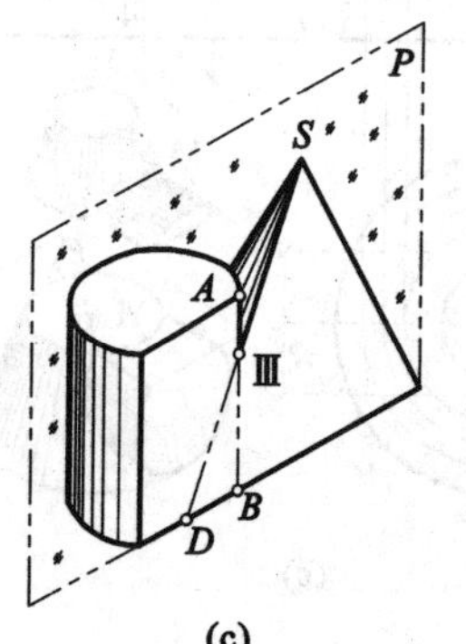

图6-48　辅助平面的选择

由于圆锥和圆柱都是直线面,故也可以过锥顶 S 的铅垂面作辅助平面,如图 6-48(c)所示。辅助平面与圆锥面的交线为 SD,与圆柱面的交线为 AB,在正面投影中,很容易确定此两直线的交点Ⅲ的投影。

【例 6-28】 如图 6-49(a)所示,圆柱与圆台相交,求其相贯线。

分析:从图 6-49(a)中可以看出,圆柱与圆台前后对称,整个圆柱与圆台的左侧相交,相贯线是一条闭合的空间曲线。因为圆柱的侧面投影有积聚性,所以相贯线的侧面投影积聚在圆柱的侧面投影轮廓圆上;又因为相贯线前后对称,所以相贯线的正面投影前后重合,为一段曲线弧;相贯线的水平投影为一闭合的曲线,其中处在上半圆柱面上的一段曲线可见(画实线),处在下半圆柱面上的一段曲线不可见(画虚线)。此题适于用水平面作为辅助截平面进行作图。

作图:

① 求特殊点。相贯线上的特殊点是指最高、最低、最左、最右、最前、最后点以及可见与不可见的分界点等,这些点一般位于各视图的转向轮廓线上。

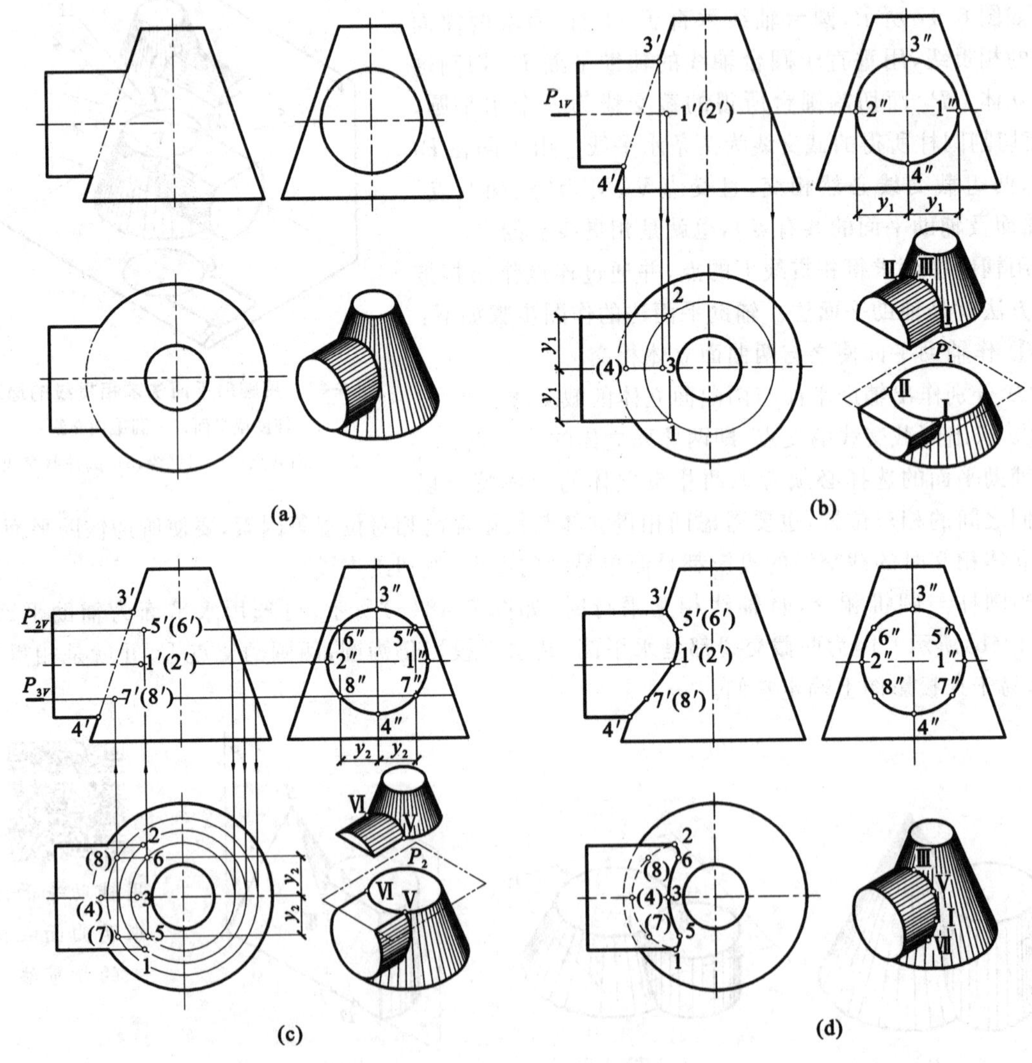

图 6-49 求圆柱与圆台的相贯线

(a) 已知;(b) 求特殊点;(c) 求一般点;(d) 连点

如图 6-49(b)所示，过圆柱轴线作水平面 P_1，P_1 与圆柱面交出两条素线（水平投影为转向轮廓线），与圆锥面交出一个水平圆，作出该圆的水平投影并找到转向轮廓线与圆的交点 1 和 2，然后通过投影联系线在 P_{1V} 上找到 $1'$ 和 $2'$（相贯线上的最前点和最后点）。因为相贯线前后对称，相贯线的正面投影前后重合，所以圆柱与圆锥正面转向轮廓线的交点 $3'$ 和 $4'$ 即是相贯线前后两部分的分界点（也是相贯线上的最高点和最低点），通过投影联系线在横向中心线上找到它们的水平投影 3 和(4)。

② 求一般点。如图 6-49(c)所示，在适当的位置上作水平辅助面 P_2 和 P_3（图中 P_2 和 P_3 到 P_1 的距离相等），按①的作图方法可求出一般点的水平投影 5、6 和(7)、(8)以及正面投影 $5'$、$(6')$ 和 $7'$、$(8')$。

③ 连点及可见性判别。

连点的原则：只有在两立体表面上处于相邻两素线间的共有点才能相连。要连某视图上相贯线的点时，应从有积聚性的投影中看出相邻两素线的点的位置。

判别可见性的原则：只有当相贯线同时位于甲、乙两立体的可见表面时，其相应的投影才可见。

如图 6-49(d)所示，依次连接各点的同面投影：正面投影 $3'5'1'7'4'$ 一段和 $3'(6')(2')(8')4'$ 一段重合，可见，相贯线画粗实线；水平投影 15362 一段可见，画粗实线，1(7) (4) (8) 2 一段不可见，画虚线。

综上所述，求两曲面立体相贯线上点的方法有表面取点法和辅助平面法。表面取点法仅适用于可以利用曲面立体的积聚性时，辅助平面法不仅适用于求一般曲面立体的相贯线，而且还可代替表面取点法求相贯线。由此可知，辅助平面法的应用更为广泛。

辅助平面的选择原则：用辅助平面法求相贯线的关键是如何选择辅助平面，其原则是使辅助平面与两已知曲面所截出交线的投影是简单易画的圆或直线。为此，对于圆柱体，一般采用平行或垂直于圆柱轴线的辅助平面；对于圆锥体，一般采用垂直于圆锥轴线或过锥顶的辅助平面；对于球体，一般采用平行于投影面的辅助平面。当相交两立体均为回转体，它们的轴线相交且同时平行于某一投影面时，可选用球面作为辅助面。该内容在这里不作介绍，若有需要，可参见其他相关书籍。

6.3.4.5　复合相贯线

复合相贯线，是由两个以上立体表面相交的相贯线组合而成。求复合相贯线应首先分离形体，即将相交部分按单一立体分解开，然后根据这些形体的组合关系，分别按两两相交，应用上述求相贯线的原理和方法，逐一作出每两个单一立体相交的相贯线，再经过综合分析和完善，最后完成全图。

复合相贯线

【例 6-29】　求作如图 6-50(a)所示三个圆柱体的复合相贯线。

分析：该物体由三个圆柱体Ⅰ、Ⅱ、Ⅲ组成，其中Ⅰ、Ⅱ两圆柱同轴线其端面相交，Ⅰ、Ⅲ和Ⅱ、Ⅲ均为轴线正交的相贯体，其表面产生相贯线；Ⅱ的左端面（平面）与Ⅲ的交线为截交线。

作图：

① 求Ⅰ、Ⅲ的相贯线，见图 6-50(b)：其水平投影 c-b-a-b-c 重合在圆柱Ⅲ的水平投影上，为一段圆弧，其中点 c 是圆柱Ⅰ、Ⅲ表面与Ⅱ左端面的共有点；其侧面投影重合在Ⅰ的侧面投影上为 $\overset{\frown}{c''b''a''b''c''}$ 一段圆弧，由此可求出 $a'b'c'$；

② 求Ⅱ、Ⅲ的相贯线，见图 6-50(c)：由水平投影 ded 与侧面投影 $d''e''d''$ 可求出 $d'e'd'$。其中点 $D(d',d,d'')$ 为圆柱Ⅱ、Ⅲ与Ⅱ左端面的共有点；

③ 求Ⅱ的左端面（平面）与Ⅲ的截交线，见图 6-50(d)：左端面平行于圆柱Ⅱ的轴线，截交线为

直线 $CD(c'd',cd,c''d'')$；

④ 完善外形线的投影：相贯线为两立体表面的分界线，即是各立体相交部分的外形线。

判断可见性：正面投影中，相贯线的可见部分与不可见部分重合。侧面投影中，截交线 $c''d''$ 不可见。

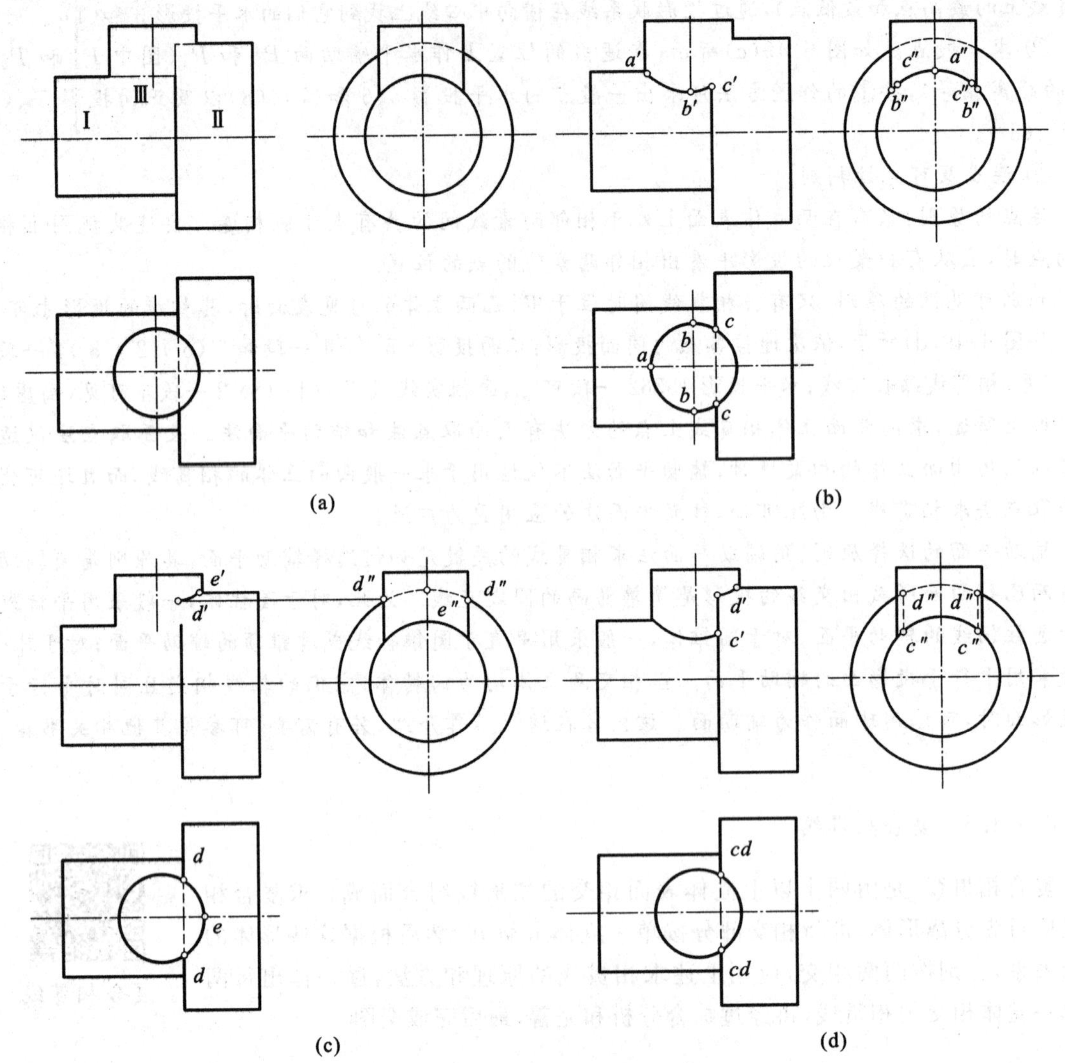

图 6-50　作三个圆柱体的复合相贯线

6.4　立体工程图案例

在工程建筑中，经常会遇到圆柱切槽穿孔、两圆管斜交等情况，这里仅列出一个案例来说明其作图方法。

【例 6-30】　完善水轮机层支座三视图。

如图 6-51(a)所示为水轮机层支座简化了的轴测图及未完成的三视图，该支座是由圆柱穿孔、切槽而成，图 6-51(b)示出了该支座三视图的作图方法。

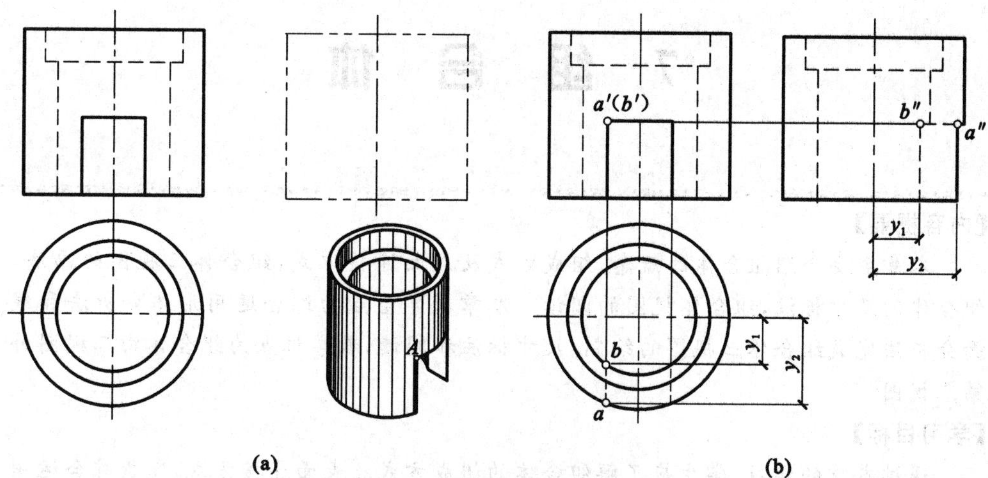

图 6-51　水轮机层支座三视图

本章小结、要点自测、
理实融合、拓展学习

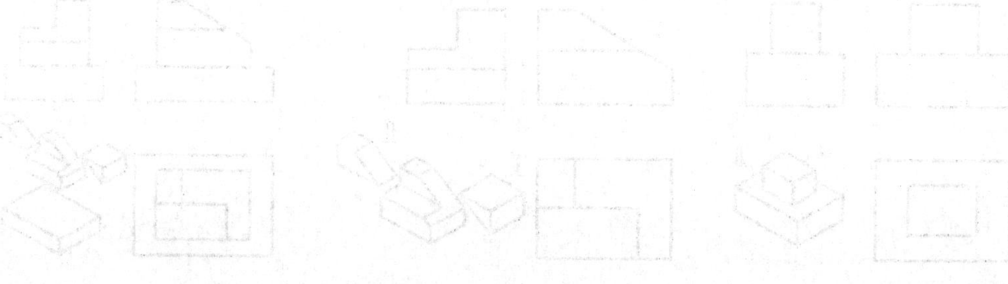

7 组 合 体

【内容提要】

本章主要介绍组合体的概念、组成方式及表面连接方式，组合体三视图的画法，组合体的尺寸标注，组合体视图的阅读。本章教学重点为综合运用形体分析法和线面分析法完成组合体三视图的绘制、尺寸标注和阅读，教学难点为组合体由二视图补第三视图。

【学习目标】

通过本章的学习，学生应了解组合体的组成方式及表面连接方式，掌握综合运用形体分析法和线面分析法绘制和阅读组合体视图的基本方法和技巧，具备按照制图国家相关标准正确、合理地标注组合体尺寸的基本能力。

7.1 概　述

任何复杂的物体都可以看成是由一些基本形体组合而成的，这些基本形体包括棱柱、棱锥等平面立体和圆柱、圆锥、圆球、圆环等曲面立体。由两个或两个以上的基本形体通过叠加、挖切、相贯等方式组成的物体称为组合体。本章着重介绍组合体的画图、读图以及尺寸标注的方法，这是学习专业图样的重要基础。

组合体的组合方式

7.1.1 组合体的组合方式

组合体的组合方式一般有叠加、切割和综合三种形式。

(1) 叠加式组合体

叠加式组合体可看作是由几个基本形体经过叠加而形成的。如图 7-1(a)所示的组合体可以看作是由Ⅰ、Ⅱ两个基本形体叠加而形成的。

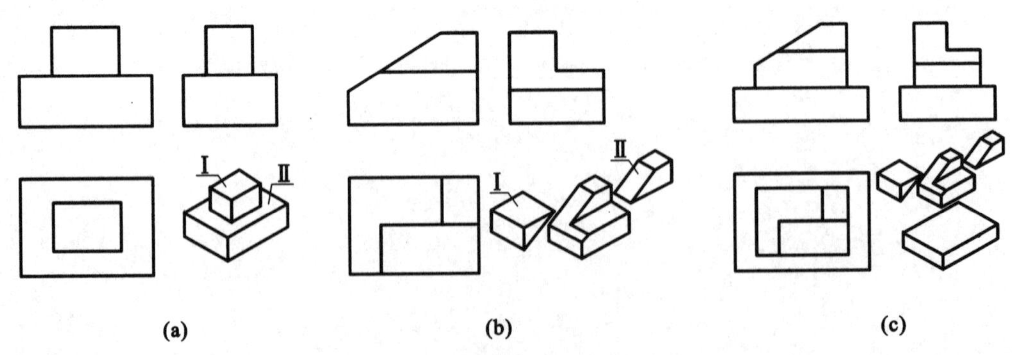

图 7-1　组合体的组成方式

(a) 叠加式组合体；(b) 切割式组合体；(c) 综合式组合体

（2）切割式组合体

切割式组合体可以看作是基本形体被一些平面或曲面切割而形成的。如图 7-1(b)所示的组合体可以看作是一个基本形体(长方体)被切去了Ⅰ、Ⅱ两个基本形体之后形成的。

（3）综合式组合体

综合式组合体可以看作是由基本形体经过叠加和切割两种方式而形成的。综合式组合体构成时,可以先叠加后切割,也可以先切割后叠加。

应当指出的是,一般情况下,叠加式组合体和切割式组合体并无严格界限,在对同一个组合体进行形体分析时,既可按叠加的形式分析,也可按切割的形式分析。

7.1.2 组合体的表面连接关系

组合体的表面连接关系

组合体基本形体之间的表面连接形式有平齐、相切、相交三种关系。

（1）平齐

当形体的两表面平齐(即共面)时,其连接处不存在分界线,如图 7-2(a)、(b)所示。当形体的两表面不平齐(即不共面)时,其连接处存在分界线,如图 7-2(c)所示。

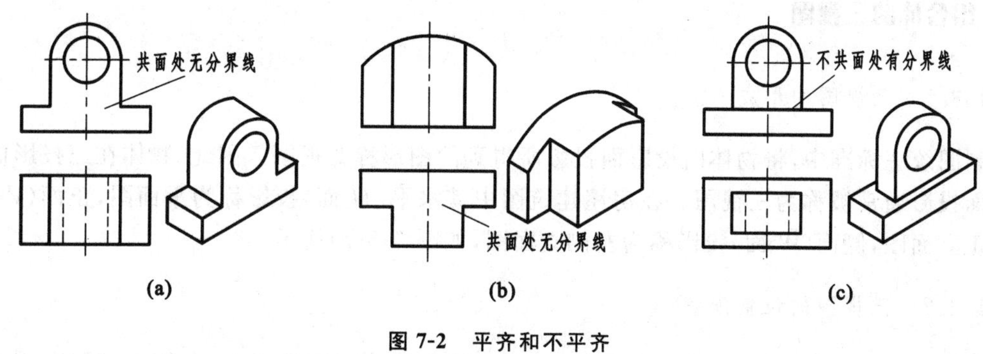

图 7-2 平齐和不平齐

(a)、(b) 平齐;(c) 不平齐

（2）相交

两立体的表面彼此相交,在相交处有交线(截交线或相贯线),该交线是两个表面的分界线,画图时,必须正确画出交线的投影,如图 7-3 所示。关于两立体表面的交线问题见第 6 章。

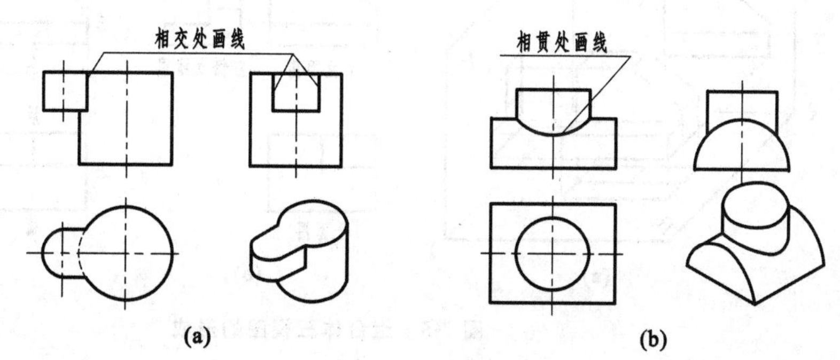

图 7-3 相交

(a) 截交线;(b) 相贯线

(3) 相切

只有当立体的平面与另一立体的曲面连接时,才存在相切的问题。图 7-4(a)所示为平面与曲面相切,图 7-4(b)所示为曲面与曲面(圆球面与圆柱面)相切。因为在相切处两表面光滑过渡,不存在分界线,所以相切处不画线,如图 7-4 中引出线所指处。

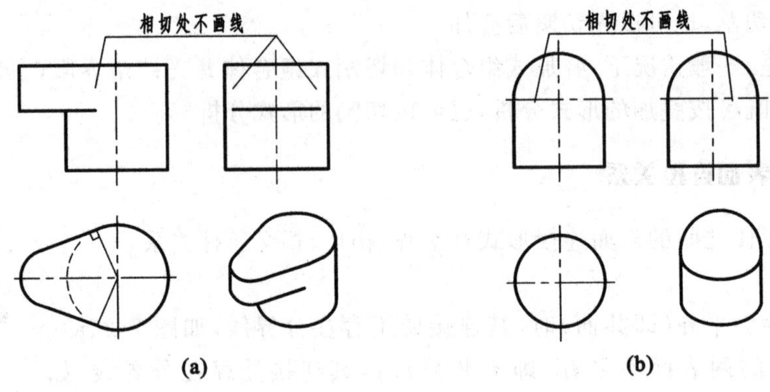

图 7-4 相切

7.1.3 组合体的三视图

7.1.3.1 三视图的形成

在制图统一标准中,将物体向投影面投影所得到的图形称为视图。因此,物体在三投影面体系中的三面投影通常被称为三视图。在房屋建筑图中其水平(H 面)投影称为平面图,正面(V 面)投影称为正立面图,侧面(W 面)投影称为左侧立面图,如图 7-5(a)所示。

7.1.3.2 三视图的位置配置

三视图的位置配置为:以正立面图为基准,平面图在正立面图的下方,左侧立面图在正立面图的右方,在画图时,各视图间的投影轴和投影连线一并隐去,如图 7-5(b)所示。

组合体
三视图的形成

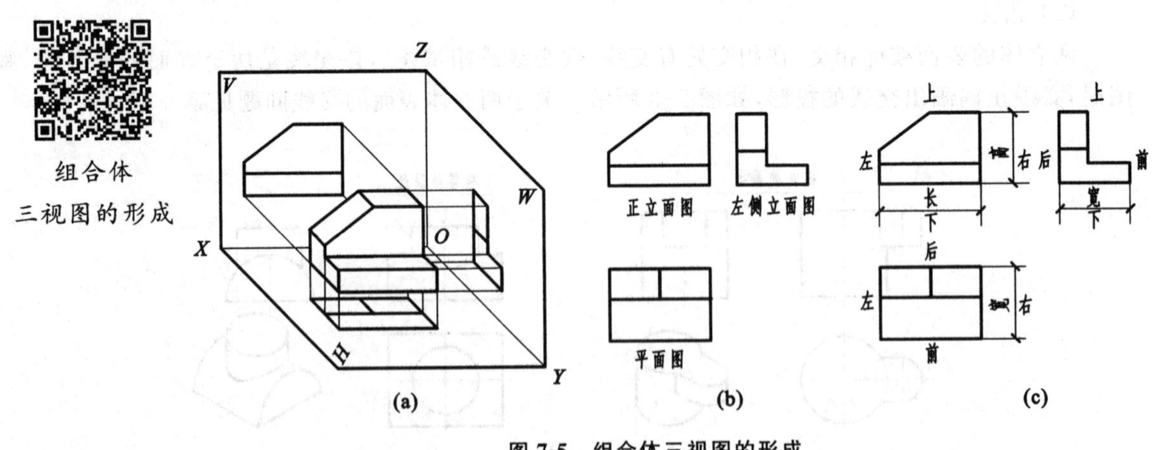

图 7-5 组合体三视图的形成

7.1.3.3 三视图的投影对应关系

虽然在画三视图时隐去了投影轴和视图间的投影连线，但其投影规律保持不变，仍然遵循“长对正、高平齐、宽相等”的规律，画图时必须严格遵守，以保证物体上、下、左、右、前和后六个部位在三视图中的位置及对应关系，如图 7-5(b)所示。

应当注意的是：画图时，在隐去投影轴的情况下，通常是在平面图、左侧立面图中选取同一作图基准(对称轴线、表面等)，作为确定物体宽度方向位置关系的度量基准，以保证对物体的正确表达。

7.2 组合体三视图的画法

7.2.1 组合体画图的方法

组合体画图时，通常是采用形体分析法和线面分析法来进行分析的。

(1) 形体分析法

假想将组合体分解为若干基本形体，分析这些基本形体的形状、大小和相对位置，了解它们之间的组成方式和表面连接关系，从而弄清组合体的整体形状和投影图画法，这种方法称为形体分析法。

(2) 线面分析法

组合体也可以看成是由若干线(直线或曲线)、面(平面或曲面)围合而成的，在进行组合体的绘图和读图时，可以通过组合体上线、面的投影特性，分析组合体视图中线段和线框的含义，了解组合体各表面的形状和相互位置关系，从而弄清组合体的整体形状和视图画法，这种方法称线面分析法。

7.2.2 绘制组合体三视图的步骤

组合体

三视图的绘制

组合体三视图的绘制通常按一定步骤进行。下面以工程上常用的木制闸门滚轮轴座[图 7-6(a)]来介绍绘制组合体视图的步骤。

(1) 形体分析

在绘制组合体三视图时，通过综合运用形体分析法和线面分析法对要表达的组合体进行分析，从而对其整体形状和构成方式有比较完整的认识和掌握。

如图 7-6(b)所示，可以将轴座分解成一块带四个圆孔的底板和两块有圆孔的支撑板。

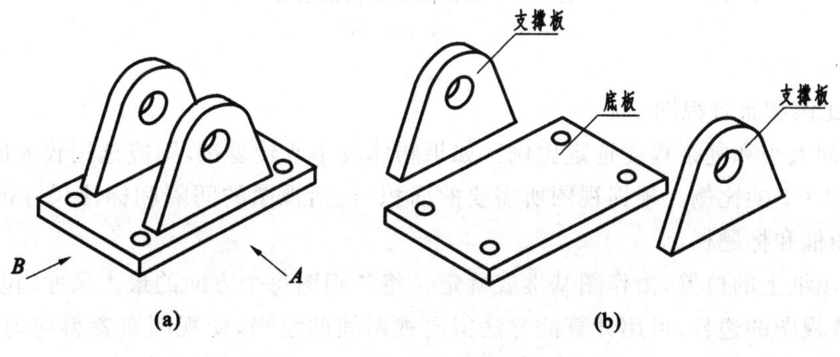

图 7-6 滚轮轴座的形体分析

(2) 视图选择

每个组合体都可以画出多个视图,但视图的选择应按"最清楚、最简单"的原则进行。视图的选择主要包括正立面图的选择和视图数量的确定。

① 正立面图的选择。

在表达组合体的一组视图中,正立面图为主要的视图,在选择时应优先考虑。正立面图的选择一般应考虑以下原则:

a. 安放位置和投影方向的选择。一般按自然位置安放组合体,并选择最能反映组合体的形状特征及各部分相对位置比较明显的方向作为正立面图的投射方向,让组合体的对称平面或大的平面平行于投影面,使三面投影尽可能多地反映组合体表面的实形。

b. 尽量避免视图中出现过多的虚线。

c. 应考虑专业图的表达习惯。房屋建筑图的表达一般是将房屋的正面作为正立面图。

② 视图数量的确定。

确定视图数量应配合主视图,在完整、清晰地表达物体形状的条件下,视图数量应尽量少。

如图7-6所示,支撑板形状特征的表达需要A向视图,底板与支撑板相互位置关系的表达需要B向视图,底板四孔位置的确定需要平面图,综合起来,滚轮轴座共需三个视图。若选择B向作为正立面图,如图7-7(a)所示,形状特征不明显且不能合理利用图纸。综合考虑,选择A向作为正立面图投影方向比较好,如图7-7(b)所示。

应当指出的是,确定视图的数量主要是针对形体外形而言,实际选择时,还需考虑形体的尺寸标注及剖面、断面(详见第9章)等因素。

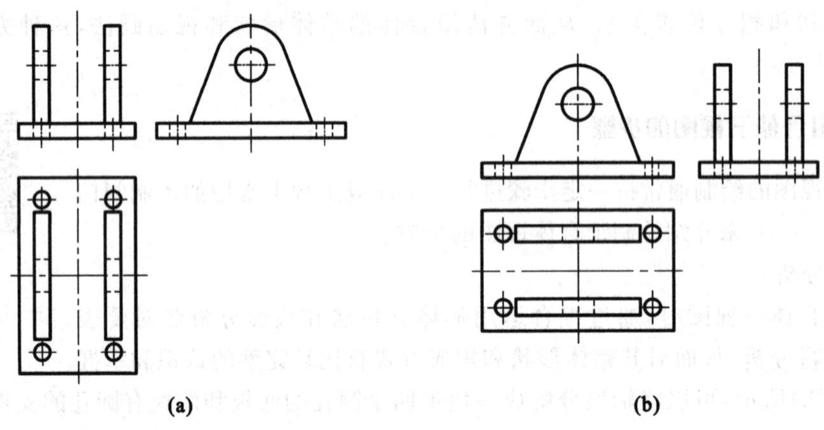

图7-7 滚轮轴座的视图选择

(a) 不好;(b) 好

(3) 选择比例和布置视图

根据物体的大小和复杂程度选定比例。如果物体较小或较复杂,则应选用较大的比例,一般组合体最好选用1∶1的比例。根据视图所需要的面积(包括视图的间隔和标注尺寸的位置)选用标准图幅,画出图框和标题栏。

各视图在图纸上的位置,由作图基准线确定。将各视图每个方向的最大尺寸(包括标注尺寸所占位置)作为各视图的边界,可用计算的方法留出视图间的空当,使视图布置得均匀、美观,然后画出各视图的基准线,包括表示对称面的对称线、底面或主端面的轮廓线等。如图7-8(a)所示,正立面图以底板的底面为高度方向的基准线，以竖直点画线（左右对称面）为长度方向的基准线；平面图和左侧立面图均以点画线作为宽度方向的基准线。

（4）画视图底图

各视图的位置确定后，用细实线依次画出各组成部分的视图底稿。画图时，一般遵循以下规则：

① 一般应从主要形体入手，按各组成部分的形状特征和相互位置关系并按“先主要后次要、先整体后局部、先特征后其他、先外形后内形”的顺序逐个画出各基本形体的视图。如图 7-8 所示轴座，先画底板后画支撑板。画底板时，先外形后圆孔；画支撑板时，先圆弧（圆孔）后其他。

② 应先从最具有形状特征的视图（如反映实形的视图）开始画。对一个基本形体来说，应先画特征（视图）后画其他（视图）；先画实线，后画虚线。如图 7-8 所示轴座，画底板时，先画平面图后画其他视图；画支撑板时，先画正立面图后画其他视图。

③ 应几个视图配合起来同时画。为提高绘图速度和保证作图的准确性，画图时，通常不是画完一个视图之后再画另一个视图，而是按三等规律，把形体的有关视图配合作图。如画正立面图或左侧立面图时，同时考虑“高平齐”；画平面图时，同时考虑“宽相等”，如图 7-8 所示。

④ 应正确表达各基本形体表面之间的连接关系。组合体实际上是一个整体。形体分析是假想的，各个基本体的投影画完后，还要分析其组合方式和表面连接关系，从而修正多画或少画的线。当两个基本形体平齐，即共一个表面时，在共面处不画线，如图 7-2(a)所示。

（5）检查、加深图线

底图完成后，用形体分析法逐个检查各组成部分（基本形体或简单体）的投影以及它们之间的相对位置关系。对于对称图形应画对称面的积聚投影，即对称线；对于回转体要在非圆视图上画出回转轴线。如无错误，则按规定的线型描深，如图 7-8(d)所示。

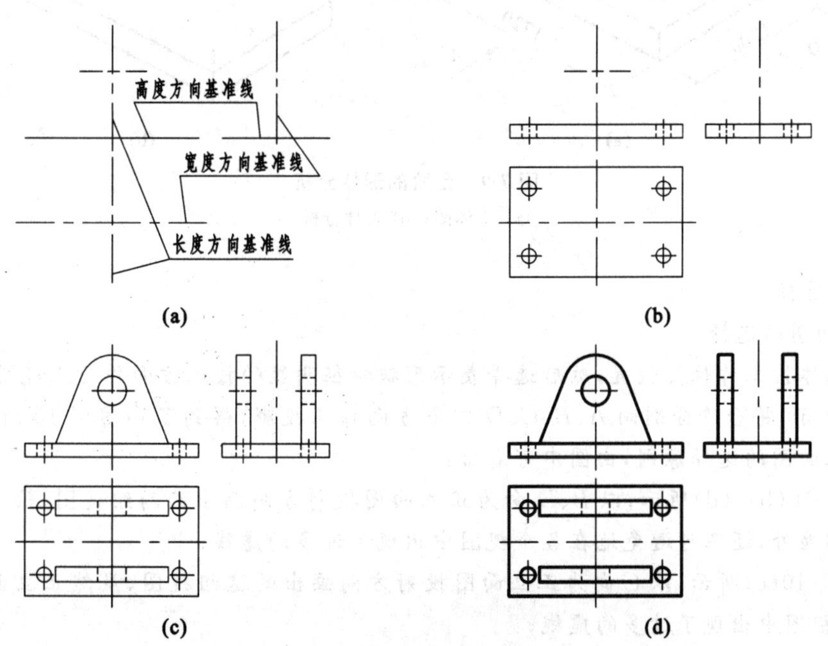

图 7-8　组合体视图的画图步骤

(a) 画作图基准线；(b) 画底板和圆孔；(c) 画支撑板和圆孔；(d) 检查、加深图线应当指出的是,画组合体视图时,可根据组合体的组合方式采用不同的方法。

① 对于叠加式组合体,一般是把组合体中每个基本形体的三个视图一次画完,画完一个基本形体再画另一个基本形体。也可以在各视图的基准线上定出各基本形体的长、宽、高,按三等规律,把水平或竖直的直线成批地画出,然后确定各基本形体应画的图形。

② 对于切割式组合体,一般是先把未切割前的假想体的投影画出,然后逐一画出切除相关形体后的投影。

③ 对于综合式组合体,可综合运用叠加式组合体和切割式组合体画图的方法绘制,可以先叠加后切割,亦可先切割后叠加。

【例 7-1】 试绘制如图 7-9(a)所示台阶的视图。

分析:该台阶属于叠加式组合体,可采用形体分析法绘制三视图。

(1) 形体分析

如图 7-9(a)所示,假想把台阶分解为有一个矩形缺口的踏板Ⅰ、矩形踏板Ⅱ和矩形栏板Ⅲ三个基本形体,如图 7-9(b)所示。它们之间的表面连接方式是叠加且后表面平齐。

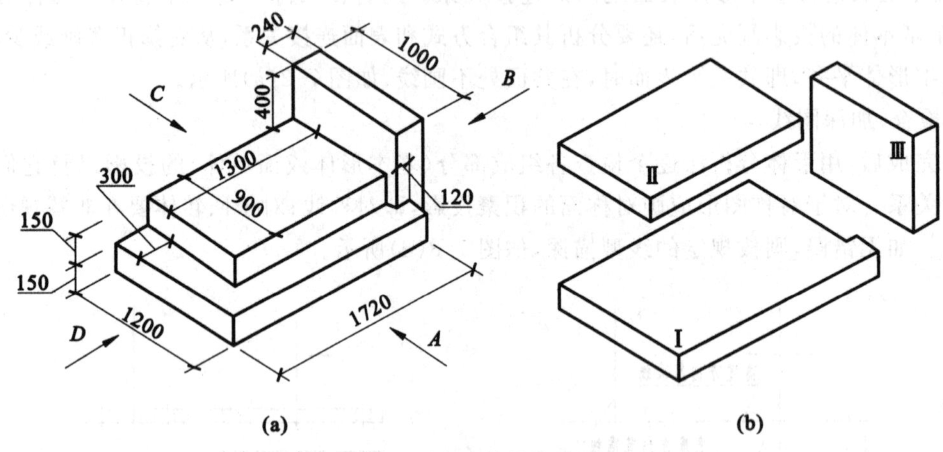

图 7-9 台阶的形体分析

(a) 立体图;(b) 形体分析

(2) 视图选择

① 正立面图的选择。

首先将物体按工作位置放置,然后选择表示形状特征明显的投影方向作为正视图的投影方向。如图 7-9(a)所示,将台阶分别向 A、B、C、D 四个方向作正投影,得到了如图 7-10 所示四组视图。根据前述正立面图的选择原则,由图中可看出:

a. 如图 7-10(b)、(d)所示,以 B、D 向为正立面图投射方向画出的两组视图,除了正立面图的形状特征不明显外,还不可避免地在各个视图中出现了过多的虚线;

b. 如图 7-10(c)所示,以 C 向为正立面图投射方向画出的这组视图,虽然正立面图的形状特征明显,但在视图中出现了过多的虚线;

c. 如图 7-10(a)所示,以 A 向为正立面图投射方向所得到的这组视图,不仅正立面图能很好地反映台阶的形状特征,而且视图中没有出现过多的虚线。

综上所述,该例以 A 向作为正立面图的投射方向为最佳。

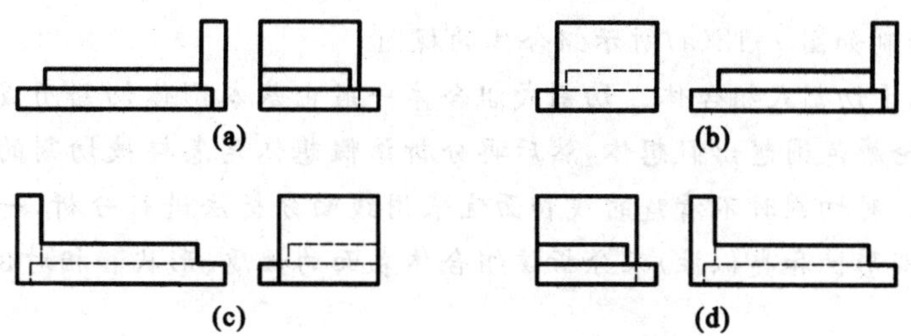

图 7-10　叠加式组合体(台阶)正立面图的选择

(a) A 向;(b) B 向;(c) C 向;(d) D 向

② 视图的数量选择。

一般来说,应配合正立面图来确定视图数量。在满足完整、清晰表达形体形状的前提下,视图数量应尽量少。根据上述原则,该台阶选用三个视图来表达。

(3) 选比例和布置视图

根据前述选择原则,按图纸大小选定合适的比例,选用如图 7-10(a)所示的正立面图布置绘图。

作图:画三视图底稿及加深步骤如图 7-11 所示。

本例画图的顺序仍然是:先主要后次要、先整体后局部、先特征后其他、先外形后内形。

① 按视图的最大范围和标注尺寸所占位置布置视图,然后画出每个视图两个方向的基准线,以便量度尺寸,如图 7-11(a)所示。

② 画踏板Ⅰ的三视图(注意虚线),如图 7-11(b)所示。

③ 画踏板Ⅱ的三视图,如图 7-11(c)所示。

④ 画栏板Ⅲ的三视图,如图 7-11(d)所示。

底稿完成后,应仔细与组合体进行对照并检查有无遗漏和错误,擦掉多余的图线(如踏板Ⅰ正立面图上的虚线)。经检查无误后,用规定的线型按"先上后下,先左后右,先细后粗,先曲后直"的顺序对三视图进行加深,如图 7-11(e)所示。注意:当几种线型发生重合时,应按粗实线—细实线—虚线—细点画线的顺序取舍。

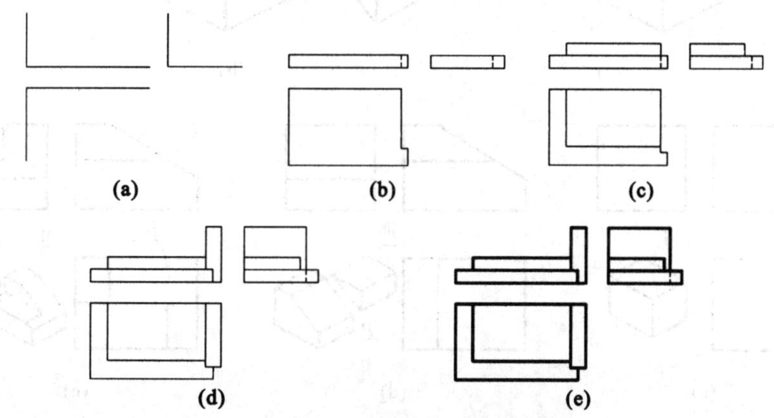

图 7-11　台阶三视图的画图步骤

(a) 画基准线;(b) 画踏板Ⅰ;(c) 画踏板Ⅱ;(d) 画栏板Ⅲ;(e) 检查、加深

【**例 7-2**】 试绘制如图 7-12(a)所示组合体的视图。

分析:该形体属于切割式组合体。切割式组合体一般由基本形体切割而成,画图时,首先应根据该组合体的最大轮廓范围想出假想体,然后再分析该假想体是怎样被切割的以及假想体上切割掉了几个简单形体。对切割时不清楚的线和面宜采用线面分析法进行分析,一般应根据切割面的投影特性(积聚性、实形性和类似性)来分析该组合体表面的性质、形状和相对位置,最后画图。

(1) 形体分析

如图 7-12(b)所示,组合体Ⅱ是由假想体Ⅰ(由该组合体最大轮廓范围确定的一个长方体)切去形体Ⅲ、Ⅳ形成的,属切割式组合体。

(2) 视图选择

首先选择形状特征明显的投影方向作为正立面图的投影方向,如图 7-12(a)中箭头所示方向。再按视图数量的确定原则,选用三个视图来表达该例。

(3) 选比例和布置视图

按 1∶1 的比例,合理布置视图。

作图:画三视图及加深步骤如下。

① 画出假想体的三视图,如图 7-12(c)所示。

② 作正垂面 P 切割假想体,切去形体Ⅲ,形成了如图 7-12(d)所示斜面。画图时,应先画出形状特征明显的正立面图,再利用"长对正、高平齐、宽相等"规律画出其余视图。

③ 作正平面 Q 和水平面 R 切去形体Ⅳ,形成了如图 7-12(e)所示形体。画图时,应先画出形状特征明显的左侧立面图,再利用"长对正、高平齐、宽相等"规律画出其余视图。

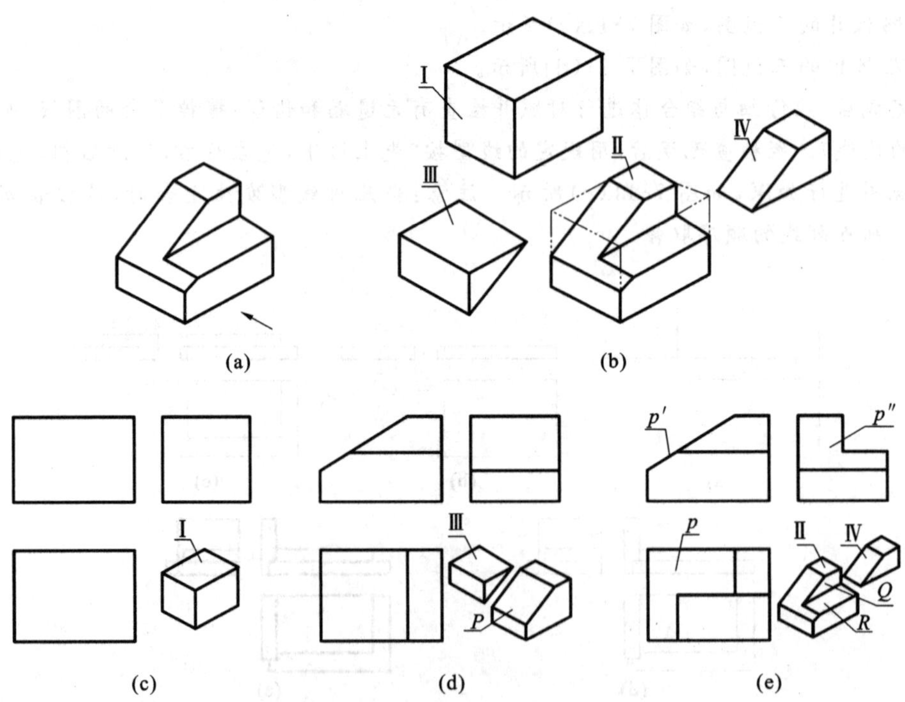

图 7-12 切割式组合体的画图步骤

④ 检查、加深。

切割式组合体检查时，应重点检查复杂斜面投影对应的类似形。如图 7-12(e)所示，斜面 P 的水平投影 p 和侧面投影 p'' 应是类似形，而正面投影 p' 积聚为一条直线。若斜面上的交线画错了，则可以从检查斜面投影的类似形中查出。

7.3　组合体的尺寸标注

在工程制图中，组合体的视图只能表达组合体的形状结构，其大小和各组成部分间的相互位置关系则由所标注的尺寸确定。尺寸是施工的重要依据。

7.3.1　基本形体的尺寸标注

组合体的尺寸标注

因组合体是由基本形体组成的，为了更好地标注组合体的尺寸，应该首先了解基本形体的尺寸标注。

7.3.1.1　完整基本形体的尺寸标注

完整基本形体在标注尺寸时，一般应按物体的形状特点，把其长、宽、高三个方向的尺寸完整地标注在视图上，如图 7-13(a)、(b)所示。对正六棱柱、圆环，通常按图 7-13(c)、(d)所示标注；对回转体来说，一般将尺寸(直径和轴向尺寸)集中标注在非圆视图上，如图 7-13(e)、(f)、(g)所示；若标注圆球直径，则需要在直径符号“ϕ”前面加注符号“S”，即“$S\phi$”，如图 7-13(h)所示。

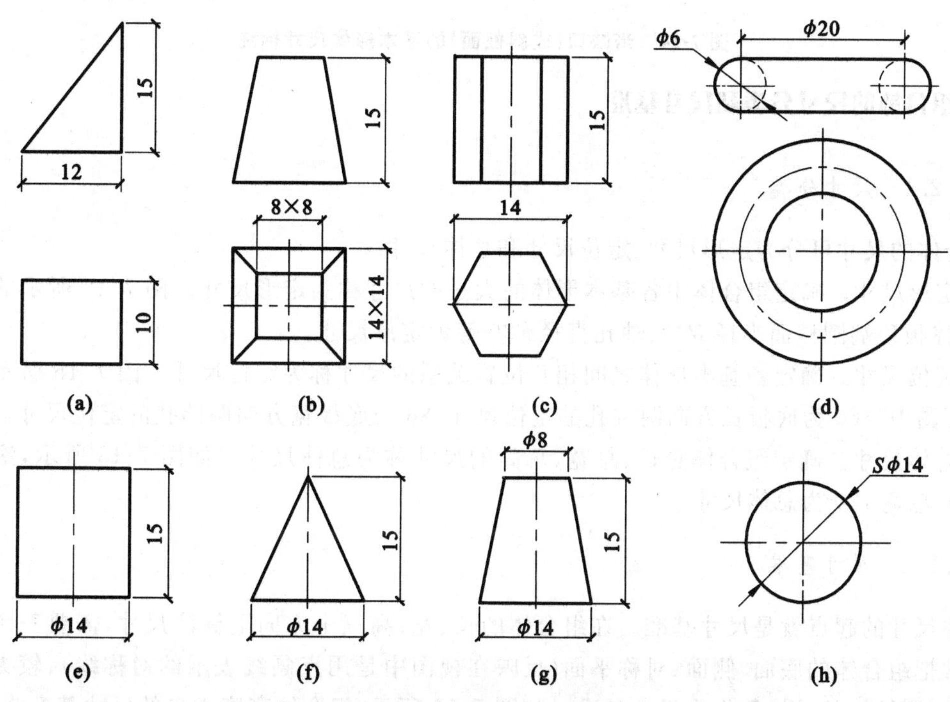

图 7-13　基本形体尺寸标注

(a) 三棱柱；(b) 四棱台；(c) 正六棱柱；(d) 圆环；(e) 圆柱；(f) 圆锥；(g) 圆台；(h) 圆球

7.3.1.2　带缺口(或斜截面)基本形体的尺寸标注

对于带缺口(或斜截面)的基本形体,在标注尺寸时,只需要标注基本形体的尺寸和缺口(或斜截面)的位置尺寸,而不标注缺口(或斜截面)的形状尺寸。

图 7-14 所示是带缺口(或斜截面)的形体的尺寸标注示例。除了标注基本形体的尺寸以外,还应标注截平面的定位尺寸。由于截平面与形体的相对位置确定后,截交线的位置也就完全确定了,所以,截交线的尺寸无须另外标注,图 7-14 中打"×"的尺寸是多余的尺寸,不能标注。同理,如果两个基本形体相交,也只需分别标注出两者的定形尺寸和它们之间的定位尺寸,不能标注相贯线的尺寸。

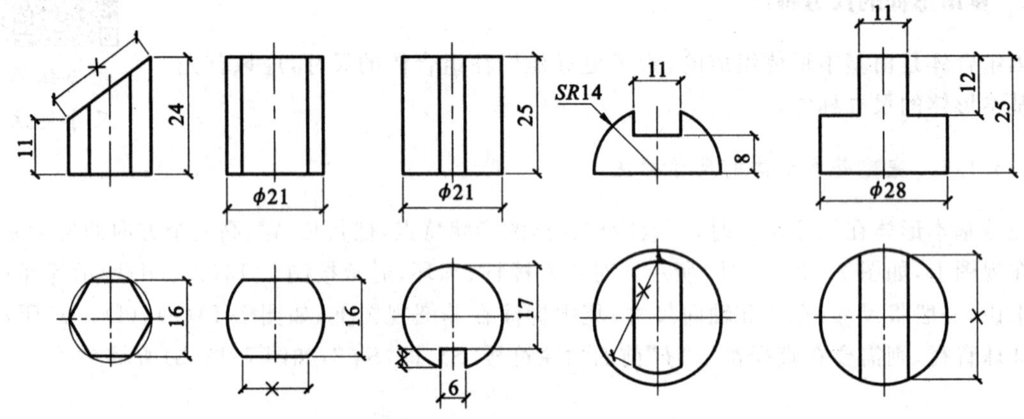

图 7-14　带缺口(或斜截面)的基本形体尺寸标注

7.3.2　组合体的尺寸分类和尺寸基准

7.3.2.1　尺寸分类

组合体的尺寸可分为定形尺寸、定位尺寸和总体尺寸。

① 定形尺寸。确定组合体中各基本形体的大小的尺寸称为定形尺寸。图 7-15 所示的滚轮轴座中,支撑板顶端圆柱面半径 $R40$、轴孔直径 $\phi 30$ 等为定形尺寸。

② 定位尺寸。确定各基本形体之间相互位置关系的尺寸称为定位尺寸。图 7-15 所示的滚轮轴座平面图中,160 为底板长方向两圆孔的定位尺寸,86 为底板宽方向两圆孔的定位尺寸。

③ 总体尺寸。确定组合体总长、总宽、总高的尺寸称为总体尺寸。如图 7-15 所示,滚轮轴座总长 200、总宽 120 为总体尺寸。

7.3.2.2　尺寸基准

标注尺寸的起点就是尺寸基准。在组合体的长、宽、高三个方向上标注尺寸,需要三个尺寸基准。通常把组合体的底面、侧面、对称平面(反映在视图中是用点画线表示的对称线)、较大的或重要的端面、回转体的轴线等作为尺寸基准。如图 7-15 所示,组合体高度方向的尺寸基准为底面,长度方向和宽度方向的尺寸基准为用点画线表示的对称线。

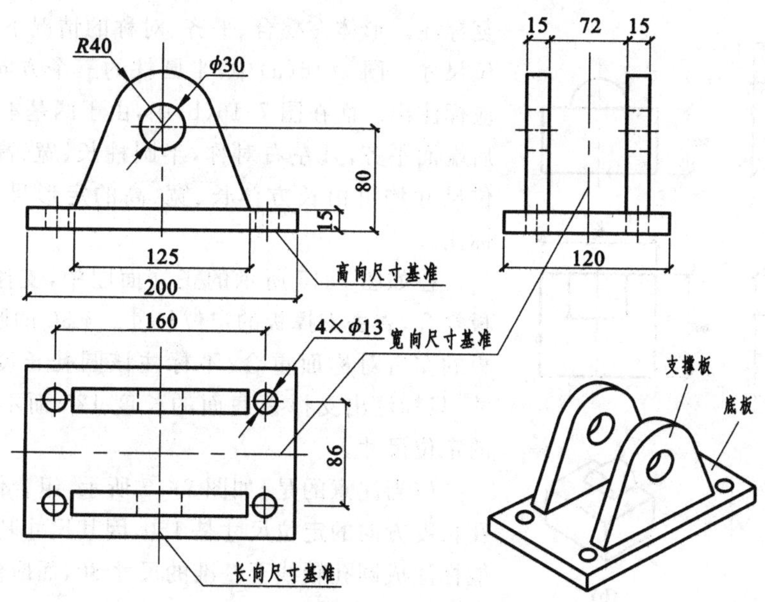

图 7-15 滚轮轴座的尺寸标注

7.3.3 组合体尺寸标注的基本要求

在组合体视图上标注尺寸的基本要求是齐全、清晰、正确、合理，符合制图国家标准中有关尺寸标注的基本规定，下面分别讨论这些要求。

7.3.3.1 尺寸标注齐全

尺寸标注齐全就是要求在视图上标注的尺寸，必须能完全确定物体的大小和各组成部分的相互位置关系，做到不遗漏、不重复（同一个尺寸，同时在两个视图上标注称为重复）、不封闭（同一视图中标注了总体尺寸，再把各分部尺寸中的一个尺寸不标注，就叫不封闭）。但在房屋建筑图中，为了便于施工，标注尺寸时应将同方向的尺寸首尾相连，布置在同一条尺寸线上，并且允许标注封闭尺寸。

在标注尺寸之前，必须对组合体进行形体分析，弄清组合体由哪些基本形体组成，然后注意这些基本形体的尺寸标注要求，做到齐全、清晰。

尺寸标注时，首先要确定组合体长、宽、高三个方向的尺寸基准，然后再标注各基本形体的定形、定位尺寸，最后标注组合体长、宽、高三个方向的总体尺寸。以下将结合图 7-15 所示滚轮轴座的尺寸标注对此作进一步分析。

① 定形尺寸。在如图 7-15 所示的轴座中，底板长 200、宽 120、高 15 均为底板的定形尺寸，4×ϕ13为底板上四个圆孔的定形尺寸；支撑板底端长 125、顶端圆柱面半径 R40、轴孔直径ϕ30、厚 15 为支撑板的定形尺寸。

② 定位尺寸。在如图 7-15 所示的正立面图中，15 为支撑板高向的定位尺寸，80 为ϕ30 的圆孔高度方向的定位尺寸；平面图中，160 为底板长度方向两圆孔的定位尺寸，86 为底板宽度方向两圆孔的定位尺寸；左侧立面图中的 72 为两支撑板的定位尺寸。

应当指出的是：并不是每个形体都要标注出三个方向的定位尺寸。由于标注基本形体尺寸是逐个进行的，有一些定形、定位尺寸或许可以相互替代，如果某个方向的定位尺寸可由定形尺寸或

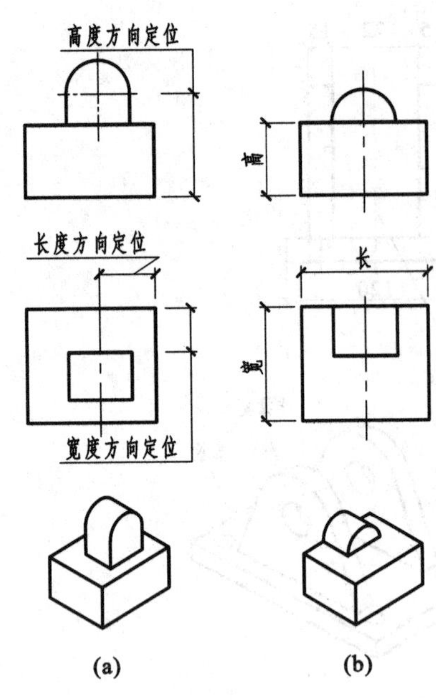

图 7-16　可省略定位尺寸的情况

其他因素所确定,就可省去这个方向的定位尺寸,避免重复标注。形体在叠合、平齐、对称的情况下,可省掉一些定位尺寸。图 7-16(a)中,半圆柱的三个方向的定位尺寸均应标注出。而在图 7-16(b)中,由于两基本形体上下叠合、后端面平齐,且左右对称,半圆柱长、宽、高三个方向的定位尺寸均可由长方体长、宽、高的定形尺寸来确定,不需标注。

在如图 7-15 所示的正立面图中,支撑板的底面与底板叠合,省去支撑板的定位尺寸。$\phi 30$ 的圆孔轴线与支撑板的左右对称面重合,不标注该圆孔长度方向的定位尺寸,只标注出支撑板底面的长度 125 而不需另标注 62.5 的定位尺寸。

应当注意的是,如图 7-15 所示,组合体平面图中两圆孔长度方向的定位尺寸是 160,因其尺寸基准为对称面,不能标注成圆孔轴线至基准的尺寸 80,而应注写成两轴线间的距离 160。

③ 总体尺寸。如图 7-15 所示,200 是总长尺寸,120 是总宽尺寸,总高尺寸可由半圆柱轴线的定位尺寸 80 和半圆柱的半径尺寸 $R40$ 之和来确定,即总高＝80＋40＝120。

注意,当物体一端为回转体时,一般不直接标注出总体尺寸,而只标注出回转体轴线的定位尺寸和回转体的半径,如图 7-15 所示,由于支撑板的顶端是回转体,故主视图中只标注出 80 和 $R40$,而不直接标注出总高度尺寸 120。总之,当总体尺寸与其他尺寸相同时,不重复标注。

7.3.3.2　尺寸标注清晰

要使尺寸标注清晰,应该注意下列几点:

① 尽可能将尺寸标注在最能反映物体特征的视图上。例如,表示圆弧半径的尺寸要标注在反映圆弧特征的视图上。如图 7-15 所示,支撑板顶端 $R40$ 的圆弧应标注在正立面图上;如图 7-17(a)所示,组合体的截角尺寸 10 和 22 应该标注在反映截角特征的平面图上,而不应该把 22 标注在其正立面图上[图 7-17(b)]。

② 相关的尺寸要集中标注。

同一形体的定形、定位尺寸应尽量集中标注在反映该形体形状特征的同一视图上。如图 7-15 所示,底板四圆孔的定形尺寸 $4\times\phi 13$ 和其定位尺寸 160 和 86 都集中标注在平面图上;如图 7-17 所示,槽口尺寸 8 和 5 集中标注在正立面图上。

③ 尺寸应尽可能地标注在视图轮廓线的外面。但应注意,尺寸最好靠近其所标注的线段,并应避免与其他图线、文字及符号相交。某些细部尺寸也允许标注在图形内部。

④ 与两视图相关的尺寸,应尽量标注在两视图之间,以便对照识读。

⑤ 尺寸排列要整齐,大尺寸在外,小尺寸在内,尽量避免在虚线上标注尺寸。

⑥ 尺寸线与轮廓线之间的距离应不小于 10 mm,两尺寸线之间的距离不能小于 7 mm。水平尺寸数字要注写在尺寸线的上方,且字头向上;竖直尺寸数字要注写在尺寸线的左边,且字头向左。线性尺寸的起止符号一般用中粗斜短线绘制,其倾斜方向与尺寸界线成顺时针 45°。

⑦ 回转体的直径尺寸一般注在非圆视图上,但若非圆视图是虚线时,最好不在虚线上标注尺寸,如图 7-15 正立面图中的ϕ30。

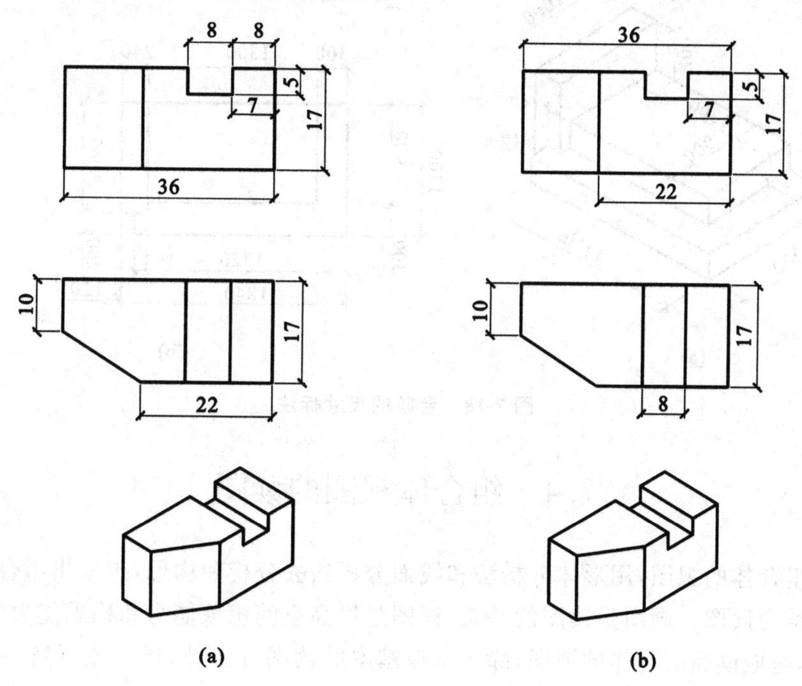

图 7-17 相关的尺寸集中标注

(a) 尺寸标注清晰;(b) 尺寸标注不清晰

7.3.3.3 标注尺寸正确

尺寸数值不能有错误,尺寸标注要符合国家相关标准规定。

7.3.3.4 标注尺寸合理

标注尺寸合理就是要考虑设计、施工和生产的要求。例如,一般组合体的尺寸标注不允许标注封闭尺寸,而在房屋施工图中,为了便于施工,常标注封闭尺寸。这部分的内容将在第 10 章房屋建筑施工图中介绍。

【例 7-3】 试根据图 7-18 所示台阶的轴测图,标注其尺寸。

作图:根据前述原则,台阶的尺寸标注顺序是:先标注定形尺寸,然后标注定位尺寸,最后标注总体尺寸,如图 7-18(b)所示。

① 标注定形尺寸:240、1000、1300、900、1200、150。

② 标注定位尺寸:300、1720、150。

③ 标注总体尺寸:1200、1840、700。

④ 用形体分析法检查是否有遗漏、错误或重复。

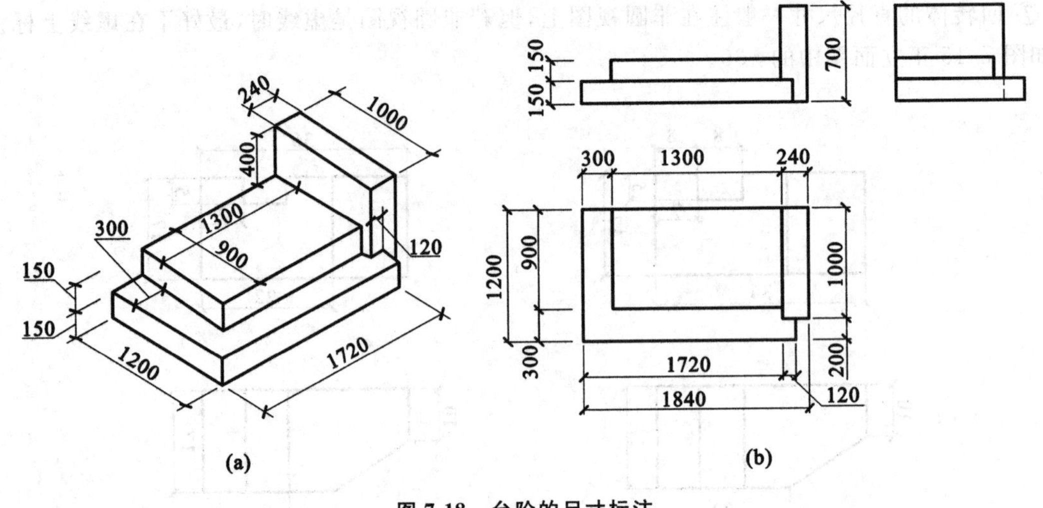

图 7-18　台阶的尺寸标注

7.4　组合体视图的读图

根据所给组合体的视图,用形体分析法和线面分析法去分析和构思,想象出组合体的空间形状和结构的过程称为读图。画图是读图的基础,读图是提高空间想象能力和构思能力的重要手段。

要正确、迅速地读懂组合体的视图,除了掌握基本的读图方法外,还应该了解一些读图的基本知识。下面首先重点介绍读图的基本知识,再结合不同类型的组合体,具体介绍如何运用形体分析法和线面分析法进行读图。

7.4.1　读图的基本知识

① 掌握三视图的投影规律,即"长对正、高平齐、宽相等"的三等规律。

② 掌握各种位置直线和各种位置平面的投影特性,尤其是投影面垂直面和投影面平行面的投影特性。

③ 掌握棱柱、棱锥、棱台、圆柱、圆锥等常见基本形体的投影特性。

④ 读图时要按投影关系把几个视图联系起来看。

a. 通常一个视图不能确定形体的形状,要将两个视图联系起来看。

组合体的形状一般是通过几个视图来表达的,通常,单凭一个视图是不能确定形体的空间形状的。如图 7-19 所示,虽然(a)、(b)两组视图的正立面图相同,(b)、(c)、(d)、(e)四组视图的平面图相同,但各形体的空间形状却不相同。

b. 有时,两个视图也不能确定形体的形状,要将三个视图联系起来看。

在如图 7-20 所示的四组视图中,形体的正立面图和平面图相同,但四个形体的形状却各不相同。因此不能仅通过形体的正立面图和平面图来判断形体的形状,必须要把三个视图联系起来判断。

⑤ 注意找出特征视图。

特征视图,就是指最能反映形体形状特征的那个视图。对组合体来说,组成组合体的各基本形体的形状特征并非总是集中反映在一个视图上,而往往分散在几个视图上。如图 7-8(d)所示轴座,正立面图是最能反映其支撑板形状特征的视图,平面图是最能反映其底板形状特征的视图。读图时,要注意寻找特征视图,找到特征视图后,再结合其他视图就能更迅速、准确地确定形体的形状。

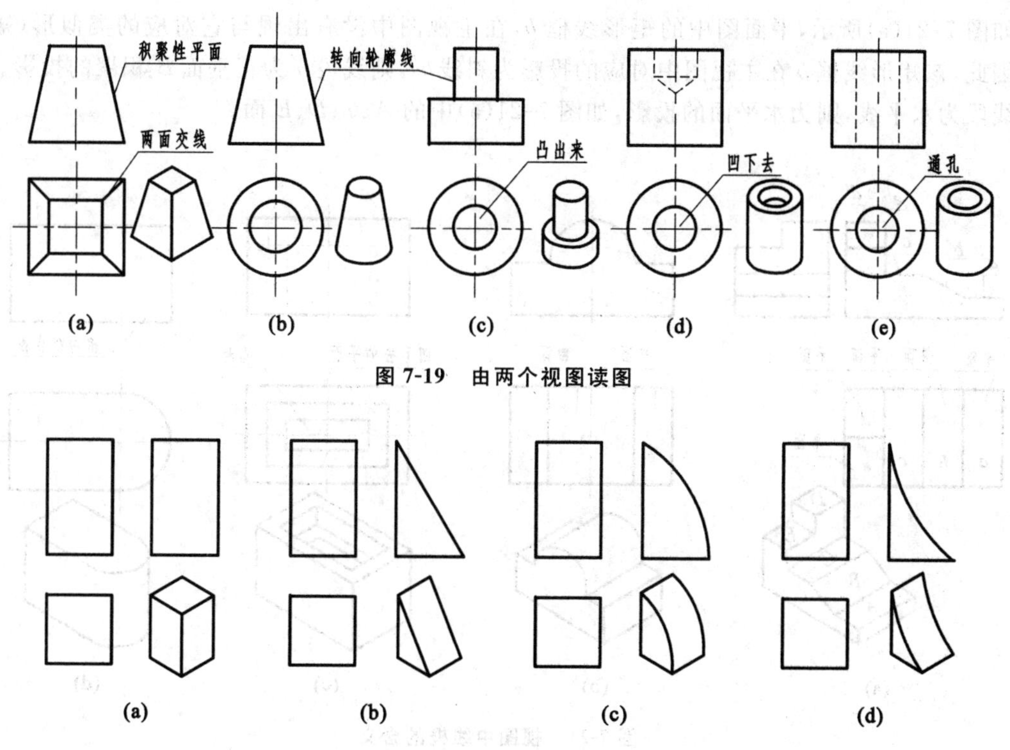

图 7-19 由两个视图读图

图 7-20 由三个视图读图

⑥ 了解各视图中图线的含义。

视图中的图线可能有 3 种不同的含义：

组合体读图

a. 形体表面(平面或曲面)具有积聚性的投影，如图 7-19(a)主视图所示。

b. 形体上两个面交线的投影，如图 7-19(a)俯视图所示。

c. 形体上曲面的转向轮廓线的投影，如图 7-19(b)、(c)所示。

⑦ 了解视图中线框(封闭图形)的含义。

a. 一般来说，视图中一个封闭线框代表一个表面。这个面可能是平面，如图 7-21(a)所示；亦可能是曲面，如图 7-21(b)所示；还可能是相切的组合面，如图 7-21(d)所示；特殊情况下还可能是孔洞，如图 7-21(c)所示。

b. 视图中相邻线框一般表示物体上两个不同的表面，它们或是相交两表面，抑或是平行两表面，这两个表面有“上、下、左、右、前、后”之分，有“平、曲、斜”之分。如图 7-21(a)所示，A、B 是两相交表面，它们有“平、斜”之分；C、E 是两平行表面，它们有“左、右”之分，亦有“上、下”之分；D、E 是两平行表面，它们有“上、下”之分，亦有“前、后”之分。

c. 线框内有线框，不是凸出来的就是凹下去的。由于通常一个封闭线框表示一个表面，因此，里面线框所表示的表面相对于外面线框所表示的表面来说，不是凸出来的实体就是凹下去的坑槽或孔洞，如图 7-19(c)、(d)、(e)所示。

⑧ 了解一个面的投影——无类似形必积聚。

视图中反映表面投影的线框在其他视图中对应的投影有两种可能，即类似形或积聚的一条直线段。如果形体某表面在一个视图中的投影为线框，而在另一视图中没有出现与之对应的类似形时，这个表面在该视图中的投影必定积聚为一条直线，这个关系可简述为“无类似形必积聚”。

如图 7-21(a)所示,平面图中的矩形线框 b,在主视图中没有出现与它对应的类似形(矩形线框),因此,该矩形线框 b 在主视图中对应的投影为斜线 b',则线段 b' 为正垂面 B 积聚的投影。若积聚的线段为水平线,则为水平面的投影,如图 7-21(a)中的 A、C、D、E 面。

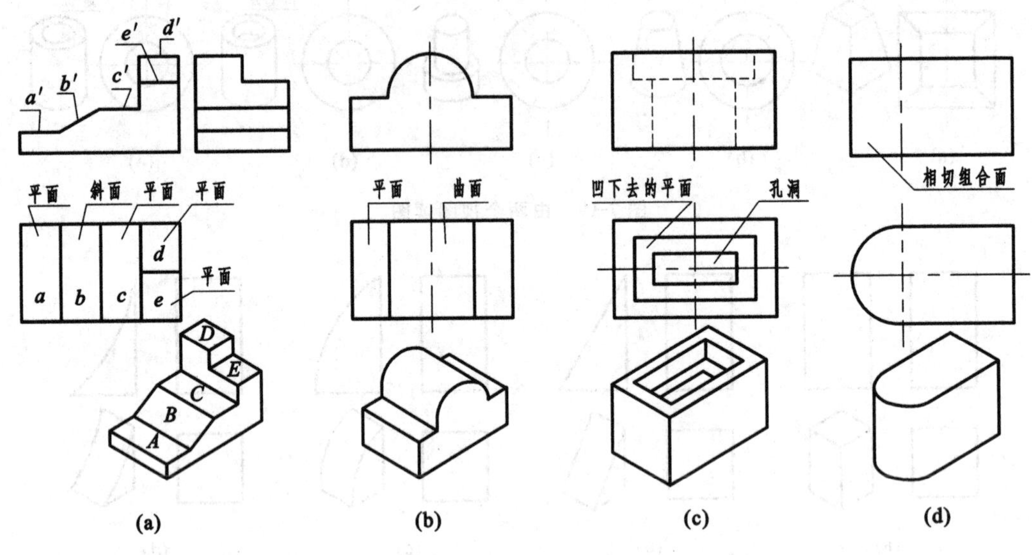

图 7-21 视图中线框的含义

7.4.2 组合体视图的读图方法

7.4.2.1 形体分析法读图

用形体分析法读图,就是在读图时,从反映形体形状特征明显的视图入手,按能反映形体特征的封闭线框画块,把视图分解为若干部分,找出每一部分的有关投影,然后根据各种基本形体的投影特性,想象出每一部分的形状和它们之间的相对位置,最后综合起来想象出物体的整体形状。

7.4.2.2 线面分析法读图

用线面分析法读图,就是运用各种位置直线、平面的投影特性(实形性、积聚性、类似性),以及曲面、截交线、相贯线的投影特点,对组合体投影图中的线条、线框(由线段围成的闭合图形)的含义进行深入细致地分析,了解各表面的形状和相互位置关系,从而想象出物体的细部或整体形状。

一般情况下,组合体读图的基本方法是以形体分析法为主,线面分析法为辅。对于叠加式组合体,较多采用形体分析法,并按叠加法想象出物体的形状;对于切割式组合体,较多地采用线面分析法,并按切割法想象出物体的形状。切割法是按物体各视图的最大边界,假想物体是一个完整的基本形体,再按视图的切割特征,弄懂被切去部分的形状及其相互位置关系,最后想象出物体的形状。

7.4.3 组合体视图的读图步骤

组合体视图的读图步骤主要归纳如下:

① 看视图抓特征,分析视图,确定各构成体。

一般以正立面图(V 面)为主,配合其他视图,对形体进行初步的投影分析和空间分析;再分析各视图,抓其特征,找出反映形体特征较多的视图,在较短的时间内,确定各构成体,初步了解该形体。

② 分解形体对投影，根据特征视图，确定各构成体的形状。

参照特征视图，对形体进行分解，再利用“长对正、高平齐、宽相等”的投影规律，找出每一部分的三个投影，想象出它们的形状。

③ 综合起来想整体。

在看懂各构成体的基础上，进一步分析它们之间的组合方式(表面连接关系)和相对位置关系，从而想象出整体的形状。

④ 线面分析攻难点。

在阅读组合体视图时，通常首先采用形体分析法获得组合体粗略的形象，再对视图中个别较复杂的局部辅以线面分析法进行较详细的分析，有时甚至还可以利用所标注的尺寸帮助分析。

下面就不同类型组合体视图的阅读作详细的分析。

7.4.3.1 叠加式组合体视图的读图

读叠加式组合体的视图主要采用形体分析法，即首先将所给的几个视图联系起来进行分析，将其分解成几个构成体，然后分别读懂各构成体的形状，并弄清各构成体之间的表面连接关系和相互位置关系，再将各构成体组合起来，并想象出该组合体的整体形状。

下面以图 7-22(a)所示的叠加式组合体为例，说明此类组合体视图的阅读方法和步骤。

① 看视图抓特征，分析视图，确定各构成体。

根据所给组合体的三视图，以正立面视图(V 面)为主，在配合其他视图，对形体进行初步的投影分析和空间分析的基础上，把该组合体分解成Ⅰ、Ⅱ、Ⅲ、Ⅳ四个不同的部分，如图 7-22(b)所示。

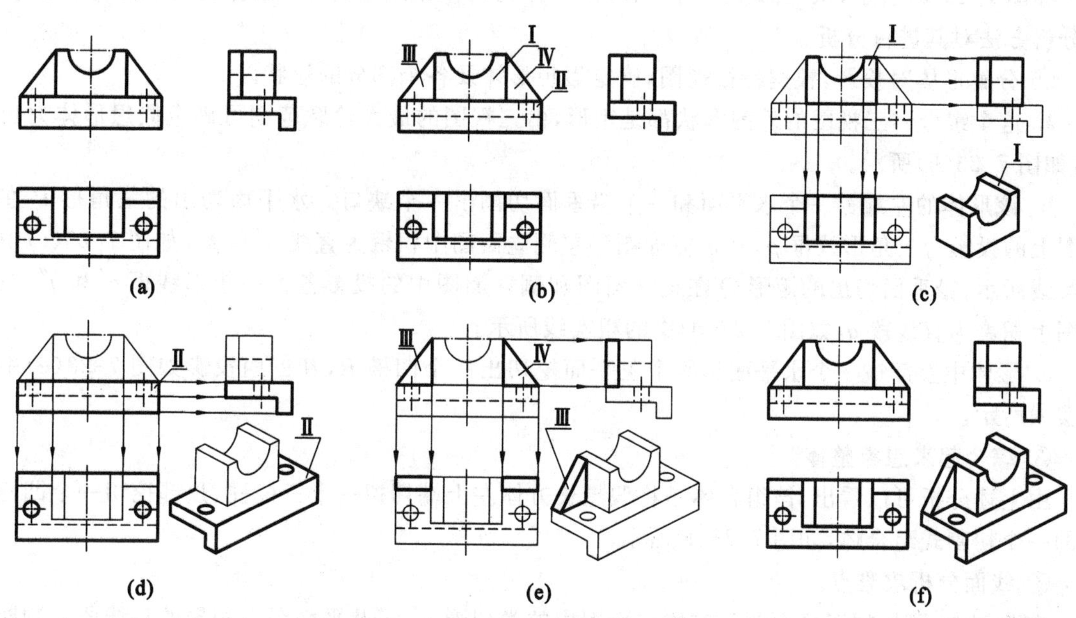

图 7-22 叠加式组合体视图的阅读

② 分解形体对投影，根据特征视图，确定各构成体的形状。

读图时要抓住特征视图，以便更快、更准地确定各构成体的形状。

a. 形体Ⅰ的特征反映在正立面图上，从形体Ⅰ的正立面图出发，向下、向左对投影，找到平面图、左侧立面图上相应的投影,就能确定形体Ⅰ是一个长方体,在其上部挖了一个半圆柱形状的槽,如图7-22(c)中的粗实线所示。

b. 形体Ⅱ的特征反映在平面图和左侧立面图上,它是一块带弯边(L形)的长方形板,其上有两个小孔,对应的投影如图7-22(d)中的粗实线所示。

c. 形体Ⅲ、Ⅳ的特征反映在正立面图上,它们布置在组合体左、右两侧对称的位置,是两块三棱柱板,其投影如图7-22(e)中的粗实线所示。

③ 综合起来想象整体。

在看懂各构成体的基础上,按各形体的相对位置组合起来,想象出组合体的整体形状。从图7-22(b)所示的正立面图、平面图上,可以清楚地看出各形体的相对位置关系,带半圆形槽的长方体Ⅰ和两块三棱柱板Ⅲ、Ⅳ均放置在底板Ⅱ的上面,这三种形体的后表面平齐。为此,综合起来形成了如图7-22(f)所示的整体形体。

7.4.3.2 切割式组合体视图的阅读

读切割式组合体的视图主要应用形体分析法并辅以线面分析法进行分析和构思。在读此类视图时,首先通过对所给视图的分析确定假想形体;再分析从假想形体上切除了几个基本形体;然后根据线和面的投影特性(积聚性、实形性、类似性),采用线面分析法对复杂形状和相对位置进行分析,最后综合起来想象出组合体的整体形状。

下面以图7-23(a)所示的切割式组合体为例,说明此类组合体视图的阅读方法和步骤。

① 看视图抓特征,对形体进行初步分析。

如图7-23(a)所示,从三面投影图来看,该形体为切割式组合体,故综合运用形体分析法和线面分析方法对其进行分析。

② 分解形体对投影,根据特征视图,确定假想形体及各个部分的形状。

a. 这个组合体三视图的外围形状都是矩形,由三视图的最大轮廓范围可确定假想形体为长方体,如图7-23(b)所示。

b. 该形体的左端被一个水平面和一个铅垂面切割出一个缺口。水平面切出的三角形P在平面图上的投影为三角形线框p,在正立面图和左侧立面图中积聚为直线p'和p'',如图7-23(c)中的粗实线所示;铅垂面切出的矩形Q在正立面图和侧立面图中的投影各为一矩形线框q'和q'',在平面图上积聚为直线段q,如图7-23(d)中的粗实线所示。

c. 形体中上部被一个水平面和两个正平面挖切出一个凹槽R,其三面投影如图7-23(e)中的粗实线所示。

③ 综合起来想象整体。

由上述分析可以看出,该组合体是将假想长方体左上端切掉一个三棱柱、顶部挖切一个凹槽形成的一个切割式组合体,如图7-23(f)所示。

④ 线面分析攻难点。

在此例中,可根据正立面图和左侧立面图中的类似形u'、u''及平面图中积聚的直线段u判断出该形体上有一个U形铅垂面,再由正立面图中的虚线判断出形体上有一个沿长度方向切通的凹槽。

7.4.4 由两视图补画第三视图

由组合体的两面视图补画其第三视图可以培养和提高读图者的读图能力,同时也可以培养和

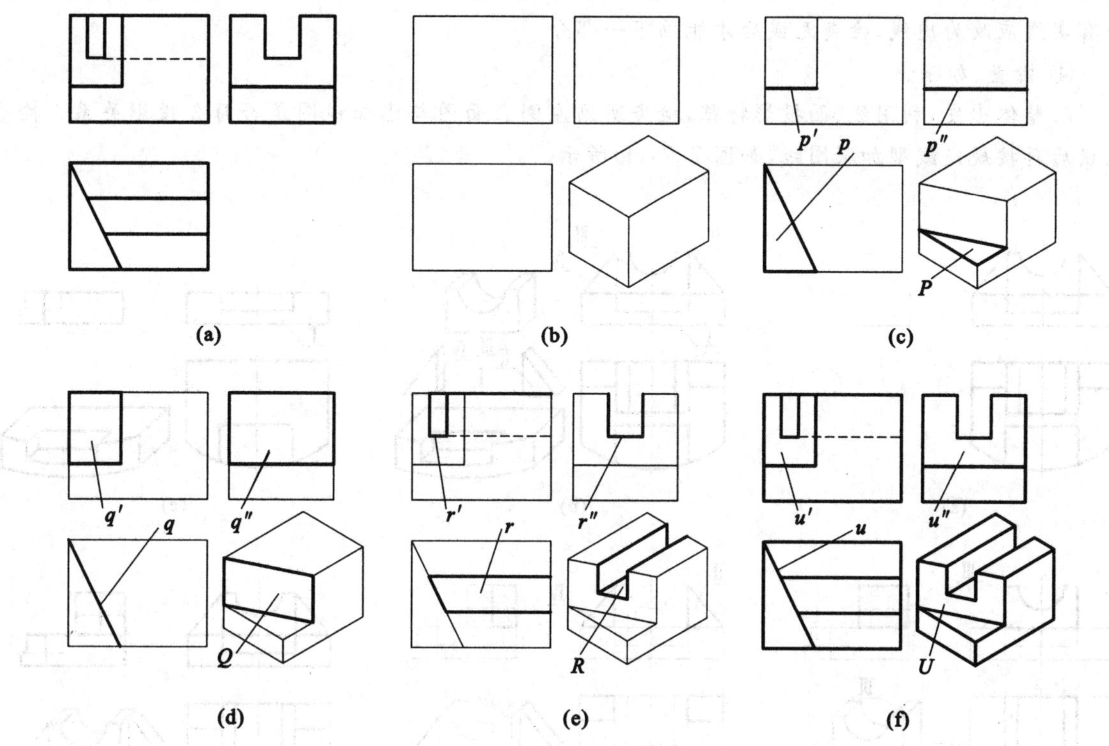

图 7-23 切割式组合体视图的阅读

提高其空间思维能力和解决空间问题的能力。

由两视图补画第三视图简称“二补三”，是读图训练的重要手段。首先要用形体分析法和线面分析法来正确读懂视图，想象出视图所表达的组合体形状，再根据所想象的空间形体逐个补画出组合体每一部分的第三视图，最后检查所补视图与已知视图是否符合投影关系。

组合体由二补三

读图初期或遇疑难部分最好徒手勾画相应轴测图。有一定基础后，可边想边画。最后一定要将所补视图与已知视图对照印证。

【例 7-4】 图 7-24(a)为一组合体的二视图，试想出其整体形状，并补出其左侧立面图。

作图：

① 看视图抓特征，分析视图，确定各构成体。

如图 7-24(a)所示，因为组合体的正立面图的特征比较明显，其中的几个封闭线框反映了基本形体的特点，所以在正立面图上划分线框Ⅰ、Ⅱ、Ⅲ、Ⅳ，其中Ⅱ、Ⅳ两部分相同，只需分析Ⅰ、Ⅱ、Ⅲ三部分。

② 分解形体对投影，根据特征视图，确定各构成体的形状。

如图 7-24(b)所示，由已知的两个视图，并根据基本形体的投影特性可以看出：该组合体底部是挖切了两个部分的矩形板Ⅰ，上部中间是一个挖切了半圆柱槽的长方体Ⅲ，上部两侧是两个三棱柱Ⅱ、Ⅳ。这个组合体由Ⅰ、Ⅱ、Ⅲ、Ⅳ四个部分后面平齐叠加在一起，且左右对称。

③ 综合起来想象整体，补画第三视图。

根据每一部分的投影关系，依次补画出它们的左侧立面图，如图 7-24(c)、(d)、(e)所示。应当注意的是:每画完一部分的左侧立面图,都必须检查各部分的连接处是否有多余或遗漏的线条,是否有实线应改为虚线,检查无误后才能画下一部分。

④ 检查、加深。

从整体出发,利用线、面投影特征,检查所画左侧立面图与已知视图是否符合投影关系。检查无误后再按规定线型加深图线,如图7-24(f)所示。

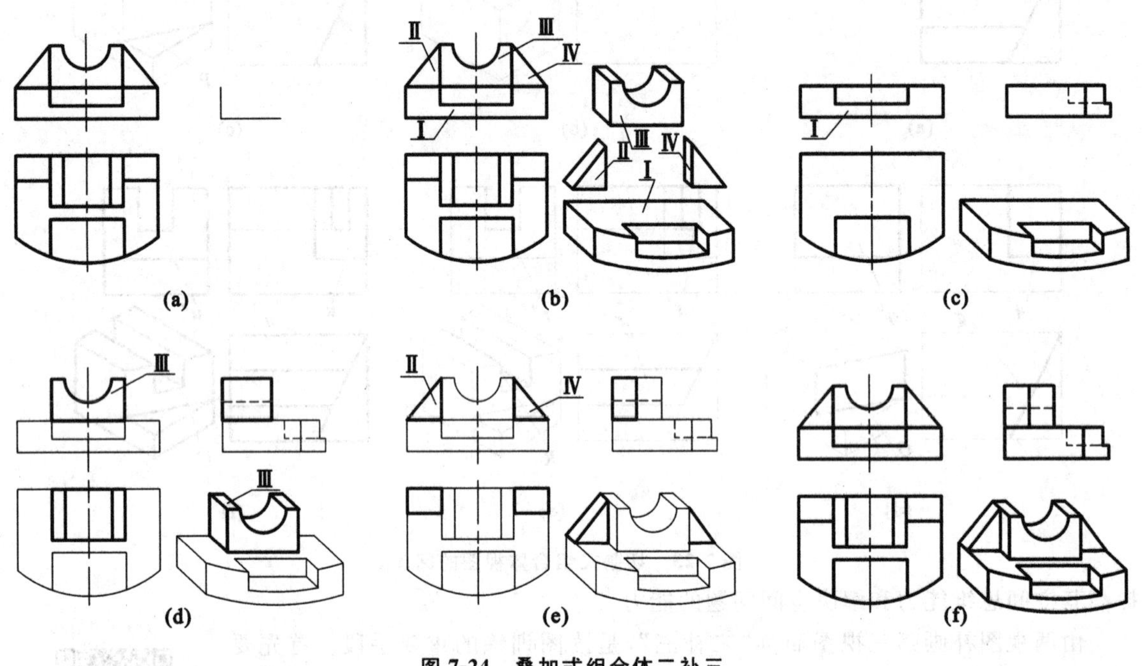

图 7-24　叠加式组合体二补三

【例 7-5】 分析图 7-25(a)所示两视图,想象出空间形状,并画出它的左侧立面图。

作图:

① 看视图抓特征,分析视图,确定构成体。

由组合体平面图的特点可知该物体是前方被切去了左右两块的长方体构成体,根据两视图可确定其最大轮廓。

② 根据特征视图,用线面分析法进行分析。

a. 该形体平面图形状特征明显,故划分出线框1、2,如图7-25(b)所示。

b. 根据"无类似形必积聚"的关系,可知平面图中所表示的封闭线框1必积聚在斜线1′上,即平面Ⅰ为正垂面,如图7-25(b)所示。

c. 线框2与线框2′成类似形,故知平面Ⅱ同时倾斜于V面和H面。由于此时平面Ⅱ有两个可能性,即一般位置平面或侧垂面,故选择直线AB进行判定。因$a'b'$与ab均为水平直线,即AB为侧垂线,则判定平面Ⅱ为侧垂面,如图7-25(b)所示。

d. 此形体左右对称,由此可知物体是一个长方体的两侧各被一正垂面和侧垂面所切割,切割后的空间形状如图7-25(b)所示。

③ 补画第三视图并加深图线。

根据上述分析,用"长对正、高平齐、宽相等"三等规律即可画出左侧立面图,如图7-25(c)所示。

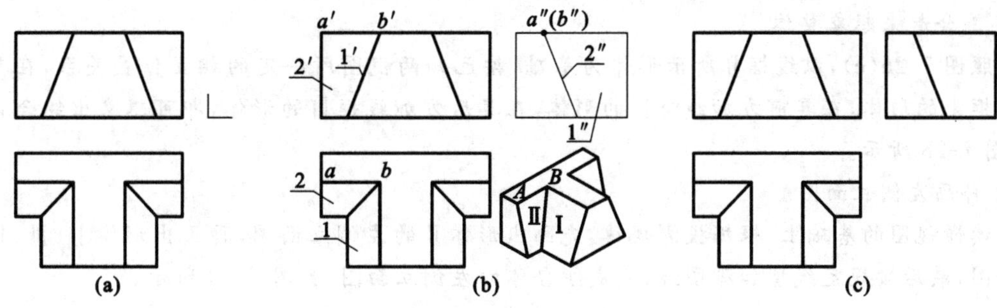

图 7-25 切割式组合体二补三

【例 7-6】 图 7-26(a)为一组合体的正立面图和平面图,试补画其左侧立面图。

作图:

① 看视图抓特征,分析视图,确定各构成体。

如图 7-26(a)所示,形体只用了正立面图和平面图两个视图来表达,若只从图中的线框来分析,则不易把各形体分离出来。因此,可以假想从线框的某处将形体分离开,把分开的部分作为独立的形体来看待。

采用形体分析法,假想把组合体平面图的凸出部分Ⅳ以双点画线为界分开,把正立面图的凸出部分Ⅰ以双点画线为界分开,把Ⅲ与Ⅱ分开,如图 7-26(b)所示。根据组合体被分离出的四个基本构成体的特征视图,想象出各构成体的形状,如图 7-26(c)所示。

② 根据各构成体的特征视图,想象出各构成体的左侧立面图。

如图 7-27 所示,首先根据基本形体的投影特性,把形体Ⅰ、Ⅲ、Ⅳ的左侧立面图想象出来,如图 7-27(a)、(c)、(d)所示。再用切割法,把形体Ⅱ的左侧立面图想象出来,如图 7-27(b)所示。

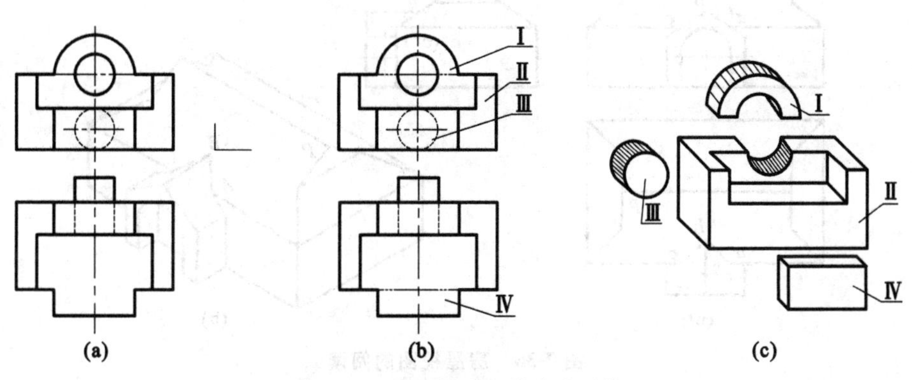

图 7-26 用形体分析法分离形体

(a) 已知;(b) 分离形体;(c) 各构成体的轴测图

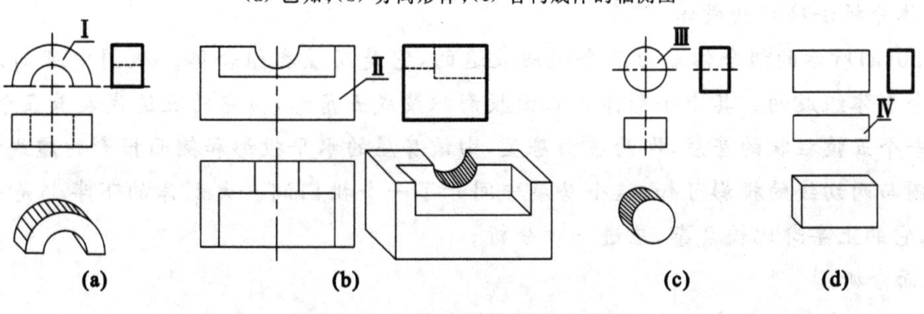

图 7-27 各构成体的左侧立面图

③ 综合起来想象整体。

对照图 7-26(c),以线框Ⅱ所示形体为基础,按已知两视图所给定的相互位置关系,在其上方叠加线框Ⅰ的形体,在其前方加线框Ⅳ的形体,在其后方加线框Ⅲ的形体,即可想象出组合体的形状,如图 7-28 所示。

④ 补画左侧立面图。

在读懂视图的基础上,根据投影规律,先画出形体Ⅱ的左侧立面图,再画出形体Ⅰ、Ⅲ、Ⅳ的左侧立面图,最后按规定线型加深图线,完成组合体的左侧立面图,如图 7-29 所示。

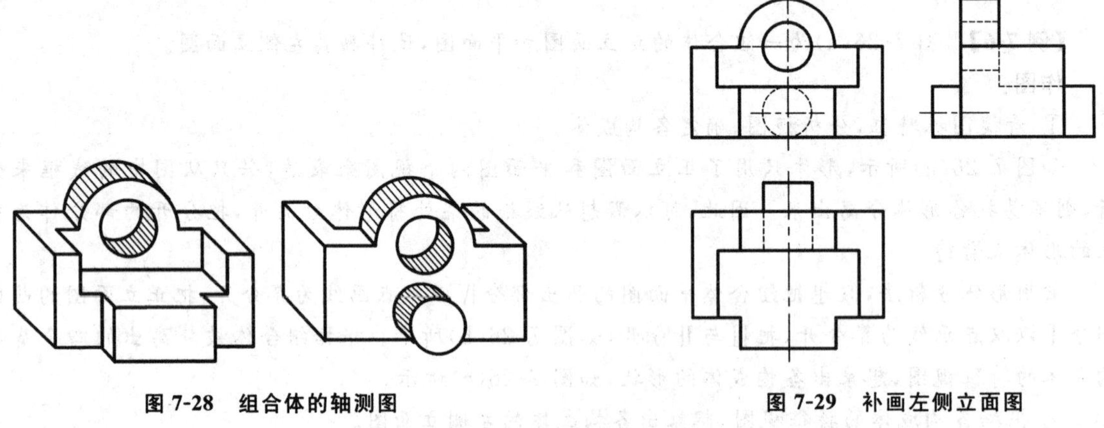

图 7-28 组合体的轴测图　　图 7-29 补画左侧立面图

【例 7-7】 试阅读图 7-30(a)所示房屋的三视图,想象出其空间形状。

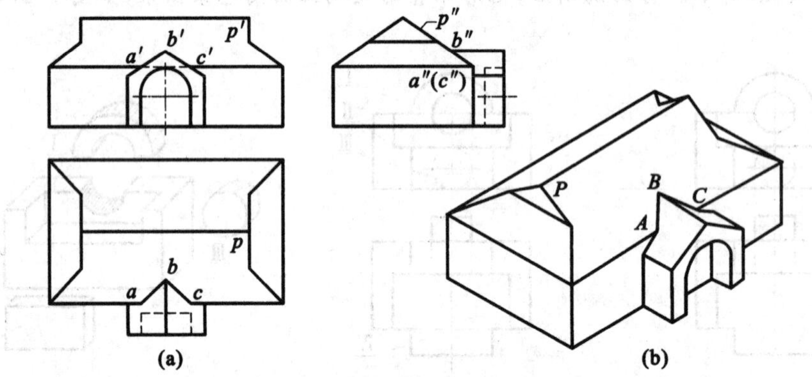

图 7-30 房屋视图的阅读

作图:

① 形体分析法确定构成体。

图 7-30(a)所示的组合体是由三个视图表达的,它是房屋类组合体。从图中可知该组合体是由大小两个形体组成的。其中小形体的正面投影积聚成五角形,因它的五边代表着五个棱面,可知该形体为一个五棱柱状的房屋,即两坡面房屋,由该房屋的水平投影和侧面投影的虚线对应着正面投影和半圆与两切线的投影可知,这个房屋中间开了一个拱门洞。大形体的下半部是一个四棱柱状的墙身,它的上半部比较复杂,应进一步分析。

② 线面分析。

大形体的上半部应为房屋的屋面,根据侧面投影的大、小两个三角形和一个梯形,结合水平投影中的梯形类似形可知，该屋面是由一个三棱柱被两个侧平面和两个正垂面切割而成，像这样的屋面称为歇山屋面。该歇山屋面的前坡面 P 与小房屋的两坡面相交而得交线 AB 和 BC，P 面的水平投影 p 和其正面投影 p' 也成类似形，P 面的侧面投影 p'' 积聚为一条直线。

③ 综合起来想象整体。

把前面分析的各形体对照图 7-30(a) 中形体的相对位置关系，可想象出组合体的形状，如图 7-30(b) 所示。

通过以上分析，读者可根据其中任意两视图，自备图纸补画第三视图。

本章小结、要点自测、
理实融合、拓展学习

8 轴 测 图

【内容提要】

本章主要介绍轴测图的基本知识、各种轴测图的画法、轴测图的选择原则和方法等内容。本章的教学重点是正等测图、正面斜二测图和水平斜等测图的画法，教学难点为轴测图中圆的画法及轴测图的选择。

【学习目标】

通过本章的学习，学生应透彻理解轴测图的形成原理、基本概念、性质和分类，了解轴测图相对于其他图形表达方法的优势和劣势，掌握根据不同形体准确选择轴测图类型的原则和方法，具备正确绘制正等测图、正面斜二测图和水平斜等测图来表达建筑形体内外形状和结构的能力。轴测图的学习和绘制，可进一步加强学生的空间想象能力和空间思维能力，让学生学会将轴测图知识运用到后续课程、其他相关学科和实际工程中。

8.1 概　　述

多面正投影图能准确地表达形体的形状和大小，尺寸度量也很方便，但立体感差。为了弥补多面正投影图的不足，工程上常采用富有立体感的轴测图作为辅助图样。

8.1.1 轴测图的形成及术语

8.1.1.1 轴测图的形成

如图 8-1(a)所示，形体在 V、H 面上的任一投影只能反映形体长、宽、高中两个方向的情况，缺乏立体感。如果使形体的一个投影能同时反映形体长、宽、高三个方向的情况，则这样的图形就具有立体感了。

轴测图的形成

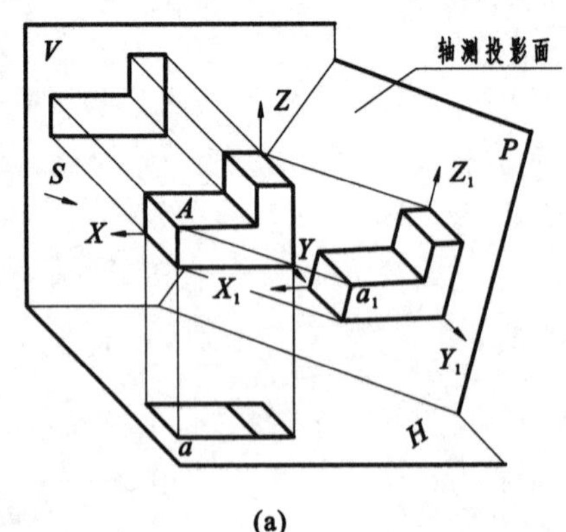

(a)

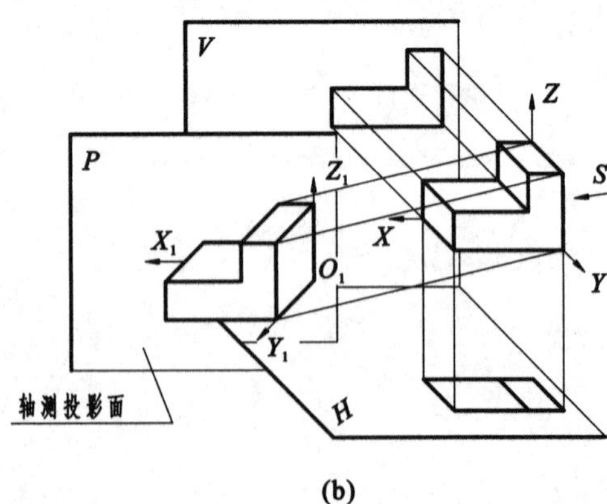

(b)

图 8-1　轴测图的形成

(a) 正轴测图；(b) 斜轴测图

如图 8-1 所示，将形体连同确定其空间位置的直角坐标系 $O\text{-}XYZ$ 一起，沿不平行于任一坐标面的方向 S，用平行投影法投射在单一投影面 P 上，所得到的图形称为轴测投影图，简称轴测图。

轴测图的立体感强，但度量性较差，作图较麻烦，所以通常把它作为辅助性图样。在建筑图样中，室内外给水排水系统管道图及室内布置等常用轴测图绘制。

8.1.1.2 术语

① 轴测投影面：如图 8-1 所示，得到轴测投影的平面 P 称为轴测投影面。

② 轴测轴：直角坐标系的坐标轴 OX、OY、OZ 在轴测投影面上的投影，简称轴测轴。如图 8-1 所示，用 O_1X_1、O_1Y_1、O_1Z_1 表示轴测轴。

③ 轴间角：两轴测轴之间的夹角称为轴间角。如图 8-1 所示，轴间角为 $\angle X_1O_1Y_1$、$\angle X_1O_1Z_1$ 和 $\angle Y_1O_1Z_1$。

④ 轴向伸缩系数：轴测轴上的单位长度与相应空间直角坐标轴上的单位长度之比，称为轴向伸缩系数。在 OX、OY、OZ 轴上分别取单位长度 i、j、k，它们在轴测轴上的对应长度分别为 i_1、j_1、k_1，则：

$$p=\frac{i_1}{i},\quad q=\frac{j_1}{j},\quad r=\frac{k_1}{k}$$

式中，p、q、r 分别称为 X、Y、Z 方向的轴向伸缩系数。

⑤ 次投影：各投影面上正投影的轴测投影称为次投影。正面投影的次投影称为正面次投影，同样有水平面次投影、侧面次投影。如图 8-1(a)所示，点 A 的水平投影 a 的水平次投影记为 a_1。

8.1.2 轴测图的性质

由于轴测投影属于平行投影，因此具有一切平行投影的属性。为了便于以后绘图，应注意以下特性。

(1) 平行性

① 空间形体上平行于坐标轴的线段，其轴测投影平行于相应的轴测轴。

② 空间形体上互相平行的线段，其轴测投影仍相互平行。

(2) 定比性

① 空间点分线段为某一比值，则点的轴测投影分线段的轴测投影为同一比值。

② 两线段的轴测投影长度之比与空间二线段长度之比相等。

画轴测图时，只能沿轴测轴的方向，按轴向伸缩系数来确定线段，这就是“轴测”二字的由来。

8.1.3 轴测图的分类

由上述内容可知，根据投射方向 S 对轴测投影面 P 的倾角不同，轴测图分为正轴测图和斜轴测图两类。当投射方向与轴测投影面垂直时为正轴测图，当投射方向与轴测投影面倾斜时为斜轴测图。根据轴向伸缩系数的不同，轴测图又分为等测、二测和三测三种。为此，轴测图可作如下分类，见图 8-2。

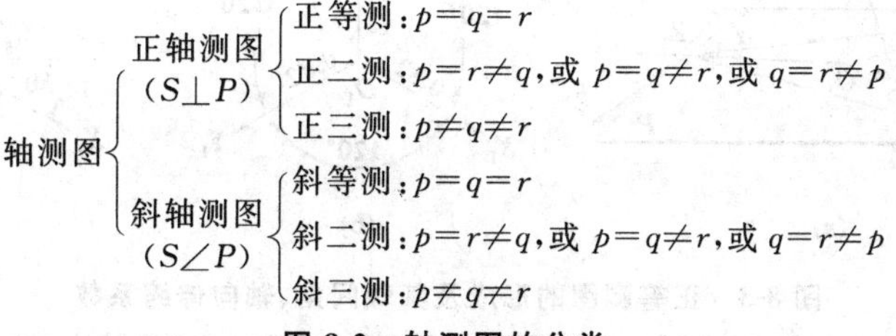

图 8-2 轴测图的分类

8.1.4 轴测图的画法

8.1.4.1 轴测图绘制的基本方法

常用的轴测图绘制方法有坐标法、切割法、端面法和叠加法。无论用哪种方法绘制形体的轴测图,坐标法都是最基本的方法,其他方法都是以坐标法为基础的。这几种方法将在后面作详细介绍。应当注意,在轴测图中一般不画虚线。

8.1.4.2 轴测图的绘制步骤

在绘制形体轴测图之前,首先要弄清形体的形状和结构,然后选择最佳轴测图类型、摆放位置和投射方向,运用前面介绍的基本知识,按一定的绘图步骤画出形体的轴测图。

通常,轴测图的绘制步骤如下。

① 分析正投影图,想象出形体的空间形状和组合方式。

② 作图:

a. 在正投影图上定出坐标原点和坐标轴;

b. 按所选轴测图的种类,选取相应的轴间角,绘出轴测轴;

c. 在正投影图上沿轴向测量尺寸,再按相应的轴向伸缩系数,根据正投影图逐步画出形体的轴测图。

③ 检查,擦去多余的图线,加深轴测图中的可见轮廓线,完成全图。

三测图作图甚繁,很少采用,本章只介绍建筑图中常采用的正等测、正面斜二测和水平斜等测三种轴测图的画法。

8.2 正等测图

如图 8-3(a)所示,当投射方向 S 与轴测投影面 P 垂直,且形体的三个坐标轴 OX、OY、OZ 与轴测投影面 P 间的倾角 α 均相等(约为 35°)时,所得到的轴测图即为正等轴测图,简称正等测图。

8.2.1 正等测图的轴间角和轴向伸缩系数

正等测图的轴间角 $\angle X_1O_1Y_1=\angle X_1O_1Z_1=\angle Y_1O_1Z_1=120°$,轴向伸缩系数 $p=q=r=0.82$,如图 8-3(b)所示。

通常,为简化作图,正等测图采用简化轴向伸缩系数 $p=q=r=1$,如图 8-3(c)所示。显然,用简化轴向伸缩系数所作的正等测图沿轴向放大 1.22 倍(1/0.82≈1.22)。

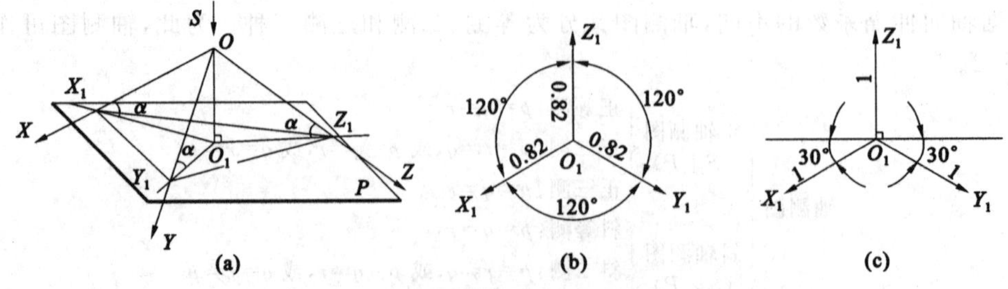

图 8-3 正等测图的形成及其轴间角、轴向伸缩系数

(a) 正等测图的形成;(b) 轴间角与轴向伸缩系数;(c) 轴测轴的画法

8.2.2 平面立体正等测图的绘制

8.2.2.1 坐标法

坐标法就是根据点的空间坐标画出其轴测图，然后连接各点完成形体的轴测图。它主要用于绘制那些由顶点连线而成的简单平面立体，或由一系列点的轨迹光滑连接而成的平面曲线或空间曲线。

【例 8-1】 已知三棱锥 $S\text{-}ABC$ 的两面投影，求作其正等测图，如图 8-4 所示。

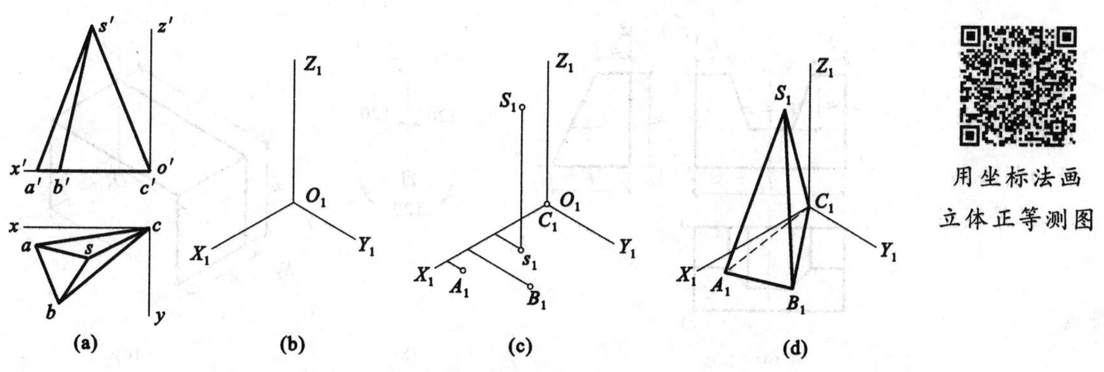

用坐标法画立体正等测图

图 8-4 三棱锥正等测图的画法

(a) 投影图；(b) 画轴测轴；(c) 作各顶点轴测图；(d) 完成全图

分析：为简化作图，将棱锥底面置于直角坐标面 $X_1O_1Y_1$ 上。

作图：

① 先在正投影图上定出原点和坐标轴的位置，如图 8-4(a)所示。

② 按正等测图轴间角的规定画出轴测轴，如图 8-4(b)所示。

③ 按简化轴向伸缩系数 $p=q=r=1$，分别作出三棱锥底面三角形各顶点 A、B、C 的水平面次投影 a_1、b_1、c_1。因底面三角形与轴测投影面 $X_1O_1Y_1$ 重合，所以底面各顶点的次投影 a_1、b_1、c_1 变为 A_1、B_1、C_1。同时，作出锥顶的水平面次投影 s_1，如图 8-4(c)所示。

④ 过 s_1 作 $s_1S_1 /\!/ O_1Z_1$，取 $s_1S_1=z_S$，得 S_1，如图 8-4(c)所示。

⑤ 连 $S_1\text{-}A_1B_1C_1$，擦去多余图线，并将可见的棱线画成粗实线，不可见的棱线画成虚线，即为所求，如图 8-4(d)所示。

注意：一般的轴测图中是不画虚线的，但由于本例中若不画虚线就不能确定它是否为三棱锥，故画出了虚线。

8.2.2.2 切割法

有些形体是由长方体切割而成，这类形体的轴测图可按其形成过程绘制，即先画出整体，然后依次去掉被切除部分，从而完成形体的轴测图。

【例 8-2】 如图 8-5(a)所示，试根据带切口形体的正投影图，绘制其正等测图。

分析：该形体为带切口的长方体。对于带切口的形体，一般先画完整形体，然后加画切口。但需注意，如切口的某些截交线与坐标轴不平行，则不可直接量取，而应通过它的有关投影求得。

作图:

① 在正投影图上定出坐标原点和坐标轴,如图8-5(a)所示。

② 按正等测图轴间角的规定,画出轴测轴,如图8-5(b)所示。

③ 按$p=q=r=1$,画出长方体的正等测图。按长方体的长、宽、高作出完整的长方体,如图8-5(c)所示。

④ 按尺寸a切去前上角多余部分,如图8-5(d)所示。

⑤ 按尺寸l_1、l_2和h_1切去中间槽口,如图8-5(e)所示。

⑥ 擦去多余图线,把可见轮廓线画成粗实线,完成全图,如图8-5(f)所示。

用切割法画立体正等测图

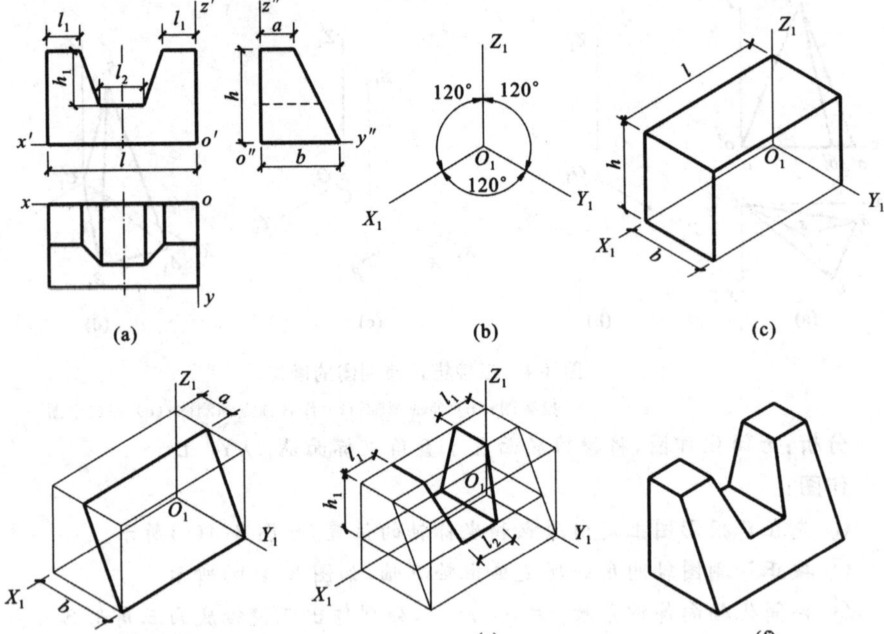

图8-5 带切口四棱柱的正等测图

(a) 形体的正投影图;(b) 画出轴测轴;(c) 画出基长方体的轴测图;

(d) 切去前上角;(e) 切去中间槽;(f) 完成全图

8.2.2.3 端面法

端面延伸法(也称特征面法,简称端面法)是根据形体的结构特征,首先作出形体平行于其坐标面端面的轴测图,然后画出平行于另一轴测轴方向的线段。

如图8-6所示,首先作出左端面的轴测图,然后过端面各顶点,作平行于O_1X_1轴一系列棱线的轴测图,从而完成整个轴测图的绘制。对上例而言,此方法显得更方便。

用端面法画立体正等测图

(a)

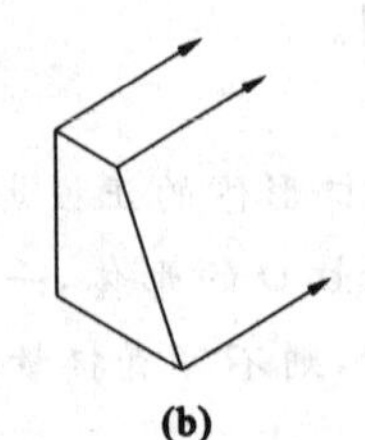

(b)

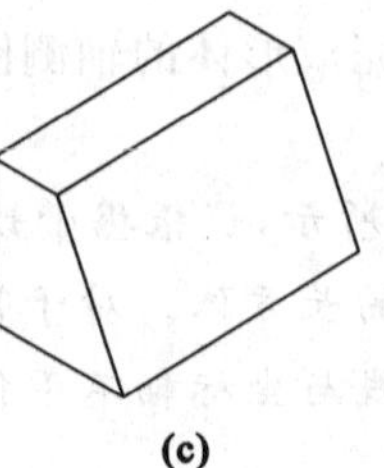

(c)

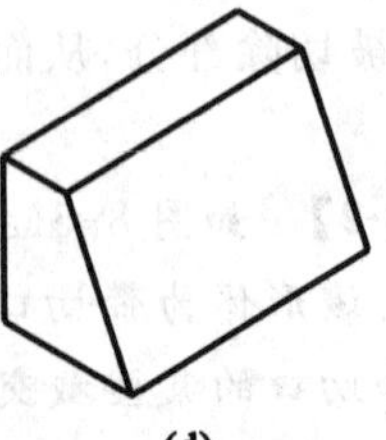

(d)

图8-6 用端面法画平面立体的正等测图

【例 8-3】 如图 8-7(a)所示,已知正六棱柱的两面投影,试绘制其正等测图。

分析:正六边形为对称图形,为了简化作图,避免画出不可见轮廓线,将直角坐标原点 O 置于正六棱柱顶面的中心,且 OZ 轴向下,轴向伸缩系数 $p=q=r=1$,如图 8-7(a)所示。

作图:

① 在正投影图上定出坐标原点和坐标轴,如图 8-7(a)所示。

② 按正等测图对轴间角的规定,画出轴测轴,如图 8-7(b)所示。

③ 采用坐标法,按 $p=q=1$,沿轴向测量,首先作出 A、D、Ⅰ、Ⅱ四点的轴测投影 A_1、D_1、I_1、II_1,再分别过 I_1、II_1 两点作直线平行于 O_1X_1,求得 B、C、E、F 四点的轴测投影 B_1、C_1、E_1、F_1,最后顺序连接 A_1、B_1、C_1、D_1、E_1、F_1、A_1,即为所求顶面的正等测图,如图 8-7(b)所示。

④ 采用端面法,按 $r=1$,用图 8-5 所示的方法即可完成正六棱柱的正等测图,如图 8-7(c)、(d)所示。

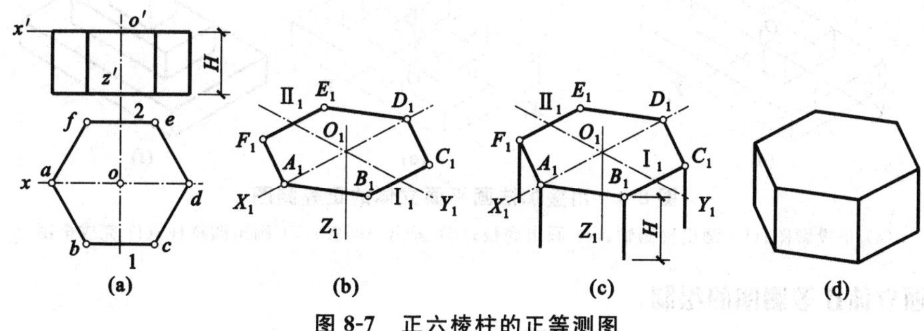

图 8-7 正六棱柱的正等测图

8.2.2.4 叠加法

有些形体由基本形体叠加而成。对于这类形体轴测图的绘制,可将其分为几个部分,按叠加方式逐个画出各部分的轴测图,从而得到整个形体的轴测图。应注意的是,画图时一定要正确确定各部分的相对位置关系。

【例 8-4】 如图 8-8(a)所示,试根据形体的正投影图绘制其正等测图。

分析:形体由底板、中间板和四棱柱叠加而成。为了便于作图,在正投影图的底板顶面中心定出坐标原点并作出坐标轴,并选用叠加法逐步画出形体的轴测图。

作图:

① 在正投影图上定出坐标原点和坐标轴,如图 8-8(a)所示。

② 按正等测图轴间角的规定,画出轴测轴,如图 8-8(b)所示。

③ 画出底板的轴测图。采用端面法,按 $p=q=r=1$,先画底板顶面的轴测图,再沿 O_1Z_1 方向测量画出底板的高度,完成底板的轴测图,如图 8-8(c)所示。

④ 画出中间板的轴测图,如图 8-8(d)所示。

⑤ 画出四棱柱的轴测图,如图 8-8(e)所示。

⑥ 擦去多余图线,将可见轮廓线画成粗实线,完成全图,如图 8-8(f)所示。

用叠加法画立体正等测图

应当指出:有些组合体不是用一种而是用两种画法画其轴测图。例如,图 8-7 所示六棱柱就是先用坐标法画其顶面轴测图,后用端面法完成其整体轴测图。这种画法常称综合画法。此法用得很多。

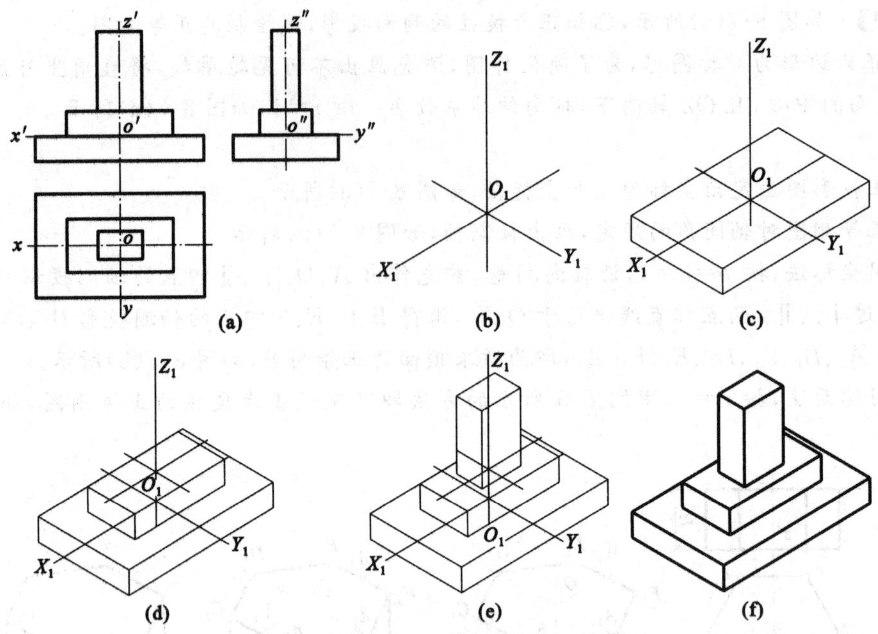

图 8-8 用叠加法画平面立体的正等测图

(a) 正投影图;(b) 画出轴测轴;(c) 画出底板;(d) 画出中间板;(e) 画出四棱柱;(f) 完成全图

8.2.3 曲面立体正等测图的绘制

画回转体的轴测图时,应首先掌握圆的正等测图画法,特别是要掌握与坐标面平行或重合圆的正等测图画法。

8.2.3.1 平行于坐标面圆的正等测图的画法

(1) 正等测椭圆长、短轴的方向和大小

正等测椭圆的长轴垂直于相应的轴测轴,短轴平行于相应的轴测轴。如图 8-9(a)所示,在 $X_1O_1Y_1$ 面上的椭圆,其短轴与 O_1Z_1 平行;在 $Y_1O_1Z_1$ 面上的椭圆,其短轴与 O_1X_1 平行;在 $X_1O_1Z_1$ 面上的椭圆,其短轴与 O_1Y_1 平行。

椭圆长、短轴的尺寸如下所述。正等测图中椭圆长轴长度等于圆的直径 d,短轴长度等于 $0.58d$,如图 8-9(b)所示。采用简化轴向伸缩系数后,长度放大到 1.22 倍,即长轴为$1.22d$,短轴为 $0.58d \times 1.22 \approx 0.7d$,如图 8-9(c)所示。

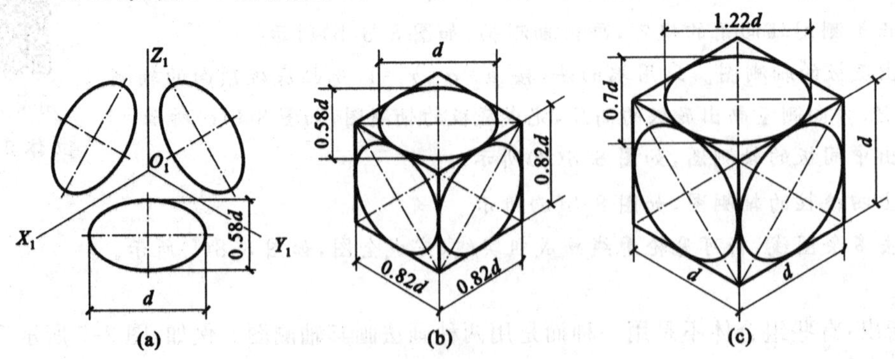

图 8-9 坐标面上圆的正等测图

(2) 用四心圆近似画法画水平圆的正轴测图

① 在正投影图中定出原点和坐标轴,并作圆的外切正方形,如图 8-10(a)所示。

② 画出轴测轴,按 $p=q=1$,沿轴截取半径 R,得椭圆上的四点 A_1、B_1、C_1、D_1,从而作出外切正方形的轴测图——菱形,如图 8-10(b)所示。

③ 菱形短对角线的端点为 1_1、2_1,连 1_1A_1(或 1_1D_1)、2_1B_1(或 2_1C_1),分别交菱形的长对角线于 3_1、4_1 两点,得四个圆心 1_1、2_1、3_1、4_1,如图 8-10(c)所示。

④ 以 1_1 为圆心,1_1A_1(或 1_1D_1)为半径作圆弧 $\overset{\frown}{A_1D_1}$;又以 2_1 为圆心,作另一圆弧 $\overset{\frown}{B_1C_1}$,如图 8-10(d)所示。

⑤ 分别以 3_1、4_1 为圆心,以 3_1A_1(或 3_1C_1)、4_1B_1(或 4_1D_1)为半径作圆弧 $\overset{\frown}{A_1C_1}$ 及 $\overset{\frown}{B_1D_1}$,如图 8-10(e)所示。

⑥ 擦去多余图线,加深可见轮廓线,即得水平圆的正等测图,如图 8-10(f)所示。

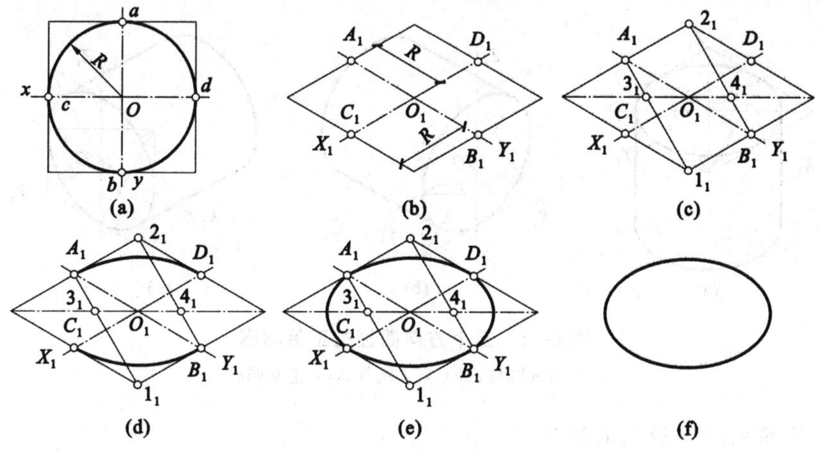

图 8-10 水平圆正等测图的近似画法

正平圆和侧平圆的正等测图画法与水平圆的画法相同,但椭圆长、短轴的方向不同,如图 8-9 所示。

8.2.3.2 圆柱正等测图的画法

【例 8-5】 作出图 8-11(a)所示圆柱的正等测图。

分析:该圆柱的轴线垂直于 H 面。根据圆柱的对称性和可见性,可选择圆柱的顶圆圆心为坐标原点,如图 8-10(a)所示,这样便于作图。

圆、圆柱和圆角正等测图的画法

作图:

① 以圆柱顶圆圆心为坐标原点,选定坐标轴,如图 8-11(a)所示;

② 作轴测轴,按 $p=q=1$,画出顶圆的轴测图,如图 8-11(b)所示;

③ 按 $r=1$,沿 O_1Z_1 轴方向向下量取高度 h,作出底圆的轴测图,再作出平行于 O_1Z_1 轴并与两椭圆相切的转向轮廓线,如图 8-11(c)所示;

④ 擦去多余图线,将可见轮廓线画成粗实线,如图 8-11(d)所示。

由图 8-11(c)可知,圆柱底圆后半部分不可见,不必画出。由于上、下两椭圆完全相同,且对应点之间的距离均为圆柱高度 h,故只需完整地画出顶面椭圆,沿 O_1Z_1 轴方向向下量取高度 h,找出底面椭圆三段圆弧的圆心以及两圆弧相连处的切点,再根据相应的半径画出底面的椭圆,从而简化了作图过程。这种方法称为移心法。

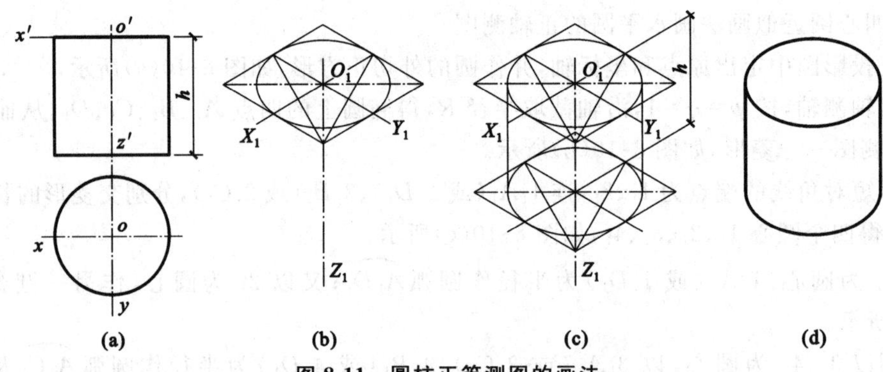

图 8-11　圆柱正等测图的画法

轴线垂直于 V 面、W 面圆柱的轴测图画法与轴线垂直于 H 面的圆柱相同，只是椭圆长轴方向依圆柱的轴线方向而异，即圆柱顶面、底面椭圆的长轴方向与该圆柱的轴线垂直，如图 8-12 所示。

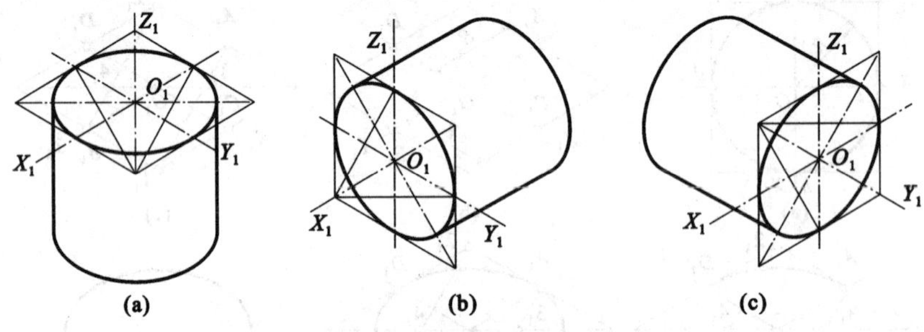

图 8-12　三个方向圆柱的正等测图

(a) 铅垂圆柱；(b) 侧垂圆柱；(c) 正垂圆柱

8.2.3.3　圆角的正等测图的画法

一般的圆角正好是圆周的四分之一，所以它们的轴测图正好是近似椭圆四段圆弧中的一段。图 8-13 所示为圆的正投影图、轴测图和把圆分成四段圆弧轴测图的关系。

由图 8-13(b)可知，各段圆弧的圆心与外切菱形对应边中点的连线是垂直于该边的，因此自菱形各顶点起，在边线上截取长度 R(圆角的半径)，得各切点；过各切点分别作该边线的垂线，垂线两两相交，所得的交点分别为各段圆弧的圆心。然后以 R_1、R_2 为半径画圆弧，即得四个圆角的正等测图。

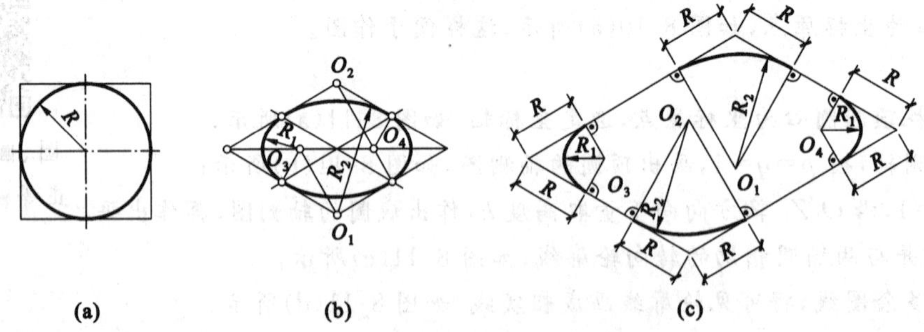

图 8-13　圆角正等测图的画法

8.2.4 组合体正等测图的绘制

有些形体是由若干基本形体按叠加或切割方式组合而成。当绘制这种形体的轴测图时，可按其组成顺序依次绘出各个基本形体的轴测图，然后整理、加深可见轮廓线，去掉多余图线，即完成整个形体的轴测图。

【例 8-6】 试画出图 8-14(a)所示台阶的正等测图。

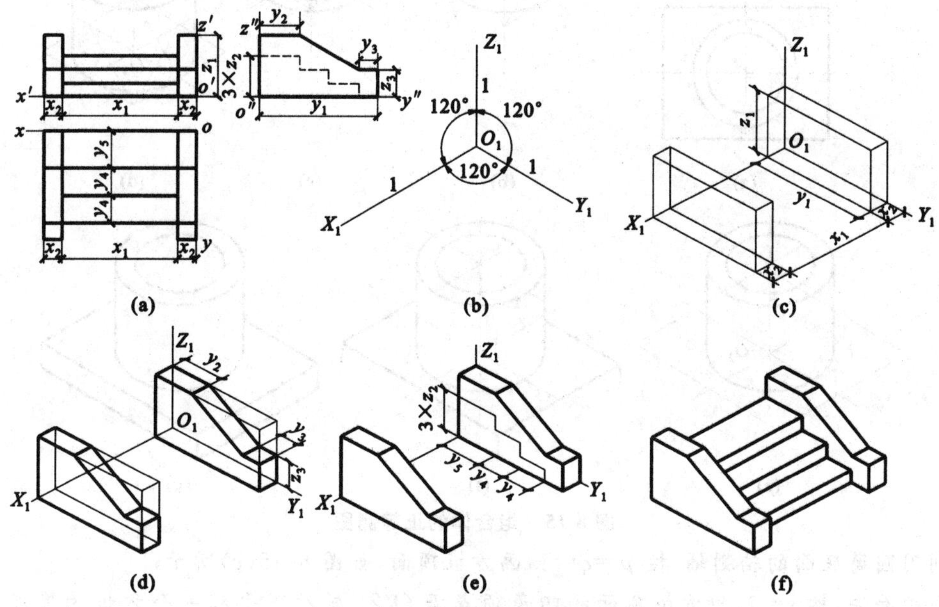

图 8-14 台阶的正等测图

分析：由正投影图可知该形体是一个叠加型组合体，由左右栏板和踏步叠加而成，因此可按叠加法绘制。

作图：

① 在正投影图上定出坐标原点和坐标轴，如图 8-14(a)所示；

② 按正等测图轴间角的规定，画出轴测轴，如图 8-14(b)所示；

③ 按 $p=q=r=1$，画出左右栏板基本形体的轴测图，如图 8-14(c)所示；

④ 用切割法完成左右栏板的轴测图，如图 8-14(d)所示；

⑤ 画出踏步右端面的轴测图，如图 8-14(e)所示；

⑥ 完成踏步轴测图，擦去多余图线，将可见轮廓线画成粗实线，完成全图，如图 8-14(f)所示。

【例 8-7】 试画出图 8-15(a)所示形体的正等测图。

分析：由正投影图可知该形体是一个组合体，由方板和圆筒叠加而成，因此可按叠加法，先画圆筒，后画方板。

作图：

① 以顶圆圆心为坐标原点，选定坐标轴，如图 8-15(a)所示。

② 画出轴测轴，画顶面外椭圆。以 O_1 为圆心画轴测轴，按 $p=q=1$，画外切菱形和四心椭圆，如图 8-15(b)所示。

③ 用同样的方法画顶面内椭圆，如图 8-15(c)所示。

④ 完成圆筒。按 $r=1$,沿 O_1Z_1 轴方向从 O_1 点往下量取 h_1 得到 O_2,以 O_2 为原点画轴测轴,用同样的方法画出底面椭圆。作平行于 O_1Z_1 轴的直线与两椭圆相切,完成圆柱的正等测图,如图 8-15(d)所示。

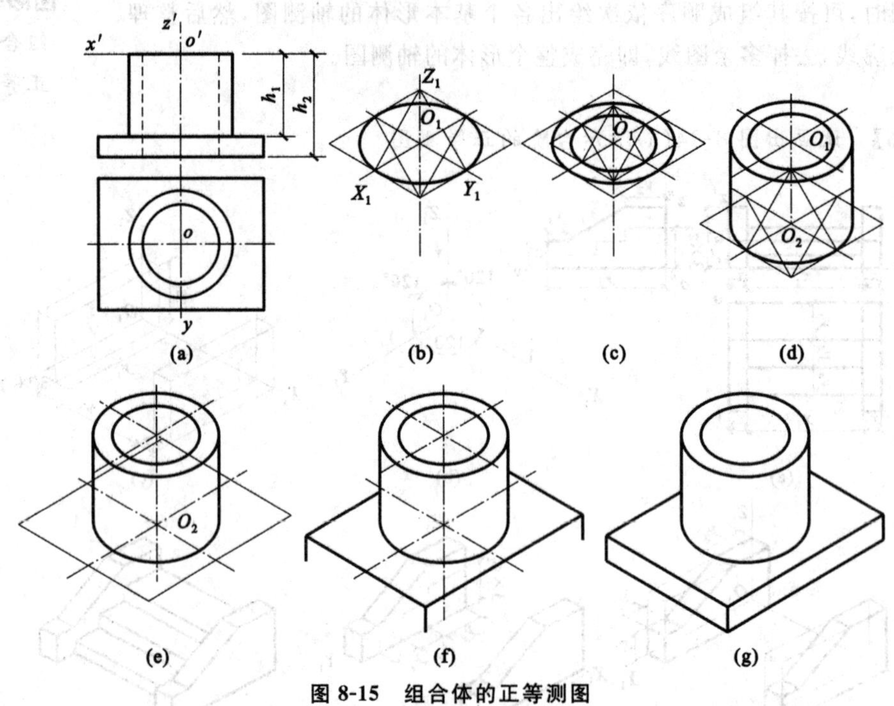

图 8-15　组合体的正等测图

⑤ 利用圆筒底面的轴测轴,按 $p=q=1$,画方板顶面,如图 8-15(e)所示。

⑥ 用端面法,按 $r=1$,把方板顶面的四角顶点沿 O_1Z_1 轴往下平移一个方板的厚度,即 h_2-h_1,如图 8-15(f)所示。

⑦ 画出方板底面的边线,整理加深可见轮廓线,完成整个形体的正等轴测图,如图 8-15(g)所示。

8.3 斜轴测图

当投射方向对轴测投影面 P 倾斜时,形成斜轴测图。以 V 面平行面作为轴测投影面所得的斜轴测图称为正面斜轴测图,如图 8-1(b)所示。若以 H 面平行面作为轴测投影面,则得水平斜轴测图。下面对这两种斜轴测图作进一步讨论。

8.3.1 正面斜二测图

8.3.1.1 正面斜二测图的轴间角和轴向伸缩系数

如图 8-16 所示,正面斜轴测图不论投射方向如何选择,轴间角 $\angle X_1O_1Z_1=90°$,O_1X_1 和 O_1Z_1 方向的轴向伸缩系数均为 1,即 $p=r=1$。O_1Y_1 与 O_1X_1、O_1Z_1 的轴间角随投射方向的不同而发生变化。O_1Y_1 的轴向伸缩系数亦依投射方向而定。因为投射方向有无穷多,所以可令 O_1Y_1 与 O_1X_1、O_1Z_1 的轴间角为任意数。为了作图方便,常用的轴间角有两种:① $\angle X_1O_1Y_1=45°$,按 Y_1O_1 延长线方向(即 $\angle Y_1O_1Z_1=45°$)作图;② $\angle X_1O_1Y_1=135°$,按 Y_1O_1 延长线方向(即 $\angle Z_1O_1Y_1=45°$)作图。轴测轴 O_1Y_1 的轴向伸缩系数常取 0.5。

8.3.1.2 平行于坐标面的圆的斜二测图画法

(1) 斜二测图中椭圆长、短轴的方向和大小

在坐标面 $X_1O_1Z_1$ 或与其平行的平面上，圆的正面斜二测图仍为圆，如图 8-17(a)所示。在另外两个坐标面或与它们平行的平面上，圆的斜二测图为椭圆，如图 8-17(a)所示。在 $X_1O_1Y_1$、$Y_1O_1Z_1$ 面上的椭圆长轴与 O_1X_1、O_1Z_1 间的夹角均为 $7°10'$，短轴与长轴垂直。椭圆长轴约为 $1.06d$，短轴约为 $0.33d$。

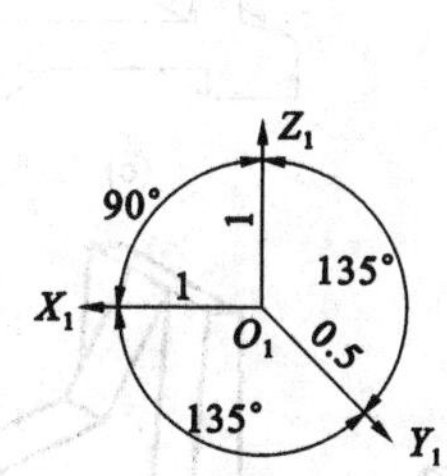

图 8-16 正面斜二测图的轴间角和轴向伸缩系数

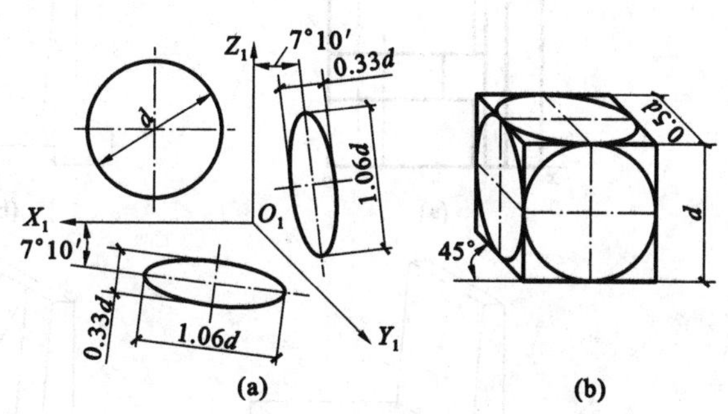

图 8-17 三坐标面上圆的斜二测图

(2) 用平行弦法画椭圆

平行弦法就是用平行于坐标轴的弦来定出圆周上的点，然后作出这些点的轴测图，并光滑地连接求得椭圆。

用平行弦法求作 XOY 坐标面上圆的正面斜二测图，其作图步骤如图 8-18 所示。

① 用平行于 OX 轴的弦 EF 分割圆 O，得点 E、F，如图 8-18(a)所示；

② 取简化轴向伸缩系数 $p=r=1, q=0.5$，画轴测轴，如图 8-18(b)所示；

③ 求出点 A、B、C、D、E、F 在轴测图中的相应点 A_1、B_1、C_1、D_1、E_1、F_1，如图 8-18(c)所示，利用上述平行弦可求出圆周上一系列点的轴测图；

平行弦法作圆的斜二测图

④ 用光滑曲线连接 A_1、E_1、D_1、F_1、B_1、C_1 各点，即得到圆 O 的斜二测图，如图 8-18(d)所示。

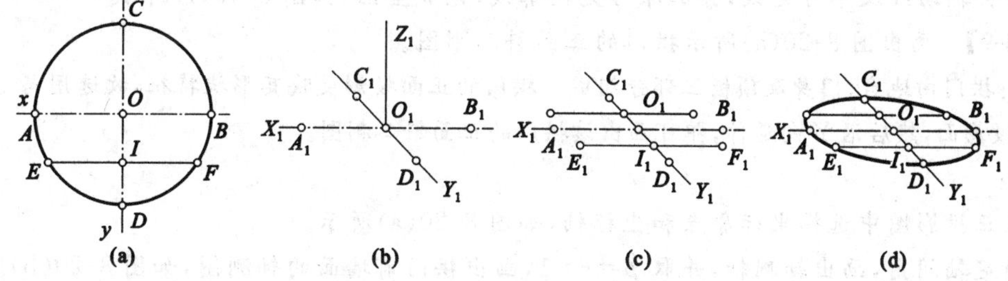

图 8-18 平行弦法作圆的斜二测图

平行弦法画椭圆不仅适用于画平行于坐标面的圆的轴测图，也适用于画不平行于坐标面的圆的轴测图。平行弦法实质上就是坐标法。

8.3.1.3 正面斜二测图的作图举例

【例 8-8】 画出图 8-19(a)所示挡土墙的正面斜二测图。

分析：此挡土墙的正面投影反映其形状特征，故选用与 XOZ 面平行的轴测投影面，然后沿 Y

向延伸,即可画出该挡土墙的正面斜二测图。

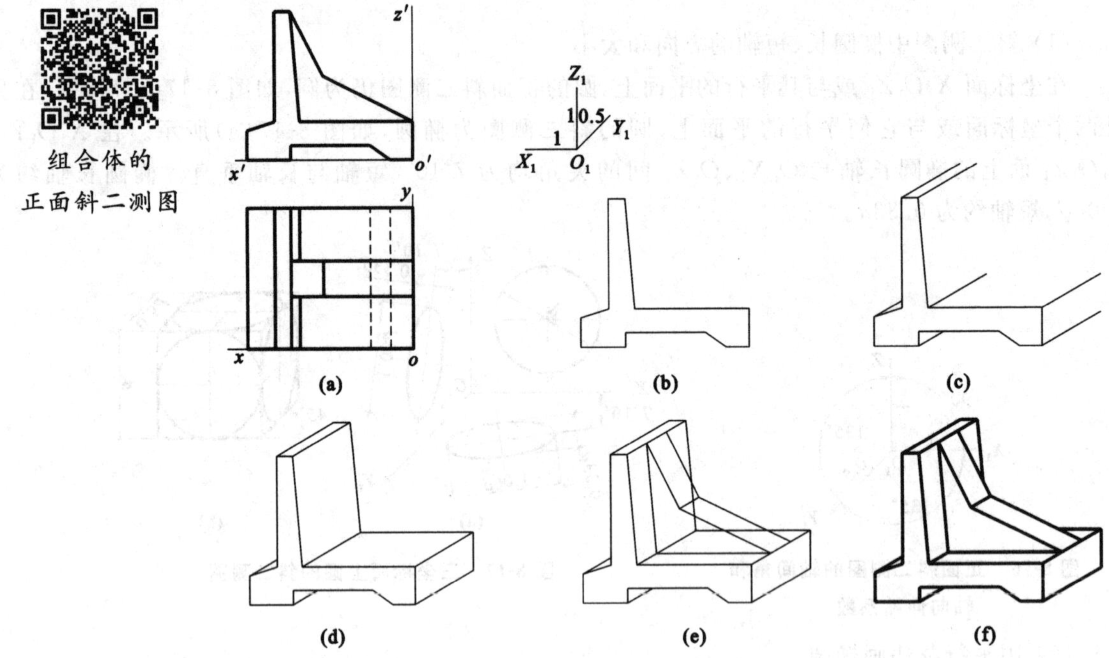

图 8-19　挡土墙的正面斜二测图

作图:

① 在正面投影图中,选择挡土墙前端面的右下角为直角坐标系原点,如图 8-19(a)所示;

② 确定轴间角,画轴测轴,取 $p=r=1$,画出挡土墙前端面的轴测图,如图 8-19(b)所示(注意:轴测轴可以画在轴测图图形的外面,这样在擦掉作图线时比较容易);

③ 运用端面法,将挡土墙前端面沿 Y 方向延伸,画出相关延伸线,如图 8-19(c)所示;

④ 取 $q=0.5$,完成挡土墙后端面的轴测图,如图 8-19(d)所示;

⑤ 取 $q=0.5$,由挡土墙前端沿 Y 方向量取相应的长度,画出扶壁的轴测图,如图 8-19(e)所示;

⑥ 擦去辅助线及不可见线,并加深可见轮廓线,完成全图,如图 8-19(f)所示。

【例 8-9】　画出图 8-20(a)所示拱门的正面斜二测图。

分析: 拱门由地台、门身及顶板三部分组成。拱门的正面投影反映其形状特征,故选用与 XOZ 面平行的轴测投影面,然后沿 Y 向延伸,即可画出该拱门的正面斜二测图。

作图:

① 在正投影图中选择坐标原点和坐标轴,如图 8-20(a)所示。

② 确定轴间角,画出轴测轴,并取 $p=r=1$,画出拱门前墙面的轴测图,如图 8-20(b)所示。

③ 根据拱门墙的厚度,取 $q=0.5$,采用端面法将拱门前墙面沿 Y 方向延伸,画出拱门后墙面的轴测图,如图 8-20(c)所示。

④ 根据尺寸 x_a、y_b 和地台的高度,取 $p=r=1,q=0.5$,画出地台的轴测图,如图 8-20(d)所示。

⑤ 根据尺寸 x_a、y_b 确定顶板底面的位置,并取 $p=1,q=0.5$,画出其轴测图,如图 8-20(e)所示。

⑥ 根据顶板的高度,取 $r=1$,完成顶板的轴测图。擦去多余的图线,加深可见轮廓线,完成全图,如图 8-20(f)所示。

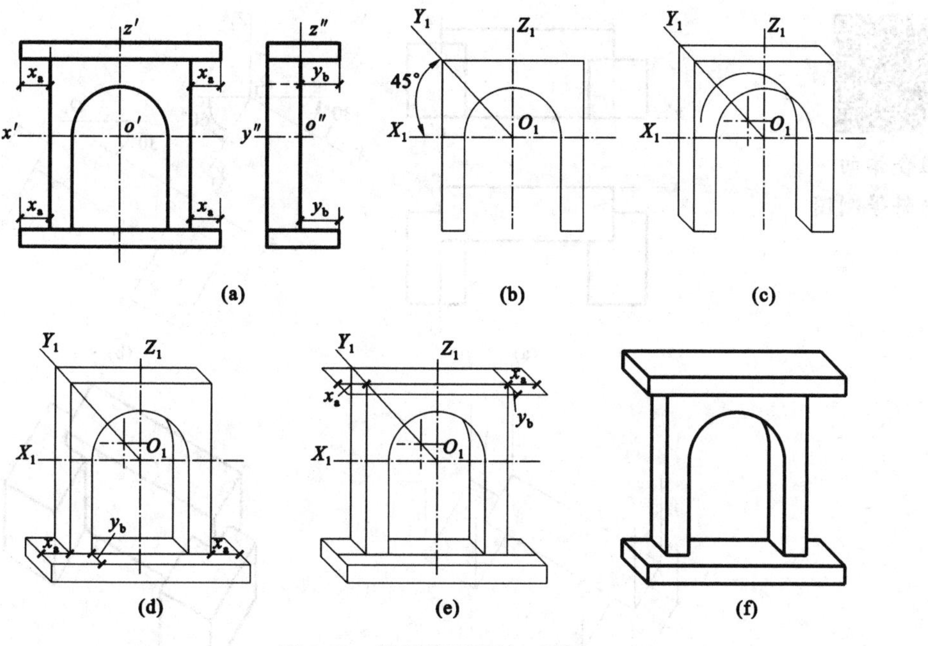

图 8-20 拱门的正面斜二测图

8.3.2 水平斜等测图

8.3.2.1 水平斜等测图的轴间角和轴向伸缩系数

水平斜等测图一般用来绘制一个建筑群的鸟瞰图或一个区域的总平面图。画图时，通常将 Z_1 轴画成铅垂方向，而 O_1X_1 与水平线成 60°、45°或 30°。轴间角 $\angle X_1O_1Y_1=90°$，$\angle X_1O_1Z_1$ 为 120°、135°或 150°，轴向伸缩系数 $p=q=r=1$，如图 8-21(b)所示。

8.3.2.2 水平斜等测图作图举例

【例 8-10】 画出图 8-21(a)所示建筑群的水平斜等测图。

分析：该建筑群的特征面是平行于 H 面的，因此选用水平斜等测图来表示，各轴向伸缩系数 $p=q=r=1$。此图可用端面法，把建筑群底面的轴测图画出后，按各建筑物的高度沿 Z_1 轴方向延伸即得所求。

作图：

① 选择坐标原点和坐标轴，如图 8-21(a)所示。

② 画轴测轴。一般取表示形体长边方向的 O_1X_1 轴与水平线成 30°(即令 $\angle X_1O_1Z_1=120°$)；画出建筑群水平面的形状，即把平面图以 O_1Z_1 为轴，逆时针旋转 30°后画出，先画中间的矩形，再画左右两侧不完整的矩形，如图 8-21(b)所示。

③ 过旋转后建筑群平面图上的各顶点沿 O_1Z_1 轴方向画平行线，并根据立面图中各建筑物的高度依次截取各长度，如图 8-21(c)所示。

④ 根据正投影图把截得的各顶点连接起来，但应注意中间建筑物与左右两端建筑物的交线画法。擦去多余的图线，加深可见轮廓线，完成建筑群的轴测图，如图 8-21(d)所示。

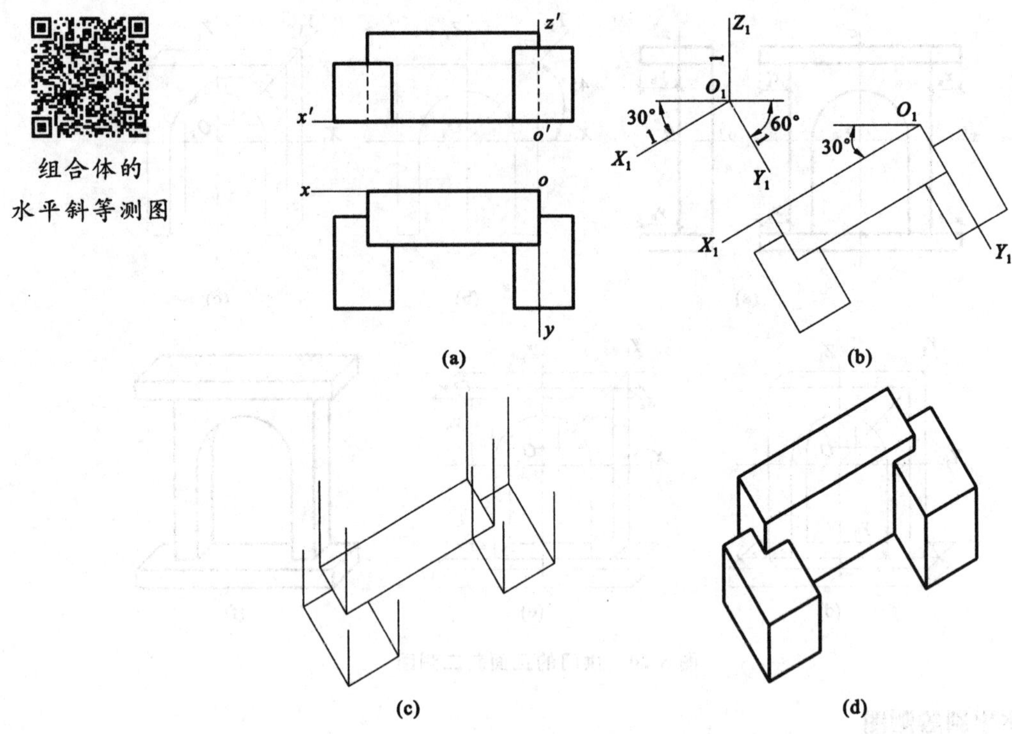

图 8-21　建筑群的水平斜等测图

8.4　轴测图的选择

绘制轴测图是为了更直观、清晰地表达形体的形状和结构。因此，在选择轴测图的种类、摆放位置和投射方向时，应遵循立体感强、形状与结构表达清晰、作图简便、有利于按坐标关系定位和度量、尽可能减少作图线的基本原则。

8.4.1　轴测图种类的选择

大部分形体都可以选择正等测图来表达；正面形状复杂(特别是有圆或圆弧时)的形体，一般选用正面斜二测图，可使作图更简便；对房屋的外形、内部结构和建筑群的鸟瞰图或一个区域的总平面图，常采用水平斜等测图来表达。

在选择轴测图种类时，应考虑以下几个方面：

① 应尽量表达出形体的形状特征，避免遮挡，使形体的主要部分可见。

图 8-22(b)为图 8-22(a)所示形体的正等测图，它不能反映出形体上的孔是否为通孔。若选用图 8-22(c)所示的正面斜二测图，不仅圆和圆弧的轴测图易画，且孔的结构清楚。

② 应避免形体表面在轴测图中积聚成直线。在选择轴测图时，应使其立体感强，并大致符合我们日常观察形体时所看到的形状。如图 8-23 所示形体，若采用图 8-23(b)所示的正等测图来表达，就有两个表面在轴测图上积聚成了直线，其直观性差；若采用图 8-23(c)所示的水平斜等测图来表达，形体的立体效果就很明显了。

③ 应避免轴测图表达不清晰。如图 8-24 所示，图 8-24(c)、(d)不如图 8-24(b)清晰。

④ 应使作图方法简便。如图 8-22 所示形体，用正等测图和正面斜二测图都能表达其形状，但

由于该形体的正面形状比较复杂(有圆孔和半圆柱面),故采用正面斜二测图绘制更方便,如图 8-22(c)所示。

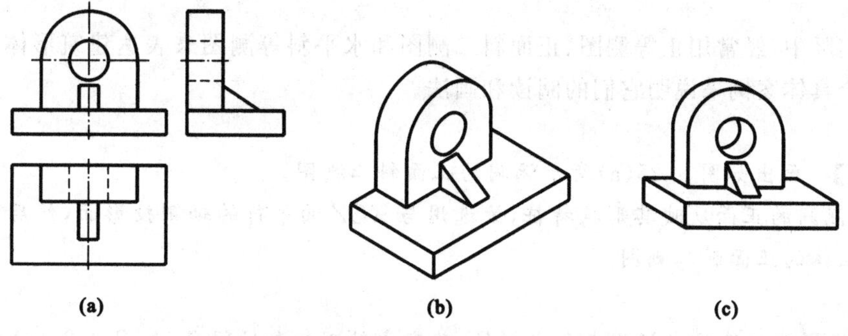

(a) (b) (c)

图 8-22 轴测图应反映形体的形状特征

(a) 正投影图;(b) 正等测图;(c) 正面斜二测图

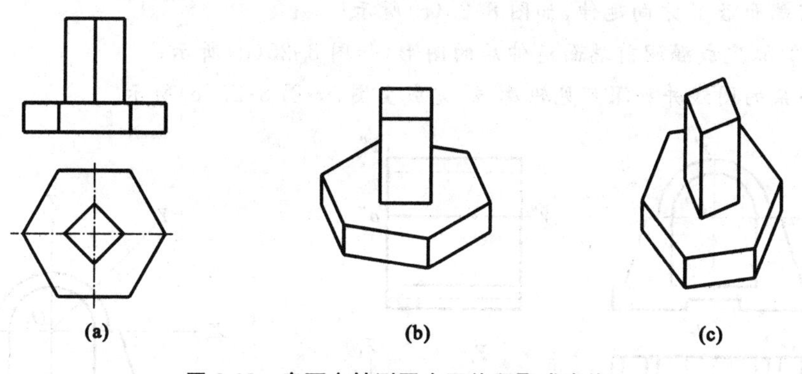

(a) (b) (c)

图 8-23 表面在轴测图中不能积聚成直线

(a) 正投影图;(b) 正等测图;(c) 水平斜等测图

8.4.2 形体摆放位置和投射方向的选择

应正确选择形体的摆放位置和投射方向。当形体摆放位置确定时,观察角度会影响轴测图效果;当形体观察角度不变时,摆放位置也会影响轴测图效果。

如图 8-24(a)所示形体,图 8-24(b)为从形体左、前、上方投射所得的轴测图,图 8-24(c)为从形体右、前、上方投射所得的轴测图,图 8-24(d)为从形体左、前、下方投射所得的轴测图。很显然,图 8-24(b)比图 8-24(c)、(d)的效果好。

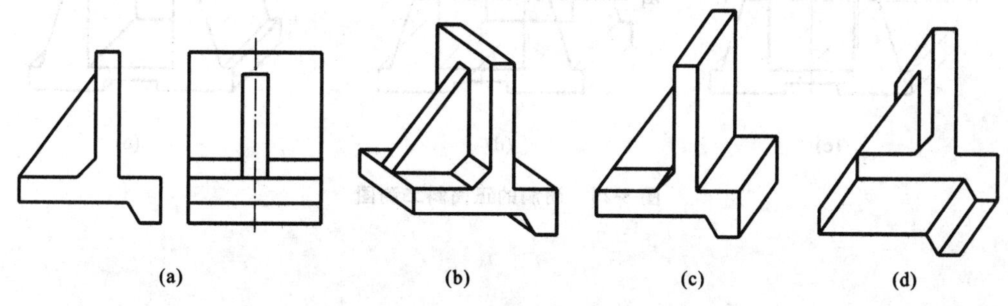

(a) (b) (c) (d)

图 8-24 正确选择投射方向

8.5 轴测图综合作图

在工程实际中,经常用正等测图、正面斜二测图和水平斜等测图来表达建筑形体,下面通过土木工程中三个具体案例来说明它们的阅读和画法。

【例 8-11】 画出如图 8-25(a)所示涵洞的正面斜二测图。

分析:此涵洞的正面反映其形状特征,故选用与 XOZ 面平行的轴测投影面,然后沿 Y 向延伸,即可画出该立体的正面斜二测图。

作图:

① 在正投影图中选择坐标原点和坐标轴,确定出轴测轴和轴间角,如图 8-25(a)所示;

② 画轴测轴,并画出涵洞前端面的形状,如图 8-25(b)所示;

③ 涵洞前端面沿 Y 方向延伸,如图 8-25(c)所示;

④ 取 $q=0.5$,完成涵洞前端面延伸后的图形,如图 8-25(d)所示;

⑤ 擦去多余的图线并加深可见轮廓线,完成全图,如图 8-25(e)所示。

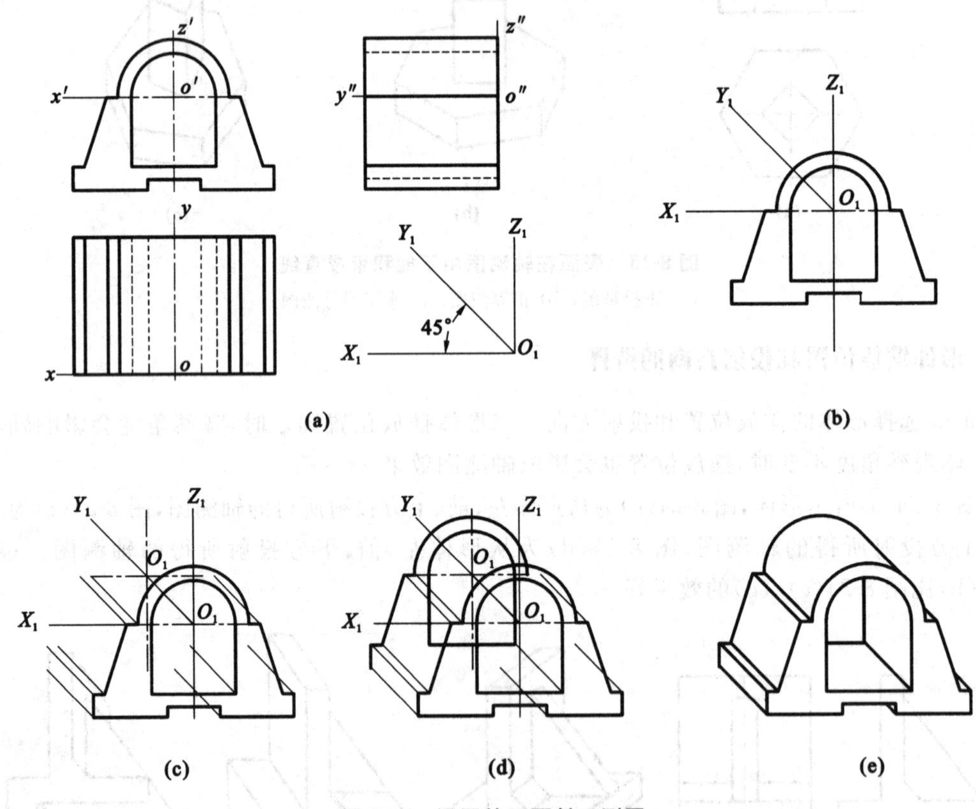

图 8-25 涵洞的正面斜二测图

【例 8-12】 如图 8-26(a)所示,已知房屋室内平面图,试绘制其水平斜等测图。

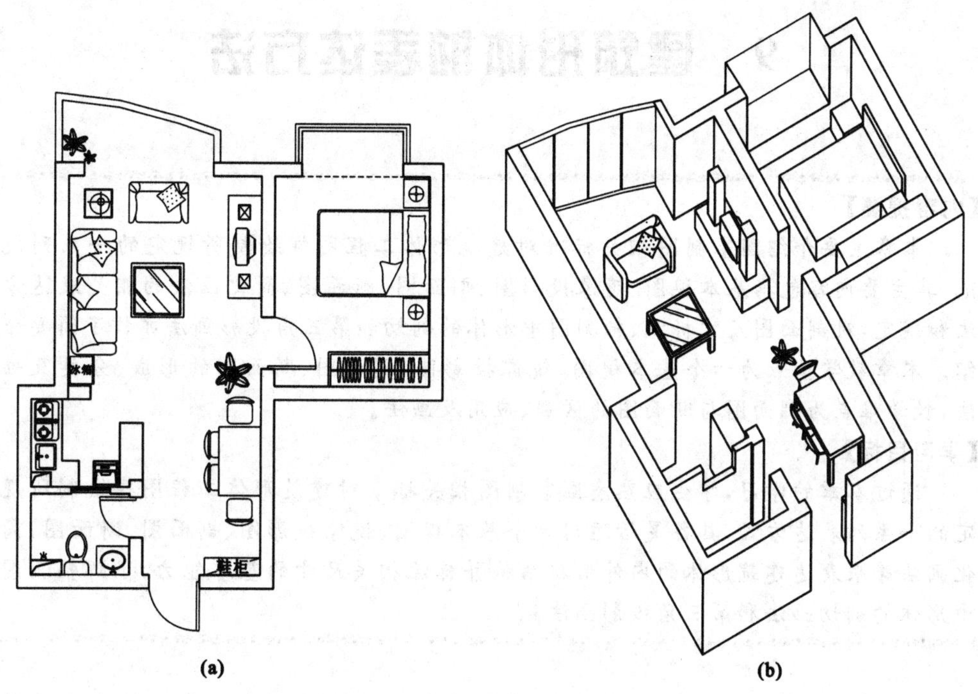

图 8-26 房屋室内水平斜等测图

分析:该房屋的特征面是平行于 H 面的,因此选用水平斜等测图来表示,取各轴向伸缩系数 $p=q=r=1$。

作图:

① 选择坐标原点和坐标轴;

② 画轴测轴;

③ 画出剖切后墙体的轴测图,如图 8-26(b)所示;

④ 画出剖切后门窗的轴测图,如图 8-26(b)所示;

⑤ 画出剖切后家具的轴测图,如图 8-26(b)所示;

⑥ 画出植物的轴测图,如图 8-26(b)所示;

⑦ 擦去多余的图线,加深可见轮廓线,完成房屋的轴测图,如图 8-26(b)所示。

本章小结、要点自测、
理实融合、拓展学习

9 建筑形体的表达方法

【内容提要】

本章主要介绍国家制图相关标准对建筑形体工程图样绘制所规定的一系列规范，其主要内容包括基本视图、镜像投影图、剖面图、断面图、简化画法的相关表达方法和规定，对剖面图尺寸标注、轴测图中形体的剖切和第三角投影画法亦作了简要介绍。本章教学重点为六个基本视图、镜像投影图、剖面图、断面图的形成、分类及画法，教学难点为剖面图与断面图的区别、应用及画法。

【学习目标】

通过本章的学习，学生应熟悉国家制图相关标准对建筑形体工程图样绘制所规定的一系列表达方式，具备灵活运用六个基本视图、镜像投影图、剖面图、断面图、简化画法等来表达建筑形体的内外形状结构并标注相关尺寸的基本能力，了解轴测图中形体的剖切画法和第三角投影画法。

当建筑物的形状和结构比较复杂时，仅用前面所述的三视图很难把它的内、外形状完整且清晰地表达出来，为此，国家标准规定了一系列表达方式，以供绘图时根据需要选用。这里将根据《房屋建筑制图统一标准》(GB/T 50001—2017)中的相关规定，对视图、镜像投影图、剖面图、断面图、简化画法等内容作简要介绍。

9.1 视 图

9.1.1 基本视图

视图是将形体向投影面投射所得到的图样。国家标准规定，建筑物或构件的图样，宜采用直接正投影法第一角画法绘制。

将正六面体的六个面作为基本投影面，把建筑物或构件放置于其中，分别向六个基本投影面投射，所得到的六个视图称为基本视图，六个视图的形成和名称如图 9-1 所示。

基本视图和镜像投影图

在房屋建筑中，自前方 A 投影应为正立面图，自上方 B 投影应为平面图，自左方 C 投影应为左侧立面图，自右方 D 投影应为右侧立面图，自下方 E 投影应为底面图，自后方 F 投影应为背立面图。六个基本视图展开后仍符合“长对正、高平齐、宽相等”的投影规律，其配置关系如图 9-2(a)所示。

在一张图纸上绘制几个基本视图时，其图样可按图 9-2(a)所示的展开摊平关系布置，也可如图 9-2(b)布置，图样顺序宜按主次关系从左至右依次排列，若仅画图 9-2(b)中的 A、B、C 三个图样时，这三视图之间应按投影关系配置。每个图样均应标注图名。按《房屋建筑制图统一标准》(GB/T 50001—2017)规定，图名应标注在图样下方或一侧(如详图图名)，并在图名下画一粗横线，其长度应以图名所占长度为准。

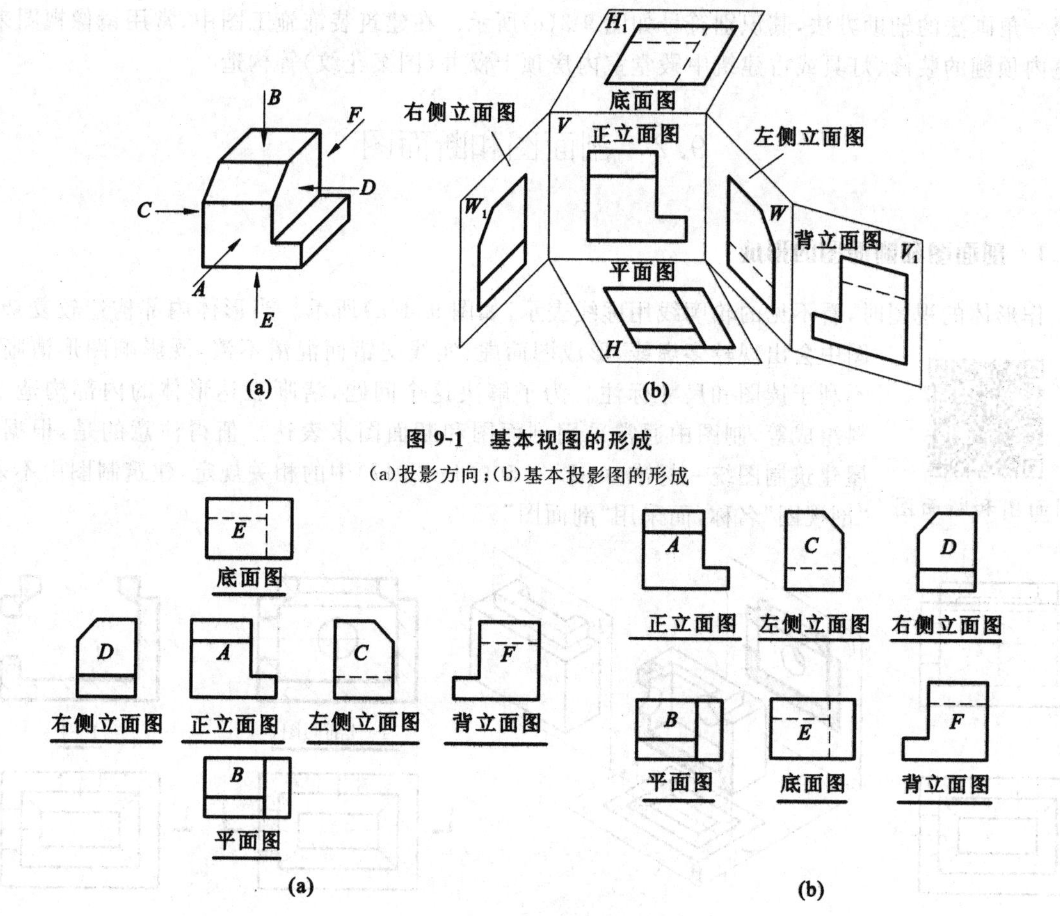

图 9-1 基本视图的形成

(a)投影方向；(b)基本投影图的形成

图 9-2 图样的布置与标注

(a)按投影关系布置；(b)自由布置

9.1.2 镜像投影图

某些工程构造(如顶棚)用直接投影法不易表达清楚时，可用镜像投影图绘制。如图 9-3(a)所示，若将形体放在镜面之上，用镜面代替投影面，按镜中反映的图像得到形体正投影图的方法称为镜像投影法，用此方法绘制的图样应在图名后面标注“镜像”二字，如图 9-3(b)所示。镜像投影法

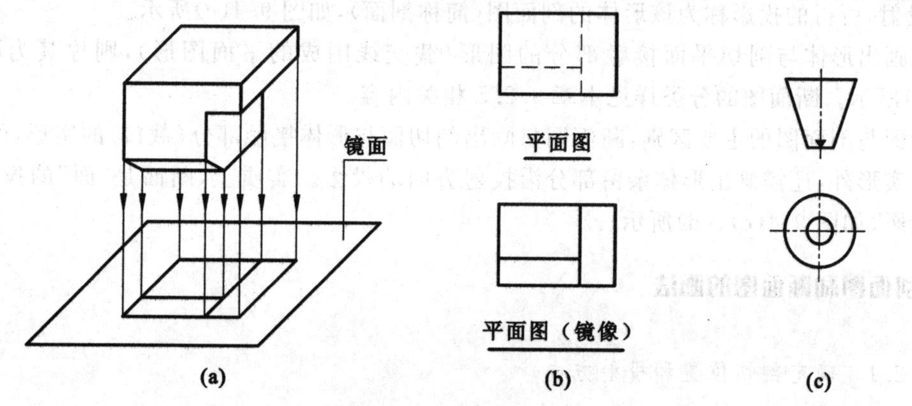

图 9-3 镜像投影图

(a)镜像示意图；(b)镜像投影与平面图比较；(c)镜像识别符号

是第一角画法的辅助方法,其识别符号如图 9-3(c)所示。在建筑装饰施工图中,常用镜像视图来表示室内顶棚的装修、灯具或古建筑中殿堂室内房顶上藻井(图案花纹)等构造。

9.2 剖面图和断面图

9.2.1 剖面图和断面图的形成

作形体的视图时,看不见的轮廓线用虚线表示,如图 9-4(a)所示。当形体内部构造较复杂时,图中会出现较多虚线,形成图面虚、实线交错而混淆不清,既影响图形清晰,又不利于读图和尺寸标注。为了解决这个问题,清晰表达形体的内部构造及材料组成等,制图中通常采用剖面图和断面图来表达。值得注意的是:根据《房屋建筑制图统一标准》(GB/T 50001—2017)中的相关规定,建筑制图中不采用“剖视图”名称,而采用“剖面图”。

剖面图和断面图

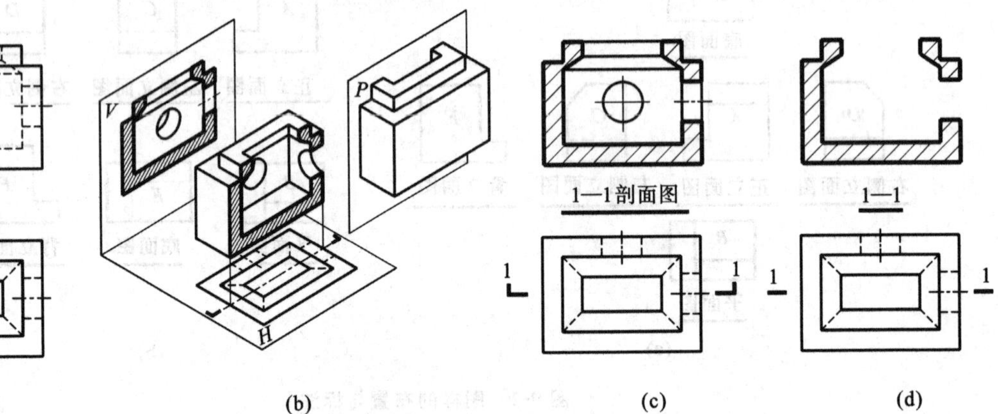

图 9-4 剖面图和断面图

(a)形体二视图;(b)剖面图和断面图的形成;(c)剖面图(体);(d)断面图(面)

假想用剖切面(一般为平面)把形体分割成两部分,将处在观察者和剖切平面之间的部分移去,而将剩余部分向投影面投射,所得的图形称为剖面图。如图 9-4(b)所示,假想用一个正平面 P 作为剖切平面,通过右圆孔的轴线把形体切开成前后两部分,将平面 P 的前面部分移去,剩余的部分向 V 面投射,所得的投影称为该形体的剖面图(简称剖面),如图 9-4(c)所示。

若仅画出形体与剖切平面接触部分的图形(截交线围成的平面图形),则称其为断面图,如图 9-4(d)所示。断面图的分类详见本章 9.2.5 相关内容。

断面图与剖面图的主要区别:断面图只画出剖切面与形体接触部分(截口)的实形,而剖面图除画出截口实形外,还需画出形体余留部分沿投射方向的投影。实质上,断面是“面”的投影,剖面是“体”的投影,如图 9-4(c)、(d)所示。

9.2.2 剖面图和断面图的画法

9.2.2.1 确定剖切位置和投射方向

剖面图的剖切平面位置和投射方向应根据需要来确定。在一般情况下剖切平面应平行于基本投影面,使断面的投影反映实形。剖切平面要通过孔、槽等不可见部分的轴线或中心线,使内部形状得以表达清楚，如图 9-4 所示。如果形体有对称平面，一般将剖切平面选择在对称平面处，剖面图的投射方向基本上与视图的投射方向相同。

断面图的剖切平面位置和投射方向也应根据需要来确定。当形体只需要表达某一部分的断面形状时，常采用断面图。

9.2.2.2　剖面图和断面图的图线

为了突出剖面图中的断面形状，建筑图中常将断面部分的轮廓线画成粗实线，不与剖切平面接触的可见轮廓线画成中实线，剖面材料的斜线画成细实线，如图 9-5(a)所示。

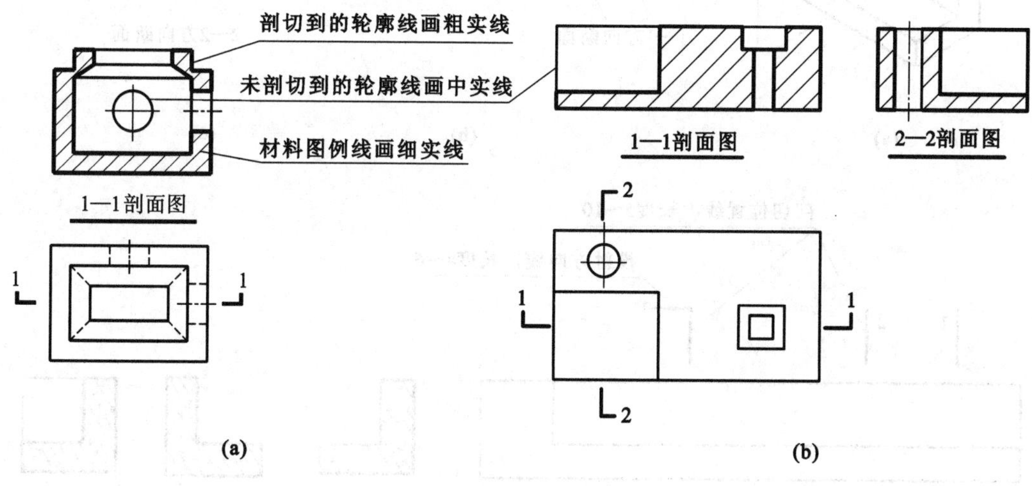

图 9-5　剖面图中的图线

若剖面图和视图已表明形体的内部(或被遮挡部分)结构，则不必用虚线重复地画出其投影，如图 9-5(b)所示剖面图中，剖切后形体上左侧圆孔在正立面图上的虚线和右侧方孔在左侧立面图上的虚线均省去不画。剖面图中一般不画虚线。

应当注意的是，由于用剖切面剖切形体是假想的，因此当形体的某视图画成剖面图后，其他未剖切的部分或视图应按完整的形体画出，如图 9-5(b)所示形体的俯视图不能只画出部分投影。

9.2.2.3　剖面图和断面图的标注

在画剖面图时，为了表明图样之间的关系，应用规定的剖切符号标明剖切位置、投射方向和编号。这里以钢筋混凝土悬挑楼梯板为例来说明，如图 9-6 所示。

剖切符号是由剖切位置线和投射方向线组成，它们均应以粗实线绘制，剖切位置线长度为 5～10 mm，投射方向线长度为 4～6 mm，如图 9-6(d)中 3—3 位置所示。剖切符号不宜与图上任何图线接触，其编号采用阿拉伯数字，从左至右或从上至下连续编排，并根据投射方向把数字注写在投射方向线的端部。剖面图名称用相同的编号加“剖面图”三个字表示，注写在相应图样的下方，名称下面画一道粗实线，如图 9-6(g)所示的“3—3 剖面图”。

在画断面图时，亦应用规定的剖切符号标明剖切位置和编号。剖切符号即剖切位置线，其长度亦为 5～10 mm，如图 9-6(d)中 1—1、2—2 位置所示。编号应注写在剖切位置线的一侧，编号所在的一侧为剖切后的投射方向。如图 9-6(d)中编号 1—1 和 2—2 分别表示剖切后向右和向左投射，如图 9-6(b)、(c)所示。断面图名称用相同的编号表示，注写在相应图样的下方，名称下面画一道粗实线，其长度亦以图名所占长度为准，如图 9-6(e)、(f)所示的“1－1”“2－2”。

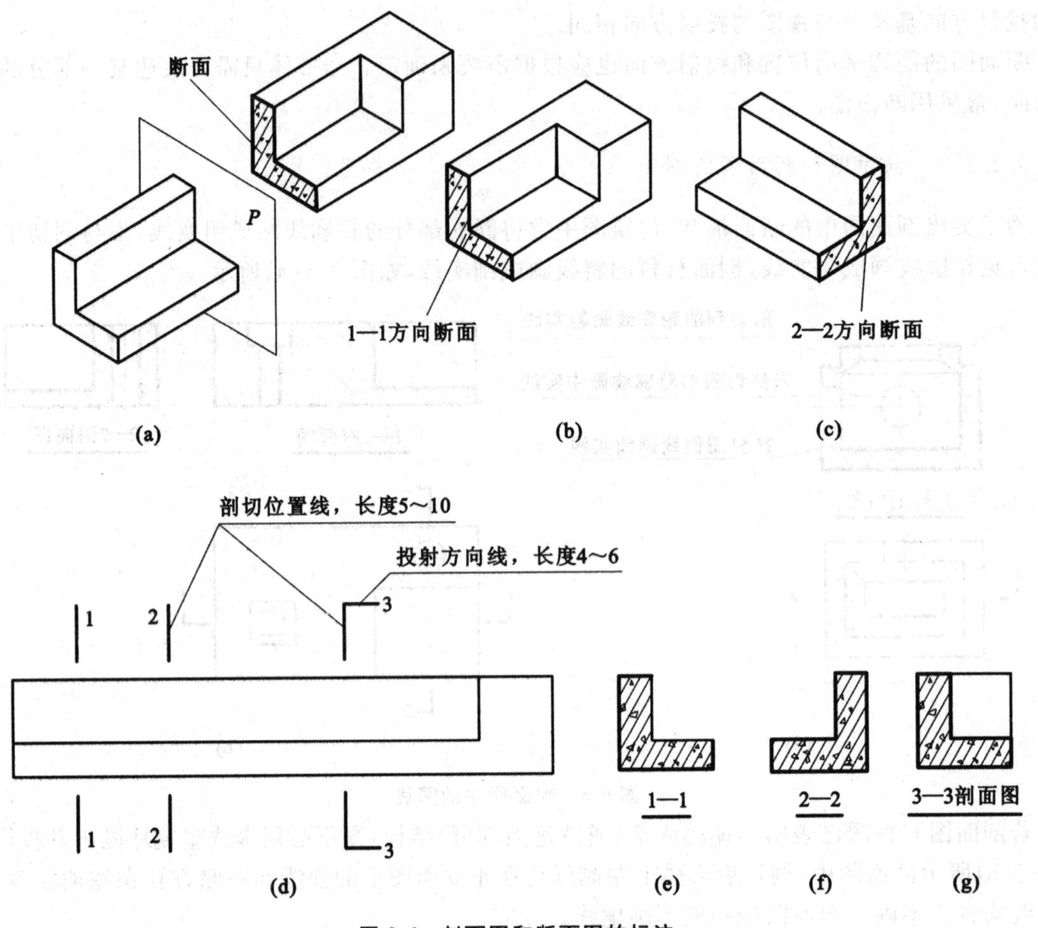

图 9-6 剖面图和断面图的标注

值得注意的是:剖面图的名称需加注“剖面图”三个字,而断面图的名称无须加注“断面图”三个字。

9.2.2.4 剖面图和断面图的图例

在剖面图中,为了区分断面(实体)和非断面(空腔)部分,应在断面轮廓范围内画出表示材料种类的图例。断面图也应在断面轮廓范围内画出表示材料种类的图例。常用的建筑材料图例见表 9-1。

在剖面图和断面图上画断面材料图例应注意以下几点:

① 在不指明形体的材料时,应在断面轮廓范围内画出间隔均匀、疏密适度、方向相同的 45°细实线,这种细实线称为图例线。

② 相同图例相接时,图例线宜错开或使其倾斜方向相反,如图 9-7(a)所示。

③ 需画出的材料图例面积过大时,可在断面轮廓内沿轮廓线作局部表示,如图 9-7(b)所示。

④ 对于同一个形体,其所有剖面图和断面图上断面轮廓范围内的图例线的间隔、疏密、方向必须一致。如图 9-8 所示形体,其 2—2 剖面图上断面轮廓内的图例线必须与 1—1 剖面图保持一致,第一种 2—2 剖面图画法正确,后面两种画法为错误。

表 9-1 **常用建筑材料图例**

名称	图例	说明	名称	图例	说明
自然土壤		包括各种自然土壤	饰面砖		包括铺地砖、马赛克砖、陶瓷锦砖、人造大理石等
夯实土壤	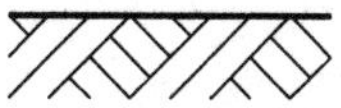	—	砂、灰土	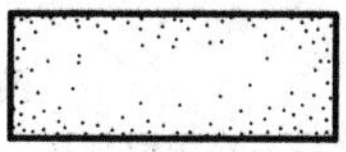	—
普通砖	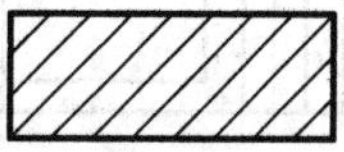	包括实心砖、多孔砖、砌块等砌体，断面较窄不易绘出图例时可涂红，并在图纸备注中加注说明，画出该材料图例	混凝土		1. 本图例是指能承重的混凝土； 2. 包括各种强度等级骨料、添加剂的混凝土； 3. 在剖面图上画出钢筋时，不画图例线； 4. 断面图形小，不易画出图例线时，可涂黑
空心砖		是指非承重砖砌体	钢筋混凝土	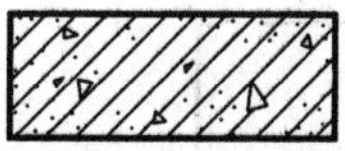	
木材		1. 上图为横断面图，左上图为垫木、木砖或木龙骨； 2. 下图为纵断面图	金属	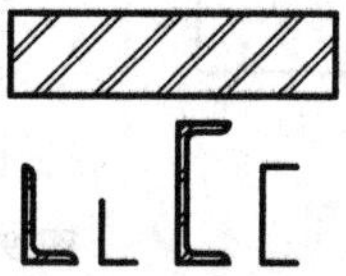	1. 包括各种金属； 2. 图形小时可涂黑
玻璃		包括平板玻璃、磨砂玻璃、夹丝玻璃、钢化玻璃、中空玻璃、夹层玻璃、镀膜玻璃等	多孔材料	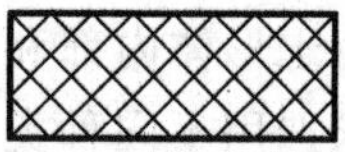	包括水泥珍珠岩、沥青珍珠岩、泡沫混凝土、非承重加气混凝土、软木、蛭石制品等
纤维材料		包括矿棉、岩棉、玻璃棉、麻丝、木丝、纤维等	防水材料		构造层次多或比例大时，采用上图比例
石膏板	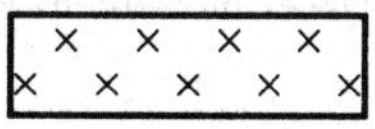	包括圆孔、方孔石膏板，防水石膏板，硅钙板，防火板等	粉刷	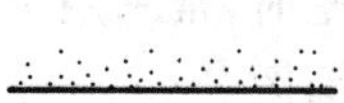	本图例采用较稀的点
石材	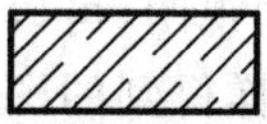	—	砂砾石、碎砖三合土	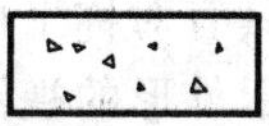	—

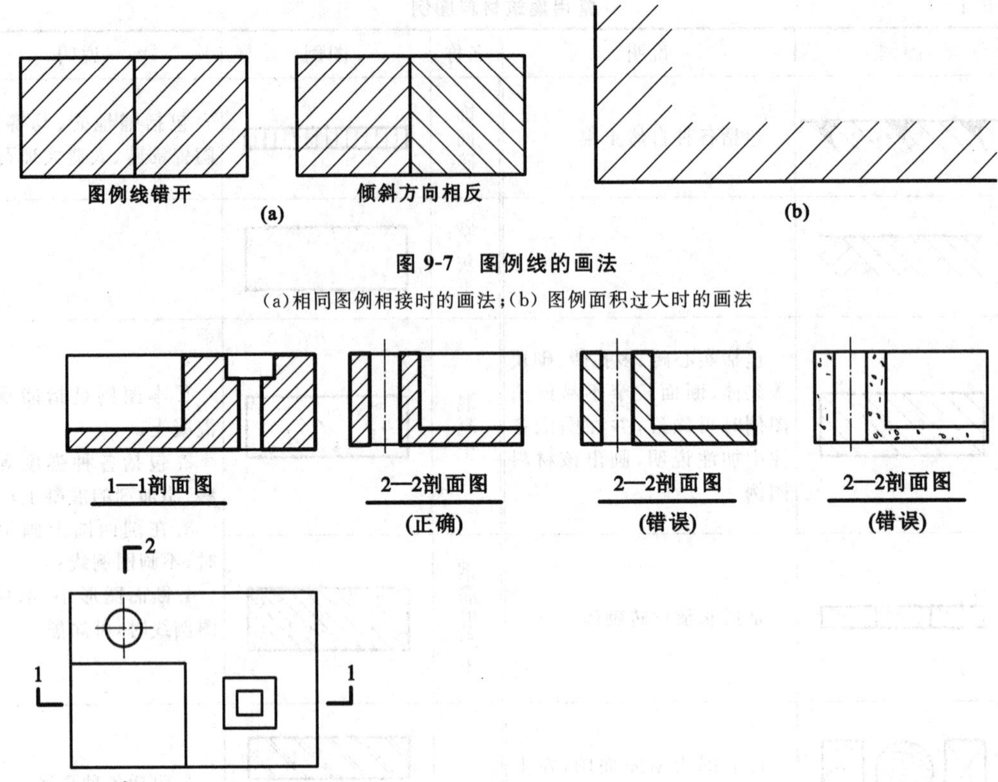

图 9-7　图例线的画法

(a)相同图例相接时的画法；(b) 图例面积过大时的画法

图 9-8　图例线的画法举例

常用的几种剖面图

9.2.3　常用的几种剖面图

由于形体内部和外部的形状不同，在画剖面图时，应根据形体的特点和图示要求选用不同种类的剖面图。常用剖面图的种类有全剖面图、半剖面图、阶梯剖面图、旋转剖面图、局部剖面图。

9.2.3.1　全剖面图

假想用一个剖切平面将形体全部剖开所画的剖面图，称为全剖面图，如图 9-5 所示。

当形体不对称且外形较简单，而内部结构较复杂，或形体不对称，其内、外形状都较复杂，但其外形可由其他视图表达清楚时，常采用全剖面图。此外，对一些虽对称但外形较简单的形体，如空心回转体等也常采用全剖面图。

9.2.3.2　半剖面图

如图 9-9 所示，当形体具有对称平面时，在垂直于对称平面的投影面上的视图，可以以对称中心线为分界线，一半画成表示外形的视图，另一半画成表示内形的剖面图，这样得到的图形称为半剖面图。

半剖面图主要用于表达内、外形状均较复杂且对称的形体。画半剖面图时，应注意以下几点：

① 在半剖面图中，半个外形视图和半个剖面图的分界线应画成细点画线，不能画成粗实线。如图 9-9(a)所示。

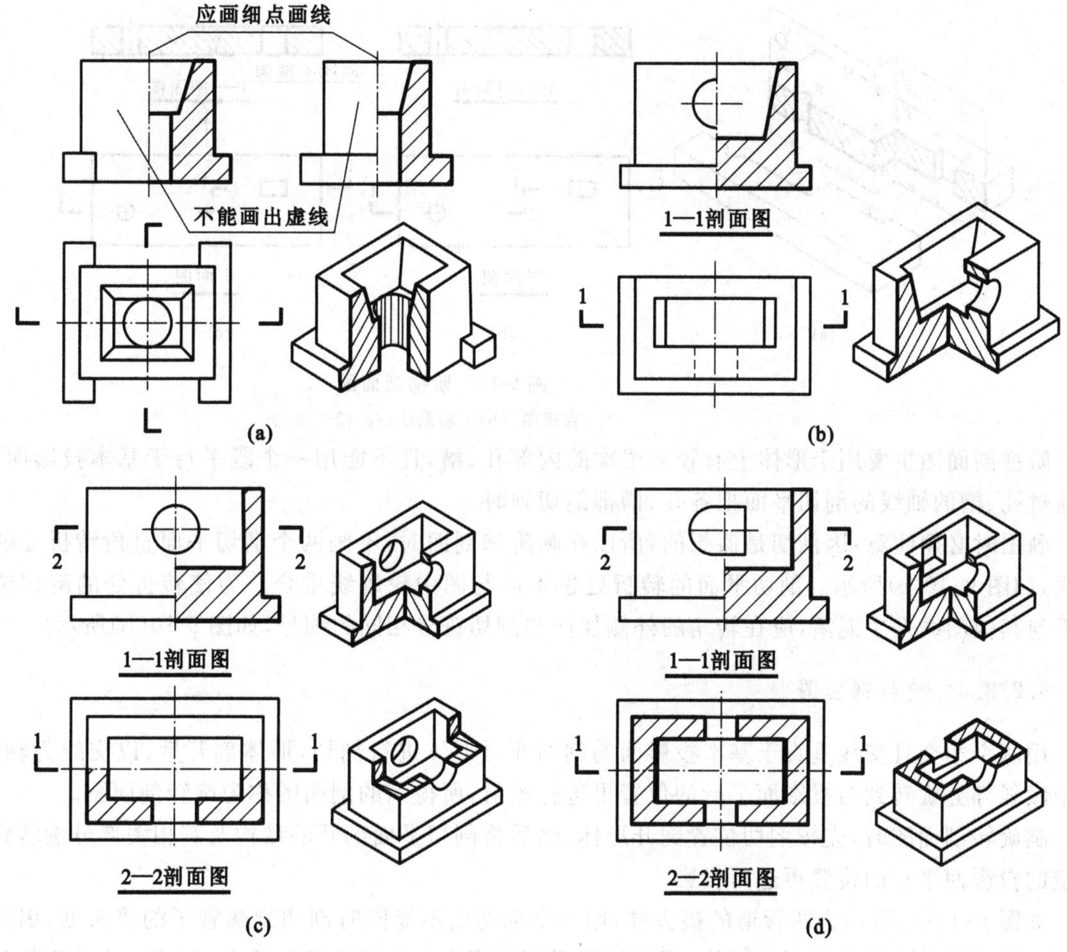

图 9-9 半剖面图

② 在半剖面图中，对已经表达清楚的内部虚线不能画出。如图 9-9(a)所示的内部虚线不能画出，如图 9-9(d)所示的正立面图中的方孔左侧的虚线也不能画出。

③ 半剖面图中的剖面部分(半个剖面图)，一般应画在图形垂直对称线的右侧或水平对称线的前面，如图 9-9(c)所示。

④ 在半剖面图中，剖切平面通过形体的对称面，且半剖面图位于基本投影图位置时可不标注，如图 9-9(a)省略了一切标注。当剖切平面不通过对称面，则应按全剖面图的标注方式进行标注，如图 9-9(b)所示的"1—1 剖面图"必须标注。

⑤ 对于非对称形体，不能采用半剖面图表达。如图 9-9(d)所示形体，由于前后分别为圆孔和方孔，不对称，所以"2—2 剖面图"采用了全剖。

9.2.3.3 阶梯剖面图

用两个或两个以上相互平行的剖切平面剖切形体得到的剖面图称为阶梯剖面图，如图 9-10 所示。图 9-10(b)中 1—1 剖面图就是假想用两个互相平行且平行于 V 面的平面 P 和 Q 剖开形体后，在 V 面上得到的剖面图。

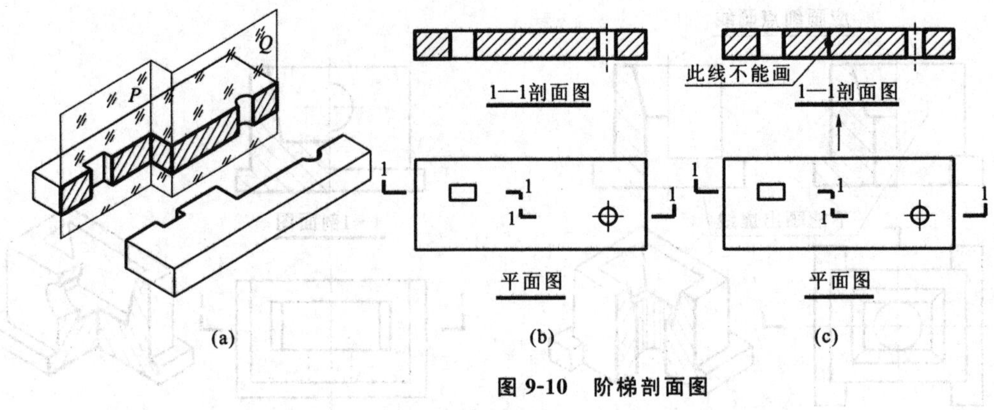

图 9-10 阶梯剖面图

(a)直观图;(b)正确画法;(c)错误画法

阶梯剖面图主要用于形体上有较多层次的内部孔、槽,且不能用一个既平行于基本投影面,又能通过孔、槽的轴线的剖切平面把各孔、槽都剖切到时。

画图时必须注意:因剖切是假想的,所以在画阶梯剖面时,不画两个剖切平面直角转折处的分界线,如图 9-10(c)所示。剖切平面的转折处也不应与图中轮廓线重合。为使转折处的剖切位置线不与其他图线发生混淆,应在转角的外侧加注与剖切符号相同的编号,如图 9-10(b)所示。

9.2.3.4 旋转剖面图

用两个相交且交线垂直于基本投影面的剖切面对形体进行剖切,形体剖开后,以交线为轴,将其中倾斜部分旋转到与投影面平行的位置再进行投射,所得到的剖面图称为旋转剖面图。

画旋转剖面图时,先按剖切位置剖开形体,然后将剖切平面剖开的结构及其相关部分旋转到与选定的投影面平行的位置再进行投影。

如图 9-11(a)所示为两管道的接头井,用一个剖切面不能同时剖切到两管子的接头处,因此用两个相交的剖切面同时剖开该形体,再把剖切平面与观察者之间的部分移去,并将左侧被剖切到的倾斜部分绕两个剖切面的交线旋转到与 V 面平行后再进行投射,在 V 面上所得到的 1—1 剖面图就是接头井的旋转剖面图。

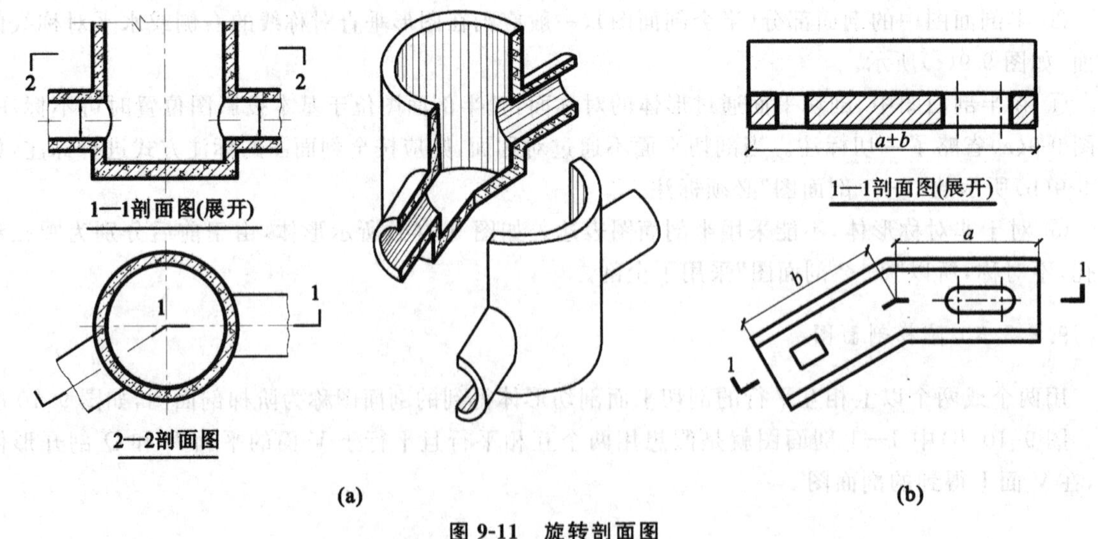

图 9-11 旋转剖面图

如图 9-11(b)所示为一块槽形弯板，底部两孔之间成一定的夹角，其中四棱柱孔所在的“b”段与 V 面倾斜。为了反映该弯板的构造情况，采用旋转剖面的方法，把弯板剖开后，再把倾斜的“b”段旋转到与 V 面平行，然后向 V 面投射得到其旋转剖面图。

旋转剖面图的标注与阶梯剖面图的标注相同，但在所得到的剖面图的图名后应加注“展开”二字，如图 9-11 所示。

9.2.3.5　局部剖面图

假想用剖切面将形体局部剖开，所得的剖面图称为局部剖面图。当形体的外形比较复杂，而内部只有局部的构造需要表达时，常采用局部剖面图。

画局部剖面图时，形体被假想剖开的部分与未剖的部分以波浪线(0.25b)为分界线，表明剖切的范围。波浪线不能超出图形的轮廓线或穿过孔洞，也不能与图上其他图线重合。

局部剖面图不标注剖切符号，也不标注剖面图的图名。

图 9-12(a)所示为杯形基础的局部剖面图，在视图中假想将杯形基础局部剖开，它清晰地表达了杯形基础的钢筋配置情况。

为了表达建筑物的局部构造层次，并保留其部分外形，可用几个互相平行的剖切平面分别将形体局部剖开，把几个局部剖面图重叠在一个视图上，所得的剖面图称为分层局部剖面图。

分层局部剖面图应按层次用波浪线将各层的投影隔开，波浪线不应与任何图线重合。这种剖面图多用于表达层面、地面和楼面的构造。图 9-12(b)所示为板条抹灰隔墙分层局部剖面图，它表示隔墙各层所用的材料和做法。

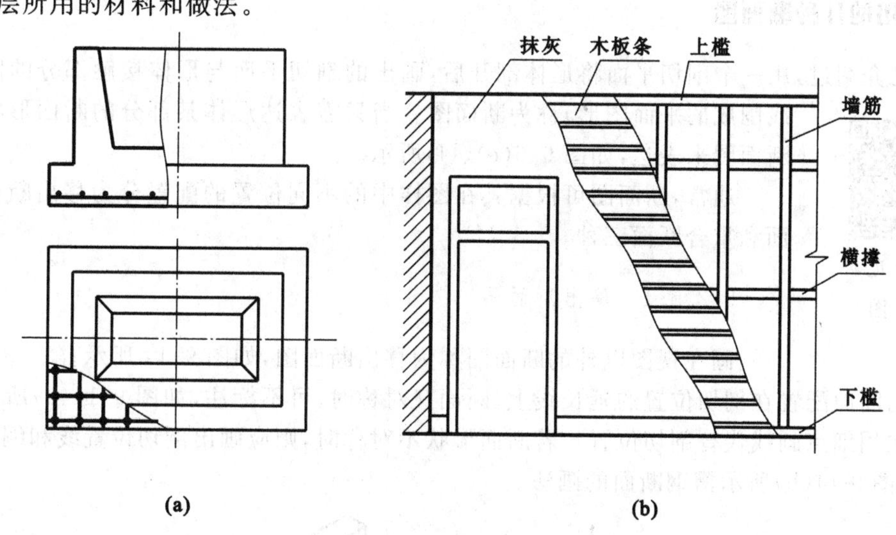

图 9-12　局部剖面图和分层局部剖面图

(a)杯形基础；(b)板条抹灰隔墙

9.2.4　剖面图的尺寸注法

剖面图中的尺寸标注

剖面图的尺寸注法与组合体的尺寸注法相同，但应注意以下两点。

① 内部、外形的尺寸尽量分开标注。

为了使尺寸清晰，应尽量把外形尺寸和内部尺寸分开标注。

② 半剖视图和局部剖视图上内部结构尺寸的注法。

半剖视图和局部剖视图上，由于对称部分视图上省略了虚线，注写内部结构尺寸时，只需画出一端的尺寸界线和尺寸起止符号,而另一端的尺寸线要超过对称线,且不画尺寸界线和尺寸起止符号,尺寸数字应注写完整结构的尺寸,如图 9-13(a)中的ϕ10 和 16×16,如图 9-13(b)中ϕ160 和ϕ120,如图 9-13(c)中 410 和 200。

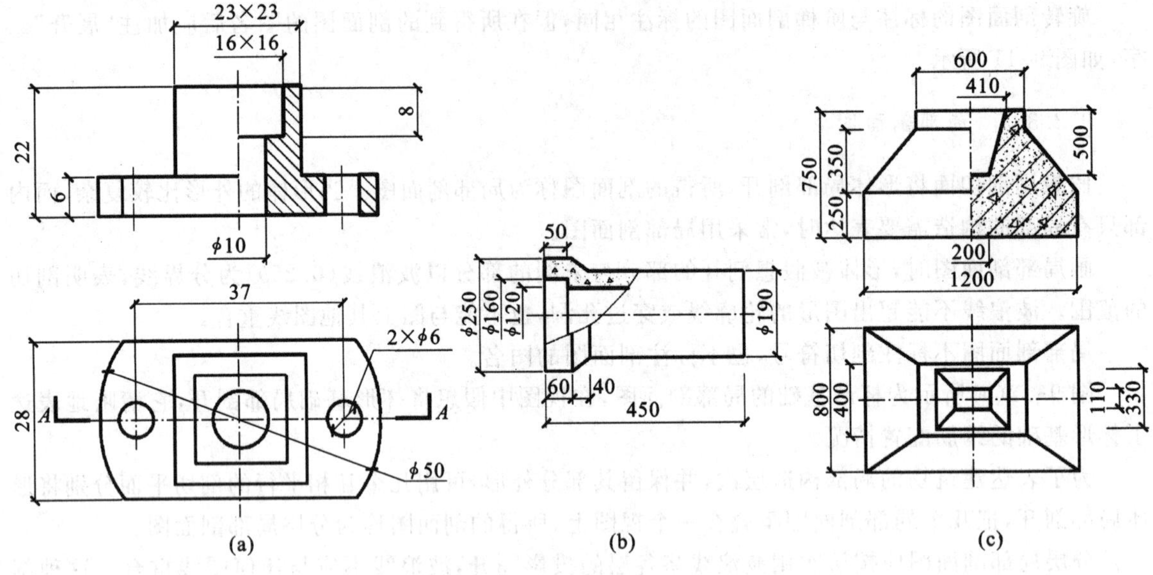

图 9-13 剖面图中尺寸标注

9.2.5 常用的几种断面图

前面已介绍过,用一个剖切平面将形体剖开后,画出的剖切平面与形体接触部分的图形(截交线围成的平面图形)称为断面图。当只需表达形体某部分的断面形状时,常用断面图来表达,如图 9-6(e)、(f)所示。

常用的几种断面图

通常,断面图可根据其在图样中的不同位置的配置分为移出断面、中断断面和重合断面三种。

9.2.5.1 移出断面图

画在视图以外的断面图称为移出断面图,如图 9-14 所示。

当移出断面配置在剖切位置的延长线上,断面又对称时,可不标注,如图 9-14(a)所示,工字钢断面的画法用细点画线代替剖切位置。若断面形状不对称时,则应画出剖切位置线和编号,写出断面名称,如图 9-14(b)所示槽钢断面的画法。

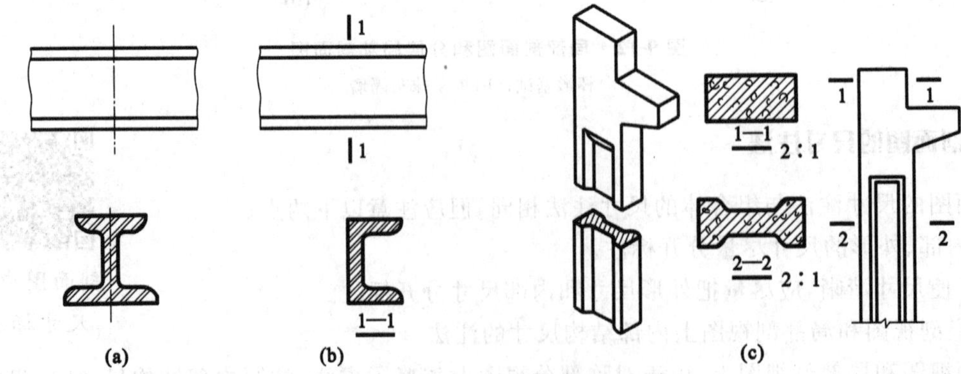

图 9-14 移出断面图

对一些变断面的构件，常采用一系列的断面图，以表示不同断面形状。断面编号应按顺序连续编排，若断面配置在其他适当位置时，均应标注，如图 9-14(c)所示的 1—1、2—2 断面表示变断面钢筋混凝土柱在不同高度的横断面形状，图中的“2：1”为绘图比例，表示 1—1、2—2 断面图是按剖切位置剖切出的断面放大 1 倍绘制的。

9.2.5.2 中断断面图

画在形体视图中断处的断面图称为中断断面图，如图 9-15 所示。

中断断面图多用于长度较长且断面形状相同的杆件，可以不标注。画中断断面图时，原长度可以缩短，构件断开处画波浪线，但尺寸应标注构件总长尺寸，如图 9-15 中的 1500 mm 和 2000 mm 均是构件的总长度。中断断面是移出断面的特殊情况。

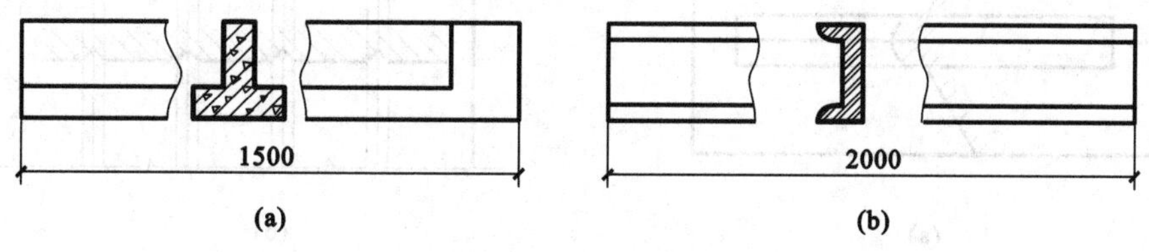

图 9-15 中断断面图

(a) 挑梁断面图；(b)槽钢断面图

9.2.5.3 重合断面图

画在形体视图之内的断面图称为重合断面图，如图 9-16 所示。

画重合断面图，形体的断面以剖切位置线为轴旋转 90°，使它与视图重合后画出，其可以向左、向右、向上、向下旋转。重合断面图的比例应与视图相同，断面轮廓线要与视图的轮廓线有所区别。当原视图轮廓线为细实线时，重合断面的轮廓线用粗实线画出；若原视图的轮廓线为粗实线时，则重合断面的轮廓线要用细实线画出。当原视图轮廓线与重合断面的轮廓线重合时，视图的轮廓线仍应完整画出，不可间断，如图 9-16 所示。

重合断面图一般可省去标注，但一般应在断面图的轮廓线内画材料图例，如图 9-16 所示的梯板和挑梁的重合断面图。断面较窄的钢筋混凝土图例可以涂黑，如图 9-17 所示。

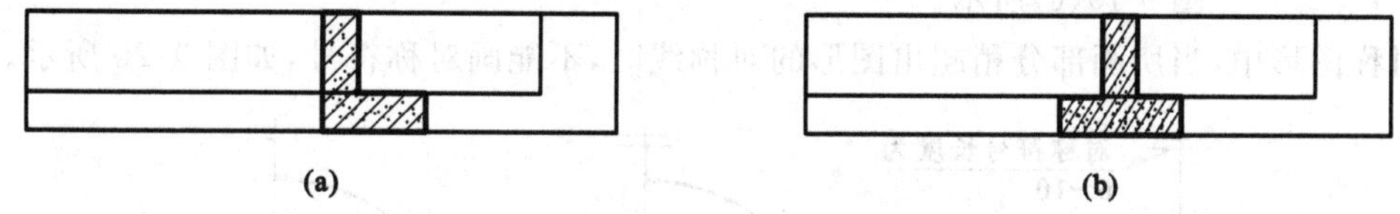

图 9-16 重合断面图

(a) 楼梯断面图；(b) 挑梁断面图

在结构施工图中，常将梁板式结构的楼板或屋面板断面图画在结构布置图上，按习惯不加任何标注，图 9-17 所示为屋面板重合断面图画法，它表示梁板式结构横断面的形状。

前面已经讲过，在不指明形体的材料时，可在断面的轮廓线以内画出图例线。如图 9-18 所示，只需在房屋屋面和墙立面的重合断面轮廓线之内沿轮廓线边沿画出间隔均匀、疏密适度、方向相同的 45°细实线，便可区分出未剖与被剖部分，并表达出形体被剖部分的形状和重合断面的旋转方向。如图 9-18(a)所示，该重合断面图表达了屋面的形状和坡度，并表达出断面是自左向右旋转的。如图 9-18(b)所示，该重合断面图既表达了墙立面上装饰花纹的凹凸情况，又表达出断面是由上向下旋转的。

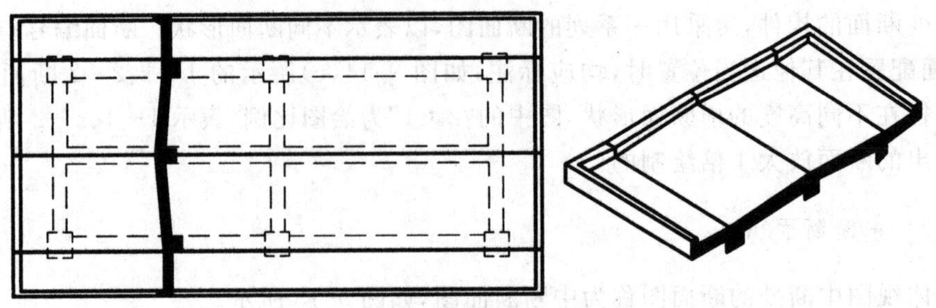

图 9-17　断面图画在结构布置图上

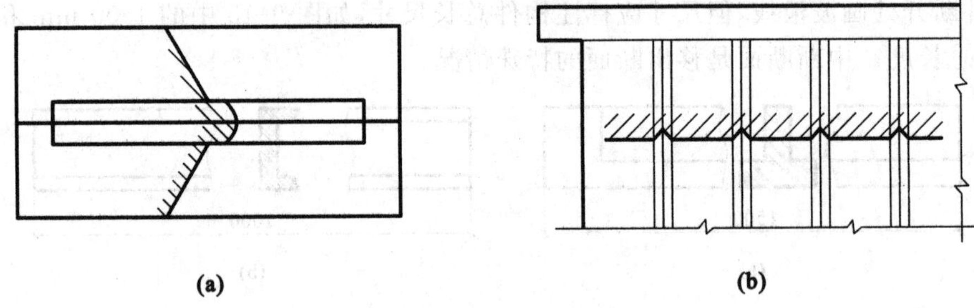

(a)　(b)

图 9-18　屋面和墙面的重合断面图

9.3　简化画法

9.3.1　对称画法

对称配件的对称图形,可只画一半或四分之一,并在图中的对称线两端画出对称符号,如图 9-19(a)所示。对称线用细点画线表示,两端的对称符号是与相应的对称线垂直且互相平行的两条细实线,其长度为 6~10 mm,平行线间距为 2~3 mm。

简化画法

对称形体的图形若有一条对称线时,可只画该图形的一半,如图 9-19(b)所示;若有两条对称线时,可只画图形的四分之一,但均应画出对称符号,如图 9-19(c)所示。

在对称图形中,当所画部分稍超出图形的对称线时,不能画对称符号,如图 9-20 所示。

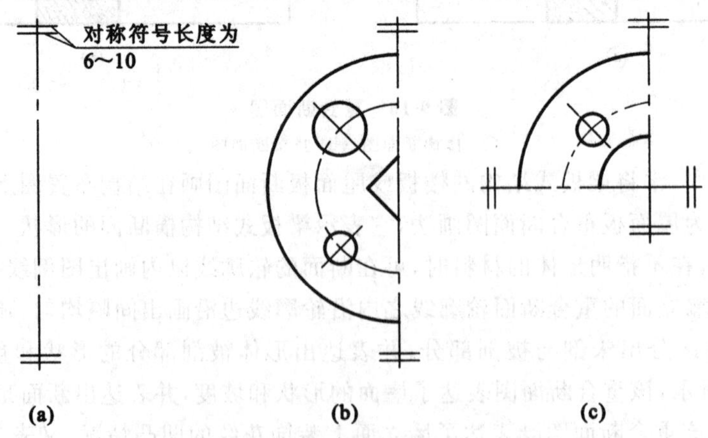

图 9-19　对称图形画出对称线的画法

(a)对称符号;(b)只画出图形的二分之一;(c)只画出图形的四分之一

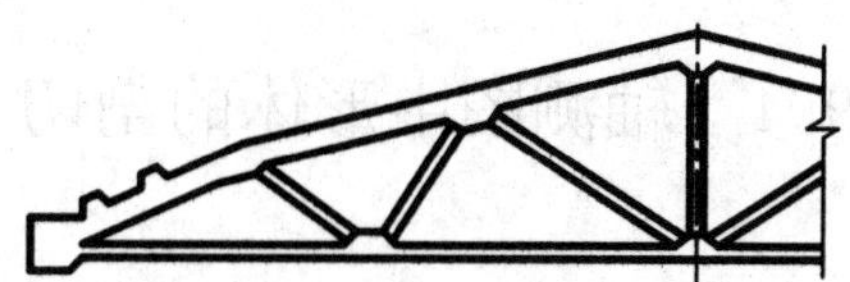

图 9-20 对称图形不画出对称线的画法

9.3.2 省略画法

9.3.2.1 省略相同要素

构配件内多个完全相同而连续排列的构造要素，可仅在两端或适当位置画出其完整形状，其余部分以中心线或中心线交点表示，若相同构造要素少于中心线交点，则其余部分应在相同的构造要素位置的中心线交点处用小圆点表示，如图 9-21 所示。

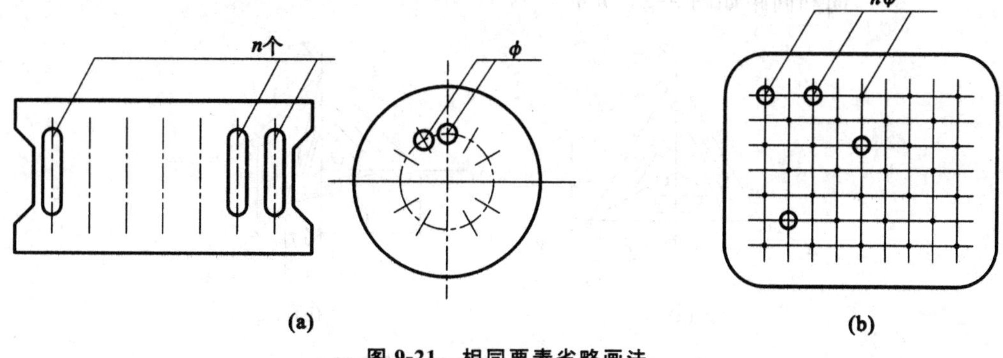

图 9-21 相同要素省略画法

9.3.2.2 省略折断部分

较长的构件，沿长度方向的形状相同或按一定规律变化，可断开省略绘制，断开处应以折断线表示，如图 9-22 所示。

9.3.2.3 省略局部相同部分

一个构配件，若与另一构配件仅部分相同，该构件可只画不相同部分，但应在两个构配件的相同部分的分界线处分别绘制连接符号，两个连接符号应对准在同一线上，如图 9-23 所示。连接符号是用带相同字母的折断线表示的，字母应分别写在符号的左右两侧。

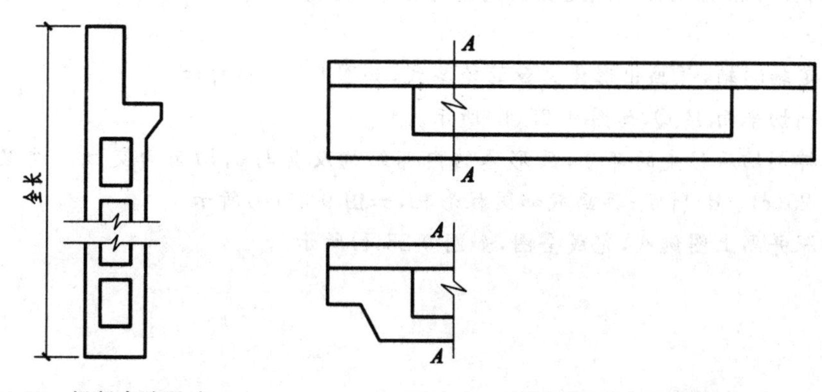

图 9-22 折断省略画法　　图 9-23 局部不同部分省略画法

9.4 轴测图中形体的剖切

9.4.1 轴测图中形体剖切原则

为了表达形体的内部结构,常将形体的轴测图作成剖面图。剖切平面应遵循以下两点:

轴测图中形体的剖切

① 剖切平面应通过形体的对称轴线,以期得到所表达对象的最大轮廓;

② 一般不宜采用单一剖切平面剖切,而应采用两个相互垂直且分别平行于相应投影面的剖切平面剖切,以免严重损害形体的整体形象。

9.4.2 轴测图中图例线的画法

分别平行于轴测投影面 $X_1O_1Y_1$、$X_1O_1Z_1$、$Y_1O_1Z_1$ 的剖面,其图例线的方向和间距如图 9-24 所示。

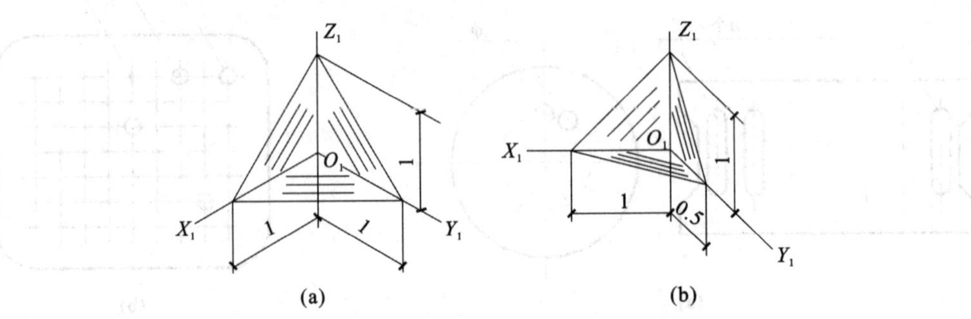

图 9-24 轴测图中的断面图例线的画法

(a)正等测;(b)斜二测

9.4.3 轴测图的剖切画法

画轴测剖面图时有两种方法:一是先画形体外形,然后按选定的剖切位置画出剖面轮廓,最后画出可见的内部轮廓;二是先画剖面轮廓以及与它有联系的轮廓,然后画其余可见轮廓。

【例 9-1】 作出图 9-25(a)所示形体的正等轴测剖面图。

分析:为表达形体的内部结构形状,宜采用过形体对称轴线且相互垂直的两个剖切平面剖切该形体。直角坐标系的坐标原点定在上端面对称中心上。

作图:

① 确定轴测轴,并画出形体大致的轮廓线,如图 9-25(b)所示。

② 作剖切平面 P、Q,如图 9-25(b)所示。

③ 去掉剖切后移走的部分,画形体的内部结构及其与剖切面的交线。这里先画顶部漏斗形孔,如图 9-25(c)、(d)所示;再画底部圆柱形孔,如图 9-25(e)所示。

④ 加深并画上图例线,完成全图,如图 9-25(f)所示。

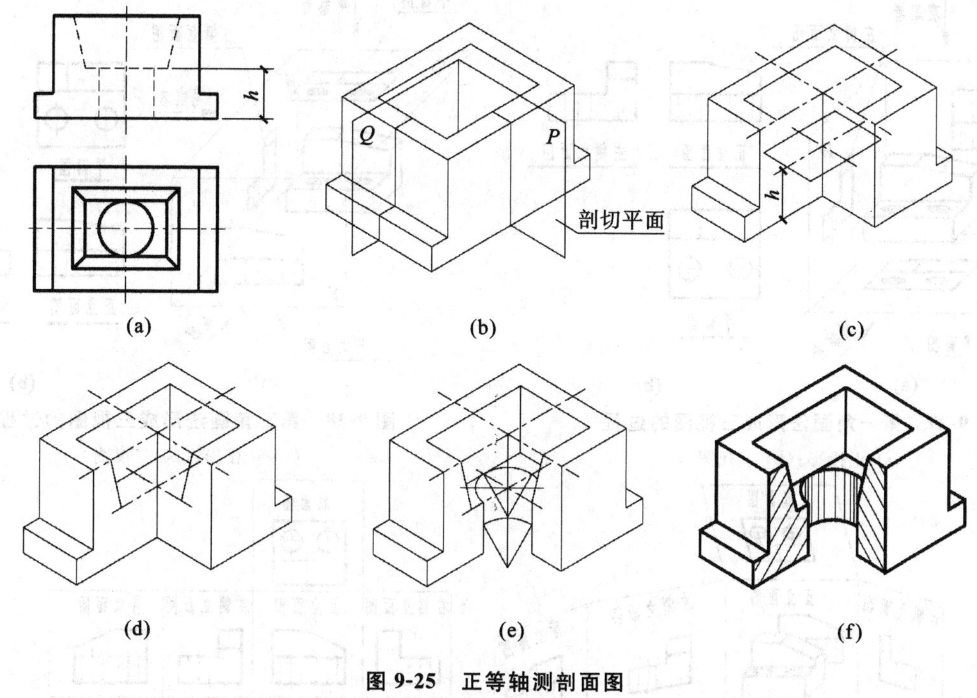

图 9-25 正等轴测剖面图

9.5 第三角投影画法简介

三个相互垂直的投影面 H、V、W 将空间划分为八个分角，如图 9-26 所示。

把物体放置在第一分角内，进行正投影，称为第一角投影，我国规定采用这种投影方法，如图 9-27 所示。

而美国、日本、澳大利亚、加拿大、新加坡等国家采用的是第三角投影，即把物体放在第三分角内进行正投影，如图 9-28 所示。

这两种投影的顺序不一样。第一角投影的顺序为：观察者—物体—投影面；而第三角投影的顺序为：观察者—投影面—物体，第三角投影假定投影面是透明的，人就像隔着玻璃看东西一样。第三角投影展开平面时，V 面不动，H 面向上翻转，W 面向前翻转，展开后的视图如图 9-28(b)所示。

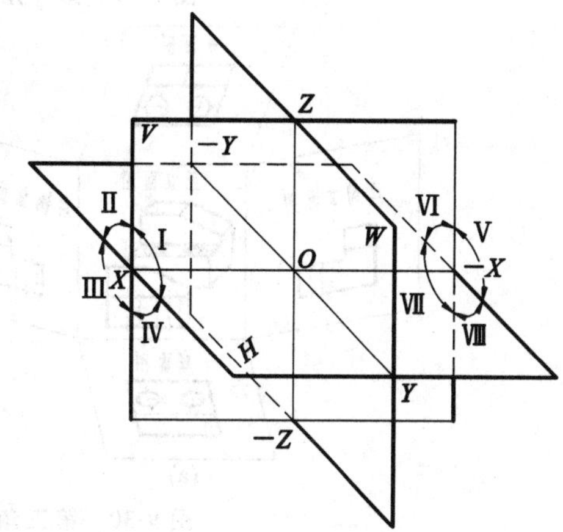

图 9-26 八个分角的形成

前面介绍过，第一角画法的基本视图有六个，即正立面图、平面图、左侧立面图、右侧立面图、底面图和背立面图。六个基本视图的形成及投影面的展开方法如图 9-29(a)所示，六个基本视图的配置如图 9-29(b)所示。第三角画法的基本视图也有六个，六个基本视图的形成及投影面的展开方法如图 9-30(a)所示，六个基本视图的配置如图 9-30(b)所示。

由于第三角画法的视图也是按正投影法绘制的，所以六个基本视图之间长、宽、高三方向的对应关系仍符合正投影规律，这与第一角画法相同。第三角画法中，投影面 W 上的视图为右侧立面图，背立面图是随着右侧立面图展开的，配置在右侧立面图的右方。而在第一角画法中，在投影面 W 上的视图为左侧立面图，背立面图是随着左侧立面图展开的，配置在左侧立面图的右方。

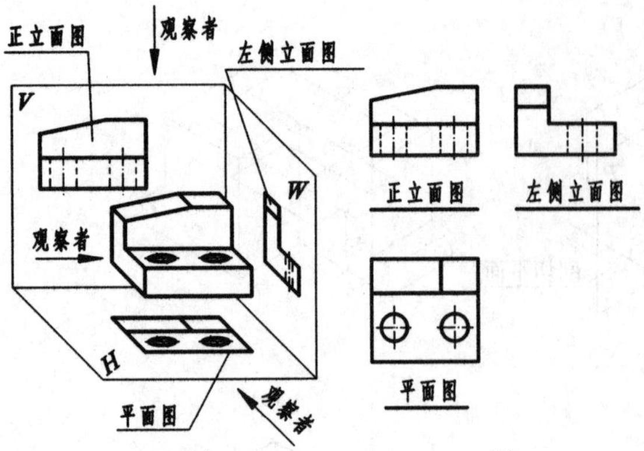

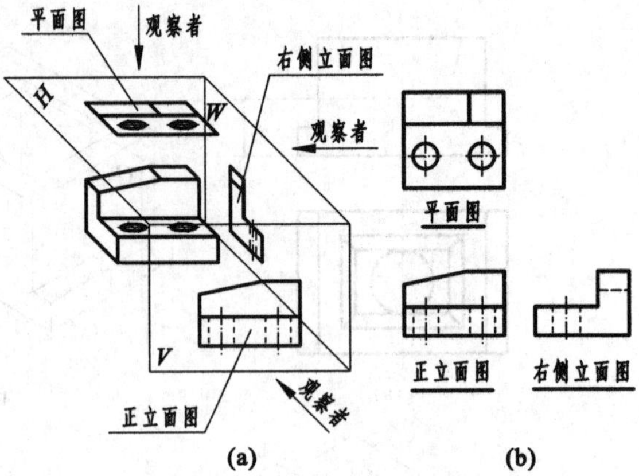

(a)　　(b)

图 9-27　第一角画法形成三视图的过程

(a) 正投影;(b) 三视图

(a)　　(b)

图 9-28　第三角画法形成三视图的过程

(a) 正投影;(b) 三视图

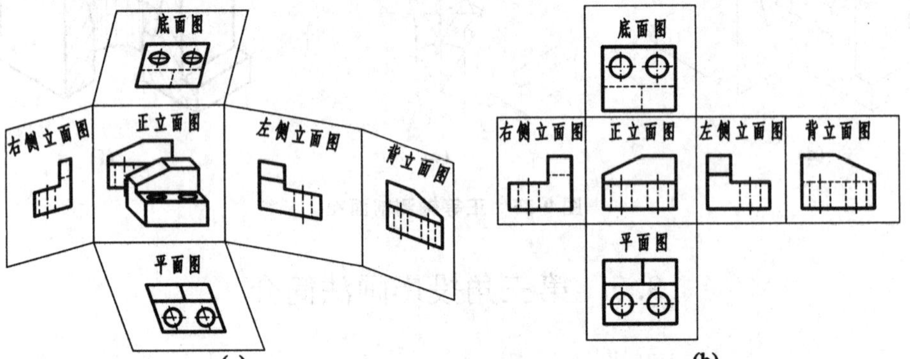

(a)　　(b)

图 9-29　第一角投影法中六个基本视图的展开及配置

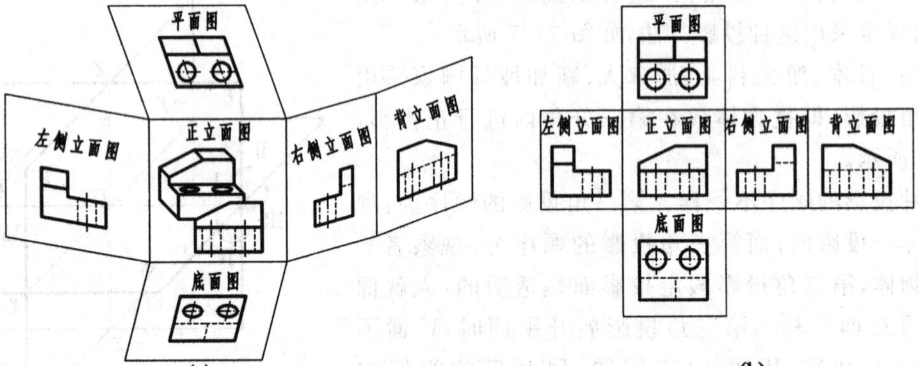

(a)　　(b)

图 9-30　第三角投影法中六个基本视图的展开及配置

为了识别第三角画法与第一角画法,规定了相应的识别符号,如图 9-31 所示。该符号一般标在所画图纸标题栏的上方或左方。若采用第三角画法时,必须在图样中画出第三角画法识别符号;若采用第一角画法,必要时也应画出其识别符号。

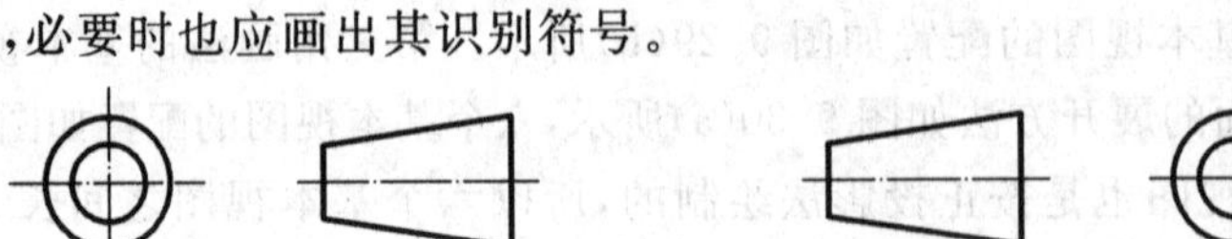

图 9-31　第三角和第一角画法的识别符号

(a) 第三角画法识别符号;(b) 第一角画法识别符号

9.6 剖面图画图实例

【例 9-2】 如图 9-32(a)、(d)所示，已知某房屋的正立面图和平面图，试补画其 1—1、2—2 和 3—3 剖面图。

作图：从平面图和正立面图中可以看出，这栋房屋由屋顶、墙体、底板、柱子和梁等几部分叠加而成。在墙体上开出了两个门洞和四个窗洞。整个房屋由左右两个房间和一个外走廊组成。

① 画 1—1 剖面图时，剖切面所在的位置同时切到了两个门洞和四个窗洞，根据图示投射方向，在房屋被切开后，移掉上面的部分，把剩下的部分往 H 面作正投影，如图 9-32(f)所示。因为投射方向是向下，剖切面以上的部分都不能出现在剖面图中，所以在剖面图中不能画梁的投影。在剖面图中虽然窗台没有被切到，但是从上往下看能看到窗台轮廓，所以窗洞中间有线条，而门洞中间则不画线条，所得结果见图 9-32(e)。

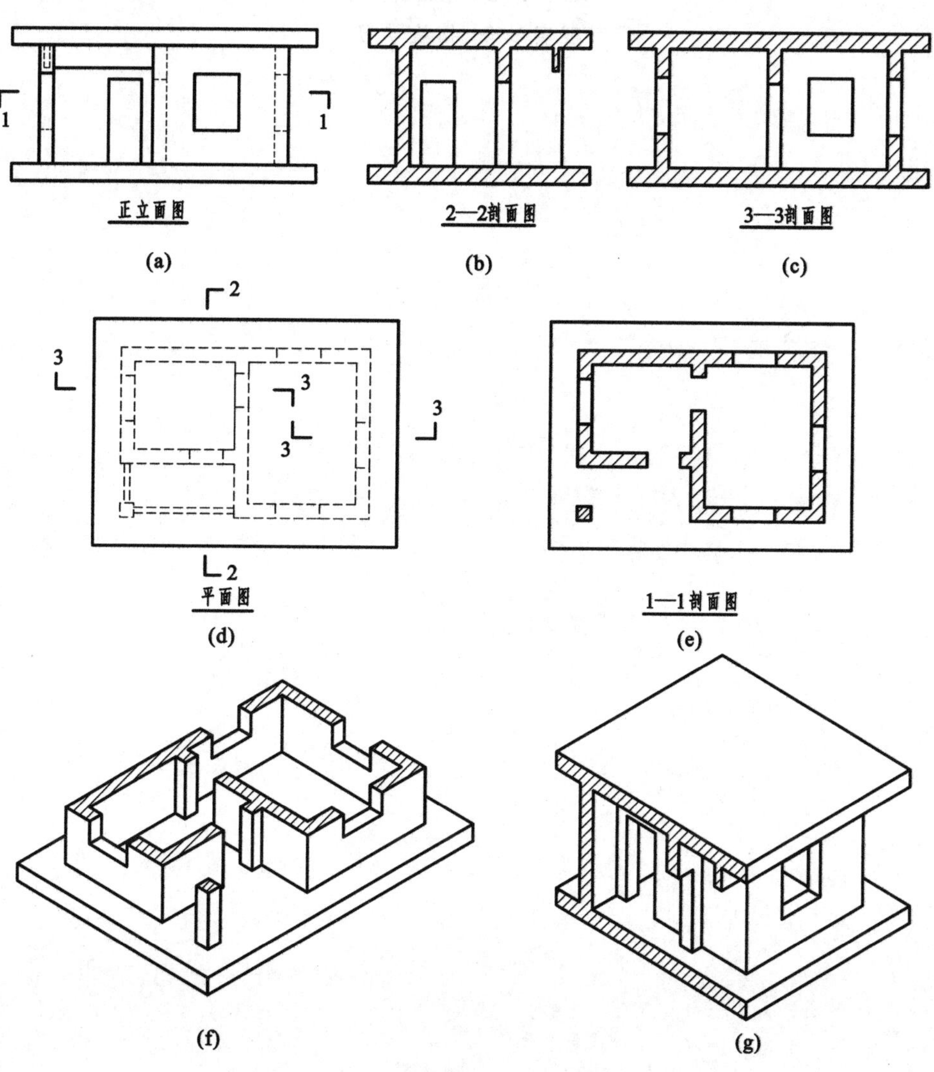

图 9-32 某房屋的平、立、剖面图

② 画2—2剖面图时,剖切面所在的位置同时切到了屋顶、墙体、门洞、梁和底板。根据图示投射方向,把房屋切开后移去左边部分,再把剩下部分向W面上作正投影,如图9-32(g)所示。需要注意的是:剖面图中的屋顶、墙、底板、梁都是被同一个剖切面切割后形成的截面形状,它们是共面关系,所以在屋顶与墙之间、底板和墙之间、梁和屋顶之间无分界线,所得结果见图9-32(b)。

③ 3—3剖面为了能同时剖到中间的门洞和两边外墙的窗洞,采用了阶梯剖视。根据图示的投射方向,房屋被切后把前面部分移开,剩余部分向V面作正投影,所得结果见图9-32(c)。在转折处由于剖切所产生的形体的轮廓线在剖视图中不画出来。

本章小结、要点自测、
理实融合、拓展学习

10 房屋建筑施工图

【内容提要】

本章主要介绍房屋的分类与组成、房屋施工图的分类与内容、房屋建筑施工图中《建筑制图标准》(GB/T 50104—2010)的有关规定、房屋建筑施工图的阅读与绘制。本章教学重点为房屋建筑施工图中建筑平面图、建筑立面图、建筑剖面图及建筑详图的阅读与绘制,教学难点为房屋建筑施工图绘制过程中建筑平面图、立面图、剖面图及详图的正确选择和合理布置。

【学习目标】

通过本章的学习,学生应熟悉国家《建筑制图标准》(GB/T 50104—2010)中对房屋建筑施工图的相关规定,了解房屋建筑施工图的基本图示方法、图示内容及常用图例、尺寸标注的基本知识,具备熟练解读房屋建筑施工图中所包含的建筑结构、布局、尺寸、材料等信息的能力;掌握阅读和绘制建筑施工图的方法和技巧,具备正确阅读和绘制中等难度房屋建筑施工图的基本能力,能灵活运用房屋建筑施工图的知识解决实际项目或案例中具体问题,提高实践操作能力。

10.1 房屋建筑图概述

根据正投影原理并遵守《建筑制图标准》(GB/T 50104—2010)的规定绘制的房屋建筑物图样称为房屋建筑图,简称房屋图。

10.1.1 房屋的分类及组成

(1) 房屋的分类

房屋建筑通常根据其功能性质、某些规律和特征,按照以下几个方面划分。

① 按建筑的使用功能分为民用建筑、工业建筑、农业建筑。

② 按建筑的层数分为低层建筑、多层建筑、高层建筑和超高层建筑。住宅建筑中 1～3 层为低层,4～6 层为多层,7～9 层为中高层,10 层及以上为高层;公共建筑及综合性建筑总高度超过24 m者为高层(不包括高度超过 24 m 的单层主体建筑);建筑物高度超过 100 m 时,无论住宅还是公共建筑均为超高层。

③ 按建筑的主要承重材料分为钢筋混凝土结构、块材砌筑结构、钢结构、木结构和其他结构建筑。

④ 按建筑的结构体系可分为混合结构、框架结构、空间结构、现浇剪力墙结构等。

(2) 房屋的组成

无论哪种房屋建筑,都是由构件、配件和装修构造组成的。为了看懂和绘制房屋建筑图,首先应了解房屋各组成部分的名称和作用。图 10-1 所示为一幢四层楼的职工住宅,该楼房的组成部分

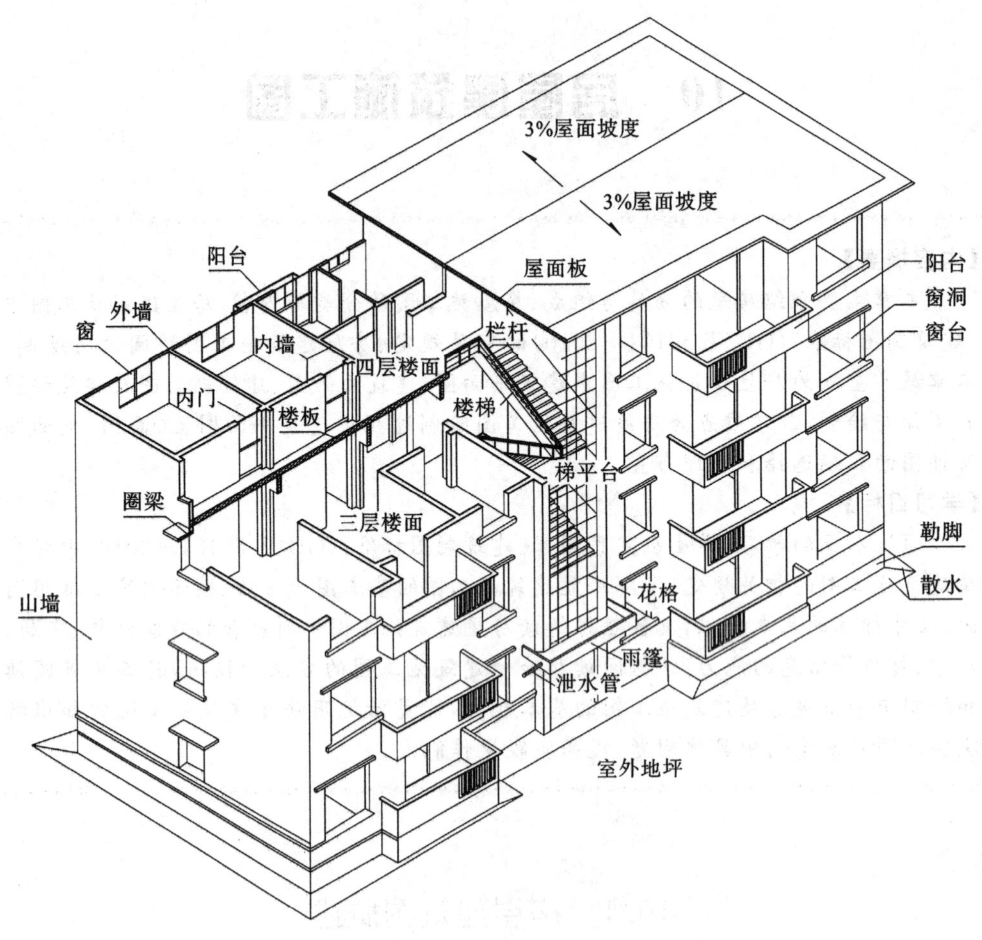

图10-1　房屋的组成

有基础,内、外墙,楼板,门,窗和楼梯,屋顶设有屋面板。此外,还设有阳台、雨篷、保护墙身的勒脚和装饰性的花格等。

10.1.2　房屋施工图的分类和内容

建造房屋一般包括设计和施工两个阶段。建筑工程的设计程序一般分为初步设计和施工图设计两个阶段,这两个阶段所绘制的图样分别为初步设计图和施工图。施工图是进行房屋建筑施工的依据。按照施工图的内容和作用,其一般分为建筑施工图、结构施工图、设备施工图。

① 建筑施工图(简称建施):反映建筑施工设计的内容,用以表达建筑物的总体布局、外部造型、内部布置、细部构造、内外装饰及一些固定设施和施工要求,包括施工总说明、总平面图,建筑平面图、立面图、剖面图和详图等。

② 结构施工图(简称结施):反映建筑结构设计的内容,用以表达建筑物各承重构件(如基础、承重墙、柱、梁、板等),包括结构布置平面图(基础平面图、楼层结构平面图、屋面结构平面图等)和各构件的结构详图(基础、梁、板、柱、楼梯、屋面等的结构详图)。

③ 设备施工图(简称设施):反映各种设备、管道和线路的布置、走向、安装等内容,包括给水排水、电气、采暖、通风等设备的布置平面图、系统图及详图。

10.1.3　房屋施工图的有关规定

在绘制建筑施工图时，应严格遵守国家《房屋建筑制图统一标准》(GB/T 50001—2017)的规定。下面介绍该规范中有关房屋施工图的一些规定和表示方法。

10.1.3.1　比例

房屋施工图比例一般为缩小的比例，比例注写在图名的右侧，如图 10-2(a)所示。标注详图的比例时，一般写在详图索引标志的右下角，如图 10-2(b)所示。

平面图 1∶200　　(5) 1∶10

(a)　　(b)

图 10-2　比例的标注

在保证图样清晰的情况下，根据不同图样选用不同的比例。各种图样常用比例见表 10-1。

表 10-1　房屋施工图常用比例

图名	比例
总平面图	1∶500、1∶1000、1∶2000
建筑物或构筑物的平面图、立面图、剖面图	1∶50、1∶100、1∶150、1∶200、1∶300
建筑物或构筑物的局部放大图	1∶10、1∶20、1∶25、1∶30、1∶50
配件及构造详图	1∶1、1∶2、1∶5、1∶10、1∶15、1∶20、1∶30、1∶50

10.1.3.2　图线和图例

(1) 图线

因房屋形体较大，内部构造又比较复杂，房屋的平面图、立面图、剖面图一般用较小的比例(1∶100 等)绘制，其图线多而密，所以在图样上往往只画可见轮廓线，很少画不可见轮廓线。为了使房屋施工图中图线所表示的内容有区别和层次分明，需采用不同的图线来表达。

在绘图时，首先要按照所绘制图样的具体情况选定粗实线的宽度 b，其他相关图线的宽度就可随之确定。如粗实线的宽度为 b，则中粗实线的宽度为 $0.7b$，中实线的宽度为 $0.5b$，细实线的宽度为 $0.25b$，详见表 1-11。线宽 b 通常取0.7 mm。若图形复杂或比例很小，如比例为 1∶100，b 可取0.5 mm；比例为 1∶200，b 可取0.35 mm。

(2) 图例

建筑物是按比例缩小画在图纸上的。对于有些建筑，细部形状往往不能如实画出，也难以用文字注释来表达清楚，所以都按统一规定的图例和代号来表示，以达到简单、明了的效果。因此，《房屋建筑制图统一标准》(GB/T 50001—2017)中规定了各种图例。

建筑图比例较小，总平面图中的各种建筑物，平、立、剖面图中的各种构配件，如门、窗、楼梯、卫生器具等的投影难以详尽表达，均应采用国家公布的《房屋建筑制图统一标准》(GB/T 50001—2017)、《总图制图标准》(GB/T 50103—2010)、《建筑制图标准》(GB/T 50104—2010)等规定的图例绘制。表 10-2 和表 10-3 中分别列出了总平面图例和常用的建筑构造及配件图例。

表10-2　**总平面图例[详见《总图制图标准》(GB/T 50103—2010)]**

名称	图例	说明	名称	图例	说明
新建建筑物	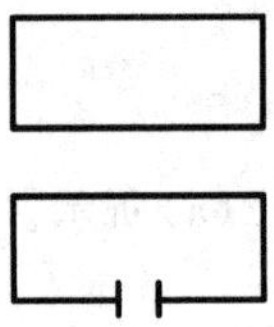	(1) 上图为不画出入口图例,下图为画出入口图例; (2) 需要时,可在图形内右上角以点数或数字(高层宜用数字)表示层数; (3) 用粗实线表示	地沟		上图为有盖板地沟,下图为无盖板明沟
原有建筑物	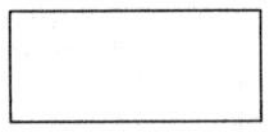	(1) 应注明拟利用者; (2) 用细实线表示	围墙及大门		上图为砖石、混凝土或金属材料的围墙; 下图为镀锌铁丝网、篱笆等围墙
计划扩建的预留地或建筑物		用中虚线表示	散装材料露天堆场		需要时,可注明材料名称
拆除的建筑物	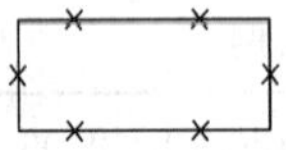	用细实线表示	坐标	X 110.00 Y 85.00 A 132.51 B 271.42	上图表示测量坐标,下图表示施工坐标
新建的地下建筑物或构筑物	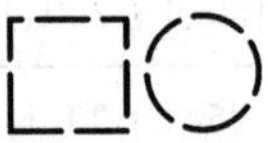	用粗虚线表示	雨水井		—
填挖边坡		边坡较长时,可在一端或两端局部表示	消火栓井		—
新建的道路	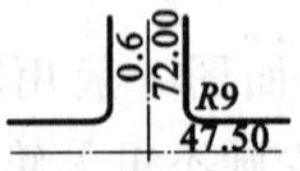 0.6 72.00 R9 47.50	“R9”表示道路转弯半径为9 m;“47.5”表示路面中心控制点标高;“0.6”表示0.6%,为纵向坡度;“72.00”表示变坡点间的距离	室内标高	45.00(±0.00)	—
公路桥梁	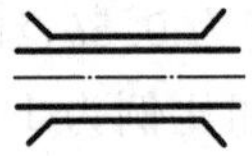	用于旱桥时应说明	室外标高	80.00	—
铁路桥梁		用于旱桥时应说明	原有道路		—
烟囱		实线为烟囱下部直径,虚线为基础,必要时可注写烟囱高度和上、下口直径	计划扩建道路		—
			台阶	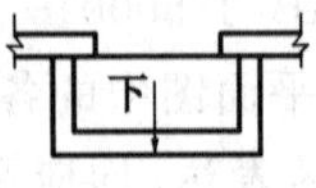 下	—

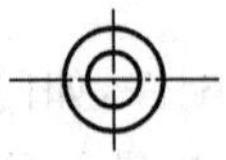

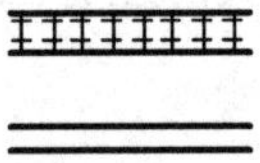

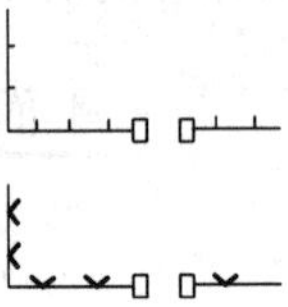

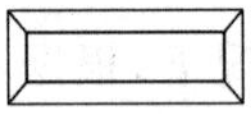

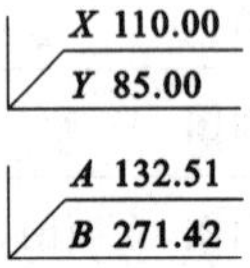

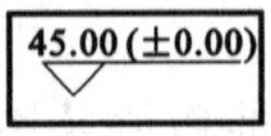

表 10-3 **常用建筑构造及配件图例[详见《建筑制图标准》(GB/T 50104—2010)]**

名称	图例	说明
墙体	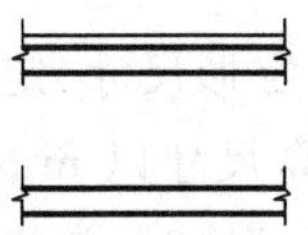	(1)上图为外墙，下图为内墙； (2)外墙细线表示有保温层或有幕墙
隔断		(1)加注文字、涂色或图案填充表示各种材料的轻质隔断； (2)适用于到顶与不到顶隔断
楼梯	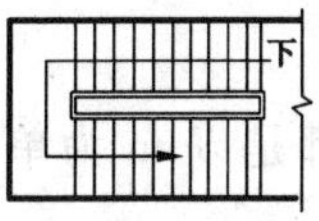 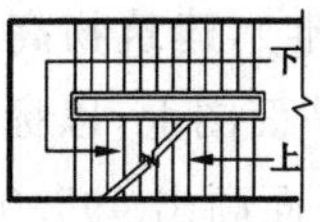 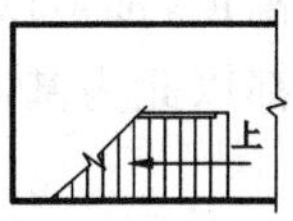 下 下 上 上	(1)上图为顶层楼梯平面，中图为中间层楼梯平面，下图为底层楼梯平面； (2)需设置靠墙扶手或中间扶手时，应在图中表示； (3)楼梯的形式和步数应按实际情况绘制
空门洞	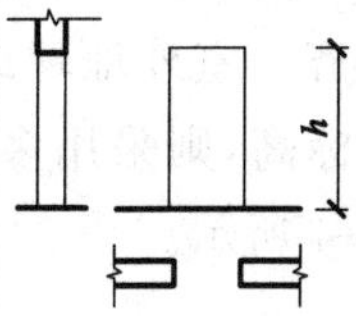 h	h 为门洞高度
墙预留洞、槽	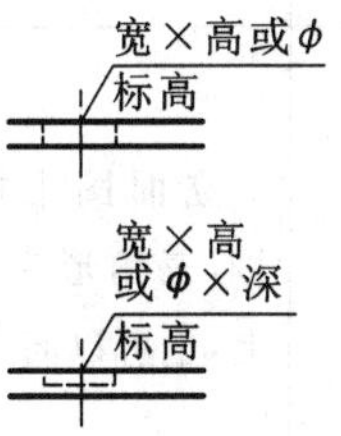 宽×高或ϕ 标高 宽×高或ϕ×深 标高	(1)上图为预留洞，下图为预留槽； (2)平面以洞(槽)中心定位； (3)标高以洞(槽)底或中心定位； (4)宜以涂色区别墙体和预留洞(槽)
烟道	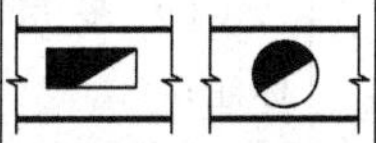	(1)阴影部分亦可填充灰度或涂色代替。 (2)烟道、风道与墙体为相同材料，其相接处墙身线应连通。 (3)烟道、风道根据需要增加不同材料的内衬
风道	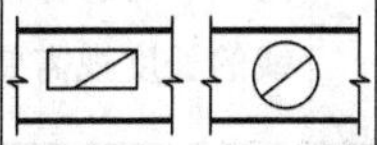	
栏杆	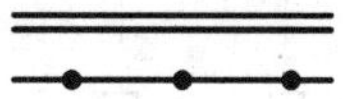	上图为非金属扶手，下图为金属扶手
检查口	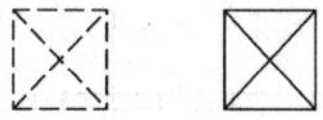	右图为可见检查口，左图为不可见检查口
孔洞		阴影部分亦可填充灰度或涂色代替
单面开启单扇门(包括平开或单面弹簧)	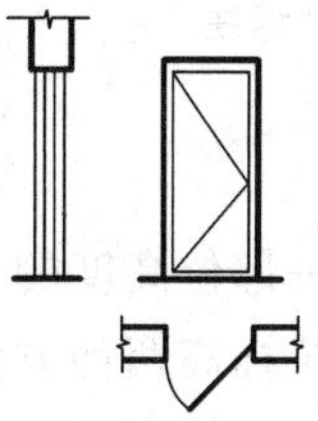	(1)门的名称代号用 M 表示。 (2)平面图中，下为外，上为内，门开启线为 90°、60°或 45°，开启弧线宜绘出。 (3)立面图中，开启线实线为外开，虚线为内开。开启线交角的一侧为安装合页一侧。开启线在建筑立面图中可不表示，在立面大样图中可根据需要绘出。 (4)剖面图中，左为外，右为内。 (5)立面形式应按实际情况绘制。 (6)附加纱扇应以文字说明，在平、立、剖面中均不表示
单面开启双扇门(包括平开或单面弹簧)	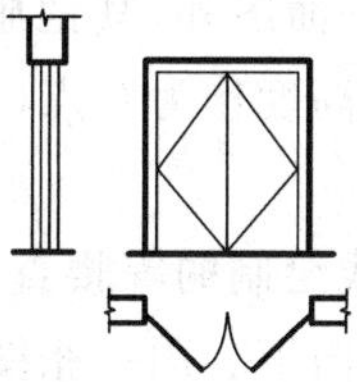	
单层固定窗	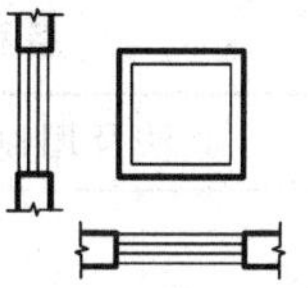	(1)窗的名称代号用 C 表示。 (2)平面图中，下为外，上为内。 (3)立面图中，开启线实线为外开，虚线为内开。开启线交角的一侧为安装合页一侧。开启线在建筑立面图中可不表示，在门窗立面大样图中需绘出。 (4)剖面图中，左为外、右为内。虚线仅表示开启方向，项目设计不表示。 (5)立面形式应按实际情况绘制。 (6)附加纱窗应以文字说明，在平面图、剖面图中均不表示
单层外开平开窗	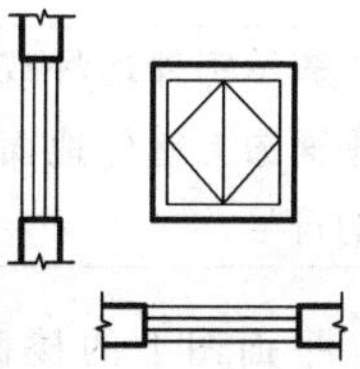	

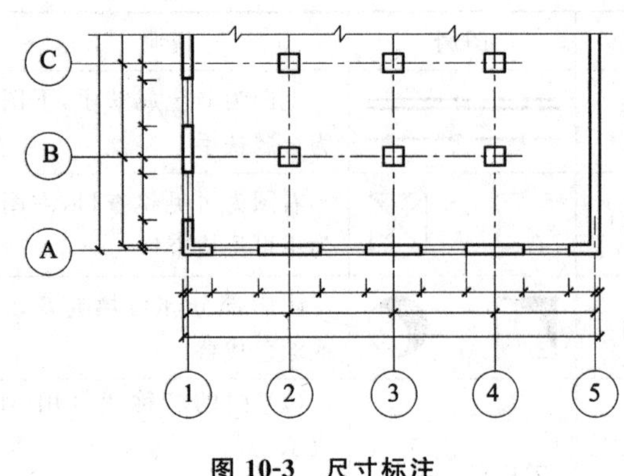

图 10-3　尺寸标注

10.1.3.3　尺寸和标高

(1) 尺寸

建筑施工图的尺寸分为定形尺寸、定位尺寸和总体尺寸,除总平面图及标高尺寸以 m 为单位外,其余均以 mm 为单位。注写尺寸时,常将外部尺寸和内部尺寸分开标注,排为三行或三列,如图 10-3 所示。尺寸的起止符号用 45°中实线短画表示,其基本形式详见第 1 章。建筑平面图中横向轴线间的尺寸称为开间尺寸,竖向轴线间的尺寸称为进深尺寸。

(2) 标高

标高是标注建筑物某一部位高度的一种尺寸方式,在图纸上标高尺寸都是以 m 为单位。建筑施工图上用绝对标高和建筑标高两种方法表示不同的相对高度。

① 绝对标高。它是以海平面高度为 0 点(我国以青岛黄海海平面为基准),建筑物高出海平面的高度值叫作绝对标高。绝对标高一般用在总平面图上,有时也用在首层平面图上,以标志新建筑处地面的高度,如“±0.000＝▼ 495.00”表示该建筑的首层地面比黄海海平面高出 495.00 m。

② 建筑标高。除总平面图外,其他施工图上用来表示建筑物各部位的高度,都是以该建筑物的首层(即底层)室内地面高度作为 0 点(记为±0.000),其他各部位的高度都以此为基准,这种标高称为建筑标高。

标高符号中,以细实线绘制的等腰直角三角形的两直角边与水平线成 45°,直角顶点指至被标注的高度处,可向上,也可向下。同一张图纸上标高的符号应大小相同、整齐。室外地坪或首层平面图上室外地面标高的符号应涂黑表示。若在同一位置需标注几个不同标高,则采用多层注写。当标注位置空间不够时,可引出注写。各种标高符号的画法及用途如表 10-4 所示。

表 10-4　各种标高符号的画法及用途

符号	画法及用途	符号	画法及用途
3 45° 3 45°	标高符号的画法:标高符号画成高度约为 3 mm 的等腰直角三角形	5.250 所注位置引出线 5.250	立面图上的标高符号,三角形尖端可以向上,也可以向下
▼495.00	表示室外地坪或首层平面图上室外地面标高的符号	(9.600) (6.400) 3.200　6.000 (a)　(b)	(1) 多层标高的标注; (2) 标注位置注写空间不够时的标高标注(引线的长度视需要而定)
±0.000	平面图上的楼面、地面或屋面的标高符号		

标高数值一般注写到小数点后三位，在总平面图上只要注写到小数点后两位。标高数字前面有“—”的，表示该处低于“0”点标高；没有该符号的，表示高于“0”点标高。

10.1.3.4 定位轴线及其编号

定位轴线是施工定位、放线的重要依据。凡是承重墙、柱子等主要承重构件都应画出轴线，以便确定其位置。对于非承重的分隔墙、次要承重构件等，一般用附加定位轴线。

定位轴线用细点画线绘制并予以编号。编号写在轴线端部的圆圈内，圆圈用细实线绘制，直径一般为8～10 mm。圆圈的圆心应在定位轴线的延长线上。

建筑平面图上定位轴线的编号宜注写在图的下方或左侧（有时上下、左右都可）。横向编号采用阿拉伯数字，按从左至右顺序编写；竖向编号采用大写拉丁字母，按从下至上顺序编写，如图 10-4 所示。大写拉丁字母中的 I、O、Z 不得用作轴线编号，以免与阿拉伯数字 1、0、2 混淆。如需在两条轴线间附加分轴，则编号以分数形式表示，其分母表示前一轴线的编号，分子表示附加轴线的编号（用阿拉伯数字顺序编写）。1 号或 A 号轴线之前附加轴线的分母应以 01 或 0A 表示，如图 10-4 所示。

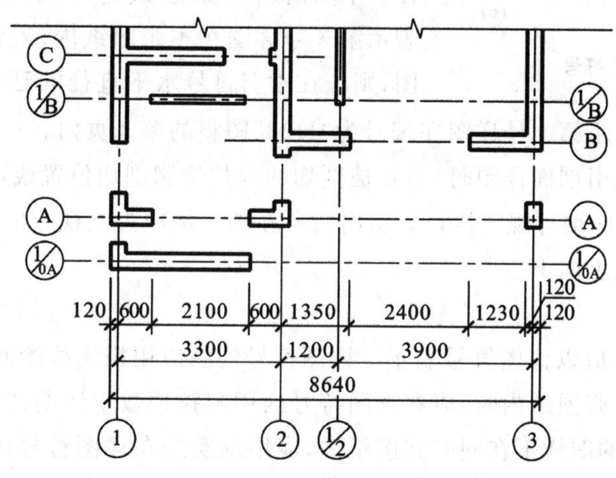

图 10-4 定位轴线编号

各种定位轴线的用途如表 10-5 所示。

表 10-5 **各种定位轴线的用途**

符号	用途	符号	用途
①	水平方向轴线编号，用阿拉伯数字（1、2、3、…）编号	○	通用详图编号，不注写编号
Ⓐ	垂直方向轴线编号，用大写拉丁字母（A、B、C、…）编号	1 3；1 3	一个详图用于两根轴线时
1/2　1/01	水平方向的附加轴线编号	1 3、6、…	一个详图用于 3 根及 3 根以上轴线时
1/B　1/0A	垂直方向的附加轴线编号	1 ～ 15	一个详图用于 3 根以上连续编号的轴线时

10.1.3.5 索引符号、详图符号与引出线

为方便施工时查阅图样，图样中的某一局部或构件间的构造如需另见详图，应以索引符号注明画出详图的位置、详图的编号及详图所在图纸的编号，并在所画详图附近编上详图符号，以便看图时对应查找。

(1) 索引符号

《房屋建筑制图统一标准》(GB/T 50001—2017)规定，索引符号是由直径为8～10 mm的圆和水平直径组成，圆和水平直径应以细实线绘制，且按如图 10-5所示的编写规定执行。索引出的详图，如与被索引的详图不在同一张图纸内，应在索引符号上半圆内用阿拉伯数字标注详图的编号，下半圆内标注该详图所在的图纸编号，如图10-5(a)表示第 5 号详图在第 3 张图纸内；若索引出的详图与被索引的详图在同一张图纸内，则在下半圆内用一横线(线宽 0.25b)代替编号，如图 10-5(b)表示第 3 号详图在本张图纸内；若索引出的详图采用标准图，则应在索引符号水平直径的延长线上加注该标准图集的编号，如图 10-5(c)表示第 1 号详图在编号为“J103”图集的第 3 页内。

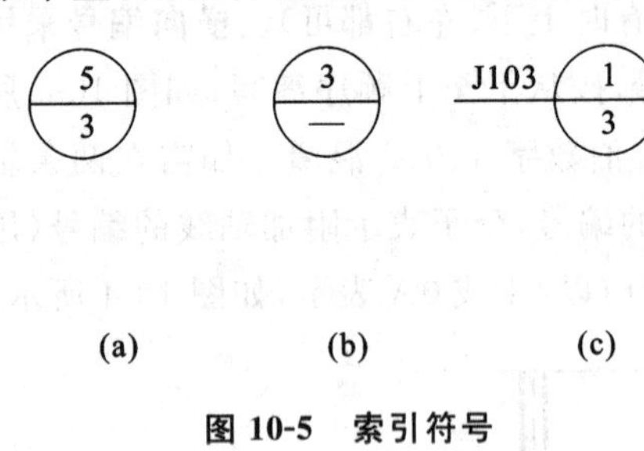

图 10-5 索引符号

当索引符号用于索引剖面详图时，应在被剖切的部位绘制剖切位置线，并应以引线引出索引符号，且按如图 10-6 所示的编写规定执行。引出线所在的一侧应为剖视方向，如图 10-6(a)表示作剖面图时的投射方向是从上向下。

(2) 详图符号

详图的位置和编号应以详图符号表示。详图符号的圆应用粗实线绘制，直径为 14 mm。详图与被索引的图样在同一张图纸内时，应在详图符号内用阿拉伯数字注明详图的编号，如图 10-7(a)所示；若详图与被索引的图样不在同一张图纸内，应用细实线在详图符号内画一水平直径，在上半圆中注明详图的编号，在下半圆中注明被索引的图纸的编号(也可不注明)，如图 10-7(b)所示。

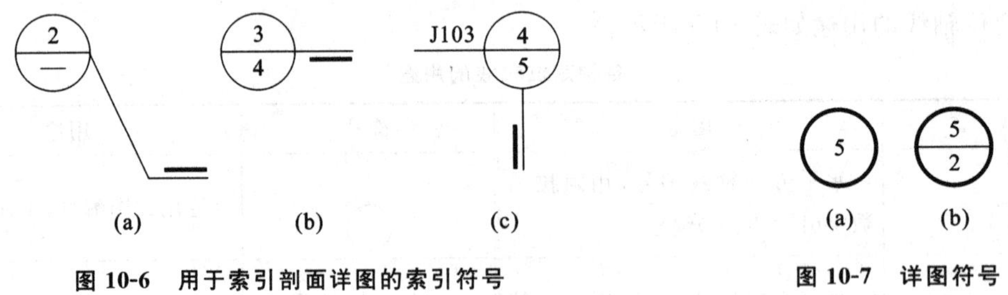

图 10-6 用于索引剖面详图的索引符号

图 10-7 详图符号

(3) 引出线

引出线应以细实线绘制，宜采用水平方向的直线，且与水平方向成 30°、45°、60°和 90°角，或经上述角度再折为水平线，文字说明宜注写在水平线的上方或端部，如图 10-8(a)所示。同时引出几个相同部分的引出线宜相互平行或画成集中于一点的放射线，如图 10-8(b)所示。多层构造或多层管道共用引出线时，应通过被引出的各层，并用圆点示意对应各层，文字说明按各层顺序注写在水平线的上方或端部，如图 10-8(c)所示。

索引详图的引出线应与水平直径线相连，如图 10-6 所示。

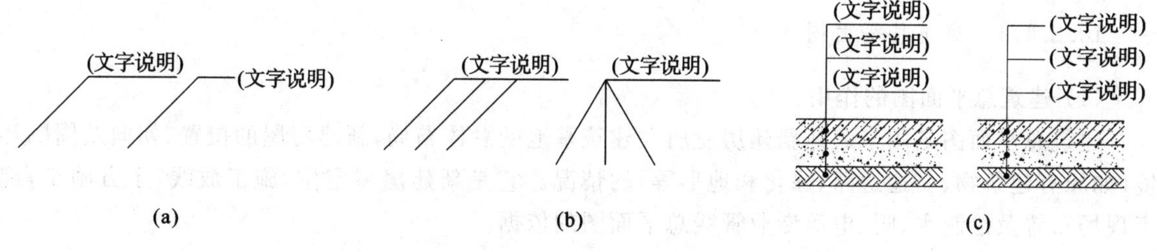

图 10-8 引出线

(a) 引出线;(b) 共用引出线;(c) 多层共用引出线

10.1.3.6 指北针及风向频率玫瑰图

(1) 指北针

指北针是用来表示建筑物朝向的。在首层平面图上应画指北针,指北针的圆用细实线绘制,圆的直径宜为 24 mm,指北针尾部宽度宜为 3 mm,指北针头部应注"北"或"N"字,如图 10-9 所示。需用较大直径绘制指北针时,指北针尾部宽度宜为直径的 1/8。

(2) 风向频率玫瑰图

风向频率玫瑰图(简称风玫瑰图)是用 16 个方向上的长短线表示该地区常年的风向频率和房屋的朝向。在风玫瑰图中,有箭头的方向为北向,粗实线表示全年风向频率,细线表示冬季风向频率,虚线表示夏季风向频率,如图 10-10 所示。

风玫瑰图是根据当地多年平均统计的各个方向吹风次数的百分数,按一定比例绘制的。离中心点最远的风向表示常年中该风向的刮风次数最多。

风玫瑰图一般用于总平面图中。

图 10-9 指北针 **图 10-10 风向频率玫瑰图**

10.2 房屋建筑施工图的阅读和绘制

10.2.1 房屋建筑施工图的阅读

前面已经介绍过,建筑施工图包括施工总说明、总平面图、平面图、立面图、剖面图、建筑详图和门窗表等。

阅读房屋建筑施工图时,先要概括性地了解相关的房屋,再阅读细部。先从施工总说明、总平面图中了解房屋的位置和周围环境的情况,再看平面图、立面图、剖面图和详图等。读图时要注意各图样间的关系,配合起来分析。这里以一幢四层职工住宅为例(轴测图如图 10-1 所示),说明房屋建筑施工图的阅读方法。

10.2.1.1 建筑总平面图

(1) 建筑总平面图的作用

建筑总平面图是用来表达新建房屋所在建筑基地的总体布局,新建房屋的位置、朝向及周围环境(如原有建筑物、交通道路、绿化和地形等)的情况。它是新建房屋定位,施工放线,土方施工,施工现场布置及绘制水、暖、电等专业管线总平面图的依据。

(2) 建筑总平面图的图示内容和要求

下面以图10-11所示的某校一生活区拟扩建职工住宅的总平面图为例来说明建筑总平面图的图示内容和要求。

① 比例。在总平面图中需标注比例。如图10-11所示,总平面图采用1∶500的比例绘制。

② 新建建筑物图例。根据前述内容,新建房屋应用粗实线绘制。如图10-11所示,4~8号建筑物用粗实线绘制,为拟建建筑物。由图中文字说明可知,4、5、6号建筑物为拟建住宅,7号建筑物为拟建商场,8号建筑物为拟建天然气升压房。房屋的层数用小黑点表示,图10-11中4、5、6号住宅均为4层。房屋的层数也可用数字加字母F表示,如4F。

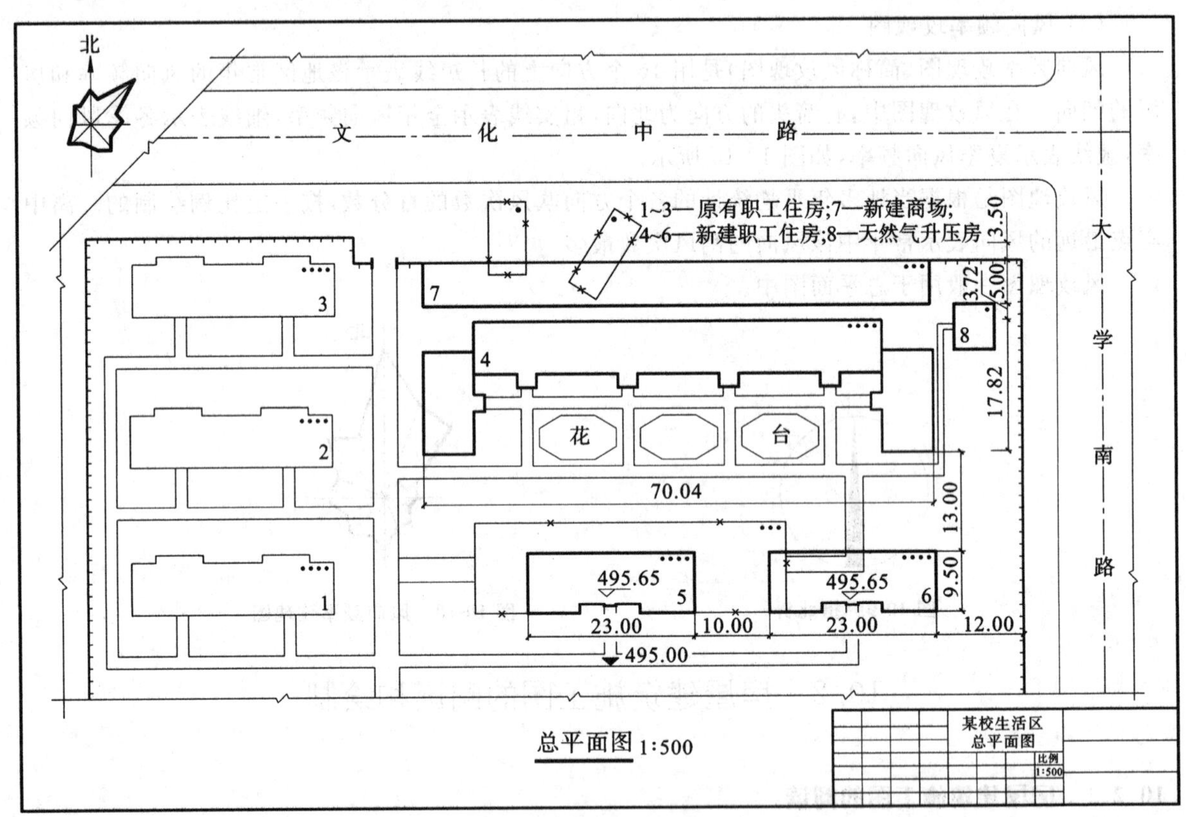

图10-11 总平面图

③ 原有建筑物、即将被拆除的建筑物及其他图例。根据表10-2所示图例的规定,可读出:图中1、2、3号建筑物的轮廓线用细实线绘制,为原有的建筑物;而图中还有3个用细线画出的原有建筑物,但细线被打"×",这表示该类建筑物即将被拆除;图中的道路用细实线画出,围墙按图例画出。

④ 新建建筑物的定形尺寸和定位。总平面图上应标注出新建房屋的总长、总宽及与周围房屋或道路的间距,尺寸以m为单位,标注到小数点后两位。图10-11中拟建的5号、6号住宅形状和

大小相同，均为长23.00 m，宽 9.50 m。新建建筑物在总平面图上的定位方法有两种。

方法一：利用原有建筑物、道路等的位置定位。如图 10-11 所示，6 号房屋就是利用围墙来定位的，该建筑物的东南角距离东墙面 12 m，距离北墙面 49.04 m(9.5 m+13 m+17.82 m+3.72 m+5 m)。

方法二：利用坐标定位。总平面图常画在有等高线和坐标网格的地形图上，地形图上的坐标称为测量坐标。可采用与总平面图相同的比例画出 50 m×50 m 或 100 m×100 m 的方格网，再标注出建筑物墙角的坐标。一般房屋的定位应标注其三个角的坐标；如果建筑物、构筑物的外墙与坐标轴线平行，可标注其对角坐标；如建筑物方位为正南北向，可只标注一个墙角的坐标，如图 10-12 所示。

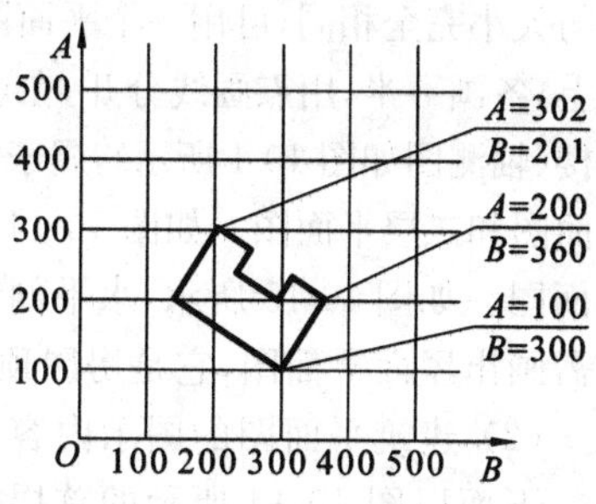

图 10-12 利用坐标定位

⑤ 新建建筑物的室内、室外标高。

总平面图中应注出新建建筑物的室内地面标高及室外整平标高(绝对标高)。如图 10-11 所示，拟建的 5、6 号住宅的室内标高为 495.65 m，室外标高(整平标高)为 495.00 m。

⑥ 建筑物的朝向和风向。在总平面图中，一般用风向频率玫瑰图表示常年主导风向频率和房屋的朝向，有时也用指北针表示房屋的朝向。如图 10-11 所示，4、5、6 号住宅均为正南北朝向。

(3) 建筑总平面图的读图方法

综上所述，读建筑总平面图时，首先应根据图中的比例、图例、标高、等高线等对新建建筑物、原有建筑物、周围环境(道路、绿化等)有一个大致的了解，再通过风向频率玫瑰图(或指北针)、尺寸、坐标网格等，对新建建筑物的朝向、外形情况、楼层数等作进一步的了解，从而弄清楚新建建筑物所在建筑基地的总体布局及建设要求。

10.2.1.2 建筑平面图

建筑平面图的形成

(1) 建筑平面图的形成和作用

建筑平面图实际上是房屋某层的水平剖面图(屋顶平面图除外)，即假想用一个水平剖切平面沿建筑物的门、窗洞口剖切后，移去剖切平面以上部分，再将剖切平面以下部分向水平投影面投射所得到的水平剖面图。如图 10-13 所示，图(b)中 P 为剖切平面，“平面图”就是建筑平面图。

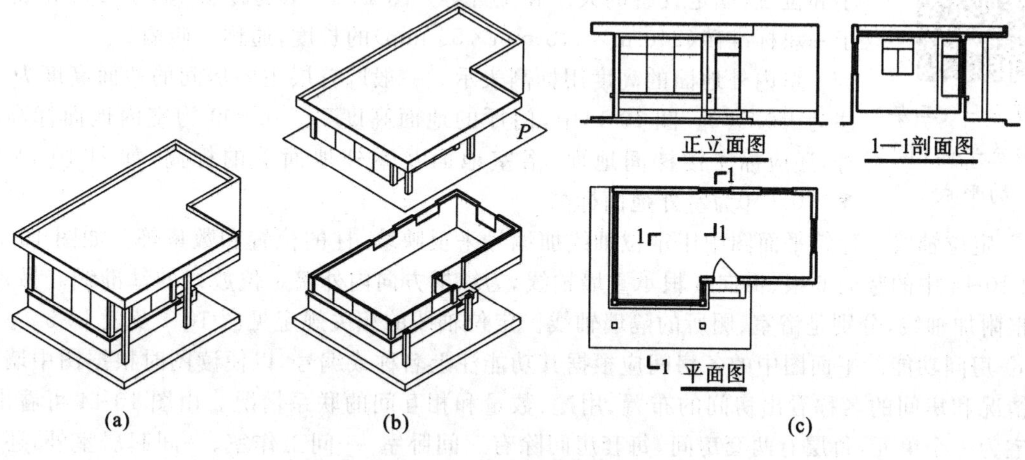

图 10-13 建筑平面图的形成

(a) 剖切前；(b) 剖切后；(c) 投影图

建筑平面图简称平面图,它主要用于表达房屋的平面形状、大小和房间的布置,墙或柱的位置、大小、厚度和材料,门窗的类型和位置等情况。它是施工图中的基本图样之一。

一般说来,房屋有几层就应该画出几个平面图,如首层平面图、二层平面图等。如果上下各层的布置与大小完全相同,可用一个平面图表示。如果房屋平面图左右对称,也可将两层平面图画在一个平面图上,各画一半,用点画线分开,在点画线两端画对称符号,并在图下方分别注出图名。如图 10-11 中的 6 号楼(轴测图如图 10-1 所示),属于左右基本对称形状,而且二、三、四层房间布置完全相同,故只画首层平面图和二层平面图。如图 10-14 所示,水平剖切面沿首层门、窗洞位置剖切后得到的图样称为首层平面图。如图 10-15 所示,水平剖切面沿二层门、窗洞位置剖切后得到的图样称为二层平面图。此外,还需画出屋面平面图,它是房屋顶面的水平投影图,对于较简单的房屋,屋面平面图可以不画出。

(2) 建筑平面图的图示内容和要求

下面以图 10-14 所示的首层平面图为例来介绍建筑平面图的图示内容和要求。

① 比例。平面图中应注出绘图比例。图 10-14 中的绘图比例为 1∶100。

某房屋三维动画

② 图线。平面图中的图线应粗细分明,凡被剖切到的墙、柱的断面轮廓线,剖切符号用粗实线(b)画出;没有剖切到的可见轮廓线,如台阶、窗台、花池等用中粗实线($0.7b$)画出;尺寸线、标高符号、图例线、定位轴线的圆圈、轴线等用细实线($0.25b$)画出;门的开启线用 45°的中实线($0.5b$)画出,该中实线的起点为墙轴线,长度为门洞的宽度,开启线的另一端与圆弧相接,圆弧宜用细实线。

③ 指北针。应在首层平面图上画出指北针,以表示房屋的朝向。指北针的画法详见 10.1.3.6 节。从图 10-14中的指北针可以看出该楼房为坐北向南。

④ 尺寸和标高。为表达房屋的总长、总宽,门窗及室内设备的位置和大小,房屋的室内外高度,建筑平面图中应标注三种尺寸:外部尺寸、内部尺寸和标高。

外部尺寸分三道标注:第一道尺寸(最外面的一道)表示房屋的总长和总宽(指从房屋的一端外墙面到另一端外墙面的长度),即房屋的总体尺寸;第二道尺寸表示定位轴线间的距离,即房屋墙(柱)的定形、定位尺寸,用来表示房间的开间和进深;第三道尺寸表示门、窗的宽度和位置。如图 10-14 所示,平面图基本上是长方形,第一道尺寸表示该房屋总长为 23.24 m,总宽为 9.68 m;第二道尺寸表示房间的开间有 3.60 m、3.00 m等,房间的进深南面为 5.50 m,北面为 4.00 m;第三道尺寸表示门、窗的位置是以轴线为基准的,如窗 C2 宽度为 1.80 m,窗边距轴线为 0.90 m。

某房屋一、二层建筑平面图的形成

内部尺寸包括纵横方向的尺寸,说明房间大小、墙厚,内墙上门、窗洞的大小和位置,固定设备的大小和位置等。图 10-14 中的砖墙厚度为 240 mm,相当于一块标准砖(240 m×115 mm×53 mm)的长度,通称一砖墙。

室内外地面的高度用标高表示。一般以首层主要房间的地面高度为 0,标注为±0.000。图 10-14中,门厅的地面高度▽－0.600 为室内地面标高。另外,还应标注楼梯间地面、浴室地面及室外地面等的标高,如图 10-14 中的▼－0.650为室外地面标高。

⑤ 定位轴线。建筑平面图中用定位轴线加编号来反映墙、柱的位置和数量等。如图 10-14 所示,图 10-14 中的竖向 6 根、横向 8 根承重墙轴线,为纵横方向内外墙定位放线的基准线。另外,还有 5 根附加轴线,分别是浴室、厕所的隔墙轴线。定位轴线的相关规定见图 10-4 及表 10-5。

⑥ 房间功能。平面图中的各房间应根据其功能注上名称或编号,以便读图时根据图中墙体的分隔情况和房间的名称看出房间的布置、用途、数量和相互间的联系情况。由图 10-14 可看出,这幢住宅为一个单元,每层有两套房间,每套房间除有三间卧室、一间工作室、一间起居室外,还有门厅、厨房、浴室、厕所、阳台等。

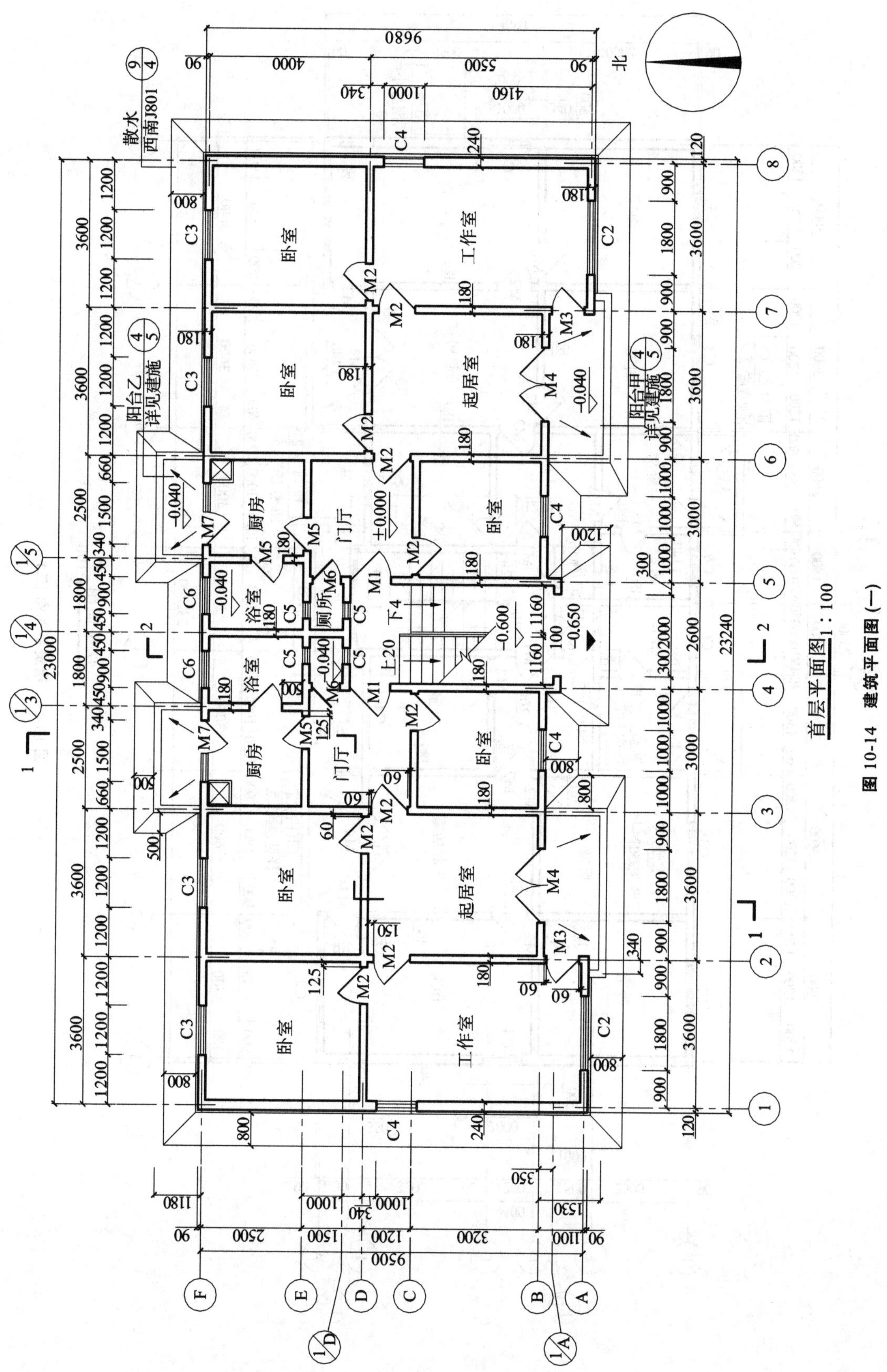

图 10-14 建筑平面图(一)

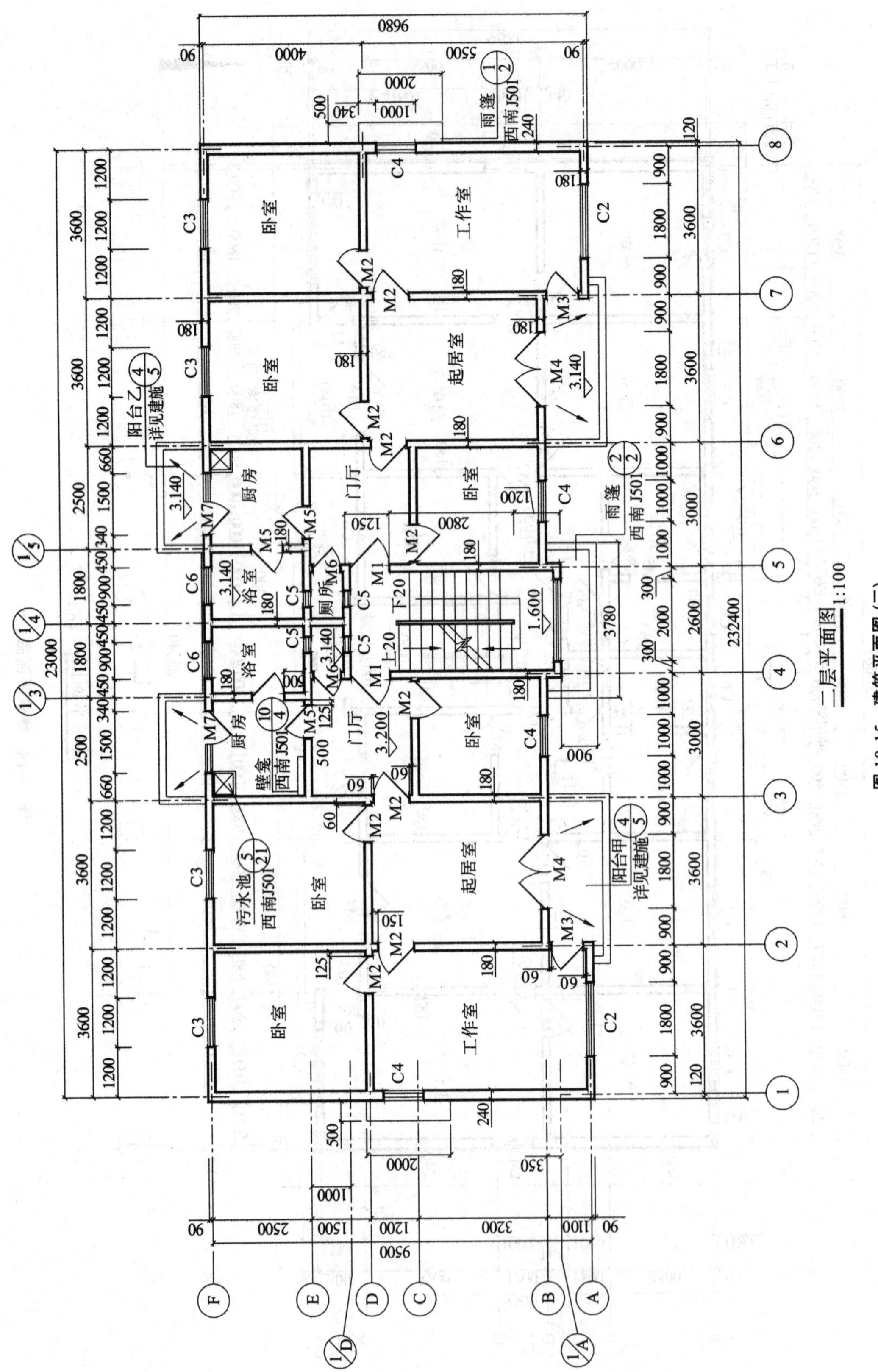

图 10-15 建筑平面图(二)

⑦ 图例。由于建筑平面图采用的比例较小，故门、窗等建筑配件均应用规定的图例画出，图例的规定如表 10-2 所示。《建筑制图标准》(GB/T 50104—2010)中还规定，门的代号为 M，窗的代号为 C。代号后面的数字是编号，同一编号表示同一类型的门、窗，如 M1、M2 和 C2、C3 等。一般在建筑施工总说明或建筑平面图上附有门窗表，列出门窗的编号、名称、尺寸、数量及选用的标准图集的编号等。图 10-14 门窗统计表详见表 10-6。

表 10-6 **门窗统计表**

门或窗	编号	名称	洞口尺寸 $B\times H$/(mm×mm)	樘数	标准图代号	标准图集及页次
门	M1	全板镶板门	1000×2700	8	×-1027	西南 J601,3
	M2	半玻镶板门	900×2700	40	P×-0927	西南 J601,5
	M3	半玻镶板门	800×2700	8	仿 P×-0927	西南 J601,5
	M4	半玻镶板门	1800×2700	8	P×-1827	西南 J601,5
	M5	全板镶板门	800×2700	16	×-0824	西南 J601,3
	M6	百叶镶板门	700×2000	8	Y×-0720	西南 J603,3
	M7	带窗半玻门	1500×2700	8	C×-1527	西南 J601,4
窗	C2	上么玻纱窗	1800×1800	8	S. 1818	西南 J701,7
	C3	上么玻纱窗	1200×1800	16	S. 1218	西南 J701,7
	C4	上么玻纱窗	1000×1800	8	S. 1018	西南 J701,7
	C5	无么玻纱窗	400×600	16	仿 S. 0610	西南 J701,3
	C6	中悬窗	900×700	8	F. 0907	西南 J701,6

在平面图中，凡是被剖切到的断面部分应画出材料图例。但在小比例(1∶200 和 1∶100)的平面图中，剖到的砖墙一般不画材料图例；在 1∶50 的平面图中，剖到的砖墙可画也可不画材料图例；但平面图比例大于 1∶50 时，应当画材料图例。当剖切到钢筋混凝土构件时，若比例小于 1∶50(或断面较窄，不易画出图例)，其断面可涂黑表示。

在平面图中，应在楼梯间的位置按规定画出楼梯的图例，以说明楼梯的梯段、梯级数和上下方向。图 10-14 中，由于首层平面图是从首层上方剖切后得到的水平剖面图，故在楼梯间中只画出第一个梯段的下面部分，并按规定把折断线画成 45°倾斜线。图中的“上 20”是指首层到二层两个梯段共有 20 步梯级。

⑧ 索引符号。对平面图中某些未表达清楚的细部，应以索引符号注明画出详图的位置、详图的编号及详图所在图纸的编号，方便施工时查阅。如图 10-14 中表示散水的详细做法详见西南建筑标准图集第 801 条第 4 页第 9 条，表示阳台乙的做法详见建筑施工图第 5 张第 4 号详图。索引符号的相关规定详见 10.1.3.5 节。

⑨ 其他。在平面图中，必须表示出楼梯、阳台、雨篷、散水的大小和位置；在首层平面图中应画出剖面图的剖切位置，如图 10-13(b)中的 1—1 位置、图 10-14 中的 1—1 和 2—2 位置。

(3) 建筑平面图的读图方法

由于一栋房屋经常会有多个平面图，故读图时应逐层阅读，并注意各层之间的联系和区别。建筑平面图的读图方法是：首先，通过阅读图名、比例、指北针，了解该平面图所表达的楼层及该房屋的朝向;其次,综合阅读分析尺寸、标高和定位轴线,了解房屋的平面形状、总长、总宽,各房间的位置、用途、进深和开间、标高,墙柱的位置和尺寸,室内外地面、各楼层出入口地面的高度;然后,通过阅读图例、索引符号、剖面符号,并结合相关尺寸和标高,详细读懂门窗、阳台、散水等细部的位置、尺寸及做法;最后,完成建筑平面图的阅读。

某房屋建筑立面图的形成

10.2.1.3 建筑立面图

(1) 建筑立面图的形成和作用

建筑立面图是在与房屋立面平行的投影面上作出的房屋的正投影图,简称立面图,如图10-13(c)中的正立面图。建筑立面图反映了房屋的外形和高度,门窗的位置、形状和大小,屋面的形式和外墙的做法、装饰要求等内容。

建筑立面图的命名方式有三种。图10-16(a)所示为建筑物的直观图。第一种方式:把反映房屋外貌特征或有主要出入口的一面称为正立面图,如图10-16(b)所示,正立面图背后的称为背立面图,其余两侧分别称为左侧立面图和右侧立面图。第二种方式:可按房屋的朝向称为南(北、西、东)立面图,如图10-16(c)所示。第三种方式:当房屋有定位轴线时,可用立面图两端的定位轴线编号来命名立面图,如图10-16(d)所示。图10-17中的①~⑧立面图,也可称为南立面图;图10-18中的⑧~①立面图,也可称为北立面图。

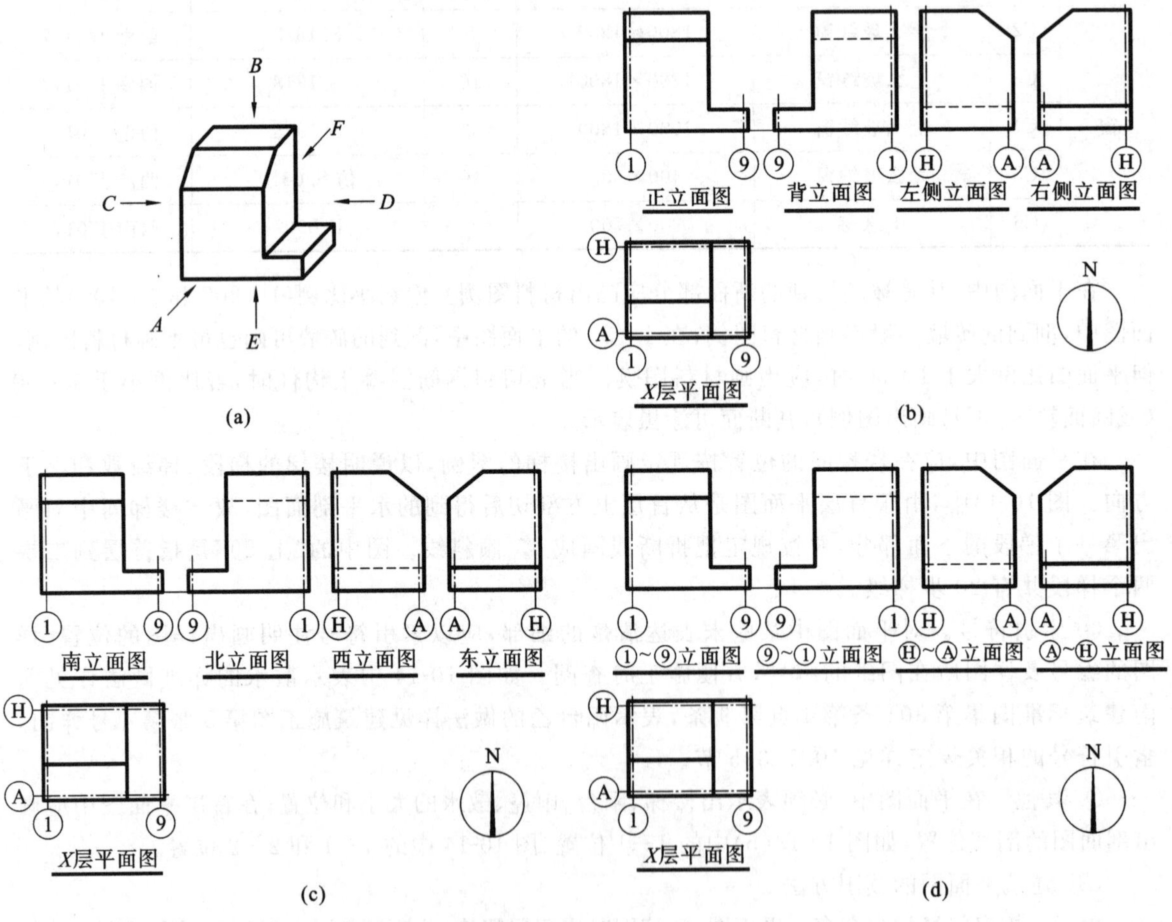

(a) (b) (c) (d)

图10-16 立面图的命名

(a) 直观图;(b) 按外投影关系命名;(c) 按房屋朝向命名;(d) 按定位轴线命名

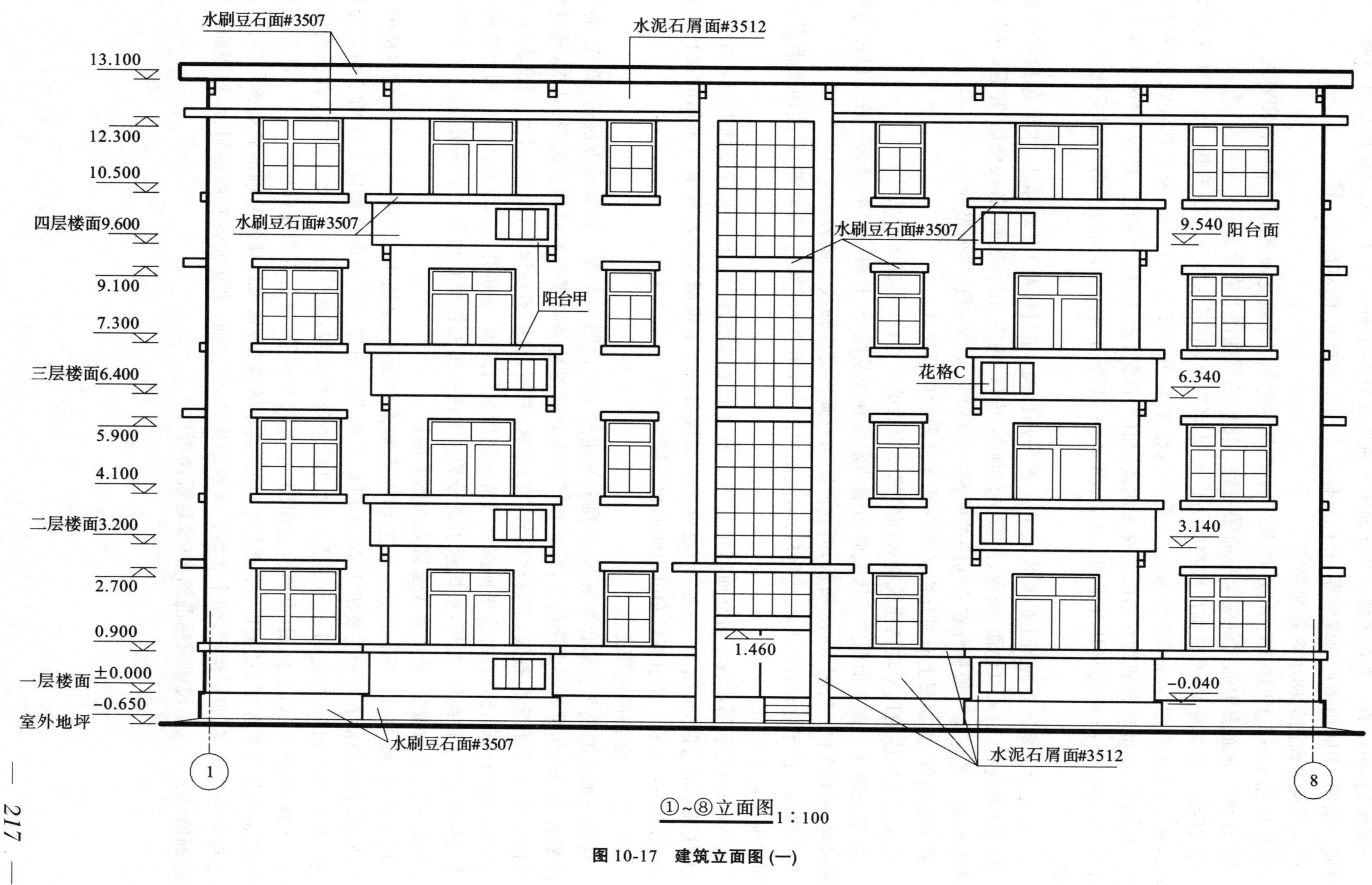

图 10-17 建筑立面图(一)

一般来说,房屋的一个立面画一个立面图。若房屋外形左右对称,南、北立面图也可各画一半合并成一幅图,中间用细点画线分界,并画对称符号。若房屋东、西对称也一样。

(2) 建筑立面图的图示内容和要求

下面以图10-17、图10-18、图10-19所示立面图为例介绍建筑立面图的图示内容和要求。

① 比例。立面图中的比例应与平面图一致。比例注写在图名右下角。

② 图线。在立面图中,只画出按投射方向可见的部分,不可见部分一律不画。为了使立面图外形清晰,通常把房屋立面的外轮廓线(也称外包轮廓线)用粗实线(b)画出;室外地坪线用特粗实线($1.4b$)画出;立面外包轮廓线内的主要轮廓线,如门、窗洞、檐口、阳台、雨篷、窗台、台阶等用中粗实线($0.7b$)画出;门窗扇及其分格线、花饰、雨水管、墙面分格线、标高符号等用细实线($0.25b$)画出。

③ 尺寸和标高。立面图上的高度尺寸一般采用标高(相对标高)形式标注,主要包括室外地坪、首层室内地面、出入口地面,窗台、门窗洞口顶部,檐口、雨篷、阳台底面,各层楼面、屋顶,女儿墙等处的标高。各标高一般标注在立面图的两侧,标高符号大小一致,排列整齐。

除了标高外,立面图上有时还需注出一些无详图的局部尺寸。

立面图上标注的尺寸均指建筑物表面装修结束后的尺寸(即完成面的尺寸)。

④ 定位轴线。在立面图中一般只画两端的定位轴线及编号(其编号与平面图一致),以便与平面图对照。如图10-17、图10-18所示,两立面图均只画出定位轴线①和⑧。

⑤ 图例。由于立面图所用的比例较小,故图中的定形构配件(如门、窗扇等)只能用图例表示,图例的画法见表10-3。

⑥ 索引符号和引出线。对立面图中某些未表达清楚的细部,应用索引符号注明详图的位置等,方便施工时查阅,如图10-19所示;也可用引出线引出文字说明来表示外墙所采用的材料和做法,如图10-17所示。索引符号和引出线的相关规定详见10.1.3.5节。

(3) 建筑立面图的读图方法

建筑立面图的读图应结合平面图、门窗表及相关文字说明来完成。其阅读方法是:首先,通过阅读图名、比例,并对照平面图的方位,初步了解该立面图是房屋哪个方向的立面图;其次,通过综合分析尺寸、标高和定位轴线,了解房屋的立面形状、总高,房屋室外地坪、窗台、阳台、门窗洞口、檐口、雨篷等处的标高;然后,结合平面图上门窗的图例及门窗表,分析并了解窗台、雨篷、阳台花格的样式与位置、尺寸和数量;最后,根据索引符号和引出线引出的详图和相关文字说明,进一步弄懂外墙、雨篷、阳台等的做法,从而完成建筑立面图的阅读。

综上可知,图10-17所示的①~⑧立面图(也称南立面图)是图10-11中5号、6号住宅楼的主要立面图,它的中部有一个主要出入口(大门),上部设有雨篷。①~⑧立面图上标明了南立面的门、窗、阳台形式和布置,还表示出了大门进口踏步等的位置;屋顶示出了女儿墙(又称压檐墙)。图10-19所示的Ⓕ~Ⓐ立面图(也称西立面图)中有四个窗子,窗上有雨篷和窗台。Ⓕ~Ⓐ立面图中屋顶面的前后各有3%的坡度,外墙上注写的“清水砖墙”表示未加抹灰粉刷的砖墙面。因此,该住宅楼为平顶屋面,四层楼房,四个立面共有四排窗户,南立面、北立面各有四排阳台,外表面装饰的详细做法另有施工说明或标准图集(或建筑详图)。

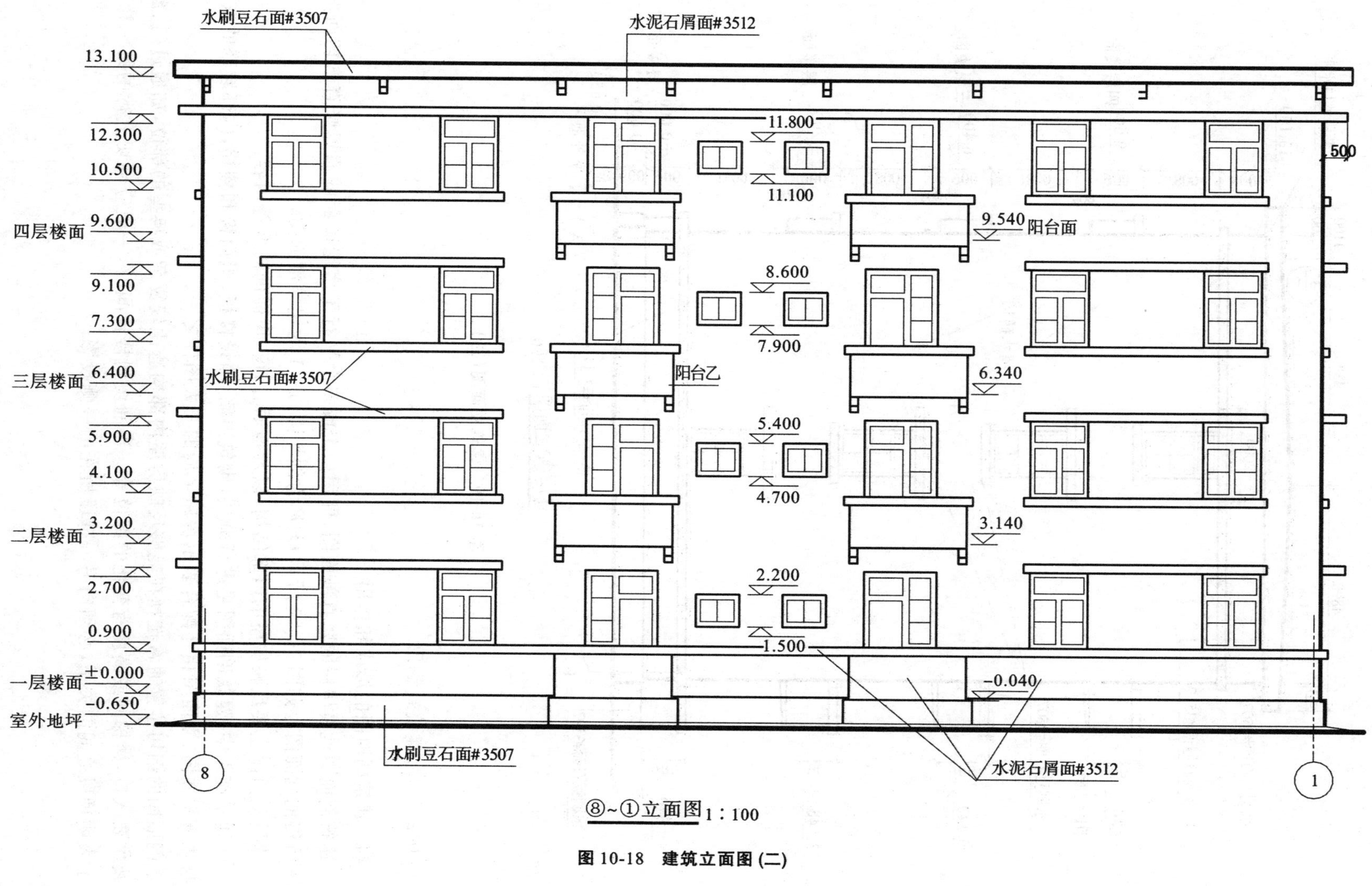

⑧~①立面图 1∶100

图 10-18 建筑立面图(二)

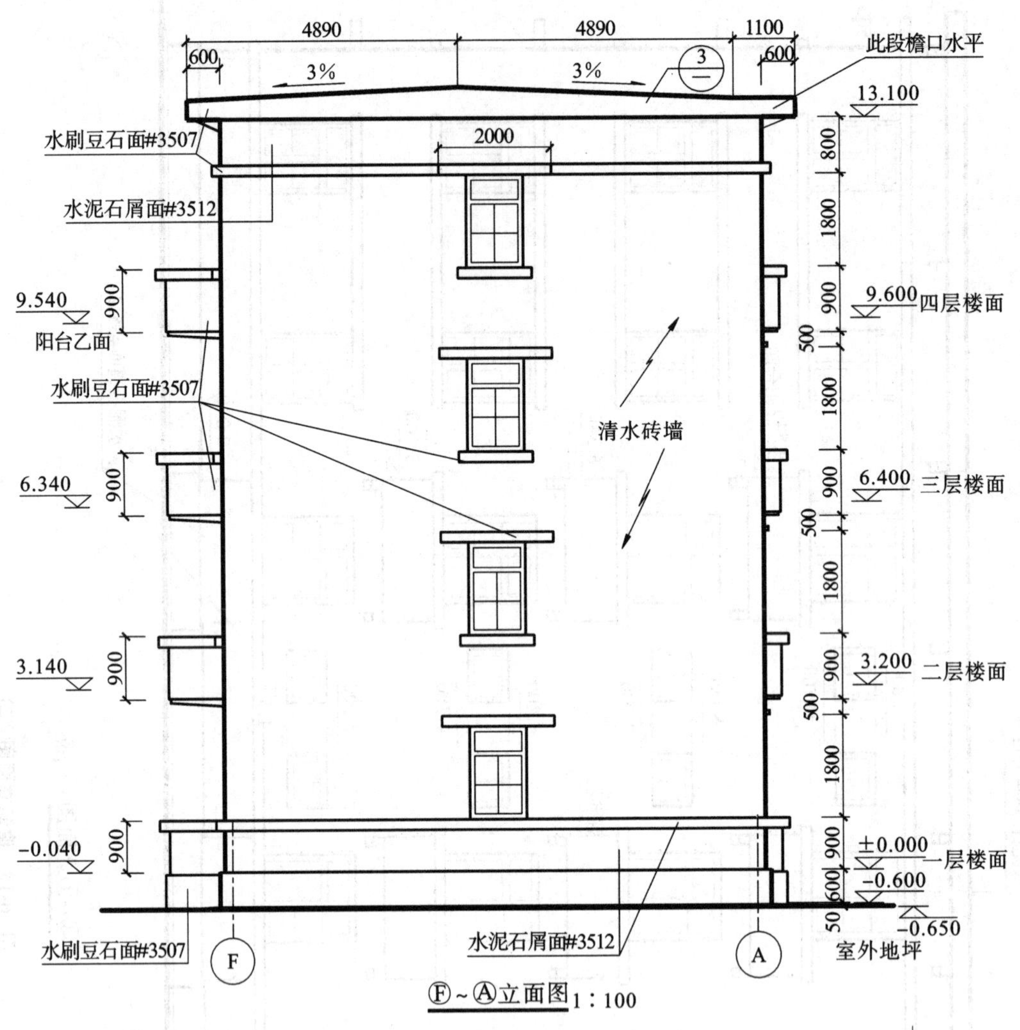

图 10-19 建筑立面图(三)

10.2.1.4 建筑剖面图

(1) 建筑剖面图的形成和作用

建筑剖面图就是房屋的竖直剖面图,即用一个或多个平行于房屋墙面的假想竖直剖切面剖开房屋所得的剖面图。如图 10-20 所示 Q、R 为剖切面,1—1 为建筑剖面图。

建筑剖面图主要反映房屋的内部结构,以及地面、门窗、屋面的高度等内容。

在建筑施工中,建筑剖面图是进行分层,砌筑内墙,铺设楼板、屋面板和楼梯,内部装修的依据,是与建筑平面图、立面图相互配合表示房屋全局的三大图样之一。

剖面图的剖切位置通常选择在能够反映房屋内部构造比较复杂或典型的部位,如通过门、窗洞口及主要入口,楼梯间或高度有变化的部位等。当剖切到楼梯间时,一般应剖切上行的第一梯段。为了表明梯段之间的关系,必须向另一梯段所在的一侧投影。

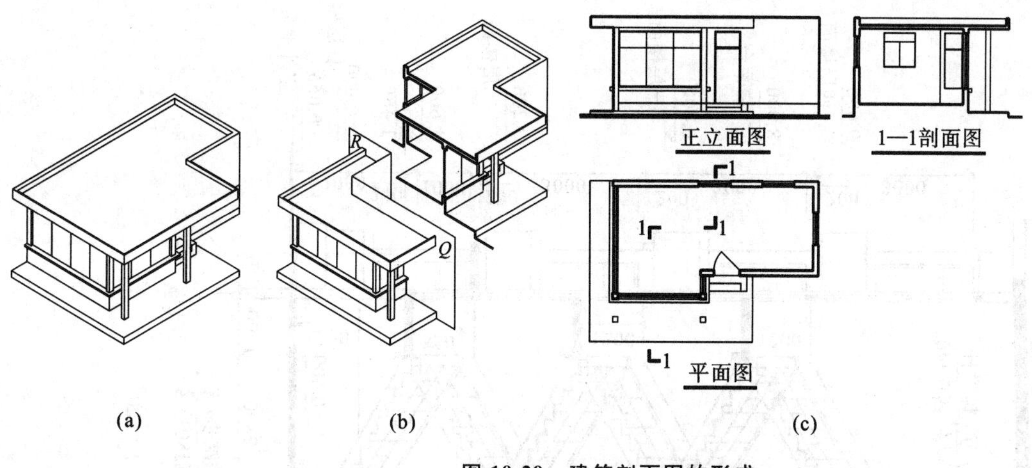

(a) (b) (c)

图 10-20 建筑剖面图的形成

(a) 剖切前;(b) 剖切后;(c) 投影图

图 10-21 中的 1—1、2—2 剖面图的剖切位置可从首层平面图图 10-14 中找到。从图 10-21 中看出,1—1 剖面图是通过浴室、厕所、楼梯间剖切且向第二梯段所在的一侧(向东)投影的全剖面图,2—2 剖面图是通过厨房、门厅、卧室、起居室剖切且向西投影的阶梯剖面图。

房屋建筑剖面图的形成

(2) 建筑剖面图的图示内容和要求

在剖面图中,除有地下室外,一般不画出室内外地面以下部分,只在室内外地面以下的基础墙部位画出折断线,基础部分将通过结构施工图中的基础图来表达。

在建筑剖面图中,除了必须画出被剖到的构件(如墙身、室内外地面、各层楼面、屋面、各种梁、楼梯段及平台等)外,还应画出未剖切到的可见部分(如可见楼梯段和栏杆扶手、门、窗、内外墙轮廓线、踢脚线等),如图 10-21所示。图 10-21 中墙身门、窗洞口处的矩形涂黑断面为该房屋门、窗上的钢筋混凝土过梁和圈梁。

现以图 10-21 所示建筑剖面图为例来说明剖面图所需表达的内容和要求。

① 比例。剖面图中的比例与平面图一致,也可以放大绘制。比例注写在图名右下角。

② 图线。凡被剖切到的主要构件(如墙体、楼地面、屋面结构部分等)及室内、外地坪线均用粗实线(b)画出,次要构件或构造、未被剖切到的主要构造的轮廓(如门、窗洞、内外墙轮廓线等)、可见的楼梯段及栏杆扶手、踢脚线、勒脚线等均用中粗实线($0.7b$)画出,门窗扇及其分格线、外墙分格线、尺寸线、标高符号等均用细实线($0.25b$)画出。

③ 图例。砖墙、钢筋混凝土构件的材料图例按平面图中的相关图例规定画出,门、窗均按表 10-3的规定图例画出。

④ 尺寸和标高。建筑剖面图一般只标注剖切部分的尺寸,包括房屋内部和外部高度方向的尺寸和标高、水平方向的轴线间尺寸等。所标注的尺寸和标高必须与立面图相吻合。

外墙的高度方向尺寸一般为三道,由外至内分别为:第一道为总高尺寸,即由室外地坪至女儿墙压顶的高度;第二道为层高尺寸,即首层地面至二层楼面,各层楼面至上一层楼面的高差尺寸;第三道为洞口尺寸,包括勒脚高度、门窗洞口高度、洞间墙的高度、檐口厚度等细部尺寸。

建筑剖面图还需标注室内外各部分的地面、楼面、楼梯休息平台面、屋顶檐口顶面等的标高和某些梁、板底面等处的标高。

1:2水泥砂浆抹面（加3%防水粉）
200细石混凝土刚性防水屋面厚40
冷底子油二度隔热层
1:3水泥砂浆找平层厚20
纤维板吊顶
壁龛 西南J501
QL
9.600
9.540
阳台面
污水池 西南J501
6.400
6.340
挂镜线 西南J501
3.200
3.140
菱苦土板
墙裙
±0.000
-0.040
1—1剖面图 1:100
4890
4890
1100
3%
3%
梯栏杆 西南J401
四层楼面
8.000
梯平台
三层楼面
二层楼面
1.600
1.460
首层楼面
-0.065
-0.600
室外地坪
2500
1000
1250
2800
1200
750
砖踏步 西南J801
2—2剖面图 1:100

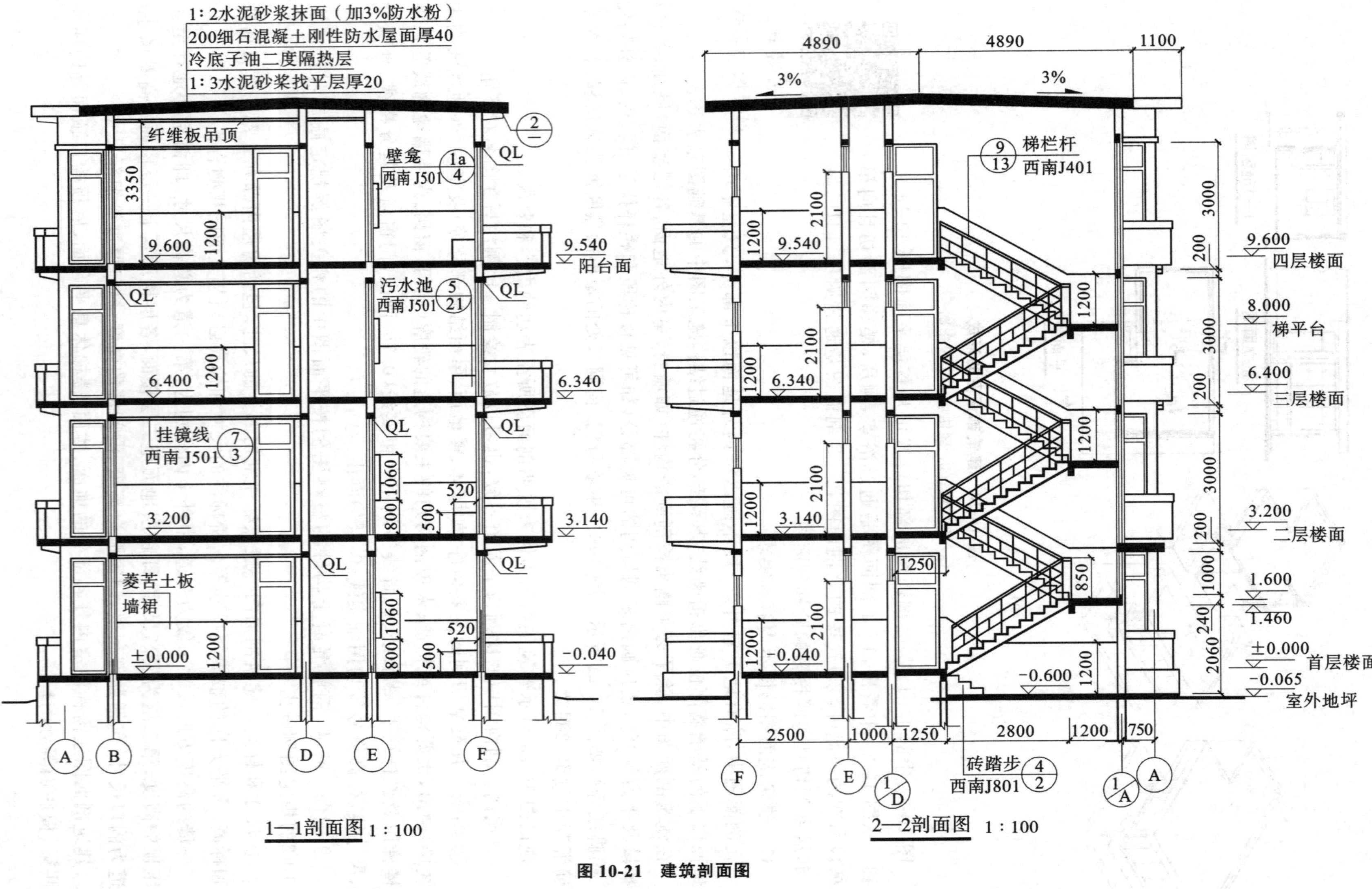

图10-21 建筑剖面图

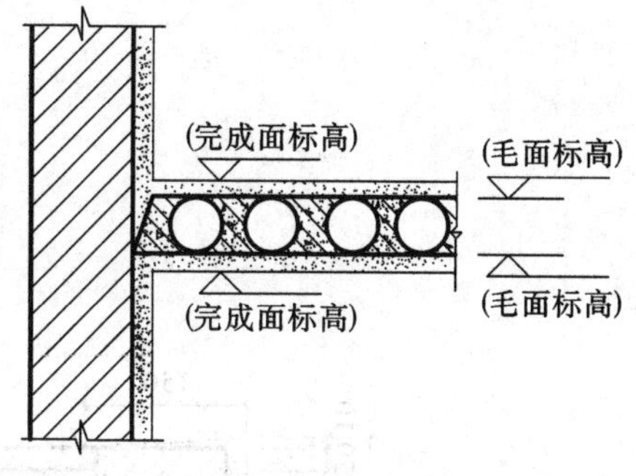

图 10-22　建筑标高与结构标高注法示例

标高有建筑标高(也称完成面标高)和结构标高(也称毛面标高)之分。如图 10-22 所示,建筑标高是指楼地面、屋面装修完成后表面的标高。在平、立、剖面图及详图中,楼地面、地下层地面、楼梯、阳台、平台、台阶等处均标注建筑标高。结构标高是指各结构件未经装修(即不包括粉刷)的表面标高。门窗洞的上、下沿,檐口、雨篷底面,梁、板等承重构件下表面应标注结构标高。

⑤ 定位轴线。通常画出剖切后与平面图上编号一致的相关定位轴线,以便与平面图对照,如图 10-21 所示。

⑥ 索引符号和引出线。对剖面图中某些未表达清楚的细部,可用索引符号指明详图的位置,如图 10-21 所示 2—2 剖面图中的(9/13 梯栏杆 西南J401);或用引出线引出文字来说明房屋的地面、楼面、屋面等的不同构成材料,如图 10-21 所示 1—1 剖面图中屋面的多层引出线。索引符号和引出线的相关规定详见 10.1.3.5 节。

⑦ 其他。房屋倾斜的地方(如屋面、散水、排水沟等)需用坡度表明倾斜的程度,如图 10-21 所示 2—2 剖面图中,屋面上方的坡度用百分数表示坡度大小,其下方用半边箭头表示水流方向。

(3) 建筑剖面图的读图方法

建筑剖面图的读图应结合建筑平面图、建筑立面图、门窗表及相关文字说明来进行。其读图方法为:首先,阅读图名、比例、定位轴线,通过图名和定位轴线找到首层平面图上对应的剖切符号,了解该剖面图的剖切位置和投射方向;其次,结合平面图,综合分析其尺寸和标高,了解房屋的分层情况、层高和内部布局,并弄清楚房屋的结构与构造形式、墙和柱之间的相互关系;再次,通过阅读索引符号引出的详图和引出线上的文字说明,了解房屋各部分(如地面、楼面、屋面等)所使用的建筑材料及做法;最后,完成建筑剖面图的阅读。

10.2.1.5　建筑详图

由于房屋建筑图的平、立、剖面图的比例都比较小,细部构造无法表达清楚,因此需要用较大的比例把房屋细部构造及构配件的形状、大小、材料和施工方法详细地表达出来,这种图样称为建筑详图。

画建筑详图时,先在平、立、剖面图中用索引符号注明所画详图的位置和编号,再在所画详图的下面,相应地用详图符号表示详图的编号。索引符号、详图符号的画法及相关规定详见 10.1.3.5 节。图 10-23 所示为檐口、山墙檐口的详图。其中,详图②是被图 10-21 中 1—1 剖面图上檐口位置的索引符号(2/—)索引的,详图③是被图 10-19Ⓕ～Ⓐ立面图上山墙檐口位置的索引符号(3/—)索引的。

下面仅介绍楼梯详图的内容和阅读方法。

楼梯是楼房上下交通的主要设施,它是由楼梯段(简称楼段,包括踏步和斜梁)、平台和栏杆(或栏板)组成的,构造一般较复杂,需画详图才能满足施工要求。楼梯详图一般包括平面图、剖面图及踏步、栏杆的详图等,它主要表示楼梯类型、结构形式、尺寸和装修做法,是楼梯施工放样的主要依据。

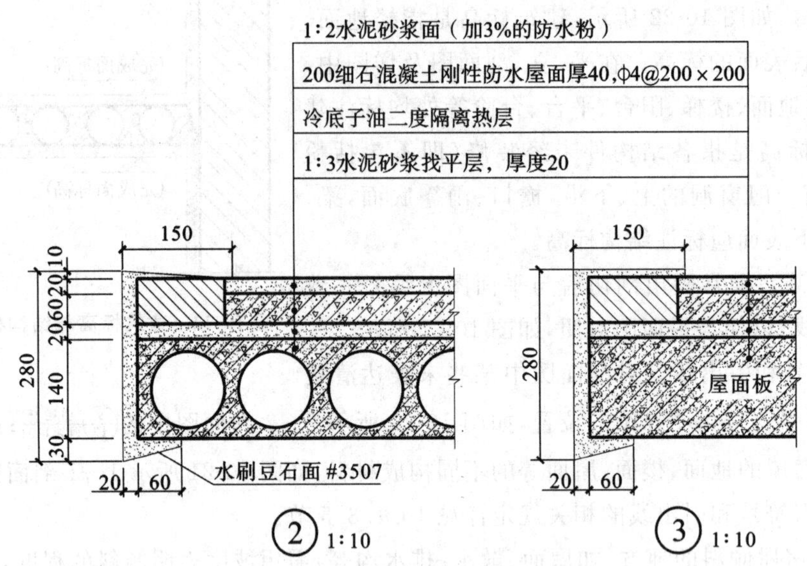

图 10-23　檐口、山墙檐口的详图

(1) 楼梯平面图

一般每层楼梯都要画一个平面图。若中间各层楼梯的梯段数、踏步数和大小尺寸等都相同，则通常只画首层、中间层和顶层三个平面图。

楼梯平面图的剖切位置在该层向上走的第一梯段的中间，被剖切的梯段用45°折断线表示，在每一梯段处画一个箭头，并注写“上”或“下”和踏步数。如图10-24所示，二层楼梯平面图中“下20”表示二层楼面往下走20步级可到达首层楼面，“上20”表示二层楼面向上走20步级可到达三层楼面。此外，还要标注踏面数、踏面宽和梯段长，这几个尺寸通常合并标注在一起。各层平面图上所画的每一分格，表示梯段的每一个踏面。但因梯段最高一级的踏面与平台面或楼层面重合，故平面图中的每一梯段所画出的踏面数，总比步级数少一个踏面，即少一格。所以在该平面图中，注写的10×280=2800 (mm)，实际上是把梯段最高一级与平台或楼面重合的那个踏面的宽度加上去了。

(2) 楼梯剖面图

假想用一个铅垂剖切平面通过各层的一个梯段和门、窗洞将楼梯切开，并向另一个没有被切到的梯段方向投影，所得的剖面图就是楼梯剖面图，如图10-25(a)所示。其剖切位置规定画在楼梯的首层平面图中，如图10-24所示。图10-25(b)所示为3—3剖面图的轴测图。从楼梯剖面图中可以了解楼房的层数、梯段数、步级数和楼梯构造形式。

楼梯剖面图中注有地面、平台、楼面的标高及各梯段的高度尺寸。在高度尺寸中，10×160=1600 (mm)中的10是步级数，160 mm指每步级高度，1600 mm为梯段高。该楼房每层楼面之间有两个梯段，从首层楼面到四层楼面共六个梯段。楼梯栏杆为空花式钢木结构，扶手选用西南建筑标准图集中的硬木扶手。

±0.00
0.600
1.600
3.200
8.000
9.600
上20
下20
下4
雨篷
10×280=2800
5250
3780
首层平面图 1:50
二层平面图 1:50
顶层平面图 1:50

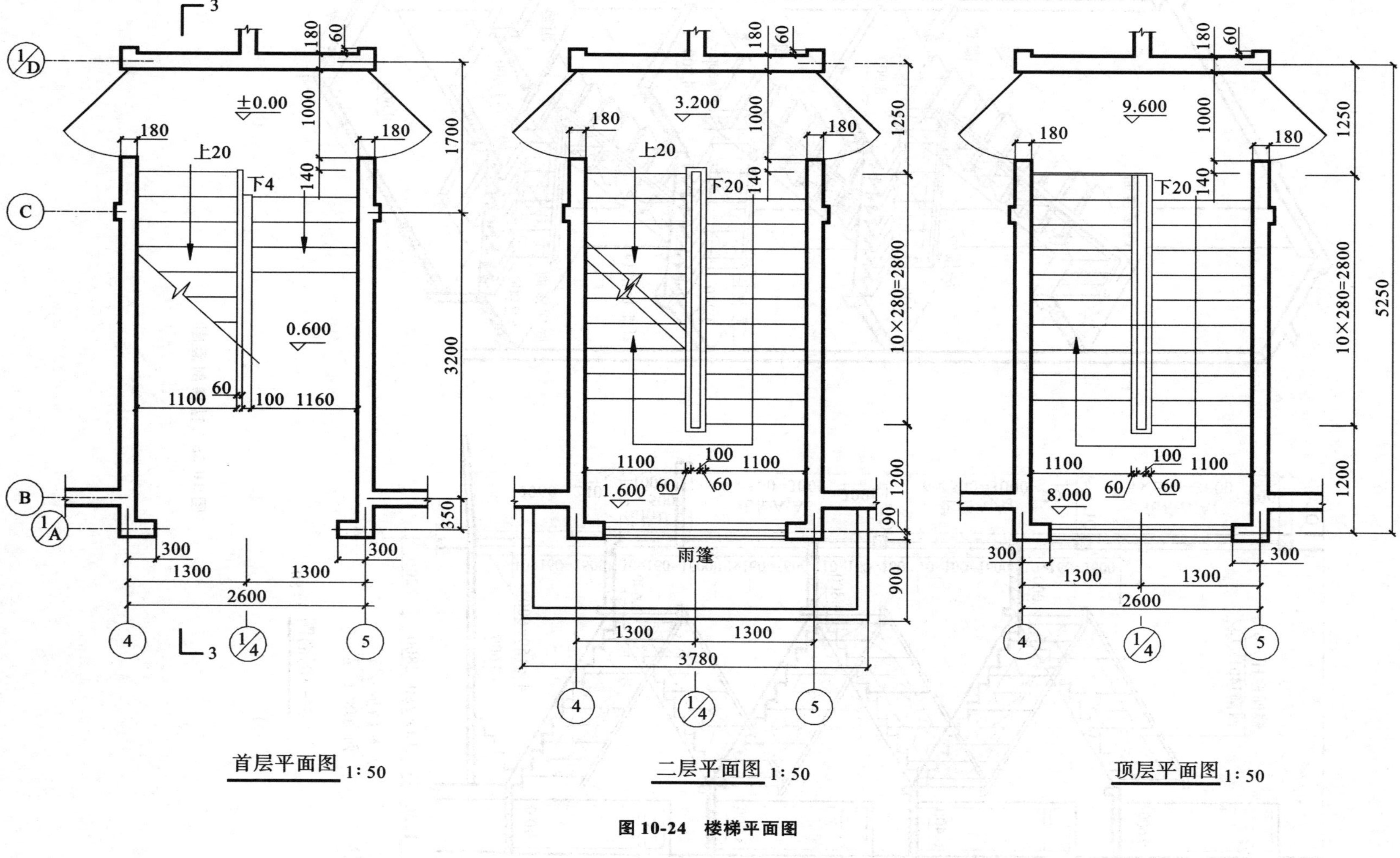

图 10-24　楼梯平面图

QL
楼梯栏杆 9/13
西南J401
9.600
8.000
6.400
4.800
3.200
1.600
±0.000
-0.600
200
花格A₁A₂ 6×500=3000
10×160=1600
花格B 2×500 =1000
240
2060
4×150=600
1250
10×280=2800
1200
1/D
1/A
砖踏步 4/2
西南J801
3—3剖面图 1:50
(a)
四层楼面
三层楼面
二层楼面
底层楼面
圈梁
梯平台
纤维板吊顶
雨篷
(b)

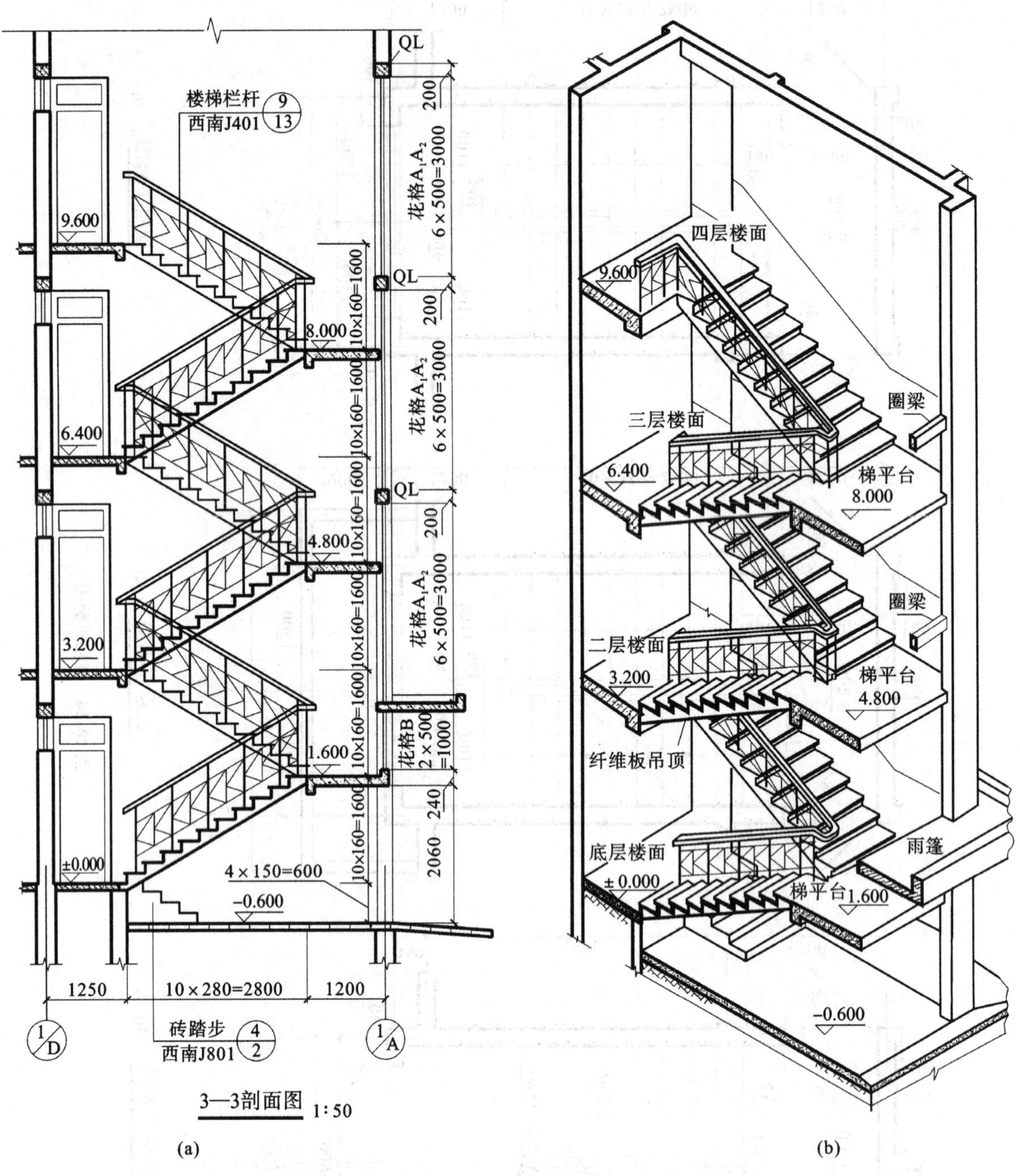

图 10-25 楼梯剖面图

10.2.2　房屋建筑施工图的绘制

房屋建筑
施工图的绘制

施工图的绘制除了必须掌握平面图、立面图、剖面图及详图的内容和图示特点外，还必须遵照绘制施工图的方法和步骤。一般先绘平面图，再绘立面图、剖面图、详图等。

现以职工住宅建筑平面图、立面图、剖面图为例，说明绘图的几个步骤。

10.2.2.1　平面图的绘制步骤

平面图的绘制步骤如图 10-26 所示。

第一步，画定位轴线。

第二步，画墙身线和门窗位置。

第三步，画门窗、楼梯、台阶、阳台、厨房、散水、厕所等细部。

第四步，画尺寸线、标高符号等。

按上述绘图步骤完成底图后，认真校核，确定无误后，按图线粗细要求加深(或上墨)，最后注写尺寸、标高数字、轴线编号、文字说明、详图索引符号等。

10.2.2.2　立面图的绘制步骤

第一步，画地坪线、轴线、楼面线、屋面线和外墙轮廓线。

第二步，画门窗位置、雨篷、阳台、台阶等部分的轮廓线。

第三步，画门窗扇、窗台、台阶、勒脚线、花格等细部。

第四步，画尺寸线、标高符号及注写装修说明等。

10.2.2.3　剖面图的绘制步骤

第一步，画室内外地坪线、楼面线、墙身轴线及轮廓线、楼梯位置线。

第二步，画门窗位置，楼板、屋面板、楼梯平台板厚度、楼梯轮廓线。

第三步，画门窗扇、窗台、雨篷、门窗过梁、檐口、阳台、楼梯等细部。

第四步，画尺寸线、标高符号等。

由此看出，平面图、立面图、剖面图的绘制步骤为：首先画定位轴线网；然后画建筑物构配件的主要轮廓线；再画各建筑物细部；最后画尺寸线、标高符号、索引符号等。在检查底图无误后，才加深图线，注写尺寸、标高数字和有关文字说明，填写标题栏等，完成全图。

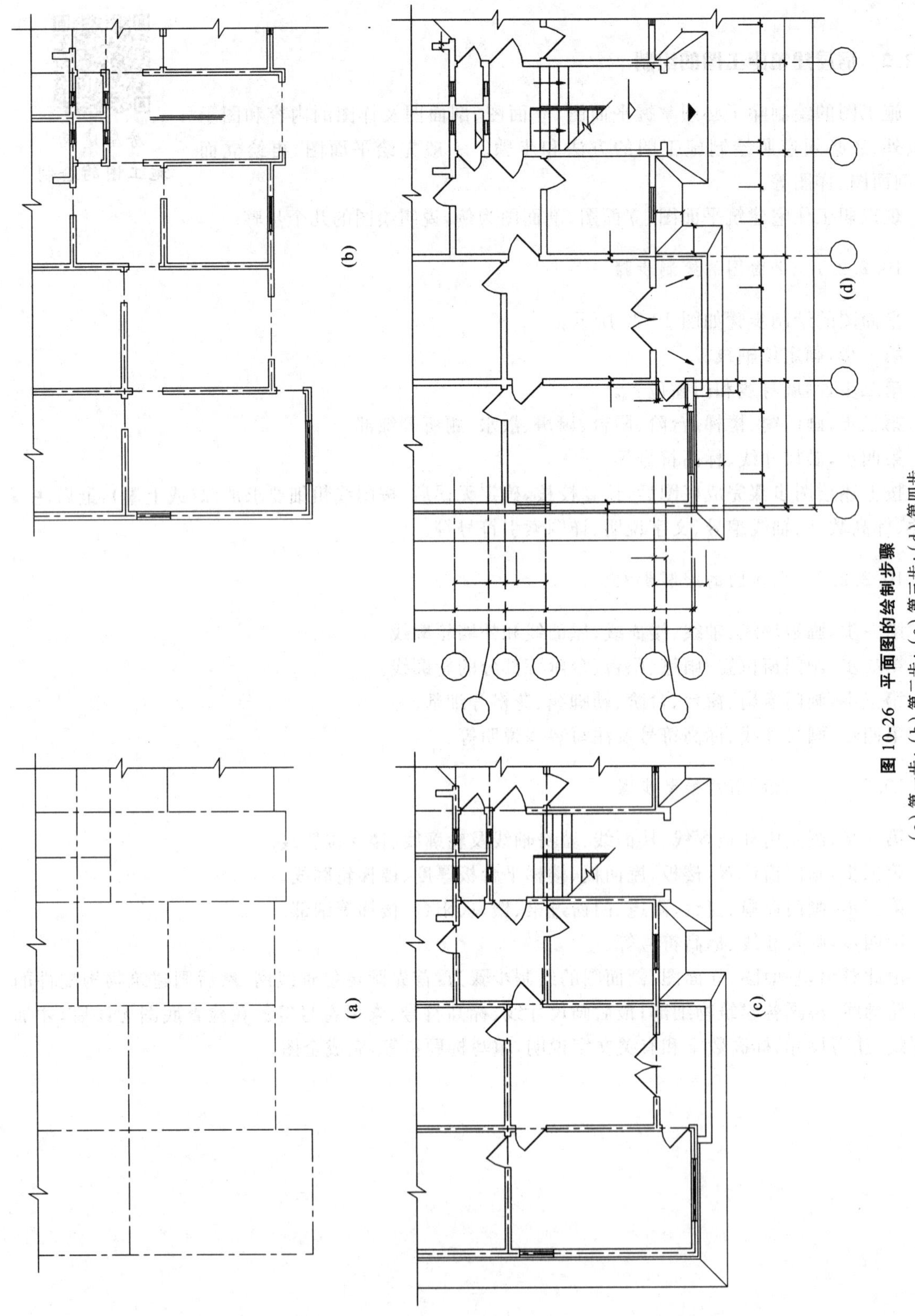

图 10-26 平面图的绘制步骤

(a)第一步；(b)第二步；(c)第三步；(d)第四步

10.3　建筑施工图工程案例

扫描下面二维码，结合本章所学内容，完成某项目建筑施工图案例。

某项目建筑
施工图的阅读

本章小结、要点自测、
理实融合、拓展学习

11 房屋结构施工图

【内容提要】

本章简要介绍了房屋结构施工图的主要内容及钢筋混凝土构件基本知识，重点介绍了基础图、楼层结构平面图、钢筋混凝土构件详图、楼梯结构详图，也对钢筋混凝土构件平面整体表示法作了比较详细的介绍。本章的教学重点为钢筋混凝土结构施工图和平面整体表示法的图示方法和识图技巧，教学难点为平面整体表示法。

【学习目标】

通过本章的学习，学生应了解结构施工图的主要内容、钢筋混凝土构件的基本组成要素和表达含义，熟悉结构施工图绘制所使用的相关规范、标准，掌握各类结构施工图的图示要点和识图方法；学生应具备准确识读结构施工图的能力，能快速从图纸中获取结构构件的尺寸、位置等关键信息，通过图纸分析出房屋结构体系、受力特点和构造要求，初步具备运用所学知识解决工程结构施工图实际问题的能力，具备结构优化设计意识和创新思维。

11.1 概　　述

11.1.1 结构施工图简介

房屋的基础、墙、柱、梁、楼板、屋架和屋面板等是房屋的主要承重单元，它们构成支撑房屋自重和外荷载的结构系统，就好像是房屋的骨架，这种骨架称为房屋的建筑结构，简称结构。各种组成建筑结构的承重单元称为结构构件，简称构件，如图 11-1 所示。

在房屋设计中，除进行建筑设计，绘出建筑施工图外，还要进行结构设计和计算，以决定房屋的各种构件的形状、大小、材料及内部构造等，并绘制图样，这种图样称为房屋结构施工图，简称结施。

结构施工图主要作为施工放线，挖基坑，模板安装，绑扎钢筋，浇筑混凝土，安装梁、板、柱等构件以及编制施工预算、施工组织、计划等的依据。

11.1.2 结构施工图的内容

结构施工图主要包括以下内容：

(1) 结构设计总说明

结构设计总说明一般包括：主要设计依据（如地质情况、风雪荷载、抗震情况等），选用结构材料的类型、规格、强度等级，地基基本情况，选用的标准图集，施工注意事项等。

(2) 结构平面布置图

① 基础平面图。表示基础部分的平面布置的图样，工业建筑和设备基础布置图。

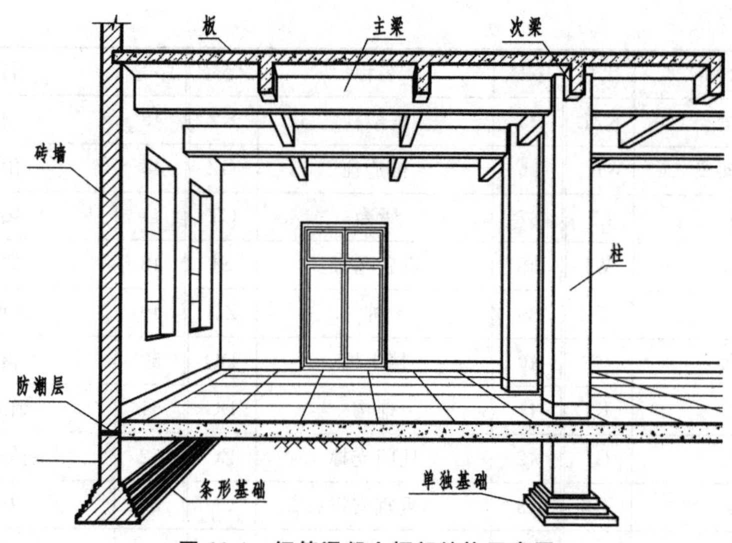

图 11-1 钢筋混凝土框架结构示意图

② 楼层结构平面布置图。表示楼层处结构构件平面布置的图样，工业建筑还包括柱网、吊车梁等的布置情况，常用代号表示各构件名称。

③ 屋面结构平面图。表示屋面处结构构件平面布置的图样，工业建筑还包括屋面板、天沟板、屋架、天窗架、屋面支撑的布置情况。

(3) 结构构件详图

① 梁、板、柱及基础结构详图；

② 楼梯结构详图；

③ 屋架结构详图；

④ 其他详图，如天窗、雨篷、过梁、柱间支撑等详图。

11.1.3 常用的构件代号

建筑结构构件的种类很多，为了便于绘图和施工，在结构施工图中常用代号来表示构件的名称。常用构件的名称、代号见表 11-1，构件代号使用的是构件名称汉语拼音第一个大写字母及其组合表示。代号后用阿拉伯数字表示构件的型号或编号，也可为构件的顺序号。预应力钢筋混凝土构件的代号应在相应构件代号前加注“Y-”，如 Y-WB 表示预应力钢筋混凝土屋面板。

表 11-1 常用构件代号

序号	名称	代号	序号	名称	代号	序号	名称	代号
1	板	B	9	挡雨板、檐口板	YB	17	轨道连接	DGL
2	屋面板	WB	10	吊车安全走道板	DB	18	车挡	CD
3	空心板	KB	11	墙板	QB	19	圈梁	QL
4	槽型板	CB	12	天沟板	TGB	20	过梁	GL
5	折板	ZB	13	梁	L	21	连梁	LL
6	密肋板	MB	14	屋面梁	WL	22	基础梁	JL
7	楼梯板	TB	15	吊车梁	DL	23	楼梯梁	TL
8	盖板或沟盖板	GB	16	单轨吊车梁	DDL	24	框架梁	KL

续表

序号	名称	代号	序号	名称	代号	序号	名称	代号
25	框支梁	KZL	35	框架柱	KZ	45	梯	T
26	屋面框架梁	WKL	36	构造柱	GZ	46	雨篷	YP
27	檩条	LT	37	承台	CT	47	阳台	YT
28	屋架	WJ	38	设备基础	SJ	48	梁垫	LD
29	托架	TJ	39	桩	ZH	49	预埋件	MJ
30	天窗架	CJ	40	挡土墙	DQ	50	天窗端壁	TD
31	框架	KJ	41	地沟	DG	51	钢筋网	W
32	刚架	GJ	42	柱间支撑	ZC	52	钢筋骨架	G
33	支架	ZJ	43	垂直支撑	CC	53	基础	J
34	柱	Z	44	水平支撑	SC	54	暗柱	AZ

11.1.4 结构施工图的读图方法

在阅读结构施工图前，必须先阅读建筑施工图，建立起立体感。在识读结构施工图时，首先，读文字说明；其次，读基础平面图和基础构件详图；再次，读楼层结构平面图和屋面结构平面图；最后，读构件详图。对构件详图，宜先读图名，再读立面、断面图，然后看钢筋详图和钢筋表，应熟练掌握尺寸标注、图例符号等基本知识，了解该构件在房屋中的位置、作用、大小、构造、材料等内容。读图时应注意以上步骤不是孤立的，需要经常进行联系阅读，还应反复核对结构图与建筑图对同一部位的表示，这样才能准确理解结构图中所表示的内容。

11.1.5 钢筋混凝土构件的基本知识

11.1.5.1 钢筋混凝土构件简介

混凝土主要是由水泥、砂、石料和水按一定比例混合，经搅拌、浇筑、凝固、养护而制成的。用混凝土制成的构件抗压强度很高，但抗拉强度较低，极易因受拉、受弯而断裂。

混凝土抗压性能极高，按照抗压强度可将其分为14个不同的强度等级，如C15、C20、C25、C30、C35、C40、C45、C50、C55、C60、C65、C70、C75、C80。其中C代表混凝土，后面的数字表示强度等级的大小。为了提高构件的承载力，在构件受拉区内配置一定数量的钢筋，这种由钢筋和混凝土两种材料结合而成的构件，称为钢筋混凝土构件。

钢筋具有良好的抗拉强度，且与混凝土具有良好的黏结能力。钢筋混凝土构件中的钢筋承受拉力，混凝土承受压力，与普通混凝土相比，大大提高了构件的承载力，如图11-2所示。为了提高抗裂性，还可在构件制作时通过张拉钢筋对其预先施加一定的作用力制成预应力钢筋混凝土构件。没有钢筋的构件又称为素混凝土构件。

钢筋混凝土构件有现浇和预制两种：在工程现场构件所在位置直接浇注而成的，称为现浇钢筋混凝土构件；在施工现场以外的工厂先浇制好，然后运到施工现场吊装而成的，称为预制钢筋混凝土构件。有的预制构件也在现场预制，然后安装。

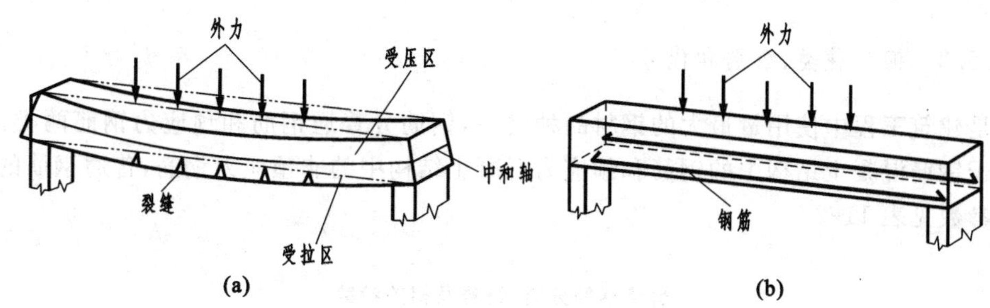

图 11-2 钢筋混凝土梁受力示意图

11.1.5.2 钢筋的分类和作用

钢筋因在不同构件中所起的作用不同而有不同的分类，如图 11-3 所示。下面结合钢筋在梁、板、柱等常见构件中的作用说明钢筋的分类。

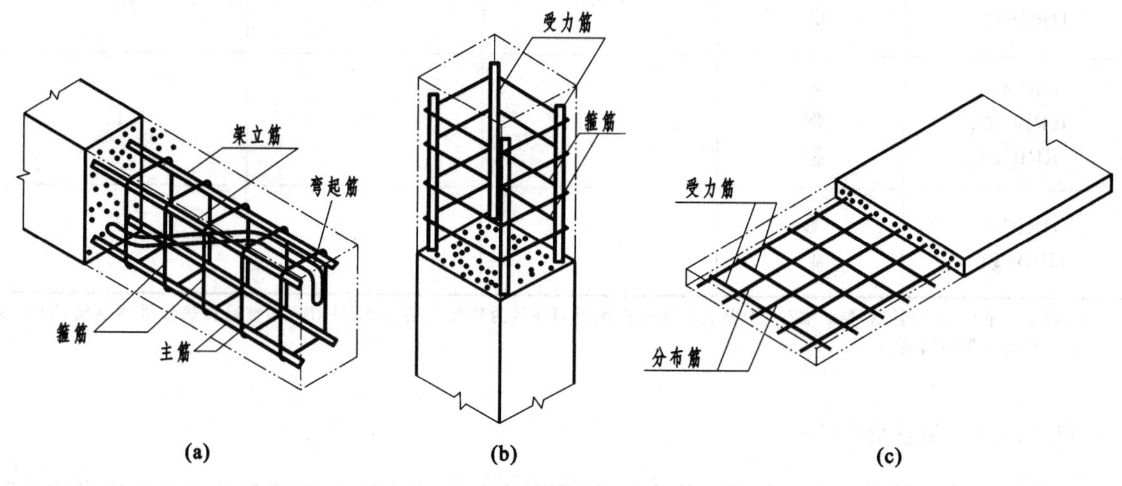

图 11-3 钢筋混凝土构件的配筋构造图

(1) 受力筋

受力筋是指在梁、板、柱等构件中主要承受拉力或压力的钢筋，有时为加强支座端，将受力筋弯起。受力筋必须经过力学计算来配置。

梁、板、柱内的配筋

(2) 架立筋

架立筋是指在梁、板、柱等构件中与箍筋一起形成的骨架钢筋。架立筋用来固定钢筋的位置，常根据构造要求来配置。

(3) 箍筋

箍筋(也称钢箍)是指用来固定受力筋的位置，一般用于梁、柱等构件中主要承受剪力和斜拉应力的钢筋。

(4) 分布筋

分布筋用以固定受力钢筋的位置，并将承受的外力均匀分布给受力钢筋，一般用于钢筋混凝土板内。

(5) 其他钢筋

其他钢筋有吊环、腰筋和预埋锚固筋等。

11.1.5.3　钢筋种类、级别和代号

钢筋是建筑工程中使用量最大的钢材品种之一，钢筋分普通钢筋和预应力钢筋两类。普通钢筋是指用于钢筋混凝土结构中的钢筋和预应力混凝土结构中的非预应力钢筋，普通钢筋的分类、符号及相关参数见表11-2。

表11-2　**普通钢筋分类、符号及相关参数**

牌号	符号	公称直径 d/mm	屈服强度标准值 f_{yk}/(N/mm²)	极限强度标准值 f_{stk}/(N/mm²)
HPB300	Φ	6～22	300	420
HRB335 HRBF335	Φ Φ[F]	6～50	335	455
HRB400 HRBF400 RRB400	Φ Φ[F] Φ[R]	6～50	400	540
HRB500 HRBF500	Φ Φ[F]	6～50	500	630

注：牌号中字母均为钢筋种类的缩写，HPB为热轧光圆钢筋，HRB为热轧带肋钢筋，HRBF为细晶粒热轧带肋钢筋，RRB为余热处理带肋钢筋。

11.1.5.4　钢筋的弯钩

为了使钢筋和混凝土具有良好的黏结力，避免钢筋在受拉时滑动，钢筋的两端要做成弯钩。钢筋端部的弯钩常用的两种形式为半圆钩和直弯钩，如图11-4所示。

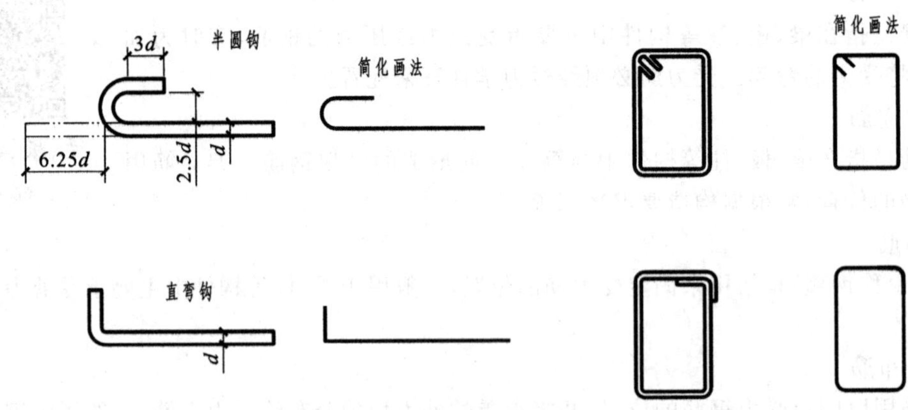

图11-4　钢筋和钢箍的弯钩

11.1.5.5　钢筋的保护层

构件中最外层钢筋外边缘至混凝土表面的距离，称之为保护层，其作用是为了满足结构构件的耐久性要求和对受力筋有效锚固的要求，防止钢筋受环境影响而产生锈蚀。在结构施工图中，保护层厚度一般不需标注，只用文字说明即可。保护层厚度见表 11-3。表 11-3 中的环境类别参见表 11-4。

表 11-3　**混凝土保护层的最小厚度**　（单位：mm）

环境类别	板、墙	梁、柱
一	15	20
二 a	20	25
二 b	25	35
三 a	30	40
三 b	30	50

表 11-4　**混凝土结构的环境类别**

环境类别	条件
一	室内干燥环境，无侵蚀性净水浸没环境
二 a	室内潮湿环境，非严寒和非寒冷地区露天环境； 非严寒和非寒冷地区与无侵蚀性的水或土壤直接接触的环境； 严寒和寒冷地区的冰冻线以下与无侵蚀性的水或土壤直接接触的环境
二 b	干湿交替环境，水位频繁变动环境，严寒和寒冷地区的露天环境； 严寒和寒冷地区的冰冻线以上与无侵蚀性的水或土壤直接接触的环境
三 a	严寒和寒冷地区冬季水位冰冻区环境，受除冰盐影响环境，海风环境
三 b	盐渍土环境，受除冰盐作用环境，海岸环境

11.1.5.6　钢筋混凝土结构图的图示特点

钢筋的表示方法

(1) 钢筋的表示方法

在表达钢筋混凝土构件的配筋图时，为了突出钢筋的布置情况，可见的钢筋混凝土构件的轮廓线用细实线表示，不可见的轮廓线用细虚线表示；钢筋混凝土构件内的可见钢筋用粗实线（立面图）或黑圆点（断面图）表示，不可见的钢筋用粗虚线表示；预应力钢筋用粗的双点画线表示。

钢筋的端部形状、两根钢筋的搭接及钢筋配置图例见表 11-5。

表11-5　**一般钢筋具体表示方法**

序号	名称	图例	说明
1	钢筋横断面		—
2	无弯钩的钢筋端部		下图表示长、短钢筋投影重叠时,短钢筋的端部用45°斜画线表示
3	带直钩的钢筋端部		—
4	带丝扣的钢筋端部		—
5	带半圆形弯钩的钢筋端部		—
6	无弯钩的钢筋搭接		—
7	带直钩的钢筋搭接		—
8	带半圆弯钩的钢筋搭接		—
9	花篮螺丝钢筋接头		—
10	机械连接的钢筋接头		用文字说明机械连接的方式(如冷挤压或直螺纹等)
11	在平面图中配置钢筋时,底层钢筋弯钩应向上或向左,顶层钢筋则向下或向右	底层　顶层	—
12	配双层钢筋的墙体,在配筋立面图中,远面钢筋的弯钩应向上或向左,而近面钢筋则向下或向右	JM　JM　YM　YM	—
13	如在断面图中不能表示清楚钢筋配置,则应在断面图外面增加钢筋大样图		—
14	图中所表示的钢筋、环筋,应加画钢筋大样及说明	或	—

(2) 钢筋的标注方法

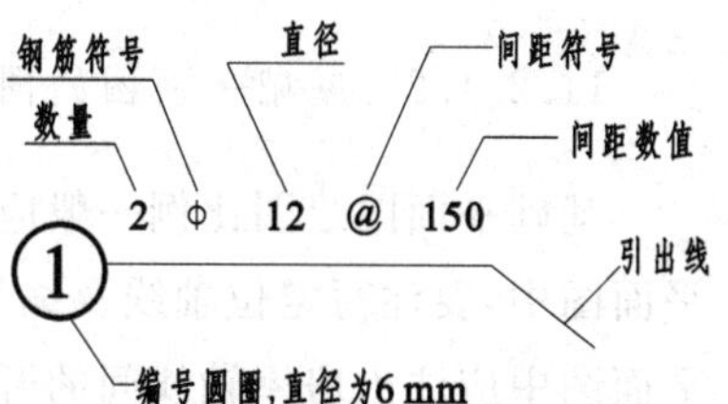

图 11-5　钢筋的标注方法

在钢筋混凝土构件的配筋图中,要把同类钢筋(规格、形状、直径、尺寸相同的钢筋称为同类钢筋)编号。编号采用阿拉伯数字,注写在引出线端直径为5～6 mm的细实线圆中,编号一般采用先受力筋,后架立筋、箍筋和构造筋的形式。具体形式如图 11-5 所示编号为“1”的两根直径为12 mm的Ⅰ级钢筋,每间隔150 mm 放置一根,其中“@”为等间距符号。

(3) 钢筋表

为了做施工预算、统计用料以及加工配料等,还要列出钢筋表,见表 11-6。

表 11-6　**钢筋表**

构件名称	钢筋编号	钢筋规格	钢筋简图	每根长度/mm	根数	总长度/mm	总质量/kg	备注

11.2　基　础　图

基础图是指房屋标高±0.000 以下的构造部分的平面布置和详细构造的图样,通常包括基础平面图和基础断面详图。它是房屋建筑施工时,在地面上撒灰线、开挖基坑和砌筑基础的依据。基础是在建筑物地面以下承受房屋全部荷载的构件,由它把荷载传给地基。地基是基础下面的土层,基坑是为基础施工开挖的坑槽,基底就是基础底面。砖基础由基础墙、大放脚(基础墙与垫层之间做成阶梯形的砌体)和垫层组成,如图 11-6(a)所示。基础的形式一般取决于上部承重结构的形式,常用的形式有条形基础[图 11-6(b)]和单独基础[图 11-6(c)]。

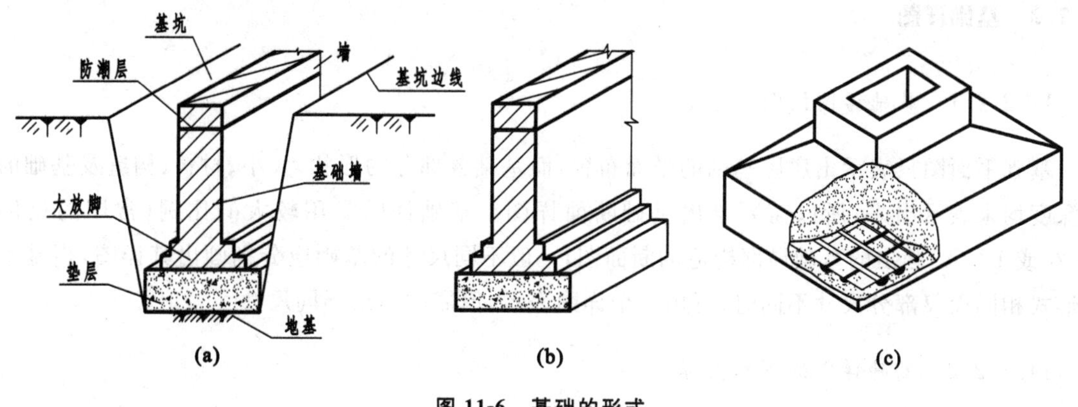

图 11-6　基础的形式

11.2.1　基础平面图

11.2.1.1　基础平面图的图示方法

基础平面图是假想用一个水平剖切面沿房屋的室内地面与基础之间把整幢房屋剖开后,移开上层房屋和基坑回填土后绘出的水平剖面图。它表示回填土时基础平面布置的情况。

基础的形成

11.2.1.2 基础平面图的图示内容

基础平面图绘图比例一般应与建筑平面图的比例相同,常用的为1∶100或1∶200。在基础平面图中,要注写定位轴线及编号,基础平面图中的定位轴线及编号也应与建筑平面图一致;基础平面图中应注出房屋轴线间的开间、进深,基础平面的总长、总宽等尺寸,还应用剖切符号表示各断面的剖切位置,如1—1、2—2等;绘制出基础梁、柱、墙的平面布置、管沟、设备孔洞位置和注写出必要的文字说明要求。

11.2.1.3 阅读例图

(1) 条形基础平面图图例

如图11-7所示是一条形基础的基础平面图,比例为1∶100。该基础平面图只用粗实线画出墙(或柱)的边线,用细实线画出基础边线(是指垫层底面边线),习惯上不画大放脚的水平投影,基础的细部形状将具体在基础详图中得到反映。该图中纵、横向轴线两侧的粗实线是基础墙边线,细实线是基础底面边线。如①号轴线,图中注出的基础宽度为1400 mm,基础山墙厚为370 mm,左右墙边到①号轴线的定位尺寸为185 mm,基础边线到轴线的定位尺寸为700 mm。总的看来,①、②、③、⑥、⑦、⑧轴线的墙基宽度都是1400 mm;④、⑤轴线的墙基宽度为1200 mm;Ⓐ、Ⓑ、Ⓓ、Ⓕ轴线的墙基宽度为900 mm。对于南北阳台基础平面布置图,本图中未表示。

(2) 独立基础平面图图例

图11-8所示为某别墅独立基础的平面布置图。图中表示出了各柱基础的平面位置,基础底座尺寸及与轴线的相对位置;图中涂黑方框表示剖切到的钢筋混凝土柱,柱外的矩形表示的是独立基础的外轮廓。独立基础的外轮廓线至定位轴线的距离标注在基础旁。

11.2.2 基础详图

11.2.2.1 基础详图的图示方法

基础平面图只表示出房屋基础的平面布置,而基础各部分的形状、大小、材料、构造及基础的埋置深度均未表示出来,所以需要绘出基础断面详图。基础详图是用较大的比例(常用的比例为1∶20或1∶50)画出的基础局部构造的断面图,一般不同尺寸的基础应分别画出其详图,当基本构造形式相同而仅部分尺寸不同时,可用一个详图表示,但需注写出不同尺寸。

11.2.2.2 基础详图的图示内容

基础详图表明基础断面的形状、大小以及基础的埋深和垫层的厚度,注明防潮层、室内外地坪标高及基础底面标高,反映轴线的编号,并用文字说明图示不能表达的内容,以及施工要求、材料标号和地基承载力。

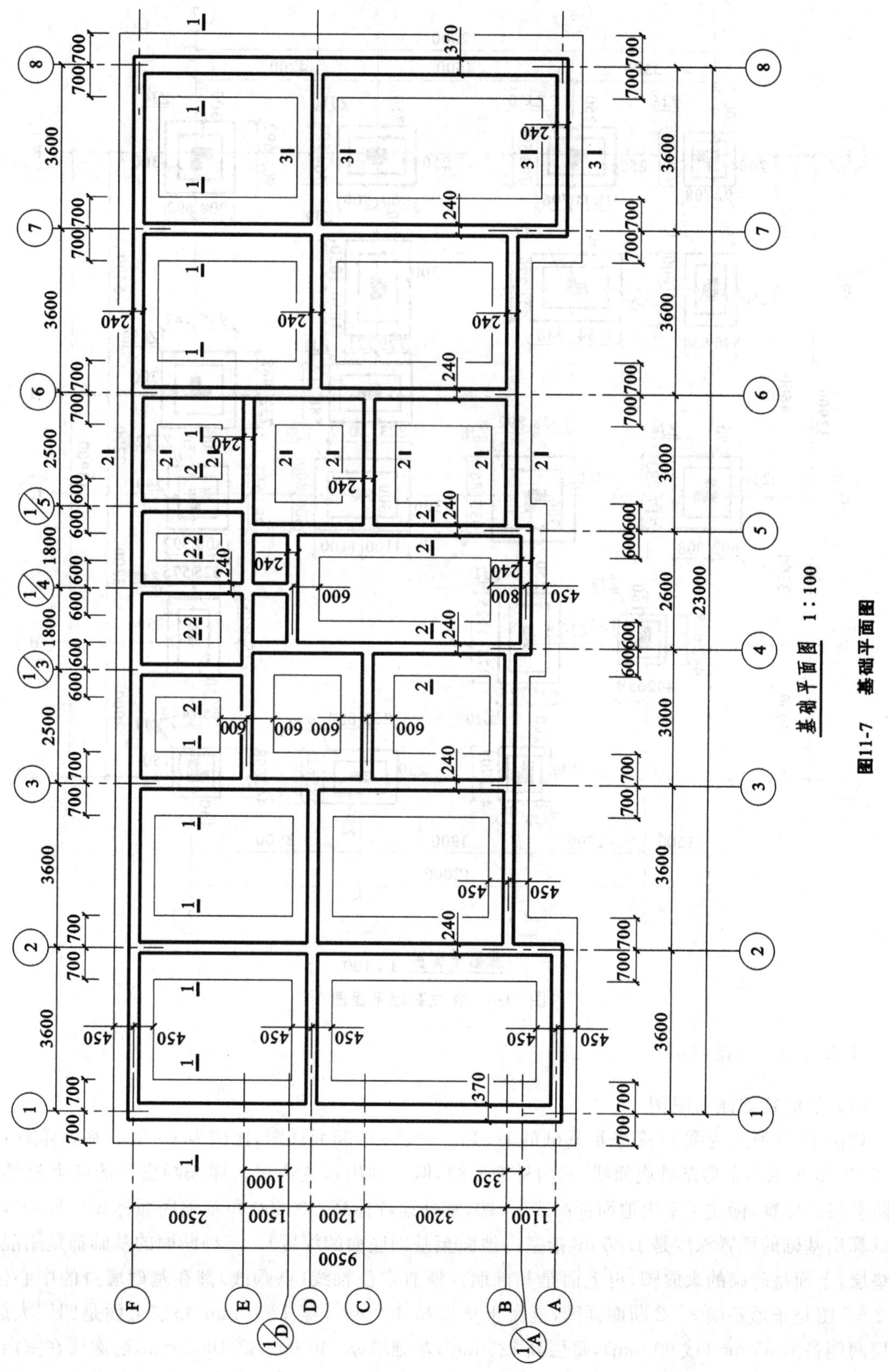

图11-7 基础平面图

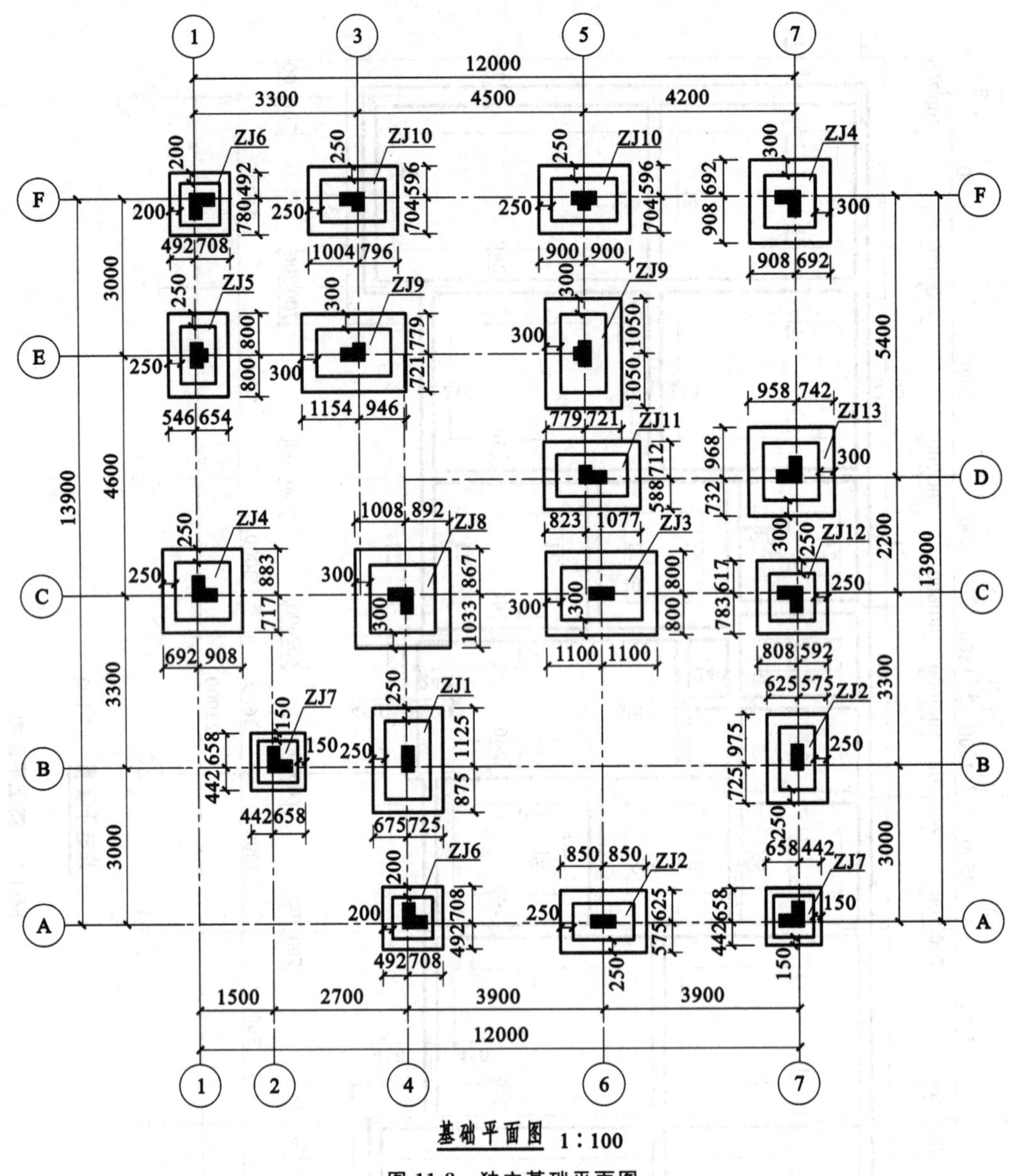

基础平面图 1∶100

图 11-8 独立基础平面图

11.2.2.3 阅读例图

(1) 条形基础详图图例

如图 11-9 所示为图 11-7 条形基础的 1—1、2—2、3—3 断面详图,比例为 1∶20。基础详图 1—1、2—2、3—3 表示出条形基础底面线,室内外地面线,但未画出基坑边线。详细画出了砖墙大放脚形状和防潮层的位置,标注了室内地面标高±0.000,室外地坪标高−0.650 和基础底面标高−1.800,由此可以算出基础的埋置深度是 1.80 m(指室内地面至基础底面的深度)。三种断面的基础都是用混凝土做垫层,上面是砖砌的大放脚,再上面是基础墙。所有定位轴线(点画线)都在基础墙身的中心位置。如 2—2 图是条形基础 2—2 断面详图,混凝土垫层高 300 mm,宽 1200 mm,垫层上面是四层大放脚,每层两侧各缩 65 mm(或 60 mm),每层高 125 mm,基础墙厚 240 mm,高 1000 mm,防潮层在室内地面下 60 mm 处,轴线到基底两边距离均为 600 mm,轴线到基础墙两边的距离均为 120 mm。

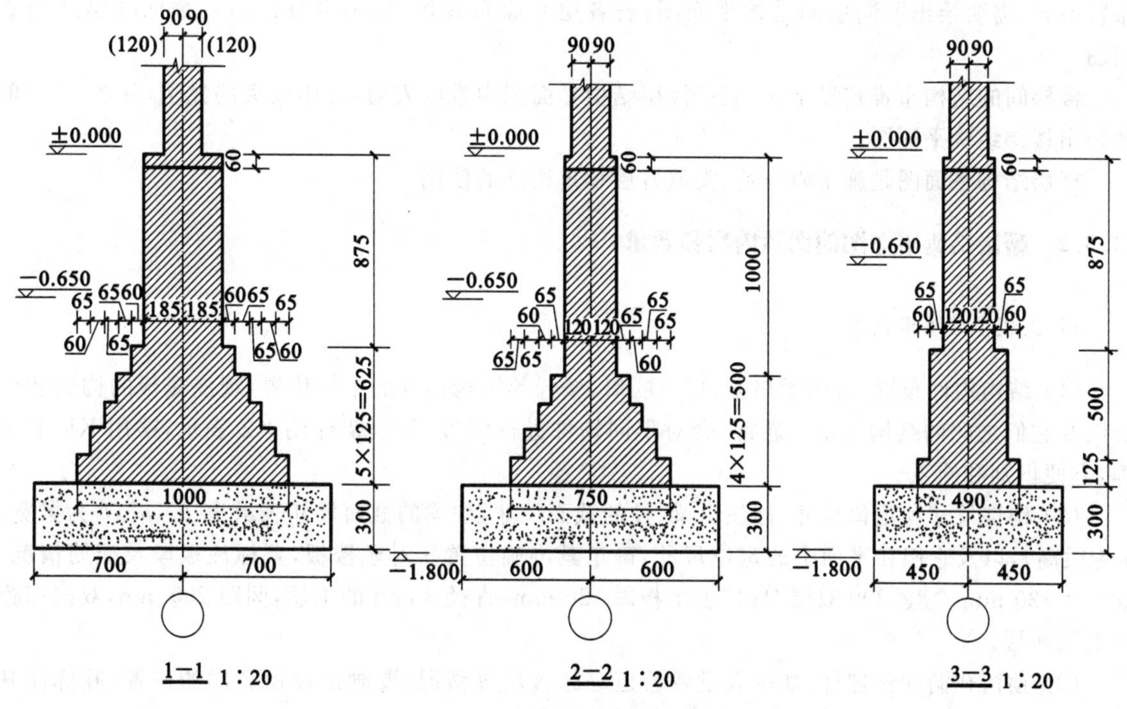

图 11-9 条形基础断面详图

(2) 独立基础详图图例

独立基础常应用于柱承重的框架结构建筑或工业厂房,它由平面图和断面图组成。图 11-10 为如图 11-8 所示某别墅独立基础的断面图,可以看出基础是由垫层、基础和基础柱组成。垫层是厚度为 100 mm 的素混凝土垫层,基础为阶形,基础底部为矩形,基础高 600 mm。基础平面图中以局部剖面图的形式表明基础底部配有Φ12@200的双向钢筋网。基础的详细尺寸在平面图和断面图中均标注出来,本图以字母代替,另配有表格说明各字母所代表的详细尺寸,为施工提供了依据。

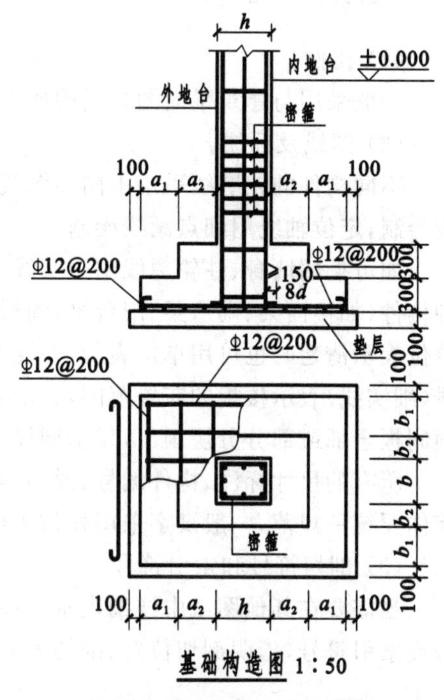

图 11-10 独立基础详图

11.3 楼层结构平面图

11.3.1 楼层结构平面图的形成和作用

楼层结构平面图是用水平剖切平面沿楼板面将房屋水平剖切后,向下投影所得到的水平剖面图,主要用来表示房屋各楼层的梁、板、柱、墙等承重构件的平面布置,以及它们之间的构造关系。

在楼房建筑中,当底层地面直接建筑在地基上时,一般不再画底层结构平面图,它的做法、层次、材料直接在建筑详图中表明,此时只需画出各楼层结构平面图、屋顶结构平面图。若各层平面布置不同,需要绘出不同层的结构平面图;若各层平面布置相同,则可只绘出一个标准层结构平面图。

楼梯间的结构布置较复杂,一般在楼层结构平面图中难以表明,常用较大的比例(如1:50)单独画出楼梯结构平面图。

楼层结构平面图是施工时布置、安放各层承重构件的依据。

11.3.2 楼层结构平面图的图示内容和要求

11.3.2.1 图示内容

(1) 结构构件布置:需表示出梁、板、柱、墙、楼梯等结构构件的平面位置,现浇楼板的构造和配筋以及它们之间的结构关系。通常,会对不同构件进行编号,如框架柱用KZ表示,梁用KL表示等,方便识别和施工。

(2) 构件尺寸和定位尺寸:标注出梁、柱的截面尺寸,如梁的截面尺寸表示为“$b\times h$”(b为梁宽,h为梁高),以及它们在平面中的定位尺寸,确定其准确位置。对于楼板,要标注板厚及配筋情况,如“h=120 mm,ϕ8@200双层双向”表示板厚120 mm,直径8 mm的钢筋,间距200 mm,双向布置且上下两层。

(3) 预留孔洞和预埋件:如果有设备管道穿越楼层等情况,要画出预留孔洞的位置,并标注其大小和定位尺寸。对于需要安装设备等的预埋件,也要表示出其位置、规格等信息。

11.3.2.2 图示要求

(1) 比例。

一般采用与建筑平面图相同的比例,如1:100、1:200等,以便于对照查看和施工。

(2) 图线及标注。

不同构件的轮廓线采用不同的图线绘制。可见的构件轮廓线用中实线绘制,不可见的用中虚线绘制,定位轴线用细点画线绘制。

如可见的墙身、柱轮廓线用中实线表示;楼板下不可见的墙身线和柱的轮廓线画成中虚线;各种构件(如楼面梁、雨篷梁、阳台梁、圈梁和门窗过梁等)也用中粗虚线表示它们的外形轮廓,若能用单位表示清楚时也可用单位表示,并注明各自的名称、代号和规格;预制楼板的布置可用一条对角线(细实线)表示楼板的布置范围,并沿着对角线方向写出预制楼板的块数和型号;还可用细实线将预制板全部或部分分块画出,显示铺设方向;构件布置相同的房间可用代号表明,如甲、乙、丙等。

所有的尺寸标注、构件编号、说明等文字内容应清晰、准确,符合相关制图标准。文字的大小、字体要统一规范,一般汉字采用长仿宋体。

(3) 剖切符号和索引符号。

当需要在其他图纸中详细表示某些局部构造时,应在楼层结构平面图中相应位置绘制剖切符号或索引符号,指明剖切位置、剖切方向及索引的图纸编号和详图编号。

11.3.3 楼层结构平面图的阅读

要正确阅读楼层结构平面图,必须首先了解楼盖。

楼盖是建筑物中位于各层之间的水平结构构件,其主要功能是承受并传递上部结构的荷载(如楼面活荷载、自重、风荷载、地震荷载等)至竖向承重构件(如柱、剪力墙或基础)。楼盖在建筑物中起着至关重要的作用，它作为建筑水平方向的承重结构，不仅要承受楼面的竖向荷载，还对建筑的空间分隔和稳定性有着重要影响。楼盖由钢筋混凝土板、梁、柱或桁架等组合而成。按施工方法，楼盖可分为：

(1) 预制装配式楼盖：由预制构件在现场装配而成，施工速度快，节省模板，但整体性稍差，需注意构件连接。

(2) 现浇整体式楼盖：在现场支模并整体浇筑混凝土，整体性，抗震性好，能适应各种不规则形状，但施工周期长，模板用量大。

(3) 装配整体式楼盖：结合了前两者的优点，部分构件预制，现场安装后再浇筑混凝土形成整体，提高了整体性和施工效率。

下面，通过两个案例来说明预制装配式楼盖、现浇整体式楼盖结构平面图的阅读。

11.3.3.1 预制装配式楼盖结构平面图的阅读

预制装配式楼盖结构平面布置图

预制装配式楼盖是由许多预制构件组成的。各种预制构件先在工厂生产，再运至施工现场安装就位，组成楼盖。这种楼盖的优点是施工速度快，节省劳动力和建筑材料，并且造价低，便于机械化生产和机械化施工。缺点是整体性不如现浇楼板好。

现以职工宿舍的二层结构平面图(图 11-11)为例说明楼层平面图的阅读方法。

二层结构平面图是假设沿二层楼面将房屋水平剖切后绘制的水平剖面图，比例为 1∶100。由于预制板只盖到外墙的一部分，所以外墙的外边线是实线，而内墙和墙顶的两边线都被相邻房间的不同楼板遮盖，故其两边都为虚线。楼板下被挡住的①～⑧轴线、Ⓐ～Ⓕ轴线的内、外墙和阳台梁都用中虚线画出。门、窗过梁 GL_1、GL_2，圈梁 QL，阳台梁 TL_{04}、TL_{12}、TL_{15} 等用粗点画线表示它们的中心位置。楼层上所有的楼板(如 3KB3662、5B3061、B02、2KB2 等)、各种梁(如 GL_1、GL_2、TL_{12}、QL 等)都是用规定代号和编号标记的。查看这些代号、编号和定位轴线就可以了解各构件的位置和数量。从这张结构平面图可以看出，这幢四层楼房属于混合结构，用砖墙承重。楼面荷载通过楼板传递给墙(或楼面梁、柱)。①～⑧轴线，Ⓐ～Ⓕ轴线之间的楼面以下，用砖墙分隔成卧室、工作室、起居室、门厅、厕所、厨房等。楼板放置在①～⑧轴线间的横(或纵)墙上。出入口雨篷、山墙窗口上方雨篷由雨篷板 YP_M、YP_C 构成。阳台由阳台挑梁 TL_{12}、TL_{15}、TL_{04} 等支撑。此外，为了加强楼房整体的刚度，在门、窗口上方设有圈梁 QL，过梁 GL_1、GL_2 等以及轴线①～④、⑤～⑧部分铺设的预制钢筋混凝土空心板 KB。空心板的编号各地不同，没有统一规定，本图用的是西南地区的编法。如工作室的二层楼面板由 3KB3662 和 7KB3652 铺设，3KB3662 中的第一个“3”表示构件块数，“KB”是钢筋混凝土多孔板代号，“36”表示板的跨度为 3600 mm，第二个“6”表示板的宽度为 600 mm，“2”表示荷载等级。3KB3662 表示 3 块跨度为 3600 mm、宽度为 600 mm、荷载等级为 2 级的钢筋混凝土多孔板。

11.3.3.2 现浇整体式楼盖结构平面图的阅读

现浇整体式楼盖由板、主梁、次梁构成，经过绑扎钢筋、支模板将三者整体现浇在一起，如图 11-12 所示。整体式楼盖的优点是整体性好、抗震性好、适应性强，缺点是模板用量大、现场浇灌工作量大、工期较长、造价较高。

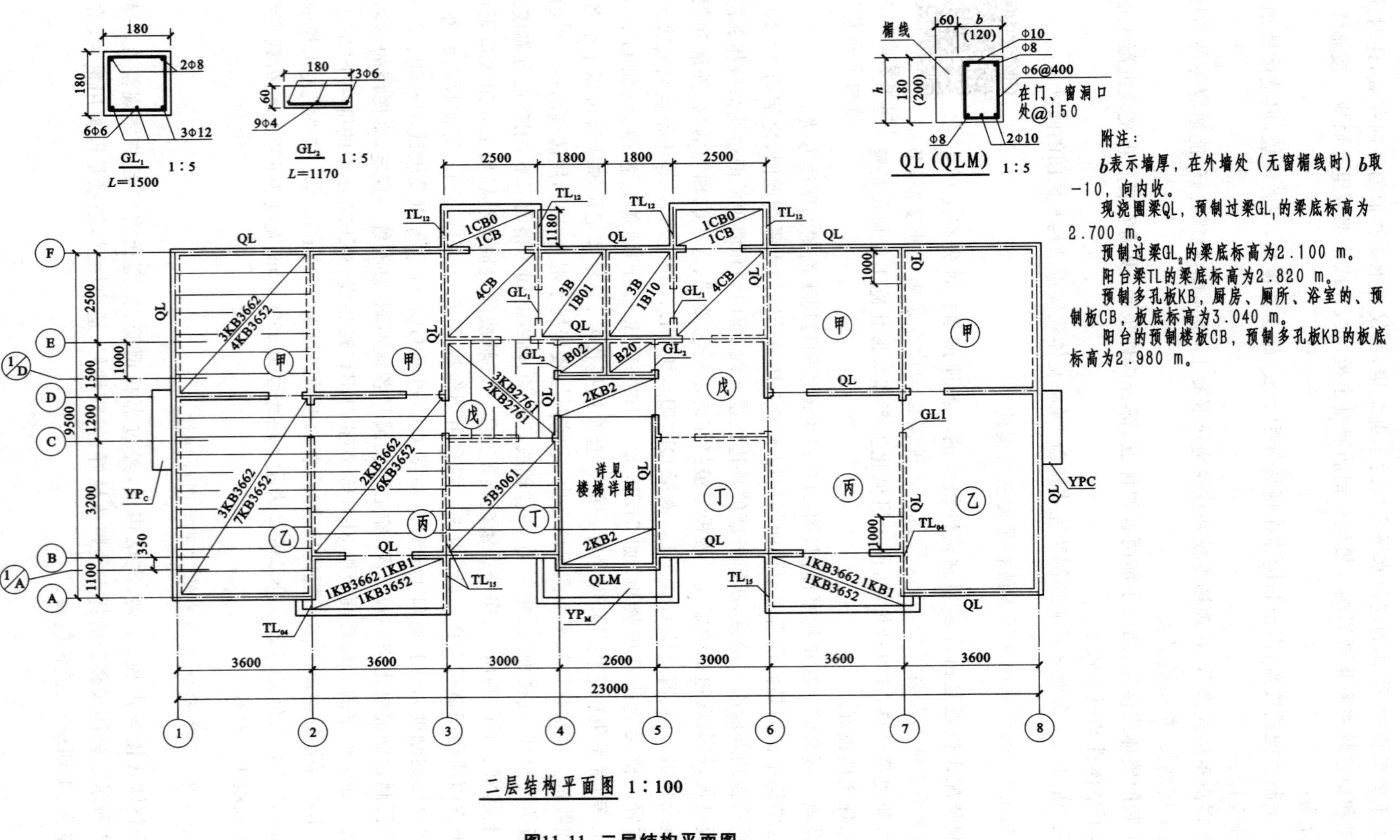

图11-11 二层结构平面图

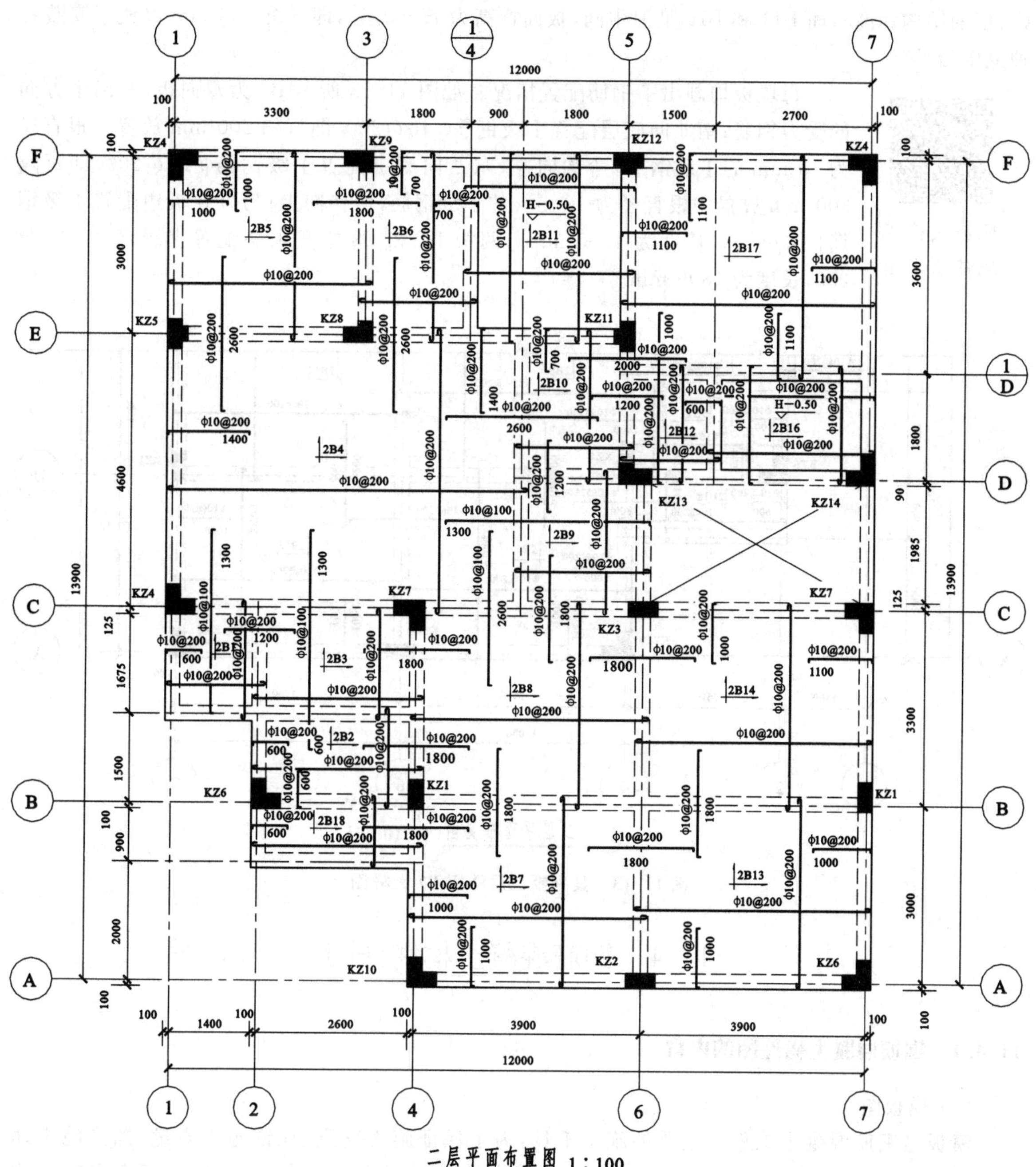

图 11-12　某别墅二楼楼层结构平面布置图

现以某别墅二层结构平面图(图 11-12)为例说明楼层平面图的阅读方法。由图 11-12 可以看出,该住宅为带有异形柱(在轴Ⓐ和轴④的拐点处)和扁柱的框架结构,楼板采用全现浇的钢筋混凝土结构,图中涂黑部分表示钢筋混凝土柱,如轴Ⓐ和轴④的拐点处 KZ10;柱与柱之间用虚线表示的是框架梁 KL;另外轴Ⓑ以南(轴线②和轴线④之间)是悬挑板,编号为 B18(B18 前的"2"代表 2 层板);在轴线Ⓒ和轴线Ⓓ之间有楼梯间,由于楼梯间另有结构详图,所以此处只用细实线画出交叉的对角线。二层楼板共被分割成 18 块,每块楼板分别编号 B1 到 B18。另外,一般板面标高为 H

(二层的结构标高),而 B11 和 B16 是卫生间,板面标高为 $H-0.50$,即下沉 500 mm 以便于安装各种卫生洁具。

现浇式楼板配筋示意图

每块板均画出了钢筋配置情况。如图 11-13 所示 B7 为双向板,有两个方向的受力钢筋;南北向底层配置 Ⅰ 级钢筋ϕ 10 @200,即每隔 200 mm 放置一根直径为 10 mm 的 Ⅰ 级钢筋,弯钩向左;东西向底层配置 Ⅰ 级钢筋ϕ 10 @200,即每隔 200 mm 放置一根直径为 10 mm 的 Ⅰ 级钢筋,弯钩向上;另外在板边配置 Ⅰ 级钢筋ϕ 10 @200,长度为 1000 mm。两板 B7 和 B8 之间顶层配置 Ⅰ 级钢筋ϕ 10 @200,长度为 1800 mm。

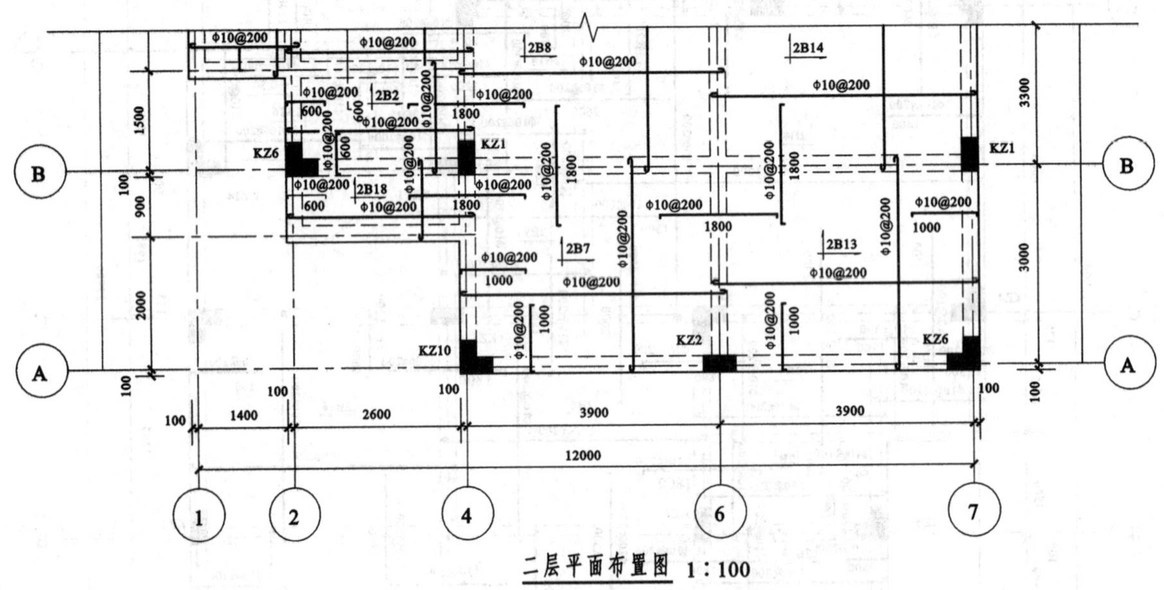

图 11-13 某别墅二层楼板 B7 大样图

11.4 钢筋混凝土构件详图

11.4.1 钢筋混凝土构件图的内容

(1) 模板图

模板是钢筋混凝土工程中重要的施工工具,为了保证施工安全、保证施工质量、加快施工速度和降低工程成本,要合理选用模板结构。模板应按模板图设计要求制作,以使钢筋混凝土构件按规定的几何尺寸和位置成形。模板图就是钢筋混凝土构件的外形图,表明钢筋混凝土构件的外部形状以及预埋件和预留空洞的位置、标高和吊点位置等。结构形状复杂的构件应单独画模板图。

(2) 配筋图

配筋图是钢筋混凝土结构图中的一种重要图样。它是构件施工和加工、绑扎钢筋的主要依据。配筋图不仅表示出了构件的外部形状和尺寸,而且还表示出了钢筋在构件中的位置、数量、种类和直径等。绘图时可假想钢筋混凝土构件为透明体,将钢筋混凝土构件中钢筋的配置情况投影成图,称为配筋图。它一般包括平面图、立面图、断面图和钢筋详图及钢筋表等。

(3) 预埋件图

在钢筋混凝土构件施工和运输时，需要对钢筋混凝土构件进行吊装和连接，这就需要在制作构件时，将一些铁件连接在钢筋骨架上，浇注完混凝土后，使其一部分伸出到钢筋混凝土构件的表面外，这就叫作预埋件。预埋件在其他图形中应表示出位置，自身用预埋件详图来表达。

11.4.2 阅读钢筋混凝土梁例图

钢筋混凝土梁和柱，由于其比较细长，通常用配筋立面图和配筋断面图表达配筋情况。

下面以如图 11-14 所示的钢筋混凝土梁为例，说明配筋图的内容和表达方法。梁的配筋图包括立面图、钢筋详图、断面图和钢箍详图。

梁的配筋示意图

(1) 立面图

立面图(假设混凝土为透明体)反映梁的轮廓和梁内钢筋总的配置情况。图中①、②、③、④四个编号表示该梁内有四种不同类型的钢筋：①、②号都是受力钢筋；②号是弯起钢筋；③号是架立钢筋；④号是钢箍，其引出线上写的$\frac{\phi 6}{@200}$表示直径为6 mm 的Ⅰ级光面钢箍，每隔 200 mm 放一根，@是相等中心距的代号。为使图面清晰和简化作图，配置在全梁的等距钢箍，一般只画出三或四个，并注明其间距。

绘制立面图时，先画梁的外形轮廓，后画各类钢筋，要注意留出保护层厚度。为了分清主次，钢筋用粗实线表示，梁的外形轮廓用细实线表示。纵钢筋、钢箍的引出线应尽量采用 45°斜细实线或转折成 90°的细实线。各种钢筋编号圆用细实线绘制，圆的直径为 4～6 mm。

(2) 钢筋详图

对于配筋较复杂的钢筋混凝土构件，应把每种钢筋抽出，另绘钢筋详图以表示钢筋的形状、大小、长度、弯折点位置等，以便加工。

钢筋详图应按钢筋在梁中的位置由上向下逐类抽出，用粗实线在相应的梁(柱)的立面图下方或旁边表示出来，并用相同的比例，其长度与梁中相应的钢筋一致。同一编号的钢筋只需画一根。依次画好各类钢筋的详图后，应在每一类钢筋的图形上注明有关数据与符号，例如，②号钢筋是弯起钢筋，从标注“1 ϕ 12L＝4204”可知，这种钢筋只配有一根直径为 12 mm、总长 L 为4204 mm的Ⅰ级钢筋，每分段的形状和长度直接注明在各段处，不必画尺寸线，如 282、275、200 等。有斜段的弯折处，用直接注写两直角边尺寸数字的方式来表示斜度，如图中的水平和竖向的 200。对于①、③号直筋，除同样给以编号，注出根数 2、直径和型号ϕ、总长 L 外，还要注出平直部分(①号钢筋是算到弯钩外缘的顶端)的长度为 3490 mm。

(3) 断面图

梁的断面图是表示梁的横断面形状、尺寸和钢筋的分布情况。下面以 1—1 断面为例加以说明。1—1 断面是一个矩形，高 250 mm、宽 150 mm，图中黑圆点表示钢筋的横断面。梁下部有三个黑圆点，其编号是①和②，①号钢筋共 2 根，分居梁的两侧，直径均为 12 mm；②号钢筋在两根①号钢筋的中间，只有一根，其直径为 12 mm。断面的上部有两个黑圆点，编号③为架立钢筋，直径为 10 mm。围住 5 个黑圆点的矩形粗实线是④号钢箍，直径是 6 mm。显然，横断面图是配合立面图进一步说明梁中配筋构造的。由于梁的两端都有钢筋弯起，所以在靠近梁的左端面处，再截取2—2 断面，以表示该处的钢筋布置情况。一般在钢筋排列位置有变化的区域都应取断面，但不要在弯起段内(如②号钢筋的两个斜段)取断面。

绘制立面图的比例一般用 1：50、1：40、1：30，断面图的比例可比立面图的比例大，可用

1∶25、1∶20、1∶10等。本图立面图采用1∶40的比例,断面图和钢箍详图采用1∶20的比例。

(4) 钢箍详图

钢箍详图一般画在断面图的旁边,如图11-14所示画在断面图的下方,以与断面图相同的比例画出,并注明钢箍四个边的长度,如250、200、150、100。这里要注意带有弯钩的两个边,习惯上假设把弯钩变直后画出,以方便施工人员下料。

此外,为了做施工预算、统计用料以及加工配料等,还要列出钢筋表,见表11-7。

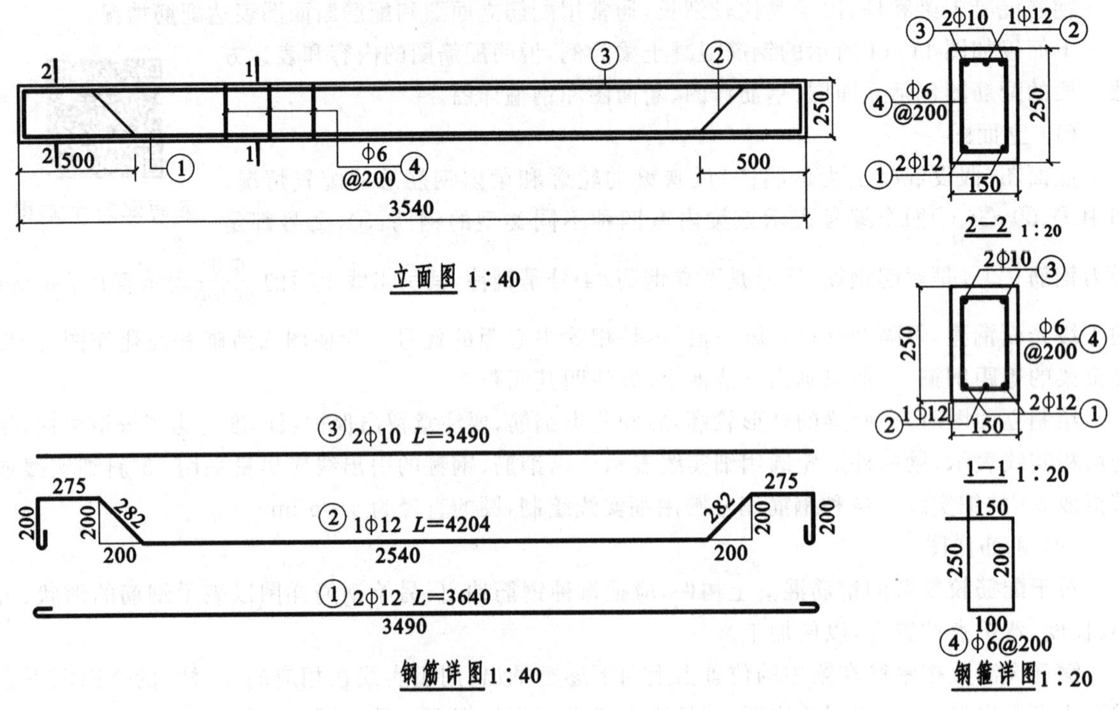

图11-14 钢筋混凝土梁详图

表11-7 钢筋表

钢筋编号	直径/mm	简图	长度/mm	根数	总长/m	总重/kg	备注
①	12		3640	2	7.280	7.41	
②	12		4204	1	4.204	4.45	
③	10		3490	2	6.980	4.31	
④	6		700	18	12.600	2.80	

11.5 钢筋混凝土构件平面整体表示方法

结构施工图平面整体表示方法(简称平法)是对我国传统结构施工图的设计表示方法的重大改革。平法的表达形式是把结构构件的尺寸和配筋等,按照平面整体表示方法的制图规则,整体、直接地表达在各类构件的结构平面布置图上,再与相应的“结构设计总说明”和相关的“标准构造详图及说明”配合使用，构成一套完整的结构施工图。平法制图规则有平面注写方式（标注梁）、列表注写方式（标注柱和剪力墙）和截面注写方式（标注梁、柱和剪力墙）三种。平法中其他构件及其他表示方法，可以参阅国家标准设计图集《混凝土结构施工图平面整体表示方法制图规则和构造详图（现浇混凝土框架、剪力墙、梁、板）》（16G101—1）、《混凝土结构施工图平面整体表示方法制图规则和构造详图（现浇混凝土板式楼梯）》（16G101—2）、《混凝土结构施工图平面整体表示方法制图规则和构造详图（独立基础、条形基础、筏形基础及桩基承台）》（16G101—3）。

11.5.1 梁平法施工图的制图规则

梁的“平法”表达方式是在梁的平面布置图上直接注写梁内配筋情况等相关数据，可以采用两种注写方式，即平面注写方式和截面注写方式来表示梁的截面尺寸和钢筋配置的施工图。本节仅介绍平面注写方式。

平面注写方式包括集中标注和原位标注两部分。集中标注表达梁的通用数值，原位标注表达梁的特殊数值。当集中标注中的某项数值不适合梁的某部位时，可将该项数值原位标注，施工时，原位标注取值优先。

梁的平面注写方式是指在梁的平面布置图上，分别从不同编号的梁中各选一根梁，用在引出线旁边注写梁截面尺寸和配筋数值的方式来表达梁的平法施工图。其表达的内容有梁的编号、截面尺寸、箍筋、上部筋和下部筋、构造钢筋或受扭钢筋、梁顶面标高高差（此项为选注值）。

11.5.1.1 梁集中标注

梁集中标注的内容有五项必注值和一项选注值（集中标注可以从梁的任意一跨引出），规定如下：

① 梁编号，必注，见表 11-8。例如，KL7(5A)为 7 号框架梁，5 跨，一端有悬挑；WKL8(4B)为 8 号屋面框架梁，4 跨，两端有悬挑。

表 11-8 **梁编号**

梁类型	代号	序号	跨数及是否带有悬挑
楼层框架梁	KL	××	(××)、(××A)或(××B)
屋面框架梁	WKL	××	(××)、(××A)或(××B)
框支梁	KZL	××	(××)、(××A)或(××B)
非框架梁	L	××	(××)、(××A)或(××B)
悬挑梁	XL	××	
井字梁	JZL	××	(××)、(××A)或(××B)

注：(××A)为一端有悬挑，(××B)为两端有悬挑，悬挑不计入跨数。

② 梁截面尺寸，必注。当梁为等截面时，用 $b\times h$ 表示；当有悬挑梁且根部和端部的高度不同时，用斜线分隔根部和端部的高度值，即为 $b\times h1/h2$，前为根部，后为端部值；当为加腋梁时，用 $b\times hGY\ c1\times c2$ 表示，其中 $c1$ 为腋长，$c2$ 为腋高。

例如，300×700/500 表示悬挑梁，根部高度为 700 mm，端部高度为 500 mm；300×750GY 500×250 表示竖向加腋梁，腋长为 500 mm，腋高为 250 mm。

③ 梁箍筋,必注,包括钢筋级别、直径、加密区与非加密区的不同间距及肢数,需用斜线"/"分隔;当梁箍筋为同一种间距及肢数时,则不需用斜线;当加密区与非加密区的箍筋肢数相同时,只将肢数注写一次;箍筋肢数应写在括号内。

例如,φ10@100/200(4)表示Ⅰ级(HPB300)钢筋,直径为10 mm,加密区间距为100 mm,非加密区间距为200 mm,均为4肢箍;φ18@100(4)/200(2)表示Ⅰ级(HPB300)钢筋,直径为8 mm,加密区间距为100 mm,为4肢箍;非加密区间距为200 mm,为2肢箍。

④ 梁上部通长筋或架立筋配置,必注。当同排纵筋中既有通长筋又有架立筋时,应用加号(+)将通长筋和架立筋相连。注写时将角部纵筋写在加号前面,架立筋写在加号后面的括号内;当全部采用架立筋时,则将其写入括号内。

例如,2ф25表示梁上部配置两根直径为25 mm的Ⅲ级(HRB400)通长钢筋;ф25+(4φ16)表示梁上部配置两种直径的钢筋,其中角部有两根直径为25 mm的Ⅲ级通长钢筋,中部有四根直径为16 mm的Ⅰ级架立筋。

当梁的上部纵筋和下部纵筋均为通长筋,且多数跨配筋相同时,此项可加注下部纵筋的配筋值,用分号";"隔开。

例如,3ф25;3ф20表示上下纵筋全跨相同,表示梁上部配置三根直径为25 mm的Ⅲ级通长钢筋;梁下部配置三根直径为20 mm的Ⅲ级通长钢筋。

⑤ 梁侧面纵向构造钢筋或受扭钢筋配置,必注。梁腹板高度大于450 mm时,须配置纵向构造钢筋,以大写字母G开头,然后注写梁两侧面的总配筋值,且对称配置。当梁侧面需配置受扭纵向钢筋时,以大写字母N开头,然后注写梁两侧面的总配筋值,且对称配置。

例如,G4φ10表示梁两侧面共配置四根φ10的构造钢筋,每侧各配置两根。N4ф25表示梁两侧面共配置四根ф25的受扭钢筋,每侧各配置两根。

⑥ 梁顶面标高高差,该项为选注值。梁顶面标高高差是指梁顶面相对于结构层楼面标高的高差值,对于位于结构夹层的梁,其是指相对于结构夹层楼面标高的高度差。梁顶面高于楼层结构标高时,高差为正(+)值,反之为负(−)值。有高差时,写入括号内,无高差时不注。

例如,某结构标准层的楼面标高为44.950 m和48.250 m,当某梁的梁顶面标高高差注写为(−0.050)时,即表明该梁顶面标高分别相对于44.950 m和48.250 m低0.050 m。

11.5.1.2 梁原位标注

梁原位标注的内容规定如下:

① 梁支座上部纵筋,含通长筋在内的所有纵筋规定如下:

a. 当上部纵筋多于一排时,用斜线(/)将各排纵筋自上而下分开。

例如,梁支座上部纵筋注写为6ф25 4/2,表示上排纵筋为4根,下排为2根,均为直径25 mm的Ⅲ级钢筋。

b. 当同排纵筋有两种直径时,用加号(+)将两种直径的纵筋相连,且将角部纵筋写在前面。

例如,梁支座上部纵筋注写为2ф25+2ф22,表示上排纵筋为4根,角部2根,为Ⅲ级钢筋,直径为25 mm,中部2根,为Ⅲ级钢,直径为22 mm。

c. 当梁中间支座两边的上部纵筋不同时,应在支座两面分别标注;当梁中间支座两面的上部纵筋相同时,可仅在支座一边标注配筋值,另一边省去不注。

② 梁下部纵筋。

a. 当下部纵筋多于一排时,用斜线(/)将各排纵筋自上而下分开。

例如，梁支座下部纵筋注写为 6Φ25 2/4，表示上排纵筋为 2 根，下排为 4 根，均为直径 25 mm 的Ⅲ级钢筋。

b. 当同排纵筋有两种直径时，用加号(＋)将两种直径的纵筋相连，且将角筋写在前面。

c. 当梁下部纵筋不全部伸入支座时，将梁支座下部纵筋减少的数量写在括号内。

例如，梁下部纵筋注写为 6Φ25 2/4，表示配置 6 根钢筋，直径为 25 mm，均为Ⅲ级钢筋；上排纵筋为 2 根，下排为 4 根，全部伸入支座。

梁下部纵筋注写为 2Φ25＋2Φ22(－2)/5Φ25，表示上排纵筋有 4 根，均为Ⅲ级钢筋，其中直径为 22 mm 的两根不伸入支座；下排纵筋有 5 根，也均为Ⅲ级钢筋，全部伸入支座。

d. 当梁的集中标注已经注写在了梁上、下部通长纵筋时，无须在梁下部重复做原位标注。

③ 附加箍筋或吊筋，将其直接画在平面图中的主梁上，用线引注总配筋值(附加箍筋的肢数标注在括号内)，当多数附加箍筋或吊筋相同时，可在梁平法施工图上统一注明，少数与统一注明值不同时，再原位引注。

下面以一别墅二层框架结构的梁平法施工图(部分)进行说明，如图 11-15 所示。在Ⓐ轴线上④～⑥轴线的集中标注：第一排标注表示梁编号为 KL8(2)，即共两跨，即④～⑥和⑥～⑦的梁；梁截面尺寸为 250 mm×500 mm；φ8@100/200(2) 标注表示采用φ8 箍筋，非加密区为 200 mm，加密区(靠近支座处)间距为 100 mm，均采用 2 肢箍；2Φ16 表示梁上部配 2 根直径为 16 mm 的Ⅱ级(HRB335)通长筋。该梁左端支座的原位标注中 2Φ16＋1Φ20 表示该处除放置集中标注中注明的 2Φ16 上部通长筋外，还在上部中间放置了 1 根直径为 20 mm 的Ⅱ级(HRB335)的端部支座钢筋，而中间支座下侧注明 2Φ20 表示梁的底部配置 2 根直径为 20 mm 的Ⅱ级(HRB335)的受力主筋。

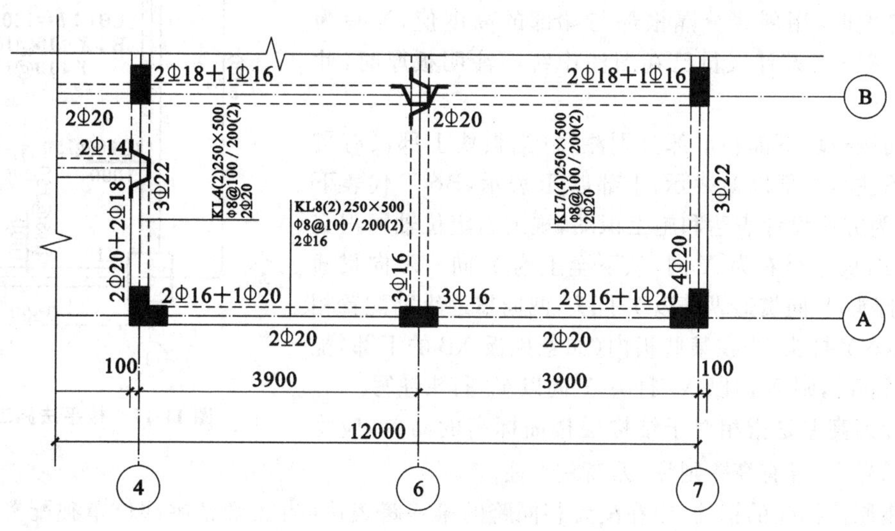

图 11-15　某别墅二层框架梁 KL8 图

11.5.2　柱平法施工图的制图规则

柱的“平法”表达方式有两种：一种是截面注写方式，一种是列表注写方式。本节仅介绍截面注写方式。

截面注写方式是在按标准层绘制的柱(包括框架柱、框支柱、梁上柱、剪力墙上柱)平面布置图的柱截面上，分别在同一编号的柱中选择一个截面，适当放大比例，直接注写截面尺寸和配筋具体数值的方式，来表达柱平法施工图。

当纵筋采用两种直径时,需再注写截面各边中部筋的具体数值(对于采用对称配筋的矩形截面柱,可仅在一侧注写中部筋,对称边省略不注)。

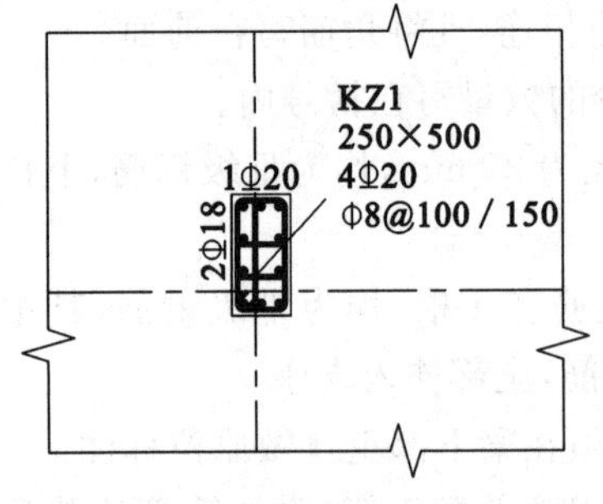

图 11-16 某别墅二层框架柱 KZ1 的截面注写方式

由图 11-16 可知,某别墅二层框架柱采用截面注写方式绘制配筋平面图,如 KZ1 的截面尺寸为 250 mm×500 mm;4Φ20表示在柱四周配置 4 根直径为 20 mm 的Ⅱ级(HRB335)钢筋;Φ8@100/150 表示箍筋采用直径为 8 mm 的Ⅰ级(HPB300)钢筋,非加密区间距为 150 mm,加密区间距为 100 mm;KZ1 柱子两侧所标注的 2Φ18 和 1Φ20 分别为 KZ1 的 h 和 b 侧的中部筋,即表示柱四周配置 4 根钢筋以外,h 边中部配置 2 根直径为 18 mm 的Ⅱ级钢筋,b 边中部配置 1 根直径为 20 mm的Ⅱ级钢筋。

11.5.3 有梁楼盖平法施工图的制图规则

楼盖的“平法”表达方式是在楼面、屋面板的平面布置图上注写板内配筋情况的相应数据,板平面整体表示法主要包括板块集中标注和板块支座原位标注两个部分,如图 11-17 所示。

板块集中标注的内容为板块编号、板厚、贯通纵筋以及当板面标高不同时的标高高差。

板块编号包括楼面板(LB)、屋面板(WB)和悬挑板(XB)。

板厚注写为 h=××(垂直于板面的厚度),当悬挑板的端部改变厚度时,用斜线分隔根部与端部的高度值,注写为 h=××/××;当设计人员已在图注中统一注明板厚时,此项可省略。

贯通筋按板块下部和上部分别注写(当板块上部没有贯通筋时则不注),下部以 B 表示,上部以 T 表示,B&T 代表下部与上部;为方便设计表达和施工识图,规定当定位轴网正交布置时,图面从左至右为 X 向,从下至上为 Y 向。X 向贯通纵筋以 X 打头,Y 向贯通纵筋以 Y 打头,两向贯通纵筋配置相同时则以 X&Y 打头;当在某些板内(如悬挑板 XB 的下部)配置有构造钢筋时,则 X 向以 X_C 打头,Y 向以 Y_C 打头注写。

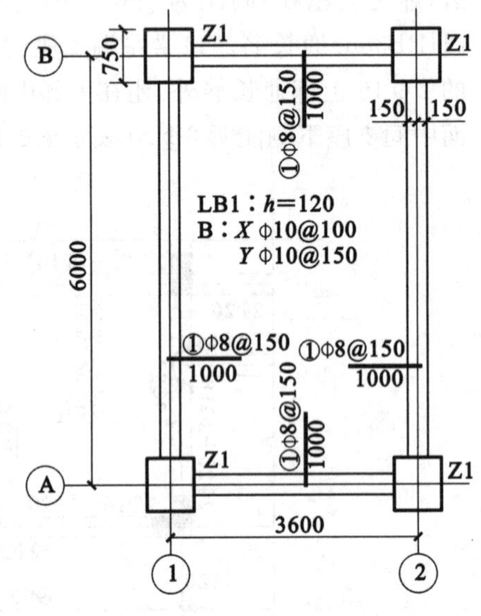

图 11-17 板平法施工图

板面标高高差是指相对于结构层楼面标高的高差,应将其注写在括号内,且有高差则注,无高差不注。

板支座原位标注的钢筋,应在配置相同跨的第一跨表达(当在梁悬挑部位单独配置时,则在原位表达)。在配置相同跨的第一跨(或梁悬挑部位),垂直于板支座(梁或墙)绘制一段适宜长度的中粗实线,以该线段代表支座上部非贯通纵筋,并在线段上方注写钢筋编号(如①、②等)、配筋值、横向连续布置的跨数(注写在括号内,且当为一跨时可不注),以及是否横向布置到梁的悬挑端。

板支座上部非贯通筋自支座中线向跨内的延伸长度,注写在线段的下方位置。

如图 11-17 所示,对于每一种类型的板只选择其中一处进行集中标注。板的编号为 LB1,如图所示,h=120 mm,表示板厚为 120 mm,板的下部(B)在 X 向配置Φ10@100 和 Y 向配置Φ10@150 的贯通纵筋。板上部非贯通纵筋①号钢筋四向均向支座内侧延伸 1000 mm,采用Φ8@150 的Ⅰ级钢筋。

11.6　楼梯结构详图

楼梯结构详图包括楼梯结构平面图、楼梯结构剖面图和楼梯配筋图。

11.6.1　楼梯结构平面图

楼梯结构平面图表示了楼梯板和楼梯梁的平面布置、代号、尺寸及结构标高。一般包括首层平面图、标准层平面图和顶层平面图，常用 1∶50 的比例绘制。楼梯结构平面图和楼层结构平面图一样，都是水平剖面图。

楼梯结构平面图中对各承重构件，如楼梯梁（TL）、楼梯板（TB）、平台板等进行了标注，梯段的长度标注采用"踏面宽×(步级数－1)＝梯段长度"的方式。楼梯结构平面图的轴线编号应与建筑施工图一致，剖切符号一般只在首层楼梯结构平面图中标注。

如图 11-18 所示的楼梯结构平面图共有 4 个，分别是负一层平面图、首层平面图、二层平面图、顶层平面图。其中楼梯平台板、楼梯梁和梯段板都采用现浇钢筋混凝土，图中画出了现浇板内的配筋，梯段板另有详图画出，故只注明其代号和编号。

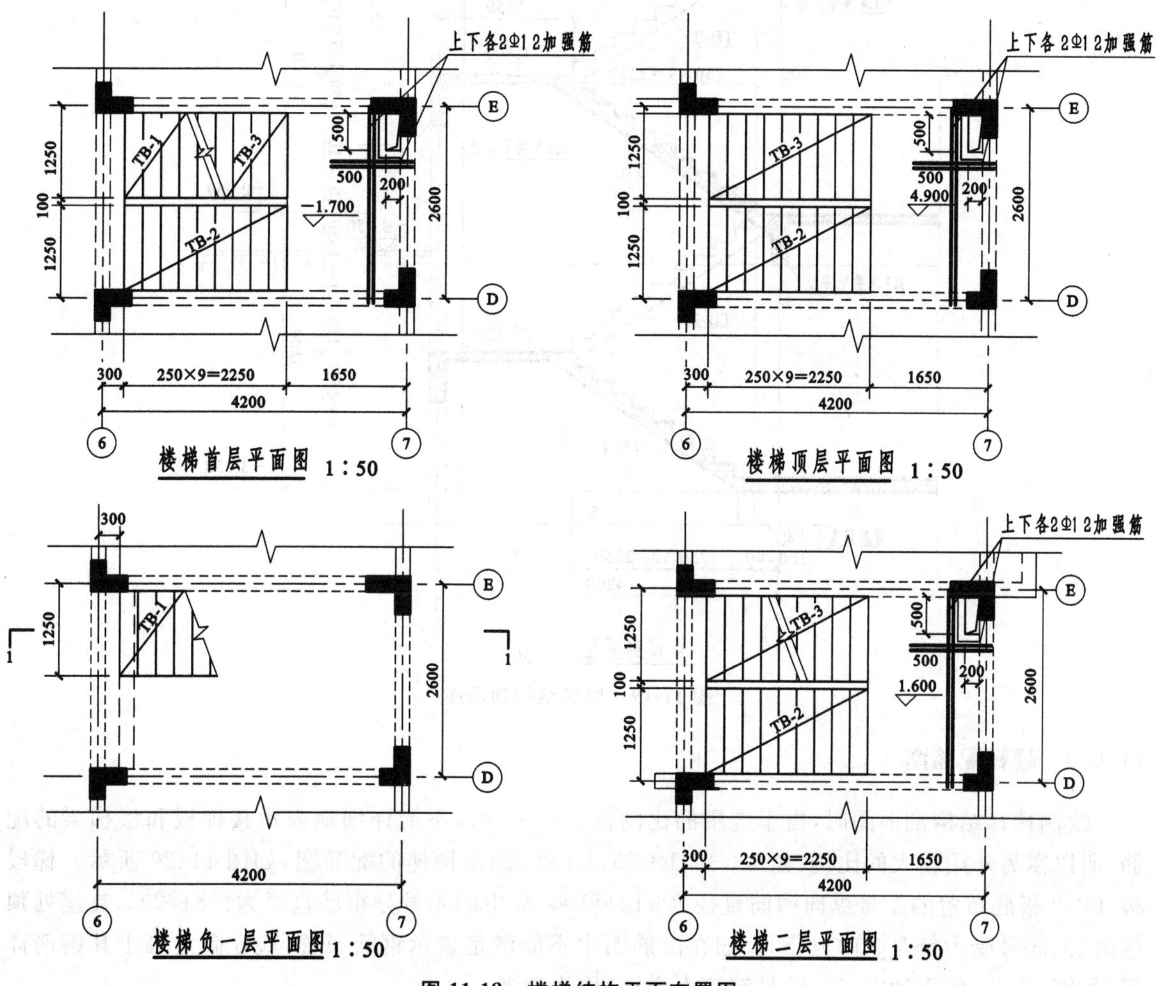

图 11-18　楼梯结构平面布置图

11.6.2 楼梯结构剖面图

楼梯结构剖面图表示剖切到的梯段配筋、楼梯基础墙、楼梯梁、平台板、部分楼板、室内外地面和踏步及外墙中窗过梁和圈梁等的布置。比例与楼梯结构平面图相同,如图 11-19 所示。

在楼梯结构剖面图中,应标注出梯段的外形尺寸、楼层高度和楼梯平台的结构标高。

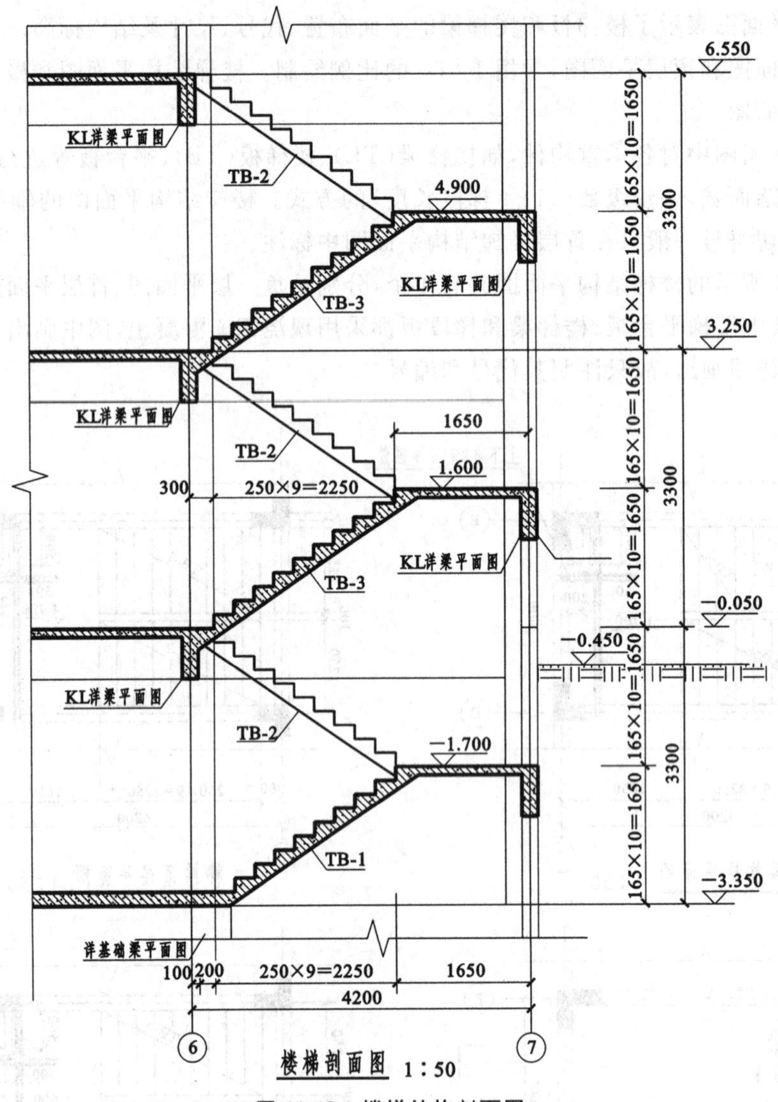

图 11-19 楼梯结构剖面图

11.6.3 楼梯配筋图

绘制楼梯结构剖面图时,由于选用的比例较小(1∶50),不能详细地表示楼梯板和楼梯梁的配筋,所以需另外用较大的比例(如 1∶30、1∶25、1∶20)画出楼梯的配筋图,如图 11-20 所示。梯段板 TB-2 板底布置的①号纵向钢筋直径为ф12@100,板中的④号分布筋直径为ф^{R}8@200,支座处顶板的②、⑤号受力筋是ф12@150。如在配筋图中不能清楚表示钢筋布置,应在附近画出其钢筋详图(如图 11-20 所示的①、③、⑤号钢筋大样图)作为参考。

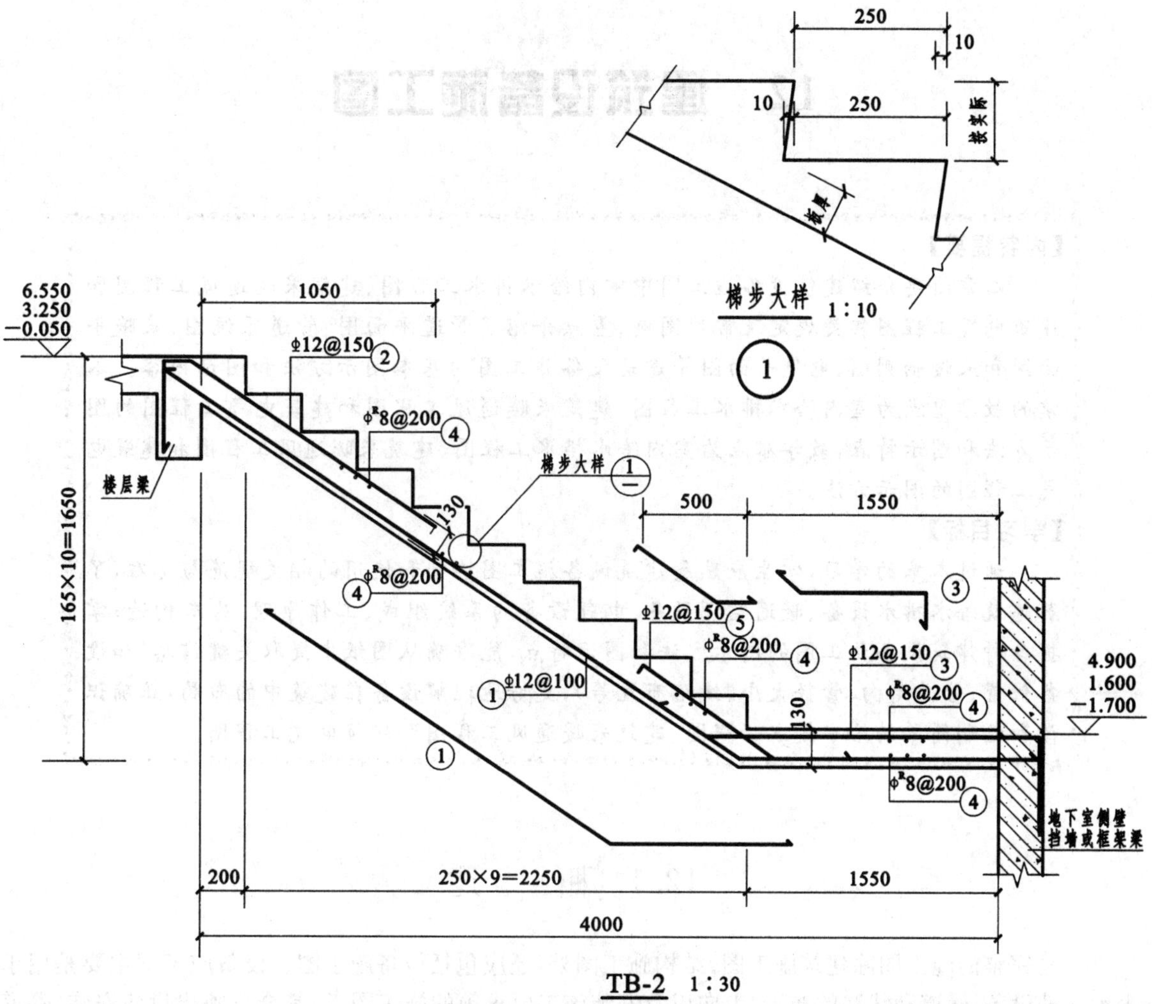

梯步大样 1∶10

TB-2 1∶30

图 11-20 楼梯板配筋图

本章小结、要点自测、

理实融合、拓展学习

12 建筑设备施工图

【内容提要】

本章简要介绍建筑设备施工图中室内给水排水工程图、建筑采暖通风工程图和建筑电气工程图相关规定及常用图例，重点介绍了管道平面图、管道系统图、采暖平面图和采暖轴测图、电气平面图等建筑设备施工图的基本图示方法和图示内容。本章的教学重点为室内给水排水工程图、建筑采暖通风工程图和建筑电气工程图的图示方法和图示特点，教学难点为室内给水排水工程图、建筑采暖通风工程图和建筑电气工程图的图示方法。

【学习目标】

通过本章的学习，学生应熟悉建筑设备施工图绘制和使用的相关规范与标准，了解建筑给水排水设备、暖通空调设备、电气设备的系统组成、工作原理、基本构造；掌握各种建筑设备施工图的图示方法和图示特点，能准确从图纸中提取关键信息（如设备位置、管道走向、管径大小、线路布置等），更好地理解设备在建筑中的布局，正确识读和绘制简单的给水排水工程图、建筑采暖通风工程图和建筑电气工程图。

12.1 概　　述

一套完整的施工图除建筑施工图、结构施工图外，还应包括设备施工图。设备施工图主要是用于表示各种设备、管道和线路的布置、走向以及安装施工要求等的施工图纸，其会反映出设备安装、管道（线路）的敷设信息和与其他专业相互配合的信息（如与土建工程中在管沟、预留孔等位置处的关系）。

设备施工图包括给水排水施工图、建筑采暖与通风施工图和建筑电气施工图，常常简称为水、暖、电设备施工图。本章将对这三大部分进行简要介绍。

水、暖、电施工图一般是由管道（线路）平面布置图、系统轴测图、详图以及总说明等组成。

① 水、暖、电各种设备以及管道（线路）的平面布置情况常常通过平面布置图来进行表示。

② 系统轴测图用于管道（线路）的敷设。因实际工程中管道（线路）的敷设常常是纵横交错的，在平面图上较难表明它们的空间走向，所以用轴测图表示管道在空间的走向是比较清晰的。不过对于电气系统图而言，只用示意图表示线路系统关系就可以，而不必画成轴测图的形式。

③ 详图是主要表示某些设备的详细构造与安装做法的图样。各专业都有自己的专业标准图集，因此凡是标准图集上有的详图都不必再画出。

④ 总说明主要说明设计意图、施工要求，可采用的设备规格及设备施工图中无法表达的内容，用文字表达出来。

设备施工图中所表示的设备装置和管道、线路多采用统一的图例符号表示，因此，在阅读设备施工图时，一定要先了解与图纸相关的图例符号及其所代表的内容。

设备施工图中，各种管道或线路走向都有一定顺序。例如一栋房屋内，给水系统：引入管—水表节点—干管—立管—支管—用水设备。供暖系统：供暖干管—立管—支管—散热设备—回水干管。电气系统:进户线—配电盘—干线—分配电盘—支线—用电设备。因此读设备施工图时也按一定顺序去读。

12.2　室内给水排水工程图

给水排水工程包括给水工程和排水工程两个部分。给水工程是指水源取水、水质净化、净水输送、配水使用等工程,排水工程是指污水(生活、粪便、生产等污水)排除、污水处理、处理后的符合排放标准的水进入江湖等工程。给水排水工程都是由各种管道及其配件、水的处理和存储设备等组成的。

给水排水工程的设计图样,按其工程内容的性质大致可分为三类:

① 室内给水排水工程图;

② 室外给水排水工程图;

③ 净水设备工艺图。

室内给水排水工程图一般由管道平面图、管道系统图、安装图及施工说明等组成。本部分将介绍室内给水排水工程图的表达和图示特点。

在用水房间的建筑平面图上,采用直接正投影法绘出卫生设备、盥洗用具和给排水管道布置的图样,这种图称为室内给排水管道布置平面图。

为了说明管道的空间联系和相对位置,通常将室内管道布置绘制成正面斜轴测图,这种图称为室内给排水管道系统图。管道平面图是室内给排水工程图的基本图样,是绘制管道轴测图的重要依据。

由于管道的断面尺寸比长度尺寸小得多,所以在小比例的施工图中均以单线条表示管道,用图例表示管道配件,这些图线和图例符号应按《建筑给水排水制图标准》(GB/T 50106—2010)绘制,常用的给排水图例如表 12-1 所示。

表 12-1　**常用的给排水图例**

名称	图例	名称	图例
水盆水池	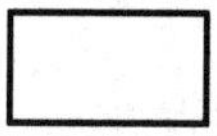	管道	
洗脸盆	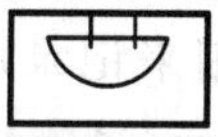	管道	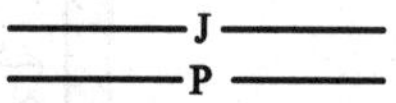 J P
立式洗脸盆		管道	
浴盆	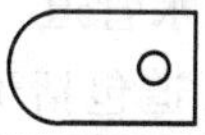	交叉管道	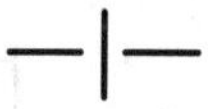
化验盆、洗涤盆	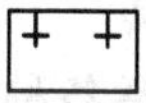	三通管道	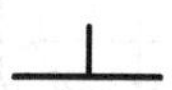
盥洗槽	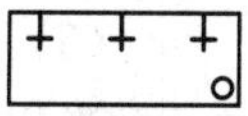	四通管道	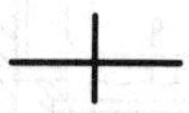
污水池		坡向	
蹲式大便器		管道立管	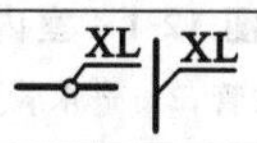 XL　XL
坐式大便器	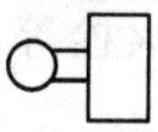	存水弯	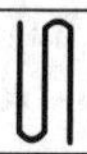

续表

名称	图例	名称	图例
小便槽		检查口	
水表井		清扫口	
沐浴喷头		通气帽	
排水漏斗		旋塞阀	
圆形地漏		止回阀	
截止阀		延时自闭冲洗阀	
放水龙头		室内消火栓(单口)	

12.2.1 室内给水工程图

12.2.1.1 室内给水管道的组成

如图12-1所示为三层楼房中给水系统的实际布置情况。给水管道的组成如下:

(1) 引入管

引入管是自室外(厂区、校区等)给水管网引入房屋内部的一段水管。每条引入管都装有阀门或泄水装置。

(2) 水表节点

水表节点用来记录用水量,根据用水情况可在每个用户、每个单元、每幢建筑物或在一个居住区设置一个水表。

(3) 室内配水管道

室内配水管道包括干管、立管、支管。

(4) 配水器具

配水器具包括各种配水龙头、闸阀等。

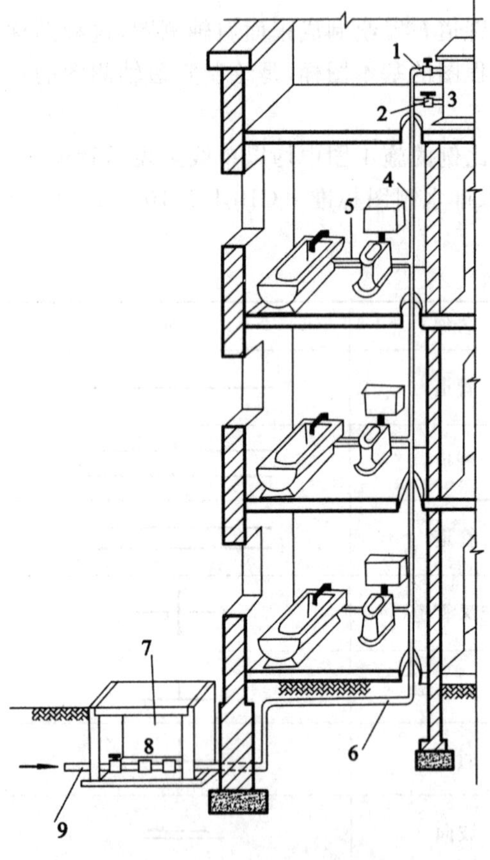

图12-1 室内给水系统的组成

1—进水管;2—进水管逆止阀;3—水箱;4—立管;5—支管;6—水平干管;7—水表井;8—水表;9—房屋引入管

(5) 升压和贮水设备

当用水量大而水量不足时,需要设置水箱和水泵等升压和贮水设备。

(6) 室内消防设备

室内消防设备包括消防水管和消火栓等。

室内给水系统的组成

12.2.1.2 布置室内给水管道的原则

布置室内给水管道的原则如下：

① 应使管道最短，并便于检修。

② 根据室外给水情况（水量和水压等）和用水对象以及消防要求等，室内给水管道可布置成水平环形下行上给式或树枝形上行下给式两种。如图12-2(a)所示的布置为干管首尾相接，两根引入管，一般应用于生产性建筑；如图12-2(b)所示的布置为干管首尾不相接，只有一根引入管，一般应用于民用建筑。

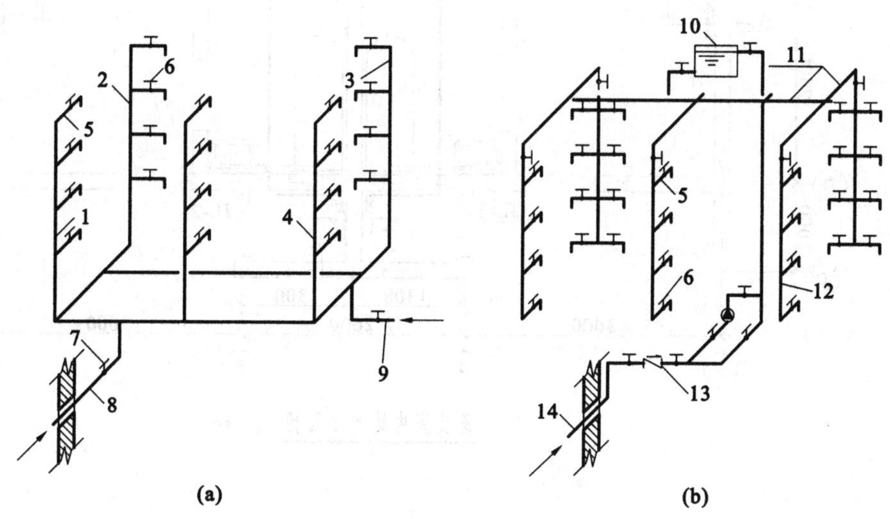

图12-2 室内给水系统管道图

(a) 水平环行下行上给式布置；(b) 树枝形上行下给式布置

1—立管1；2—立管2；3—立管3；4—立管4；5—支管；6—龙头；7—单向阀门；8—1号引入管；9—2号引入管；10—水箱；11—配水管；12—立管5；13—止回阀；14—3号引入管

12.2.1.3 室内给水工程图

(1) 平面图

平面图主要为给水管道、卫生器具的平面布置图。如图12-3所示是本章介绍的职工宿舍给水管道布置平面图，其图示特点如下：

① 用1∶50或1∶100比例画出简化后的用水房间（如厕所、厨房、盥洗间等）的平面图，墙身和其他建筑物轮廓用细实线绘制。轴线编号和主要尺寸与建筑平面图相同。

② 卫生设备的平面图以中实线（也用细实线）按比例用图例画出大便器、小便斗、洗脸盆、浴盆、污水池等卫生设备的平面位置。

③ 管道的平面布置通常用粗实线表示管道，底层平面图应画出引入管、水平干管、立管、支管和水龙头。

管道有明装和暗装两种敷设方式，暗装时要有施工说明，而且管道应画在墙断面内。

由图12-3可知，给水管自房屋轴线③～⑥之间北面入户，通过四路水平干管进入厨房、浴室等用水房间，再由4条给水立管分别送到二、三、四层楼，通过支管送入用水设备，图中JL为给水立管的代号,1、2、3、4、5 为立管编号,$DN50$ 表示管道公称直径,给水管标高 −0.850 是指管中心线标高。

室内给水平面图示意

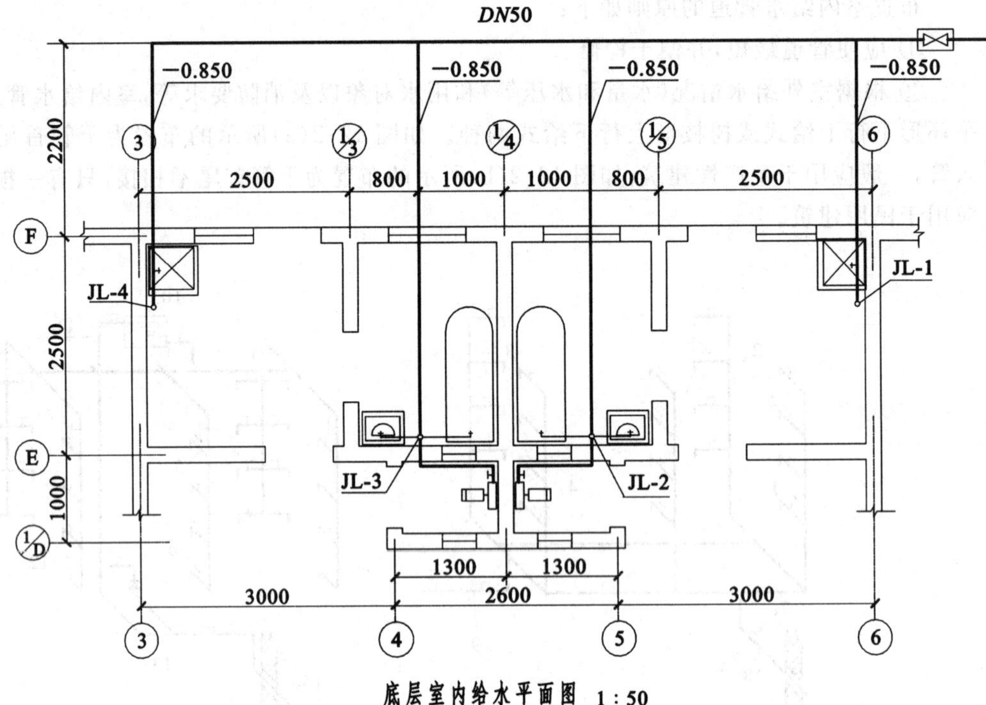

底层室内给水平面图 1 : 50

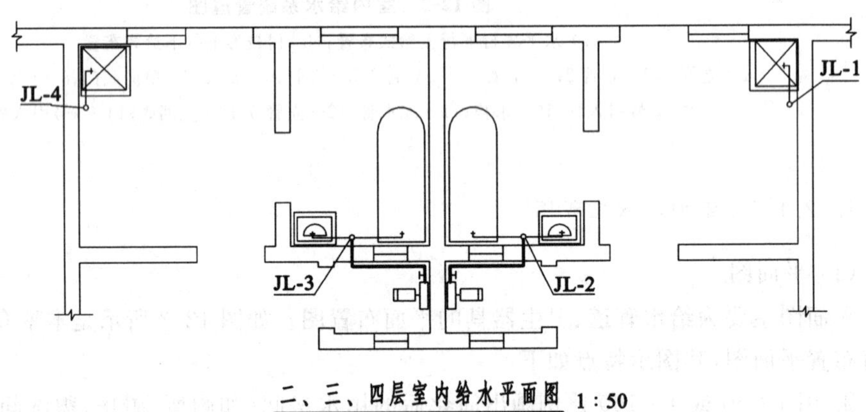

二、三、四层室内给水平面图 1 : 50

图 12-3 室内给水平面图

(2) 管道系统图

如图 12-4 所示是 45°正面斜等测绘制的给水管道系统图,为了表示管道、用水器具及管道附件的空间关系,绘图时应注意以下三点。

① 轴向选择的原则是:房屋高度方向作为 OZ 轴,OX、OY 轴的选择使管道简单明了,避免过多的交错。图 12-4 是根据图 12-3 管道平面图绘制的,图中方向应与平面图一致,并按比例绘制。

② 轴测图比例应与平面图相同，OX 和 OY 向的尺寸直接由平面图量取，OZ 向的尺寸是根据房屋层高（本例层高为 3.200 m）与配水龙头的习惯安装高度来决定的。该图配水龙头安装高度一般距楼地面 1.00 m 左右。

③ 轴测图中仍以粗实线表示给水管道，大便器、高位水箱、配水龙头、阀门等图例符号用中实线表示。当各层管道布置相同时，中间层的管道系统可省略不画，在折断处注上“同×层”即可，如图 12-4 所示。

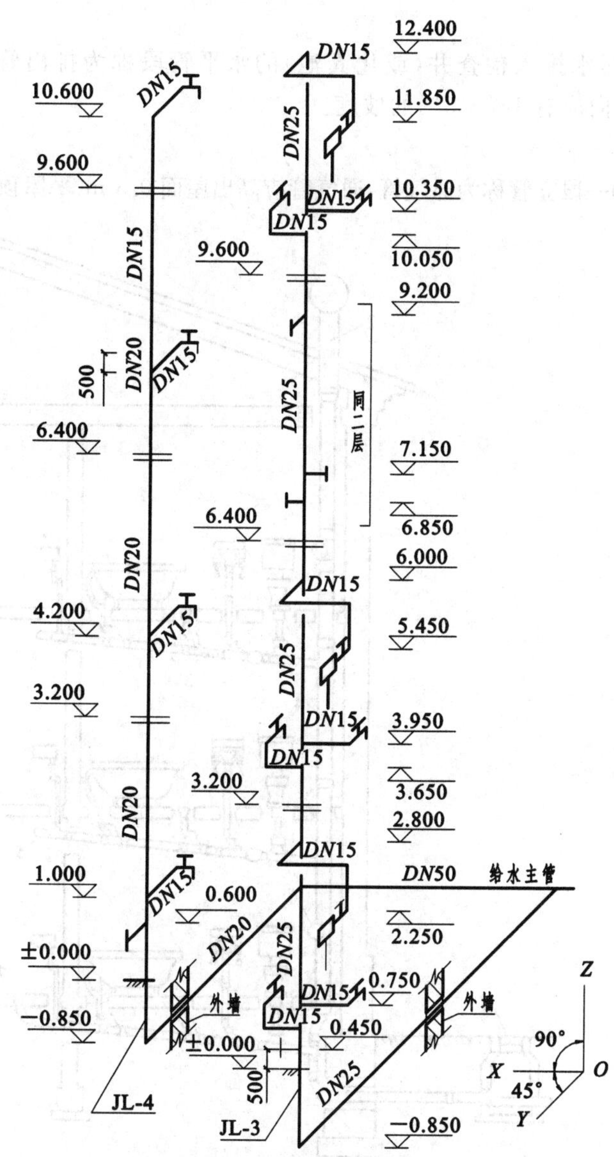

图 12-4 室内给水管道系统图

12.2.2 室内排水工程图

12.2.2.1 室内排水管道的组成

如图 12-5 所示，为某室内排水系统的实际情况，排水管道的组成如下：

(1) 排水横管

连接卫生器具和大便器的水平管段称为排水横管,管径不小于 100 mm,且流向立管的坡度为 2%。当大便器多于一个或卫生器具多于两个时,排水横管应设清扫口。

(2) 排水立管

排水立管的管径一般为 100 mm,但不能小于 50 mm 或所连接的横管管径。立管在顶层和底层应有检查口,在多层建筑中每隔一层应有一个检查口,检查口距地面高度为 1.00 m。

(3) 排出管

将室内排水立管的污水排入检查井(或化粪池)的水平管段称为排出管,管径应大于或等于 100 mm。倾向检查井方向应有 1%~3%的坡度。

(4) 通气管

在顶层检查口以上的一段立管称为通气管,通气管应高出屋面 0.3 m(平屋顶)至 0.7 m(坡屋顶)。

室内排水管道组成

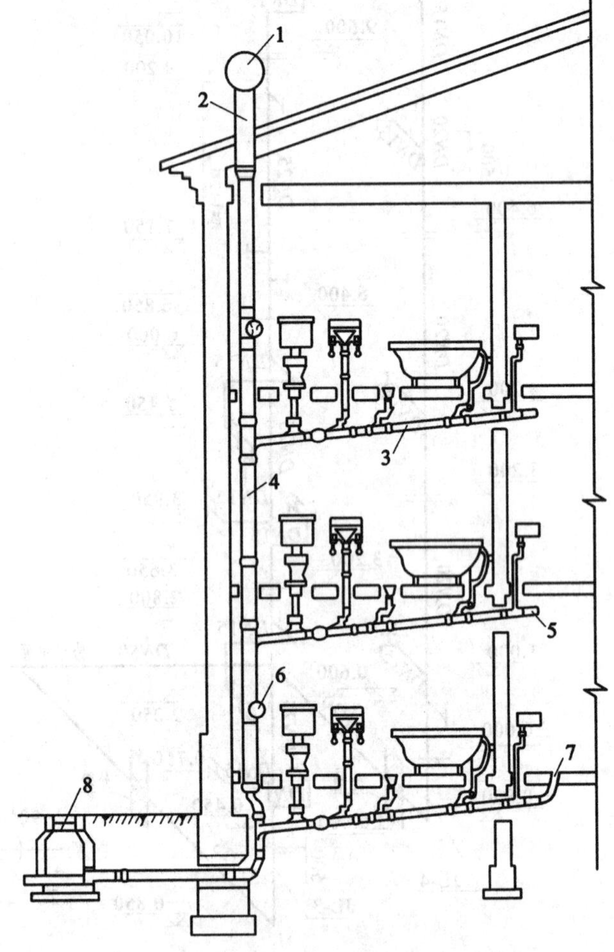

图 12-5　室内排水系统的组成

1—风帽;2—通气管;3—排水横管;4—排水立管;5—清扫口;6—检查口;7—地漏;8—检查井

12.2.2.2　布置室内排水管应注意的问题

布置室内排水管应注意如下问题:

① 立管布置要便于安装和检修;

② 立管应尽量靠近污物、杂质最多的卫生设备(如大便器、污水池等),横管应有坡度倾向立管;

③ 排水管应选择最短途径与室外管道相接,连接处应设检查井或化粪池。

12.2.2.3 室内排水工程图

(1) 平面图

平面图主要表示排水管、卫生器具的平面布置。如图 12-6 所示是某职工宿舍用水房间排水管道平面图,排水横管和排出管均用粗虚线绘制,排水立管用小圆圈表示,$\frac{P}{1}$代表排水管出口符号,卫生器具等按图例用中实线绘制。P 为排水横管代号,PL 为排水立管代号,1、2、3 等分别为立管和横管的编号。通常将给、排水管道平面布置放在一起绘成一个平面图,但必须注意图中管道的清晰性。

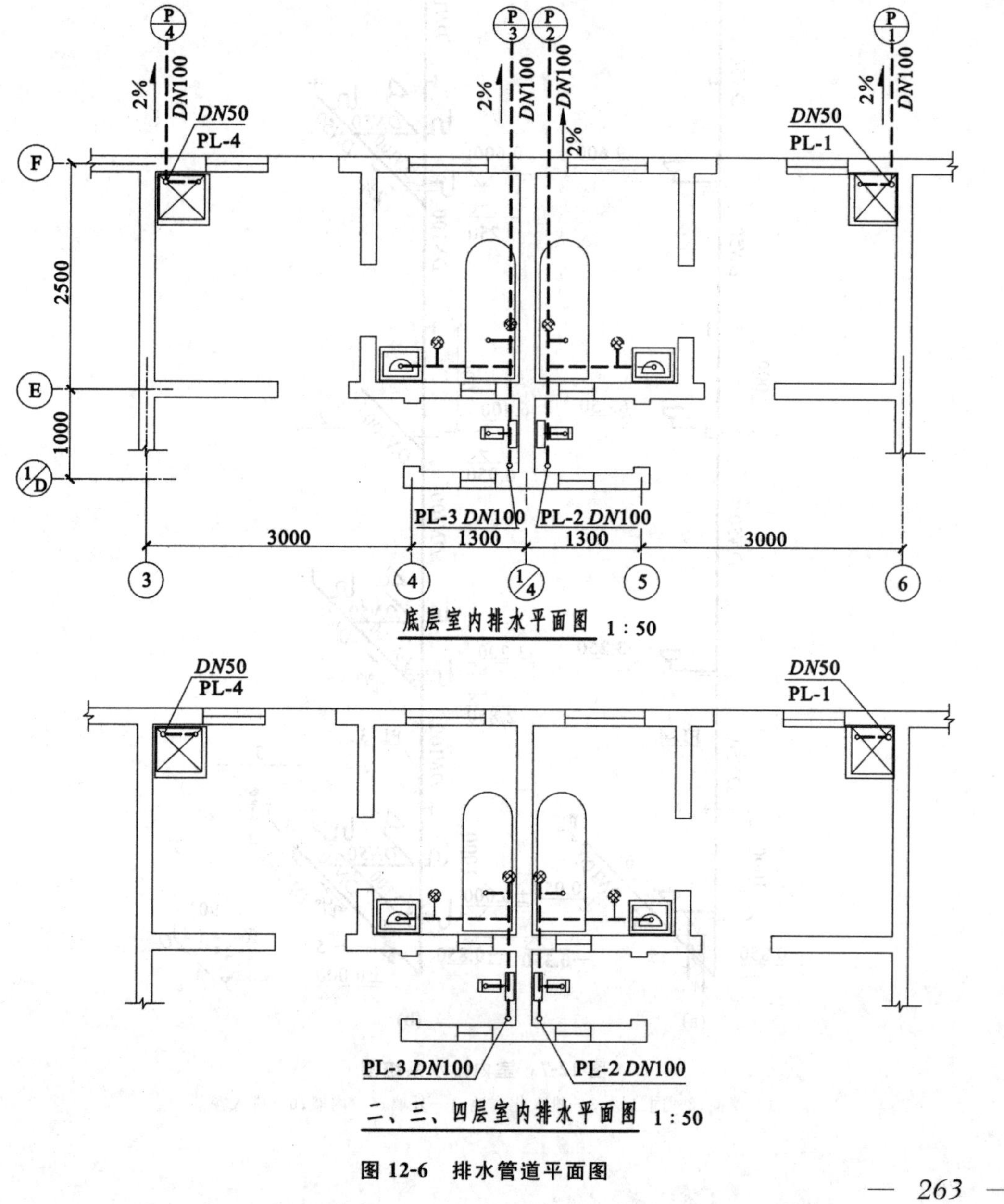

图 12-6 排水管道平面图

(2) 管道系统图

排水管道同样需要用系统图表示空间连接和布置情况。排水管道系统图仍选用45°正面斜等测图表示,在同一幢房屋中给排水系统图的轴向选择应一致。由图12-7可知,一个单元的用水房间分四路排水管将污水排出室外,由于每两路排水管道布置均相同,所以只画出从底层至顶层四个用户的两路排水系统图即可。如图12-7(a)所示是用户厨房的污水排水系统图,用直径100 mm的排出管将污水排入窨井。如图12-7(b)所示是用户的厕所、盥洗间等排水系统图,用直径100 mm的排出管把污水排入化粪池。排水横管标高是管内底标高。

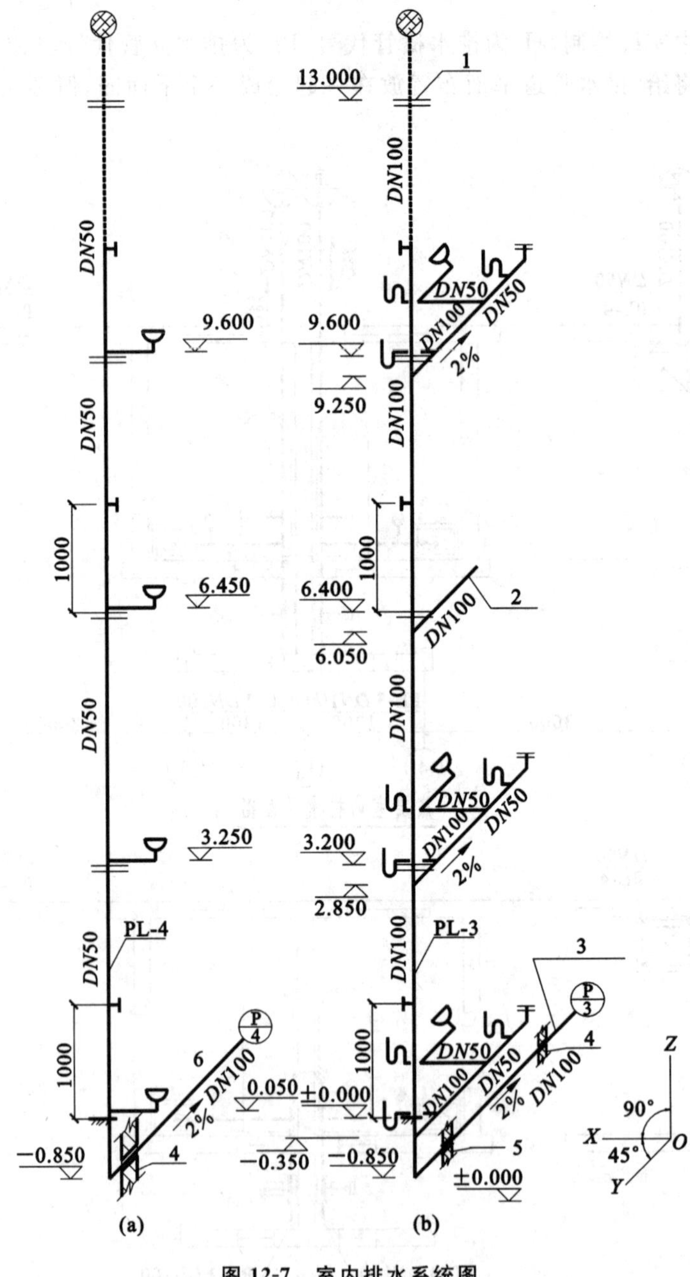

图12-7 室内排水系统图

1—屋面;2—同二层;3—排入化粪池;4—外墙;5—内墙;6—排入窨井

12.3 建筑采暖与通风工程图

12.3.1 基本概念

采暖与通风工程是为了改善人们的生活和工作条件而设置的。

采暖工程由热源、室外热力管网和室内采暖系统组成。热源一般反映生产热能的部分，即锅炉房、热电站等；室外热力管网指输送热能（以蒸汽和热水的形式作为介质输送）到各个用户的部分；室内采暖系统指以对流或辐射的方式将热量传递到室内空气中去的采暖管道和散热器的组成部分。一般来说，根据传热媒的不同可以分为热水采暖、蒸汽采暖以及电热采暖和火炉采暖等。

建筑采暖与通风工程施工图的主要内容包括设计及施工说明和施工图纸两大部分。

（1）设计及施工说明

设计及施工说明主要用来说明图纸中表达不出来的设计意图和施工中需要注意的问题，以及设计与施工中所应遵循的相关规范。通常在工程设计及施工说明中写有总耗热量、总耗冷量，采暖及空调制冷管道材料种类、规格等。

（2）施工图纸

采暖与通风管道施工图，包括管道平面布置图、剖面图、系统轴测图和详图。管道平面布置图主要表示管路及设备的平面位置及与建筑物之间的相对位置关系。锅炉房、空调机房、冷冻机房等还需要回执管道剖面图，以表示设备的竖向位置及标高。采暖与通风管道均需回执系统轴测图，因为系统轴测图能比较直观地反映管道的走向及其与设备之间的关系。详图主要是管道节点详图及标准通用图。此外图纸还有设备表、材料表等。

为了使采暖与通风专业制图基本统一，清晰简明，提高制图效率，满足设计、施工、存档等要求，以适应工程建设需要，国家制定了《暖通空调制图标准》(GB/T 50114—2010)。标准使用与供暖室内部分、通风与空调的下列工程制图：新建、改建、扩建工程的各阶段设计图、竣工图，原有建筑物、构筑物等的实测图，通用图、标准图。此外，暖通专业制图还应符合《房屋建筑制图统一标准》(GB/T 50001—2017)及国家现行的相关标准、规范的规定。

12.3.2 管道表达

12.3.2.1 管道画法

① 管道表示：用单线（粗线）或双线（中线）绘制，当省去一段管道时，可用折断符号，折断符号应成双对应，如图 12-8 所示。

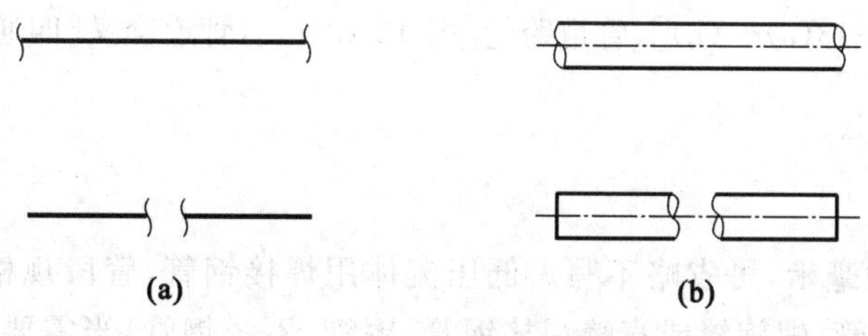

图 12-8 管段的表示和省略

(a) 单线绘制的管道；(b) 双线绘制的管道

② 管道空间交叉时，上面或前面的管道应连通；在下面或后面的管道应断开，如图12-9所示。

③ 管道分支时，应表示出支管的方向，如图12-10所示。

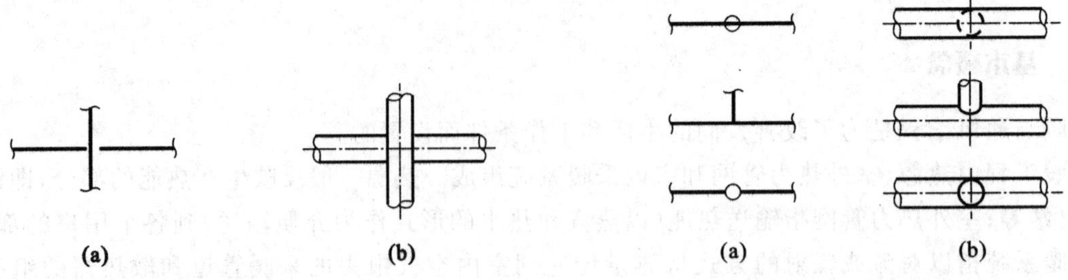

图 12-9　管道交叉的画法

(a) 单线绘制的管道；(b) 双线绘制的管道

图 12-10　管道分支的画法

(a) 单线绘制的管道；(b) 双线绘制的管道

④管道重叠时，若需要表示下面或后面的管道，可将上面或前面的管道断开，并应断开在管道直线部分；管道断开时，若管道的上、下、前、后关系明确，可不标注断开点符号。当管道密集，有时也采用断开画法，使图面清晰，如图12-11所示。

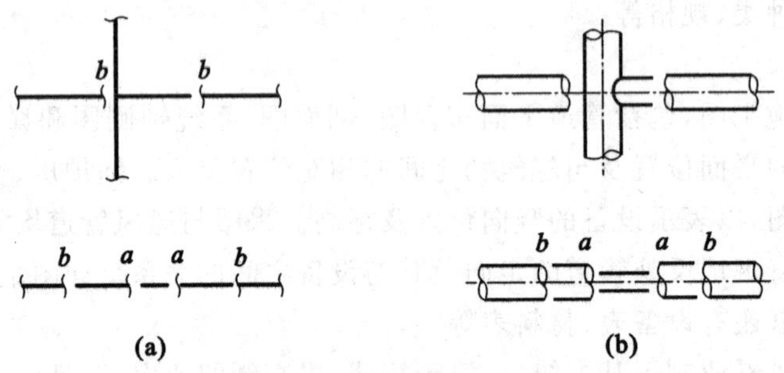

图 12-11　管道重叠与断开

(a) 单线绘制的管道；(b) 双线绘制的管道

⑤ 同一管道的两个折断符号在一张图中，折断符号的编号用小写英文字母表示。当管道在本图中断，转至其他图面表示(或由其他图中引来)时，应注明转至(或来自)的图纸编号，如图12-12所示。

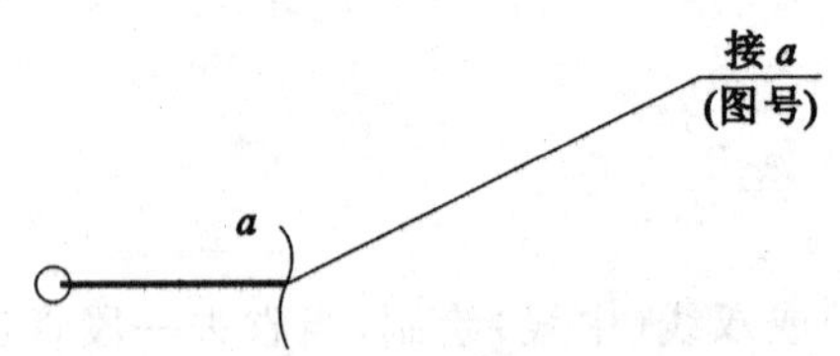

图 12-12　管道在本图中断

⑥ 弯头转向[(图12-13(a)～(b)]，管道跨越[图12-13(c)]，管道交叉[四通，图12-13(d)]。

12.3.2.2　管道标注

(1) 管道规格

管道规格的单位为毫米，可省略不写。低压流体用焊接钢管，管段规格应标注公称通径或压力。输送流体用无缝钢管、螺旋缝或直缝焊接钢管、铜管、不锈钢管，当需要标注管径和壁厚时，应用D(或ϕ)外径×壁厚表示，如$D108\times4$、$\phi108\times4$。塑料管外径用de表示，如de10。

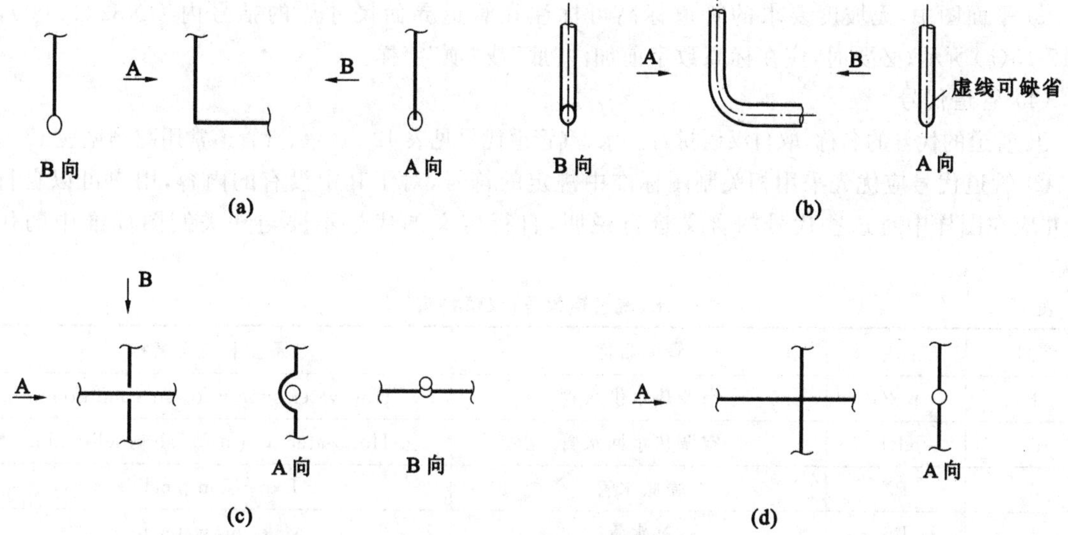

图 12-13 管道画法

(a) 单线管道弯头转向;(b) 双线管道弯头转向;(c) 管道跨越;(d) 管道交叉

(2) 管径尺寸的标注

管径尺寸标注的位置,应符合下列规定:

水平管道的管径尺寸宜标注在管道的上方;竖管道的管径尺寸应注在管道的左侧;双线表示的管道,其规格可标注在管道的轮廓线内。当斜管道不在图所示 30°内时,其管径、压力、尺寸应平行标注在管道的斜上方。否则应用引出线水平或 90°方向标注,见图 12-14。当管径尺寸无法按上述位置标注时,可另找适当位置标注,但应用引出线示意该尺寸与管段的关系。多条管道的规格标注,管道密集时可用图 12-15(b)画法,其中短斜线也可统一用实心圆点表示,见图 12-15 (c)。

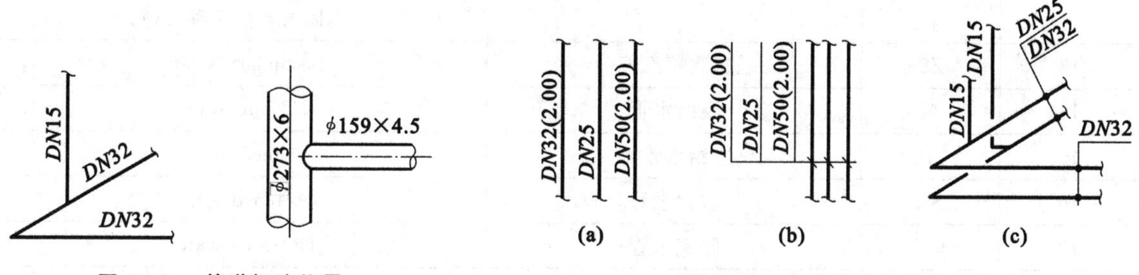

图 12-14 管道标注位置

图 12-15 多条管道的规格标注

管道的变径和长管道的标注,见图 12-16。

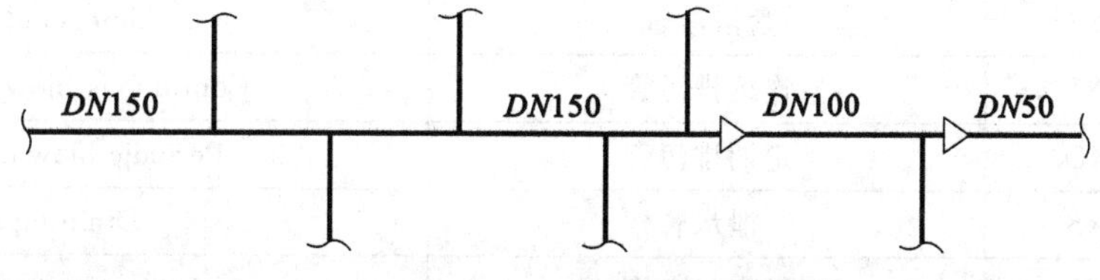

图 12-16 管道分支和变径时管道规格标注

(3) 标高的标注

① 水、汽管道所注的标高未予说明时,应表示管中心标高。

② 水、汽管道标注管外底或顶标高时,应在数字前加“底”或“顶”字样。

③ 平面图中,无坡度要求的管道标高可标注在管道界面尺寸后的括号内 *DN*32(2.00),如图 12-15(a)所示;必要时,应在标高数字前加注“底”或“顶”字样。

(4) 管道代号

① 管道的代号的名称,取自汉语拼音。水、汽管道代号见表 12-2。水、汽管道常用图例见表 12-3。

② 管道代号应优先采用相关制图标准中规定的符号,对于其中没有的内容,用户可以自行建立,并应在图样中对这些代号的含义进行说明,自行定义的代号不要与相关制图标准中的代号冲突。

表 12-2　**水、汽管道代号(汉语拼音)**

序号	代号	管道名称	备注和英文名称
1	KRG	空调热水供水管	Hot water supply for air conditioning
2	KRH	空调热水回水管	Hot water return for air conditioning
3	PZ	膨胀水管	Expansion pipeline
4	BS	补水管	Make-up water pipe
5	X	循环管	Circulation pipeline
6	LM	冷媒管	Coolant
7	YG	乙二醇供水管	Ethylene glycol supply
8	YH	乙二醇回水管	Ethylene glycol return
9	BG	冰水供水管	Ice water supply
10	BH	冰水回水管	Ice water return
11	ZG	过热蒸汽管	Superheated steam
12	ZB	饱和蒸汽管	Saturated steam 可附加 1、2、3 等表示一个代号、不同参数的多种管道
13	Z2	二次蒸汽管	Secondary steam
14	N	凝结水管	Condensate
15	J	给水管	Feed line
16	SR	软化水管	Softened water
17	CY	除氧水管	Dearated water
18	GG	锅炉进水管	Boiler water supply
19	JY	加药管	Dosing pipe
20	YS	盐溶液管	Saline solution
21	XI	连续排污管	Continuous blow-off pipe
22	XD	定期排污管	Periodic blow-off pipe
23	XS	泄水管	Drain pipe
24	YS	溢水(油)管	Overflow pipe
25	R1G	一次热水供水管	Primary hot water supply
26	R1H	一次热水回水管	Primary hot water return
27	F	放空管	Vent pipe

续表

序号	代号	管道名称	备注和英文名称
28	FAQ	安全阀放空管	Safety valve release pipe
29	O1	柴油供油管	Diesel oil supply
30	O2	柴油回油管	Diesel oil return
31	OZ1	重油供油管	Heavy oil supply
32	OZ2	重油回油管	Heavy oil return
33	OP	排油管	Oil drain pipe

表 12-3 **水、汽管道常用图例**

序号	名称	图例	备注
1	球阀		Globe value
2	柱塞阀		Plunger value
3	快开阀(快速排污阀)		Quick opening value
4	蝶阀		Butterfly value,也用
5	旋塞阀		Cock value
6	平衡阀		Balanced value
7	定压差阀		Constant pressure differential value
8	自动排气阀		Automatic vent value
9	集气罐、放气阀		Air collector; vent value
10	节流阀		Throttle value
11	调节止回关断阀		水泵出口用
12	膨胀阀(隔膜阀)		Expansion diaphragm value
13	排入大气或室外		Air release value
14	角阀		Angle value
15	底阀		Foot value
16	漏斗		Funnel
17	法兰封头或管封		End flange
18	变径管		Reducer
19	活接头或法兰连接		Union or flange connection

续表

序号	名称	图例	备注
20	固定支架		Anchor；fixed support
21	导向支架		Support guide
22	活动支架		Movable support
23	金属软管		Metal hose
24	可曲挠橡胶软接头		Flexible rubber joint
25	Y 型过滤器		Strainer
26	疏水器		Steam trap
27	减压阀		Pressure reducing value(右侧为高压端)
28	直通型(或反冲型)除污器		Strainer
29	除垢仪	E	Descaling instrument
30	补偿器(伸缩器)		Expansion joint
31	矩形补偿器		U-shaped expansion joint
32	套管补偿器		Sleeve expansion joint
33	波纹管补偿器		Bellows type expansion joint
34	弧形补偿器		Loop expansion joint
35	球形补偿器		Ball joint compensator
36	伴热管		Heating tracer
37	保护套管		Protection casing
38	爆破膜		Rupture disk
39	阻火器		Back-fire relief value
40	节流孔板 (减压孔板)		在不致引起误解的情况下， 也可表示为 throttle orifice
41	快速接头		Quick joint
42	介质流向		在管道断开处，流向符号宜标注在管道中心线上， 其余可同管径标注位置
43	坡度及坡向	i=0.003 或 i=0.003	坡度数值不宜与管道起、止标高同时标注， 标注位置同管径标注位置
44	水泵		Pump
45	手摇泵		Hand pump
46	板式换热器		Plate heat exchanger

在工程实践中，国内许多设计单位为了与国际接轨，采用的管道代号来自英文名称的首字母。一些被广泛使用的空调工程管道英文代号见表 12-4。

表 12-4　**空调常用管道代号(英文)**

序号	代号	管道名称	备注
1	CHWS	冷冻水供水管	Chilled water supply
2	CHWR	冷冻水回水管	Chilled water return
3	CWS	冷却水供水管	Cooling water supply
4	CWR	冷却水回水管	Cooling water return
5	HWS	热水供水管	Hot water supply
6	HWR	热水回水管	Hot water return
7	HPWS	热泵供水管	Heat pump water supply
8	HPWR	热泵回水管	Heat pump return water pipe

12.3.3　工程图识读

12.3.3.1　管道图识图举例

(1) 根据平面图绘制轴测图

图 12-17 是一个换热器的配管图，根据单线管道弯头转向的表示方法，研究如何根据平面图和立面图，绘制其轴测图。

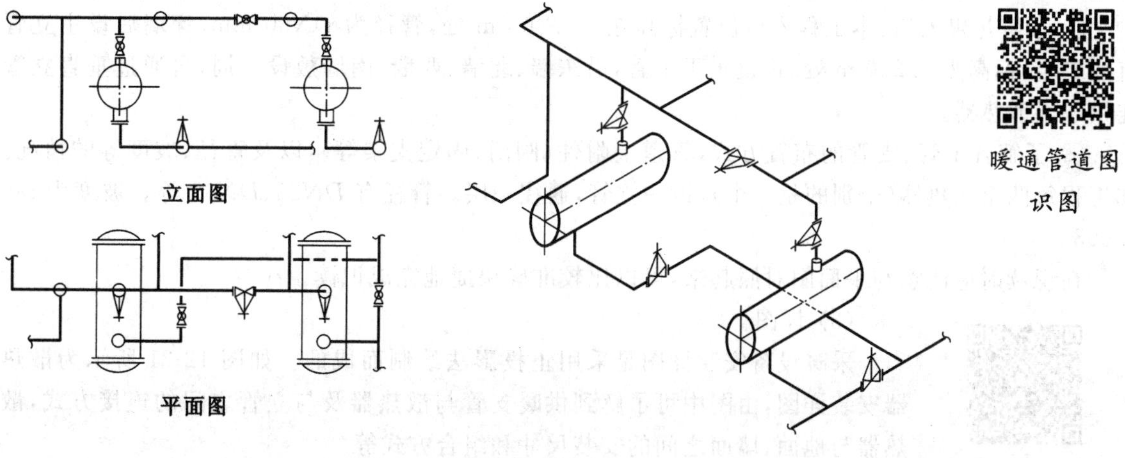

暖通管道图识图

图 12-17　换热器配管图

(2) 根据轴测图绘制平面图

图 12-18 是某设备的配管图,注意研究图中是如何将重叠管道表达清晰的。该轴测图采用正面斜等测画法。

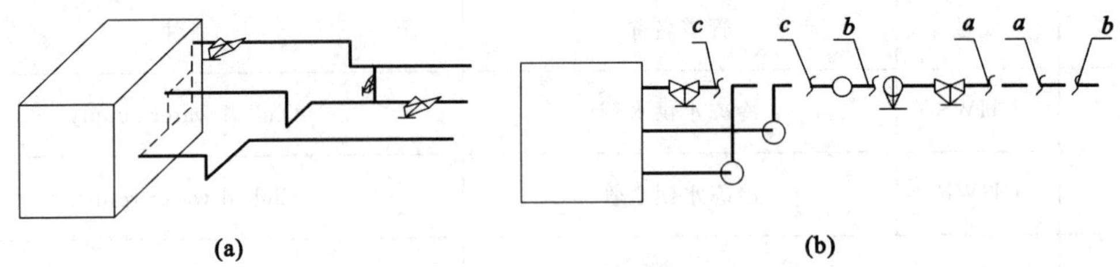

图 12-18　某设备配管的轴测图和平面图

(a) 正面斜等测图;(b) 平面图

12.3.3.2　采暖工程图识读

此处以某一办公楼采暖工程图(图 12-19~图 12-21)为例,简单介绍识读方法。

(1) 采暖平面图

① 了解热媒入口及出口的位置。本办公楼一层、二层采暖平面图(图 12-19)中可见,在⑩~⑪轴线之间为热媒入口,此处与室外热网中心相连,穿过Ⓐ轴线墙而入,并在此设立管直通二层,再循环到底层,是属于上供下回双管垂直串联式的采暖系统。

② 了解该建筑物内散热器种类、敷设方式(是明装还是暗装),以及所处的平面位置。从图 12-19(b)中可知,本工程散热器有 S-900、S-1000 等,其中 S 表示散热器的型号,900 表示每排闭式散热器长度为900 mm,均为明装。

③ 了解每层平面中管道的布置情况。本工程中管道沿墙布置,干管、支管的连接,形成两组散热器的中间设一立管,由二层到一层散热器再通过回水支管至立管,再连接室外的回水总管。

(2) 采暖系统轴测图

采暖系统轴测图(图 12-20)是将管道布置用轴测投影的方式绘制出来的,其表示方式同给排水管道系统轴测图。主要表达了从热媒入口至出口的采暖管道散热设备,主要附件的空间位置和相互的关系、尺度等。识读方法如下。

① 了解热媒入口:本工程入口位置标高在−1.400 m 处,管径为 *DN*50 mm,穿墙后设主立管直通二层,标高为 6.280 m 处,再设水平干管,沿东墙、北墙、西墙、南墙敷设一周,再通过垂直立管连接二层散热器。

② 了解各干管、支管的布置方式,管道上附件(阀门、固定支架等),以及管径、坡度等的情况。本工程每两个散热器(个别的是一个),设一立管,通往一层。管径有 *DN*25、*DN*32 等。坡度为 $i=0.003$。

在识读时应注意与平面图对照起来,可以比较准确快捷地完成识读。

(3) 详图

采暖设备安装详图是采用正投影法绘制而成的。如图 12-21 所示为散热器安装详图,由图中可了解到供暖支管与散热器及与立管之间的连接方式,散热器与地面、墙面之间的安装尺寸和组合方式等。

办公楼采暖工程图识读

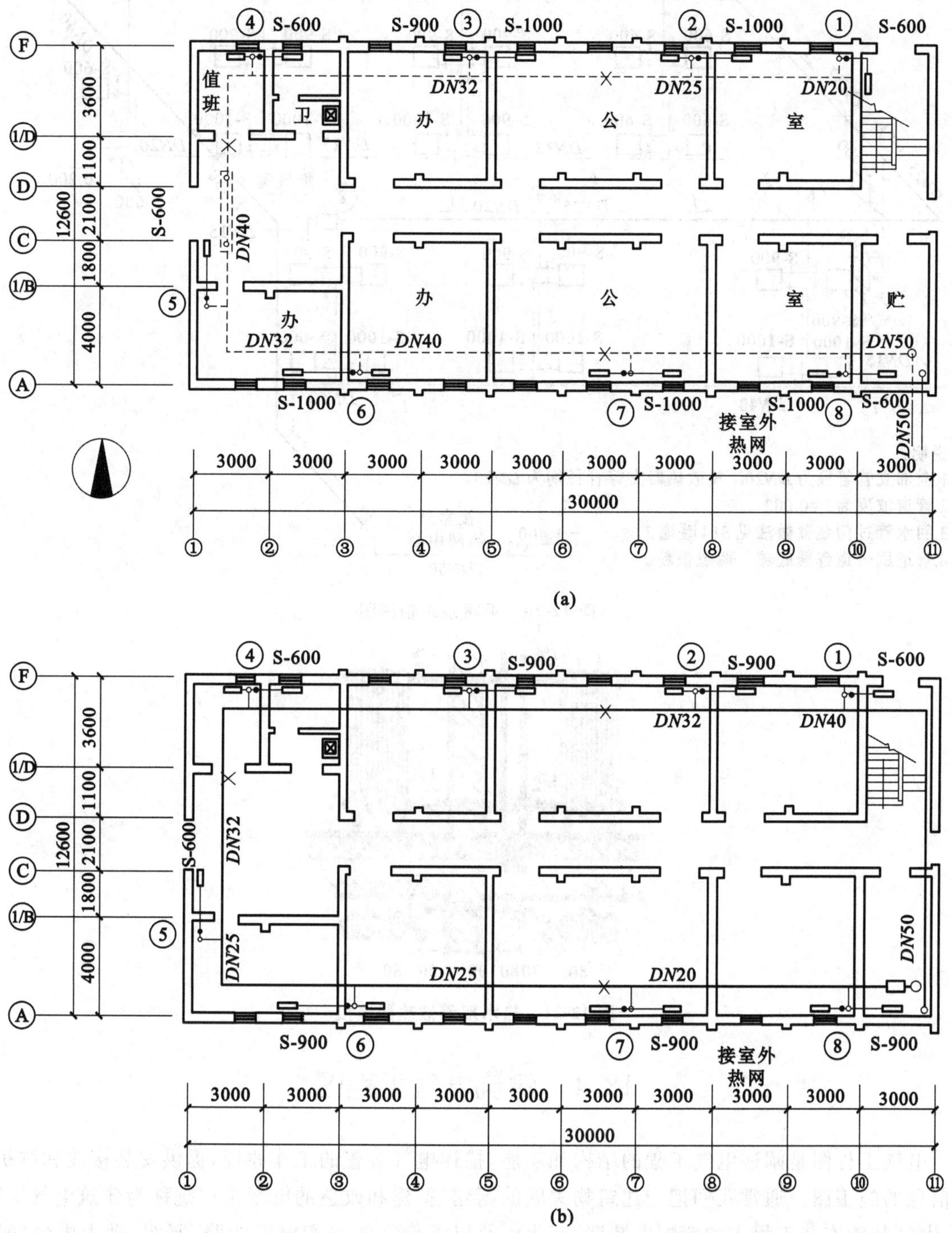

图 12-19 采暖平面图

(a) 一层采暖平面图;(b) 二层采暖平面图

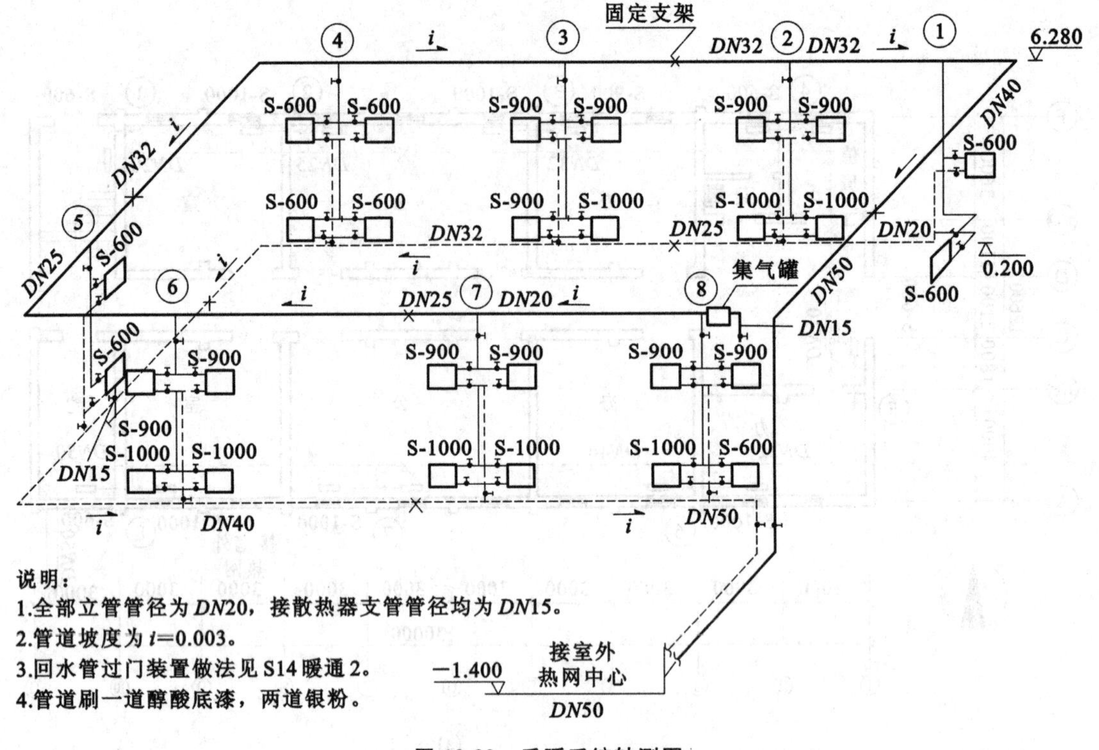

图 12-20 采暖系统轴测图

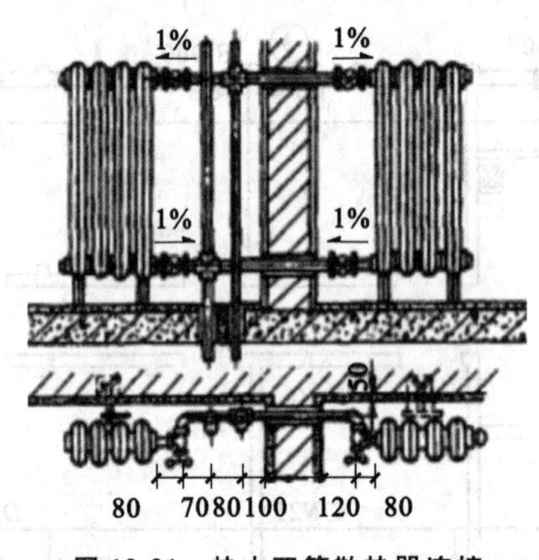

图 12-21 热水双管散热器连接

12.4 建筑电气工程图

电气工程图是阐述电气工程的结构和功能，描述电气装置的工作原理，提供安装接线和维护使用信息的施工图。通常我们把与建筑物关联的新建、扩建和改造的电气工程统称为建筑电气工程，如：电气装置安装工程中的变配电装置，35 kV 及以下架空线路和电缆线路，照明、动力电气线路，桥式起重机电气线路，电梯、通信、广播系统，电缆电视，火灾自动报警及自动化消防系统，防盗保安系统，空调及冷库电气装置，建筑物内微机监测控制系统，自动化仪表，等等，都是建筑电气的范畴。

12.4.1　电气工程图的组成

电气工程图一般由首页、电气系统图、电气平面图、设备布置图、电路图、安装接线图及主要设备材料表及预算几部分组成。

(1) 首页

首页包括电气工程图的图纸目录、图例、设备明细表、设计说明等。图纸目录一般先列出新绘制的图纸，后列出本工程选用的标准图，最后列出重复使用的图，内容有序号、图纸名称、编号、张数等；图例一般是列出本套图纸涉及的一些特殊图例；设备明细表只列出该项电气工程一些主要电气设备的名称、型号、规格和数量等；设计说明主要阐述该电气工程设计的依据、基本指导思想与原则，补充那些在图样中不易表达的或可以用文字统一说明的问题，如工程上的土建概况，工程的设计范围，工程的类别，防火、防雷、防爆及负荷级别，电源概况，导线、照明电器、开关及插座选型，电气保安措施，自编图形符号，施工安装要求和注意事项等。

(2) 电气系统图

电气系统图又称配电系统图，主要表示整个工程或其中某一项的供电方式和电能输送之间的关系，有时也用来表示某一装置各主要组成部分间的电气关系。

电气系统图用单线绘制，图中虚线所框的范围为一个配电盘或配电箱。各配电盘、配电箱应标明其标号及所用的开关、熔断器等电气设备的型号、规格。配电干线及支线应用规定的文字符号标明导线的型号、截面、根数、敷设方式(如果是穿管敷设还要表明管材和管径)。对各支路部分标出其回路编号、用电设备名称、设备容量及计算电流。

电气系统图有变配电系统图、动力系统图、照明系统图、弱电系统图等。电气系统图只表示电气回路中各元器件的连接关系，不表示元器件的具体情况、具体安装位置和具体接线方法。大型工程的每个配电盘、配电箱应单独绘制其系统图。一般工程设计，可将几个系统图绘制到一张图上，以便查阅。对小型工程或较简单的设计，可将系统图和平面图绘制在同一张图上。

(3) 电气平面图

电气平面图是表示各种电气设备与线路平面位置的，是进行建筑电气设备安装的重要依据。电气平面图包括外电总电气平面图和各专业电气平面图。外电总电气平面图是以建筑总平面图为基础，绘制出变配电室、架空线路、地下电力电缆等的具体位置并注明有关施工方法的图纸。在有些外电总电气平面图中还注明了建筑物的面积、电气负荷分类、电气设备容量等。专业电气平面图有动力电气平面图、照明电气平面图、变配电室电气平面图、防雷与接地平面图、弱电平面图等。专业电气平面图是在建筑平面图的基础上绘制的，由于电气平面图缩小的比例较大，因此不能表示电气设备的具体位置，只能反映电气设备之间的相对位置关系。

(4) 设备布置图

设备布置图表示各种电气设备平面与空间的位置、安装方式及其相互关系。设备布置图一般由平面图、立面图、断面图、剖面图及各种构建详图等组成。设备布置图一般都是按照三面视图的原理绘制的，与机械工程图没有原则性区别。

(5) 电路图

电路图又称电气原理图或原理接线图，是用图形符号并按工作顺序排列，详细表示电路、设备或成套装置的全部基本组成和连接关系，而不考虑其实际位置的一种简图。其主要用于设备的安装接线和调试。电路图多数采用功能布局法绘制，由图能够看清整个系统的动作顺序，便于电气设备安装施工过程中的校验和调试。

(6) 安装接线图

安装接线图又称大样图,表示某一设备内部各种电气元件之间位置关系和接线关系,用于电气安装、接线、设备检修。它是与电路图相对应的一种图。

(7) 主要设备材料表及预算

电气材料表是把某一电气工程所需主要设备、元件、材料和有关数据列成表格,表示其名称、符号、型号、规格、数量、备注等内容。其应与图联系起来阅读,根据建筑电气施工图编制的主要设备材料表和预算,作为施工图设计文件提供给建设单位。

12.4.2 电气施工图的阅读方法

动力配电系统图和平面图是电气工程图的主要图纸,是编制工程造价和施工方案,进行安装施工和运行维修的重要依据之一。由于动力配电平面图涉及的知识面较宽,在阅读动力配电系统图和平面图时,除要了解系统图和平面图的特点与绘制基本知识外,还要掌握一定的电工基本知识和施工基本知识。一套建筑电气施工图包含很多内容,图纸也有很多张,一般应按照以下顺序依次阅读,必要时需相互对照参阅。具体的读图方法如下。

(1) 阅读标题栏和图纸目录

了解工程名称、项目内容、设计日期等。

(2) 阅读设计说明

了解工程总体概况及设计依据,了解图纸中未能表达清楚的有关事项。如供电电源的来源、电压等级、线路敷设方式、设备安装方式、补充使用的非国标图形符号、施工时应注意的事项等。有些分项局部问题是在各分项工程的图纸上说明的,看分项工程图纸时,也要先看设计说明。

(3) 阅读电气系统图

各分项图纸中都包含系统图,如变配电工程供电系统图、电力工程的电力系统图、电气照明工程的照明系统图以及各种弱电工程的系统图等。看系统图的目的是了解系统的基本组成,主要电气设备、元件等的连接关系及它们的规格、型号、参数等,掌握该系统的基本情况。

(4) 阅读电路图和接线图

了解系统中用电设备的电气自动控制原理,用来指导设备的安装和控制系统的调试。因为电路多是采用功能布局法绘制的,看图时应该根据功能关系从上至下或从左至右逐个回路阅读。在进行控制系统的配线和调试工作中,还可以配合阅读接线图进行。

(5) 阅读平面布置图

平面布置图是建筑电气施工图纸中的重要图纸之一,是用来表示设备安装位置、线路敷设部位、敷设方法及所用电缆导线型号、规格、数量、管径大小的,是安装施工、编制工程预算的主要依据图纸,必须熟读。

(6) 阅读安装接线图

安装接线图是按照机械制图方法绘制的用来详细表示设备安装方法的图纸,也是用来指导施工和编制工程材料计划的重要图纸。

(7) 阅读设备材料表

设备材料表提供该工程所使用的设备及材料的型号、规格和数量,是编制购置主要设备、材料计划的重要依据之一。

总之,阅读图纸的顺序没有统一的规定,可根据需要,灵活掌握,并有所侧重。在阅读方法上,可采取粗读—细读—精读的步骤。

粗读就是先将施工图从头到尾大概浏览一遍，主要了解工程的概况，做到心中有数。细读就是按照读图程序和要点仔细阅读每一张施工图，有时一张图纸需要阅读多遍。为更好地利用图纸指导施工，使安装质量符合要求，阅读图纸时，还应配合阅读有关施工及检验规范、质量检验评定标准以及全国通用电气装置标准图集，以详细了解安装技术要求及具体安装方法等。精读就是将施工图中的关键部位及设备、贵重设备及元件、电力变压器、大型电机及机房设施、复杂控制装置的施工图仔细阅读，系统掌握作业内容和施工图要求。

12.4.3 电气施工图的绘图要求

12.4.3.1 绘图比例

大部分电气图都是采用图形符号绘制的，是不按比例的，但位置图即施工平面图、电气构建详图一般是按比例绘制的，且多用缩小比例绘制。通用的缩小比例系数为 1∶10、1∶20、1∶50、1∶100、1∶200、1∶500。对于选用的比例应在标题栏比例一栏中注明。标注尺寸时，不论选用放大比例还是缩小比例，都必须是物体的实际尺寸。

12.4.3.2 图线

绘制电气图所用各种线条称为图线。图线及其应用见表 12-5。

表 12-5 **图线及其应用**

图线名称	图线形式	代号	图线宽度/mm	电气图应用
粗实线	————————	A	b=0.5～2	母线，总线，主电路图
细实线	————————	B	约 b/3	可见导线，各种红电气连接线，信号线
虚线	— — — — — —	F	约 b/3	不可见导线，辅助线
细点画线	——·——·——	G	约 b/3	功能和结构图框线
双点画线	——··——··——	K	约 b/3	辅助图框线

12.4.3.3 建筑电气图形符号

建筑电气图形符号的种类很多，一般都画在电气系统图、平面图、原理图和接线图上，用以标明电气设备、装置、元器件和电气线路在电气系统中的位置、功能和作用。常用电气图形符号见表 12-6。

表 12-6 **常用电气图形符号**

符号	名称	符号	名称	符号	名称
○	白炽灯		普通型带指示灯单级开关(暗装)		电话接线箱
	壁灯		普通型带指示灯双级开关(暗装)		落地接线箱
	吸顶灯		单相两孔加三孔插座(暗装)		二分支器

续表

符号	名称	符号	名称	符号	名称
	防水吊线灯		单向两孔加三孔防水插座	TV	电视插座
	单管荧光灯，双管荧光灯		空调用三孔插座	TP	电话插座
	声控灯		排气扇		对讲分机
	配电箱		断路器		放大器
 Wh	电度表		负荷开关		分配器
 DY	电源		向上配线，向下配线	 FD	放大器，支器箱
	按钮		地线	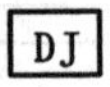 DJ	对讲楼层分配箱

12.4.3.4 建筑电气施工图的文字符号

建筑电气施工图的文字符号分为基本文字符号和辅助文字符号两种。一般标注在电气设备、装置、元器件图形符号上或其近旁，以表明电气设备、装置和元器件的名称、功能、状态和特征。

(1) 基本文字符号

基本文字符号分为单字母符号和双字母符号。

① 单字母符号用大写的拉丁字母将各种电气设备、装置和元器件划分为23大类，每大类用一个专用字母符号表示，如M表示电动机、C表示电容器类等。

② 双字母符号是由一个表示种类的单字母符号与另一个表示功能的字母结合而成，其组合形式以单字母符号在前，另一字母在后的次序标出。如KA表示交流继电器，KM表示接触器等。

(2) 辅助文字符号

辅助文字符号用以表示电气设备、装置和元器件以及线路的功能、状态和特征。如ON表示开关闭合，RD表示红色信号灯等。辅助文字符号也可放在表示种类的单字母符号后边，组合成双字母符号。

(3)补充文字符号

如果基本文字符号和辅助文字符号不够使用,还可进行补充。当区别电路图中相同设备或电器元件时,可使用数字序号进行编号,如 1T(或 T1)表示 1 号变压器、2T(或 T2)表示 2 号变压器等。

12.4.4　电气照明及插座平面图识读

电气照明平面图是在建筑平面图的基础上绘制而成的。主要表明以下内容:

① 电源进户线位置,导线规格、型号、相数,引入方法(从架空引入时,注明架空高度;从地下敷设引入时,注明穿管材料、名称、管径等)。

电气施工图及插座施工图识读

② 配电箱位置(包括主配电箱、分配电箱等)。

③ 各种电气器材及设备的平面位置、安装高度、安装方法、用电功率。

④ 线路敷设方式,穿线器材名称、管径、导线名称、规格、根数。

⑤ 从各配电箱引出回路的编号。

⑥ 屋顶防雷平面图及室外接地平面图,选用材料、名称、规格、防雷引入方法,接地极材料、规格、安装要求等。

图 12-22(a)为某住宅楼标准层的电气照明平面图。每间房设有一个吸顶灯和开关。图 12-22(b)为某住宅楼标准层的电气插座平面图。从图中可知,空调插座、热水器插座及厨房插座均为单独回路。

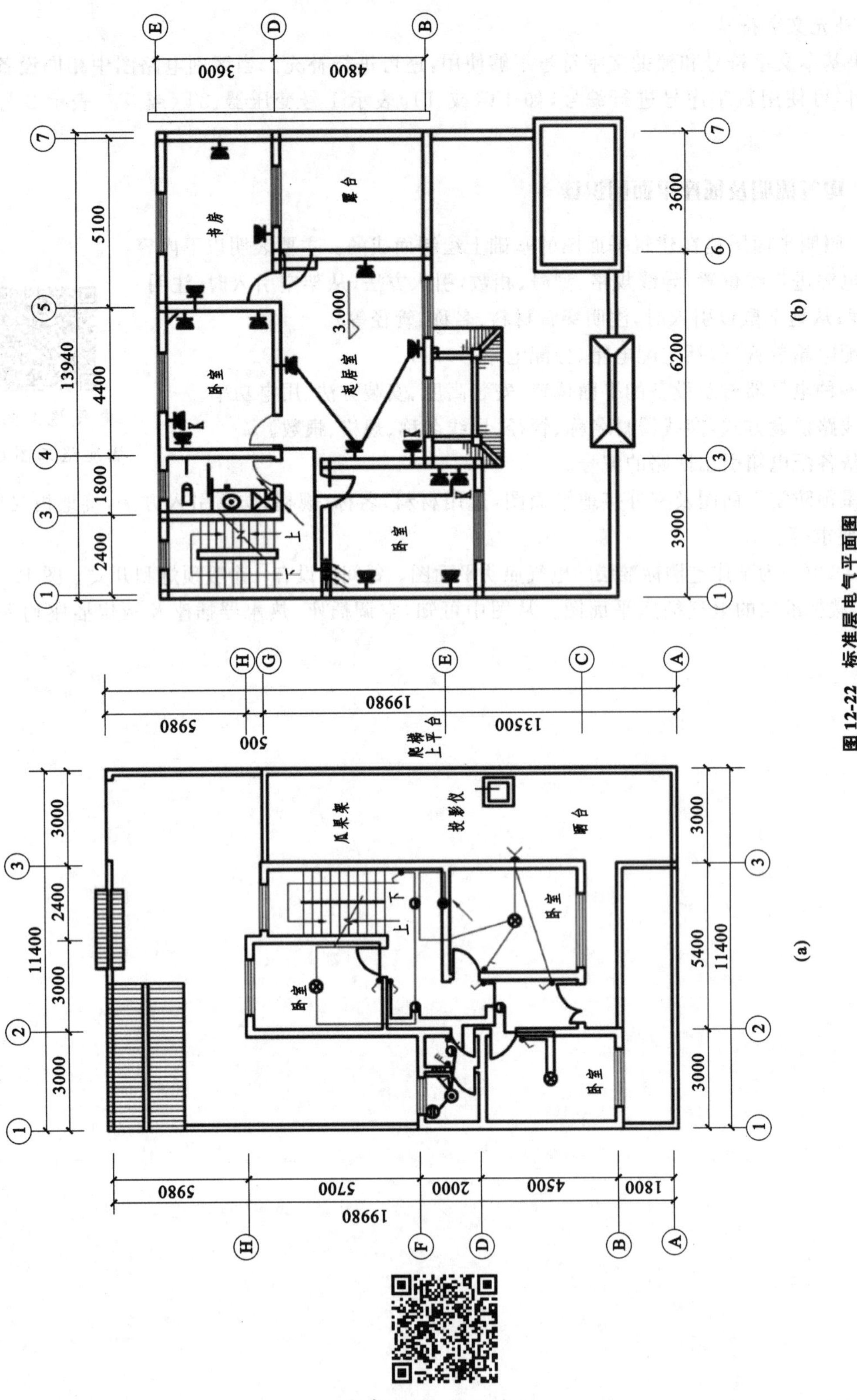

图 12-22　标准层电气平面图

(a) 标准层电气照明平面图；(b) 标准层电气插座平面图

本章小结、要点自测、

理实融合、拓展学习

13 道路工程图

【内容提要】

本章主要介绍道路路线平面图、纵断面图和横断面图三种工程图的图示内容和绘图方法。本章的教学重点为路线平面图、纵断面图和横断面图的表达方法，教学难点为平曲线和竖曲线的概念。

【学习目标】

通过本通过本章的学习，学生应熟悉道路工程图绘制的相关规范、标准，了解道路工程图的图示内容、图示要求和图示方法，掌握各种道路工程图的识读方法和技巧，具备准确阅读道路工程图的基本能力。

13.1 概　述

道路是保证车辆和行人安全顺利通行而人为修建的带状工程结构物。道路工程图是建造道路的技术依据，是用来说明道路路线的走向、线形设计、沿线的地形地物、路线的高程和坡度、路基状况、路面结构以及线路交叉、立交的构筑物(如桥梁、涵洞、挡土墙、公路、铁路等)的位置内容的图样。

由于道路的位置和形状受道路所在地区的地形、地貌以及地质等自然条件的综合影响，因此道路路线有竖向高度变化(上坡、下坡、竖曲线)和平面弯曲变化(左向、右向、平曲线)，所以从总体来看是一条空间曲线，如图 13-1 所示。

图 13-1　盘山公路

根据道路不同的组成和功能特点,可将其分为公路和城市道路两种。位于城市以外的道路称为公路,位于城市范围内的道路称为城市道路。本章将主要介绍道路路线工程图的内容及图示方法。

道路路线工程图以平面图(地形图)、纵断面图(立面图)和横断面图(侧面图)这三种工程图来表达道路的空间位置、线形和尺寸,如图13-2所示。

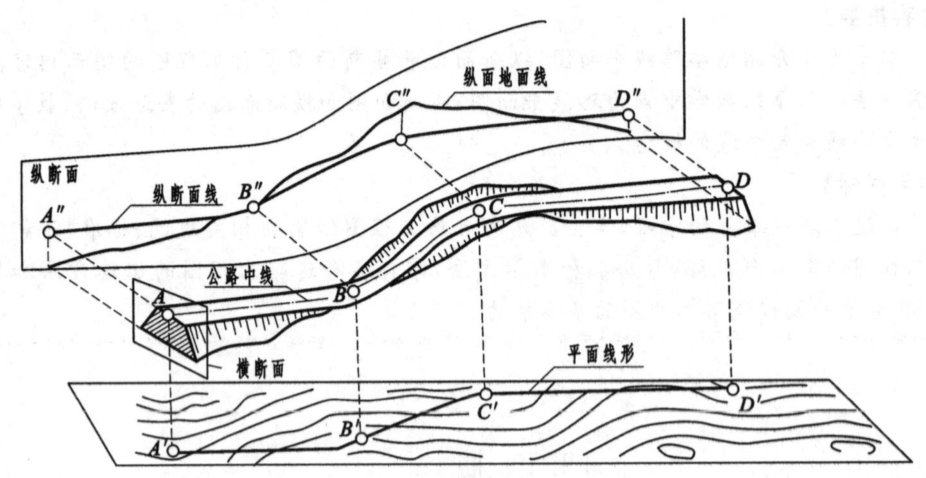

图13-2 道路路线工程图的形成

① 路线平面图是上面绘有道路中心线的地形图。

② 路线纵断面图是通过道路中心线用假想的铅垂剖切面进行纵向剖切,然后展开绘制而获得的断面图。

③ 路基横断面图是用假想的剖切平面,垂直于道路中心线剖切得到的,其作用是表达路线各中心桩处路基横断面的形状和横向地面高低起伏状况。

13.2 路线平面图

路线平面图主要用于表达路线的走向和平面线形(直线和左、右弯道曲线),沿线路两侧一定范围内的地形(如山丘、平地、河流等)、地物(如村镇、房屋、耕地、果园等)情况。将路线画在地形图上,地形用等高线表示,地物用图例来表示。

图13-3为某公路K0+000至K1+700段的路线平面图,其内容包括地形、地物、路线和平曲线要素表。

13.2.1 路线平面图的图示特点

路线平面图是将道路的路线画在用等高线表示的地形图上。在地形图上,用加粗粗实线(1.4～2.0)b画出路线中心线,以此表示路线的水平状况及长度里程,但不表示路线的宽度。

13.2.2 路线平面图的内容

如图13-3所示,路线平面图的主要内容包括地形和路线两部分。

13.2.2.1　地形部分

路线平面图中的地形部分是路线布线设计的客观依据，它必须反映下述四点内容：

(1) 比例

路线平面图的地形图是经过勘测而绘制的，为了使图样表达清晰合理，不同的图形采用不同的比例。城镇区一般采用 1∶1000～1∶500 的比例，山岭重丘区一般采用 1∶2000～1∶1000 的比例，微丘和平原区一般采用 1∶5000～1∶2000 的比例。

(2) 方向

为了表示路线所在地区的方位和路线的走向，也为拼接图纸时提供核对依据，在路线平面图上应画出指北针或坐标网。指北针在图上是用“⏀”符号来表示的，箭头所指为正北方向。图 13-3 采用了坐标网表示法，图中符号“X2500 / Y1000”表示两垂直线的交点坐标在坐标网原点之北 2500 m、之东 1000 m，并且从图中可以看出该路线的走向为从西南到东北方向。

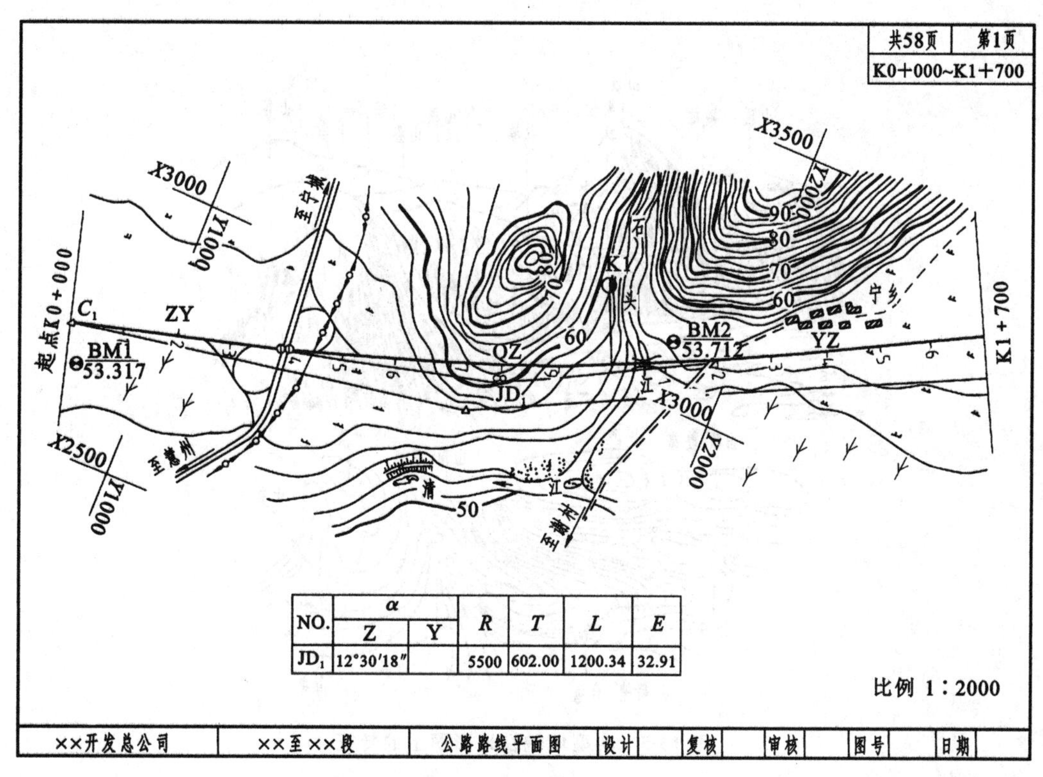

图 13-3　路线工程图

(3) 地形

路线平面图中地形起伏情况主要用地形图来表示。

地形图是从上往下看的地貌(地形)及地物的样子。地貌是地面的各种起伏、曲折形态的总称，也可以叫作地形，如高山、洼地、山岭等。地物是指地上的自然物和建筑物，如河流、湖泊、道路、桥梁等。等高线地形图是把地面上相同高度的点顺序连接而成的封闭曲线，如图 13-4 所示。

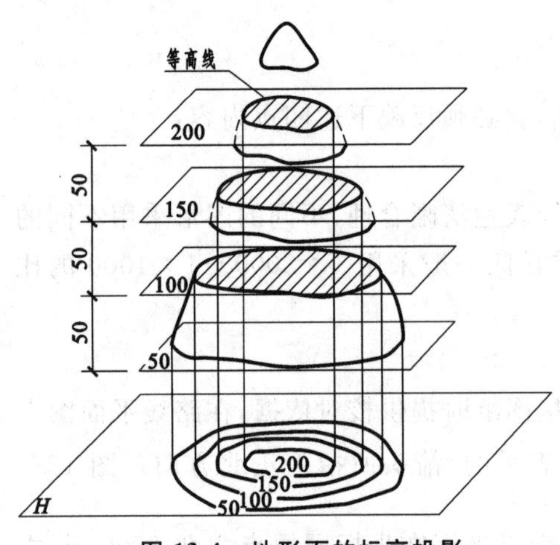

图 13-4　地形面的标高投影

地形图的画法与普通显示物体的工程图画法一样。按普通工程图的画法,平面图仅能表现物体的大小,即长度、宽度和方位,表现不了高度和坡度。地形图就不一样,它虽然也是平面图,但是它不仅能显示地貌的形象,还能准确地表示出地貌的起伏高度和坡度。

地貌的起伏形态各种各样,但基本地貌不外乎山顶(山头)、山岭(山脊)、洼地、谷地等。清楚了基本地貌的等高线表示的特点,看地形图就容易得多,如图 13-5 所示。

在地形图中,一般每隔四条等高线有一条加粗的等高线,加粗的等高线称为计曲线,并标有相应的高程数字。不加粗的等高线称为首曲线。图 13-3 中相邻两根等高线之间的高差为 2 m,根据图中等高线的疏密可以看出地势的情况,同一地形内,等高线愈密地势愈陡,反之等高线愈稀地势愈平坦。该地区东北部地势较高、较陡,西南部地势较平缓、较低。

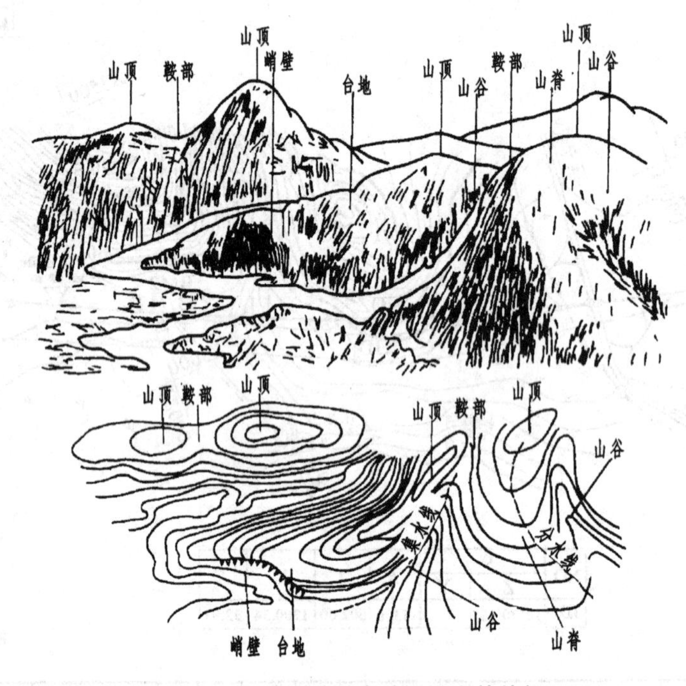

图 13-5　典型地貌在地形图上的特征

(4) 地物

地物是指地上的自然物和建筑物,如河流、房屋、道路、桥梁、输电线、植被等,路线平面图中的地物都是按国家相关标准绘制的。道路工程常用地物图例见表 13-1。对照图例可知,图 13-3 中该地区东北方有两座小山峰,一座高约 80 m,另一座高约 100 m。在两山之间的山谷中,有一条石头江,由东北向西南流入南部的清江。在石头江的东北岸,小山脚下有一名为宁乡的小村。该村的西南方向有一条通往谢村的大车道,东北方向还有一条小路。该村周围,北部是旱地,南部是水田。该地区西部有一条南北走向、由慧州到宁城的公路,公路东侧是一条慧州到宁城的低压电线。公路两侧是农田,有旱地、水田。

表 13-1 **道路工程常用地物图例**

名称	符号	名称	符号	名称	符号
机场		港口		井	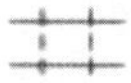
学校		交电室		房屋	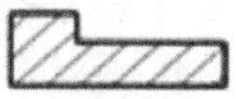
土堤	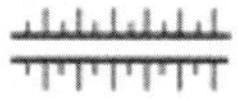	水渠		烟囱	
河流		冲沟		人工开挖	
铁路		公路		大车道	
小路		低压电线，高压电线	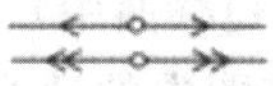	通信线	
果园		旱地		草地	
林地		水田		菜地	
导线点	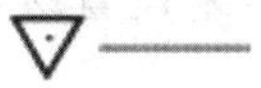	三角点		图根点	
水准点		切线交点		指北针	

13.2.2.2 路线部分

(1) 设计路线

《道路工程制图标准》(GB 50162—1992)中规定，道路中心线应采用细点画线表示，路基边缘线应采用粗实线表示。由于路线平面图所采用的比例太小，线路的宽度无法按实际尺寸画出，所以在路线平面图中，设计路线是用粗实线沿着道路中心表示的。

(2) 里程桩

道路路线的总长度和各段之间的长度用里程桩号表示。里程桩号应从路线的起点至终点、由小到大依次顺序编号，并规定在平面图中路线的前进方向是从左向右的。里程桩分公里桩和百米桩两种。

公里桩宜标注在路线前进方向的左侧，用符号“◐”表示桩位，用“K×××”表示其公里数，且注写在符号的上方；百米桩宜标注在路线前进方向的右侧，用垂直于路线的细短线表示桩位，用字头朝向前进方向的阿拉伯数字表示百米数，注写在短线的端部。图 13-3 中“K1”表示距离路线起点 1 km；在 K1 公里桩的前方注写的“2”表示桩号为 K1+200，说明该点距离路线起点 1200 m。

(3) 平曲线

道路路线的平面是由直线段和曲线段组成的，在路线的转折处应设平曲线。最常见的较简单的平曲线为圆曲线，其基本几何要素如图 13-6 所示；JD 为交角点，是路线两直线段的理论交点；α 为转折角，是路线前进时向左(α_Z)或向右(α_Y)偏转的角度；R 为圆曲线的半径；T 为切线长，是切点与交角点之间的长度；E 为外距，是曲线中点到交角点的距离；L 为曲线长，是圆曲线两切点之间的弧长；L_S 为缓和曲线长。

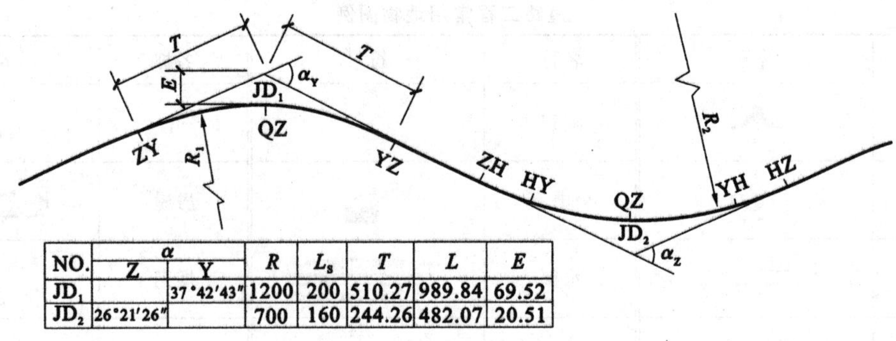

NO.	α Z	α Y	R	L_s	T	L	E
JD_1		37°42′43″	1200	200	510.27	989.84	69.52
JD_2	26°21′26″		700	160	244.26	482.07	20.51

图 13-6　平曲线几何要素

在路线平面图中，转折处应注写交角点代号并依次编号，如 JD_2 表示第 2 个交角点。另外，还要注出线段的起点 ZY(直圆)、中点 QZ(曲中)、终点 YZ(圆直)的位置。为了将路线上各段平曲线的几何要素值表示清楚，一般还应在图中的适当位置列出平曲线要素表，如图 13-3、图 13-6 所示。如果设置缓和曲线，则将缓和曲线与前、后段直线的切点分别标记为 ZH(直缓点)和 HZ(缓直点)；将圆曲线与前、后段缓和曲线的切点分别标记为 HY(缓圆点)和 YH(圆缓点)。

如图 13-3 所示，该图中新设计的这段公路是从 K0＋000 处到 K1＋700 处，在交角点 JD_1 处向左转折，$\alpha_Z=12°30'18''$，圆曲线半径 $R=5500$ m，由于圆曲线半径较大，未设置缓和曲线，图中注出了 ZY、QZ、YZ 的位置并列出了平曲线要素表。

(4) 结构物和控制点

在路线平面图上还须标示出道路沿线的结构物和控制点，如桥梁、涵洞、通道、立交、水准点和三角点等。道路工程常用结构物图例见表 13-2。结合此表可从图 13-3 中了解到道路沿线结构物的位置、类型和分布情况以及控制点的坐标和高程。“ ”表示在 K1＋700 m 处有一座桥；“$\frac{BM2}{53.712}$”表示水准点的编号为 BM2，高程为53.712 m。

表 13-2　**道路工程常用结构物图例(平面图)**

序号	名称	图例	序号	名称	图例
1	涵洞		6	通道	
2	桥梁 (大、中桥按实际长度绘制)		7	分离式立交： (a) 主线上跨； (b) 主线下穿	(a) (b)
3	隧道		8	互通式立交 (按采用形式绘)	
4	养护机构		9	管理机构	
5	隔离墩		10	防护栏	

13.2.3 路线平面图阅读方法

路线平面图的阅读方法如下：

① 查阅图纸的说明，看比例。了解该图是哪一段路线的平面图，采用的比例是多少。

② 查看图纸右上角的角标，了解该平面图共有几张图纸，所看的这张图纸是其中的哪一张图纸。

③ 依据直线、曲线、转角一览表核查转角点坐标网的一系列数值。

④ 根据等高线和图例符号了解路线所在地带的地形、地物情况。

⑤ 识读平面图形中路线的方位和走向。

⑥ 在平面图上查阅公路的起始点、里程桩、百米桩、曲线要素桩、桥涵桩及位置。

⑦ 查核平曲线要素表。

13.2.4 路线平面图绘制方法

路线平面图的绘制方法如下：

① 画地形图。等高线按先粗后细的顺序徒手画出，线条流畅，计曲线宽度宜用 0.5b，细等高线线宽为 0.25b。

② 画路线中心线。路线中心线用圆规和直尺按先曲后直的顺序从左至右绘制，其线宽为(1.4～2.0)b。

③ 平面图中的植被。地面上生长的各种植物统称为植被。平面图中的植被应朝上或朝北绘制。

④ 路线的分段。路线平面图按从左至右的顺序绘制，桩号按左小右大编排。由于路线狭长，需将整条路线分段绘制在若干图纸上，使用时再拼接起来。分段处应尽量在直路段整数桩处，每张图纸上只允许画一线路段，断开的两端用细点画线画出垂直于路线的接图线。

⑤ 角标和图标。在每张图纸的右上角应用线宽 0.25 mm 的细实线绘出角标，注明图纸总张数、本张图纸的序号以及路段起止桩号。在最后一张图纸的右下角应绘制图标，图标外框线的线宽宜为 0.7 mm，图标内分格线的线宽宜为 0.25 mm。

13.2.5 路线平面图的拼接

由于道路很长，不可能将整个路线平面图画在同一张图纸内，通常需分段绘制，使用时再将各张图纸拼接起来，每张图纸的右上角应画有角标，角标内应注明该张图纸的序号和总张数。平面图中路线的分段宜在整数里程桩处断开。相邻图纸拼接时，路线中心对齐、接图线重合，并以正北方向为准，如图 13-7 所示。

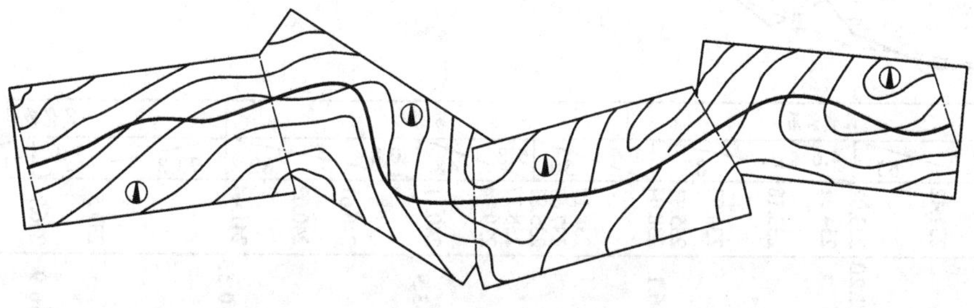

图 13-7 路线平面图的拼接

13.3 路线纵断面图

路线的纵断面图是表示路线中心的地面起伏状况以及路线的纵向设计坡度和竖曲线。道路路线的纵断面图是用假想的铅垂剖切面沿着道路的中心线进行纵向剖切得到的。如图 13-8 所示,由于道路中心线是由直线和曲线组合而成的,所以纵向剖切面既有平面,又有曲面。为了清晰地表达路线的纵断面情况,特采用展开的方法,将此纵断面展平成为一平面,并绘制在图纸上,即为路线的纵断面图。

图 13-8　路线纵断面图剖切示意图

13.3.1　路线纵断面图的图示特点

路线纵断面图包括图样和资料表两部分,一般图样画在图纸的上部,资料以表格形式布置在图纸的下部。高程标尺布置在资料表的上方左侧。水平横向表示路线里程,铅垂纵向表示地面线及设计线的标高。

13.3.2　路线纵断面图的内容

图 13-9 所示为某公路 K4+800 至 K5+275 段的路线纵断面图。

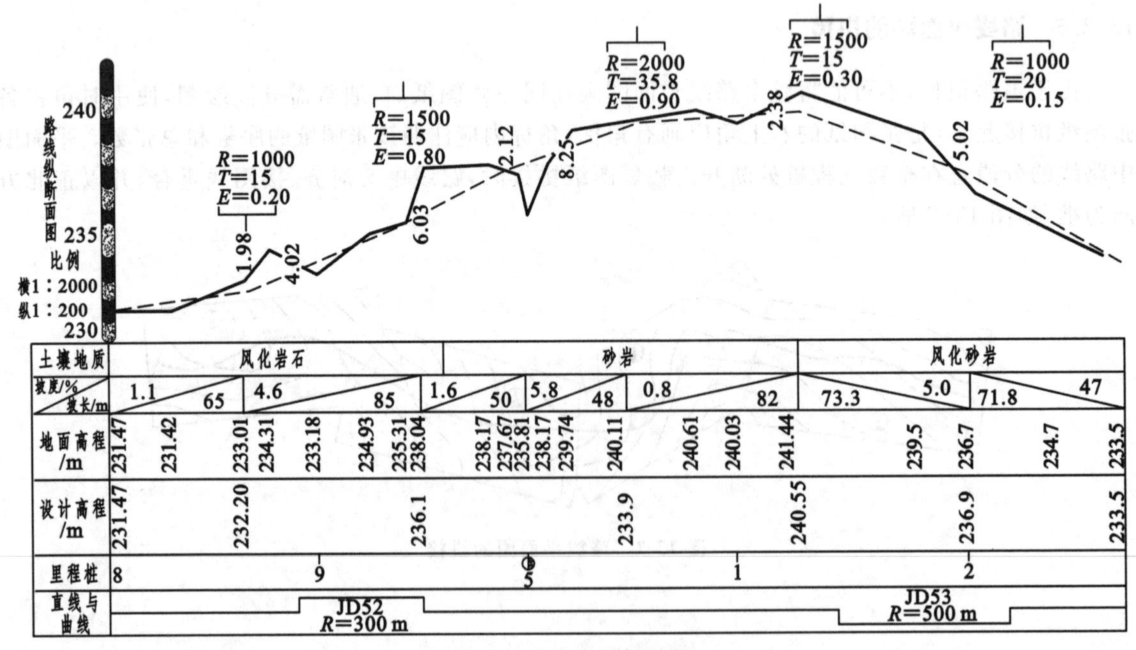

图 13-9　路线纵断面图

13.3.2.1　图样部分

(1) 比例

路线纵断面图的横向长度表示路线的长度(里程),纵向高度表示地面及设计线的标高。由于路线和地形的高程变化比起路线的长度要小得多,为了在路线纵断面图上清晰地显示出高程的变化和设计上的处理,绘制时纵向比例一般比横向比例放大10倍。横向(里程)比例尺和纵向(高程)比例尺的确定要根据实际工程要求选取,如在山岭地区,横向比例尺一般选择1∶1000、1∶2000、1∶5000,则与之对应的纵向(高程)比例尺选择1∶100、1∶200、1∶500;在丘陵和平原地区,由于地形起伏变化较小,所以横向比例尺一般选择1∶5000,则与之对应的纵向比例尺选择1∶500。

由于路线较长,路线的纵断面图一般都有许多张,在第一张图的图标内或左侧纵向标尺处应注明纵、横向所采用的比例尺。

(2) 设计线和地面线

为保证汽车安全流畅地通过,地面纵坡要有一定的平顺性,因此应按道路等级和地形起伏情况,根据相应的公路工程技术标准合理设计坡度线,简称设计线。在纵断面图中,粗实线为公路纵向设计线,是由直线段和竖曲线组成的,设计线上各点的标高通常是指路基边缘的设计高程。不规则的细折线为设计中心线处的地面线,它是根据原地面上沿线各点的实测中心桩高程绘制的。比较设计线与地面线的相对位置,可确定填挖地段和填挖高度。

(3) 竖曲线

在设计线的纵向坡度变更处,即变坡点,应按《公路工程技术标准》(JTG B01—2014)的规定设置竖曲线,以利于汽车平稳行驶。竖曲线分为凸形和凹形两种,在图中分别用"┌┴┐"和"└┬┘"符号表示,符号中部的竖线应对准变坡点,竖线两侧标注变坡点的里程桩号和竖曲线中点的高程。符号的水平线两端应对准竖曲线的起点和终点,水平线上方应标注竖曲线要素值(半径R、切线长T、外距E)。如图13-9所示,在K4+865处设有$R=1000$ m的凹曲线,该竖曲线中点高程为232.20 m($T=15$ m,$E=0.20$ m)。

(4) 沿线构造物

道路沿线如设有桥梁、涵洞、立交和通道等构造物时,应在其相应设计里程和高程处,按图例绘制并注明构造物名称、种类、大小和中心里程桩号。

(5) 水准点

沿线设置的水准点,都应按所在里程注在设计线的上方或下方,并标出其编号、高程和路线的相对位置。

13.3.2.2　资料表部分

路线纵断面图的资料表是与图样上下对应布置的,这种表示方法能较好地反映出纵向设计线在各桩号处的高程、填挖方量、地质条件和坡度以及平曲线与竖曲线的配合关系。资料表主要包括以下栏目和内容:

① 地质概况:根据实测资料,在该栏中注出沿线各段的地质情况,作为修筑道路路基时的地质资料。

② 高程资料:表中有设计高程和地面高程两栏,它们应和图样互相对应,分别表示设计线和地面线上各点(桩号)的高程。

③ 填挖高度:设计线在地面线下方时需要挖土,设计线在地面线上方时需要填土,挖或填的高度值应是各点(桩号)对应的设计高程与地面高程之差的绝对值。

④ 坡度及坡长:标注设计线各段的纵向坡度和水平长度距离。该栏中的对角线表示坡度方向,左下至右上表示上坡,左上至右下表示下坡,坡度及坡长分注在对角线的上下两侧。如图13-9所示,该栏中第一格的标注“1.1/65”表示从K4＋800至K4＋865坡段设计纵坡为1.1%,设计长度为65 m,此段路线是上坡。

⑤ 里程桩号:沿线各点的桩号是按测量的里程数值填入的,单位m,桩号从左向右排列。在平曲线的起点、中点、终点和桥涵中心点等处可设置加桩。

⑥ 直线及平曲线:在路线设计中,竖曲线与平曲线的配合关系直接影响着汽车行驶的安全性和舒适性,以及道路的排水状况,故《公路路线设计规范》(JTG D20—2017)对路线的平纵配合提出了严格的要求。由于道路路线平面图与纵断面图是分别表示的,所以在纵断面图的资料表中,以简约的方式表示出平纵配合关系。在该栏中,以“—”表示直线段;以“⌒”“⌣”或“┌┐”“└┘”四种图样表示平曲线段,其中前两种表示设置缓和曲线的情况,后两种表示不设缓和曲线的情况,图样的凸凹表示曲线的转向,上凸表示右转曲线,下凹表示左转曲线。

13.3.3 路线纵断面图绘制方法

① 路线纵断面图大多画在透明方格纸的背面,以防止擦线或刮图时把方格线擦去或刮掉。方格规格为纵横都是按1 mm分格,每5 mm处印成粗线。用方格纸画,既可省比例尺,加快绘图速度,又便于进行检查。

② 路线纵断面图和平面图一样,从左至右按里程顺序分段画出。先画资料表和左边的纵坐标(高程)轴,然后画地面线和设计线,接下来画出涵洞、桥梁等符号。

③ 路线纵断面图的图标应绘制在最后一张图或每张图的右下角,并注明路线名称、纵横比例等。在每张图的右上角应绘有角标,注明图纸序号、总张数及起止桩号。

13.4 路基横断面图

路基横断面图是假设通过路线中心桩用一垂直于路线中心线的铅垂剖切面进行横向剖切,画出该剖切面与地面的交线及其与设计路基的交线,则得到路基横断面图,如图13-10所示。路基横断面图主要表达路线沿线各中心桩处的横向地面起伏状况和路基横断面形状、路基宽度、填挖高度、填挖面积等。工程上要求每一中心桩处,根据测量资料和道路设计要求,沿线路前进方向依次画出每一个路基横断面图,作为计算路基土石方工程量和路基施工的依据。

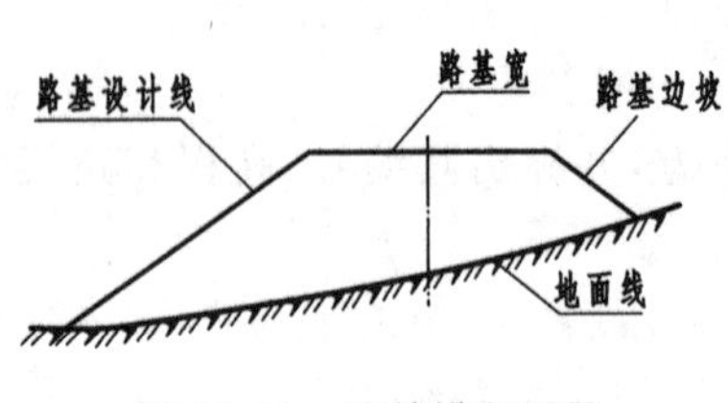

图13-10 路基横断面图

13.4.1 路基横断面图的形成

如图13-11所示,根据设计线与地面线的相对位置的不同,路基横断面图有以下三种形式:

① 填方路基。填方路基又称路堤,整个路基全为填土区,设计线全部在地面线以上,如图13-11(a)所示。在图的下方标注有该断面图的里程桩号、中心线处的填方高度h_T、填方面积A_T、路基中心标高及路基边坡坡度。

② 挖方路基。挖方路基又称路堑，整个路基全为挖土区，设计线全部在地面线以下，如图 13-11(b)所示。图中注有该断面图的里程桩号、中心线处挖方高度 h_W、挖方面积 A_W、路基中心标高及边坡坡度。

③ 半填半挖路基。路基断面一部分为填土区，一部分为挖土区，如图 13-11(c)所示。图中注有该断面的里程桩号、中心处填高 h_T 或挖高 h_W 以及该断面的填方面积 A_T 或挖方面积 A_W 以及路基中心标高及边坡坡度。

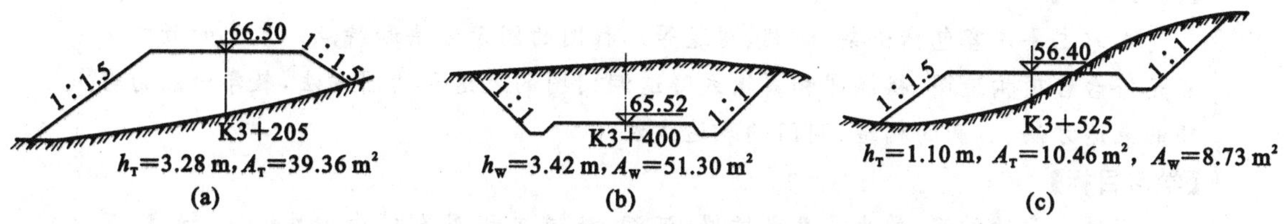

图 13-11 路基横断面图的形式及标注

(a) 填方路基；(b) 挖方路基；(c) 半填半挖路基

13.4.2 路基横断面图绘制方法

① 路基横断面图的纵横方向采用同一比例。一般为 1∶200，也可用 1∶100 和 1∶50。要求路面线(包括路肩线)、边坡线、护坡线等均采用粗实线绘制；原有地面线应采用细实线绘制，设计或原有道路中心线应采用细单点长画线绘制。

② 路基横断面图常绘制在透明方格纸的背面，这样既便于计算断面的挖填方面积，又便于施工放样。

③ 路基横断面图的布置顺序：按桩号从下至上、从左至右的顺序画出，如图 13-12 所示。

④ 每张图纸右上角应有角标，注明图纸的序号和总张数；在最后一张图纸的右下角绘制图标。

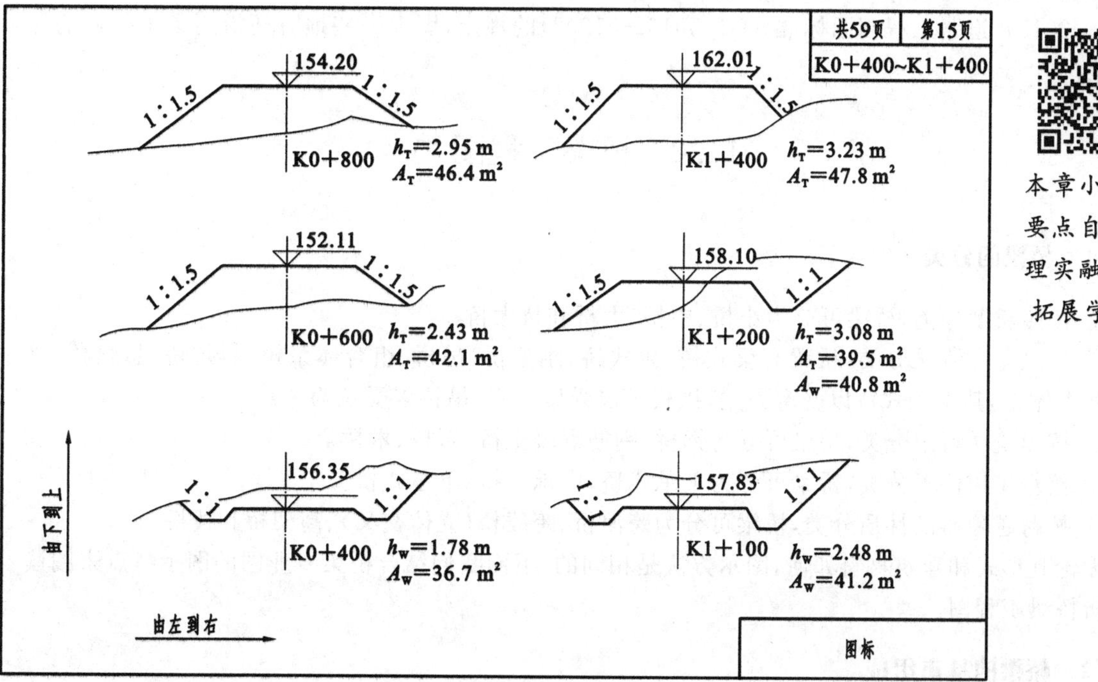

本章小结、要点自测、理实融合、拓展学习

图 13-12 路基横断面图

14 桥梁、涵洞、隧道工程图

【内容提要】

本章主要内容包括桥梁、涵洞、隧道等工程图的图示方法和特点。本章的教学重点是桥台台顶构造图、拱涵图和翼墙式隧道洞门图的表达和读图方法,教学难点为台顶的表达方法、涵洞的构造、洞门的表达方法。

【学习目标】

通过本章的学习,学生应熟悉桥梁、涵洞、隧道工程图绘制的相关规范、标准,了解桥梁、涵洞、隧道工程图各自的图示内容、图示要求和图示方法,掌握桥梁、涵洞、隧道工程图的识读方法和技巧,具备准确阅读桥梁、涵洞、隧道工程图的基本能力。

14.1 概　　述

道路线路遇到江河湖泊、山谷深沟以及其他障碍时,为了保持道路的连续性,充分发挥其正常的运输能力,就需要建造专门的人工构造物——桥梁(或涵洞);要穿过山岭、江河湖海等障碍物时,则需要开凿隧道。桥梁、涵洞、隧道是道路、水利工程中的建筑物,大量出现在铁路、公路中。绘制这些建筑物的图样时,除要遵守建筑制图相关标准外,还要遵守《铁路工程制图标准》(TB/T 10058—2015)《道路工程制图标准》(GB 50162—1992)的规定,图上一些地方还沿用了本行业的习惯画法。

14.2 桥梁工程图

14.2.1 桥梁的分类

① 按照长度分类,桥梁可分为小桥、中桥、大桥和特大桥。

② 按照受力体系分类,桥梁有梁式桥、拱式桥、刚架桥、吊桥、组合体系桥(斜拉桥、悬索桥)等几种基本体系,其中梁式桥以受弯为主,拱式桥以受压为主,吊桥以受拉为主。

③ 按建筑材料来分类,桥梁可分为钢桥、钢筋混凝土桥、石桥、木桥等。

④ 按行车道位置分类,桥梁可分为上承式桥、中承式桥、下承式桥。

⑤ 按跨越障碍的性质分类,桥梁可分为跨河桥、跨线桥(立体交叉)、高架桥和栈桥。

无论其形式和建筑材料如何,图示方法是相同的,下面我们结合桥梁专业图的图示特点来阅读和分析桥梁工程图。

14.2.2 桥梁的基本组成

桥梁由上部结构、下部结构、支座和附属设施四个部分组成,如图 14-1 所示。

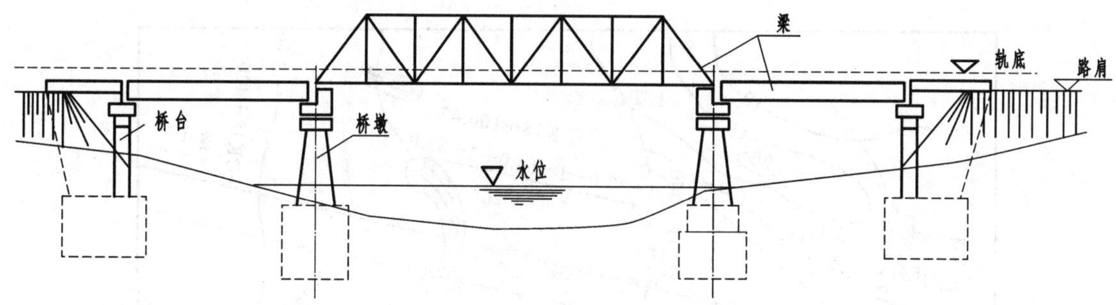

图 14-1　桥梁示意图

(1) 上部结构

上部结构又称桥跨结构，是在线路中断时跨越障碍的主要承重结构，是桥梁支座以上跨越桥孔的总称，当跨度幅度越大时，上部结构的构造也就复杂，施工难度也相应增加。

(2) 下部结构

下部结构是桥墩、桥台和基础的统称。桥墩和桥台是支承上部结构并将其传来的永久荷载和车辆等荷载传至基础的结构物。桥台设在桥梁两端，桥墩则在两桥台之间。桥墩的作用是支承桥跨结构；而桥台除了起支承桥跨结构的作用外，还要与路堤衔接，以防止路堤滑塌。在路堤与桥台衔接处，一般还在桥台两侧设置石砌的锥形护坡，以保证迎水部分路堤边坡的稳定。

桥墩和桥台底部称为基础，基础承担从桥墩和桥台传来的全部荷载，这些荷载包括竖向荷载以及地震、船舶撞击墩身等引起的水平荷载。由于基础深埋于水下地基中，是桥梁施工中难度较大的部分，也是确保桥梁施工安全的关键。

(3) 支座

在桥跨结构与桥墩、桥台的支承处所设置的传力装置，称为支座。它不仅要传递很大的荷载，并且要保证桥跨结构能产生一定的变位。

桥梁的基本结构

(4) 附属设施

桥梁的附属设施包括桥面系统、伸缩缝、桥梁与路堤衔接处的桥头搭板和锥形护坡、栏杆、灯柱等。

14.2.3　桥梁工程图

桥梁工程图是桥梁施工的主要依据，它是运用正投影的理论和方法并结合桥梁专业图的图示特点绘制的。主要包括以下几种：桥位图、全桥布置图、桥墩图、桥台图等。

14.2.3.1　桥位图(桥址平面图)

桥位图表明桥梁的平面布置，桥址的地形、地质条件以及桥梁与地物的相对关系，桥梁与线路的相对位置等，是设计、施工的依据。通常根据桥位图布置施工现场。

桥位图用较小的比例绘制，现以图 14-2 为例来介绍其内容及表示方法。

(1) 地形

用等高线表示地形的起伏，为便于读图，每 5 m 或 10 m 的整数标高等高线用较粗的线表示。由等高线的数字和稀密程度可看出地势的平坦和陡峭。如图 14-2 中靠近天津方向北部地势较高，最高点标高 20 m，而东南方向地势低。

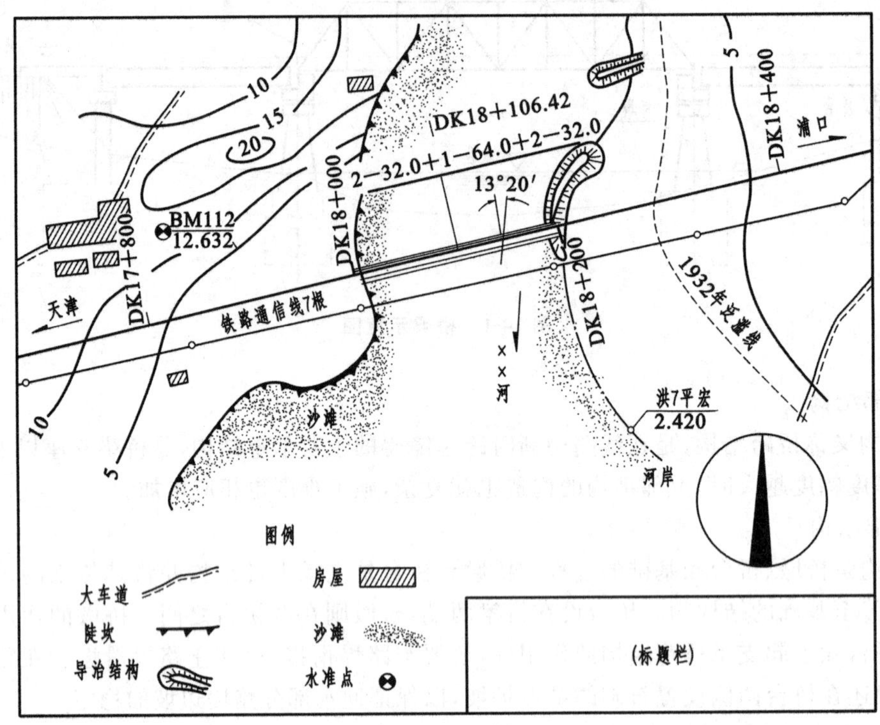

图 14-2 桥位图

(2) 地质条件

用图例符号标注出桥址所在地区的地质情况。如果地质复杂则用地质断面图详细表述。

(3) 桥梁与地物的相对关系

地物按比例缩小画在图纸上时,只能用简化的规定符号表示。地面上的地物如河流、房屋、道路、桥梁、电力线、植被等,都是按规定图例绘制的。常用的地物图例基本与地形图中的地物图例相同。图 14-2 中西边有房屋、车道及水准点标志。桥的南侧有通信线,东岸有一条洪水泛滥线,东岸北面有导治建筑物。河流方向为从北向南,河床内有沙滩。

(4) 桥梁与线路的相对位置

在桥位图中,有一条粗实线表示线路,将线路的起点端(天津方向)放在图纸的左边,线路的终点端(浦口方向)放在图纸的右边。注明桥梁的中心里程及桥梁的长度。

为了表明桥址的方向,图 14-2 中还画出了指北针。

14.2.3.2 全桥布置图

图 14-3 是全桥布置图,主要表示全桥的概貌及有关的技术资料。它是简化了的全桥主要轮廓的投影图,由立面图和平面图组成。立面图是由线路的垂直方向向桥孔投影而得到的,它反映了桥梁的全貌。平面图是从上向下投影,并假想将桥跨及以上部分的设备全部去除后得到的。为了表达墩台的断面形状,在平面图中采用了半平面和半基顶剖面的表达方法。

全桥布置图主要表明桥梁的形式、跨径、孔数、总体尺寸、各主要构件的相互位置关系、桥梁各主要部位的标高以及总的技术要求等,它是桥梁施工时确定墩台位置及构件安装的依据之一。

从图 14-3 可知,该桥有五孔,其中四孔是跨度为 32.0 m 的预应力钢筋混凝土梁,中间一孔是

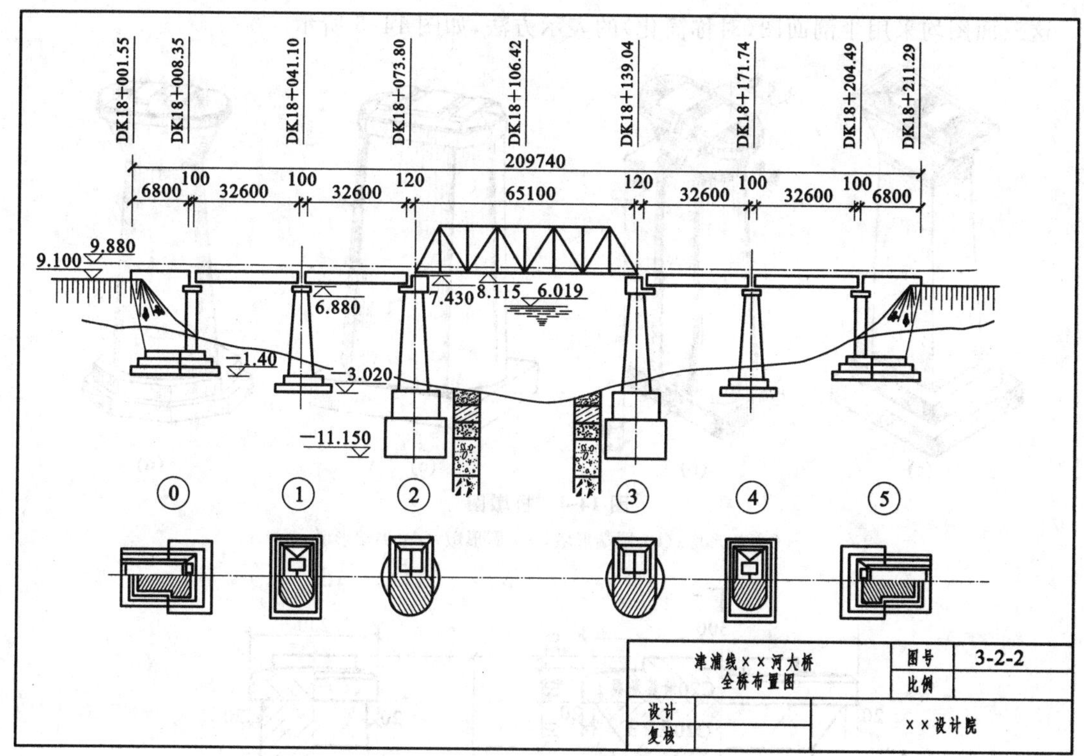

图 14-3　全桥布置图

跨度为 64.0 m 的下承式栓焊钢桁梁，中心里程为 DK18＋106.42。图 14-3 中还标出了全桥各主要部位的标高，画出了河床断面，这些都表示出桥梁各部分在竖直方向的位置关系。

图 14-3 中标高 6.019，是按平均百年一遇的最高水位而定的设计水位。

桥梁中墩、台位置的命名，通常按顺序进行编号，如图 14-3 所示的 0 号台、1 号墩等，也有将桥台按其位置命名的，如津台、浦台等，但桥墩位置命名仍按顺序 1、2、3、…编号。

由平面图可知该桥中墩、台的位置及类型。图 14-3 所示桥台为 T 形桥台，桥墩为圆端形。墩台基础分别采用了明挖扩大基础及沉井基础。

桥位的地质资料是通过地质钻探得到的，所钻地质孔位的多少，需根据设计、施工相关规范的规定及地质情况而定。在线路中心里程 DK18＋77.00 处(即②号墩位附近)和 DK18＋135.00 处(即③号墩位附近)各钻有一地质孔，并画出了该孔的地质柱状图。通过该地质柱状图可以看出地层的土质变化及每层的深度，同时可以知道该桥墩台基础所处的土层位置，如该桥②、③墩的沉井基础将位于圆砾石土壤上。

14.2.3.3　桥墩图

在两孔和两孔以上的桥梁中除两端与路堤衔接的桥台外，其余的中间支撑结构称为桥墩。它由基础、墩身和墩顶组成。按平面形状可将其分为矩形墩、圆端形墩、圆形墩、尖端形墩等。建筑桥墩的材料可采用木料、石料、混凝土、钢筋混凝土、钢材等。图 14-4 列出了四种桥墩。

桥墩图包括桥墩总图、墩顶构造图等。

(1) 桥墩总图

桥墩总图包括正面图(桥墩顺线路方向的投影)、平面图和侧面图(桥墩垂直于线路方向的投影)。这三面图均采用半剖面图(对称简化)的表示方法,如图 14-5 所示。

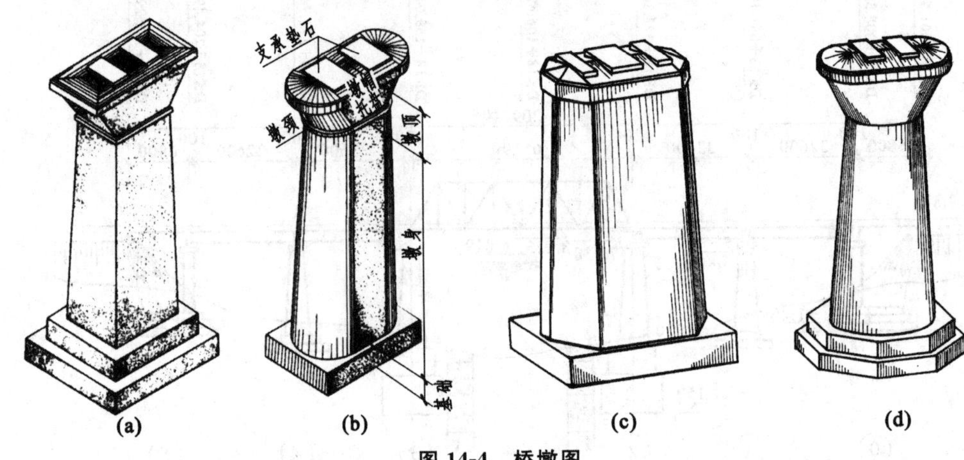

图 14-4　桥墩图

(a) 矩形墩;(b) 圆端形墩;(c) 圆形墩;(d) 尖端形墩

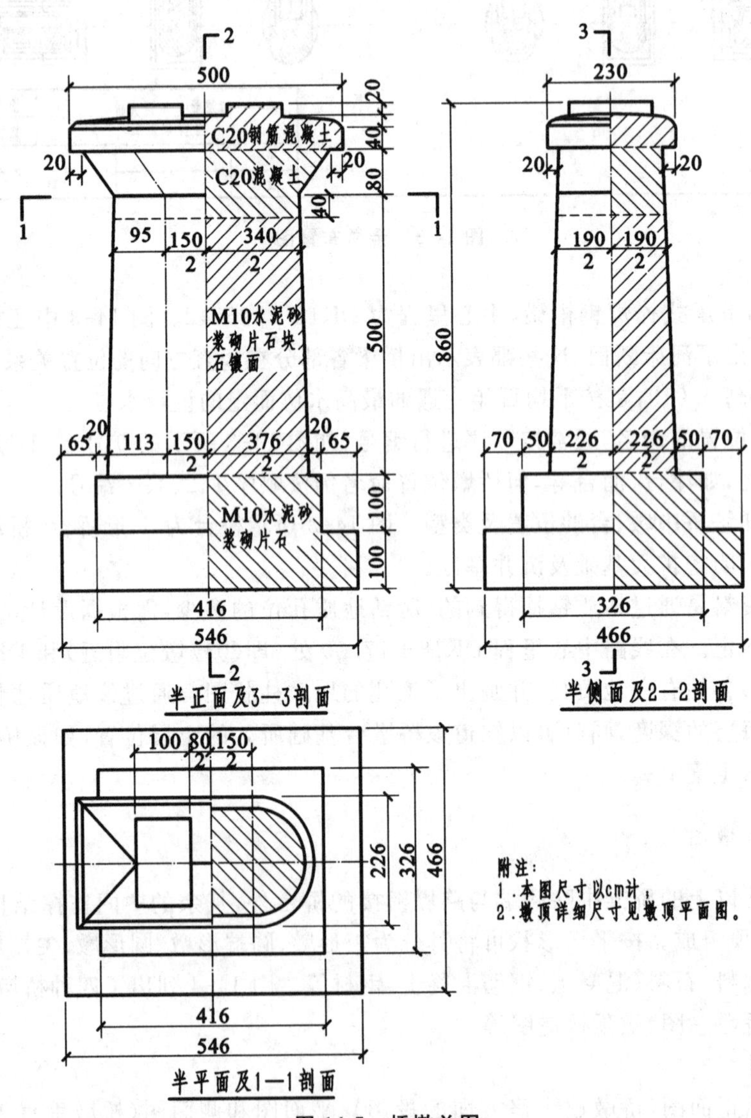

图 14-5　桥墩总图

正面图由半正面和半 3—3 剖面组成。半正面表示外形，半 3—3 剖面表示基础、墩身和墩顶等各部分所用的材料。

平面图由半平面和半 1—1 剖面组成。半平面表示由墩帽向下投影的形状和大小，半 1—1 剖面表示墩身水平截面及其以下部分水平投影的形状和大小。

侧面图由半侧面和半 2—2 剖面组成。半侧面表示桥墩的外形，半 2—2 剖面表示其各部分所用的材料。

图 14-5 中有关对称的尺寸均以 $n/2$ 的形式标注，如 3—3 剖面图中的 376/2，即表示墩身底面总长为 376 cm。

(2) 墩顶构造图

由于桥墩总图比例较小，墩帽构造的尺寸和托盘的形状尚不能完全表达出来，故有必要另取墩顶构造图来补充桥墩总图表达的不足，如图 14-6 所示。

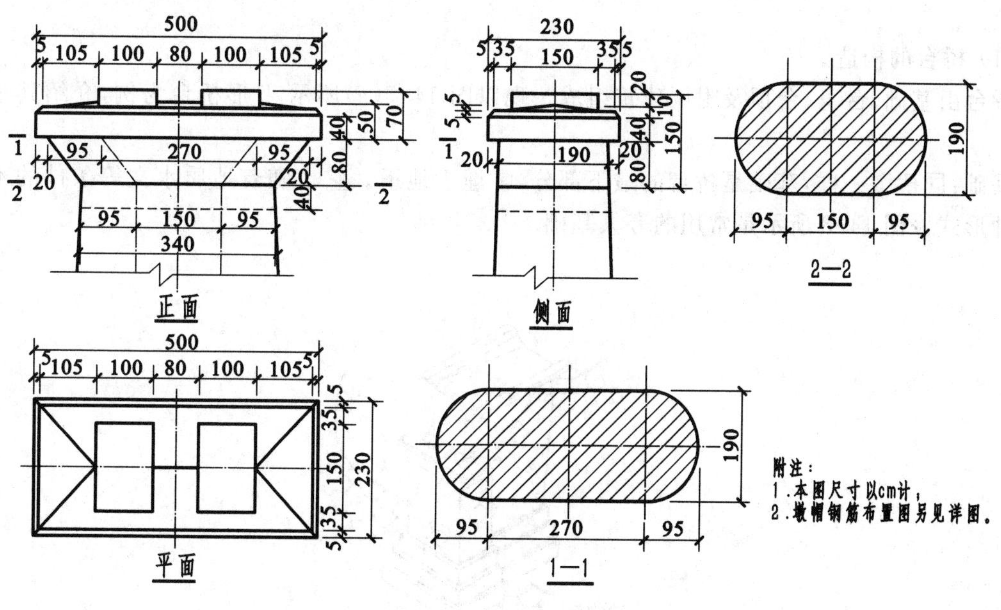

图 14-6　墩顶构造图

正面图和侧面图都是墩顶的外形图，其墩身采用了折断画法。为使图形清晰可见，平面图只画了可见部分的投影。1—1 和 2—2 断面表明了托盘顶部和底部的形状和大小。

墩顶的钢筋布置图，与前面章节所介绍的钢筋混凝土结构图的表达内容和特点相同，此处不再赘述。

14.2.3.4　桥台图

桥台是桥梁两端的支柱，除传递梁以上的荷载外，还承受着路基填土的水平推力，保证与桥台相连路基的稳定。

同桥墩一样，桥台多按自身水平截面形状分成多种类型。铁路桥梁的桥台根据桥头填土高低等的不同，通常采用 T 形、U 形、矩形、十字形等，如图 14-7 所示。

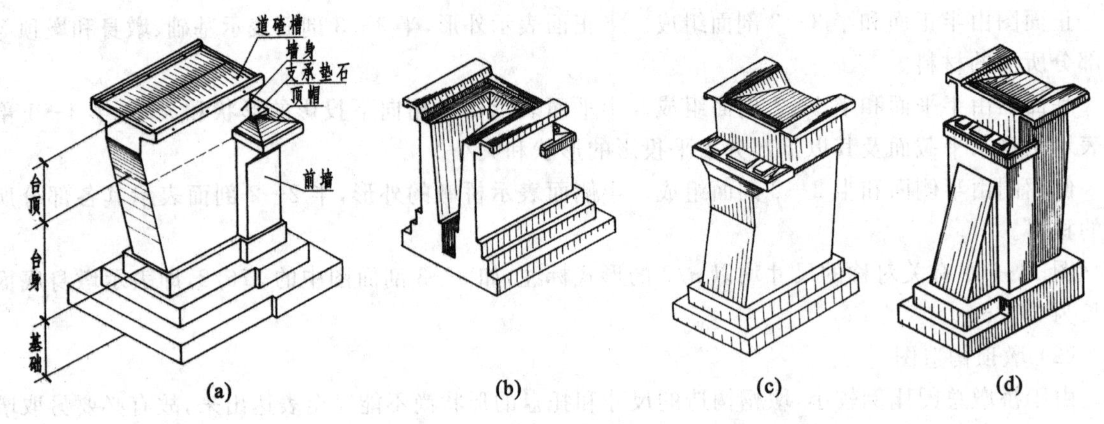

图 14-7　桥台图

(a) T 形桥台;(b) U 形桥台;(c) 矩形桥台;(d) 十字形桥台

(1) 桥台的构造

桥台由基础、台身、台顶及附属建筑组成。现以图 14-7(a)所示 T 形桥台为例,介绍其组成及构造。

基础:同桥墩一样,基础是桥台的最下部分,常埋于地下。它也随着地质水文等条件的不同而有多种形式。图 14-8 所示是常用的夸大基础。

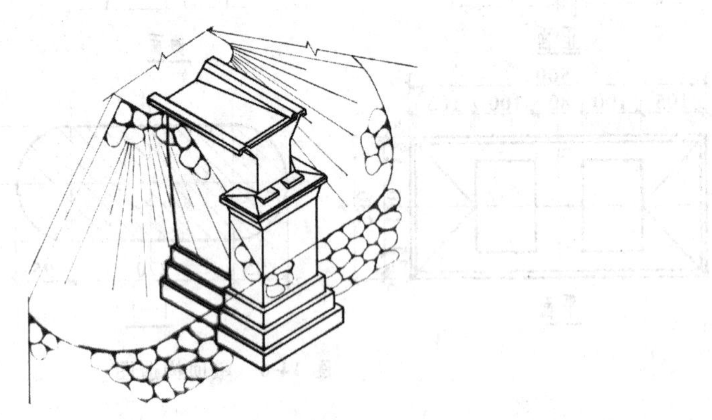

图 14-8　桥台的构造

台身:它是桥台的中间部分。桥台的类型也是以台身的水平截面形状区分的。T 形桥台的台身由纵墙、横墙及其上部的托盘组成。托盘是用来承托台帽的。

台顶:位于桥台的上部,主要由台帽、道碴槽和台顶纵墙(及台身纵墙的向上延伸部分)3 部分组成。台帽在托盘之上,其中一部分与台顶纵墙镶嵌,它的组成部分和构造基本与墩帽相同。道碴槽是用来容纳道碴以铺设轨道的,位于后墙的上部,形状如图 14-9 所示,它是由挡碴墙和端墙围成的一个中间高、两边低的凹槽。两侧的挡碴墙比较高,前后的端墙比较低。挡碴墙和端墙的内表面均设有凹进去的防水层槽,如图 14-10 所示。道碴槽的底部表面是用混凝土垫成的中间高、两边低的排水坡,坡面上铺设有防水层,防水层四周嵌入挡碴墙和端墙上的防水层槽内。在挡碴墙的下部设有泄水管,用以排除道碴槽内的积水。道碴槽和顶帽使用的材料均为钢筋混凝土。

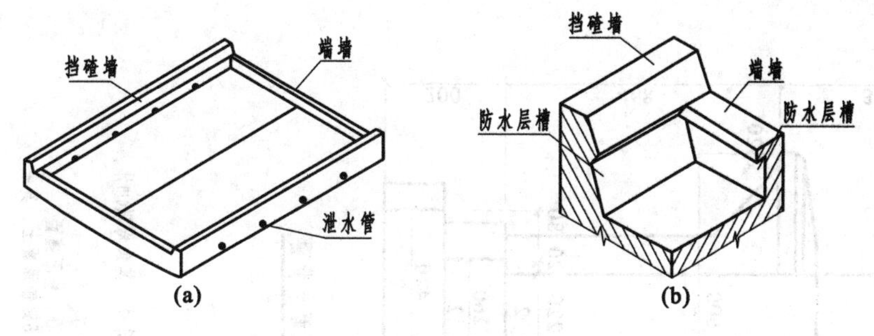

图 14-9　桥台道碴槽

(a) 桥台道碴槽的构造;(b) 桥台道碴槽构造局部放大

附属建筑:这里主要是指保护桥头填土不致受河水冲刷的锥体护坡。它与桥台紧密相连,实际形状相当于两个 1/4 的椭圆锥体,分设于桥台两侧。台身的大部分都为它所覆盖。

(2) 桥台的表达

桥台的表达总是先画出它的总图,用以表示桥台的整体形状、大小以及桥台与线路的相对位置关系。

除桥台总图外,还要用较大的比例画出台顶构造图。另外还要表明顶帽和道碴槽内钢筋的布置情况,需要画出顶帽和道碴槽的钢筋布置图。下面以图 14-7 所示 T 形桥台为例进行介绍。

① 桥台总图。

桥台总图(图 14-10)主要是用来表达桥台的总体、形状、大小、各组成部分的相对位置关系及所使用的材料,桥台与路基、桥台与锥体护坡、桥台与线路上部构造等相关构筑物的关系。

一般把与线路垂直方向的称作桥台的侧面,把顺线路面向胸墙的方向称为桥台的正面,顺线路面向台尾的方向称为桥台的背面。

正面图:画成桥台的侧面,也称侧面图。它反映桥台各组成部分的形状特征和相关位置及桥台与其相关的路基、锥体护坡等的相互关系。该图是桥台侧面的外形图,在尺寸方面除了要标注桥台本身的主要尺寸外,还应标注基底、桥头路肩和轨底等处的标高,锥体护坡顺线路方向的坡度等。其中路肩线、轨底线及锥体护坡与桥台的交线,一般用实线绘出。

侧面图:由于桥台以线路中心纵剖面为对称面,故侧面图常画成桥台的半个正面图和半个背面图组成的组合视图。习惯上,半正面在左,半背面在右,中间以点画线隔开。它同时表达了桥台两个方向的形状和大小。此图上还常用细双点画线示出道碴和轨枕,而桥头路基及锥体护坡一律省略不画。

平面图:通常由半个平面图和半个基顶剖面图组成。其中平面图重点表达道碴槽及台帽的形状和大部分尺寸,而半基顶剖面图则重点表达基础及台身水平截面的形状和尺寸。

注意:在桥台图中还需加必要的附注,说明尺寸单位、桥台各部分的建筑材料、有关设计和施工的注意事项等。附注一般安排在图纸右下方的适当位置。

② 台顶构造图。

由于桥台总图的比例较小,台顶的构造复杂,其形状和尺寸不易表达详尽,所以必须要有较大比例且适当剖切的台顶构造图来补充其表达的不足,如图 14-11 所示。

台顶构造图的视图选择与配置基本同桥台总图,只是将其中的侧面图和半背面图分别改为中心纵剖面图和半 1—1 剖面图,取消了半基顶剖面而画成完整的平面图,且都省略了台身以下部分。另外应绘出“1”“2”两处的局部放大图。在“1”“2”详图中,黑白相间的符号表示防水层。而防水层在图 14-11 的其他几个视图中都被省略了。

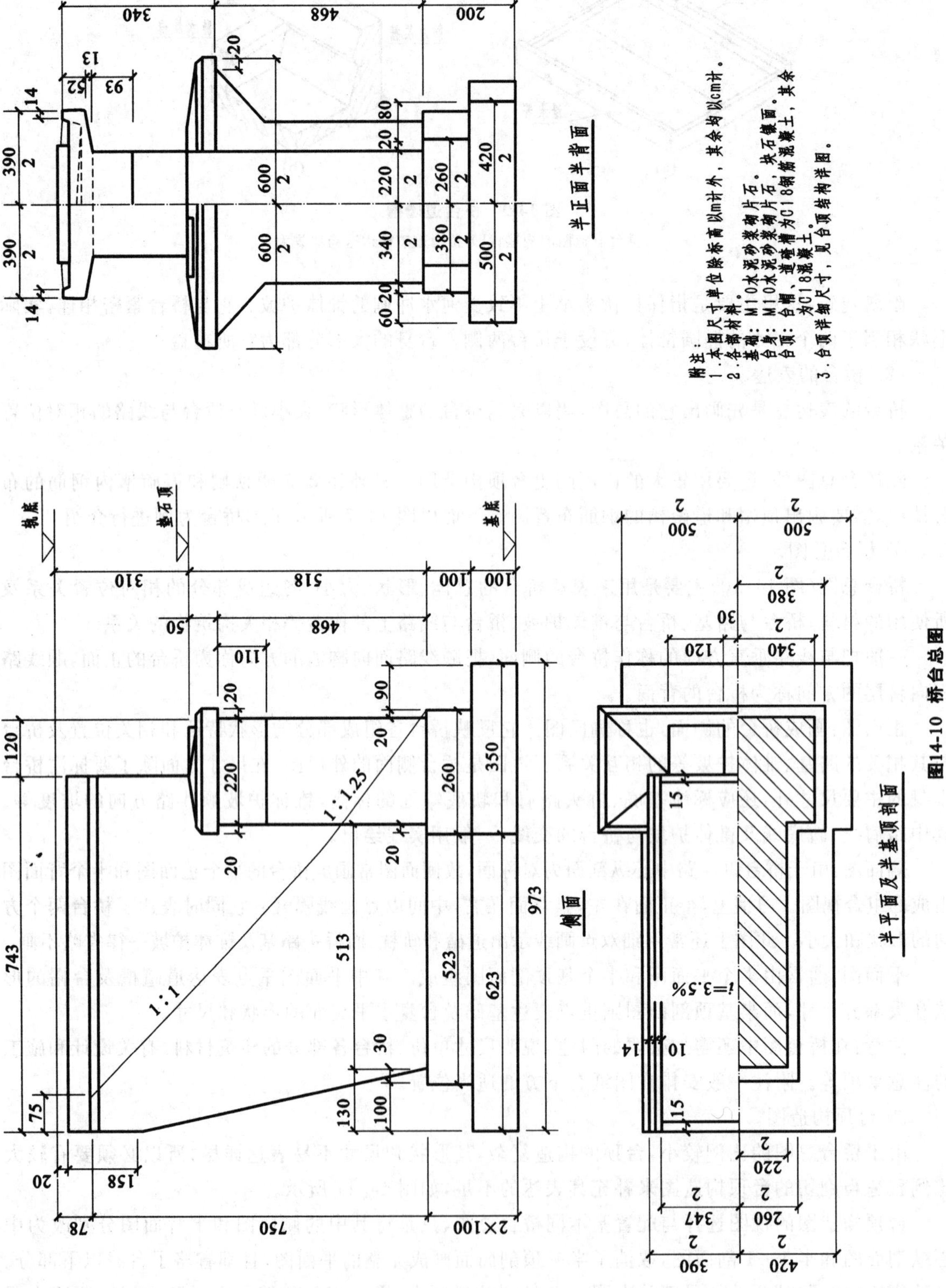
轨底
垫石顶
基底
1:1
1:1.25
侧面
半正面半背面
半平面及半基顶剖面
i=3.5%
附注：
1.本图尺寸单位除标高以m计外，其余均以cm计。
2.各部材料。
基础：M10水泥砂浆砌片石。
台身：M10水泥砂浆砌片石，块石镶面。
台顶：台帽、道碴槽为C18钢筋混凝土，其余为C18混凝土。
3.台顶详细尺寸，见台顶结构详图。

图14-10 桥台总图

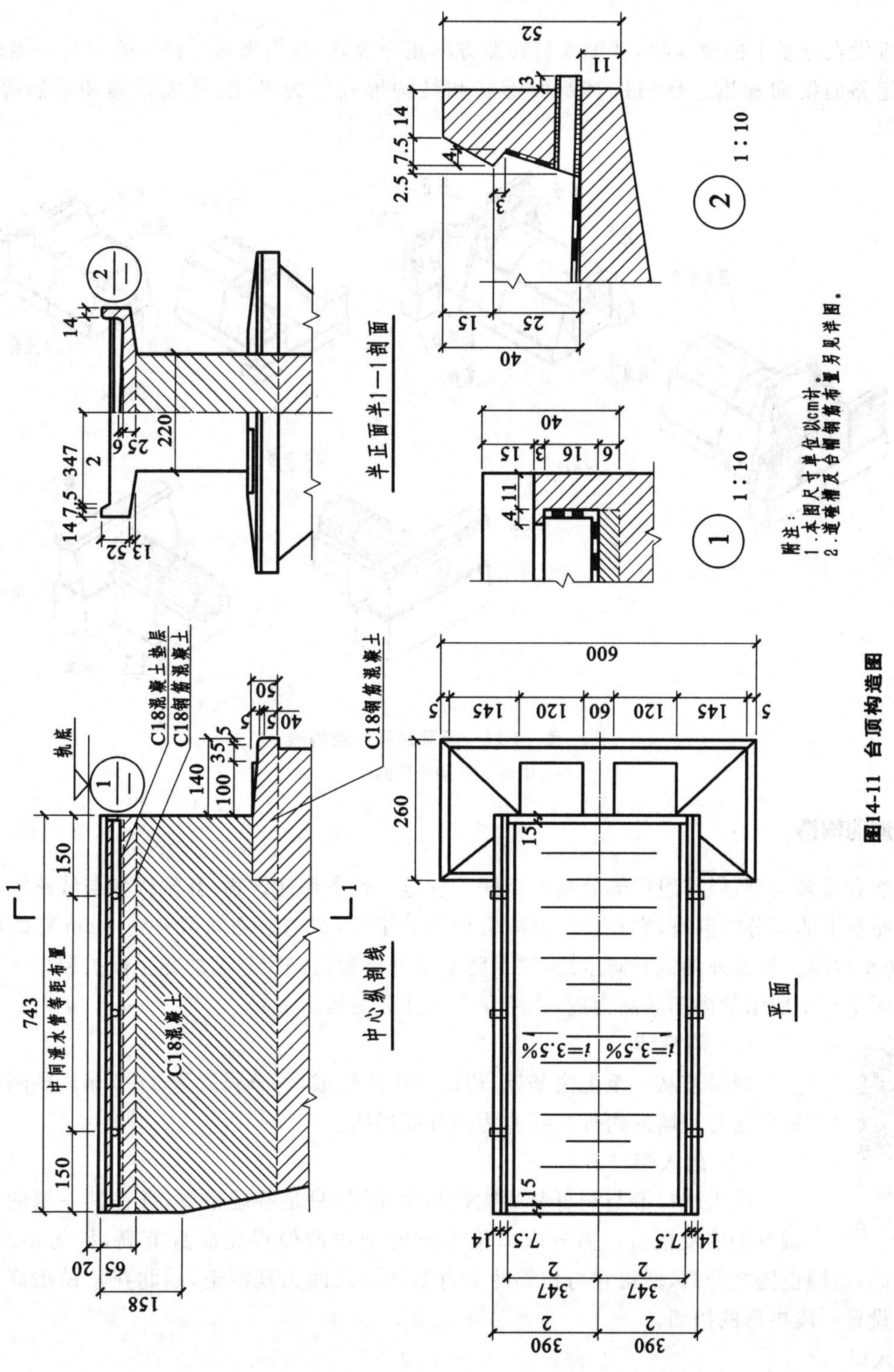

附注：
1.本图尺寸单位以cm计。
2.道碴槽及台帽钢筋布置另见详图。

图14-11　台顶构造图

14.3 涵洞工程图

涵洞是埋设在路基下的建筑物,其轴线与线路方向正交或斜交,用来从道路一侧向另一侧排水或作为穿越道路的横向通道。涵洞按其断面形状和结构形式分为拱涵、盖板箱涵和圆涵等,如图 14-12 所示。

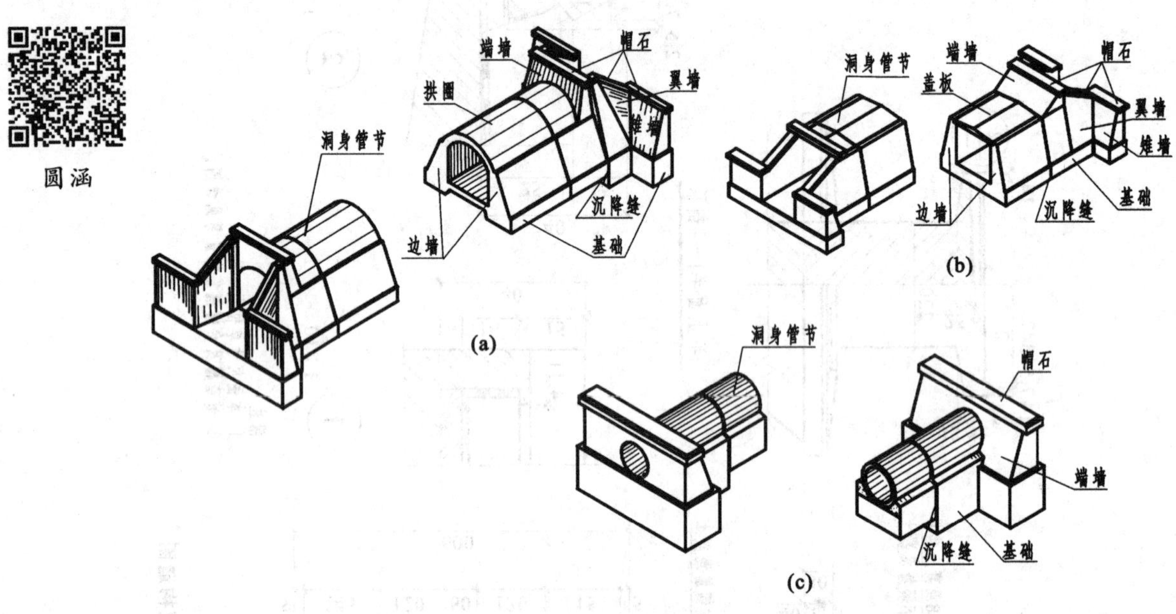

图 14-12 涵洞的种类及构造

(a) 拱涵;(b) 盖板箱涵;(c) 圆涵

14.3.1 涵洞的构造

涵洞虽然有很多类型,但其组成部分基本相同。它是一长条形建筑物,其轴线多与线路中心线垂直。埋在路基下的部分叫洞身,它在长度方向常分为若干节,节与节之间留有约 3 cm 宽的沉降缝,其中填防水材料。洞身外周做有防水层,拱顶防水层外再覆盖一定厚度的黏土保护层。

现在以图 14-12 所示的拱形涵洞为例,介绍涵洞各部分的构造。

涵洞与线路的关系

(1) 洞身节

洞身节从下至上由基础、边墙和拱圈组成,每节长度为 3~5 m。拱圈的拱脚平面与边墙的内外交线称为内外起拱线。

(2) 出入端口节

出入端口节与洞身节的构造基本相同,只是基础稍厚,且在其一端的拱上做有端墙及帽石。另外入口端节有时把边墙做得比洞身节高,称为抬高节。由于边墙增高,拱圈也随之升高,使得它与相邻的洞身节两拱之间出现漏空,因此在紧贴抬高节的洞身节拱顶设置一段拱形的挡墙。

(3) 出入口

出入口由下至上由基础和八字墙组成。八字墙是由顺洞身方向的翼墙及与洞身方向垂直的雉墙组成。它们共同起着稳定路基坡脚的作用。

14.3.2　涵洞的表达

涵洞的主体结构常采用一张总图来表达，少数细节和附属建筑物则另附详图。如圆涵的管节配筋、盖板箱涵的盖板配筋，都需另有配筋图。

现以拱涵为例，介绍其视图选择和图面布置。由于涵洞是埋在路基下的长条形建筑物，所以既要考虑把涵洞内外的构造、尺寸表达清楚，又要把它与路基及附属建筑物的关系表达清楚。现以附图所示入口无抬高节的拱涵为例，介绍涵洞表达的内容和方法。

附图

(1) 正面图

涵洞的正面图常取中心纵剖面图，即沿涵洞轴线竖直剖切所得到的投影。它能较全面地反映涵洞的构造，具体内容有：

① 涵洞与路基及附属建筑物的关系。

② 涵洞的总长及其分节。当涵洞较长时，为节省图幅，常以断开画法省略其中构造相同的洞身节。

③ 涵洞在高度方向各组成部分的情况。如基础、拱圈及拱顶黏土防护层的厚度，边墙内外起拱线的位置，流水净空的高度，出入口端墙及帽石的断面形状尺寸，八字墙的组成等。涵洞纵向流水坡度也应在此图上注明。

(2) 平面图

由于涵洞在宽度方向上对称，故画成半平面及半基顶剖面图。若为圆涵，则取半个平面和半个过管心的水平剖面。它们共同表达涵洞的平面形状和尺寸。其中半平面图中主要表达出入口八字墙、端墙、边墙和有关面面交线的水平投影。半基顶剖面则重点表达涵洞的孔径、边墙、八字墙底面的形状尺寸和八字墙的开度等。

(3) 侧面图

涵洞的侧面图画成出入口的正面图，并布置在中心纵剖面图的出入口端，保持其就近对应位置。它们的作用主要是表达涵洞出入口包括端墙的外形及其与路基、锥体护坡等的关系。至于八字墙后面的构造及洞身各节的情况一律略去，以保持图形清晰。

(4) 其他视图

为了表达涵洞各处的断面形状、净空等，还需取若干剖面图。在附图Ⅱ中，1—1 剖面是表达出口翼墙(含帽石)及基础的断面形状和尺寸；2—2 剖面主要是表达洞身的断面形状。由于在上述各图中拱圈的细节尚未表达清楚，故又画了拱圈详图。以上各图布置都应遵循“就近对应”和“阅读方便”的原则。

14.4　隧道工程图

14.4.1　概述

山岭隧道是为铁路、公路穿越山岭修建的建筑物。它主要由洞身及洞门组成，此外还有一些附属结构，如大避车洞、小避车洞、防水设备、排水设备、通风设备等。隧道工程图主要包括洞身衬砌断面图，洞门图以及大、小避车洞的构造图等。

洞身：隧道结构的主体部分，是列车通行的通道。

洞门:位于隧道出入口处,用来保护洞口山体和边坡稳定,防止洞口坍方落石,排除仰坡流下的水。它由洞门墙(端墙、翼墙)衬砌、帽石及端墙背部的排水系统所组成。

附属建筑物:包括为工作人员、行人及运料小车避让列车而修建的避人洞和避车洞;为防止和排除隧道漏水或结冰而设置的排水沟和盲沟;为机车排出有害气体的通风设备;电气化铁道的接触网、电缆槽等(通风照明、防排水、安全设备等的作用是确保行车安全、舒适)。

洞身的两端均建有隧道洞门,洞门的结构形式应适应洞门的地形、地质及水文地质条件和衬砌结构构造要求。它的基本形式有以下几种。

端墙式隧道洞门

① 洞口环框:如果洞口石质坚硬稳定,可仅设洞口环框,起加固洞口和减少洞口雨后滴水等作用,其构造如图 14-13 所示。

② 端墙式洞门:端墙式洞门适用于地形开阔、石质基本稳定的地区。端墙的作用在于支护洞门仰坡,保持其稳定并将仰坡水流汇集排出,其构造如图 14-14所示。

图 14-13　洞口环框

图 14-14　端墙式洞门

③ 翼墙式洞门:当洞口地质条件较差时,在端墙式洞门的一侧或两侧加设挡墙,构成翼墙式洞门,其构造如图 14-15 所示。

④ 柱式洞门:当地形较陡,地质条件较差,仰坡下滑可能性较大,而修筑翼墙又受地形、地质条件限制时,可采用柱式洞门。柱式洞门比较美观,适用于城市要道,风景区或长、大隧道的洞口,其构造如图 14-16 所示。

⑤ 台阶式洞门:在山坡隧道中,因地表面倾斜,故开挖路堑后一侧边坡过高,极易丧失稳定,此时可采用台阶式洞门,其构造如图 14-17 所示。

图 14-15　翼墙式洞门

图 14-16　柱式洞门

⑥ 削竹式洞门：削竹式洞门是凸出式新型洞门，这类洞门是将洞内衬砌延伸至洞外，一般凸出山体数米，它适用于各种地质条件。构筑时可不破坏原有边坡的稳定性，减少土石方的开挖工作量，降低造价，而且能更好地与周边环境相协调，其构造如图 14-18 所示。

图 14-17　台阶式洞门

图 14-18　削竹式洞门

14.4.2　洞身衬砌断面图

表达衬砌结构的图叫作隧道衬砌断面图。图 14-19是衬砌结构断面的一种，它包括两边的边墙，顶上的拱圈。边墙是直的叫直墙式衬砌，施工简单，山体较稳定时用它。边墙是曲线型的叫曲墙式衬砌。施工复杂，山体破碎不稳定时采用它，受力效果好。无论是直墙式还是曲墙式，其拱圈一般都是由三段圆弧构成，故称三心拱。拱与边墙的分界线称为起拱线。底下部分叫作铺底，它有一定的横向坡底，以利排水。衬砌下面两侧分别设有洞内水沟和电缆槽。绘制衬砌断面图和作施工放样时，都要以中心线及轨顶线为基准，正确定出拱部三个圆心及各段拱的起讫点。

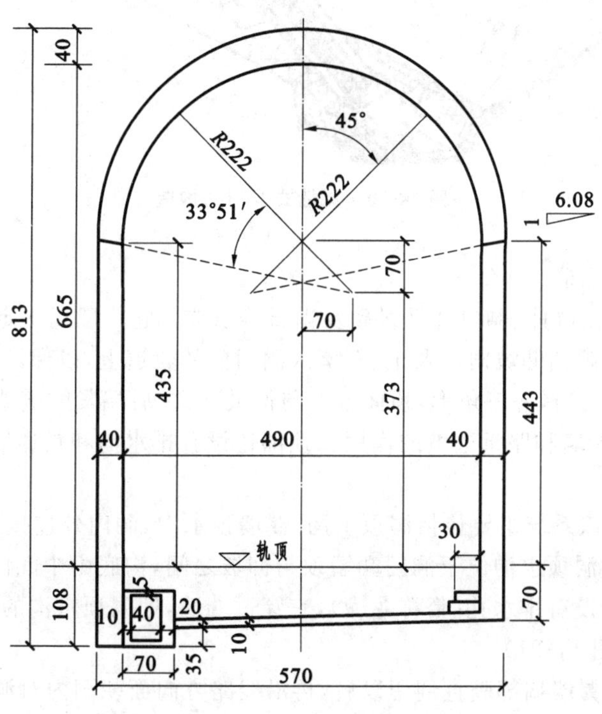

图 14-19　衬砌断面图

14.4.3 隧道洞门图

洞门位于隧道的两端,是隧道的外露部分,俗称出入口。它一方面起着稳定洞口仰坡坡脚的作用,另一方面也有装饰美化洞口的效果。

现以图 14-20 所示的翼墙式洞门为例,说明其各部分的构造和表达方法。

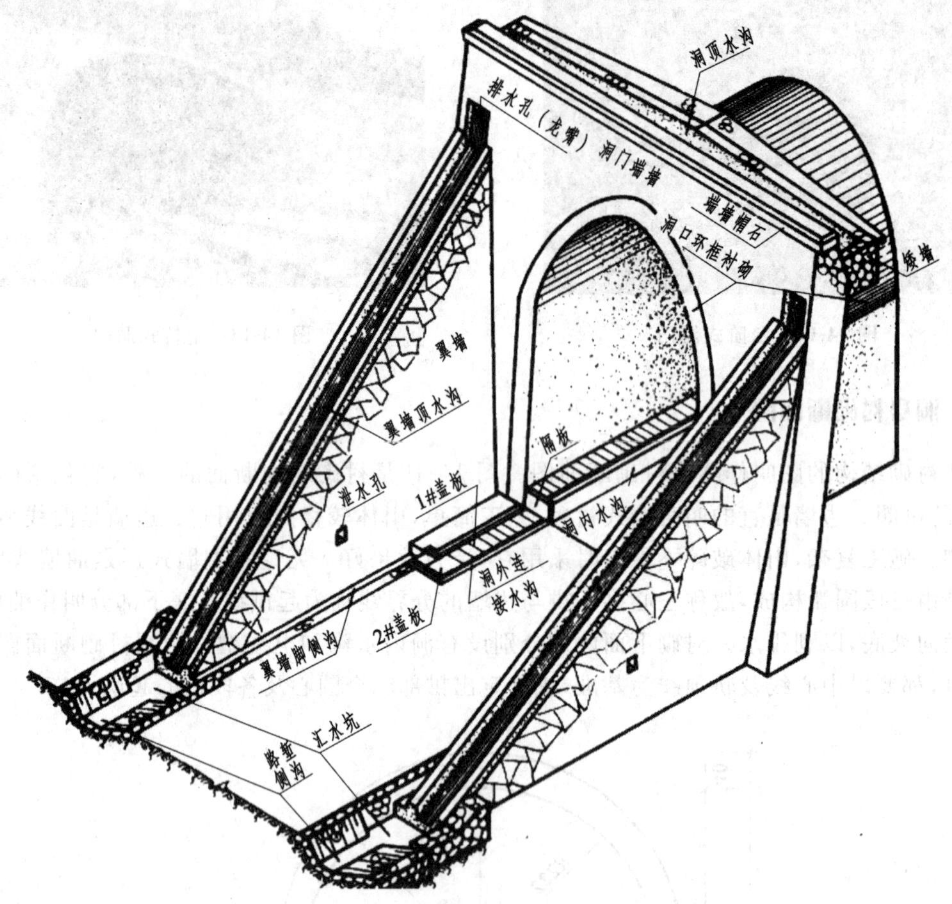

图 14-20 翼墙式洞门的构造

(1) 洞门的组成及构造

① 端墙:洞门端墙由墙体、洞口环框衬砌及帽石等组成。它一般以一定坡度倾向山体,以保持仰坡稳定。端墙还可以阻挡仰坡雨水及土、石落入洞门前的轨道上,以保证洞口的行车安全。

② 翼墙:位于洞口两边,呈三角形,顶面坡度与仰坡一致,后端紧贴端墙,并以一定坡度倾向路堑边坡,同时起着稳定端墙和路堑边坡的作用。顶部还设有排水沟和贯通墙体的泄水孔,用来排除墙后的积水。

③ 洞门排水系统:该系统主要包括洞顶水沟、翼墙顶水沟、洞内外连接水沟、翼墙脚水沟、汇水坑及路堑侧沟等。其中洞顶水沟位于洞门端墙顶与仰坡之间,沟底由中间向两侧倾斜,并保持底宽一致。沟底两侧最低处设有排水孔(俗称龙嘴),它穿过端墙,把洞顶水沟的水引向翼墙顶水沟。

(2) 洞门的表达(图 14-21)

① 正面图:它是从翼墙端部竖直剖切以后,再沿线路方向面朝洞内对洞门所作的立面投影,实际也是一个剖面图。它主要是表达洞门端墙的形式、尺寸,洞口衬砌的类型、主要尺寸,翼墙的位

置、横向倾斜度以及洞顶水沟的位置、排水坡度等，同时也表达洞门仰坡与路堑边坡的过渡关系。

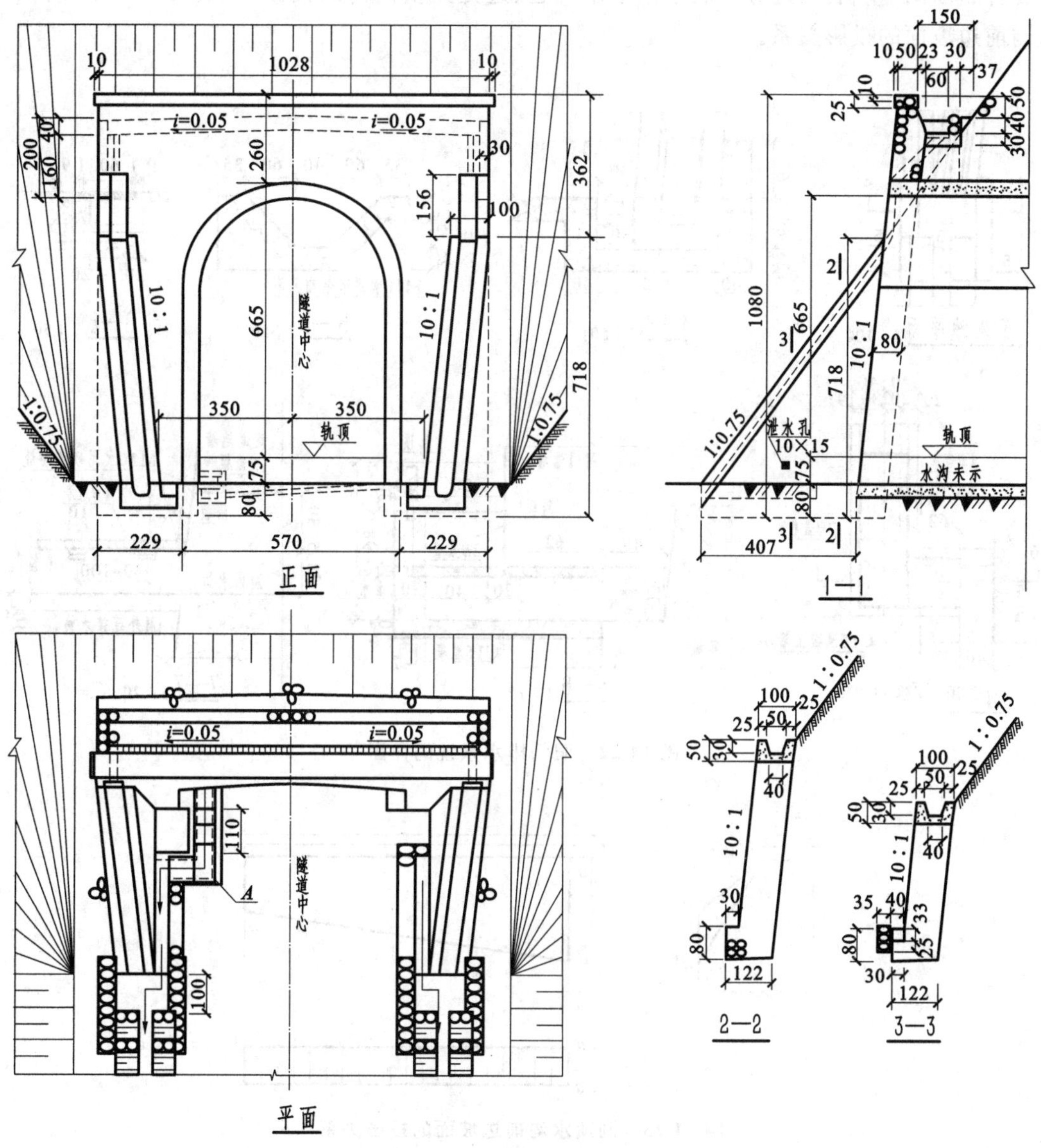

图 14-21　翼墙式隧道洞门图

② 平面图：主要是表达洞门排水系统的组成及洞内外水的汇集和排出路径。另外，也反映了仰坡与边坡的过渡关系。为了图面清晰，常略去端墙、翼墙等的不可见轮廓线。

③ 1—1 剖面：这是沿隧道中心剖切的，以此取代侧面图。它表达端墙的厚度、倾斜度，洞顶水沟的断面形状、尺寸，翼墙顶水沟及仰坡的坡度，连接洞顶及翼墙顶水沟的排水孔设置等。因为另有排水系统详图，此图一般对洞内外排水沟不作详示。

④ 2—2 和 3—3 断面图：主要是用来表达翼墙顶水沟的断面形状和尺寸、横向倾斜度及其与路堑边坡的关系，同时也表达翼墙脚构造上有无水沟段的区别。

⑤ 排水系统详图：如图 14-22 所示，其中 A 详图是图 14-21 平面图中 A 节点的放大图。它主要表达洞外连接水沟上的盖板布置情况。6—6、7—7 和 8—8 主要是表达洞内水沟与洞外连接水

沟的构造及其连接情况。4—4表达左、右两个汇水坑的构造、做法及与翼墙端面的关系。5—5是一个复合断面图,左、右两边分别表示离汇水坑远、近处路堑侧沟的铺砌情况。图14-23所示为洞顶水沟前边坡面的投影关系。

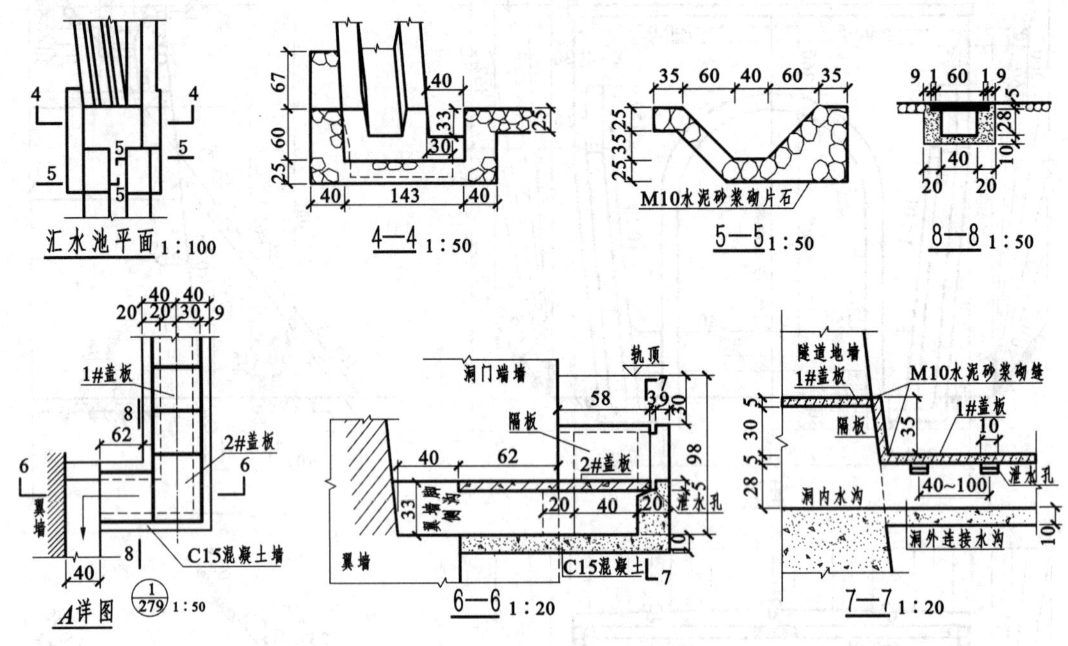

图 14-22 洞门排水系统的详图

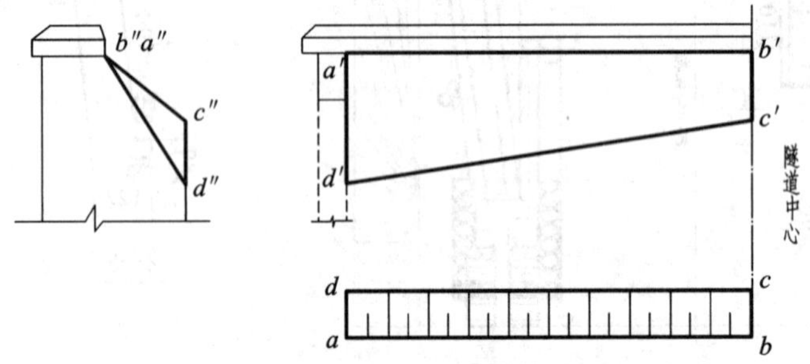

图 14-23 洞顶水沟前边坡面的投影关系

本章小结、要点自测、

理实融合、拓展学习

15 计算机绘图基础

【内容提要】

本章节以 AutoCAD 2012 中文版为平台，介绍计算机辅助设计软件 AutoCAD 的二维绘图方法以及在此基础上二次开发的建筑专用绘图软件天正建筑的主要功能特点及操作流程。本章的教学重点是 AutoCAD 的绘制和编辑命令；教学难点是综合运用命令绘制建筑图样。

【学习目标】

通过本章的学习，学生应熟悉 AutoCAD 软件的基本界面操作和各种命令功能，掌握图形绘制、图形编辑、尺寸标注、文字注释、图形组织管理、图形输出打印等操作的方法和技巧，具备运用 AutoCAD 软件精确绘制二维图形和简单三维图形的能力，了解天正建筑软件绘制建筑平、立、剖面图的操作流程和方法。

15.1 概　　述

AutoCAD 是由美国 Autodesk 公司开发研制的计算机辅助设计软件，在建筑、机械、电子、地理等世界工程设计行业中被广泛使用，能够绘制二维及三维图形、标注尺寸、渲染图形及打印输出图纸，是目前工程设计领域应用最广泛的计算机辅助设计软件之一。

15.1.1 AutoCAD 的工作界面

AutoCAD 的操作界面是 AutoCAD 显示、编辑图形的区域。本章节采用 AutoCAD 经典风格的界面，如图 15-1 所示。

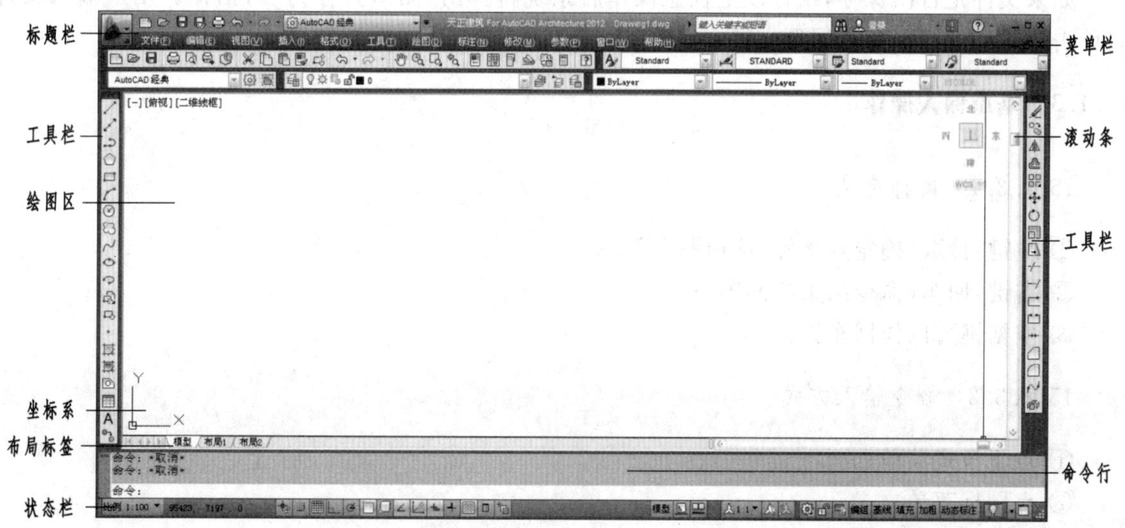

图 15-1　AutoCAD 2012 操作界面

15.1.2 图形文件的管理

15.1.2.1 新建图形文件

(1) 执行方式

① 菜单栏:【文件】|【新建】;

② 命令行:NEW;

③ 键盘快捷方式:Ctrl+N。

(2) 操作说明

执行以上任意操作后系统将弹出“选择样板”对话框。用户可以根据绘图需要选择不同的绘图样板,“预览”框中将显示该样板的图样。

15.1.2.2 打开图形文件

(1) 执行方式

① 菜单栏:【文件】|【打开】;

② 命令行:OPEN;

③ 键盘快捷方式:Ctrl+O。

(2) 操作说明

执行以上任意操作后系统弹出“选择文件”对话框,直接双击目标即可打开该图形文件。

15.1.2.3 保存图形文件

(1) 执行方式

① 菜单栏:【文件】|【保存】;

② 命令行:SAVE;

③ 键盘快捷方式:Ctrl+S。

(2) 操作说明

如果文件是首次保存,执行以上任意操作后系统将弹出“图形另存为”对话框。用户输入文件名单击【保存】即可保存该图形文件。

15.1.3 基本输入操作

15.1.3.1 鼠标定义

① 左键:拾取(确定点坐标、选择图形等);

② 右键:回车(命令结束按回车);

③ 空格键可以作回车键。

15.1.3.2 命令输入方式

① 点下拉式菜单;

② 点图标菜单;

③ 通过键盘输入命令。

15.1.3.3 功能键的使用

AutoCAD 提供了绘图的工具型命令，这些命令本身并不产生实体，但可以为用户设置一个更好的工作环境，提高作图的准确性和绘制速度。常用工具型命令功能键及功能见表 15-1。

表 15-1 **常用工具型命令功能键及功能**

键	功能	键	功能	键	功能
F1	帮助	F5	设置当前的等轴平面	F9	开关捕捉
F2	开关文本窗口	F6	坐标显示方式转换	F10	开关极轴捕捉
F3	开关对象捕捉	F7	开关栅格	F11	开关对象捕捉跟踪
F4	开关数字化仪	F8	开关正交	ESC	取消或中断命令

15.1.3.4 坐标输入方式

① 绝对坐标：相对于坐标原点(0,0)的坐标。输入格式："X,Y"。

② 相对坐标：相对于前一个点的坐标。输入格式："@X,Y"。

③ 绝对极坐标：通过相对于原点的距离和角度来定义。输入格式："距离<角度"。

④ 相对极坐标：通过相对于前一个点的距离和角度来定义。输入格式："@距离<角度"。

⑤ 坐标的简单输入方法：按 F8 打开正交，鼠标指明方向，输入距离。

15.1.4 图层的管理

15.1.4.1 图层的概念

图层就像一张张透明图纸，可以在上面分别绘制不同实体，最后再叠加起来得到最终的复杂图形。每一层都有名字，并设置了颜色、线型、线宽等属性，通过控制同类图形实体的显示、冻结等特性，方便对图形对象的显示和编辑，提高绘图效率，节省存储空间。

15.1.4.2 图层分类

在绘制图形之前，需要对图形进行合理分类。创建具有不同特性的多个图层，将每类图形放置到一个图层下(如墙体、轴线、门窗等)，便于显示编辑。下面介绍一些特殊图层：

① 0 层是 AutoCAD 自动建立的图层，只要打开图形就有 0 层。

② 当前层是正在使用的图层。新建的图形自动放入当前层。

③ 定义点图层：标注尺寸时自动建立的，只能显示，不能打印。

15.1.4.3 图层特性管理器

图层特性管理器用来对图层进行控制，包括创建和删除图层、设置颜色和线型、打印输出设备、控制图层状态等内容，执行以下任意操作可打开"图层特性管理器"对话框。

① 菜单栏:【格式】|【图层】;

② 命令行:LAYER/LA;

③ 工具栏:【图层】工具栏|【图层特性】按钮。

15.1.4.4 图层基本操作

① 新建图层:单击【新建】创建一个新图层,双击图层名可为其重命名。

② 删除图层:选中要删除的图层,单击【删除】按钮。以下图层不能删除:0层和定义点图层;当前图层和含有实体的图层;外部引用依赖层。

③ 设置当前图层:选择用户所需的图层,然后单击【置为当前】按钮。

④ 设置图层颜色:单击【颜色】按钮,在"选择颜色"对话框中选择颜色单击【确定】。

⑤ 设置图层线型:在缺省情况下,线型为实线。如果要使用其他线型,单击【加载】按钮,弹出"加载或重载线型"对话框,从中选择相应的线型,单击【确定】。用户可以通过 LTSCALE 命令改变线型的短线和空格的比例。通常线型比例应与绘图比例协调。

⑥ 设置图层线宽:单击【线宽】按钮,在"线宽"对话框中选择线宽单击【确定】。

15.1.4.5 图层状态控制

在绘制复杂图形时,可以通过在"图层特性管理器"对话框中单击【开关】、【冻结】、【锁定】、【打印】相应图标对图层进行状态控制。各选项含义如下:

① 打开/关闭:关闭层中的对象不显示也不能编辑和打印,但重生成时要计算;

② 冻结/解冻:冻结层中的对象不显示也不能编辑和打印,重生成时不计算;

③ 锁定/解锁:锁定层中的对象不能被选择和编辑,可以显示和定位;

④ 打印/不打印:如设置图层不打印,则该图层上的对象会显示出来,但无法打印。

15.2 基本绘图命令

15.2.1 绘制直线

(1) 执行方式

① 菜单栏:【绘图】|【直线】;

② 命令行:LINE(L);

③ 工具栏: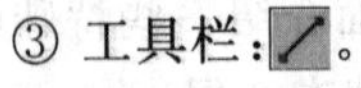。

(2) 操作说明

直线的绘制

执行该命令后,系统提示,各选项含义如下:

① "指定第一点:"输入直线段的起点(鼠标在屏幕上拾取点,也可输入起点坐标);

② "指定下一点或[放弃(U)]:"用坐标输入下一点,若输入"U",则取消刚刚画好的线段;

③ 绘制两条以上直线段后,若输入"C"响应"指定下一点:"的提示,系统会自动连接起始点后最后一个端点使折线封闭并结束操作;

④ 要绘制水平或垂直线,可按下 F8 正交模式。

15.2.2 绘制曲线类对象

15.2.2.1 绘制圆

(1) 执行方式

① 菜单栏:【绘图】|【圆】;

② 命令行:CIRCLE(C);

③ 工具栏:。

(2) 操作说明

AutoCAD 2012 提供了 6 种绘制圆的方式,如图 15-2 所示。

圆、圆弧、圆环、椭圆的绘制

15.2.2.2 绘制圆弧

(1) 执行方式

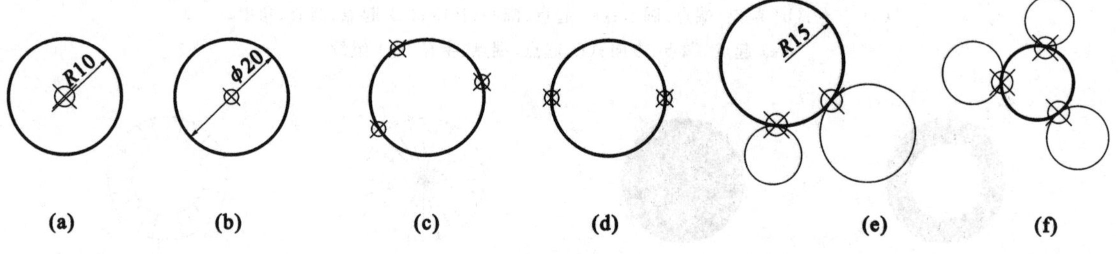

图 15-2 圆

(a) 圆心、半径;(b) 圆心、直径;(c) 三点;(d) 两点;(e) 相切、相切、半径;(f) 相切、相切、相切

① 菜单栏:【绘图】|【圆弧】;

② 命令行:ARC(A);

③ 工具栏:。

(2) 操作说明

AutoCAD 2012 提供了 11 种绘制圆弧的方式,如图 15-3 所示。需要强调的是"继续"方式,绘制的圆弧与上一线段或圆弧相切,继续画圆弧段,因此提供端点即可。

15.2.2.3 绘制圆环

(1) 执行方式

① 菜单栏:【绘图】|【圆环】;

② 命令行:DONUT(DO);

③ 工具栏:。

(2) 操作说明

① 指定圆环的内径、外径,则可画出空心圆环,如图 15-4(a)所示;

② 若指定内径为零,则画出实心填充圆,如图 15-4(b)所示;

③ 输入命令 FILL 可以控制圆环是否填充,如图 15-4(c)所示。

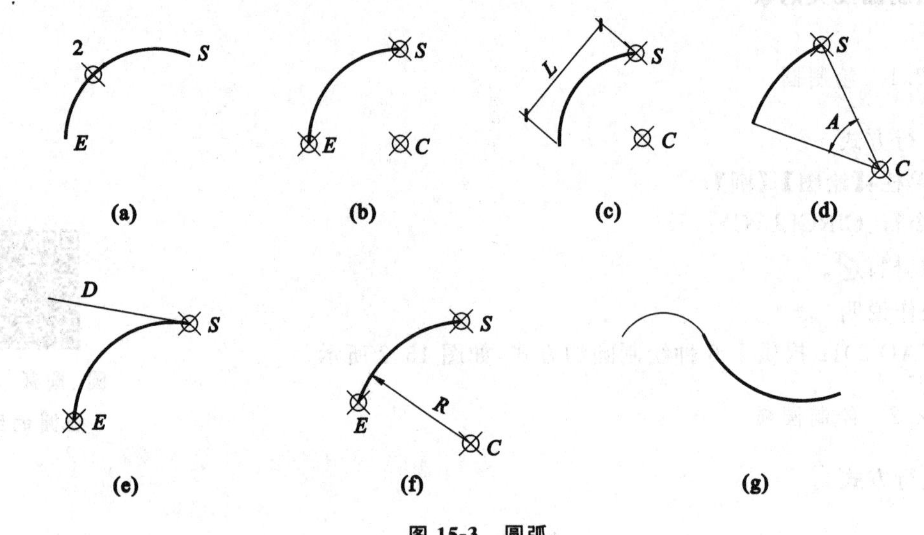

图 15-3　圆弧

(a) 三点;(b) 起点、端点、圆心;(c) 起点、圆心、长度;(d) 起点、圆心、角度;
(e) 起点、端点、方向;(f) 起点、端点、半径;(g) 继续

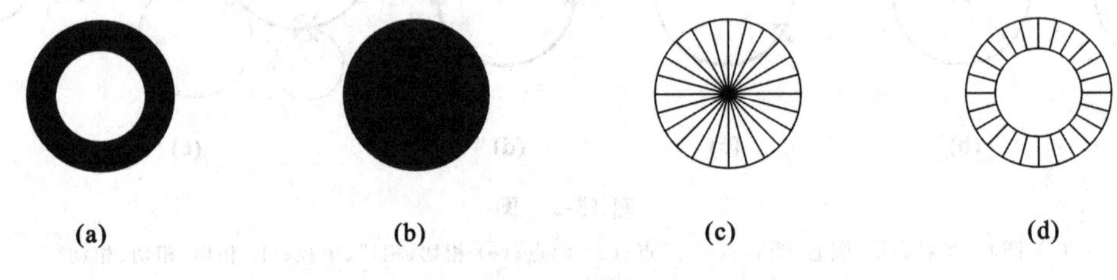

图 15-4　圆环

(a) 指定内、外径;(b) 内径为0;(c) on:填充;(d) off:不填充

15.2.2.4　绘制椭圆与椭圆弧

(1) 执行方式

① 菜单栏:【绘图】|【椭圆】;

② 命令行:ELLIPSE(EL);

③ 工具栏:[图标]。

(2) 操作说明

执行EL命令后,系统提示"指定椭圆的轴端点或[圆弧(A)/中心点(C)]:",各选项含义如下:

① 轴端点:通过确定椭圆的一个轴的两个端点和另一个轴的半轴长度绘制,如图15-5(a)所示;

② 中心点(C):通过确定椭圆的中心,再输入两个半轴距绘制椭圆,如图15-5(b)所示;

③ 圆弧(A):执行该选项绘制椭圆弧,操作与绘制椭圆相同,先确定椭圆形状,再按起始角和终止角绘制椭圆弧,如图15-5(c)所示。

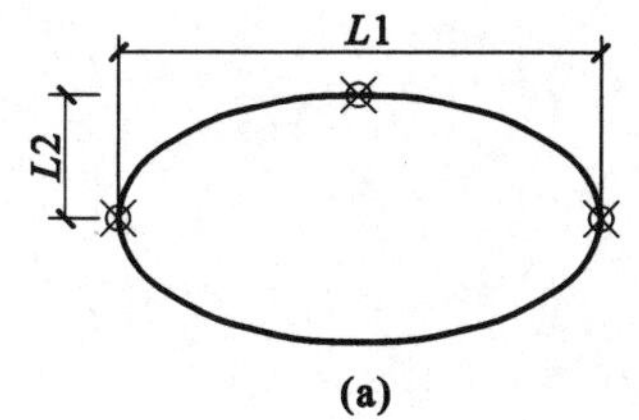

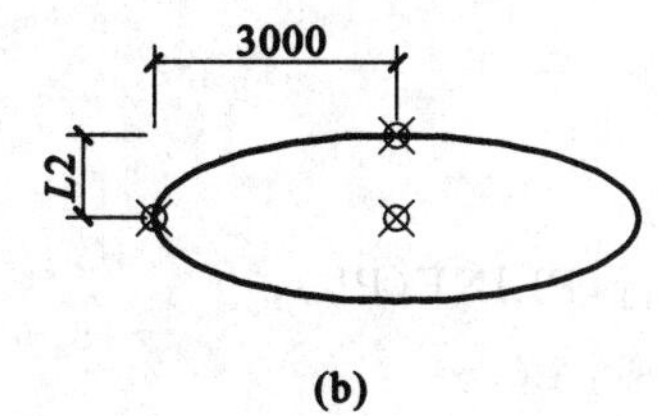

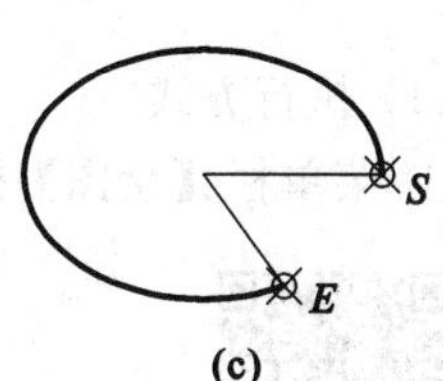

图 15-5 椭圆

(a) 轴端点；(b) 中心点；(c) 圆弧

15.2.3 绘制多边形

15.2.3.1 绘制矩形

(1) 执行方式

① 菜单栏:【绘图】|【矩形】;

② 命令行:RECTANG(REC);

③ 工具栏:▭。

(2) 操作说明

矩形、正多边形的绘制

执行 REC 命令后,系统提示“指定第一个角点或[倒角(C)/标高(E)/圆角(F)/厚度(T)/宽度(W)]:”,各选项含义如下:

① 第一个角点:通过确定矩形的两个对角点绘制矩形,如图 15-6(a)所示;

② 倒角(C):绘制带倒角的矩形,如图 15-6(b)所示;

③ 圆角(F):绘制带圆角的矩形,如图 15-6(c)所示;

④ 宽度(W):用于确定矩形的线宽,如图 15-6(d)所示。

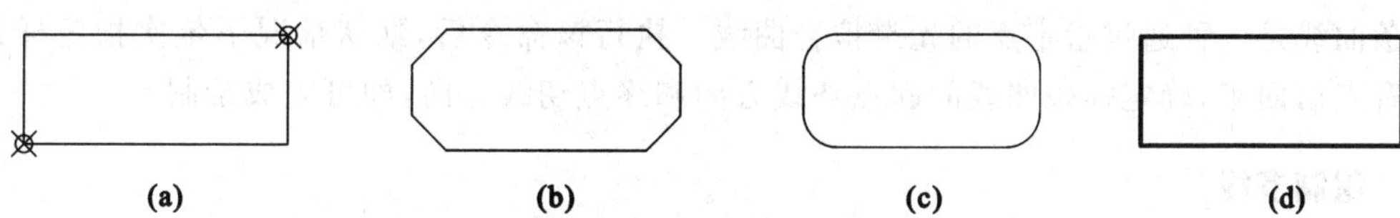

图 15-6 矩形

(a) 第一个角点;(b) 倒角;(c) 圆角;(d) 宽度

15.2.3.2 绘制正多边形

(1) 执行方式

① 菜单栏:【绘图】|【正多边形】;

② 命令行:POLYGON(POL);

③ 工具栏:⬠。

(2) 操作说明

执行 POL 命令后,可通过确定正多边形的中心点或边长两种方式来绘制。

15.2.4 绘制多段线

(1) 执行方式

① 菜单栏:【绘图】|【多段线】;

多段线

② 命令行:PLINE(PL);

③ 工具栏:。

(2) 操作说明

多段线是由相连的直线和弧线组成的整体,不能分别编辑。执行PL命令后,系统提示“PLINE 指定下一个点或[圆弧(A)/闭合(C)/半宽(H)/长度(L)/放弃(U)/宽度(W)]:”,各选项含义如下:

① 圆弧(A):PL命令由绘制直线变为圆弧方式,并给出绘制圆弧的提示。

② 闭合(C):执行该选项,系统从当前点到多段线的起点以当前线宽绘制一条直线,构成封闭多段线,并结束命令。必须至少指定两个点才能使用该选项。

③ 半宽(H):此项用来定义多段线中心到一边的宽度。

④ 长度(L):用于确定多段线的长度。

⑤ 放弃(U):删除多段线中刚画的直线或圆弧。

⑥ 宽度(W):此项用来定义多段线的宽度,与半宽选项操作类似。

15.2.5 绘制样条曲线

(1) 执行方式

① 菜单栏:【绘图】|【样条曲线】;

② 命令行:SPLINE(SPL);

③ 工具栏:。

(2) 操作说明

样条曲线是一种通过指定点的光滑拟合曲线。执行该命令后,默认情况下依次指定样条曲线上的所有点后回车,确定样条曲线的起点切线方向和终点切线方向,即可完成绘制。

15.2.6 绘制多线

15.2.6.1 绘制多线

(1) 执行方式

① 菜单栏:【绘图】|【多线】;

② 命令行:MLINE(ML)。

(2) 操作说明

多线的绘制与编辑

多线是由连续直线段组成的复合线,一次命令绘制完成后是一个整体。可用于绘制建筑墙线、管线等。各选项含义如下:

① 对正(J):该选项用于绘制多线的基准。共有“上”“中”“下”三种对正类型,分别表示以多线上侧、中心、下侧为基准绘制多线。如建筑图中以中心轴线为基准绘制墙体,则选“中”。

② 比例(S):用于确定多线的全局宽度。在绘制建筑墙体时,设为墙体宽度。

③ 样式(ST):该选项用于设置当前使用的多线样式。

15.2.6.2 编辑多线

(1) 执行方式

① 菜单栏:【修改】|【对象】|【多线】;

② 命令行:MLEDIT。

(2) 操作说明

执行该命令后打开如图 15-7(a)所示"多线编辑工具"对话框,提供了 12 种编辑工具,方便用户修改图形。如图 15-7(b)所示为常用 3 种多线编辑工具。

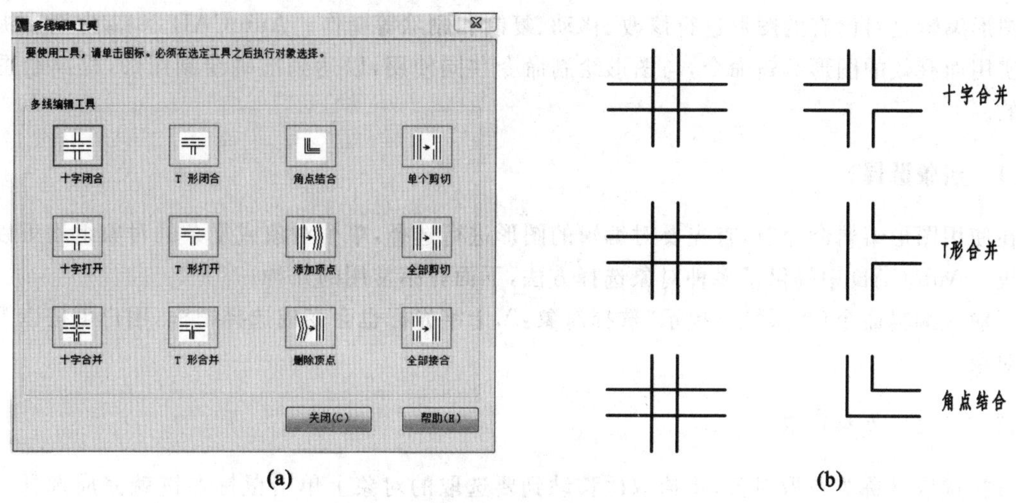

图 15-7 多线编辑

(a)"多线编辑工具"对话框;(b) 常用编辑方式

15.2.7 绘制等分点

15.2.7.1 绘制定数等分点

(1) 执行方式

① 菜单栏:【绘图】|【点】|【定数等分】;

② 命令行:DIVIDE/DIV。

(2) 操作说明

在某一图形上以等分长度设置点[图 15-8(a)]或块[图 15-8(b)、图 15-8(c)]。

定数和定距等分

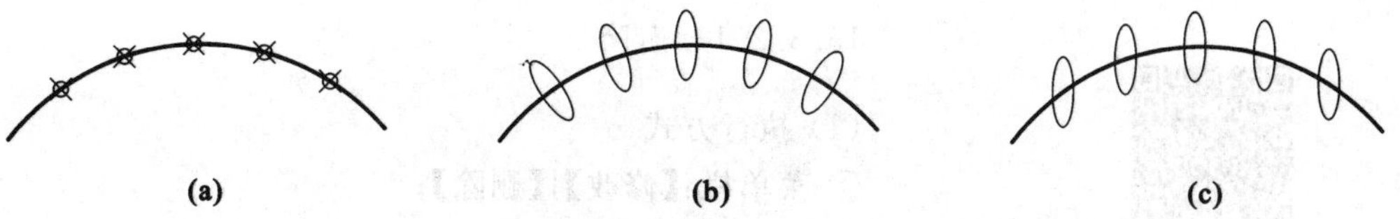

图 15-8 定数等分

(a) 等分长度设置点;(b) 等分长度设置块(对齐);(c) 等分长度设置块(不对齐)

15.2.7.2　绘制定距等分点

(1) 执行方式

① 菜单栏:【绘图】|【点】|【定距等分】;

② 命令行:MEASURE/ME。

(2) 操作说明

ME命令是沿选定对象按指定间隔设置点或块,操作与DIV命令类似。

15.3　图形编辑命令

图形编辑是对已有的图形进行修改、移动、复制和删除等操作。AutoCAD 2012为用户提供了多种实用而有效的图形编辑命令,与图形绘制命令共同使用,以达到准确绘制图形,提高绘图效率的目的。

15.3.1　对象选择

在使用图形编辑命令时,首先要对编辑的图形进行选择,单个对象或复杂的对象组均可以构成选择集。AutoCAD中提供了多种对象选择方法,下面介绍常用的几种。

当输入编辑命令后,系统会提示"选择对象:",十字光标也会变成选择靶框,用户可按以下方式选择对象。

15.3.1.1　直接选取

直接选取又称为点取对象,将拾取框移动到要选取的对象上单击鼠标左键就完成选择。按住"Shift"键再单击已选择的对象则可取消选取。此为系统默认方式。

15.3.1.2　窗口、窗交选取

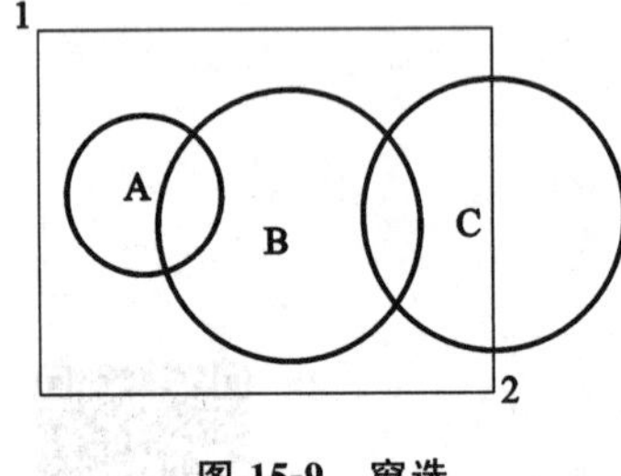

图15-9　窗选

窗口、窗交选取均是以指定对角点的方式定义矩形选取范围。窗口选取时从左往右拉选择框,只有全部位于矩形窗口中的图形对象才会被选中;窗交选取时从右往左拉选择框,无论是全部或部分位于矩形窗口中的图形对象都会被选中。

如图15-9所示:

窗口方式:1→2拉选择框,只有对象A、B被选中;

窗口方式:2→1拉选择框,对象A、B、C都被选中。

15.3.2　删除及恢复命令

删除对象选择

15.3.2.1　删除

(1) 执行方式

① 菜单栏:【修改】|【删除】;

② 命令行:ERASE(E);

③ 工具栏:。

(2) 操作说明

执行该命令后，选择要删除的对象，回车完成操作后，结束命令。

15.3.2.2　恢复

(1) 执行方式

① 命令行：OOPS 或 U；

② 快捷键：Ctrl＋Z；

③ 工具栏：标准工具栏→。

(2) 操作说明

若不小心进行了误操作，可以执行该命令后回车恢复上一步。

15.3.3　复制类命令

15.3.3.1　复制

(1) 执行方式

① 菜单栏：【修改】|【复制】；

② 命令行：COPY(CO)；

③ 工具栏：。

(2) 操作说明

复制、偏移命令

执行该命令后，选择对象，指定复制基点，然后拖到鼠标指定的新基点处或给定方向和距离即可完成复制操作。继续单击，可重复复制图形对象，如图 15-10 所示。

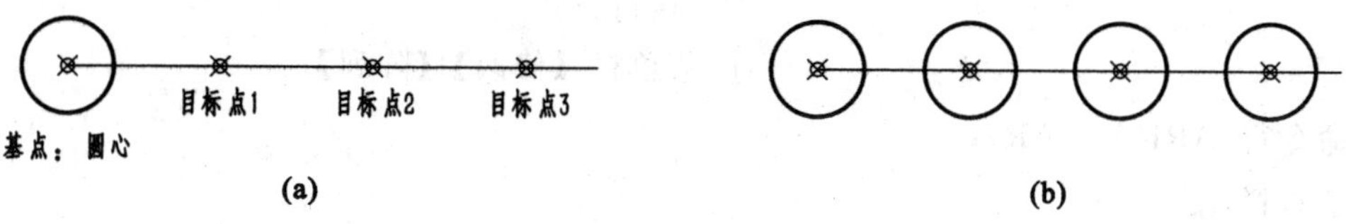

图 15-10　复制

(a) 复制前；(b) 复制后

15.3.3.2　偏移

(1) 执行方式

① 菜单栏：【修改】|【偏移】；

② 命令行：OFFSET(O)；

③ 工具栏：。

(2) 操作说明

该命令可以按指定方向创建与源对象成一定距离的形状相同或相似的新图形对象。可平行复制直线、多段线、圆、椭圆、弧、多边形、曲线等。在建筑制图中，常使用该命令由单一多段线生成人行横道线、双墙线、环形跑道，如图 15-11 所示(粗线为源对象)。

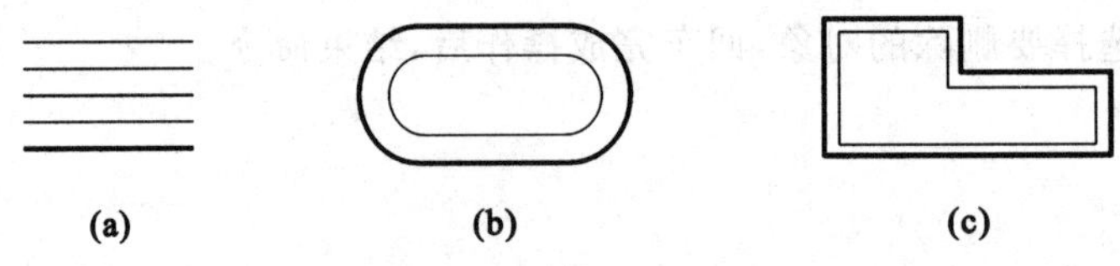

图 15-11 偏移

(a) 人行道;(b) 环形跑道;(c) 双线墙

15.3.3.3 镜像

(1) 执行方式

① 菜单栏:【修改】|【镜像】;

② 命令行:MIRROR(MI);

③ 工具栏:。

(2) 操作说明

镜像是将选择对象以镜像线对称复制。源对象可以删除或保留。下面以图 15-12 中双扇门为例,介绍“镜像”命令的操作方法。

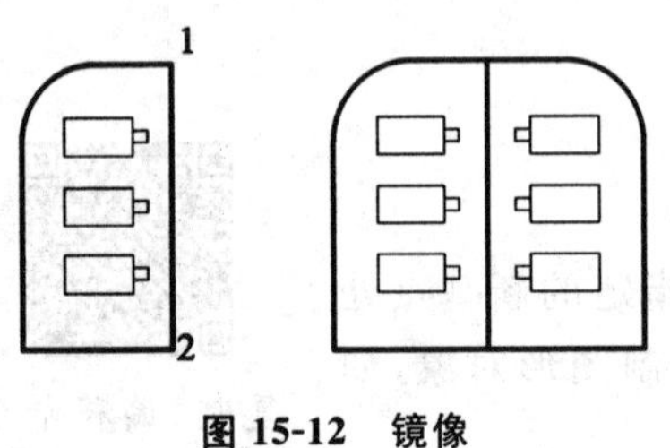

图 15-12 镜像

(a) 镜像前;(b) 镜像后

① 命令:MI↙;

② 选择对象:(选择要镜像的对象)↙;

③ 指定镜像线的第一点:(选择 1 点);

④ 指定镜像线的第二点:(选择 2 点);

⑤ 要删除源对象吗?[是(Y)/否(N)]:〈N〉↙。

15.3.3.4 阵列

(1) 执行方式

① 菜单栏:【修改】|【阵列】;

② 命令行:ARRAY(AR);

③ 工具栏:。

(2) 操作说明

阵列是按矩形、环形(极轴)或路径方式,来定义距离、角度或路径复制对象和选择集。矩形阵列可控制行和列的数目以及间距[图 15-13(a)];环形阵列可以控制复制对象的数目和是否旋转对象[图 15-13(b)]。

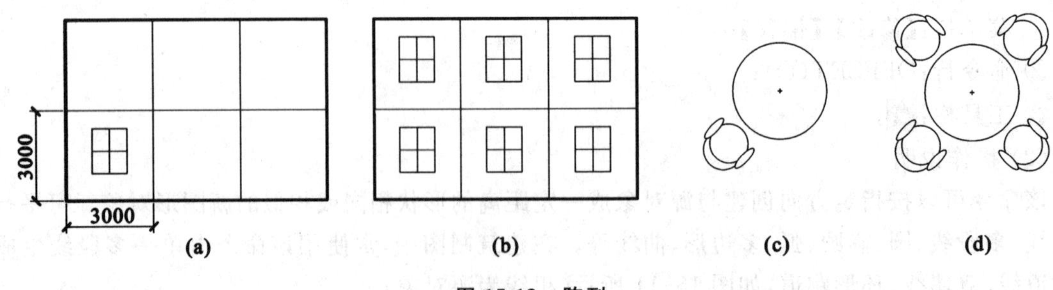

图 15-13 阵列

(a) 矩形阵列前;(b) 矩形阵列后;(c) 环形阵列前;(d) 环形阵列后

15.3.4 改变位置类命令

15.3.4.1 移动

(1) 执行方式

① 菜单栏:【修改】|【移动】;

② 命令行:MOVE(M);

③ 工具栏:[工具栏图标]。

(2) 操作说明

移动、旋转命令

执行该命令后,选择要移动的对象后回车,可以在指定方向上按指定距离移动对象,也可以指定第二点来重定位。

15.3.4.2 旋转

(1) 执行方式

① 菜单栏:【修改】|【旋转】;

② 命令行:ROTATE(RO);

③ 工具栏:[工具栏图标]。

(2) 操作说明

旋转是将所选对象绕基点[图 15-14(a)]旋转至指定的角度。命令选项含义如下:

① 指定角度:按逆时针方向旋转至指定角度,如图 15-14(b)所示;

② 复制(C):在旋转的同时保留源对象,如图 15-14(c)所示;

③ 参照(R):采用参考方式旋转对象,系统提示:

指定参照角〈0〉:[即指定原角度,如图 15-14(d)所示,先拾取基点,再拾取 1 点];

指定新角度:[输入旋转后的角度,如图 15-14(e)所示,先拾取基点,再拾取 2 点]。

将图形从参照角旋转到新角度,完成操作,如图 15-14(e)所示。

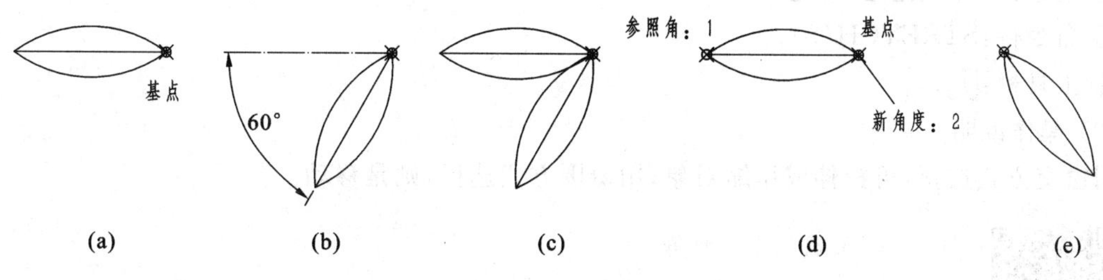

图 15-14 旋转

(a) 旋转前;(b) 旋转后;(c) 复制旋转;(d) 参照旋转前;(e) 参照旋转后

15.3.5 改变几何特性类命令

15.3.5.1 缩放

(1) 执行方式

① 菜单栏:【修改】|【缩放】;

缩放、修剪命令

② 命令行:SCALE(SC);

③ 工具栏:□。

(2) 操作说明

缩放是将对象以指定基点缩小或放大一定比例。操作与旋转类似。

15.3.5.2 修剪

(1) 执行方式

① 菜单栏:【修改】|【修剪】;

② 命令行:TRIM(TR);

③ 工具栏:-/-。

(2) 操作说明

修剪是删去对象超过指定剪切边的部分。可修剪的对象为:弧、圆、椭圆弧、直线、打开的二维和三维多段线、射线、构造线和样条曲线。剪切边也可同时作为修剪边。

15.3.5.3 延伸

(1) 执行方式

延伸、拉伸命令

① 菜单栏:【修改】|【延伸】;

② 命令行:EXTEND(EX);

③ 工具栏:--/。

(2) 操作说明

延伸是把选择的图形延伸到指定的边界。在选择对象时,如果按下 Shift 键,自动将“延伸”命令变成“修剪”命令。操作与“修剪”类似。

15.3.5.4 拉伸

(1) 执行方式

① 菜单栏:【修改】|【拉伸】;

② 命令行:STRETCH(S);

③ 工具栏:□。

(2) 操作说明

用窗交方式选择,可拉伸或压缩对象;用窗围方式选择,则是移动。

倒角、圆角、打断命令

15.3.5.5 倒角

(1) 执行方式

① 菜单栏:【修改】|【倒角】;

② 命令行:CHAMFER(CHA);

③ 工具栏:□。

(2) 操作说明

倒角是在两对象之间产生一条直线连接。执行该命令后选择“D”选项用距离确定倒角的大小,再选择要进行倒角的两条边即完成操作。

15.3.5.6 圆角

(1) 执行方式

① 菜单栏:【修改】|【圆角】;

② 命令行:FILLET(F);

③ 工具栏: 。

(2) 操作说明

圆角是在两对象之间产生一个指定半径的圆弧连接。执行该命令后选择“R”用半径确定圆角的大小,操作与倒角相似。

15.3.5.7 打断

(1) 执行方式

① 菜单栏:【修改】|【打断】;

② 命令行:BREAK(BR);

③ 工具栏: 。

(2) 操作说明

打断是通过指定点删除部分对象或把对象分解为两部分。

下面以图 15-15 为例介绍【打断】命令具体操作。

① 命令:br↙;

② 选择对象:(选择要打断的图形);

③ 指定第二个打断点或[第一点(F)]:f;

④ 指定第一个打断点:(选取 1 点);

⑤ 指定第二个打断点:(选取 2 点)。

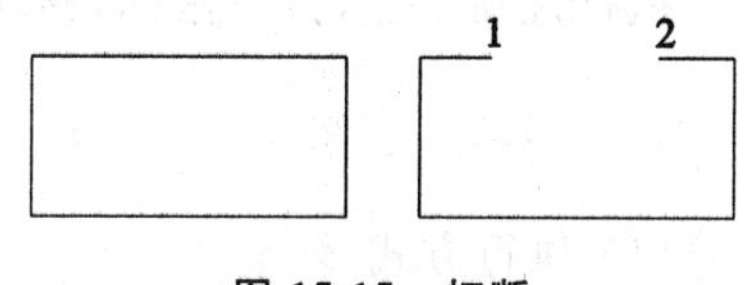

图 15-15 打断

(a) 打断前;(b) 打断后

15.3.5.8 分解

(1) 执行方式

① 菜单栏:【修改】|【分解】;

② 命令行:EXPLODE(X);

③ 工具栏: 。

(2) 操作说明

执行该命令,选择要分解的对象后回车即完成操作。

15.3.5.9 合并

(1) 执行方式

① 菜单栏:【修改】|【合并】;

② 命令行:JOIN(J);

③ 工具栏: 。

(2) 操作说明

合并是将多个对象合并成一个完整的对象。执行该命令后选择源对象和要合并到源的对象即可完成操作。

15.4 图形显示查询

15.4.1 显示类命令

为了便于绘图操作,AutoCAD提供了一些控制图形显示的命令,可以用来任意放大、缩小或移动屏幕上的图形显示以便于观察图形,但并不改变图形的实际尺寸。

15.4.1.1 平移

(1) 执行方式

① 菜单栏:【视图】|【平移】|【实时】;

② 命令行:PAN(P);

③ 工具栏:"标准"→"实时平移"。

(2) 操作说明

执行该命令后,按下鼠标,移动手形光标就可以任意平移图形。

15.4.1.2 缩放

(1) 执行方式

① 菜单栏:【视图】|【缩放】;

② 命令行:ZOOM(Z);

③ 工具栏:"标准"→"实时缩放"。

(2) 操作说明

执行该命令后,各常用选项含义如下:

① 窗口(W):直接确定窗口的两个角点进行窗口放大;

② 全部(A):将所有图形实体都显示到设定的图形范围之内;

③ 动态(D):出现动态窗口,可以移动位置和调整大小,动态窗口中的图形被放大;

④ 范围(E):将所有图形显示在屏幕上,并最大限度充满整个屏幕;

⑤ 上一个(P):返回上一视图,最多可保存10个视图;

⑥ 对象(O):尽可能大地显示一个或多个选定的对象并使其位于绘图区域的中心。

15.4.2 查询类命令

AutoCAD绘图中提供了查询某个图形的距离、所在的图层等信息的查询类命令。

15.4.2.1 距离

(1) 执行方式

① 命令行:DIST(DI);

② 工具栏:"查询"→"距离"。

(2) 操作说明

DIST 命令用于查询两点之间的距离并显示。

15.4.2.2 列表

(1) 执行方式

① 命令行：LIST(LI)；

② 工具栏："查询"→"列表"。

(2) 操作说明

执行该命令后选择对象，文本窗口将显示对象类型、对象图层、相对于当前用户坐标系(UCS)的 X、Y、Z 位置以及对象是位于模型空间还是图纸空间。

15.4.2.3 面积

(1) 执行方式

① 命令行：AREA；

② 工具栏："查询"→"面积"。

(2) 操作说明

此命令用来计算由指定点定义的区域的面积和周长。

15.5 注写编辑文字

在土木工程图中，不仅有图形，还需要为之注写说明等文字，AutoCAD 提供了强大的文字编辑功能。

15.5.1 创建文字样式

(1) 执行方式

① 菜单栏：【格式】|【文字样式】；

② 命令行：STYLE/ST；

③ 工具栏："文字"→"文字样式"。

(2) 操作说明

执行该命令后，打开"文字样式"对话框。

① 设置样式名：单击【新建】按钮打开"新建文字样式"对话框，输入样式名后单击【确定】，新建文字样式将显示在"样式名"下拉列表框中；

② 设置字体：【字体】选项组用来确定文字样式使用的字体文件、字体风格和字高等。

注：AutoCAD 提供了 SHX 和 TRUETYPE 两种字体。其中，TRUETYPE 是 WINDOWS 的点阵字体，美观但容量大；SHX 字体是 CAD 自带的字体文件，由线条组成的，容量较小且不够美观。

15.5.2 创建单行文字

(1) 执行方式

① 菜单栏：【绘图】|【文字】|【单行文字】；

② 命令行:TEXT/DTEXT(DT);

③ 工具栏:"文字"→"单行文字"A|。

(2) 操作说明

输入该命令后,根据提示指定起点即可创建单行文字。

15.5.3 创建多行文字

(1) 执行方式

① 菜单栏:【绘图】|【文字】|【多行文字】;

② 命令行:MTEXT(MT);

③ 工具栏:"文字"→"多行文字"A。

(2) 操作说明

执行该命令后,指定对角点创建一个矩形区域(其宽度作为多行文本的宽度),打开多行文字编辑器,即可在里面书写编辑多行文字,并设置多行文字格式。

15.5.4 文字的修改

(1) 执行方式

① 菜单栏:【修改】|【对象】|【文字编辑】;

② 命令行:DDEDIT;

③ 工具栏:"文字"→"编辑文字"A。

(2) 操作说明

执行以上任意操作或直接双击文字即可修改,如要修改单行文字的字体样式、字高等属性,需修改该单行文字的文字样式;多行文字则可对其文字样式和内容都作修改。

15.5.5 特殊符号的输入

在土木工程图中有时会遇到一些特殊符号,这里列举部分特殊符号的输入方法:

ϕ→%%C;°→%%D;±→%%P。

15.6 标注编辑尺寸

在图形绘制完成以后,我们还需要对图形对象进行尺寸标注,下面给大家介绍尺寸样式的设置和标注尺寸。

15.6.1 尺寸样式

在标注尺寸以前,我们首先要设置合适的尺寸样式。

(1) 执行方式

① 菜单栏:【格式】|【标注样式】;

② 命令行:DIMSTYLE/D;

③ 工具栏:"标注"→"标注样式"。

(2) 操作说明

执行上述操作，打开“标注样式管理器”对话框，可以在里面新建、修改、替代、比较尺寸样式，也可以将某一种尺寸样式置为当前。

15.6.2 标注尺寸

AutoCAD 提供了多种的尺寸标注类型，以便用户根据不同的图形对象来选择，从而使尺寸标注符号设计符合相关规范要求。常用的尺寸命令见表 15-2。

表 15-2 常用尺寸标注命令的图标及功能

图标	命令	功能
	DIMLINEAR(线性标注)	对选定两点进行水平、垂直或旋转标注
	DIMALIGNED(对齐标注)	对选定两点进行平行与两点连线的标注
	DIMORDINATE(坐标标注)	对选定点引出标注(到原点的距离等)
	DIMBASELINE(基线标注)	标注具有共同基线的多个尺寸
	DIMCONTINUE(连续标注)	从前一尺寸标注的第二条标注界线进行连续标注
	QDIM(快速标注)	对选定的对象创建一系列标注
	DIMRADIUS(半径标注)	为圆或弧的半径进行标注
	DIMDIAMETER(直径标注)	为圆或弧的直径进行标注
	DIMANGULAR(角度标注)	对圆弧、圆、直线等进行角度标注
	LEADER(引线标注)	为图形添加注释、说明等

15.6.3 编辑尺寸标注

在 AutoCAD 2012 中，可以对已标注对象的文字、位置及样式等内容进行修改。

15.6.3.1 编辑标注

(1) 执行方式

① 菜单栏:【标注】|【编辑标注】;

② 命令行:DIMEDIT(DED);

③ 工具栏:“标注”→“编辑标注”。

(2) 操作说明

该命令可以修改标注的文字及位置，也可使标注界线倾斜指定的角度，可同时修改多个标注。

15.6.3.2 编辑标注文字

(1) 执行方式

① 菜单栏:【标注】|【编辑标注文字】;

② 命令行:DIMTEDIT;

③ 工具栏:“标注”→“编辑标注文字”。

(2) 操作说明

该命令用于移动或旋转标注文字。执行该命令后,选择要编辑的尺寸文字,默认情况下拖曳动态更新标注文字的位置。也可以输入相应选项指定文字新位置。

15.7 图 块

图块是指由多个图形对象组成的整体。比如,在绘制工程图时,我们将门、窗等构件图形定义为块,就可以在图中任意指定位置插入,并指定不同的缩放比例和旋转角度,避免重复绘制,提高绘图效率。此外,块是作为一个对象来进行编辑、修改等操作,如果对块进行重定义,则整个图中插入的所有此块都会自动更新,方便编辑、修改,还可以节省存储空间。

15.7.1 定义图块

(1) 执行方式

① 菜单栏:【绘图】|【块】|【创建】;

② 命令行:BLOCK(B);

③ 工具栏:“绘图”→“创建块”。

(2) 操作说明

执行该命令,打开“块定义”对话框,可以在里面定义图块并为之命名。

15.7.2 插入图块

(1) 执行方式

① 菜单栏:【插入】|【块】;

② 命令行:INSERT(I);

③ 工具栏:“插入点”→“插入块”。

(2) 操作说明

执行该命令,可以在其中选择插入的图块并设置。

15.7.3 重定义图块

对图块重定义后整个图形中的所有此图块随之更新。操作步骤如下:

① 分解图块:EXPLODE;

② 修改图块:用绘制类及编辑类命令修改图块;

③ 重新定义图块:重新定义的图块名称与原图块一样。

15.8 图形剖面图案填充

图案填充是在一个封闭的区域中填充指定的图案。在土木工程图的绘制中，经常使用这一命令来表示剖面图的材料图例，如结构工程图中的钢筋混凝土、总平面图中的草地、立面图中的砖等材质在CAD里都可以用相应的图案进行填充。

15.8.1 创建图案填充

(1) 执行方式

① 菜单栏:【绘图】|【图案填充】;

② 命令行:BHATCH;

③ 工具栏:。

(2) 操作说明

执行该命令后，打开“图案填充和渐变色”对话框，各选项组含义如下：

① “图案填充”选项卡:用来确定图案及参数。单击“图案”右侧的按钮，出现“图案填充选项板”，在其中选择填充图案，并设置填充的“角度”和“比例”。

② “渐变色”选项卡:可以在其中选择“单色”“双色”和“渐变方式”。

③ “边界”:有两种方式创建填充边界，“拾取点”方式(在填充区域内部任何地方点一下就可以建立填充边界);“选择对象”方式(用拾取框选择边界对象)。

完成以上设置后，单击【预览】可查看填充效果，满意就回车完成操作;若不满意填充效果可按Esc键返回“图案填充和渐变色”对话框重新调整设置。

15.8.2 编辑图案填充

(1) 执行方式

① 菜单栏:【修改】|【对象】|【图案填充】;

② 命令行:HATCHEDIT。

(2) 操作说明

执行该命令后，选择图案填充对象，系统弹出“图案填充编辑”对话框，该对话框与“图案填充和渐变色”对话框各项含义相同，可在里面对选中的填充图案进行编辑修改。

15.9 图形输出打印

在图形绘制完成以后，就要进行图形输出，包括将图形打印到图纸上，或是输入其他格式的电子文件，如DWF文件和各种光栅文件。

15.9.1 模型与布局

AutoCAD提供了两个并行的工作环境:模型空间和图纸空间，可以通过状态栏中的【模型】、【布局】选项卡来切换。模型空间是创建工程模型的三维绘制空间，图纸空间是用于打印输出时布置图纸的二维空间。

15.9.1.1 布局的概念

通常我们在模型空间画完图后就进入图纸空间布置图形。布局模拟图样页面,并提供直观的打印设置,实现所见即所得。在布局中可以创建视口,还可以添加标题栏或其他对象和几何图形。每个布局可以使用不同的打印比例和图样尺寸,即一种标注样式就可以完成不同出图比例的图纸的标注。

15.9.1.2 创建布局

(1) 执行方式

创建布局有四种方式,最简单直观的方式就是利用向导创建布局,具体操作如下:

菜单栏:【插入】|【布局】|【创建布局向导】/【工具】|【向导】|【创建布局】。

(2) 操作说明

执行该命令后,打开“创建布局—开始”向导对话框。输入新建布局名,单击【下一步】,然后按照对话框提示逐步设置打印机、图样尺寸、方向、标题栏、定义视图、拾取位置等参数,完成一个新布局的创建。

(3) 在布局标注尺寸要注意的问题

① 一定要在尺寸标注样式中的调整页面中把“将标注缩放到布局”勾选;

② 在【工具】|【选项】|【用户系统配置】勾选“使新标注与对象关联”,这样就可以保证模型空间与图纸空间的尺寸一致。

15.9.2 打印样式

打印样式是一种对象特性,用于修改打印图形的外观,包括对象的颜色、线型和线宽等。AutoCAD提供了两种类型的打印样式:颜色相关和命名。

颜色相关打印样式表建立在图形实体颜色设置的基础上,通过颜色来控制图形输出。例如,可以将所有用白色绘制的图形设置成相同的特性。颜色相关打印样式存储的文件后缀为“.ctb”。

命名打印样式表与图形实体颜色无关,用户可将其直接赋予指定对象。可以在图层特性管理器中为某图层指定打印样式,也可以在“特性”选项板中为单独的图形对象设置打印样式属性。命名打印样式存储的文件后缀为“.stb”。

设置打印样式的方法如下:

(1) 执行方式

① 菜单栏:【文件】|【打印样式管理器】;

② 命令行:STYLESMANGER。

(2) 操作说明

执行该命令后,打开【打印样式管理器】窗口,双击“添加打印样式表向导”图标,打开“添加打印样式表”对话框,完成新打印样式的设置。

15.9.3 打印输出

15.9.3.1 图形打印

(1) 执行方式

① 菜单栏:【文件】|【打印】;

② 命令行:PLOT。

(2) 操作说明

执行该命令后,在模型空间将显示“打印-模型”对话框,在图纸空间将显示“打印-布局 1”窗口。模型空间和图纸空间打印参数的设置是类似的。

(3) 选项说明

① 页面设置:可以选择和添加页面设置。在【名称】下拉列表中可以选择打印设置,并能够随时保存、命名和恢复【打印】和【页面设置】对话框中所有的设置。单击【添加】可以添加新的页面设置。

② 打印/绘图仪:在【名称】下拉列表框中选择要使用的绘图仪。

③ 打印到文件:勾选该选项则代表将图形输出到文件而不是绘图仪。

④ 图纸尺寸:选择合适的图纸幅面。如果从“布局”打印,可以先在“页面设置”对话框中指定,从“模型”打印则在此选择。

⑤ 打印区域:指定图形的打印区域,有四个选项,【布局】(指定图纸尺寸的可打印区域内的所有内容);【窗口】(指定对角点确定矩形打印区域);【范围】(包含对象图形的部分当前空间);【显示】(当前视图)。

⑥ 打印比例:当勾选“布满图纸”复选框后,其他项不能更改;取消后则可以选择比例。

⑦ 打印样式表:可以从下拉表框中选择合适的打印样式。

⑧ 预览打印效果:单击【预览】按钮可以预览打印效果,若不满意可以返回修改。

⑨ 打印:单击【确定】按钮进行打印。

15.9.3.2 图形的电子输出

图形除了可以打印到图纸上,还可以打印成其他格式的电子文件。在打印设置时只需要在“打印机/绘图仪”下拉列表中选择所需的电子文件格式所对应的电子打印机即可,其他设置与图形打印相同。

15.10 天正建筑简介

15.10.1 天正建筑概述

TArch(天正建筑)是北京天正工程软件公司在 AutoCAD 平台上二次开发的系列专用建筑绘图软件,涵盖建筑设计、装修设计、暖通空调、给水排水、建筑电气与建筑结构等多个专业,是目前国内普遍使用的建筑设计绘图软件。可以说天正建筑已经成为国内建筑 CAD 的行业规范,它的图档格式已经成为各设计单位与甲方之间图形信息交流的基础。

TArch 以其先进的设计理念服务于建筑施工图设计,可以用来绘制建筑平面图、剖面图、立面图和某些结构详图等,其速度比 AutoCAD 等通用软件快得多,且更加易于掌握,可轻松完成各个设计阶段的任务。一般多用天正建筑等专用绘图软件绘制主要建筑图样,而用 AutoCAD 绘制难以绘制的其他图样。将两者联合使用,不但可以减轻工作强度,还可以提高出图效率和质量。

15.10.2 天正建筑主要功能特点

15.10.2.1 TArch 目标定位

快速、方便地达到施工图设计深度,同步提供三维模型是天正建筑软件的设计目标。在天正建筑软件中,当完成各层标准平面图后,打开新图即可生成整体建筑模型、立面图或剖面图,但生成的立面、剖面图仅是基本的构件及轮廓,还需要进行修改和完善。

15.10.2.2 自定义对象技术

天正开发了一系列面向建筑专业的自定义对象表示专业构件,例如,预先建立了各种材质的墙体、门窗、柱子、楼梯等,具有完整的几何和物理特征,用户只需要在插入时按设计要求定义尺寸即可,具有使用方便、通用性强的特点。

15.10.2.3 专业化标注系统

天正建筑软件专门针对建筑行业图纸的尺寸标注开发了自定义尺寸标注对象,轴号、尺寸标注、符号标注、文字、表格等都使用对建筑绘图最方便的自定义对象进行操作,取代了传统的尺寸、文字对象。

15.10.2.4 天正图库管理系统

天正建筑软件提供完备的图库管理系统,方便用户筛选建筑构件和材质等图库类型,并可通过平面图快速获得立面图和剖面图。

15.10.2.5 提供工程量查询与面积计算

在平面图设计完成后,即可获得各种构件的体积、质量、墙面面积等数据;利用各种面积计算命令可计算房间的净面积,还可按照最近颁布的国家标准《房产测量规范　第1单元:房产测量规定》(GB/T 17986.1—2000)的各种规定计算住宅单元的套内建筑面积,还提供了实时房间面积查询功能。

15.10.2.6 日照分析

全面增强的日照分析模块不仅大大提高了计算速度,并且将计算规模从几栋建筑扩大到整个小区规划,计算精度也更加准确。

15.10.2.7 参数化的实景造型系统

根据建筑专业的特点,对 AutoCAD 的 ACIS 实体造型系统进行了扩展,并提供了桥拱、圆拱、山墙、球缺等多种基本形体模型。形体模型用参数进行描述,并可以反复修改,可以用于建筑设计早期的建筑形体方案推敲、小区规划布置、家具或其他三维体的建模。

15.10.3 天正建筑设计流程

TArch 的主要功能可满足建筑设计各个阶段的需求。TArch 不需要先有三维建模,后做施工图设计这样的转换过程,除了具有因果关系的步骤必须严格遵守外,通常没有严格的先后顺序限制。如图 15-16 所示是包括日照分析与节能设计在内的建筑设计流程图。

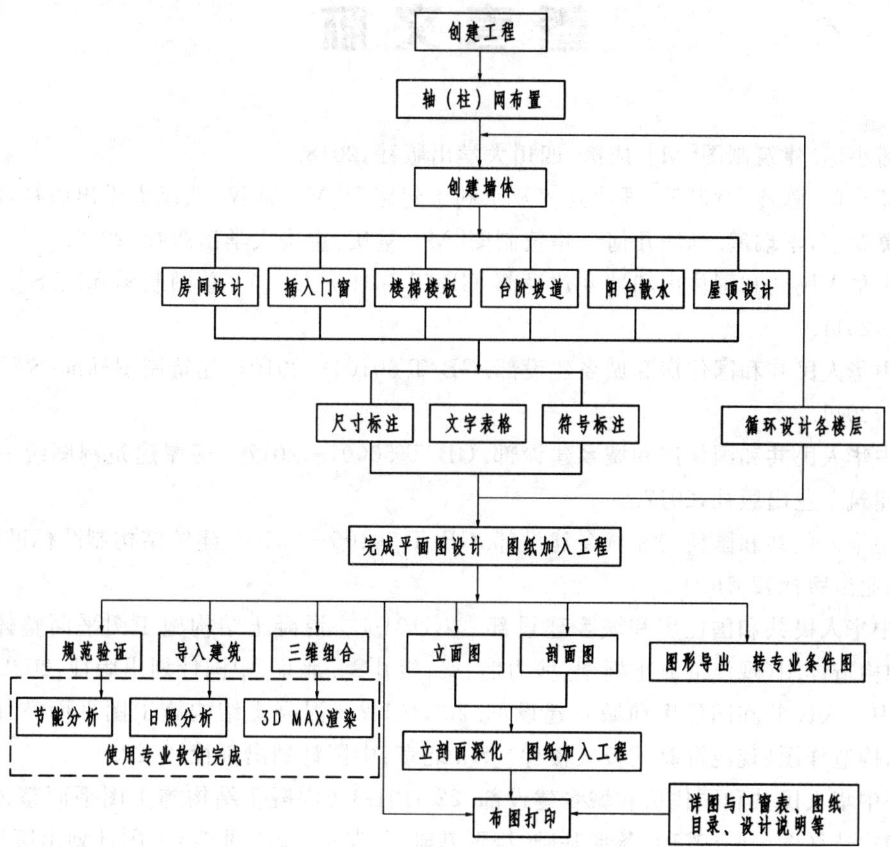

图 15-16　天正建筑操作流程图

本章小结、要点自测、
理实融合、拓展学习

参考文献

[1] 蒲小琼.建筑制图[M].成都:四川大学出版社,2018.

[2] 蒲小琼,陈玲,尹湘云.画法几何及水利土建制图[M].武汉:武汉大学出版社,2015.

[3] 莫章金,李瑞鸽.画法几何与建筑制图[M].重庆:重庆大学出版社,2010.

[4] 中华人民共和国住房和城乡建设部.GB/T 50103—2010 总图制图标准[S].北京:中国计划出版社,2011.

[5] 中华人民共和国住房和城乡建设部.GB/T 50104—2010 建筑制图标准[S].北京:中国计划出版社,2011.

[6] 中华人民共和国住房和城乡建设部.GB/T 50001—2017 房屋建筑制图统一标准[S].北京:中国建筑工业出版社,2017.

[7] 中华人民共和国住房和城乡建设部.GB/T 50105—2010 建筑结构制图标准[S].北京:中国建筑工业出版社,2010.

[8] 中华人民共和国住房和城乡建设部.22G101-1 混凝土结构施工图平面整体表示方法制图规则和构造详图(现浇混凝土框架、剪力墙、梁、板)[S].北京:中国计划出版社,2022.

[9] 中华人民共和国住房和城乡建设部.22G101-2 混凝土结构施工图平面整体表示方法制图规则和构造详图(现浇混凝土板式楼梯)[S].北京:中国计划出版社,2022.

[10] 中华人民共和国住房和城乡建设部.22G101-3 混凝土结构施工图平面整体表示方法制图规则和构造详图(独立基础、条形基础、筏形基础、桩基础)[S].北京:中国计划出版社,2022.

[11] 高丽荣,和燕.建筑制图[M].4版.北京:北京大学出版社,2022.

[12] 孙秋荣.建筑识图与绘图[M].2版.北京:中国建筑工业出版社,2015.

[13] 王强,张小平.建筑工程制图与识图[M].4版.北京:机械工业出版社,2023.

[14] 高霞,杨波.建筑采暖通风空调施工图识读技法[M].合肥:安徽科学技术出版社,2007.

[15] 张树臣.学看建筑电气施工图[M].北京:中国电力出版社,2012.

[16] 高恒聚.AutoCAD 建筑与土木工程制图[M].西安:西安电子科技大学出版社,2011.

[17] 纪花,邵文明,于春艳,等.土木工程制图[M].3版.北京:中国电力出版社,2020.

[18] 赵云华.土木工程识图(道路桥梁类)[M].北京:机械工业出版社,2018.

[19] 王兰兰,王磊,夏素民,等.TArch 8.0 天正建筑设计与工程应用案例教程[M].北京:清华大学出版社,2010.

[20] 胡仁喜,路纯红.AutoCAD 2012 中文版建筑与土木工程制图快速入门实例教程[M].北京:机械工业出版社,2011.

[21] 韩凤起,胡仁喜.AutoCAD 2012 中文版标准实例教程[M].北京:机械工业出版社,2012.

[22] 陈志民.AutoCAD 2012 实用教程[M].北京:机械工业出版社,2011.